EOPOLD II.
FRANZ II.
FERDINAND I.
FRANZ·KARL
FRANZ·JOSEPH·I.
KIMILIAN II.
FERDINAND I.
KARL V.
PHILIPP·D·SCH
MAXIMILIAN I.
ALBRECHT III.
LEOPOLD III.
ALBRECHT IV.
ERNST.
ALBRECHT II.
FRIEDRICH III.
LADISLA
POSTH

Die Habsburger

Ein biographisches Lexikon

Die Habsburger

Ein biographisches Lexikon

Herausgegeben von
Brigitte Hamann

Ueberreuter

CIP-Titelaufnahme der Deutschen Bibliothek

Die *Habsburger:* e. biograph. Lexikon / hrsg. von
Brigitte Hamann. – Wien : Ueberreuter, 1988
ISBN 3-8000-3247-3
NE: Hamann, Brigitte [Hrsg.]

3., korrigierte Auflage

AU 20

Umschlag von Herbert Schiefer unter Verwendung
eines Bildes des Habsburger-Stammbaums
(Originale conservato nel Museo Storico del
Castello di Miramare, Trieste)

Satz und Reproduktion: Carl Ueberreuter Druckerei
Ges. m. b. H., Korneuburg
Druck und Bindung: Wiener Verlag, Himberg
Vertrieb Österreich: Verlag Carl Ueberreuter, Wien
ISBN 3-8000-3247-3
Vertrieb Bundesrepublik Deutschland und Schweiz:
R. Piper GmbH & Co. KG, München
ISBN 3-492-03163-3
Printed in Austria

Einleitung

Dieses Lexikon enthält die Lebensläufe von rund vierhundert Habsburgern. Aufgenommen sind sämtliche Mitglieder der Familie von Rudolf von Habsburg bis zu jenen, die bis zum Zusammenbruch der Monarchie in Österreich (Stichdatum: November 1918) geboren wurden beziehungsweise bis zu diesem Zeitpunkt in die Familie eingeheiratet haben.

Kleinkinder sind nicht aufgenommen – mit ganz wenigen Ausnahmen: So erscheint der vorletzte spanische Habsburger, der nur vier Jahre alt gewordene Philipp Prosper auf, weil er kurze Zeit lang von realer politischer Bedeutung war (und zwar im Zusammenhang mit dem Pyrenäenfrieden zwischen Spanien und Frankreich 1659) und außerdem in einem prächtigen Porträt von Velázquez auch bildlich für die Nachwelt Gestalt angenommen hat.

Weiters wurden nur eheliche Kinder aufgenommen. Freilich gibt es auch hier wichtige Ausnahmen. Auf den legendären Sieger von Lepanto, Don Juan d'Austria, den legitimierten Sohn Kaiser Karls V. mit der Regensburger Bürgerstochter Barbara Blomberg, konnte hier ebensowenig verzichtet werden wie auf seinen gleichnamigen Verwandten, den legitimierten Sohn König Philipps IV. und der Schauspielerin Maria Calderon. Und auch Margarete, die tüchtige Statthalterin der spanischen Niederlande, Tochter Karls V. und einer Niederländerin, gehört in die Geschichte des Hauses Habsburg unbedingt hinein. Außerdem sind die beiden Söhne aus der geheimen Ehe Ferdinands II. von Tirol mit Philippine Welser, Andreas und Karl von Burgau, vertreten wie die beiden legitimierten Söhne Kaiser Maximilians I. mit einer Salzburgerin, Georg und Cornelius.

Die Artikel sind von rund vierzig Historikern verfaßt. Eigenheiten dieser Autoren wurden beibehalten und die Vereinheitlichung nicht auf die Spitze getrieben. Jeder Artikel bildet so für sich eine Einheit. Mit Absicht wurden internationale Fachleute zur Mitarbeit gewonnen, um vor allem die Internationalität der Geschichte des Hauses Habsburg zu unterstreichen und keineswegs alles aus dem Wiener Blickwinkel zu sehen.

Die Anordnung der Biographien ist alphabetisch und innerhalb desselben Namens chronologisch. Die schwierige Einordnung von Doppelnamen ist so geregelt: Stets ist der erste Name ausschlaggebend – also Franz Ferdinand ist unter Franz zu finden, Karl Ambros unter Karl usw. Eine Ausnahme bildet der Name Maria. Er ist als einziger aufgeteilt. Das heißt, es gibt eine Reihe Maria, Maria Anna, Maria Antonia usw. Die Vielfalt der Schreibweisen (etwa Marie Louise, Maria Luisa, Maria Ludovika) mag auf den ersten Blick verwirrend sein, war aber kaum zu vereinheitlichen. Denn gerade die Frauen änderten sehr häufig ihre Namen: aus der wienerischen Maria Antonia wurde in Paris Marie Antoinette, aus der spanischen Maria Teresa in Wien eine Maria Theresia usw. Die jeweils gängigste und wichtigste From wurde als Stichwort gewählt.

Jeder Artikel bringt im Vorspann den Hinweis auf habsburgische Abkunft bzw. Ehepartner. Die (habsburgischen) Kinder sind bei den Müttern vollzählig erwähnt. Wenn eine Habsburgerin allerdings in eine andere Familie einheiratete, sind ihre Kinder (da ja keine Habsburger) nicht vollständig angeführt. Da dieses Lexikon sowohl die eingeheirateten Habsburgerinnen als auch diejenigen, die als Habsburgerinnen geboren und dann in eine andere Familie einheirateten, porträtiert, ist die Zahl der Frauen etwa doppelt so hoch wie die der Männer.

Die Internationalität der Habsburger Geschichte ist ja hauptsächlich auf diese rege Heiratspolitik zurückzuführen. So hatte König Ludwig XIV. von Frankreich sowohl eine habsburgische Mutter als auch eine habsburgische Ehefrau. Habsburgerinnen waren Königinnen von Frankreich, von Polen, von Spanien, von Portugal. Leopoldine wurde Kaiserin von Brasilien und Anna 1594 als Königin von Polen in Upsala auch zur Königin von Schweden gekrönt. Auch Königin Maria Tudor von England (»Bloody Mary«) war als Gemahlin Philipps II. in dieses Lexikon aufzunehmen.

Sämtliche hier vertretenen Habsburger sind auch auf den Stammtafeln zu finden. Von der Beigabe von Landkarten wurde nach langer Überlegung Abstand genommen. Denn sinnvollerweise müßte es eine ganze Reihe von Karten sein, und dafür fehlt hier der Platz. Es sei also auf die historischen Atlanten verwiesen.

Auch die Literaturangaben boten Schwierigkeiten. Vollständigkeit hätte der gebotene Platz nicht erlaubt. Es wird hier nur die Standardliteratur erwähnt, auch Dissertationen, gelegentlich, wenn überhaupt keine Literatur vorhanden ist, auch Romane, die extra gekennzeichnet sind. Auch die internationalen biographischen Handbücher sind nicht zitiert. Ihre Benützung wird für eine spezielle Beschäftigung mit dem Thema als selbstverständlich angenommen.

Zum Schluß noch eine herzliche Bitte an den Leser: Die Fülle von Daten und Namen hat die Gefahr von Lese-, Abschreibe- und Druckfehlern verstärkt, außerdem schreitet die Forschung ständig weiter. Dieses Buch ist nicht für eine einzige Saison gedacht und soll ständig verbessert und ergänzt werden. Eine Korrekturliste liegt auf. Bitte schreiben Sie uns, wenn Sie wichtige Korrekturen oder Ergänzungen haben!

Wien, im Frühjahr 1988

Brigitte Hamann

Die Habsburger vor König Rudolf I.

Die um die Mitte des 12. Jahrhunderts aufgezeichnete Gründungsgeschichte des habsburgischen Hausklosters Muri im Aargau nennt Guntram den Reichen, der etwa in der zweiten Hälfte des 10. Jahrhunderts gelebt haben dürfte, als Ahnherrn des Geschlechts. Ob er mit einem Grafen gleichen Namens identifiziert werden kann, der unter Otto dem Großen 952 wegen Hochverrats mit dem Verlust seiner Güter bestraft wurde, bleibt ungewiß. Weiter zurückreichende genealogische Vermutungen sind hypothetisch.

Guntrams Sohn Lanzelin (Landolt) soll den Ort Muri in seine Gewalt gebracht haben. Dessen Sohn Ratbod (gest. vor 1045) jedenfalls stiftete dort ein Kloster, das zur Begräbnisstätte mehrerer älterer Habsburger wurde und dessen reiche Ausstattung den weitgespannten Besitz der Familie erkennen läßt. Ratbod ist 1023 als Graf im Klettgau, einer fruchtbaren Landschaft nördlich des Rheins zwischen Waldshut und Schaffhausen, bezeugt. Seine Gattin Ita war wohl eine Tochter der Herzogin Beatrix von Lothringen, der Schwester des Stammvaters des französischen Königshauses Hugo Capet.

Gefördert oder vielleicht sogar angeregt wurde die Stiftung des Klosters Muri durch Bischof Werner von Straßburg (1002–1028), einen Jugendfreund Kaiser Heinrichs II. Er zog unter anderem 1020 mit schwäbischen Adeligen gegen das Burgunderreich zu Felde und starb als kaiserlicher Gesandter am Hofe von Konstantinopel. Wenn wir den Angaben der Acta Murensia, der Gründungsgeschichte von Muri, Glauben schenken dürfen, war er ein Bruder Itas, der Gattin Ratbods. Im Gegensatz dazu bezeichnet ihn die am Anfang des 12. Jahrhunderts gefälschte Gründungsurkunde von Muri ebenso wie die Ebersheimer Chronik als Ratbods Bruder, also als Habsburger. Wie dem auch sei, er hat jedenfalls als einflußreicher Staatsmann

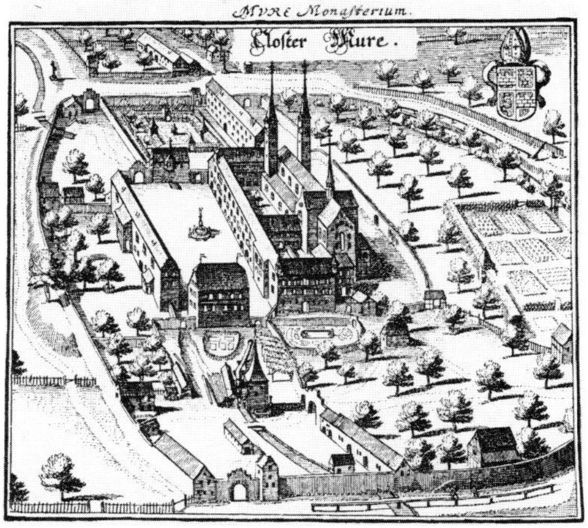

Das Kloster Muri in der Schweiz – Begräbnisstätte der frühen Habsburger

maßgeblich zur Stärkung des Ansehens der Familie beigetragen.

Ratbod teilte den Familienbesitz mit seinem jüngeren Bruder Rudolf I. Er selbst übernahm die Güter im Aargau und im Klettgau, während Rudolf jene im Oberelsaß und in der Rauhen Alb erhielt. Letzterer stiftete gemeinsam mit seiner Gemahlin Kunigunde, die möglicherweise dem Haus der Grafen von Zollern angehörte, das Nonnenkloster Ottmarsheim im Oberelsaß, das er der Römischen Kirche übereignete. Es wurde 1049 von dem aus vornehmstem alemannischen Adel stammenden Papst Leo IX. eingeweiht. Daß die Klosterkirche als Oktogon nach dem Vorbild der Aachener Pfalzkapelle Karls des Großen gestaltet wurde, zeugt vom Selbstbewußtsein der Stifterfamilie.

Nach dem Tode Rudolfs I., dessen Ehe kinderlos blieb, vereinigte Ratbod wieder das gesamte Erbe des Hauses in seiner Hand, das er seinen drei Söhnen Otto I., Albrecht I. und Werner I. (II., wenn man Bischof Werner von Straßburg als Habsburger ansieht) hinterließ. Werner

Die Habsburg als Ruine

Rekonstruktion der Habsburg

(gest. 1096) war der bedeutendste unter ihnen. Vermählt mit Reginlind aus unbekanntem Geschlecht, reformierte er das Hauskloster Muri im Geiste der gregorianisch-hirsauischen Richtung und stand in den schweren Kämpfen des Investiturstreites auf der Seite der päpstlichen Partei. Er hatte zwei Söhne, Otto II. und Albrecht II.

Otto II. (gest. 8. September 1111) war der erste, der sich, wie es damals allgemein üblich wurde, nach dem Stammsitz seiner Familie »Graf von Habsburg« nannte. Es ist aber nicht sicher, ob die im sogenannten »Eigen« zwischen Aare und Reuß gelegene, in den zwanziger Jahren des 11. Jahrhunderts gegründete »Habsburg« (Habichtsburg) wirklich der älteste Ansitz des zweifellos schon vor deren Errichtung reichbegüterten und vornehmen Hauses anzusehen ist. Möglicherweise ist das Haus Habsburg gar nicht im Aargau, sondern im Oberelsaß beheimatet gewesen. Otto II., der 1108 im Gefolge Kaiser Heinrichs V. auf einem Feldzug gegen Ungarn als erster seines Hauses den Boden Österreichs betrat, war Vogt bedeutender Besitzungen des Bistums Straßburg und vielleicht bereits Landgraf im Oberelsaß.

Sicher bekleidete diese Würde im Jahre 1135 sein Sohn Werner II. (III.), dem es auch gelang, die Vogtei des altehrwürdigen und reichbegüterten Benediktinerklosters Murbach im Oberelsaß in seinen Besitz zu bringen. Murbach hatte ein Tochterkloster in Luzern; die Besitzungen erstreckten sich von den Vogesen bis in den Zürich- und Aargau. Von seinem 1141 verstorbenen Oheim Albrecht II. erbte Werner außerdem die Vogteigewalt über das Hauskloster Muri. Er stand in guten Beziehungen zum staufischen Hause und erlag wahrscheinlich im Sommer 1167 vor Rom der Seuche, die das kaiserliche Heer dezimierte.

Sein einziger Sohn Albrecht III. (gest. vor dem 1. März 1201) war mit Ita, der Tochter Rudolfs, des letzten Grafen von Pfullendorf, vermählt; er beerbte jedoch seinen Schwiegervater nicht, weil dieser seinen Besitz an Friedrich Barbarossa übergeben hatte. Der Kaiser entschädigte den Habsburger durch bedeutende Zuwendungen aus dem Erbe des 1172/73 erloschenen Grafengeschlechts von Lenzburg; Albrecht erhielt den Westteil der Grafschaft im Zürichgau bis zur Reuß und die Vogtei über das Kloster Säckingen am Rhein. Ob er auch die 1232 als habsburgisch belegte Grafschaft im Aargau bereits damals erwerben konnte, ist unsicher.

Der Sohn von Albrecht III., Rudolf II. (gest. vor 10. April 1232, verheiratet mit Agnes aus dem Hause der Edlen von Staufen, die zwischen Speyer und Worms beheimatet waren und nicht mit der Kaiserdynastie zu verwechseln sind), nahm an den politischen Auseinandersetzungen, die das Reich nach dem Tode Heinrichs VI. erschütterten, lebhaften Anteil. Anfangs auf der Seite Ottos IV. stehend, wandte er sich bald der staufischen Partei zu und trat in ein nahes, persönliches Verhältnis zu Friedrich II., der nach dem Aussterben des Hauses der Zähringer die Reichsvogtei Uri an die Habsburger gab (1218). Diese – wegen der kurz davor erfolgten Eröffnung der Straße über den St. Gotthard – wichtige Position verloren sie jedoch bereits 1231 wieder, als König Heinrich VII. den Urnern die Reichsunmittelbarkeit bestätigte. Wichtig für die Habsburger war der Erwerb der Grafschaft im Frickgau, die ein Bindeglied zwischen ihren elsässischen und aargauischen Gütern darstellte.

Die Söhne Rudolfs II., Albrecht IV. (gest. 1239 oder 1240 auf einer Fahrt ins Heilige Land) und Rudolf III., teilten in den Jahren 1232–1239 die Besitzungen ihres Hauses. Seither gab es neben der von Albrecht IV. begründeten Hauptlinie noch eine verhältnismäßig unbedeutende jüngere (Laufenburger) Linie, die 1415 erlosch. Letztere erhielt die Grafschaftsrechte im südlichen Zürichgau (Zug, Schwyz, Unterwalden) samt den dortigen Allodial- und Lehensgütern, die Vogtei über die Hausklöster Muri und Ottmarsheim sowie ferner Sempach, Willisau und Laufenburg. Die Landgrafschaft im Oberelsaß, anfangs beiden Linien gemeinsam, ging sehr bald an die Hauptlinie über.

Albrecht IV. unterhielt enge Beziehungen zum Kaiserhof. 1228 war er als erwählter Kriegshauptmann der Stadt Straßburg erfolgreich. Er hinterließ aus seiner Ehe mit Heilwig von Kiburg drei Söhne. Der älteste war Rudolf IV., der spätere König. Sein Bruder Hartmann geriet als kaiserlicher Parteigänger in der Lombardei in Gefangenschaft, in der er vor 1253 starb, während sich Albrecht V. der geistlichen Laufbahn zuwandte und als Domherr von Basel und Straßburg gleich seinen Verwandten aus der Laufenberger Linie der päpstlichen Richtung anhing.

Die Schwestern Albrechts IV., Heilwig und Gertrud, waren mit den Grafen Hermann und Ludwig von Froburg vermählt. Von seinen zwei Töchtern war eine in erster Ehe mit dem Grafen Heinrich von Küssaberg verheiratet, in zweiter Ehe mit Otto von Ochsenstein, während die andere in das Dominikanerinnenkloster Adelhausen bei Freiburg im Breisgau eintrat. Außerdem bestanden verwandtschaftliche Beziehungen der älteren Habsburger zu den Grafen von Mömpelgard, Pfirt, Leiningen, den Burggrafen von Nürnberg und anderen Geschlechtern.

Alle diese persönlichen und Familienverbindungen lassen erkennen, welchem Lebenskreis die Habsburger anfänglich angehörten. Sie zählten nicht zu den Reichsfürsten, sie waren nicht mit auswärtigen Dynastien versippt, und sie beherrschten kein in sich geschlossenes Territorium. Sie standen aber mit den führenden Adelshäusern in weiten Teilen des sich auflösenden Herzogtums Schwaben und des Oberelsaß sowie mit den bischöflichen Kirchen von Basel und Straßburg in mannigfaltiger Beziehung. Ihre politische Interessensphäre berührte sich sehr stark mit jener des staufischen Kaiserhauses. Als Grafen mit öffentlichen Hoheitsrechten ausgestattet, im Besitz reicher Allodial- und Lehensgüter und wichtiger Kirchenvogteien, führten sie einen zähen und erfolgreichen Kampf um den Ausbau ihrer Position, der vielfach durch das Aussterben mächtiger Dynastenfamilien begünstigt wurde.

Lit.: Die beste Gesamtdarstellung bei Oswald Redlich, Rudolf von Habsburg, 1903, Nachdruck 1965, 5–21, mit Stammtafeln; Vollständige kritische Bewertung der Quellenaussagen bei Harald Steinacker, Regesta Habsburgica I/1, Die Regesten der Grafen von Habsburg bis 1281, 1905; Alphons Lhotsky, Apis Colonna. Fabeln und Theorien über die Abkunft der Habsburger, Mitteilungen des Instituts für Österreichische Geschichtsforschung 55, 1944.

A.

Die Herrscherdynastie Habsburg

Als Rudolf von Habsburg 1273 zum deutschen König gewählt wurde (womit nach Schiller »die kaiserlose, die schreckliche Zeit« des Interregnums beendet war), war er keineswegs ein »armer Graf«, wie spätere Legenden wissen wollten. Immerhin erstreckte sich sein Besitz über das obere linke Rheinufer vom Bodensee bis zu den Vogesen. Aber die königliche Würde bedeutete eine Verlagerung des Schwerpunktes von Rudolfs Macht und Besitz. Da er den rheinischen Kurfürsten als Wahlversprechen auch Besitzgarantien am Rhein hatte geben müssen, war der habsburgische Ausdehnungsdrang im Westen beschränkt – um desto energischer im Osten zu expandieren: im Kampf gegen den großen Konkurrenten, König Ottokar von Böhmen. Dieser hatte zwischen Ostsee und Adria ein mächtiges Reich aufgebaut, von den ausgestorbenen Babenbergern auch die österreichischen Länder erheiratet. In der Schlacht auf dem Marchfeld 1278 verlor der mächtige Ottokar gegen König Rudolf sein Leben, und die Habsburger wurden nun neue österreichische Landesherren. 1282 belehnte König Rudolf seine beiden Söhne Albrecht und Rudolf mit Österreich, der Steiermark, Krain und der Windischen Mark.

Rudolf verfehlte sein Ziel, die Königswürde für sein Haus erblich zu machen. Sein Sohn Albrecht wurde erst sieben Jahre nach dem Tod des Vaters König (1298–1308), sein Enkel Friedrich (»der Schöne«) gar nur Gegenkönig zu Kaiser Ludwig dem Bayern, dem er schließlich 1322 in der Schlacht bei Mühldorf am Inn unterlag:

Rudolf von Habsburg empfängt im Feldlager vor Basel die Nachricht von seiner Wahl zum deutschen König 1273. Historisierende Darstellung aus dem 19. Jahrhundert

Habsburger als römisch-deutsche Könige bis Friedrich III.

Rudolf I. 1273–1291
Albrecht I. 1298–1308
Friedrich 1314–1330
Albrecht II. 1438–1439
Friedrich III. 1440–1493

Friedrich mußte feierlich für sich und seine Familie auf die Königskrone verzichten.

Länger als hundert Jahre waren die Habsburger nun gezwungen, sich auf ihre Hausmacht zu konzentrieren. 1335 wurde Kärnten, 1363 Tirol, 1368 Freiburg im Breisgau, 1382 Triest erworben – und politische Heiraten betrieben.

Der Traum von der Größe des Hauses Habsburg wurde aber weiter geträumt, vor allem von Herzog Rudolf IV. (»dem Stifter«). Als dieser Habsburger sich 1356 bei der Festlegung des Kurfürstenkollegs durch die »Goldene Bulle« übergangen fühlte, reklamierte er in einem gefälschten Freiheitsbrief, dem »Privilegium majus«, 1358/59 eine über die kurfürstlichen Privilegien hinausgehende Sonderstellung, beanspruchte besondere Würden, so den Titel eines »Pfalzerzherzogs« und das Tragen einer königlichen Bügelkrone. Diese angemaßten Würden, vor allem der Titel eines »archidux« (Erzherzogs), wurden fast hundert Jahre später 1453 durch den Habsburger-Kaiser Friedrich III. zum Gesetz.

Seit dieser Zeit führten alle Mitglieder des Hauses Habsburg den Titel eines »Erzherzogs«.

In ihren Stammlanden verloren die Habsburger allmählich im Kampf gegen die Schweizer Eidgenossenschaft ihre Macht. Nach Eintreffen der Todesnachricht König Rudolfs 1291 kam es zum »Ewigen Bund« der Kantone Uri, Schwyz und Unterwalden. Zweihundert Jahre dauerte die Kraftprobe, die mit dem Sieg der Schweizer endete: 1315 Morgarten, 1386 Sempach (wo der Habsburger-Herzog Leopold III. erschlagen wurde), und schließlich folgte 1474 der feierliche Verzicht der Habsburger auf alles, was die Schweizer inzwischen erworben hatten. Der ver-

Habsburgische Landesherren vor Maximilian I.

Albrecht I. 1282–1298
Rudolf III. 1298–1306
Friedrich III. 1306–1330 — Leopold I. 1308–1313
Albrecht II. 1330–1358 — Otto 1330–1339
Rudolf IV. 1358–1365
Albrecht III. und Leopold III. (gemeinsam) 1365–1379
1379: Teilung der Herrschaft (Vertrag von Neuberg)

Albertinische Linie (österreichische)	*Leopoldinische Linie* (steirische)
Albrecht III. 1379–1395	Leopold III. 1379–1386
Albrecht IV. 1395–1404	Wilhelm 1386–1406
Albrecht V. 1404–1439	Leopold IV. 1386–1411
Ladislaus Postumus 1440–1457 (ausgestorben)	

Teilung 1406/1411:

Steirische Linie	*Tiroler Linie*
Ernst 1406–1424	Friedrich IV. 1406–1439
Friedrich V. 1424–1493	Sigmund 1439–1490

Nach dem Aussterben der Tiroler Linie geht der Besitz an Friedrichs V. (als Kaiser Friedrich III.) Sohn Maximilian über.

Die Kaiserkrönung Friedrichs III. 1452 war die letzte, die in Rom stattfand und vom Papst vollzogen wurde. Gleichzeitig war es die einzige Krönung eines Habsburgers in Rom überhaupt.

bleibende Besitz im Westen wurde als »Vorlande« von Innsbruck aus regiert.

Gefahr für die Größe des Hauses bedeuteten vor allem die (oft mit Bruderzwisten verbundenen) Erbteilungen, so 1379 und 1406 und 1411. Es dauerte mehr als hundert Jahre, bis diese Teilungen unter Maximilian I. wieder rückgängig gemacht werden konnten.

Immerhin stellte das Haus mit Albrecht II. (als Herzog Albrecht V.) wieder einen deutschen König, und zwar als Schwiegersohn und Erbe des aus dem Hause Luxemburg stammenden Kaisers Siegmund. Albrechts früher Tod und der seines Sohnes Ladislaus Postumus beendeten eine vielversprechende Entwicklung. Als sein Nachfolger im Reich wurde Albrechts Vetter aus der Leopoldinischen Linie, Herzog Friedrich V., gewählt (als Kaiser Friedrich III.). Angesichts der heraufziehenden Türkengefahr, der Hussitenkämpfe in Böhmen und der aufsteigenden Macht des Ungarnkönigs Matthias Corvinus war ihm ganz offensichtlich eine ähnliche Aufgabe gestellt wie einst seinem Ahnherrn Rudolf gegen den Böhmenkönig Ottokar.

Die lange Regierungszeit Kaiser Friedrichs III. war eine Zeit größter Bedrängnis von außen und größter Anarchie im Innern. Trotzdem aber wurden in dieser Zeit die Grundlagen habsburgischer Weltherrschaft gelegt.

Friedrich konnte nicht wie sein Ahnherr Rudolf Ruhm ernten. Er nahm eine Niederlage nach der anderen hin, vor allem durch seinen jüngeren Bruder Albrecht VI., der ihn sogar in der Wiener Hofburg belagerte, und durch Matthias Corvinus, der Österreich eroberte und seine Residenz in Wien aufschlug. Friedrich harrte zäh aus und überlebte seine Gegner.

1452 gelang ausgerechnet ihm als einzigem Habsburger überhaupt, was sogar sein Ahnherr Rudolf vergeblich angestrebt hatte: die Kaiserkrönung in Rom. Die römisch-deutsche Kaiserkrone blieb nun (mit der kurzen Unterbrechung durch den Wittelsbacher Karl VII. 1742 bis 1745) bis zum Ende des Reiches beim Hause Habsburg und Habsburg-Lothringen. (Die alte Tradition der Kaiserkrönung durch den Papst in Rom wurde jedoch nicht mehr fortgesetzt. Seit Friedrichs Sohn Maximilian I. führten die deutschen Könige den Kaisertitel auch ohne Krönung durch den Papst. Die letzte Kaiserkrönung durch den Papst fand 1530 für Karl V. statt, allerdings nicht in Rom, sondern in Bologna.)

1477 gelang Kaiser Friedrich III. die Hochzeit seines einzigen Sohnes Maximilian mit der

Römische Kaiser und deutsche Könige aus dem Hause Habsburg

Friedrich III. 1453–1493
Maximilian I. 1486/1493–1519
Karl V. 1519–1556
Ferdinand I. 1556–1564
Maximilian II. 1564–1576
Rudolf II. 1576–1612
Matthias 1612–1619
Ferdinand II. 1619–1637
Ferdinand III. 1637–1657
Leopold I. 1658–1705
Josef I. 1705–1711
Karl VI. 1711–1740

reichsten Erbin jener Zeit: Maria von Burgund, die dem Hause Habsburg Burgund mit den Niederlanden einbrachte, dazu den Orden des Goldenen Vlieses, aber auch die (ab nun die Politik der nächsten zweihundert Jahre bestimmende) Feindschaft Frankreichs.

Maximilian, der »letzte Ritter«, vereinigte außerdem als Erbe Sigmunds »des Münzreichen« von Tirol wieder die habsburgischen Linien in einer Hand. Die reichen Silbergruben Tirols gaben ihm die finanziellen Mittel, das von Ungarn eroberte Österreich zurückzugewinnen.

Maximilian führte auch die bewährte Heiratspolitik fort: Durch die Hochzeit seines Sohnes Philipp »des Schönen« mit Johanna »der Wahnsinnigen«, der Erbin Kastiliens und Aragons, kam das reiche spanische Erbe an das Haus Habsburg. Der älteste Sohn dieses Paares, Kaiser Karl V., herrschte in einem Reich, in dem – bedenkt man die spanischen Kolonien – »die Sonne nicht unterging«.

Während sich in Spanien wie in den übrigen westeuropäischen Staaten bereits das Prinzip der »Primogenitur«, des Erbrechts des Familienälte-

Die folgenreiche Doppelhochzeit von 1515: In Vertretung seines Enkels Ferdinand läßt sich Kaiser Maximilian (kniend) mit der Prinzessin Anna von Böhmen und Ungarn (vor ihm stehend, im Brautschleier) trauen. Der Primas von Ungarn segnet gerade das zweite Brautpaar: Erzherzogin Maria und König Ludwig von Böhmen und Ungarn. Nach dem kinderlosen Tod Ludwigs in der Schlacht bei Mohács 1526 traten die Habsburger das Erbe in Böhmen und Ungarn an.

sten, und die damit verbundene Unteilbarkeit des Staates durchgesetzt hatte, galt bei den Habsburgern wie auch sonst im deutschen Hochadel das Erbrecht aller Söhne, was immer wieder zu Teilungen führte. Im Teilungsvertrag von Worms 1521 erhielt Karls V. jüngerer Bruder Ferdinand dementsprechend einen Teil der österreichischen Erblande, 1522 im Teilungsvertrag von Brüssel den gesamten Besitz des »Hauses Österreich« von den Vogesen bis zur ungarischen Grenze. (Das Herzogtum Württemberg, das nach der Vertreibung des jungen Herzogs Ulrich 1520 unter habsburgische Herrschaft kam, wurde 1534 durch Ferdinand dem in sein Stammland zurückgekehrten Württemberger wieder zurückgegeben.) Nach Karls Kaiserkrönung in Bologna wurde Ferdinand 1531 zum deutschen König gewählt und gekrönt, nach Karls Abdankung 1556 folgte er ihm im Kaisertum. Karls Sohn Philipp II. war als König von Spanien mit den überseeischen Kolonien, mit Burgund, den Niederlanden, Mailand, Neapel, Sizilien und Sardinien, wozu 1580 noch Portugal mit seinen Kolonien kam, der mächtigste Herrscher in Europa. Zahlreiche Heiratsverbindungen zwischen den »spanischen« und den »deutschen« Habsburgern sollten den Zusammenhalt des Hauses sichern helfen, beschleunigten aber durch zunehmende Inzucht das biologische Ende der Dynastie.

Habsburger als Könige von Spanien

Philipp I. (von Kastilien) 1504–1506
Karl I. (V.) 1516–1556
Philipp II. 1556–1598
Philipp III. 1598–1621
Philipp IV. 1621–1665
Karl II. 1665–1700
Karl III. (VI.) (1703–1713)

Der alte Kaiser Maximilian war es auch, der eine weitere zukunftsträchtige Doppelhochzeit arrangierte, und zwar 1515 die seiner beiden Enkel Ferdinand und Maria mit den beiden Kindern des Königs Wladislaw von Böhmen und Ungarn. 1526 fiel der letzte Jagiellone auf dem

Kaiser Karl V. als Weltherrscher. Allegorie von Peter Paul Rubens

Schlachtfeld von Mohács gegen die Türken – und Ferdinand erbte über seine Gemahlin die Königreiche Böhmen und Ungarn mit ihren »Nebenländern«. Bis zum Ende der Monarchie

Habsburger als Könige von Ungarn

Ferdinand I. 1526–1564
Maximilian 1564–1576
Rudolf 1576–1608
Matthias II. 1608–1619
Ferdinand II. 1619–1636
Ferdinand III. 1637–1657
Ferdinand IV. (jüngerer König, gestorben während der Regierungszeit seines Vaters)
Leopold I. 1657–1705
Josef I. 1705–1711
Karl III. 1711–1740
Maria Theresia 1740–1780
Josef II. 1780–1790
Leopold II. 1790–1792
Franz I. 1792–1835
Ferdinand V. 1830–1848
Franz Joseph I. 1848–1916
Karl IV. 1916–1921

Habsburger als Könige von Böhmen

Ferdinand I. 1526–1564
Maximilian 1564–1576
Rudolf II. 1576–1611
Matthias 1611–1617
Ferdinand II. 1620–1637
Ferdinand III. 1637–1657
Ferdinand IV. (jüngerer König)
Leopold I. 1657–1705
Josef I. 1705–1711
Karl II. 1711–1740
Maria Theresia 1740–1780
Josef II. 1780–1790
Leopold II. 1790–1792
Franz I. 1792–1835
Ferdinand V. 1835–1848
Franz Joseph I. 1848–1916
Karl III. 1916–1918

1918 gehörten Böhmen und Ungarn nun zur habsburgischen Herrschaft, und schon Ferdinand I. versuchte, mit einer großen Verwaltungsordnung 1526/27 die Herrschaft über die österreichischen Länder, Böhmen und Ungarn zentral zu organisieren.

Während die spanische Linie Weltpolitik machte, mußte sich die österreichische gegen die Türken wehren, war im Innern durch die Reformation geschwächt und wieder in habsburgischen Bruderzwisten befangen, die 1564 zu einer neuerlichen Teilung in drei Linien führten: die Österreichische (die bis zu ihrem Aussterben 1619 die Kaiserwürde innehatte und den Schwerpunkt des Reiches – vor allem unter Rudolf II. – nach Prag verlegte), die Steirische und die Tiroler Linie. Wie schon bei der ersten Teilung beerbte auch diesmal die Steirische (die »Innerösterreichische«) Linie die aussterbenden anderen. Die Kaiserwürde ging 1619 an Ferdinand II. über, der nach dem Sieg über die protestantischen Stände 1620 in der Schlacht am Weißen Berg die Gegenreformation in den österreichischen Ländern durchsetzte und in seiner Hausordnung von 1621 auch versuchte, weitere Erbteilungen durch die Festsetzung einer Primogenitur zu verhindern. Die Tiroler Linie starb 1665 aus. Unter dem Erben, Kaiser Leopold I., war nun das Haus Habsburg wieder in einer, der kaiserlichen Linie vereint, was durch seine Heirat mit dem letzten Sprossen des Hauses Habsburg-Tirol, Claudia Felicitas, besonders sinnfällig wurde. Der Kaiser residierte nun wieder in Wien und entfaltete nach dem großen Sieg über die Türken 1683 barocken Glanz. Seit dieser Zeit gab es keine Teilungen mehr.

Trotz aller Bemühungen konnten die österreichischen Habsburger das riesige spanische Erbe nach dem Aussterben des spanischen Zweiges 1700 nicht halten. Der Utrechter Friede 1713, der den Spanischen Erbfolgekrieg abschloß, ließ dem Haus Habsburg aus dem spanischen Erbe nur die südlichen Niederlande, Mailand, Neapel und Sizilien (die beiden letzteren mußten schon 1735 an die spanischen Bourbonen abgetreten werden).

Aber auch die österreichische Linie des Hau-

Teilung von 1564

Österreichische Linie	*Steirische Linie*	*Tiroler Linie*
Maximilian II. 1564–1576	Karl II. 1564–1590	Ferdinand II. 1564–1595
Rudolf II. 1576–1612	Ferdinand II. 1590/1619–1637	Maximilian III. 1602–1618
Matthias 1612–1619	Ferdinand III. 1637–1657	Leopold V. 1619–1632
	Leopold I. 1657–1705	Ferdinand Karl 1632–1662
		Sigmund Franz 1662–1665
		Claudia Felicitas
		⚭ Leopold I.

(Namen der Kaiser unterstrichen)

ses war inzwischen vom Aussterben bedroht: Josef I. wie sein Bruder Karl VI. blieben ohne männliche Nachkommen. Zur Sicherung des Erbes auch für weibliche Nachkommen erließ Karl VI. 1713 die »Pragmatische Sanktion«, das bis 1918 gültige Grundgesetz über die Erbfolge: das Erbe sollte unteilbar sein und, falls kein männlicher Erbe vorhanden (auf den der Kaiser ja immer noch hoffte), sollte die weibliche Erbfolge eintreten – und zwar jeweils für die älteste Tochter des regierenden Kaisers vor den anderen Verwandten. Das bedeutete auch eine Trennung zwischen Kaisertum und habsburgischer Hausmacht, denn die römisch-deutsche Kaiserwürde durfte ja (anders als die böhmische und ungarische Königswürde) nur an Männer verliehen werden.

1740 starb mit dem söhnelosen Kaiser Karl VI. der letzte männliche Habsburger. Die Pragmatische Sanktion trat in Kraft: Maria Theresia übernahm die Regierung in den Erbländern. Dieses Erbe wurde ihr aber sofort von den Nachbarn streitig gemacht: der Österreichische Erbfolgekrieg brach aus. Im Gegensatz zur Herrschaft in den Erbländern war die Kaiserkrone von vornherein für Maria Theresia unerreichbar: die Krone des »Heiligen Römischen Reiches Deutscher Nation« war Männern vorbehalten. Die Kurfürsten, die das Recht der Wahl hatten, weigerten sich, in der Nachfolge des Hauses Habsburg nun das Haus Habsburg-Lothringen (und damit Maria Theresias Gemahl Franz Stefan) zu dieser Würde zu berufen, und wählten den Wittelsbacher Karl VII. (der aller-

Kronen und Ornate der Habsburger: In der Mitte der römisch-deutsche Kaiser in vollem Ornat, das außerdem noch detailliert dargestellt ist. In der obersten Reihe die vier verschiedenen Kronen von links: die römisch-deutsche Kaiserkrone, die Stephanskrone Ungarns, die Eiserne Krone der Lombardei und die Wenzelskrone des böhmischen Königreiches. Farblithographie

dings durch seine habsburgische Gattin ebenfalls in alter Tradition stand). Doch die in ihrer Tatkraft weit unterschätzte Maria Theresia wußte ihr Erbe (bis auf Schlesien) zu behaupten, ließ sich zur Königin von Ungarn und Böhmen krönen, und nach dem frühen Tod des Wittelsbachers wurde ihr Gatte Franz Stefan zum Kaiser gewählt. Damit trat das Haus Habsburg-Lothringen schließlich doch in die Tradition des Hauses Habsburg auch im Römisch-deutschen Reich ein.

Römisch-deutsche Kaiser aus dem Haus Habsburg-Lothringen

Franz I. Stefan 1745–1765
Josef II. 1765–1790
Leopold II. 1790–1792
Franz II. 1792–1806

Freilich war das Kaisertum inzwischen kaum mehr als eine Würde und ein klangvoller Titel.

Diese Miniatur dokumentiert den Anspruch der Habsburg-Lothringer auf den deutschen Kaiserthron: Maria Theresia, in der Kleidung als Königin von Ungarn dargestellt, hält den kleinen Kronprinzen Josef in der einen und das Bild der deutschen Kaiserkrone in der anderen Hand. Der Kleine, als jüngerer König von Ungarn erkennbar, das Lothringerkreuz in der Hand, deutet ebenfalls auf die Insignien – ebenso wie der mit dem Lothringerkreuz geschmückte Reichsadler.

Die wirkliche Macht konzentrierte sich in der Hand der Landesherrin, die nun mit aller Kraft Reformen durchsetzte, um dieses Konglomerat heterogener, geerbter Länder zu einem zentral regierten Staat zu machen.

Über mangelnde Nachkommenschaft hatte das Haus Habsburg seit Maria Theresia nicht mehr zu klagen. Das Problem wurde mehr und mehr, die immer zahlreicher werdende Kinderschar auch gebührend finanziell zu sichern. 1765 wurde aus dem Erbe des reichen Franz Stefan, der einen beträchtlichen Geschäftssinn entwikkelt hatte, der »Habsburgische Familienfonds« gegründet, der bis zum Ende der Monarchie den Lebensstil auch der ärmeren Familienmitglieder sicherte. Außerdem wurden eine Sekundo- und eine Tertiogenitur eingerichtet: Das Großherzogtum Toskana, das Franz Stefan im Tausch gegen sein Stammland Lothringen 1737 bekommen hatte, ging 1765 an seinen zweiten Sohn Leopold über, der in der Toskana als souveräner Fürst und Mittelpunkt einer ebenfalls sehr großen Familie lebte.

Großherzöge der Toskana aus dem Haus Habsburg

Franz Stefan 1737–1765
Leopold I. 1765–1791
Ferdinand III. 1791–1824
Leopold II. 1824–1859
(In der italienischen Einigungsbewegung schloß sich die Toskana an Italien an. Der letzte Großherzog, Ferdinand IV., führte lediglich noch den Titel.)

Linie Habsburg-Este (Modena)

Ferdinand 1780–1806
Franz IV. 1806–1846
Franz V. 1846–1859
(1859 Verlust der Herrschaft durch die italienische Einigungsbewegung. Titel und Vermögen der Este gingen nach dem Tod Franz' V. 1875 an Erzherzog Franz Ferdinand über, der sich fortan »Habsburg-Este« nannte.)

Krönung Franz' I. in Frankfurt, 1745

Maria Theresias dritter Sohn, Ferdinand, erhielt durch Einheirat das Herzogtum Modena und begründete hier die Tertiogenitur Habsburg-Este.

Von Maria Theresias sechzehn Kindern setzte vor allem Leopold II. mit ebenfalls sechzehn Kindern, darunter zwölf Söhnen, die Familie fort. In dieser Generation bildeten sich die großen Äste des Hauses: die kaiserliche Linie, abstammend von Leopolds ältestem Sohn Franz, die Linie Toskana, die Linie des Erzherzogs Karl (des Siegers gegen Napoleon), die ungarische Linie des Erzherzogs Josef, der auch Palatin von Ungarn wurde, und die Linie Erzherzog Rainer, des Vizekönigs von Lombardo-Venetien. (Erzherzog Johann, der »Reichsverweser« des Jahres 1848, mit der Bürgerlichen Anna Plochl verheiratet, begründete eine eigene Familie, die nicht mehr dem Haus Habsburg angehörte, die Grafen von Meran.)

Kaiser Franz II., bedrängt von Napoleon und der Einsicht in die Machtlosigkeit der kaiserlichen Würde, nahm 1804 den Titel eines erblichen »Kaisers von Österreich« an. Zwei Jahre später (1806) legte er die Krone des »Heiligen Römischen Reiches Deutscher Nation« nieder, das damit zu existieren aufhörte. Auch der spätere Sieg über Napoleon führte nicht mehr zur Wiedererrichtung des (von der Wahl der Kurfürsten abhängigen) »alten« Reiches. Österreich

Habsburger als Kaiser von Österreich

Franz I. 1804–1835
Ferdinand I. 1835–1848
Franz Joseph I. 1848–1916
Karl I. 1916–1918

gab sich mit der Stellung einer Präsidialmacht des neuen Deutschen Bundes zufrieden und konzentrierte sich auf seine eigene Politik, die von Metternich geleitet wurde. Der Sieg über Napoleon brachte Österreich immerhin Salzburg und Venetien ein.

Metternich und das von ihm hochgehaltene »Legitimitätsprinzip« waren für die Thronfolge des kranken und regierungsunfähigen Kaisers Ferdinand I. 1835 verantwortlich, der dem Ansehen der Dynastie trotz seiner sprichwörtlichen »Gutmütigkeit« schwer schadete. Die Regierungsgeschäfte mußten von einer »Staatskonferenz« besorgt werden.

Auch innerhalb der Familie Habsburg hatte die kaiserliche Autorität beträchtlich gelitten: die italienischen Linien (Toskana, Modena) waren quasi souverän und vom Kaiser in Wien kaum abhängig. Die ungarischen Habsburger entwikkelten ein eigenes, sogar ungarisch-nationales Selbstgefühl gegenüber Wien. Um die Position des persönlich schwachen Monarchen innerhalb der Familie zu stärken, wurde 1839 ein »Familienstatut« erlassen, worin die Rechte des Familienoberhauptes wie in einem Gesetz festgelegt waren: »Dem Kaiser und Familien-Oberhaupte steht nicht bloß die Souveränität und Gerichtsbarkeit über sämtliche Familienmitglieder, sondern auch noch das Recht einer besonderen Aufsicht zu, das sich insbesondere auf Vormundschaften, Kuratelen und Verehelichungen, überhaupt aber auf alle Handlungen und Verhältnisse der Allerhöchsten Familienmitglieder erstreckt, welche auf die Ehre, Würde, Ruhe, Ordnung und Wohlfahrt des durchlauchtigsten Erzhauses einen Einfluß haben können.« Der Kaiser war also innerhalb der Familie absoluter Herrscher, mit voller Gerichtsbarkeit.

Im Anhang führt das Familienstatut peinlich genau die Namen der ehewürdigen Familien für die Habsburger auf und fordert strengste Ahnenproben: Bis zur Generation der 16 Urureroßeltern mußten alle Vorfahren einem souveränen oder »mediatisierten« (im ehemaligen »Heiligen Römischen Reich« reichsunmittelbaren) Haus entstammen. Die Zugehörigkeit zum Hochadel allein genügte keineswegs. Außerdem war allein der Kaiser für die Höhe der Apanage eines Erzherzogs verantwortlich – ein nicht zu unterschätzendes Druckmittel.

»Ferdinand der Gütige« mußte 1848 zugunsten seines 18jährigen Neffen Franz Joseph auf den Thron verzichten. In dieser Zeit wurde der damals populärste Habsburger, Erzherzog Johann, von der Frankfurter Nationalversammlung zum »Reichsverweser« gewählt und trug manche Hoffnung auf eine Wiederherstellung eines großen Deutschen Reiches in moderner Form – Hoffnungen, die bald zerstoben.

Konnte der junge Kaiser Franz Joseph zunächst noch mit Gewalt seine revoltierenden Länder zusammenhalten (was ihm besonders in Ungarn schwerfiel), so gingen doch in Italien zehn Jahre später die alten habsburgischen Provinzen an die italienische Einigungsbewegung verloren: 1859 die Lombardei, 1866 Venetien. Auch die italienischen Habsburger in der Toskana und Modena mußten ihre Herrschaft aufgeben und gingen ins Exil nach Österreich, wo sie – finanziell schlecht gestellt – in die volle Abhängigkeit vom Familienoberhaupt kamen. Kaiser Franz Joseph setzte das Familienstatut rigoros ein, um sich den Gehorsam aller Familienmitglieder zu sichern. Eine ganze Reihe unbotmäßiger Familienmitglieder wurde, vor allem wegen nicht standesgemäßer Eheschließungen, erbarmungslos aus dem Haus ausgeschlossen.

Auch die führende Stellung in Deutschland war nicht mehr zu halten. Die Katastrophe von Königgrätz 1866 gegen Preußen beendete alle Träume von einem »großdeutschen« Reich unter österreichischer Führung. Statt dessen hatte nun Bismarck die Bahn frei für sein »kleindeut-

Franz II. verzichtet auf die römisch-deutsche Kaiserwürde. Illustration zu einem Geschichtswerk von Anton Ziegler aus dem Besitz Kaiser Ferdinands

Durch die kinderreichen Ehen Maria Theresias, Leopolds II. und Franz' II. blühte das Haus Habsburg in vielen Zweigen. Peter Fendi stellte in seinem Gemälde »Die Familienvereinigung des österreichischen Kaiserhauses« die kaiserliche Familie 1834, also kurz vor dem Tod Kaiser Franz' II. und der Thronbesteigung des kranken Ferdinand I. dar.

sches« Kaiserreich, das mit starkem nationalem Selbstbewußtsein und wirtschaftlicher Kraft das multinationale österreichische Kaisertum bald überholte. Der Vielvölkerstaat war nach dieser katastrophalen Niederlage nur noch durch Liberalisierung im Innern und eine grundlegende Neuordnung des Reiches zu retten: im »Ausgleich« mit Ungarn 1867 trat nun an die Stelle des »Kaisertums Österreich« die Doppelmonarchie »Österreich-Ungarn«, der »k. u. k.«-Staat mit zwei Hauptstädten, Wien und Budapest, mit einem komplizierten Regierungs- und Finanzierungssystem und mit bedeutenden Vorrechten für die Deutschen und die Magyaren gegenüber allen anderen Nationalitäten. Der Nationalismus bekam dadurch bei allen durch diese Regelung benachteiligten Völkern der Monarchie starken Auftrieb.

Einen kleinen Ersatz für die unter Kaiser Franz Joseph verlorenen Gebiete stellte zwar die Annexion der ehemals türkischen Provinzen Bosnien und Herzegowina 1908 dar – dieser Zuwachs brachte aber auch akute Kriegsgefahr. Die Gefährlichkeit des Nationalitätenproblems wurde immer offenkundiger und mündete direkt in den Ersten Weltkrieg. Die Unterschrift des knapp 84jährigen Kaisers Franz Joseph unter die Kriegserklärung an Serbien im Juli 1914 besiegelte den Untergang der alten Monarchie wie den Zerfall des Vielvölkerreiches.

Der junge Kaiser Karl hatte 1916 keine Möglichkeit mehr, den Zusammenbruch zu verhindern. Nach dem Abfall seiner Völker verzichtete er am 11. November 1918 auf jeden Anteil an den Regierungsgeschäften im verbleibenden »Deutsch-Österreich«, nicht aber auf den Thron. Erst am 23. März 1919, nach dem Ausbruch der Räterevolution in Ungarn, verließ die ehemalige Kaiserfamilie auf Drängen der österreichischen Regierung und des um ihr Schicksal besorgten Königs von England Österreich und ging ins Schweizer Exil.

Die Nationalversammlung beschloß in ihrem Gesetz vom 3. April 1919, »alle Herrscherrechte und sonstige Vorrechte des Hauses Habsburg-Lothringen ... in Deutschösterreich für immerwährende Zeiten« aufzuheben: »Im Interesse der Sicherheit der Republik werden der ehemalige Träger der Krone und die sonstigen Mitglieder des Hauses Habsburg-Lothringen, diese, soweit sie nicht auf ihre Mitgliedschaft zu diesem Hause und auf alle aus ihr gefolgerten Herrschaftsansprüche ausdrücklich verzichtet und sich als getreue Staatsbürger der Republik bekannt haben, des Landes verwiesen«. Zwei Restaurationsversuche in Ungarn scheiterten 1921. Enttäuscht starb der 35jährige letzte Habsburger-Kaiser 1922 auf Madeira an der Grippe.

Der Zusammenbruch des Vielvölkerreiches war verbunden mit dem Zusammenbruch der Familie. Das alte Familienstatut von 1839, das dem Kaiser absolute Macht über alle Familienmitglieder gab, erwies sich 1918 als wirkungslos. Die riesige Familie Habsburg reagierte nicht einheitlich und unterstützte keineswegs geschlossen die auf Restauration gerichtete Politik der exilierten Habsburger um den ehemaligen Kaiser. Karl war seit 1918 auch innerhalb der Familie Habsburg-Lothringen kein unumstrittenes Oberhaupt mehr. Die ungarische Linie des Hauses zum Beispiel fühlte sich vor allem als Ungarn, anerkannte die neue ungarische Republik und blieb in Ungarn (bis 1944). Erzherzog Karl Stefan, im Krieg noch erster Anwärter auf die polnische Krone, blieb in Polen. Der Schwiegersohn Kaiser Franz Josephs, Erzherzog Franz Salvator, und dessen Sohn Hubert Salvator unterschrieben den von der Republik geforderten Verzicht auf alle Herrschaftsansprüche und Titel und bekannten sich als getreue Staatsbürger der neuen Republik Österreich (wie auch die letzte Großherzogin Alice von Toskana mit ihren Kindern). Sie behielten ihren Besitz in Österreich, und ihre große Nachkommenschaft lebt noch heute als loyale Bürger in der Republik.

Unter anderem lösten sich auch die im Fami-

Das mittlere gemeinsame Wappen Österreich-Ungarns seit 1867 (links Cisleithanien, rechts Ungarn) mit dem Motto: unteilbar und untrennbar.

lienstatut festgelegten Rechte des Kaisers als Oberhaupt der Familie 1918 in nichts auf, etwa die Gerichtsbarkeit, die nötige kaiserliche Genehmigung für alle Habsburger-Eheschließungen, das Recht des Kaisers, Mitglieder aus seinem Haus auszuschließen und ähnliches. Auch die alten starren Gesetze der Ebenbürtigkeit, die für so viele Erbkrankheiten in der Familie verantwortlich waren, sind offensichtlich nicht mehr aktuell. Sogar der Thronprätendent Otto heiratete nach dem Maßstab der alten habsburgischen Ehegesetze nicht ebenbürtig: seine Ehefrau, Regina von Sachsen-Meiningen, hat durch ihre aus einer westfälischen Grafenfamilie stammende Mutter sogar eine stattliche Anzahl bürgerlicher neben nicht-ebenbürtigen (weil nicht einem ehemals souveränen Haus entstammenden) Ahnen.

Würde man die alten Gesetze der Ebenbürtigkeit bei den jetzt lebenden (in die Hundert gehenden) Habsburgern anwenden, dann blieben nur sehr wenige übrig, die den noch unter Kaiser Franz Joseph geltenden Familiengesetzen entsprächen und als rechtmäßige Mitglieder des Hauses angesehen werden könnten. Seit 1918 hat die Familie Habsburg-Lothringen im gleichen Maß an Exklusivität verloren, was sie an »Normalität« gewonnen hat.

Ein denkwürdiger Tag in der Geschichte der Habsburger: Erzherzog Josef, der ehemalige »Homo regius« Ungarns, schwört nach dem Sturz seiner Regierung am 1. November 1918 mit seinem Sohn dem ungarischen Volk den Treueeid – und setzt sich damit in Widerspruch zum Kaiser in Wien.

Trotz aller Umwälzungen hielt die aus dem Hause Bourbon-Parma stammende letzte Kaiserin Zita, die als 26jährige Österreich verließ, die alten Ansprüche unbeirrt aufrecht und betrachtete ihren ältesten Sohn Otto selbstverständlich als Nachfolger seines Vaters als Kaiser. Vom Ausland aus arbeitete die Familie weiter für die monarchistische Sache.

Unter der Regierung Schuschnigg bahnte sich 1935 nicht gerade die erhoffte Restauration, wohl aber eine Versöhnung mit dem ehemaligen Herrscherhaus an: Angesichts der Gefahr, die der kleinen Republik Österreich von Hitler-Deutschland drohte, versicherte sich Schuschnigg der Legitimisten als unbedingte Gegner eines »Anschlusses« und kam ihnen mit Zugeständnissen entgegen: die Landesverweisung der Habsburger wurde aufgehoben und die Rückgabe des Privatvermögens beschlossen. Bevor dieses Gesetz allerdings voll erfüllt werden konnte, wurde es im März 1938 wieder aufgehoben: Österreich war kein selbständiger Staat mehr, und die Nationalsozialisten sahen in den Habsburgern zu Recht unerbittliche Gegner.

Auch nach der Wiederherstellung Österreichs 1945 kam es bisher zu keiner rechtlichen Einigung über das Privatvermögen des ehemaligen Herrscherhauses, das immer wieder in Prozessen seine Rechte reklamierte. Der Österreichische Staatsvertrag 1955 verpflichtete die Republik Österreich, die Habsburgergesetze beizubehalten. Otto von Habsburg unterschrieb 1961 seinen Verzicht auf die Thronrechte. Sein Wunsch, mit seiner Familie nach Österreich zurückzukehren, wurde allerdings durch die innenpolitische »Habsburg-Krise« vorerst verhindert.

In den folgenden Jahren entspannte sich das Verhältnis zwischen der Republik und dem ehemaligen Herrscherhaus, und Bundeskanzler Kreisky gab 1982 der inzwischen neunzigjährigen ehemaligen Kaiserin Zita eine Einreisege-

Die ehemalige Kaiserin Zita inmitten ihrer Kinder, Enkel und Urenkel an ihrem 90. Geburtstag

nehmigung, obwohl sie keine Verzichterklärung abgab – eine Geste, die das Selbstbewußtsein der Republik gegenüber monarchistischen Strömungen dokumentierte und einen Akt der Versöhnung mit der Geschichte darstellte.

H.

Adelgunde (»Duni«), Herzogin von Modena, Gemahlin von → Franz V. von Modena-Este, geb. 19. 3. 1823 in Würzburg, gest. 28. 10. 1914 in Würzburg, begr. in der Kapuzinergruft in Wien.

Die Tochter des späteren Königs Ludwig I. von Bayern und der Prinzessin Therese von Sachsen-Hildburghausen wurde religiös-katholisch erzogen. Es gab Ehekandidaten aus Frankreich, Coburg und Nassau. Erfolg aber hatte der Erbprinz Franz von Modena (der Neffe → Maria Leopoldines, der Witwe nach Kurfürst Karl Theodor. Sie galt als das Haupt der österreichischen Partei am Münchner Hof). Die Hochzeit 1842 in München war ein glänzendes Fest.

Erzherzogin Adelgunde, Herzogin von Modena

Franz folgte 1846 seinem Vater als Herzog von Modena, mußte aber 1859 im Zuge der italienischen Einigung seine Herrschaft abgeben. Adelgunde brachte 1848 eine Tochter, Anna Beatrix, zur Welt, die nur wenige Monate lebte. Mit dem Tod des Herzogs 1875 starb die Linie Modena-Este aus. Titel und Vermögen gingen an Erzherzog → Franz Ferdinand über, der sich von diesem Zeitpunkt an »Este« nannte.

Adelgunde lebte als Witwe abwechselnd im Palais Modena in Wien, in der Münchener Residenz und in ihrem Schloß Wildenwart im Chiemgau. Ihre große Zeit kam nach 1886, als ihr Bruder Prinz Luitpold die Regentschaft in Bayern übernahm. »Tante Modena« und »Poldi« waren ein unzertrennliches Geschwisterpaar. Adelgunde zählte zu den einflußreichsten Personen der »Luitpolds«. Neben Luitpolds Tochter Therese nahm sie familiäre und gesellschaftliche Verpflichtungen an der Seite des Regenten wahr. Obgleich bieder in der Erscheinung und etwas altmodisch, wurde Adelgunde gefürchtet. Die bayerischen Minister und Berlin begegneten ihr mit nie nachlassendem Mißtrauen. Sie verkörperte den Einfluß des Wiener Hofes in München und galt als eine der wichtigsten Personen der konservativ-kirchlichen Hofpartei.

Mö.

Adelheid (Maria Adelaida), Königin von Sardinien-Piemont, Tochter des Vizekönigs von Lombardo-Venetien, Erzherzog → Rainer Josef, und der Prinzessin → Elisabeth von Savoyen-Carignan, geb. 3. 6. 1822 in Mailand, gest. 20. 1. 1855 in Mailand, begr. in »La Superga« in Turin.

Sie wurde 1842 in Mailand mit ihrem um zwei Jahre älteren Vetter, dem Kronprinzen und

Erzherzogin Adelheid als junges Mädchen (links), neben Erzherzogin Hermine, der Tochter des Palatins von Ungarn. Ausschnitt aus einem Gemälde von Peter Fendi

(seit 1849) König von Sardinien-Piemont Viktor Emanuel (Vittorio Emanuele) II., ab 1861 König von Italien, vermählt. Entsprechend der im Hause Savoyen geltenden Tradition, nach der »alle Prinzessinen tugendhaft, alle Prinzen immer galant« waren, änderte ihr Gemahl, der eine allgemein bekannte Vorliebe für die Bauernmägde seines Landes hatte, seinen Lebenswandel auch nach der Vermählung nicht. Adelheid gebar ihm in dreizehn Jahren Ehe sieben Kinder (zwei Töchter, fünf Söhne). Sie starb 32jährig im Kindbett.

W.

Adelheid, älteste Tochter von Kaiser → Karl und → Zita von Bourbon-Parma, geb. 3. 1. 1914 in Hetzendorf, gest. 3. 10. 1971 in Pöcking/Bayern, begr. in Tulfes bei Innsbruck.

Als Vierjährige mußte Adelheid mit den Eltern ins Exil gehen, wurde aber auch dort als Habsburgerin, als Mitglied des österreichischen Herrscherhauses erzogen: sie lernte neben

Adelheid (links) und Kronprinz Otto, die beiden ältesten Sprosse des letzten Kaiserpaares

Deutsch und Ungarisch auch Tschechisch und Kroatisch, absolvierte das Gymnasium in Brüssel und schloß ihr Studium in Löwen mit dem Doktorat in Staats- und Wirtschaftswissenschaften ab. Nach der Neuregelung der Habsburgergesetze unter Schuschnigg kehrte sie 1935 nach Österreich zurück und wurde wichtige Propagatorin einer Restauration für ihren Bruder → Otto. Nach der nationalsozialistischen Machtergreifung im März 1938 flüchtete sie über Ungarn, Belgien, Portugal in die USA und nach Kanada. In New York arbeitete sie als Fürsorgerin, dann als Professor für Soziologie an der Fordham University. 1945 Rückkehr nach Europa als Journalistin und Mitarbeiterin ihres Bruders Otto. Nach Unterzeichnung der Verzichtserklärung reiste sie mehrfach nach Österreich. Sie blieb unverheiratet.

H.

Agnes (Gertrud), Kurfürstin von Sachsen, zweite Tochter von König → Rudolf I. und seiner ersten Frau → Gertrud Gräfin von Hohenberg(-burg) und Haigerloh, geb. um das Jahr 1257, gest. 11. 10. 1322 in Wittenberg, begr. in der Schloßkirche Wittenberg.

Agnes wurde 1273, noch im Monat der Wahl ihres Vaters Rudolf zum König, mit Herzog Albrecht II. von Sachsen vermählt. Mit dieser Heirat wollte Rudolf seine königliche Politik stützen. Ihr ältester Sohn Rudolf I. trat 1298 die Nachfolge in Sachsen-Wittenberg an.

Rau.

Agnes, Gemahlin von Herzog → Rudolf II., geb. im September 1269, gest. 17. 5. 1297 in Prag, begr. im Klarissenkloster in Prag, ihr Herz in Königssaal.

Nach dem Tod ihres Vaters König Ottokar II. Přemysl in der Entscheidungsschlacht gegen Rudolf von Habsburg (20. August 1278) wurde sie im Spätherbst aufgrund der Friedensbestimmungen in Iglau mit Rudolf II. verheiratet und lebte bis zu dessen Tod 1290 in Österreich. Ihr Sohn → Johann Parricida kam nach dem

Tod seines Vaters zur Welt. Mutter und Kind lebten zunächst auf Agnes' Witwengütern in den habsburgischen Stammlanden im Aargau (Schloß Brugg), doch bereits 1295 wurde dieser Besitz durch König → Albrecht I. für Geld abgelöst. Agnes kehrte nach Prag zurück – nicht ganz freiwillig, wie es scheint. In den Königssaaler Geschichtsquellen (aus denen wir am meisten über sie erfahren) wird sie als selbstbewußte und energische Frau beschrieben, die sich als Witwe gütig und freigebig erwiesen habe.

Di.

Agnes (Isabelle) von Burgund, Königin, zweite Gemahlin von König → Rudolf I., geb. 1270, gest. 1323 in Chambly, begr. bei den Augustinern in Paris (Dame de Vieux Château et d'Aigne le Duc).

In seinem Bestreben, das Königreich Arelat (Burgund) fester an das Reich und insbesondere an sein Haus zu binden, heiratete König Rudolf 1284 die vierzehnjährige Tochter des Herzogs Hugo IV. von Burgund und der Beatrix von Navarra. Politisch erfüllten sich die an diese Heirat geknüpften Hoffnungen nicht, ganz im Gegenteil: antihabsburgische Bestrebungen, in denen zunächst Bern eine bedeutende Rolle spielte, beschleunigten den französischen Einfluß. Privat setzte diese Ehe den sechsundsechzigjährigen König nicht geringem Spott aus. Die junge Königin begleitete ihren Gemahl während seiner letzten Lebensjahre, so auch auf dem Zug nach Speyer, wo König Rudolf starb. In zweiter Ehe war sie (als Isabelle) mit Pierre de Chambly verheiratet.

Di.

Agnes, Herzogin von Schlesien, Tochter von Herzog → Leopold I. und → Katharina von Savoyen, Geburtsdatum unbekannt, gest. 2. 2. 1392 in Schweidnitz/Schlesien, in der dortigen Minoritenkirche beigesetzt.

Nach dem frühen Tod des Vaters 1326 heiratete Agnes nach 1339 Bolko II., Herrn von Fürstenberg, Schweidnitz usw. 1368 wurde sie Witwe. Ihr Gemahl ernannte sie aber vor seinem Tode noch zur Regentin seiner Provinzen.

H.

Agnes, Königin von Ungarn, zweite Tochter von → Albrecht I. und → Elisabeth von Görz-Tirol, geb. 1280, gest. 11. 6. 1364 in Königsfelden und dort begraben. Ihre Gebeine wurden 1770 nach St. Blasien, 1809 nach St. Paul im Lavanttal überführt.

Nach dem Scheitern verschiedener Eheprojekte war Agnes in kurzer und unglücklicher Ehe mit dem letzten Arpaden, König Andreas III. von Ungarn, verheiratet. Die Hochzeit wurde im Fasching 1296 in Wien gefeiert, der König starb bereits 1301. Aus erster Ehe hinterließ er die Tochter Elisabeth, der ein grausames

Eine beliebte Legende war die von der rachesüchtigen verwitweten Königin Agnes von Ungarn, die selbst vor dem Mord an unschuldigen Kindern nicht zurückschreckte, um den Tod ihres Vaters König Albrecht I. zu vergelten. Die Legende wird aber von zeitgenössischen Quellen und Darstellungen nicht belegt. (Anton Ziegler)

Schicksal bereitet wurde: Um niemanden durch eine Ehe zu Ansprüchen auf Ungarn zu verhelfen, steckte die Stiefmutter Agnes das Mädchen unter entwürdigenden Umständen 1318 in das Dominikanerinnenkloster Töß.

Die junge Witwe, ohne Chance, im ungarischen Bürgerkrieg nach dem Tod ihres Gatten eine politische Rolle spielen zu können, verließ das Land unter Mitnahme von beträchtlichem Vermögen; zudem blieben ihr ungarische Einkünfte. Sie verbrachte den Rest ihres Lebens in den habsburgischen Vorlanden, wo sie mit politischem und finanziellem Geschick die Interessen ihrer Familie vertrat.

Nach der Ermordung ihres Vaters 1308 stiftete sie zusammen mit ihrer Mutter und ihren Brüdern an der Sterbestelle ein Doppelkloster für Minoriten und Klarissinnen; der Ort wurde Königsfelden genannt. Neben dem Kloster, dessen z. T. heute noch erhaltene künstlerische Ausgestaltung (vor allem mit Glasfenstern, in denen ihre Familie dargestellt ist) sie entscheidend mitbestimmte, ließ sie sich eine Wohnstätte erbauen, in der sie glänzend Hof hielt.

Was ihre persönliche Frömmigkeit anbelangt, so stand Agnes mit der deutschen Mystik ihrer Zeit in Verbindung. Meister Eckhart widmete ihr eines seiner deutschen Hauptwerke, den »Liber ›Benedictus‹«, und nahm in seinem »Sermon vom edlen Menschen« auf ihr Schicksal Bezug.

Zeitgenossen beschreiben sie als klein und unansehnlich, die als Kind hinter den Schwestern hatte zurückstehen müssen; sie entwickelte eine bigotte Lebenstüchtigkeit. Ihrer offenbar weitreichenden Kontrolle und bisweilen auch ihrer Härte scheinen sich ihre Brüder und Neffen nicht völlig entzogen zu haben; als Bewahrerin der Tradition ihres Vaters kam ihr eine stabilisierende und realpolitisch kluge Rolle in der habsburgischen Familienpolitik zu.

Lit.: Hermann von Liebenau, Lebensgeschichte der Königin Agnes von Ungarn, Regensburg 1868; Georg Boner, Königin Agnes von Ungarn, in: Brugger Neujahrsblätter 7, 1964; Kat. »Frühe Habsburger«, 1979, 160 f.; Alfred Nevsimal, Königin Agnes von Ungarn. Leben und Stellung in der habsburgischen Politik ihrer Zeit, Diss., Wien 1951.

Di./S.

Agnes Maria, Tochter von Großherzog → Ferdinand IV. von Toskana aus zweiter Ehe mit → Alice von Bourbon-Parma, geb. 26. 3. 1891 in Salzburg, gest. 4. 10. 1945 in Schwertberg/Oberösterreich.

Die Erzherzogin wuchs mit vielen Geschwistern im Salzburger Exil auf. Nach dem Umsturz 1918 übersiedelte sie mit ihrer inzwischen verwitweten Mutter und zwei weiteren unverheirateten Schwestern nach Oberösterreich und starb dort.

H.

Albrecht I., römisch-deutscher König, ältester Sohn des Grafen und nachmaligen Königs → Rudolf I. und der Gräfin → Gertrud von Hohenberg, geb. 1255 (wahrscheinlich in der zweiten Jahreshälfte), ermordet 1. 5. 1308 bei Brugg an der Reuß, begr. zunächst im Zisterzienserkloster Wettingen, 1309 gemeinsam mit Adolf von Nassau im Dom zu Speyer.

Wahlspruch: Fugam victoria nescit/Der Sieg kennt keine Flucht.

Über die Jugendzeit ist nichts bekannt. Entgegen den bisherigen Ansichten erhielt Albrecht jedoch offenkundig eine für Fürstensöhne jener Zeit ungewöhnlich sorgfältige Erziehung, denn er konnte schreiben und war vermutlich auch mit den Grundzügen des Lateinischen vertraut. Seit 1274 übte er über das habsburgische Hausgut in den Oberen Landen Herrschaftsrechte aus. Hier befand er sich auch – was seine Vertrauensstellung bezeugt – während des Krieges von König Rudolf gegen König Přemysl Ottokar. Sein nüchterner Sinn und der Blick für das verwaltungstechnisch Wesentliche zeigt sich u. a. darin, daß er die Aufnahme eines Urbars der habsburgischen Hausgüter veranlaßte.

1274 ging er die Ehe mit → Elisabeth, der Tochter Meinhards II. von Görz-Tirol, ein, die sich als glücklich erwies. Aus ihr gingen 12 Kinder hervor, die den Interessen der Dynastie entsprechend verheiratet wurden.

1279 ging Albrecht zu König Rudolf nach Österreich, seit Juli 1280 weilte er in Wien. 1281 wurde er zum Reichsverweser der wieder ans

Albrecht I. Glasgemälde aus St. Stephan, Wien

Reich gefallenen Herzogtümer Österreich und Steiermark bestellt. 1282 belehnte ihn König Rudolf gemeinsam mit seinem minderjährigen Bruder → Rudolf zu gesamter Hand mit Österreich, Steiermark, Kärnten, Krain und der Windischen Mark. Kärnten, Krain und die Mark wurden allerdings an Meinhard II. von Görz-Tirol, eine der wichtigsten Stützen König Rudolfs und Schwiegervater Albrechts, verpfändet. 1286 erfolgte nach dem förmlichen Verzicht der Habsburger die Belehnung Meinhards mit Kärnten. Da sich die österreichischen und steirischen Stände vehement gegen die Gesamthandherrschaft der beiden Brüder wehrten, übertrug König Rudolf in der Rheinfeldener Hausordnung vom 1. Juni 1283 Albrecht und seinen männlichen Nachkommen die alleinige Herrschaft.

In seinen Territorien setzte Albrecht die Landesherrschaft konsequent gegen den Landesadel und das Bürgertum durch, nicht zuletzt gestützt auf die angefeindeten »Schwaben«, Angehörige schwäbischer Ministerialengeschlechter, die sein Vertrauen besaßen. Zunächst forcierte er die Revindikation der landesfürstlichen Güter und betrieb die Aufnahme der landesfürstlichen Urbare. Ein Aufstand gegen den Herzog in Wien im Winter 1287/88 wurde niedergeschlagen, dem Adel mochte der Mißerfolg als Warnung dienen. Zudem hatte Albrecht in der Zeit bis zum Tod seines Vaters 1291 den uneingeschränkten Rückhalt beim König. Der Plan, König von Ungarn zu werden – tatsächlich wurde Albrecht 1290 von seinem Vater Ungarn als heimgefallenes Reichslehen schriftlich übertragen – mußte umgehend fallengelassen werden, als nach dem Tod Rudolfs eine antihabsburgische Koalition in den Oberen Landen eine schwierige Situation schuf. Es kam auch zu einer von Salzburg und Bayern unterstützten Erhebung in der Steiermark, die Albrecht durch den kühnen, völlig unerwarteten Vorstoß über den tief verschneiten Semmering (Februar 1292) und die darauffolgenden, von kluger Konzessionsbereitschaft geprägten Verhandlungen zu beenden wußte. Dann eilte er in die Oberen Lande.

Während dieser Ereignisse liefen Verhandlungen um seine Thronkandidatur, doch die ablehnende Haltung der Kurfürsten machte diese

Pläne, die als Propagierung eines erblichen Königtums aufgefaßt werden konnten, zunichte: 1292 wurde Adolf von Nassau gegen bedeutende Zugeständnisse an die Kurfürsten zum König gewählt. Da es Albrecht in den Oberen Landen gelang, die Lage ähnlich wie in der Steiermark in den Griff zu bekommen, entzog er dem neuen König die Möglichkeit, zugunsten der habsburgischen Gegner einzugreifen. Er lieferte Adolf die Reichsinsignien aus, huldigte ihm im Dezember 1292 in Hagenau und erhielt die Belehnung. Die Aussöhnung mit Böhmen (Ende 1293) befreite Albrecht von einer latenten Gefahr. Die Bedrohung der habsburgischen Machtposition war damit gebannt.

Zu neuerlichen Kriegshandlungen Salzburgs und zur Empörung der österreichischen Landherren führte das Gerücht von Albrechts Ableben im November 1295: Tatsächlich war er wegen eines akuten Leidens, das man für eine Vergiftung hielt, von den Ärzten an den Füßen aufgehängt worden, um das Gift abfließen zu lassen, und nach dieser Prozedur, die den Verlust eines Auges bewirkte, für tot gesagt worden. Der Aufstand, an dem sich Wien nicht beteiligte, wurde unterdrückt; 1297 wurde auch mit Salzburg Friede geschlossen.

Nun war der Weg frei für die Auseinandersetzung mit König Adolf: Adolf war wegen seines Versuchs, sich in Thüringen und Meißen eine Hausmacht zu schaffen, in Gegensatz zu den Kurfürsten geraten, die ihn schließlich absetzten. 1298 verlor Adolf gegen den zum neuen König gewählten Albrecht die Schlacht bei Göllheim und sein Leben. Albrecht legte nun den Königstitel nieder und ließ sich 1298 in Frankfurt von allen Kurfürsten gegen beachtliche Wahlversprechungen neu wählen. Am 24. August 1298 wurde er in Aachen gekrönt.

Auf seinem ersten Reichshoftag im November 1298 in Nürnberg erneuerte Albrecht den Reichslandfrieden und belehnte seine Söhne mit Österreich, Steiermark und Krain. Mit den Kurfürsten geriet er indes bald in einen unüberbrückbaren Gegensatz. Seine Verbindung mit König Philipp IV. von Frankreich, sein Nachgeben gegenüber französischen Ansprüchen (etwa in der Freigrafschaft Burgund unter Wahrung der nominellen Oberhoheit des Reiches), die Ehe zwischen seinem Sohn → Rudolf III. und → Blanche von Frankreich, der Halbschwester Philipps IV., rief die Kurfürsten auf den Plan. Dazu kam noch sein – allerdings mißglückter – Versuch, Holland, Seeland und Friesland als erledigte Reichslehen einzuziehen und einen seiner Söhne damit zu belehnen. In Niederheimbach bei Bingen schlossen die rheinischen Kurfürsten 1300 einen Bund mit dem Ziel, den König abzusetzen. Albrecht verstand es aber unter geschicktem Einsatz wirtschaftspolitischer Maßnahmen wie der Aufhebung der Rheinzölle, die rheinischen Städte als Bundesgenossen zu gewinnen und im Lauf von zwei Jahren die Kurfürsten niederzuringen. Erstmals hatte sich ein König gegen die Kurfürsten und ihre partikularen Interessen durchgesetzt.

König Albrecht I. Gemälde eines unbekannten österreichischen Künstlers

In dieser Situation wandte sich Albrecht 1302 neuerlich an Papst Bonifaz VIII., der ihm bisher die Anerkennung verweigert hatte. Der scharfe Konflikt des Papstes mit Philipp von Frankreich macht sein Interesse, Albrecht von seinem Bündnis mit Frankreich abzuziehen, verständlich. Obwohl Bonifaz gerade damals in der Bulle »Unam sanctam« in realitätsfremder Übersteigerung des Papalismus den Anspruch auf die päpstliche Allgewalt verkündet hatte, leistete Albrecht ihm durch seine Prokuratoren im Konsistorium 1303 den geforderten Treu- und Gehorsamseid und erlangte dafür die Approbation und die Einladung zur Kaiserkrönung. Bevor noch konkrete Schritte in dieser Richtung unternommen werden konnten, starb Bonifaz 1303 an den Folgen des Attentats von Anagni.

Besondere Aufmerksamkeit verdient das Interesse der Habsburger an Böhmen und Ungarn. Albrechts vergebliche Bemühungen um die Stephanskrone (1290) wurden schon erwähnt. Als die Ungarn sich damals gegen den Papst für Andreas III. entschieden, gab ihm Albrecht seine Tochter → Agnes zur Gemahlin und gewann ihn als Bundesgenossen gegen Adolf. Nach dem frühen Tod von Andreas, mit dem die ungarischen Arpaden ausstarben, kam Albrecht der Aufforderung von Bonifaz VIII. nach, Karl Robert von Anjou zu unterstützen, da er sich gegen die Ansprüche der Přemysliden auf Ungarn stellte.

Im Reichslehen Böhmen herrschte der Přemyslide Wenzel II., der mit Albrechts Schwester → Guta (Jutta) vermählt war. Die gegen Polen gerichtete Ausdehnungspolitik genoß Albrechts Unterstützung, u. a. durch die Belehnung mit allen künftigen Erwerbungen in Polen (1300). Dem Ausgreifen nach Ungarn versuchte er hingegen einen Riegel vorzuschieben; Wenzel II. starb während des darüber ausgebrochenen Krieges (1305). Wenzel III., der letzte Přemyslide, verzichtete auf Ungarn und wurde von Albrecht anerkannt, doch starb er bereits 1306 durch Mord. Nun handelte Albrecht rasch, rückte mit seinem ältesten Sohn Rudolf III. in Böhmen ein und erlangte dessen Anerkennung als König von Böhmen. Rudolf III. nahm → Elisabeth-Ryksa, die Witwe nach Wenzel II., zur Gemahlin, doch er starb bereits 1307. Albrecht gelang es nicht, seinen zweiten Sohn → Friedrich, »den Schönen«, als König zu etablieren. Offenkundig war der gleichzeitige Kampf um Thüringen und Meißen, die Albrecht aufgrund des Verkaufs Thüringens ans Reich beanspruchte, eine zu große Belastung.

König Albrecht I. fällt erstochen vom Pferd, während die Mörder – darunter sein Neffe Johann Parricida – flüchten. Patriotische Darstellung aus dem 19. Jahrhundert bei Anton Ziegler

Die Absicht, aus den Stammlanden Verstärkungen zu rekrutieren, führten den König in seine Heimat. Während der Vorbereitungen zu einem neuen Feldzug fiel er 1308 beim Übergang über die Reuß einem Mordanschlag seines Neffen → Johann »Parricida« (dem Sohn seines Bruders → Rudolf II.), der sich um sein Erbteil geprellt fühlte, zum Opfer.

Damit wurde eine Entwicklung jäh unterbrochen, die zu einem starken Königtum auf der soliden Grundlage einer ausgedehnten Hausmacht hätte führen können. Der ernste und stolze Fürst – die steirische Reimchronik rühmt als seine vier Tugenden Keuschheit, Großmut, Versöhnlichkeit und Wohlanständigkeit – verband den nüchternen Blick für das Wesentliche und Mögliche mit staatsmännischer Begabung und Geduld.

Lit.: Regesta habsburgica 2/1: Die Regesten Albrechts I. 1281–1288, bearb. von Harold Steinacker (1934); Alfred Hessel, Jahrbücher des Deutschen Reiches unter König Albrecht I. von Habsburg, München 1931; Alphons Lhotsky, Geschichte Österreichs ... (1281–1358), Wien 1967, 43–168; Winfried Stelzer, Zur Kanzlei der Herzoge von Österreich aus dem Hause Habsburg (1282–1365), in: Landesherrliche Kanzleien im Spätmittelalter, Münchener Beiträge zur Mediävistik und Renaissance-Forschung 35, 1984, 299.

S.

Albrecht II., »der Weise«, »der Lahme«, Herzog von Österreich, Sohn von König → Albrecht I. und → Elisabeth von Görz-Tirol, geb. Ende 1298 auf der Habsburg, gest. 20. 7. 1358 in Wien, begr. in der Kartause Gaming, 1797 Überführung in die Pfarrkirche Gaming, seit 1985 wieder in der wiederhergestellten Grablege in der ehemaligen Kartause Gaming.

Wahlspruch: Et hic virum agit/Auch das (Holzbein) bringt den Mann voran.

Zunächst für die geistliche Laufbahn bestimmt, erhielt Albrecht eine sorgfältige Ausbildung. 1313 wurde der 15jährige zum Bischof von Passau gewählt, doch wurde die Wahl vom Papst verworfen. Die langwierigen Auseinandersetzungen zwischen Habsburgern und Wittelsbachern prägten seine Entwicklung. Von Bedeutung waren namentlich die Jahre zwischen der Schlacht bei Mühldorf 1322 und 1330. 1324 schloß er die Ehe mit → Johanna von Pfirt.

Nach dem Tod seines Bruders → Leopold I. 1326 verwaltete Albrecht drei Jahre lang die Vorlande und sammelte dabei Erfahrungen. Unerquicklich waren die Auseinandersetzungen mit dem Bruder → Otto, der gegenüber seinen Brüdern auf einen Anteil an der Herrschaft und damit auf Teilung drängte. 1330 wurde dann zum Schicksalsjahr: im Januar starb der Bruder → Friedrich der Schöne, und Albrecht trat gemeinsam mit Otto die Regierung in Österreich und Steiermark an. Aber schon im März desselben Jahres führte eine Erkrankung dazu, daß er zeitlebens an Händen und Füßen gelähmt blieb und auf einen Tragsessel bzw. eine Pferdesänfte angewiesen war. (Wie die 1985 anläßlich der Graböffnung vorgenommene anthropologische Untersuchung ergab, handelte es sich um Polyarthritis, einen äußerst schmerzhaften Gelenksrheumatismus, und keineswegs, wie durch Jahrhunderte behauptet wurde, um eine Lähmung durch Vergiftung.) Der Herzog ertrug sein Los mit bewundernswerter Geduld.

Für die Zukunft seiner Territorien wirkte sich günstig aus, daß Albrecht nicht nach der Königskrone strebte. Er war der erste Habsburger, der in Österreich wirklich Fuß faßte und heimisch wurde. Die Gründung der Kartause Gaming – ursprünglich war für die Klostergründung ein Ort bei Luzern vorgesehen – zeigt die Schwerpunktverlagerung auf die österreichischen Lande. Die Errichtung der herzoglichen Grablege ist vollends als Ausdrucksform landesherrlicher Machtstellung zu werten.

1335 gelang die Erwerbung des Herzogtums Kärnten, von Krain und der Windischen Mark. Bewußt betrieb der Herzog das Zusammenwachsen der Länder seiner Herrschaft, indem er ein gemeinschaftliches Landesbewußtsein und Zusammengehörigkeitsgefühl förderte, u. a. durch den Auftrag zu einem bedeutenden Geschichtswerk, das der Kärntner Zisterzienserabt Johann von Viktring verfaßte.

Seit dem Tod Herzog Ottos 1339 konzen-

Albrecht II. – Glasfenster in Königsfelden

trierte sich die Herrschaft in Albrechts Händen. Wien wurde nun erst zur eigentlichen Residenz. Die Finanzgebarung, wie die wirtschaftlichen Verhältnisse überhaupt, waren vorbildlich. Es ist bezeichnend, daß unter Albrecht die ersten Goldgulden im Auftrag und im Namen eines österreichischen Herzogs geprägt wurden. Der Herzog, der persönlich als leutselig und humorvoll galt, hielt stets Maß in allen Dingen, betrieb auch grundsätzlich Neutralitätspolitik und war um Ausgleich bemüht. Dabei gab es schwere Zeiten mit Heuschreckenplagen, Erdbeben, der großen Pestepidemie von 1348/49 und Judenverfolgungen, gegen die der Herzog allerdings scharf durchgriff. Große Sorgen bereitete das Ausgreifen der Schweizer Eidgenossen. Trotz seiner Behinderung zog Albrecht 1351 bis 1355 gegen Zürich in den Krieg.

Die Kinderlosigkeit des Ehepaares wurde als Gefahr für die buchstäblich vom Aussterben bedrohte Dynastie empfunden. Eine von Albrechts Tante → Agnes inszenierte Wallfahrt der Eheleute nach Aachen wirkte Wunder. Zu Allerheiligen 1339 wurde → Rudolf IV. geboren und in der Folge weitere drei Söhne: → Friedrich III., → Albrecht III. und → Leopold III. sowie zwei Töchter, → Katharina und → Margarethe.

In seiner Hausordnung vom 25. November 1355 verfügte Albrecht, daß seine Söhne die Länder gemeinschaftlich und zu gleichen Rechten innehaben sollten. Zur Sicherung dieser Nachfolgeregelung holte er Garantieerklärungen der Landherren der drei Herzogtümer ein.

Der Herrschaftskomplex Albrechts, für den sich damals in Ermangelung eines staatsrechtlichen Begriffes die Bezeichnung »Herrschaft zu Österreich« (»dominium Austrie«) einbürgerte, hatte unter seiner Regierung »wohl unter allen deutschen Fürstenthümern nach Böhmen die hervorragendste Stellung eingenommen«. Diese Situation und der reiche Schatz, den er bei seinem Tode hinterließ, boten erst – und dies wird vielleicht zu wenig gewürdigt – die Basis für die ungemein eindrucksvollen, freilich auch sehr aufwendigen und oft hochfliegenden Projekte und Unternehmungen seines Sohnes Rudolf IV.

Lit.: Erika Eloga, Albrecht II. . . ., Diss., Wien 1952; Josef Lenzenweger, Albrecht II., der Lahme . . . und die Päpste von Avignon, Römische Historische Mitteilungen 6/7, 1964, 29–71; Winfried Stelzer, Herzog Albrecht II. und die Kartause Gaming, in: Walter Hildebrand, Kartause Gaming, Scheibbs 1985, 121–223; Alphons Lhotsky, Geschichte Österreichs, Wien 1967, S. 310–375.

S.

Albrecht III. »mit dem Zopfe«, Herzog von Österreich (1365–95), dritter Sohn von Herzog → Albrecht II. und der Gräfin → Johanna von Pfirt, geb. zwischen 18. 11. 1349 und 16. 3. 1350 in der Burg zu Wien, gest. 29. (oder 28.) 8. 1395 in Schloß Laxenburg/Niederösterreich, begr. in der Fürstengruft von St. Stephan in Wien.

Aus politischen Gründen 1362 mit Elisabeth von Anjou, Nichte König Ludwigs I. von Ungarn, verlobt, unterblieb eine Eheschließung infolge des Dazwischentretens von Kaiser Karl IV. Dieser zwang Albrecht, der nach dem Ableben von → Rudolf IV. im Jahre 1365 gemeinsam mit dem noch nicht vierzehnjährigen → Leopold III. die Regierung der habsburgischen Länder übernommen hatte, von der Verlobung zurückzutreten und dafür 1366 in Prag des Luxemburgers erst achtjährige Tochter → Elisabeth zu heiraten. Kurz danach erhielten die Brüder Albrecht und Leopold die Belehnung mit den Reichslehen.

Die böhmisch-österreichische Allianz bewährte sich sehr bald gegenüber bayerischen Ansprüchen, die im Frieden von Schärding 1369 durch Geld abgefunden werden konnten. So

Herzog Albrecht III. »mit dem Zopf«

wurde der Besitz Tirols für die Habsburger gesichert. Bereits 1368 hatte sich Freiburg im Breisgau der österreichischen Herrschaft unterstellt, während die Unterwerfung von Triest 1369 zunächst Episode blieb. Finanzielle Schwierigkeiten und das ständige Drängen des jüngeren Bruders bewirkten mehrere Teilungsverträge, ehe es 1379 in Neuberg an der Mürz zur folgenschweren Realteilung kam, derzufolge Albrecht Nieder- und Oberösterreich »ewiklich« besitzen sollte. Damit wurden die albertinische und die leopoldinische Linie der Habsburger begründet.

Nunmehr begann Albrecht, Gebiete, die landrechtlich zu Österreich gehörten, deren hochadelige Besitzer aber eine reichsfürstliche Stellung genossen (z. B. die Grafen von Schaunberg), seiner Landesherrlichkeit einzuverleiben. Da Bemühungen um die Hand von Violante, der Tochter des Galeazzo II. Visconti, am heftigen Einspruch des Papstes scheiterten, entschloß sich Albrecht 1375 zu einer zweiten Ehe mit der ob ihrer Schönheit gepriesenen Tochter des Burggrafen Friedrich V. von Nürnberg, → Beatrix von Zollern. Diese schenkte ihm 1377 den ersehnten Erben → Albrecht IV.

Nach dem Tod Leopolds III. 1386 in der Schlacht bei Sempach übernahm Albrecht die Gesamtregierung. Deshalb mußte der friedfertige Fürst gegen die Eidgenossen Krieg führen, dessen Erfolglosigkeit (Niederlage bei Näfels 1388) einen (1394 auf 20 Jahre verlängerten) Waffenstillstand zur Folge hatte. Auf kirchenpolitischem Gebiet führte er die leopoldinische Ländergruppe zur römischen Obedienz zurück, der er selbst anhing. 1394 sicherte er seinem Haus vertraglich die Anwartschaft auf die Görzer Besitzungen. Zur gleichen Zeit beteiligte er sich mit benachbarten Fürsten und böhmischen Baronen an der Gefangennahme König Wenzels I. Dabei strebte er selbst nach der Reichskrone, doch verhinderte sein plötzlicher Tod die Verwirklichung dieses ehrgeizigen Planes. Noch wenige Stunden vor seinem Ableben traf er Anordnungen für eine allen gemeinsame Schatzkammer.

Dank einer den Durchschnitt weit überragenden Allgemeinbildung vermochte Albrecht mit akademischen Koryphäen über kirchenpolitische Streitfragen ebenso zu diskutieren wie über Erd-

Herzog Albrecht III. empfängt den Ritterschlag am Heiligen Grab. Darstellung aus dem 19. Jahrhundert, das die katholische Sendung Habsburgs betonte.

und Himmelskunde. Zu denken ist hierbei besonders an die »götleichen zwain maistern«, Heinrich (Hembuche) von Langenstein und Heinrich (Totting) von Oyta. Diesen ist es auch zuzuschreiben, daß die von Papst Urban VI. 1384 genehmigte Theologische Fakultät die Wiener Universität rasch zu einem Zentrum der Spätscholastik werden ließ. Der Augustiner-Eremit und Hofkaplan, Leopold von Wien, verfaßte nicht nur die älteste Landeschronik (»Chronik von den 95 Herrschaften«), sondern übertrug auf Albrechts Wunsch auch lateinische Werke (darunter die »Historia tripartita« des Cassiodorus Senator) ins Deutsche. Dies läßt in die an Überraschungen reiche zeitgenössische Ideenwelt blicken, wenn von Beziehungen zum französischen Königshaus (die wohl über Albrechts halbfranzösische Mutter führten) die Rede ist, und der Fürst öffentlich als »cristianissimus archidux« gefeiert wurde.

Die Locke, von Ludwig August Frankl

... Und als nun kam die Stunde, da man
sie trug ins Grab,
schnitt er die schönste Locke von ihrem
Haupte ab.
Die trug er seitdem immer, und sah er die
Locke an,
da war's dem armen Herrn um alle Lust
getan.
Und zog er aus zum Schlagen, nahm er
die Locke mit,
die er der toten Gattin vom holden
Haupte schnitt ...

Darüber hinaus wurde dieser erste große Bücherfreund des Hauses Habsburg, auf den auch die Wiener »Herzogswerkstatt« von Miniatoren zurückgeht, auch zum Mäzen für Künstler, Musiker und Dichter. In Laxenburg wurde gebaut, Tiergärten und Fischbehälter angelegt und nach Anweisungen des spätantiken Lehrgedichtes von Palladius »De re rustica« durch den Herzog selbst Gartenarbeit besorgt sowie alte Marmorstatuen aufgestellt, die ob ihrer Glätte und Schönheit weithin bewundert wurden. Auch der Dombau von St. Stephan wurde zielstrebig weitergeführt. Zu Recht pries daher Peter Suchenwirt, der Albrechts »Littauerfahrt« im Sommer 1377 mitgemacht hatte, diesen mit den Worten: »sein edel herz und auch sein mueth pran in der chunste fewre«. Sein Beiname »mit dem Zopfe« drückt die Zugehörigkeit zu der von ihm gestifteten ritterlichen Gesellschaft aus.

Lit.: Alfred Strnad, Herzog Albrecht III. von Österreich (1365–1395), Diss. Wien 1961. – ders., Ein habsburgisch-viscontisches Eheprojekt aus dem Jahre 1374, in: MIÖG (Mitteilungen des Instituts für österreichische Geschichtsforschung) 72 (1964) 326–363; Paul Uiblein, Beiträge zur Frühgeschichte der Universität Wien, in: MIÖG 71 (1963) 284–310; ders., Die österreichischen Landesfürsten und die Wiener Universität im Mittelalter, in: MIÖG 72 (1964) 382–408.

St.

Albrecht IV., »das Weltwunder«, Herzog, Sohn von Herzog → Albrecht III. und → Beatrix von Zollern, geb. 19. 9. 1377 in Wien, gest. 14. 9. 1404 in Klosterneuburg, begr. in der Fürstengruft von St. Stephan in Wien.

Als Albrecht III. 1395 starb, fand man in seinem Testament den Wunsch, daß die habsburgischen Länder nicht geteilt werden mögen. Seinen 18jährigen Sohn versetzte dieser Passus in einen Konflikt mit den Vettern aus der steirischen Linie, insbesondere mit dem Ältesten, → Wilhelm, der von Natur aus tatkräftiger und wesentlich temperamentvoller war als der eher stille Albrecht. Wilhelm und seine Brüder → Leopold, → Ernst und → Friedrich waren die Söhne Herzog → Leopolds III., der im Krieg gegen die Schweizer 1386 bei Sempach gefallen war. Nach Wilhelms Interpretation des Testaments von Albrecht III. stand ihm als ältestem lebenden Habsburger der gesamten Familie die Herrschaft über den ungeteilten Besitz zu. Österreich zerfiel in zwei Lager. Die Wiener Bürgerschaft z. B. war bereit, Wilhelm anzuerkennen, der österreichische Adel hingegen betrachtete Albrecht als den rechtmäßigen Landesherrn.

Der Vertrag von Hollenburg 1395 verhinderte offene Feindseligkeiten größeren Ausmaßes. Er sah eine gemeinsame Regierung vor. Infolgedessen betrachtete sich Wilhelm sehr wohl als Mitregent in Österreich, dachte aber nicht daran, Albrecht gleiche Rechte in Steiermark, Kärnten und Krain, also in seinen Ländern, einzuräumen. Erst kurz vor Albrechts Tod 1404 verzichteten die »Leopoldiner« auf die Mitregentschaft in Nieder- und Oberösterreich.

In Österreich herrschte das blanke Faustrecht: Blutige Fehden waren an der Tagesordnung. Die Bevölkerung, besonders an den Grenzen zu Böhmen und Mähren, lebte in Angst und Schrecken, denn niemand konnte sie vor den Überfällen heruntergekommener Ritter und verschiedenen Raubgesindels schützen. Es hätte einer festen Hand bedurft, um Ruhe und Ordnung wiederherzustellen. Eben diese war Albrecht – im Gegensatz zu seinem Sohn und Nachfolger – nicht gegeben.

Neben den gewalttätigen Herrschertypen seiner Generation nimmt sich Albrecht fast schwächlich aus. Auf der Suche nach Frieden teilte er oft das klösterliche Leben der Kartäuser in Mauerbach. Er galt als vorzüglicher Musikinstrumentenbauer. Die Tischlerei machte ihm Freude. Noch Generationen später bewahrte man Möbel auf, die der Herzog angefertigt hatte.

Über Albrechts Äußeres – und das ist wichtig, solange wir keine gesicherten Porträts besitzen – wird berichtet, daß er groß war, sein Gesicht gerötet, das Haar schwarz. Er trug einen Bart. Bart und Haare ließ er jedoch nicht modisch kräuseln.

Der Herzog heiratete 1390 → Johanna Sophia von Niederbayern, die ihm zwei Kinder, → Margarethe und → Albrecht V., schenkte.

Im August 1398 trat der junge Herzog eine Pilgerfahrt ins Heilige Land an, sehr zum Mißfallen seiner Mutter, die um sein Leben fürchtete. Es war ein gefährliches Unternehmen – so mancher christliche Fürst schmachtete bereits in türkischer Gefangenschaft –, aber auch ein kostspieliges, das eine Reihe von Verpfändungen österreichischer Herrschaften an die steirischen Vettern zur Folge hatte. Am Heiligen Grab wurde Albrecht zum Ritter geschlagen und kehrte wohlbehalten in die Heimat zurück, wo ihm dieses Abenteuer in Personifizierung dessen, was er angeblich erlebt und gesehen hatte, später den Beinamen »Weltwunder« (Mirabilis mundi) einbrachte. Ein anderer (zeitgenössischer) Beiname war in Anspielung auf seine mönchischen Ambitionen »frater Albertus« (Bruder Albrecht).

Wie sein Vater hielt Albrecht gute Kontakte zu den Luxemburgern, die das benachbarte Königreich Böhmen regierten und mit Wenzel den römischen König stellten. Insbesondere war der österreichische Herzog ein treuer Anhänger Siegmunds (Bruder Wenzels und seit 1387 König von Ungarn), in welche Allianz zeitweise auch Herzog Wilhelm eingeschlossen war. Als zwischen dem als römischer König (1400) abgesetzten Wenzel und Siegmund ein offener Konflikt ausbrach und Siegmund den Bruder in Prag gefangennahm, gab er ihn den Herzogen in Gewahrsam nach Wien. Aus Dankbarkeit für die

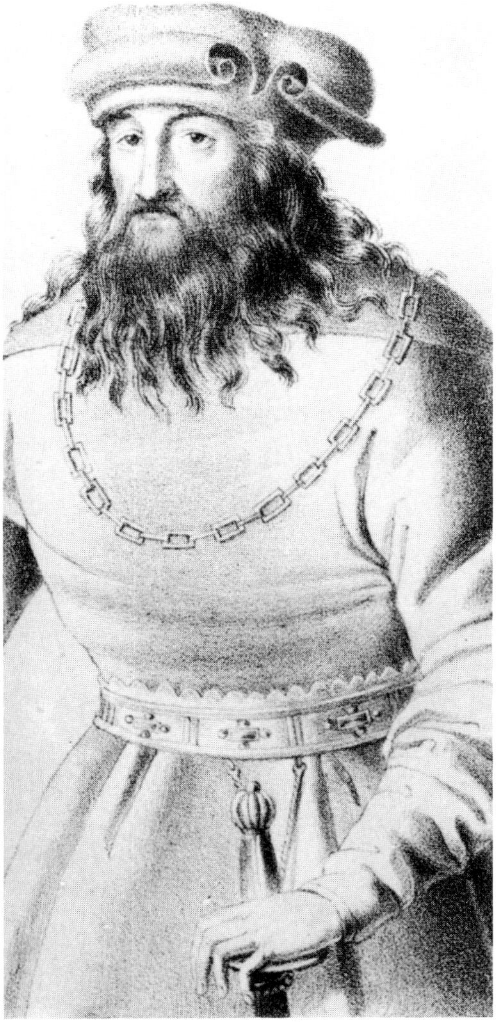

Albrecht IV., Herzog von Österreich. Anonyme Lithographie

bewiesene Loyalität veranlaßte Siegmund den ungarischen Landtag, Albrecht als seinen Nachfolger in diesem Königreich zu designieren und ihn sofort mit seiner Stellvertretung zu betrauen (1402).

Darauf war allerdings nicht viel zu geben. Kaum hatte Siegmund das Land verlassen, wandten sich die Ungarn dem vom Papst favorisierten Ladislaus aus dem Haus Anjou zu (1403). Zu allem Unglück konnte Wenzel aus Wien fliehen und von Böhmen aus einen Aufstand gegen Siegmund entfachen. Siegmund war über die habsburgischen Herzöge überaus erbittert, denn er dachte, sie hätten seinen Bruder absichtlich entkommen lassen. Für Albrecht traf dies gewiß nicht zu. Er und sein Vetter Ernst kamen dem König zu Hilfe und belagerten im Sommer 1404 mit ihm gemeinsam die Stadt Znaim. Siegmund und Albrecht erkrankten an der Ruhr; der König genaß, Albrecht aber starb erst 27jährig auf dem Transport nach Wien.

Lit.: Franz Kurz, Oesterreich unter Herzog Albrecht IV., Linz 1830.

Mr.

Albrecht II., König (als Herzog Albrecht V.), Sohn von Herzog → Albrecht IV. und → Johanna Sophia von Bayern-Straubing, geb. 10. 8. 1397 in Wien, gest. 27. 10. 1439 in Neszmély bei Gran (Esztergom), begr. in Stuhlweißenburg (Székesfehérvár).

Wahlspruch: Amicus optima vitae possessio/ Ein Freund ist der größte Schatz im Leben.

Ganz anders als sein Vater zeigte Albrecht V. von Jugend an (er wurde bereits mit 14 Jahren für großjährig erklärt) klare Vorstellungen und energischen Willen. Dabei hatte er das Glück, daß ihm gerade in den ersten Jahren seiner Regierung rechtschaffene Männer zur Seite standen, wie der für die Finanzen verantwortliche Hubmeister Berthold v. Mangen, der sein Amt seit 1412 24 Jahre lang ausübte. Die Reform des Gerichtswesens (landmarschallisches und herzogliches Gericht als ständige Institutionen) brachte bald eine bemerkenswerte Ordnung mit sich. Retrospektiv bemerkte der Chronist Thomas Ebendorfer, daß man bald offen Gold durchs Land tragen konnte, so sicher waren innerhalb weniger Jahre die Verhältnisse geworden.

Ein zweiter Schwerpunkt der herzoglichen Politik war die Kirchenreform. Albrecht war zutiefst von der konziliaren Idee erfüllt, die infolge des »Zerfalls« des Papsttums in erst zwei, dann gar drei Gegenpäpste (1409) an Bedeutung ge-

Detail aus dem Albrechtsaltar (1438/39) im Stift Klosterneuburg: Vor der Schutzmantelmadonna kniet vorne König Albrecht II.

wann und eine stärkere Betonung der Landeskirche gegenüber Rom mit sich brachte. In Albrecht V. verbanden sich ehrliches Bemühen um die Hebung der Klöster in disziplinärer und wirtschaftlicher Hinsicht mit der Einsicht, daß die Kirche – als politischer Faktor gesehen und genutzt – zu einem wichtigen Instrument der Machtausübung für den Landesfürsten werden konnte. 1418 ließ er sich von Papst Martin V. die Bewilligung zur Reform der Benediktinerklöster nach clunyazensischem Vorbild erteilen, ersetzte die kirchlichen Visitatoren durch landesfürstliche und initiierte die unter der Bezeichnung »Melker Reform« bekannt gewordene und über die Grenzen Österreichs hinaus höchst erfolgreich wirkende Erneuerungsbewegung.

Albrecht versuchte auch, die Inquisition gegen die Hussiten in seine Hand zu bekommen. 1421 mußten alle Angehörigen der Wiener Universität einen »Ketzereid« leisten, d. h. ihre Rechtgläubigkeit beschwören. Als »reformator tocius vite religiose in Austria« genoß der Herzog so hohes Ansehen, daß sogar daran gedacht wurde, Wien zum Verhandlungsort für die Unionsbestrebungen mit den Griechen zu erwählen. Albrecht schreckte aber auch vor Judenverfolgungen nicht zurück, um die gewonnenen Mittel für die Bekämpfung der Hussiten zu verwenden. Zwei Aspekte sind dabei zu bedenken: Die Hussiten waren Ketzer und bedrohten durch bewaffnete Überfälle den Landfrieden. Trotz aller Anstrengungen (neue Wehrverfassung 1431) wurde man ihrer nicht Herr und mußte sich 1434 mit einem Waffenstillstand zufriedengeben.

Daß Albrecht die Kirche als politischen Faktor begriff, erklärt deutlich sein Bestreben, wichtige Positionen in der kirchlichen Hierarchie mit ihm genehmen Kandidaten besetzen zu lassen. Albrecht erwies sich darin als Exponent eines frühen Staatskirchentums. Am bekanntesten wurde der Streit um das Passauer Bistum (1423–1428), der fünf Jahre lang mit unerbittlicher Härte (geistlichen Sanktionen, Überfällen, Freiheitsberaubung, Bestechung) geführt wurde. Der Herzog scheute sich nicht, selbst gegen seinen Schwiegervater, Kaiser Siegmund – er hatte 1422 in Wien Siegmunds Tochter → Elisabeth geheiratet – und Papst Martin V. Front zu bezie-

Der Übergang der römisch-deutschen Königswürde an das Haus Habsburg

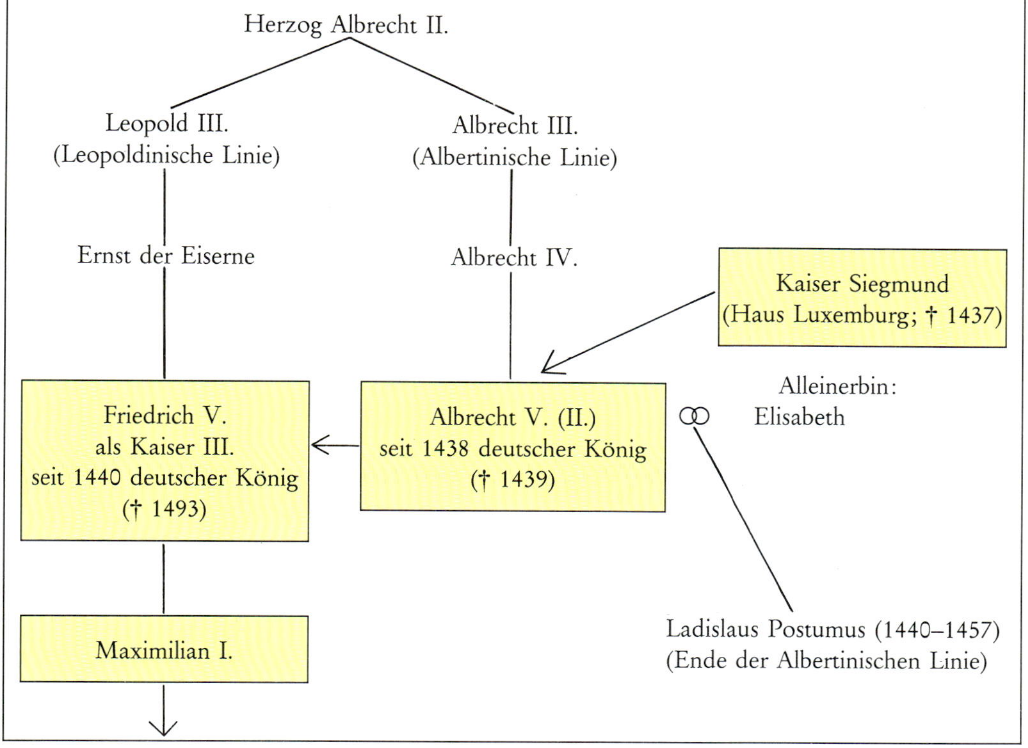

hen. Er setzte sich nicht durch, aber es spricht für ihn, daß er den ungeliebten Kandidaten später zu diplomatischen Missionen heranzog.

1437 wurde Albrecht zum König von Ungarn, 1438 von Böhmen gekrönt. In beiden Ländern hatte er mit einer starken antideutschen Opposition zu kämpfen; in Böhmen wurde der polnische Kronprinz Kasimir Jagiełło von einem Teil der Stände zum Gegenkönig gewählt. Er, der zum politisch und kulturell bedeutendsten polnischen König werden sollte, nahm die Wahl allerdings nicht an und heiratete später eine Tochter Albrechts. 1438 erfolgte auch Albrechts Wahl zum römischen König; zur Kaiserkrönung kam es durch seinen frühen Tod nicht mehr.

Die Schwäche und die innere Zerrissenheit des Reiches hatten bereits unter Kaiser Siegmund zu verschiedenen Reformversuchen geführt, getragen von dem Bestreben, durch eine Landfriedensgesetzgebung das Fehdewesen in den Griff zu bekommen. Albrecht verfolgte diese Linie weiter und nahm auch eine verwaltungsmäßige Reorganisation des Reiches in Angriff (Reichstage in Nürnberg Juli und Oktober 1438, Mainzer Fürstentag April 1439). Er konnte jedoch seine Vorstellungen nicht verwirklichen, zumal er an keinem der Tage persönlich teilnahm. Auch andere Maßnahmen, die sich ansatzweise etwa in der Finanzpolitik und im Gerichtswesen zeigen, entziehen sich wegen des frühen Todes von Albrecht einer Beurteilung.

Albrecht war ein schmächtiger, hochaufgeschossener blonder Knabe mit auffallend großen Augen. Als Erwachsener überragte er seine Umgebung um Haupteslänge, hatte eine dunkle

König Albrecht II. mit dem Adlerorden, den er zur Stärkung der christlichen Kirche gegen alle Ungläubigen, vor allem gegen die Hussiten, gegründet hatte, der aber nur wenige Jahre bestand. Unbekannter Wiener Künstler, 16. Jahrhundert

Hautfarbe (wahrscheinlich war auch das Haar nachgedunkelt), und von den Augen hieß es, sie seien »furchterregend« (terribiles). Er war mehr ein Mann der Taten als der Worte, ein leidenschaftlicher Jäger und tüchtiger Krieger, der auch dafür sorgte, daß die Soldaten versorgt wurden. Seine Bildung dürfte sich in Grenzen gehalten haben: er verstand kein Latein und beherrschte auch Ungarisch und Tschechisch nicht, mit ein Grund, weshalb er in Böhmen und Ungarn wenig beliebt war. Er erbte die kostbare Bibliothek der Luxemburger; von bibliophilen Interessen seinerseits ist nichts zu bemerken, sieht man von einem kostbaren Gebetbuch ab, das ihm gewidmet wurde. Beständigkeit, Großherzigkeit und Gerechtigkeitssinn, die ihm nachgerühmt wurden, gehören zu sehr zu den üblichen Fürstentugenden, als daß man dem allzu große Bedeutung zumessen dürfte. Gewiß aber war Albrecht in Österreich beliebt und angesehen.

Lit.: Wilhelm Wostry, König Albrecht II. (1437–1439), 2 Bde., Prag 1906/07; Gisela Köppel, Herzog Albrecht V. von Österreich, Diss., Wien 1943; Gerda Koller, Princeps in Ecclesia. Untersuchungen zur Kirchenpolitik Herzog Albrechts V. von Österreich (Archiv für österreichische Geschichte 124), 1964; Günther Hödl, Albrecht II. Königtum, Reichsregierung und Reichsreform 1438–1439 (= Forschungen zur Kaiser- und Papstgeschichte des Mittelalters 3), 1978 (dort die ältere Literatur).

Mr.

Albrecht VI., Herzog, zweiter Sohn von Herzog → Ernst von Innerösterreich und → Cimburgis von Masowien, geb. 18. 12. 1418 in Wien, gest. 2. 12. 1463 in Wien, begr. in der Fürstengruft von St. Stephan in Wien.

Beim Tod des Vaters war Albrecht sechs Jahre alt, sein Bruder → Friedrich (V.) neun. Beide Knaben gelangten unter die Vormundschaft ihres Onkels → Friedrich IV. von Tirol, aus der sie 1435 entlassen wurden. Friedrich übernahm damals die Länder seines Vaters (Steiermark, Kärnten und Krain). Vier Jahre später, nach dem unerwarteten Tod Friedrichs IV. von Tirol und → Albrechts V. von Österreich übernahm Friedrich V. die Vormundschaft über die Nachkommen beider Onkel und damit die Regentschaft über alle habsburgischen Länder. Der jüngere Bruder Albrecht wurde finanziell abgegolten und erhielt bis auf Widerruf die Regentschaft in den Vorlanden; 1457 gründete er dort die Universität Freiburg in Breisgau.

Albrecht war »ein wilder ... und mendlicher (= männlicher) herr« (so Jakob Unrest in seiner Österr. Chronik), und es verdroß ihn, daß ihm kein eigener Herrschaftsbereich übertragen wurde. Immer wieder drängte er auf eine Länderteilung. Als 1457 der junge → Ladislaus, der Sohn Herzog Albrechts V. von Österreich, starb, kam es zum offenen Kampf um das Erbe.

Der inzwischen Kaiser gewordene Bruder Friedrich gab schließlich dem Drängen der oberösterreichischen Stände nach und überließ Albrecht die Regentschaft des Landes ob der Enns (1458). Albrecht residierte in der Linzer Burg.

Er richtete eine eigene Kanzlei und auch eine eigene Finanzverwaltung ein. Einflußreiche Adelige köderte er durch großzügige Schenkungen. Die Absicht wurde bald klar: Auf dem Landtag, der 1461 in Linz stattfand, sagten die Stände Albrecht ihre Unterstützung für einen Feldzug gegen den Kaiser zu. Die Gelegenheit war günstig: Die niederösterreichischen Stände und vor allem die Wiener Bürger waren unzufrieden mit Friedrich, und Albrecht war es gelungen, sowohl den böhmischen König Georg von Podiebrad als auch den ungarischen König Matthias Corvinus durch Bündnisse an sich zu binden. Auf dem Zug durch Niederösterreich wurde Albrecht kein Widerstand geleistet.

In Wien gewann indessen die antikaiserliche Partei gänzlich die Oberhand. Bürgermeister Wolfgang Holzer und sein Anhang belagerten den Kaiser und seine Familie in der Wiener Burg. Der Kaiser verfügte in der Burg lediglich über 200 Mann. Dennoch gelang es den Angreifern nicht, die Burg zu erobern. Ebensowenig glückte es aber einem steirischen Entsatzheer, die Belagerung zu durchbrechen. Auf dem Verhandlungsweg gelangte man schließlich 1462 zu folgender Lösung: Albrecht sollte für acht Jahre

Herzog Albrecht VI. mit seiner Gemahlin Mathilde von der Pfalz. Darstellung auf dem Habsburger-Stammbaum des frühen 16. Jahrhunderts

die Regierung in Niederösterreich übernehmen und den Kaiser jährlich mit 4 000 Gulden entschädigen. Albrecht verkündete dieses Ergebnis selbst von der Kanzel des Stephansdoms. Der Kaiser zog sich mit seiner Familie nach Wiener Neustadt zurück, und Wien huldigte am 26. Dezember 1462 dem neuen Landesherrn.

Bald sahen die Wiener Bürger ein, daß ihnen der Zorn des Kaisers empfindliche wirtschaftliche Nachteile bringen könnte. Während sich Albrechts Söldner in Wien immer unbeliebter machten, nahm Bürgermeister Holzer heimliche Verhandlungen mit Friedrich auf, um Albrecht zum Verzicht zu zwingen. Das Komplott wurde jedoch aufgedeckt, und Albrecht nahm grausame Rache: Bürgermeister Holzer wurde als Hauptangeklagter öffentlich gevierteilt, seine engsten Mitarbeiter enthauptet. Plünderungen und Folterszenen versetzten die Stadt in Angst und Schrecken. Ein neuer Krieg zwischen den beiden Brüdern schien unvermeidlich zu sein. Da erkrankte Albrecht plötzlich. Unter einer Achsel zeigte sich eine nußgroße, schwarze Beule. Zwei Tage später war Albrecht tot. Sofort wurde von Vergiftung gemunkelt, die man einem kaisertreuen Arzt zuschieben wollte. Aber auch der Verdacht auf Beulenpest war nicht von der Hand zu weisen. Die Angst vor dieser Krankheit war so groß, daß man auf eine Obduktion und die übliche Einbalsamierung verzichtete. In aller Eile wurde der Erzherzog in einer Art Pestgrube vergraben und erst später in die Fürstengruft überführt.

Albrecht VI. war seit 1452 mit → Mechthild, einer Tochter des Kurfürsten Ludwig III. von der Pfalz, verheiratet, lebte aber nicht mit ihr zusammen, und die Ehe blieb auch kinderlos.

Lit.: Alois Zauner, Erzherzog Albrecht VI. Erbfürst des Landes ob der Enns, in: Oberösterreicher – Lebensbilder zur Geschichte Oberösterreichs 2, Linz 1982, 18–40; Heinrich R. v. Zeissberg, Der österreichische Erbfolgestreit nach dem Tode des Königs Ladislaus Postumus (1457–1458) im Lichte der habsburgischen Hausverträge, in: Archiv für Österreichische Geschichte 58 (1879), 1–170; Peter Csendes, Wien in den Fehden der Jahre 1461–1463 (= Militärhistorische Schriftenreihe 28), Wien 1974.

Mr.

Albrecht VII., »der Fromme«, Generalgouverneur der südlichen Niederlande, Sohn von Kaiser → Maximilian II. und der Infantin → Maria, geb. 13. 11. 1559 in Wiener Neustadt, gest. 15. 11. 1621 in Brüssel, begr. in der Gudula-Kathedrale in Brüssel.

Mit seiner Schwester → Anna, die 1570 König Philipp II. heiratete, kam Albrecht an den Hof von Spanien und wurde dort erzogen. 1577 wurde er zum Kardinal-Erzbischof von Toledo ernannt, 1583 zum Vizekönig Portugals und schließlich 1595 zum Generalgouverneur der südlichen Niederlande. Nach seiner Vermählung mit seiner Kusine → Isabella Clara, einer Tochter Philipps II., wurde er 1599 Landesfürst der Niederlande.

Die Regierung des Erzherzogs zeichnet sich durch eine persönliche Politik aus, die zwar die habsburgischen Interessen berücksichtigte, aber Madrid nicht unterworfen war. Das ergibt sich auch aus dem Friedenswillen, den Albrecht als Realpolitiker Madrid aufzuzwingen vermochte (Vertrag von London 1604 und zwölfjähriger Waffenstillstand 1609–1621 mit den Vereinigten Provinzen). Brüssel wurde unter seiner Verwaltung ein wichtiges politisches Zentrum. Seine Entscheidung, den Italiener Ambrosius Spinola zum Oberbefehlshaber der Armee zu ernennen, zeugt von Einsicht und Mut. Auf wirtschaftlicher Ebene wurden Maßnahmen getroffen, um die eigene Wirtschaft zu sichern sowie die Münze zu stabilisieren und nach der Schließung der Schelde die Verkehrsinfrastruktur zu verbessern. Auf künstlerischem Niveau bedeutete das Hofleben und sein Mäzenatentum ein erhebliches Stimulans für die Entwicklung des Barock. Dies hängt auch mit der Gegenreformation zusammen, die von den Habsburgern durch den Wiederaufbau von Kirchen und Abteien und durch die Begünstigung neuer Stifte gestützt wurde und zu einer zeitweiligen Wiederherstellung in den südlichen Niederlanden beitrug.

Albrecht VII., »der Fromme«, Generalgouverneur der österreichischen Niederlande, gemalt vom spanischen Hofmaler Juan Pantoja de la Cruz anläßlich seiner Hochzeit

Albrechts Ehe blieb kinderlos, mit der Folge, daß nach seinem Tod, wie im Heiratsvertrag bestimmt, die südlichen Provinzen wieder Spanien angegliedert wurden.

Lit.: J. Cuvelier und J. Lefèvre, Correspondance de la Cour d'Espagne sur les affaires des Pays-Bas, Brüssel, I 1923 und II 1937; V. Brants, Recueil des ordonnances des Pays-Bas, Règne d'Albert et Isabelle 1597–1621, Brüssel, 1909–1912, 2. T.; ders., Les ordonnances monétaires du XVIIe siècle, Brüssel 1914.

Ba.

Albrecht, ältester Sohn von Erzherzog → Karl und Prinzessin → Henriette von Nassau-Weilburg, geb. 3. 8. 1817 in Wien, gest. 18. 2. 1895 in Arco, begr. in der Kapuzinergruft, Wien.

In Albrecht wurde das konsequent weiterentwickelt, was bereits in der Erziehung und Laufbahn Erzherzog Karls begonnen worden war: er wurde systematisch militärisch ausgebildet und in militärischen Funktionen verwendet, um dem Erzhaus einen nicht nur symbolischen, sondern auch tatsächlich auszuübenden Oberbefehl zu sichern. Albrecht eignete sich wie sein Bruder → Wilhelm für diese Laufbahn in besonderem

Erzherzog Albrecht als Kind

Maße. Schon mit 13 Jahren wurde er Oberst-Inhaber des Infanterie-Regiments Nr. 44. Nach einer praktischen, vor allem aber einer theoretischen Ausbildung durch seinen Vater trat er 1837 seinen militärischen Dienst an und wurde als 2. Oberst im Infanterie-Regiment Baron Wimpffen Nr. 13 eingeteilt. 1839 wechselte er zum Kürassier-Regiment Baron Mengen Nr. 4. Das Jahr darauf kam er – bereits Generalmajor – als Brigadier nach Graz und schließlich 1843 als Feldmarschalleutnant ad latus zum Mährisch-Schlesischen Generalkommando. 1845 wurde er Kommandierender General in Niederösterreich, Oberösterreich und Salzburg. Die erste Phase seiner militärischen Laufbahn wurde praktisch nur durch seine 1844 erfolgte Heirat mit der dritten Tochter von König Ludwig I. von Bayern, → Hildegard, unterbrochen.

Als Kommandierender General in Niederösterreich hätte Albrecht während der Revolution 1848 eine maßgebliche Rolle spielen können. Da seine ausschließlich auf den Einsatz von Gewalt abzielende Haltung aber am Hof keine Billigung erfuhr, bat er Kaiser → Ferdinand schon am 14. März um die Enthebung vom Kommando. Er wollte nach Italien zu Radetzky gehen. Dort wurde ihm schließlich ein Divisionskommando beim 2. Armeekorps verliehen. Nach der Schlacht von Novara wurde er 1849 mit dem Ritterkreuz des Militär-Maria-Theresien-Ordens ausgezeichnet und kurz darauf über Antrag des Ordenskapitels für dieselbe Tat Kommandeur dieses Ordens.

Jetzt begann eine Zeitspanne, in der Albrecht in kurzer Reihenfolge seine Kommandos wechselte. Zunächst wurde er Kommandant des 3. Armeekorps in Böhmen und kurz darauf Gouverneur der Bundesfestung Mainz, eine Stellung, die nur nominell zu bekleiden war. 1850 erhielt er provisorisch das Militärkommando in Böhmen. Er wurde General der Kavallerie und übernahm 1851 das Landes-Militärkommando von Böhmen. Schon im September desselben Jahres wurde er Kommandant der III. Armee sowie Militär- und Zivilgouverneur in Ungarn. 1853, während der Krise in Montenegro, wurde er Oberkommandierender der von Österreich aufgestellten Observationsarmee. Während des Krimkriegs wurde er jedoch als Kommandierender in Ungarn belassen. 1859 war er in diplomatischer Mission in Berlin, mit dem Auftrag, zu versuchen, Preußen im Krieg gegen Frankreich auf die Seite Österreichs zu bringen. Das schlug fehl. Seit damals hatte Albrecht aber eine Abneigung gegen Preußen, die sich später noch verstärkte. Während des Krieges verblieb Albrecht als Kommandant der österreichischen Truppen am Rhein in einer unwichtigen Funktion, die nur dann Bedeutung erlangt hätte, wenn Preußen an der Seite Österreichs am Rhein aufmarschiert wäre.

1860 suchte Albrecht um die Enthebung von seinem Gouverneursposten in Ungarn an. Er übersiedelte als Kommandant des 8. Korps nach Italien, wo er drei Jahre blieb. 1864 erhielt er den Vorsitz in einer Kommission, die über Änderungen der Militärorganisation beraten sollte.

Albrechts einziger Sohn starb im Kindesalter, seine Frau Hildegard 1864, und die jüngste Tochter → Mathilde 1867 bei einem Brandunfall. Um so mehr stürzte sich der Erzherzog in die militärische Arbeit. Als er, seit 1863 Feldmar-

Einer der mächtigsten Habsburger des 19. Jahrhunderts war Erzherzog Albrecht, der Exponent einer konservativen Politik.

schall, mit der österreichischen Südarmee 1866 im Krieg gegen Italien bei Custozza siegte, war er am Höhepunkt seines Ruhmes angelangt. Hier schien sich das verwirklicht zu haben, was man bei der Erziehung des Erzherzogs erhofft hatte, daß er nicht nur in die Fußstapfen des Vaters steigen, sondern auch einen wirklich überzeugenden Oberbefehl ausüben werde.

Kaiser → Franz Joseph belohnte den Sieger von Custozza mit dem Großkreuz des Theresienordens und ernannte ihn zum Armeeoberkommandanten, 1869 zum General-Inspektor des Heeres. In dieser dritten und letzten Periode seiner militärischen Laufbahn inspizierte Albrecht und saß Kommissionen vor; er arbeitete engstens mit dem Chef der Militärkanzlei Franz Josephs und späteren Generalstabchef, Baron Friedrich von Beck-Rzikowsky, zusammen.

Albrecht war eine unangefochtene graue Eminenz in so gut wie allen militärischen Dingen, dabei von einer ausgeprägt konservativen Grundhaltung. In der Außenpolitik wollte er ein Einvernehmen mit Rußland und arbeitete bei seinen Besuchen in Rußland für die Verbesserung der Beziehungen. Dem Deutschen Reich konnte er auch in den Zeiten des Zwei- und Dreibundes keine Freundschaft entgegenbringen. Er war das Haupt der antideutschen Partei am Wiener Hof und suchte in diesem Sinn auch den Thronfolger, Erzherzog → Rudolf, zu beeinflussen. Wegen Rudolfs liberaler Haltung kam es zur totalen Entfremdung. Schließlich kursierte im Zusammenhang mit Mayerling die unsinnige These, der Kronprinz sei im Auftrag Albrechts ermordet worden.

Da Albrecht keinen Sohn mehr hatte, adoptierte er die Söhne seines früh verstorbenen Bruders → Karl Ferdinand, → Friedrich, → Karl Stefan und → Eugen, und machte aus ihnen hohe Militärs. Als reichster Erzherzog und Domänenbesitzer war er auch Erbe der Kunstsammlung »Albertina«, allerdings fehlte ihm – wie seinem Vater Karl – eine künstlerische Neigung. Er begnügte sich damit, den Besitz zu erhalten und gut verwalten zu lassen. Am Ende seines Lebens fast blind, konnte er bei den Inspizierungen nur mehr das zur Kenntnis nehmen, was ihm gesagt wurde. Solcherart erstarrte der Erzherzog zum Denkmal und stand noch am Ende des Jahrhunderts als Symbol für die entschwundenen Zeiten von Absolutismus, Zentralismus und längst dahingegangenen Werten.

Werke: Instruction für die Generalität und höheren Officiere der k. k. Armee in Italien, Innsbruck 1866; Erster offizieller Bericht über die Schlacht bei Custozza am 24. 6. 1866, in: Österreichische Militärische Zeitschrift, Jg. 1866, Nr. 2; Über die Verantwortlichkeit im Kriege, Wien 1869, 2. Auflage, Wien 1870 (auch engl. und frz.); Gedanken über den militärischen Geist, Wien 1869.
Das Jahr 1870 und die Wehrkraft der Monarchie, Wien 1870; weitere Manuskripte im Nachlaß Albrechts, Magyar Országos Levèltàr, Budapest.

Lit.: Kronprinz Rudolf, Die erzherzogl. Albrecht'schen Domainen in Schlesien, in: Kronprinz R., Geheime und private Schriften, Wien 1979, 431 ff; Carl v. Duncker, Feldmarschall Erzherzog Albrecht, Wien - Prag 1897; August Werkmann, Erzherzog Albrecht und Benedek, Diss. Wien 1946; Joh. Christoph Allmayer-Beck, Erzherzog Albrecht-Benedek-Tegetthoff, in: 1000 Jahre Österreich, hg. von Walter Pollak, Bd. 2, Wien - München 1973; Josef Jakob Holzer, Erzherzog Albrecht 1867–1895. Politisch-militärische Konzeptionen... Diss. Wien 1974; Heinrich von Srbik, Erzherzog Albrecht und der altösterreichische Soldatengeist, in: ders., Aus Österreichs Vergangenheit, Salzburg 1949, 107–141; Brigitte Hamann, Erzherzog Albrecht, die graue Eminenz des Hauses Habsburg, in: Politik und Gesellschaft im alten und neuen Österreich, Wien 1981, Bd. 1.

R.

Albrecht Salvator, Sohn von Erzherzog → Karl Salvator und Prinzessin → Maria Immakulata von Bourbon-Sizilien, geb. 22. 11. 1871 in Altbunzlau/Böhmen, gest. 27. 2. 1896 in Gries bei Bozen, begr. in der Kapuzinergruft, Wien.

Der Erzherzog wurde k. u. k. Offizier und rückte 1894 in den Rang eines Rittmeisters vor. Er starb unverheiratet an Lungentuberkulose.

H.-L.

Albrecht, einziger Sohn von Erzherzog → Friedrich und Prinzessin → Isabella von Croy-Dülmen, geb. 24. 7. 1897 in der Weilburg/Baden, gest. 23. 7. 1955 in Buenos Aires, begr. in Halbthurn/Burgenland.

Als 18jähriger zog Albrecht als Fähnrich in den Ersten Weltkrieg und wurde rasch zum Leutnant und Oberleutnant befördert. Nach dem Umsturz 1918 machte er, vor allem von seiner energischen Mutter unterstützt, als möglicher Kandidat für den ungarischen Thron von sich reden. Er trat (ebenso wie Erzherzog → Josef) als Ungar auf, besaß großen Landbesitz in Ungarn und fühlte sich von seiner mütterlichen Linie Croy her mit den Arpaden verwandt. Durch die Spekulation auf den ungarischen Thron geriet er in Konflikt mit dem exilierten Kaiser → Karl.

Albrecht war dreimal nicht ebenbürtig verheiratet: 1930 mit der geschiedenen Irene Lelbach, getrennt 1937, dann mit Katalin Bocskay de Felsö-Bánya, 1951 geschieden, dann mit Lydia Strauß. Aus der zweiten Ehe stammen zwei Töchter.

Rau./H.

Alexander Leopold, vierter Sohn von Kaiser → Leopold II. und der Infantin → Maria Ludovica von Spanien-Bourbon, geb. 14. 8. 1772 in Florenz, gest. 12. 7. 1795 in Laxenburg, begr. in der Kapuzinergruft, Wien.

Der Erzherzog wuchs in Florenz auf. Als Leopold II. 1790 Kaiser wurde, kam auch Alexander Leopold nach Wien. Nach der Wiederherstellung der ungarischen Konstitution 1790 schlug der Kaiser seinen Sohn zum Palatin von

Leopold II. stellt den ungarischen Ständen seinen Sohn Alexander Leopold als neuen Palatin vor, »als Unterpfand meiner Liebe zu euch«.

Ungarn vor. Der ungarische Reichstag wählte ihn einstimmig. Seit 1791 residierte Alexander Leopold in der Ofner Burg. Er verfolgte die gemäßigte Politik seines Vaters. Nach dessen Tod 1792 trachtete er, den konservativen Kurs seines Bruders → Franz II. zu mäßigen und die Interessen Ungarns zu verteidigen, obzwar der Kaiser wegen seiner Popularität in Ungarn auf ihn neidisch war. Eine volle Wende trat nach der Aufdeckung der Verschwörung der ungarischen Jakobiner ein. Alexander führte die Untersuchung gegen sie mit großer Strenge konsequent durch und erreichte harte Strafen. Nach der Hinrichtung der Anführer wurde er bei den Vorbereitungen eines Feuerwerks zu Ehren der Kaiserin in Laxenburg tödlich verletzt.

Werke: Die Schriften des Erzherzogs Palatin Alexander Leopold. Hrsg. und eingel. von Elemér Mályusz, Budapest, 1926, 939 S. (ung.).

Lit.: Coloman Benda, Les Jacobins Hongrois, in: Annales Historiques de la Révolution Française, 31, Paris 1959, 38–60.

N./S.

Alexandra Pawlowna (»Alexandrine«), erste Gattin von Palatin → Josef Anton, geb. 9. 8. 1783 in St. Petersburg, gest. 16. 3. 1801 in Buda, begr. in Üröm, Ungarn.

Palatina Alexandra, die jung verstorbene erste Gemahlin des Palatins Josef Anton

Die Tochter des Zaren Paul I. aus dessen zweiter Ehe mit Sofie, Herzogin von Württemberg (Marija Fjodorowna) wurde 13jährig vom schwedischen König Gustav Adolf IV. zur Braut erkoren, die Heirat fand jedoch aus konfessionellen Gründen nicht statt. 16jährig heiratete sie 1799 in Gatčina/Rußland den Erzherzog. Das junge Paar wurde in Wien und Buda mit großer Festlichkeit empfangen. Acht Tage nach der Geburt einer Tochter, die gleich starb, starb auch die 17jährige Mutter.

Ni./So.

Alice Maria, zweite Gemahlin von Großherzog → Ferdinand IV. von Toskana, geb. 27. 12. 1849 in Parma, gest. 16. 1. 1935 in Schwertberg/Oberösterreich.

Die Tochter Herzog Ferdinand Karls III. von Parma und der Prinzessin Louise von Bourbon wurde 1868 in Frohsdorf mit dem exilierten Großherzog verheiratet und lebte mit ihm in Salzburg in ganz italienischer Umgebung mit weiterhin italienischer Umgangssprache. Trotz aller finanziellen Schwierigkeiten hielten sie die Fiktion eines Hofes aufrecht. Alice hatte zehn Kinder: → Leopold Ferdinand (Wölfling), geb. 1868; → Luise (die spätere Kronprinzessin von Sachsen), geb. 1870; → Josef Ferdinand, geb. 1872; → Peter Ferdinand, geb. 1874; → Heinrich Ferdinand, geb. 1878; → Anna Maria Theresia, geb. 1879; → Margareta, geb. 1881; → Germana, geb. 1884; Robert Ferdinand (1885–1895) und → Agnes, geb. 1891. Seit 1908 war sie Witwe.

Nach dem Umsturz 1918 verließ sie Salzburg und lebte fortan mit drei unverheirateten Töchtern in Schwertberg/Oberösterreich. Ihren Besitz konnte sie behalten, da er zum Privatvermögen gehörte.

H.

Alice, geb. 1893 → Maria Alice

Altenburg → Karl Albrecht und → Klemens Salvator

Familie des Großherzogs Ferdinand IV. und Alices von Toskana im Jahre 1890

Amalie Wilhelmine, Kaiserin, Gemahlin von Kaiser → Josef I., geb. 21. 4. 1673 in Lüneburg, gest. 10. 4. 1742 in Wien, begr. im Salesianerinnenkloster in Wien, das Herz in der Kapuzinergruft, Wien.

Die Heirat Amalies mit Josef I. 1699 entsprang einer dynastischen Kombination. Als Tochter des im Zuge der barocken Konversionswelle 1651 katholisch gewordenen Herzogs Johann Friedrich von Braunschweig-Lüneburg, der 1679 ohne männlichen Erben starb, konnte sie eine dynastische Brücke zum evangelischen Welfenhaus schlagen, das zunehmend der Partner des Kaisers in Norddeutschland wurde. Erzogen wurde sie zunächst von ihrer Mutter Benedikte Henriette, der Tochter des Konvertiten Pfalzgraf Eduard, dann in Maubuisson, der Abtei von dessen gleichfalls katholisch gewordener Schwester Louise Hollandine. Geprägt von der katholisch-klösterlichen Erziehung, kehrte Amalie 1693 nach Hannover zurück, wo sie bald von mehreren prominenten Fürsten umworben war. Die Werbung Josefs I. war begleitet von einem heftigen Tauziehen und der Opposition der zunächst gegen die ehrgeizigen Kurpläne des Welfenhauses eingestellten Kaiserin → Eleonore und ihres Bruders Kurfürst Johann Wilhelm von der Pfalz.

Die als schön geschilderte, aber ernste und fromme Amalie konnte den lebenslustigen Kaiser Josef auf Dauer nicht an sich binden. So geriet die anfangs glückliche Ehe in eine dauerhafte Krise.

Amalie gebar drei Kinder: → Maria Josefa, geb. 1699, Leopold Josef (1700–1701) und → Maria Amalie, geb. 1701. Dann blieben der Ehe weitere Kinder versagt, da der Kaiser seine Frau mit einer venerischen Krankheit angesteckt hatte. Anfängliche politische Einflußnahmen, vor allem zugunsten der Häuser Hannover und Modena, verloren bald an Gewicht. Politisch schloß sich Amalie zunächst der Schwiegermutter Eleonore an, mit der sie geradezu eine Hof-

Amalie Wilhelmine als Witwe mit ihrer Nichte Maria Anna

partei bildete. Diese wurde ihr jedoch 1711 beim Tode Josefs I. als Regentin vorgezogen.

Amalies Drängen auf Respektierung ihrer beiden (»josefinischen«) Töchter löste die Verkündung der Pragmatischen Sanktion durch Kaiser → Karl VI. 1713 mit aus, die dann die vorrangige Erbfolge seiner (»karolinischen«) Töchter festschrieb. Amalie suchte später den Vorrang ihrer Schwiegersöhne, der Kurfürsten von Sachsen und Bayern, gegen jene Karls VI. festzuhalten – gab aber dem Widerstand des Hofes nach. Als 1740, nach dem plötzlichen Tod Karls VI. und dem Aussterben der männlichen Linie des Hauses Habsburg, beide Schwiegersöhne, vor allem der Kurfürst von Bayern, Ansprüche auf das bayerische Erbe und die Kaiserwürde erhoben, stand Amalie zunächst diesen ehrgeizigen Plänen mit Sympathie gegenüber. Die beginnenden militärischen Operationen des Bayern ließen Amalie von ihm abrücken und die Partei ihrer Nichte → Maria Theresia ergreifen.

Die Kaiserinwitwe hatte sich längst vom Hofleben zurückgezogen, da ihre zeremonielle Stellung schwierig geworden war. Sie stiftete das Salesianerkloster Heimsuchung Mariae in Wien, für das 1717 der Grundstein gelegt wurde und das 1719 bezogen wurde. 1722 nahm sie dort ihren Wohnsitz und pflegte ein frommes Leben. Sie starb an Wassersucht und wurde im Habit der Salesianerinnen begraben.

Lit.: Hildegard Leitgeb, Kaiserin Amalie Wilhelmine, Diss., Wien 1984.

P.

Andreas, seit 1559 »von Österreich«, seit 1578 Markgraf von Burgau, Graf von Nellenburg und Hohenberg, Sohn von Erzherzog → Ferdinand II. von Österreich-Tirol und Philippine Welser, geb. 15. 6. 1558 auf Burg Březnice (Bresnitz/Böhmen), gest. 12. 11. 1600 im Apostolischen Palast zu Rom, begr. in der Deutschen Nationalkirche Santa Maria dell' Anima im Grabmal von Gillis van den Vliete.

Wahlspruch: Iactor non mergor/Ich werde geworfen, aber ich gehe nicht unter.

Die sorgfältige, unter der Leitung von Ernst von Rauchenberg stehende Erziehung auf Schloß Křivoklát (Bürglitz/Böhmen) schuf die Voraussetzung für die Unterbringung von Andreas im geistlichen Stand. Allerdings mußte zuvor die Rechtmäßigkeit seiner Geburt durch den Papst anerkannt werden, der Erzherzog Ferdinand 1576 des Eides zur Geheimhaltung seiner Ehe entband. Daraufhin wurde Andreas 1576 von Gregor XIII. zum Kardinaldiakon erhoben. 1577 erhielt er Santa Maria Nuova als Titelkirche.

Nach zweijährigem Aufenthalt an der Kurie kehrte er aus finanziellen Gründen im Frühjahr 1579 nach Innsbruck zurück, da alle Versuche, ihn standesgemäß zu versorgen, gescheitert waren. Erst aufgrund seines (allerdings nie verwirklichten) Versprechens, die Priesterweihe zu empfangen, postulierte ihn das Kapitel von Brixen 1580 zum Koadjutor des Bischofs. Seit 1575 laufende Bemühungen um das Bistum Konstanz, wo Andreas aufgrund von erkauften »Ersten Bitten« Domherr war, brachten erst 1589 Erfolg. Seit 1587 war er zudem im Besitz der Fürstabteien Murbach und Lüders.

Als Protektor der österreichischen Erblande an der Kurie (seit 1580) nahm Andreas an drei Papstwahlen (Sixtus V., Gregor XIV., Innocenz XI.) teil. Seit 1579 wirkte er im väterlichen Auftrag als Gubernator aller ober- und vorderösterreichischen Länder. Obwohl er diese und andere Erhöhungen lediglich seinem Vater verdankte, war bei dessen Ableben 1595 das beiderseitige Verhältnis gestört, zumal Andreas stets mit Härte und Rücksichtslosigkeit vorging, so daß er niemals Sympathien zu wecken vermochte.

Der Statthalterschaft in den spanischen Niederlanden (1598/99) verdankte er genügend Geld, um in Meersburg, wo er als Konstanzer Bischof residierte, in Ensisheim, wo er als vorderösterreichischer Gubernator Hof hielt, und in Brixen, wo er seit 1591 Fürstbischof war, prächtige Wohnsitze zu errichten. Aus dem Zusammenwirken zwischen dem italienischen Hofbaumeister Alberto Lucchese und dem süddeutschen Bildhauer Hans Reichle entstand hier anstelle der mittelalterlichen Bischofsburg ein vorbildhafter Bau höfischer Renaissance mit einem prachtvollen, durch Terrakottafiguren gezierten Arkadenhof.

Andreas von Österreich

Im Pilgerkleid begab sich Andreas 1600 zum Jubeljahr nach Rom, wo er schwer erkrankte und starb. Zuvor hatte ihm Papst Klemens VIII., bei dem Andreas hoch in Gunst stand, persönlich die Sterbesakramente gespendet. Das von seinem Bruder → Karl gestiftete Grabdenkmal stellt den Verstorbenen als Ganzfigur in »Ewiger Anbetung« dar – ein Bildmotiv, das bis dahin den Päpsten vorbehalten war.

Außer einem natürlichen Sohn Hans-Georg von Albizzi, geb. 1583, hinterließ er die Tochter Susanna, geb. 1584.

Lit.: Eduard Widmoser, Kardinal Andreas von Österreich, in: Lebensbilder aus dem bayrischen Schwaben 4, München 1955.

St.

Anna von Hohenberg → Gertrud

Anna, Herzogin von Bayern → Katharina

Anna, älteste Tochter von König → Albrecht I. und → Elisabeth von Görz-Tirol, geb. in den späten 1270er Jahren, gest. im März 1327, begr. im St.-Klara-Kloster in Breslau.

Im Zuge der Bündnisdiplomatie Albrechts I. gegen Adolf von Nassau wurde Anna über Vermittlung des Prager Hofes 1293 in Wien mit Markgraf Hermann von Brandenburg verlobt; die Hochzeit fand 1295 in Graz statt. Nach dem

Anna, Tochter König Albrechts I., mit ihren beiden Gatten, dem Markgrafen von Brandenburg und dem Herzog von Schlesien-Breslau, auf dem großen Habsburger-Stammbaum des frühen 16. Jahrhunderts

Tod des Markgrafen 1308 heiratete sie 1310 Herzog Heinrich VI. von Schlesien-Breslau, der seit dieser Zeit Parteigänger Habsburgs blieb.

S.

Anna von Luxemburg, zweite Gemahlin des Herzogs → Otto »des Fröhlichen«, geb. im März 1323, gest. 3. (oder 6.) 9. 1338, begr. in der Zisterze Neuberg/Mürz.

Erst zwölfjährig, wurde die Tochter des Königs Johann von Böhmen und der Elisabeth von Böhmen 1335 in Znaim im Zuge der Aussöhnung der Habsburger mit Böhmen mit dem verwitweten Herzog → Otto verheiratet. Nach kurzer kinderloser Ehe starb Anna im Alter von 15 Jahren.

S.

Anna, Herzogin von Niederbayern, Tochter von Herzog → Friedrich I. (= König Friedrich der Schöne) und → Elisabeth von Aragon, geb. 1318, gest. 14. (oder 15.) 12. 1343 Wien, begr. im Kloster der Klarissinnen in Wien.

Anna wurde im Jahre 1326 mit dem Wittelsbacher Herzog Heinrich XV. von Niederbayern und nach dessen frühem Tod 1333 mit dem Grafen Johann-Heinrich von Görz (Hintergörz/Istrien) vermählt, der ebenfalls bereits nach kurzer Ehe im Jahre 1338 starb. Beiden Verbindungen entstammten offenbar keine Nachkommen. Als Witwe trat Anna in Wien in den Klarissenorden ein, wo sie die Würde einer Äbtissin bekleidete.

Rie.

Anna, zweite Gemahlin von Herzog → Friedrich IV. (»mit der leeren Tasche«) von Österreich-Tirol, geb. 1390 in Braunschweig, gest. 10. (oder 12.) 8. 1432 in Innsbruck, begr. in der sogenannten Friedrichsgruft des Stiftes Stams/Oberinntal.

Anna, Tochter von Herzog Friedrich von Braunschweig-Lüneburg und der Anna von Sachsen, heiratete den verwitweten Herzog Friedrich IV. 1410 in Innsbruck. Sie trat politisch kaum in Erscheinung. Spätere Autoren rühmen ihre Frömmigkeit und Freigebigkeit. Der Ehe entstammte als einziges überlebendes Kind Herzog → Sigmund »der Münzreiche«, geb. 1427.

Rie.

Anna, Herzogin von Sachsen, älteste Tochter des späteren Königs → Albrecht II. und der → Elisabeth von Böhmen, geb. 12. 4. 1432 in Wien, gest. 14. 11. 1462 in Eckhardsberg/Thüringen, begr. in der Schloßkirche Altenburg.

Die älteste Schwester von König → Ladislaus Postumus wurde früh Vollwaise: Ihr Vater starb 1439, ihre Mutter 1442. Vierzehnjährig wurde sie 1446 mit dem späteren Kurfürsten Wilhelm III. von Sachsen (1425–1482) verheiratet, aber bald von ihrem Ehemann kinderlos verstoßen. Sie wurde nur dreißig Jahre alt.

H.

Anna, Königin von Böhmen und Ungarn, Gemahlin von Kaiser → Ferdinand I., geb. 23. 7. 1503 in Prag, gest. 27. 1. 1547 in Prag, begr. im St.-Veits-Dom in Prag.

Mit dem Namen der jagiellonischen Prinzessin, dem ersten Kind von König Władisław V. von Böhmen und Ungarn und der Gräfin Anne de Foix, verbindet sich einer der weitreichendsten politisch-dynastischen Verträge des Hauses Habsburg: der Wiener Kongreß von 1515. Er schloß die Bemühungen → Maximilians I. um die Ausdehnung habsburgischen Einflusses im Osten durch die Vereinbarung einer Doppelhochzeit zweier seiner Enkel mit den Geschwistern Anna und Ludwig II. erfolgreich ab. Unbekümmert um die Entscheidung des ungarischen Reichstags 1505, die Habsburger als eventuelle Nachfolger abzulehnen, verstand es Maximilian, die schwache Position des Königs zu nützen

Maximilian I. besiegelt mit einem Händedruck das Verlöbnis seiner Enkel mit den Kindern König Władisławs von Böhmen. Im Wagen die damals 12jährige Anna, die 1526 die Königreiche Böhmen und Ungarn in den Besitz des Hauses Habsburg brachte. (Anton Ziegler)

und Władisław immer enger an sich zu binden. Nach der Sicherung der Vormundschaft über das dreijährige Mädchen (1506), ersten Absprachen einer Vermählung mit einem Enkel (1507) und der Einsetzung Annas als Thronerbin im Fall des Todes Ludwigs (1511) zog die 12jährige Anna 1515, in Gold gekleidet und in einer vergoldeten Kutsche reisend, in Wien ein, womit die Festlichkeiten für die Eheschließung mit dem alten Kaiser als Vertreter eines seiner Enkel eingeleitet wurden. Diese »Scheinehe« entzog Anna dem Zugriff des mächtigsten Rivalen Władisławs, Jan Zápolya, und gab den besten Vorwand für ihren Verbleib in Wien ab. Nachdem die Vollmacht des jüngeren Enkels → Ferdinand für eine Vermählung per procurationem aus Spanien eingelangt war, verzichtete der Großvater auf die Braut, die 1516 mit dem gleichaltrigen Infanten »ferngetraut« wurde.

Erst fünf Jahre später traf sich das Brautpaar in Linz, wo Kardinal Lang von Salzburg 1521 die »echte« Trauung vornahm. Bis dahin hatte Anna gemeinsam mit ihrer Schwägerin → Maria, geb. 1505, in Innsbruck abwarten müssen, welcher der beiden Brüder (→ Karl oder Ferdinand) ihr tatsächlich zugedacht werde: Von ungarischer Seite war man lange daran interessiert, für die Königstochter nicht »nur« einen Erzherzog zu gewinnen.

Trotz dieser durch ein politisches Ehegeschäft gegebenen Vorbelastung wurde allem Anschein nach die Verbindung glücklich: Auch bei vorsichtiger Bewertung zeitgenössischer Aussagen fällt auf, daß der Gesandte Venedigs das herzliche Verhältnis beider zueinander geradezu als eine Seltenheit bezeichnete. Ferdinand, dem zum Zeitpunkt der Hochzeit Mangel an vorehelicher Erfahrung nachgesagt wurde, soll erwidert haben, die weise Natur werde ihm angemessene Lehrmeisterin sein. Die Kosten, die Annas Reisen als seine Begleiterin im Reich und in Böhmen verursachten, störten ihn nicht: sie seien damit besser als für amouröse Abenteuer angelegt.

Annas geselliges Wesen prägte nicht nur die Unterhaltungen des königlichen Hofes, sondern spiegelt sich auch im Bedauern reichsstädtischer Bürger über die Abreise der tanzlustigen Fürstin wider. Ihre Angst um das Leben Ferdinands bei

Königin Anna (rechts) und Kaiser Ferdinand I. (links) mit ihren Kindern, wobei auch die inzwischen verstorbenen dargestellt sind. Unbekannter Maler, 1558

militärischen Unternehmungen vertraute sie den Briefen an den ihr seit den Innsbrucker Tagen gut bekannten Großkanzler Bernhard von Cles an. Bei aller Fürsorge, die Ferdinand seiner Frau bei jeder Niederkunft entgegenbrachte, mußte es ihn schwer treffen, daß sie die Geburt des jüngsten Kindes nicht überlebte. Eine Wiederverheiratung kam für ihn nicht mehr in Frage.

Für die im sicheren Innsbruck, oft fern von den Eltern aufwachsenden Kinder ließen Ferdinand und Anna 1533 ein Erziehungsprogramm ausarbeiten, das auch für die Mädchen ein beachtliches Bildungsniveau postulierte. Von insgesamt 15 Kindern überlebten 3 Söhne und 10 Töchter, deren standesgemäße Verheiratung durch den Ausschluß protestantischer Ehepartner erschwert wurde: → Elisabeth, geb. 1526, der spätere Kaiser → Maximilian II., geb. 1527, → Anna, geb. 1528, → Ferdinand II., geb. 1529, → Maria, geb. 1531, → Magdalena, geb. 1532, → Katharina, geb. 1533, → Eleonore, geb. 1534, → Margareta, geb. 1536, Johann (1538–1539), → Barbara, geb. 1539, → Karl, geb. 1540, Ursula (1541–1543), → Helene, geb. 1543, → Johanna, geb. 1547.

Schon kurz nach der Hochzeit hatte Ferdinand seine junge Frau als Statthalterin (»per principem«) für die Zeit seines Brüsseler Aufenthaltes eingesetzt. In den folgenden Jahren führte sie in seinem Namen den Vorsitz bei Landtagen. Abgesehen vom Ausbau der Linzer Burg, die Anna bei Kriegsgefahr Sicherheit bot, ließ Ferdinand Schloß Belvedere in Prag für sie errichten. Das prunkvolle Doppelgrab des Ehepaares im Prager Veitsdom wurde erst unter Maximilian II. vollendet.

Lit.: Gerda Koller, Die Hochzeit Ferdinands I. in Linz, in: linz aktiv 24 (1967), 19–26; Hermann Wiesflecker, Kaiser Maximilian I., 4. Band, Wien 1981.

T.

Anna, Herzogin von Bayern, zweite Tochter von Kaiser → Ferdinand I. und → Anna von Böhmen und Ungarn, geb. 7. 7. 1528 in Prag, gest. 17. 10. 1590 in München, begr. in der Frauenkirche in München.

Anna war keine Schönheit, aber durch Anlagen, Erziehung und Neigungen fügte sie sich in vorzüglicher Weise in die ausgreifende Habsburger Heiratspolitik. Begabt mit praktischer Intelligenz, entwickelte sie früh einen starken Familiensinn, hatte Freude am prunkvollen Leben am »glänzendsten Hof der Welt« in Wien und suchte Halt im unerschütterlichen Bekenntnis zum katholischen Glauben.

Nach zwei Verlobungen mit den Herzögen Theodor von Bayern und Karl von Orléans – beide starben früh – heiratete die 18jährige Anna 1546 in Regensburg den bayerischen Erbherzog Albrecht (V.). Es war eine hochpolitische Heirat. Der Ehevertrag versöhnte die rivalisierenden Häuser Wittelsbach und Habsburg für eine Generation. Der Vertrag wurde darüber hinaus fast 200 Jahre später Grund für den Anspruch des bayerischen Kurfürsten Karl Albrecht auf den deutschen Kaiserthron im sogenannten österreichischen Erbfolgestreit. Das Heiratsgut der Braut betrug 50 000 Gulden.

Vor Regierungsantritt residierte das Paar auf der Burg Trausnitz in Landshut. Die große Prunkentfaltung bei der Vermählung kündigte bereits einen neuen Stil für die Regierungszeit Albrechts an. Am herzoglichen Hof sollten neben der italienischen Renaissance die umspannenden spanisch-habsburgischen Kulturbeziehungen wirksam werden. Kunst, Mäzenatentum und Lebensfreude konnten sich in bisher nicht vorstellbarer Weise entfalten. »Der bayerische Pracht« wurde sprichwörtlich. Annas Kleinodienbuch des Malers Hans Muelich von 1552 legt davon ebenso Zeugnis ab wie Münzhof und Antiquarium in der Münchner Residenz als frühe Museen. Orlando di Lasso, neben Palestrina der bedeutendste Komponist des 16. Jahrhunderts, erhöhte die europaweite Ausstrahlung des Münchner Hofes. Der Kauf berühmter Büchersammlungen begründete den Ruhm der späteren Bayerischen Staatsbibliothek. Landesvermessung und Landesbeschreibung Philipp Apians vermittelten ein genaues Bild des Landes. Bayern setzte sich an die Spitze der katholischen Partei, wobei Anna eher die Franziskaner förderte, die als Beichtväter auch ihre Berater stellten. Albrecht und vor allem sein Sohn Wilhelm V. öffneten Bayern stärker den Jesuiten. Die veränderte fürstliche Repräsentation, die Förderung der Gegenreformation und die Auseinandersetzungen mit den Landständen kündigten den Übergang zum Zeitalter des Absolutismus an.

Erzherzogin Anna, die spätere Herzogin von Bayern. Gemälde von Jakob Seisenegger

Anna gebar sieben Kinder. Erbherzog Wilhelm heiratete 1568 Renata von Lothringen und Tochter → Maria 1571 den Bruder Annas, Erzherzog → Karl II. von Innerösterreich. Sie wurde die Mutter des späteren Kaisers → Ferdinand II. Marias direkte Nachfahren regierten damit die Donaumonarchie bis 1918. Die Hochzeiten in München und Wien dauerten mehrere Wochen und wurden zu den glänzendsten und prächtigsten Renaissancefesten der Zeit gezählt. Anna überlebte ihren Gatten um elf Jahre. Ihr Witwengeld betrug 200 000 Gulden. Bis zu ihrem Tod hielt sie in dem für sie errichteten Witwenbau der Münchner Residenz Hof.

Mö.

Anna von Österreich, Königin von Spanien, 4. Gemahlin von → Philipp II., Tochter Kaiser → Maximilians II. und der Infantin → Maria, geb. 2. 11. 1549 in Cigales bei Valladolid, gest. 26. 10. 1580 in Badajoz, begr. im Escorial.

Anna wurde als älteste Tochter in Spanien geboren, während Maximilian dort die Regentschaft für seinen Schwiegervater und Onkel, Kaiser → Karl V., führte. Ihre Jugend verbrachte Anna am Wiener Hof.

→ Elisabeth von Valois, die dritte Frau Philipps II., starb 1568, kurz nach dessen Sohn Don → Carlos. Zur Sicherung seiner Nachfolge heiratete Philipp II. in vierter Ehe seine Nichte Anna, die ursprünglich Don Carlos versprochen war.

Königin Anna von Spanien, zunächst Braut des Don Carlos, dann vierte Gemahlin Philipps II. Gemälde von Sánchez Coello

1570 kam die junge Königin in Spanien an, in Begleitung ihrer Brüder → Albrecht und → Wenzel. Diese sollten ebenso wie bereits ihre Brüder → Rudolf und → Ernst aus religiösen Gründen am spanischen Hof erzogen werden. Die Hochzeitsfeierlichkeiten wurden in Segovia abgehalten.

Annas Freundlichkeit und Güte lockerten das strenge burgundische Zeremoniell am spanischen Hof. 1571 konnte Philipp II. nicht nur den Seesieg von Lepanto feiern, sondern auch die Geburt eines Sohnes, der auf den Namen Ferdinand (1571–1578) getauft wurde. Er überlebte aber das Kindesalter genausowenig wie seine Brüder Karl Laurentius (1573–1575) und Diego (1575–1582). Auch die 1580 geborene Maria wurde nur drei Jahre alt. Erst der vierte Sohn sollte als → Philipp III. (1578–1621) die Nachfolge seines Vaters antreten.

Um seine Thronansprüche auf Portugal nach dem Tod König Heinrichs durchzusetzen, reiste Philipp II. 1580 zur portugiesischen Grenze. Anna begleitete ihn bis Badajoz, wo der König an einer schweren Grippe erkrankte. Bei seiner Pflege steckte sie sich an und starb im Alter von nur dreißig Jahren.

Lit.: Geoffrey Parker, Felipe II, Madrid 1984, E. Grierson, King of two Worlds: Philip II of Spain, London 1974.

Pi.

Anna, Königin von Polen und Schweden, Tochter von → Karl II. von Innerösterreich und → Maria von Bayern, geb. 16. 8. 1573 in Graz, gest. 10. 2. 1598 in Warschau, begr. in der Kathedrale in Krakau.

Anna wuchs in Graz auf und wurde 1592 mit Sigismund III. (geb. 1566, König von Polen 1587–1632) vermählt. Kurz nach der Eheschließung erbte Sigismund den Thron von Schweden, somit wurde Anna 1594 in Upsala auch zur Königin von Schweden gekrönt. Die Ehe war außerordentlich harmonisch, doch von den fünf Kindern wurde nur der Sohn Władysław (geb. 1595, König von Polen 1632–1648) erwachsen.

Anna war keine schöne Frau, sie war sogar etwas verwachsen und hatte eine eher mangelhafte Bildung. Doch sie zeichnete sich durch hohe Intelligenz und große Klugheit aus, die sie auch einsetzte, um die politische Position ihres Gemahls zu festigen. Sie hielt die Verbindung zwischen den Habsburgern und Polen aufrecht, ließ es jedoch niemals an Loyalität gegenüber ihrer neuen Heimat fehlen. Ihre tiefe Religiosität trägt noch die Züge der Spätrenaissance und fand vor allem Ausdruck in einem betont schlichten Lebensstil und in karitativem Wirken.

Lit.: Elke Roth, Erzherzogin Anna von Innerösterreich ... Diss., Graz 1967.

Lei.

Anna Katharina von Gonzaga–Mantua, zweite Gemahlin von Erzherzog → Ferdinand II., geb. 17. 1. 1566 in Mantua, gest. 3. 8. 1621 in Innsbruck, begr. im Servitenkloster Innsbruck (Kreuzgang).

Nach dem Tode seiner ersten Gemahlin, Philippine Welser (gest. 1580), hielt Erzherzog Ferdinand II. über Empfehlung seiner Schwester → Magdalena am Hof zu Mantua um die Hand seiner Nichte Anna Katharina an, der Tochter Herzog Wilhelms von Gonzaga-Mantua und der Erzherzogin → Eleonore. Die Eheschließung fand 1582 in der Hofkirche zu Innsbruck mit großen Festlichkeiten statt. Der anfangs recht glücklichen Ehe entstammten drei Töchter, Anna Eleonore (1583–1584), → Maria, geb. 1584, und die spätere Kaiserin → Anna, geb. 1585. Der erhoffte erbberechtigte Sohn blieb aber aus. (Ferdinands Söhne aus seiner morganatischen Ehe waren nicht nachfolgeberechtigt.) Dies und eine gewisse »derbe Sinnlichkeit« Ferdinands wirkten sich auf die späteren Ehejahre unglücklich aus.

Erzherzogin Anna Katharina in der Ordenstracht des »Regelhauses« (mit blauem Stern auf der Haube). Auf dem Tisch liegt der Tiroler Herzogshut als Symbol ihres weltlichen Lebens, daneben Dornenkrone und Büßerkreuz als Symbol ihres klösterlichen Lebens. Unbekannter Maler des 18. Jahrhunderts

Anna Katharina war eine sehr fromme Frau. Weitgehend auf ihre Initiative geht die Errichtung der ersten Hl.-Grab-Kirche in Innsbruck (1583/84), der Maria-Loreto-Kirche in der Au bei Hall i. T. (Weihe 1589) und des Kapuzinerklosters in Innsbruck (1593/94) zurück. Nach Erzherzog Ferdinands Tod (1595) ließ sie sich bei den Kapuzinern einen mit der Hofburg mittels eines Brückenganges verbundenen Betraum anlegen. 1607–1612 betrieb sie die Errichtung eines Servitinnenklosters, welchem sie das sogenannte »Regelhaus«, eine Art Damenstift des Dritten Ordens, anschloß, in das sie 1612 gemeinsam mit ihrer Tochter Maria als Schwester Anna Juliana eintrat. Auch das Innsbrucker Servitenkloster ist eine Gründung Anna Katharinas. Nachdem der Erstbau (1614–1616) einem Brand (1620) zum Opfer fiel, betrieb sie noch den erweiterten Neubau (1621–1626), dessen Fertigstellung sie aber nicht mehr erlebte.

Hye

Anna von Tirol, Kaiserin, Gemahlin von Kaiser → Matthias, Tochter des Erzherzogs → Ferdinand (II.) von Tirol aus dessen zweiter Ehe mit → Anna Katharina von Gonzaga-Mantua, geb. 4. 10. 1585 in Innsbruck, gest. 14./15. 12. 1618 in Wien, begr. in der Kapuzinergruft.

Anna wuchs in Tirol auf und wurde 1611 mit ihrem Vetter Matthias, dem späteren Kaiser, vermählt und gemeinsam mit diesem in Frankfurt gekrönt. Ihre Krönung zur Königin in Ungarn fand 1613, in Böhmen 1616 statt. Die an sich glückliche Ehe mit Matthias blieb trotz wiederholt aufkommender gegenteiliger Gerüchte kinderlos.

Anna war streng katholisch und bestärkte vermutlich auch ihren Gatten in dieser Richtung. In der Geistlichen Schatzkammer in Wien befindet sich ihre Geißel, mit der sie sich selbst disziplinierte. Schon als Kind hatte sie die ersten Kapuziner in Innsbruck kennengelernt und diesen Orden dann auch bei seiner Niederlassung in Wien sehr gefördert, vor allem mit Hilfe des

Kaiserin Anna, die Gründerin der Kapuzinergruft

Kardinals Khlesl, der großen Einfluß auf die Kaiserin besaß.

Als am Abend des 20. Juli 1618 die Erzherzöge → Maximilian und → Ferdinand dem gerade mit einem schweren Gichtanfall bettlägerigen Kaiser Matthias Khlesls Gefangennahme und Fortbringung von Wien meldeten, errötete der Kaiser tief vor Unwillen, schwieg aber und schloß die Augen. Minder stark in Selbstbeherrschung, erglühte Anna im Zorn, sprang von ihrem Sitz auf und rief ihren Verwandten zu: »Ich sehe wohl, daß mein Gemahl euch zu lange lebt und daß man seiner überdrüssig ist!«

Anna starb im Alter von dreiunddreißig Jahren, wenige Monate vor ihrem Gatten. Mit ihm gemeinsam stiftete sie testamentarisch nicht nur das Wiener Kapuzinerkloster, sondern auch die spätere Kaisergruft. Bis zu deren Fertigstellung und Einweihung ruhte das kaiserliche Paar provisorisch im Königinkloster, von wo die Särge 1633 als erste Belegung feierlich in die Kapuzinergruft übertragen wurden.

N.

Anna (»Anne d'Autriche«), Königin von Frankreich, Tochter von König → Philipp III. von Spanien und der Erzherzogin → Margarete, geb. 22. 9. 1601 in Madrid, gest. 20. 1. 1666 in Paris, begr. im von ihr gegründeten Kloster Val de Grâce in Paris.

Die Infantin wurde am spanischen Hof in der Tradition des strengen Katholizismus erzogen und bald zu einer rein politischen Heirat bestimmt. Die Doppelhochzeit → Philipps IV. mit → Isabella von Bourbon und Ludwigs XIII. mit Anna sollte die Annäherung Frankreichs an Spanien festigen. Von König Heinrich IV. geplant, von der Regentin Maria von Medici 1615 durchgeführt, stieß dieses Arrangement auf den Widerwillen des jungen Herrschers, der wenig Neigung für Damen und einen ausgesprochenen Abscheu gegen seine schöne, liebenswürdige und fromme spanische Braut zeigte.

Nach 1625 wurde Anna angeklagt, ihren Brüdern Philipp IV. und dem Kardinal-Infant → Ferdinand wichtige Auskünfte zu liefern, in anderen Worten: Spionage zugunsten des verfeindeten Spanien zu betreiben. Kardinal Richelieu, der allmächtige Minister Ludwigs XIII., hörte nie auf, sie zu demütigen. Die Königin wurde sogar verdächtigt, mit dem englischen Premierminister Buckingham kokettiert zu haben.

Erst nach 20 Jahren Ehe wurde Anna schwanger: 1638 wurde ihr erster Sohn, der zukünftige Sonnenkönig Ludwig XIV., geboren; ein zweiter Sohn, Philipp (dessen Nachkomme ist der Graf von Paris), 1639.

Der Tod ihres königlichen Gemahls 1643 stellte eine Befreiung für sie dar. Die Königin entwickelte sich allmählich zu einer staatsmännischen Herrscherin. Nach einem Staatsstreich bekam sie die Machtvollkommenheit als Regentin im Namen ihres minderjährigen Sohnes. Sie regierte dann ausschließlich im Sinne der Interessen Frankreichs. Trotz aller Hoffnungen entließ sie bald die Stellvertreter der katholischen Partei und die Hochadeligen und berief Kardinal Mazarin, einen gebürtigen Italiener, zum Premierminister. Beide setzten die Politik Richelieus fort. Das bedeutete den Verzicht auf den sofortigen Frieden in Deutschland und in den Niederlanden.

Anna führte selbst gegen ihren Bruder, Philipp IV. von Spanien, Krieg, und lehnte energisch jeden Ausgleich ab, der auf der Rückgabe Kataloniens und der eroberten Festungen in Flandern hätte beruhen müssen. In den Verhandlungen forderte sie die Annexion des Elsaß für Frankreich, obwohl diese Provinz zum Patrimonialgut der Habsburger gehörte.

1648 mußte sie einen Volksaufstand bekämpfen, die sogenannte Fronde (1648–1653). Der Aufruhr entstand zuerst in Paris, vom Hochadel unterstützt: das Volk hatte genug vom Krieg und von der immer drückenderen Steuerlast. Die Rebellen fanden einen Sündenbock in Kardinal Mazarin, »dem Lumpen aus Sizilien«, und forderten dessen Rücktritt und Verbannung. Königin Anna zeigte sich außerordentlich mutig und verteidigte mit Zähigkeit und Erfolg die absolute Monarchie. Dieser Bürgerkrieg kostete das Volk viel Geld, Tränen und Blut. Der Sieg der Königin bereitete aber den Weg für Ludwig XIV. vor.

Nach dem Tod Mazarins, der ein Verehrer der Königin war, konnte der junge Regent seine Alleinherrschaft behaupten. Die Königinmutter wurde höflich aus dem Staatsrat ausgewiesen (März 1661). Sie hatte nur noch eine Repräsentationsrolle auszufüllen, wo sie die katholische Partei offensichtlich unterstützte (z. B. Kampf gegen den Tartuffe von Molière). Sie starb an Krebs.

Lit.: Claude Dulong, Anne d'Autriche, mère de Louis XIV, Bd. I, Paris 1980.

Be.

Anna von Medici, Gemahlin von Erzherzog → Ferdinand Karl von Österreich-Tirol, geb. 21. 7. 1616 in Florenz, gest. 11. 9. 1676 in Wien, begr. in der Dominikanerkirche in Wien.

Über Betreiben ihrer Tante, der Tiroler Regentin → Claudia von Medici, wurde Anna, Tochter des Großherzogs Cosimo II. von Toskana und → Maria Magdalena von Österreich-

Anna von Österreich mit ihrem kleinen Sohn, dem späteren König Ludwig XIV.

Anna de Medici mit Schoßhündchen, gemalt von Justus Sustermans

Steiermark, 1646 in Innsbruck mit ihrem direkten Cousin, Erzherzog Ferdinand Karl von Österreich-Tirol, vermählt. Sie schenkte ihm drei Töchter: die spätere Kaiserin → Claudia Felicitas, geb. 1653, ein Mädchen, das 1654 noch am Tage der Geburt starb, und Maria Magdalena (1656–1669).

Anna überlebte sowohl ihren Gatten (er starb 1662) als auch ihre Töchter und starb kurz nach dem Tod ihrer Ältesten, Claudia Felicitas, 60jährig in Wien.

Hye

Anna Maria, erste Gemahlin des späteren Großherzogs → Ferdinand IV. von Toskana, geb. 4. 1. 1836 in Dresden, gest. 10. 2. 1859 in Florenz, begr. in Florenz.

Die Tochter König Johanns von Sachsen und der Prinzessin Amalie von Bayern heiratete 1856 in Dresden den Erbgroßherzog und lebte mit ihm in Florenz in glücklicher Ehe. Ein Jahr nach der Geburt ihrer Tochter → Maria Antonia starb Anna Maria im Alter von 23 Jahren an Typhus ebenso wie wenige Monate vor ihr ihre ebenfalls mit einem Habsburger verheiratete 18jährige Schwester → Margarete und binnen kurzer Zeit auch die übrigen beiden Schwestern – alle litten an einer geheimnisvollen Abwehrschwäche. Ferdinand blieb nach Maria Annas Tod (»Selig-Anna« nannte er sie) zehn Jahre lang Witwer, bis er wieder heiratete.

H.

Anna Maria Theresia, Fürstin von Hohenlohe, Tochter von Großherzog → Ferdinand IV. von Toskana aus zweiter Ehe mit Prinzessin → Alice von Parma, geb. 17. 10. 1879 in Lindau, gest. 30. 5. 1961 in Baden-Baden.

Die Erzherzogin heiratete 1901 in Salzburg den Fürsten Johannes zu Hohenlohe-Bartenstein-Jagstberg (1863–1921). Sie gebar fünf Kinder, darunter Fürst Karl VIII. (1905–1950), und lebte vierzig Jahre lang als Witwe.

H.

Anton Viktor, Hoch- und Deutschmeister, achter Sohn des späteren Kaisers → Leopold II. und → Maria Ludovicas von Bourbon, geb. 31. 8. 1779 in Florenz, gest. 2. 4. 1835 in Wien, begr. in der Kapuzinergruft, Wien.

Der von König Viktor Amadeus von Piemont-Sardinien aus der Taufe gehobene, eher still wirkende Erzherzog wurde mit seinem jüngeren Bruder → Johann zuerst in Florenz, ab 1790 in Wien erzogen. Nach dem Empfang der Tonsur wurde er 1801 zum Fürstbischof von Münster und zum Kurfürsten von Köln erwählt. Er konnte beide Reichswürden jedoch nicht antreten, da die Frage der Säkularisation und die französische Besetzung des linksrheinischen Gebietes dies nicht zuließen. Preußischem Druck nachgebend, mußte Österreich 1802 auf seine Rechte aus beiden Wahlen verzichten.

Anton Viktor, Hoch- und Deutschmeister.

Anton Viktor wurde 1803 zum Koadjutor und künftigen Nachfolger seines älteren hochmeisterlichen Bruders → Karl postuliert und nach Ablegung der drei Ordensgelübde zum Deutschordensritter in Wien geschlagen. 1804 trat er nach der Resignation seines Bruders an die Spitze der geistlichen Adelskorporation. 1805 wurde er als letzter Hochmeister in der Hofkirche zu Mergentheim als Ordensmeister inthronisiert und zelebrierte dort das letzte Generalkapitel in Deutschland. Bis zum Tod blieb er an der Ordensspitze und mußte die Aufhebung des Ordens in allen Rheinbundesstaaten durch Napoleon 1809 ohnmächtig miterleben. Der Friede von Schönbrunn 1809 brachte die Begrenzung des Ordens auf das Gebiet der österreichischen Monarchie.

In enger Zusammenarbeit mit dem am Orden interessierten Staatskanzler Metternich konnte Anton Viktor bei seinem entschlußarmen Bruder Kaiser → Franz II. (I.) wenigstens noch die Reorganisation des Ordens 1834–1840 einleiten. Durch sparsame und klaglos geführte Wirtschaftsverwaltung verbesserte er den seit 1809 wesentlich reduzierten Ordensbesitz.

Außerdem versah dieser Habsburger 1812 die Funktion als königlicher Kommissar im ungarischen Landtag. 1816 wurde er zum Vizekönig des lombardo-venezianischen Königreichs mit nur repräsentativen Verpflichtungen bestimmt, trat aber dieses ihn nicht befriedigende Amt niemals an.

Für Botanik und andere naturwissenschaftliche Fragen aufgeschlossen, nannte Anton Viktor eine große Bibliothek sein eigen. Mit seiner Hilfe wurde das 1804 privat gegründete Blindeninstitut in ein k. k. Blindeninstitut auf staatlicher Basis umgewandelt, dem er ebenso als Protektor vorstand wie – von 1831 bis 1835 – der »Gesellschaft der Musikfreunde des österreichischen Kaiserstaates« nach dem Tod seines jüngsten Bruders → Rudolf. Ferner war er Ehrenmitglied der k. k. Akademie der bildenden Künste in Wien und wirkliches Mitglied der k. k. Landwirtschaftsgesellschaft. Mit anderen Völkern machte er sich auf Reisen vertraut. Obwohl schon seit 1804 Oberstinhaber des k. k. Infanterieregiments (»Hoch- und Deutschmeister«) Nr. 4 und k. k. Oberstzeugmeister, lebte der Erzherzog weniger für diese Aufgaben als für seine Neigungen. Seine Gartenanlagen waren weltberühmt.

Bis heute steht dieser Sproß des Erzhauses im Schatten seines entschlußarmen kaiserlichen Bruders Franz und seines mit Kriegsruhm gegen Napoleon behafteten Bruders → Karl. Sein in zierlicher und nur schwer lesbarer Schrift gehaltener Nachlaß wartet noch auf eine kompetente Auswertung und kulturhistorische Einordnung.

D.

Anton, Sohn von Erzherzog → Leopold Salvator und Prinzessin → Blanka von Bourbon-Kastilien, geb. 20. 3. 1901 in Wien, gest. 22. 10. 1987 in Mondsee.

Anton heiratete 1931 in Sinaia, Rumänien, Prinzessin Ileana von Rumänien, eine Tochter König Ferdinands I. Die Ehe, aus der sechs Kinder stammen, wurde 1954 geschieden. Der Erzherzog arbeitete als Ingenieur der Elektrotechnik, Fluglehrer und Morsefunker. Als einziges Familienmitglied diente er aktiv unter voller Anerkennung seines Titels 1939 bis 1944 in der Deutschen Luftwaffe als Pilot.

H.-L.

Assunta, Tochter von Erzherzog → Leopold Salvator und Prinzessin → Blanka von Bourbon-Kastilien, geb. 10. 8. 1902 in Wien.

Die Erzherzogin, das achte von zehn Kindern, verließ 16jährig mit ihrer Familie Österreich und lebte in Spanien. Sie trat in Barcelona in ein Kloster ein und empfing die niederen Weihen. Im spanischen Bürgerkrieg 1936 wurde das Kloster überfallen, Assunta konnte sich retten und gelangte nach abenteuerlicher Reise nach Wien. Dort prozessierte sie (wie einige ihrer Geschwister) mit der inzwischen verwitweten Mutter um ihr Erbteil, da sie mittellos war. 1939 heiratete sie in Ouchy/Schweiz Dr. Josef Hopfinger und wurde Mutter von zwei Töchtern. Als Ordensschwester lebt sie in San Antonio, Texas.

H.-L./H.

Auguste Ferdinande, zweite Tochter von Großherzog → Leopold II. von Toskana und → Maria Anna von Sachsen, geb. 1. 4. 1825 in Florenz, gest. 26. 4. 1864 in München, begr. in der Theatinerkirche in München.

Die Erziehung Augustes war streng katholisch, auf Einfachheit, Sparsamkeit und allgemeine Bildung ausgerichtet. Sie war groß, schön, selbstbewußt, hatte künstlerische und wissenschaftliche Interessen, die sich in einer Korrespondenz mit Wissenschaftlern, Künstlern und Politikern niederschlugen. Gegen die Heirat seines Sohnes Luitpold hatte König Ludwig I. von

König Ludwig I. von Bayern beauftragte den Biedermeiermaler Josef Stieler, seine Schwiegertochter Auguste Ferdinande zu porträtieren, und nahm dieses Bild in seine Nymphenburger Schönheitengalerie auf.

Bayern nur einen einzigen Vorbehalt: Augustes sich früh zeigende »Brustkrankheit«. Luitpold aber hielt an der Heirat fest, die Hochzeit wurde 1844 in Florenz gefeiert.

Auguste war eine großherzige Ehefrau. Sie beeinflußte ihren Mann für die damalige Zeit in ungewöhnlicher Weise, förderte seine Bildung und drängte ihn zu politischer Tätigkeit. Als Regenten Bayerns sah man in Luitpold zeitweilig die bessere Alternative zu Kronprinz Maximilian. Im Revolutionsjahr 1848 trat Auguste gegen Lola Montez auf, suchte zwischen Ludwig I. und den Münchner Bürgern zu vermitteln. Die Entwicklung führte zu Forderungen, den Prinzen zum Nachfolger Ludwigs zu proklamieren, und gipfelte in Huldigungen an die Prinzessin. (Die Wünsche Augustes sollten nicht 1848, sondern erst lange nach ihrem Tod in Erfüllung gehen: Luitpold trat 1886 die Regentschaft an, und ihr ältester Sohn bestieg als Ludwig III. 1913 den Thron Bayerns.)

Auguste gebar vier Kinder, drei Söhne und eine Tochter, und kümmerte sich selbst um deren Erziehung. Der 1845 geborene Sohn Ludwig zeichnete sich durch Wissen auf Gebieten der Landwirtschaft, der Verkehrstechnik und der Energiewirtschaft aus. Er heiratete die Habsburgerin → Maria Theresia. Der jüngere Sohn Leopold wurde durch seine Heirat mit der Habsburgerin → Gisela Schwiegersohn Kaiser → Franz Josephs.

Auguste starb an einer nicht ausgeheilten Lungenkrankheit im Alter von 39 Jahren.

Mö.

Augusta, Gattin des Erzherzogs → Josef August, geb. 28. 4. 1875 in München, gest. 25. 6. 1964 in Regensburg.

Als Tochter Prinz Leopolds von Bayern und der Habsburgerin → Gisela, benannt nach ihrer habsburgischen Großmutter → Auguste Ferdinande, wuchs Augusta in München auf und heiratete 1893 den ungarischen Habsburger Erzherzog Josef. Sie lebte meist auf dessen Besitz in Alcsuth/Ungarn und bekam dort sechs Kinder: → Josef Franz, geb. 1895, Gisela (1896–1901), → Sophie Augusta, geb. 1899, → Ladislaus, geb. 1901, Mathias (1904–1905), → Magdalene, geb. 1909.

An der Seite ihres Mannes, des Ungarn Erzherzog Josef, wurde auch die gebürtige Bayerin Augusta zur bewußten Ungarin.

Während des Ersten Weltkriegs widmete sie sich der Pflege der Verwundeten, die sie auch materiell unterstützte. Nur auf Einspruch ihres Großvaters, Kaiser → Franz Joseph, sah sie vom Dienst an der Front ab. Sie setzte die Bewegung »Gold für Eisen« in Gang und betätigte sich nach dem Weltkrieg als Protektorin mehrerer Wohltätigkeitsvereine. Ende 1944 verließ sie mit ihrer Familie Ungarn, zog zunächst in die USA und dann nach Regensburg zur Familie ihrer Schwägerin, der Fürstin → Margarete von Thurn und Taxis. Dort starb Erzherzog Josef 1962, zwei Jahre vor Augusta.

Ni./So./H.

Baltasar Carlos, Prinz von Asturien, Sohn von König → Philipp IV. von Spanien und → Isabella von Bourbon, geb. 17. 10. 1629 in Madrid, gest. 9. 3. 1646 in Zaragoza, begr. im Escorial.

Auf dem schwachen, kränklichen Knaben ruhten alle Hoffnungen der spanischen Dynastie, die vom Aussterben bedroht war. Um die verwandtschaftlichen Beziehungen zwischen Wien und Madrid zu verstärken, wurde für Baltasar Carlos schon früh eine Heirat mit Erzherzogin → Maria Anna, der Tochter Kaiser → Ferdinands III., vorbereitet, doch starb der Prinz mit sechzehn Jahren. Nach Baltasars Tod trat König Philipp IV. in die Rechte seines Sohnes ein, heiratete Maria Anna und zeugte mit ihr noch einen weiteren Sohn, → Carlos (Karl II.), mit dem dann endgültig die spanische Linie der Habsburger ausstarb.

H.

Der Infant Baltasar Carlos – eines von mehreren Porträts, die Velázquez von dem Knaben malte.

Barbara, Herzogin von Ferrara, elftes Kind von Kaiser → Ferdinand I. und → Anna von Ungarn, geb. 30. 4. 1539 in Innsbruck, gest. 19. 9. 1572 in Ferrara, begr. in der Kirche del Gesù in Ferrara.

Barbara verlebte ihre Jugend ab 1547 zusammen mit ihren Schwestern → Magdalena, → Margareta, → Helena und → Johanna in streng religiös-karitativer Erziehung in Innsbruck. Von Zeitgenossen wird sie als häßlich oder von mittelmäßigem Aussehen beschrieben. Nach diversen Eheprojekten heiratete sie 1565 mit prunkvollen Hochzeitsfeierlichkeiten in Ferrara Herzog Alfons II. von Ferrara, mit dem sie eine vorbildliche, wenngleich kinderlose Ehe führte. Durch ihr karitatives Wirken – nach dem Erdbeben 1570/71 ließ sie elternlose Mädchen auf ihre Kosten versorgen und gründete das Conservatorio delle orfane di S. Barbara – er-

Herzogin Barbara von Ferrara, gemalt von Francesco Terzio

warb sie die Zuneigung der Bevölkerung, stand in enger Beziehung zum Jesuitenorden, unterhielt aber auch ein vertrautes Verhältnis zu ihrer protestantischen Schwiegermutter Renata (Tochter Ludwigs XII. von Frankreich). Torquato Tasso, der 1565 an den Hof von Ferrara berufen wurde, widmete der Herzogin einige Sonette. Seit 1566 kränkelte sie und starb an Tuberkulose.

Lit.: Brigitte Grohs, Die Hochzeiten der Erzherzoginnen Barbara und Johanna von Habsburg, Staatsprüfungsarbeit am Institut für österreichische Geschichtsforschung, Wien 1986.

Rill

Beatrix von Zollern, zweite Gemahlin des Herzogs → Albrecht III., geb. 1360 in Nürnberg, gest. 10. 6. 1414 in Perchtoldsdorf/Niederösterreich, begr. wahrscheinlich in der Fürstengruft von St. Stephan in Wien, doch kennt man ihr Grab nicht.

Da Bemühungen um die Hand der Violante, Tochter Galeazzos II. Visconti, am heftigen Einspruch des Papstes gescheitert waren und ein ungarisches Eheprojekt rasch fallengelassen wurde, warb Albrecht III. im Winter 1374 um die als »schön, gotfürchtig, andechtig, tugentleich und auch schemig« beschriebene Beatrix von Zollern, Tochter des Burggrafen Friedrich V. von Nürnberg und Elisabeth, Tochter des Markgrafen Friedrich II. (»des Ernsthaften«) von Meißen. 1374 erzielte man in Passau Einigung über Höhe und Form des Brautschatzes bzw. der Widerlage, nachdem Albrecht und Beatrix auf das burggräfliche Erbe verzichtet hatten. Die angesetzte Vermählungsfeier mußte verschoben werden, da der zur Einsegnung der Ehe nach Wien geladene Bischof von Passau unweit von St. Pölten von fehdelustigen steirischen Ministerialen gefangengenommen worden war. Schließlich wurde 1375 die Hochzeit mit Prunk und im Beisein zahlreicher Adeliger, darunter Herzog Friedrich von Bayern, gefeiert.

Während sich Albrecht auf der »Littauerfahrt« befand, gebar Beatrix in Wien 1377 den ersehnten Erben, Herzog → Albrecht IV. Vergeblich versuchte sie den Sohn 1398, angesichts der osmanischen Gefahr, vom Plan seiner »Meerfahrt« (einer Reise ins Heilige Land) abzubringen. Mit der selbst in vorgerückten Jahren noch sehr attraktiven Fürstin in Verbindung stand wohl jene ritterliche Gesellschaft, deren Attribut, eine goldene Kette in Form eines Frauenzopfes mit einem Schwan, Albrecht III. den Beinamen »mit dem zopffen« verschaffte.

Beatrix zeigt ihrem Ehemann Herzog Albrecht III. seinen Sohn Albrecht (IV., »das Weltwunder«), der während seines Kreuzzuges in Wien geboren worden war. (Anton Ziegler)

St.

Blanche (Blanca) von Frankreich, erste Gemahlin von Herzog → Rudolf III., geb. um 1285 in Paris, gest. 19. 3. 1305 in Wien, begr. in der Minoritenkirche, Wien.

Zu den Zielen der Heiratspolitik König → Albrechts I. gehörte eine Verbindung mit dem französischen Königshaus. Nach langen, bis

1295 zurückreichenden Verhandlungen wurde Blanche, die Tochter von König Philipp III. (»le Hardi«) von Frankreich aus seiner zweiten Ehe mit Marie von Brabant, zugleich Halbschwester König Philipps IV. (»le Bel«), zu Pfingsten 1300 in Paris mit Herzog Rudolf III. vermählt. Das Paar traf zu Weihnachten 1300 in Wien ein. Die reiche Ausstattung der Braut wurde eigens hervorgehoben. Auch späterhin wurden ihr Kleiderluxus und ihre Vorliebe für Schmuck registriert.

Während der kurzen Ehe war Blanche dem Herzog wiederholt eine wichtige Stütze. Sie begleitete ihn 1302 mehrere Monate lang in die Steiermark, die sie als das zweite Land ihrer Herrschaft kennenlernen wollte. In Abwesenheit des Herzogs übte sie in seiner Vertretung die Herrschaft aus. Ihrem Testament entsprechend, das sie 1304 vermutlich anläßlich einer Totgeburt errichtet hatte, wurde sie in einem Tumbengrab (das für die Rezeption der französischen hochgotischen Stilformen in Österreich von großer Bedeutung wurde, aber 1784 verlorenging) in der Wiener Minoritenkirche beigesetzt.

Lit.: Gerhard Schmidt, Das Grabmal der Blanche de France..., in: Beiträge zur Kunst des Mittelalters. Festschrift für Hans Wentzel zum 60. Geburtstag, Berlin 1975, 181–192.

S.

Bianca Maria Sforza, Kaiserin, zweite Gemahlin des Kaisers → Maximilian I., geb. 5. 4. 1472 in Mailand, gest. 31. 12. 1510 in Innsbruck, begr. im Zisterzienserkloster in Stams/Tirol.

Die Tochter des Galeazzo Maria Sforza und der Bona von Savoyen wurde 1480 Vollwaise und lebte unter der Obhut ihres Oheims Ludovico il Moro, der seine usurpierte Herrschaft über Mailand durch Heirat seiner Nichte mit dem Angehörigen einer fürstlichen Familie legitimieren wollte. Nach dem Tod ihres ersten »Bräutigams« Filibert von Savoyen, dem sie bereits im Alter von zwei Jahren versprochen worden war, folgten seit 1484 Eheprojekte mit den Dynastien von Bayern, Ungarn (zuerst Johann, unehelicher Sohn des Matthias Corvinus, dann Wladislav II. von Ungarn und Böhmen), Schottland und Sachsen. 1493 wurden jedoch die Verhandlungen mit den Habsburgern erfolgreich abgeschlossen: im Mailänder Dom wurde die Prinzessin die zweite Ehefrau des römischen Königs Maximilian I., der am Altar von Markgraf Christoph von Baden vertreten wurde.

Für Ludovico bedeutete diese Verbindung die Legitimierung seiner Herrschaft, für Maximilian eine Flankendeckung durch Mailand beim geplanten Türkenkrieg und vor allem eine Mitgift von 300 000 Gulden (bei der Investitur Ludovicos mit Mailand sollte dieser weitere 100 000 Gulden bezahlen); die militärischen Unternehmungen Maximilians 1493/94 wurden tatsächlich zum Großteil mit dieser Mitgift finanziert.

Daß Maximilian diese Ehe ausschließlich als einen Akt der Staatsräson betrachtete, zeigte er damit, daß er erst im März 1494 seine seit Dezember 1493 in Innsbruck wartende Gemahlin aufsuchte und sich auch in der folgenden Zeit wenig um sie kümmerte. Zwar bezeichnete er sie selbst als nicht weniger schön als seine erste Frau, → Maria von Burgund, doch kritisierte er, daß sie dieser geistig unterlegen war. Andere Vorwürfe gegen Bianca Maria waren Unordentlichkeit und Verschwendungssucht, Formlosigkeit, besonders aber die Einflußnahme ihrer Favoritin Violante Caimi, die ihre Herrin zu hohen Ausgaben verleitete und auch politisch intrigierte, bis sie 1496 auch bei der Herrin in Ungnade fiel.

Diese Schwächen, die von unvoreingenommenen Beobachtern bestätigt werden, standen jedoch in keinem Vergleich zu der rücksichtslosen und demütigenden Behandlung, die Bianca Maria von Maximilian erfuhr. Trotz der hohen Mitgift lebte sie mit ihrem Hofstaat in beschämender Dürftigkeit, so daß sie zeitweise nicht einmal in der Lage war, Gesandte zu empfangen. Wiederholt wurde sie auf Forderung ihrer Gläubiger in Reichsstädten mitsamt ihrem oft hungernden Gefolge als Pfand festgehalten; einmal (1502) mußte Maximilian Ablaßtruhen aufsprengen las-

Kaiser Maximilian I. mit seinen beiden Frauen Maria von Burgund und Bianca Maria Sforza. Darstellung vom sogenannten »Goldenen Dachl« in Innsbruck

sen, um seine Gemahlin auslösen zu können. Ihr politischer Einfluß auf Maximilian war gering.

Obwohl sie ihren Oheim Ludovico keineswegs liebte, versorgte sie ihn mit Nachrichten und Ratschlägen und setzte sich auch bei ihrem Gemahl für eine militärische Intervention zugunsten Mailands gegen Frankreich ein. Diese Bemühungen waren allem Anschein nach der Grund dafür, daß Maximilian sie 1500 samt Gefolge aus Augsburg verwies. Sie verließ die Stadt »mit wainetten augen«, um in die österreichischen Erblande zu übersiedeln; auch in dem 1501 mit Frankreich geschlossenen Vertrag von Trient nahm Maximilian keinerlei Rücksicht auf den von den Franzosen gefangengehaltenen Oheim seiner Frau.

Bianca Maria Sforza trat nur einmal kurzfristig politisch in die Öffentlichkeit: Während des Schweizer Krieges 1499 erließ sie das Landesaufgebot und andere Aufrufe und Befehle im Namen ihres Gemahls. Ihr mutiges Ausharren brachte jedoch keine Besserung ihrer Lebensverhältnisse. Seit 1500 wird sie nur mehr in privaten Geschäften genannt. Ihre Todesursache ist unbekannt; ein Zeitgenosse (Grünbeck) vertrat die Meinung, daß Bianca Maria Sforza an der mangelnden Liebe ihres Gemahls so sehr litt, daß sie nach drei Jahren ständiger Abmagerung an der »dörrsucht« verstorben sei. Ihr Nachlaß, darunter das berühmte schwarze Gebetbuch, das um 1470 von niederländischen Künstlern für ihren Vater angefertigt worden war, kam zum Großteil in den Besitz Maximilians.

Lit.: Heidemarie Hochrinner, Bianca Maria Sforza, Diss., Graz 1966.

Rill

Blanka, Gemahlin des Erzherzogs → Leopold Salvator, geb. 7. 9. 1868 in Graz, gest. 25. 10. 1949 in Viareggio, begr. in der Familiengruft in Viareggio.

Die Tochter des Prinzen Karl von Bourbon-Kastilien und der Prinzessin Margarethe von Bourbon-Parma heiratete 1889 auf Schloß Frohsdorf/Niederösterreich und bekam zehn Kinder: → Maria Dolores, geb. 1891, → Maria Immakulata, geb. 1892, → Margareta, geb. 1894, → Rainer Karl, geb. 1895, → Leopold, geb. 1897, → Maria Antonia, geb. 1899, → Anton, geb. 1901, → Assunta, geb. 1902, → Franz Josef, geb. 1905 und → Karl Pius, geb. 1909.

Im Ersten Weltkrieg war sie Rotkreuz-Schwester und Protektorin des Landes- und Frauenhilfsvereins in Graz. Nach 1918 übersiedelte die durch Leopolds kriegswichtige Erfindungen sehr reich gewordene Familie nach Spanien. Seit 1931 war Blanka Witwe und lebte wieder zeitweise in Wien.

H.-L.

Bona, Bonitas → Guta

Burg → Ferdinand Karl

Das Ehepaar Blanka und Leopold Salvator mit seinen zehn Kindern

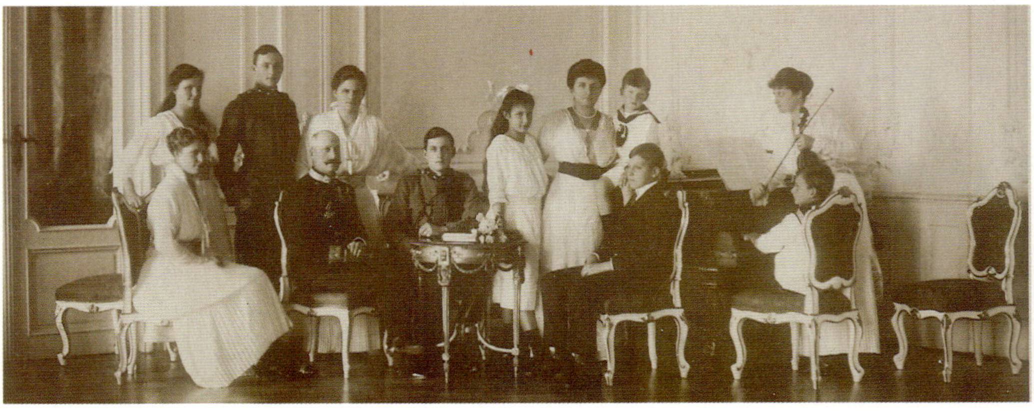

Cäcilia Renata, Königin von Polen, Tochter von Kaiser → Ferdinand II. und → Maria Anna von Bayern, geb. 16. 7. 1611 in Graz, gest. 24. 3. 1644 in Wilna, begr. in der Kathedrale von Krakau.

Cäcilia Renata wurde streng katholisch erzogen, war lebenslustig und intelligent. 1637 wurde sie mit dem König von Polen, Władysław IV. (geb. 1595, König 1632–1648), dessen Mutter → Anna eine Schwester ihres Vaters war, vermählt. Der König hatte nicht viel Sympathie für sie und machte ihr das Leben am Hof nicht leicht. Ihre zwei Kinder starben im Kindesalter. Unmittelbar nach der dritten Geburt, einer Totgeburt, verstarb auch sie.

Lei.

Carlos → Karl

Charlotte, Kaiserin von Mexiko, Gemahlin des Erzherzogs Ferdinand → Maximilian, geb. 7. 6. 1840 in Laeken/Belgien, gest. 19. 1. 1927 in Brüssel, begr. in der Kirche von Laeken.

Die neben zwei Brüdern einzige Tochter König Leopolds I. der Belgier – durch die Mutter Louise Marie von Orléans eine Enkelin des Bürgerkönigs Louis Philippe – war eine außergewöhnlich reiche, intelligente und gebildete Schönheit. Sie heiratete 1857 in Brüssel den Bruder Kaiser → Franz Josephs, Ferdinand Maximilian, der zum Statthalter der Lombardei ernannt worden war. Das junge Paar residierte zunächst in Mailand, nach dem Verlust der Lombardei 1859 ziemlich untätig, im neu errichteten Schloß Miramare bei Triest. Maximilians Position gegenüber dem kaiserlichen Bruder und der Wiener Politik war schwierig, dazu kamen persönliche Differenzen der Schwägerinnen Charlotte und Kaiserin → Elisabeth. Die Ehe blieb kinderlos.

Vor allem Charlottes großer politischer Ehrgeiz spielte eine Rolle, daß Maximilian einwilligte, die ihm von Kaiser Napoleon III. und einer mexikanischen Notablenversammlung angebotene Krone Mexikos anzunehmen und in Übersee zu versuchen, den Traum einer moder-

So sah ein zeitgenössischer Zeichner die Tragödie des mexikanischen Kaiserpaares: Maximilian steht einsam unter seinen Kriegern in Mexiko, Charlottes Sinn aber verdunkelt ein barmherziger Engel mit dem schwarzen Schleier des Wahnsinns.

nen Monarchie zu verwirklichen. Den häufig schwankenden und entscheidungsschwachen Maximilian bestärkte Charlotte in diesem Plan und ließ sich durch keinen der zahlreichen Warner beeindrucken.

Die ersten beiden Jahre des neuen Kaiserpaares in Mexiko (1864 bis 1866) wurden trotz ehrlichen Bemühens katastrophal. Als Napoleon III. nach dem Sezessionskrieg seine starke Hand vom mexikanischen Kaiserreich abzog, wollte Max abdanken und nach Europa zurückkehren. Charlotte jedoch hielt ihn mit Durchhalteparolen: »Abdanken heißt, sich verurteilen, sich selbst ein Unfähigkeitszeugnis ausstellen, und das ist nur annehmbar bei Greisen und Blödsinnigen ... Ich kenne keine Lage, wo Abdankung etwas anderes wäre als ein Fehler und eine Feigheit.« Sie machte sich 1866 auf die höchst beschwerliche Reise nach Europa, um den Papst und Napoleon III. um Hilfe für das mexikanische Kaiserreich anzuflehen – vergeblich.

Ihr übersteigertes Majestätsgefühl konnte das Scheitern des mexikanischen Kaisertraums nicht verkraften: Im Vatikan brach bei Charlotte der Irrsinn in Form eines Verfolgungswahns aus. In lichten Momenten realisierte sie Maximilians Tod in Queretaro 1867, rettete sich aber dann wieder in Phantasien, Max sei nicht tot, sondern der Herrscher der Welt. Sechzig Jahre noch lebte Charlotte als Witwe im Wahnsinn. Da Kaiser Franz Joseph keine Neigung zeigte, sich seiner wenig geliebten Schwägerin anzunehmen, holte ihr Bruder, König Leopold II., sie nach Belgien zurück. Dort wohnte sie auf Schloß Tervuren, später auf Schloß Bouchout. Sie verbrachte ihre Zeit mit Malen, Sticken und Klavierspielen und träumte vom großen Reich in Amerika.

Lit.: Egon Cäsar Conte Corti, Maximilian und Charlotte von Mexiko, Wien 1924, 2 Bde.

H.

Cimburgis von Masowien. Bronzefigur von Gilg Sesselschreiber vom Grabmal Maximilians I. in Innsbruck

Cimburgis (Cymbarka, Cymburga) von Masowien, zweite Gemahlin von Herzog → Ernst dem Eisernen, geb. zwischen 1394 und 1397 in Warschau, gest. auf einer Pilgerfahrt am 28. 9. 1429 in Türnitz bei Lilienfeld, begr. im Kloster Lilienfeld, Niederösterreich.

Cymbarkas Vater, Ziemowit IV., war Fürst von Płock und gehörte der masowischen Nebenlinie des polnisch-königlichen Hauses der Piasten an. Ihre Mutter, Alexandra, war eine Schwester Jagiellos, des Großfürsten von Litauen und Königs von Polen. Die Ehe mit Ernst wurde 1412 in Krakau geschlossen. Daß sich Ernst vorher in Verkleidung nach Krakau begab, stimmt, doch wollte er vor allem mit Jagiello ein Bündnis schließen und nicht – oder nicht nur – seine zukünftige Gemahlin sehen, wie die österreichischen Chronisten berichten. Die Ehe fand nicht die Zustimmung der Familie, die nicht vergessen konnte, daß die Polen seinen Bruder → Wilhelm als Gemahl Hedwigs und somit als König abgelehnt hatten (1386).

Cymbarka gebar neun Kinder: Herzog Friedrich V. (als Kaiser → Friedrich III.), geb. 1415, → Margarethe, geb. 1416 oder 1417, Herzog → Albrecht VI., geb. 1418, → Katharina, geb. 1420, Alexandra, geb. und gest. 1421, Rudolf, geb. und gest. 1424, Leopold, geb. und gest. 1424, Ernst (1420–1432) und Anna (1422–1429).

Die politische Bedeutung dieser Ehe bestand in der gemeinsamen Abwehr gegen eine allzu große Ausweitung der Macht Sigismunds von Luxemburg. Cymbarka mischte sich in die damals recht wirren Verhältnisse in Österreich nicht ein. Sie hielt die Verbindung zwischen den Habsburgern und Polen aufrecht. Sie wird von den Chronisten nicht nur als schöne, sondern auch als außerordentlich kräftige Frau beschrieben, die mit bloßer Hand Nägel einschlagen und Hufeisen zerbrechen konnte. Sie ist eine Stammmutter der Habsburger der Neuzeit.

Lit.: Monika Schellmann, Zur Geschichte Herzog Ernsts des Eisernen (1386/1402–1424), Diss., Wien 1966.

Lei.

Claudia von Medici, Gemahlin des Erzherzogs → Leopold V. von Österreich-Tirol, geb. 4. 6. 1604 in Florenz, gest. 25. 12. 1648 in Innsbruck, begr. in der Jesuitenkirche in Innsbruck.

Die Tochter von Großherzog Ferdinand I. von Toskana und Christine von Lothringen heiratete 1621 in erster Ehe Francesco Ubaldo della Rovere, Herzog von Urbino, und wurde 1623, erst 19jährig, Witwe. 1626 heiratete sie Erzherzog Leopold V. und bekam fünf Kinder: → Ferdinand Karl, geb. 1628, → Sigmund Franz, geb. 1630, die als Kind verstorbene Maria Eleonora, → Isabella Klara, geb. 1629, und → Maria Leopoldina, geb. 1632, die später Kaiser → Ferdinand III. heiratete. Nach sechsjähriger Ehe starb Leopold 1632. Durch seinen frühen Tod wurde Claudia anfangs neben Kaiser → Ferdinand II. und nach dessen Tod 1637 neben Kaiser → Ferdinand III. Mitregentin Tirols und Vorderösterreichs bis zur Erreichung der Volljährigkeit ihres ältesten Sohnes Ferdinand Karl 1646.

In Widerspruch zu ihrem Titel ruhte die Hauptlast der Regierung auf ihren Schultern. Ihr Hofkanzler, Dr. Wilhelm Biener, der von seinen Rivalen mit grenzenloser Mißgunst verfolgt wurde, war ihr eine bedeutende Stütze. Seine politische Klarsicht und Konsequenz prägte auch Claudias zum maßvollen Absolutismus neigenden Regierungsstil ungefähr nach dem Motto »Geht es nicht *mit* den Ständen, dann eben *ohne* sie«. Das praktizierte sie etwa 1639, als sie entgegen den Beschlüssen des ständischen Ausschusses eine militärische Allianz mit Spanien und dem Kaiser einging zur Wiedergewinnung der von den Franzosen eingenommenen Gebiete der Vorlande.

Claudias Regierungszeit war geprägt von der permanenten Bedrohung Tirols durch den im Norden und Westen – eben in Vorderösterreich – wütenden 30jährigen Krieg und durch die vielen, das Land verheerenden Durchzüge kaiserlicher Hilfstruppen aus Spanien und Italien. Dadurch kam es auch zur Einschleppung von Seuchen (»Pest« 1635). Neben Elsaß und Breisgau waren vor allem die Grenzgebiete gegen die drei Bünde Krisenherde, zumal es ein Hauptziel der französischen Strategie unter Herzog Rohan war, die österreichisch-spanische Nachschublinie durch das Veltlin zu unterbinden. Die wechselnde Bündnispolitik der drei Bünde – eine der führenden Gestalten war Jürg Jenatsch, ermordet 1639 – machte allerdings die diesbezüglichen französischen Erfolge (1635) zunichte und führte 1639/40 zu einer neuerlichen Verständigung mit Spanien und Österreich. Der andauernden Kriegsgefahr Rechnung tragend, ließ Claudia zunächst die nördlichen Grenzfestungen verbessern bzw. bei Scharnitz die mächtige Talsperre der nach ihr benannten »Porta Clau-

Erzherzogin Claudia von Medici, gemalt als hl. Christine von Bolsena, der Namenspatronin ihrer Mutter. Gemälde von Lorenzo Lippi

dia« erbauen, welche bis 1805 bestand. Desgleichen schritt sie zu einer dringend nötigen Reform der Tiroler Landesverteidigungsordnung, indem sie die einzelnen Gerichtsaufgebote in vier stramm geführte Milizregimenter umorganisierte und auch für eine bessere Bewaffnung sorgte. Über die damals für die Landesverteidigung nötigen und von den Landtagen bereitzustellenden Steuermittel kam es zwischen Tirol und den Fürstentümern Brixen und Trient zum Streit, woraufhin Claudia vorübergehend Brixner Besitz in Tirol beschlagnahmen ließ.

Trotz der unruhigen Zeit vergaß sie nicht, auch den Handel nach Kräften zu fördern. Insbesondere zeigte sich dies bei der Schaffung des Bozner Merkantilmagistrates (1635), einer Messe- bzw. Marktgerichtsinstanz, welche bis 1850 die reibungslose Abwicklung der international besuchten Bozner Messe organisierte. Auch das Markt- und Wappenprivileg für Mals im Vintschgau 1642 ist hier zu nennen.

Das kulturelle Leben Tirols hat die Florentinerin Claudia nachhaltig beeinflußt durch ihre initiative Mitwirkung an der Schaffung des ersten festen Hof-Theater- und Opernhauses durch Erzherzog Leopold V. 1629/30 in Innsbruck. Der von ihr 1645 für die Justizbehörde im Alten Regierungsgebäude in der Innsbrucker Altstadt geschaffene »Claudiasaal« besteht noch heute. Endlich führte sie 1640 den von Leopold begonnenen Bau der Jesuitenkirche zum vorläufigen Ende. Auch in der Innsbrucker Mariahilf-Kirche wird ihr Andenken bewahrt.

Lit.: Hans Brugger, Die Regierungszeit der Erzherzogin Claudia in Tirol, Diss., Graz o. J.; Josef Hirn, Kanzler Biener und sein Prozeß, Innsbruck 1898; Franz Huter, Die Quellen des Meßgerichts-Privilegs der Erzherzogin Claudia für die Boznermärkte (1635), Bozner Jahrbuch 1927.

Hye

Claudia Felicitas, Kaiserin, zweite Gemahlin von Kaiser → Leopold I., Tochter von Erzherzog → Ferdinand Karl und → Anna von Medici, geb. 30. 5. 1653 in Innsbruck, gest. 8. 4. 1676 in Wien, begr. in der Dominikanerkirche in Wien, das Herz in der Kapuzinergruft.

Kaiserin Claudia Felicitas, die jung verstorbene zweite Gemahlin Leopolds I., als Diana. Gemälde von Giovanni Maria Morandi

Nach dem Tode seiner ersten Gemahlin → Margarita Maria Teresa 1673 heiratete Kaiser Leopold I. noch im selben Jahr seine Cousine zweiten Grades per procurationem in Innsbruck und tatsächlich in Graz. Claudia war der letzte Sproß der Linie Habsburg-Tirol, deren Erbe die kaiserliche Linie bereits nach dem Tod von Claudias Onkel, → Sigmund Franz, 1665 angetreten hatte. Die Heirat mit Claudia stellte eine wichtige Bekräftigung der Einheit der beiden habsburgischen Linien dar.

Die Kaiserin schenkte Leopold zwei Töchter, Anna Maria Sofie (geb. u. gest. 1674) und Maria Josefa Klementine (1675–1676). Sie starb rund 10 Monate nach der zweiten Niederkunft im Alter von knapp 23 Jahren. Der Kaiser, der bisher ohne männliche Nachkommen war, heiratete noch im selben Jahr → Eleonore von Pfalz-Neuburg, die ihm Söhne und Nachfolger gebar.

Hye/H.

Clementia, Königin von Ungarn, Tochter von König → Rudolf I. aus erster Ehe mit → Gertrud von Hohenberg, Geburtsdatum ungewiß, gest. nach dem 7. 2. 1293 in Neapel, begr. in San Domenico Maggiore in Neapel.

Um mit den unteritalienischen Anjous in verwandtschaftliche Beziehungen zu treten, verheiratete Rudolf seine Tochter mit Karl Martell, einem Sohn von König Karl II. von Neapel und Maria, einer Tochter des Königs Stefan V. von Ungarn (1271–1295). Die Hochzeit wurde 1281 in Wien gefeiert, dann zog die junge Habsburgerin nach Neapel. 1290 wurde ihr Gemahl zum König von Ungarn gewählt. Der Ehe entstammten mindestens zwei Töchter und der Sohn Karl Robert, der sich als König Karl I. in Ungarn endgültig durchsetzen sollte.

Di.

Königin Clementia von Ungarn, eine Tochter Rudolfs von Habsburg, mit ihrem Gemahl, vom großen Habsburger-Stammbaum des 16. Jahrhunderts.

Cornelius von Österreich (»de Austria«), Sohn von Kaiser → Maximilian I. und einer Salzburgerin. Vermutlich Anfang September 1507 in Salzburg geboren. Sein Todesdatum ist unbekannt.

Seit 1523 hielt sich Cornelius, dessen Taufname auf die burgundische Verwandtschaft Maximilians verweist und der ein Vollbruder → Georgs von Österreich war, in Padua auf, wo er Latein und Italienisch erlernte und die Rechte studierte. Dafür bezog er seit 1524 die Einkünfte der Herrschaft Enns (Oberösterreich). Da er »nit willens geistlich zu werden« war, stellte er für die Italien-Politik der Habsburger eine beachtliche Komponente dar, zumal man – ebenso wie bei Georg – auch in seinem Fall an die Übernahme des Herzogtums Mailand und päpstlicherseits an eine mediceische Eheverbindung dachte. 1527 befahl Erzherzog → Ferdinand, Cornelius möge »gen Wienn auf die schuel zu studiern« gehen und ließ ihm dafür hundert Gulden Reisegeld ausbezahlen. Darüber hinaus war gedacht, ihm die Koadjutorie des Propstes von Klosterneuburg zu verschaffen, doch scheiterte dieser Versuch an der ablehnenden Haltung von Propst und Kapitel sowie der Intervention Königin → Marias von Ungarn bei ihrem Bruder. Danach verschwindet Cornelius' Name aus den Quellen.

St.

Eleonore von Schottland, erste Gemahlin von Herzog → Sigmund von Österreich-Tirol, geb. 1433 in Dunfermline/Schottland, gest. 20. 11. 1480 in Innsbruck, begr. im Kloster Stams/Tirol.

Eleonore war die Tochter König Jakobs I. von Schottland und Johanna Beaufort. Über ihre Kindheit und Jugend ist fast nichts bekannt, nur daß sie vor allem auf Schloß Linlithgow lebte. 1445 starb ihre verwitwete und wiederverheiratete Mutter. Um dieselbe Zeit übersiedelten Eleonore und ihre Schwester Johanna an den französischen Hof König Karls VII. in Tours, wo ihnen drei Jahre lang ein standesgemäßer Unterhalt und eine entsprechende Ausbildung zuteil wurde. (Ihre älteste Schwester Margarete war mit dem Dauphin verheiratet.) Von diesem Zentrum höchster höfischer Kultur kam Eleonore 1449 als Gattin des Herzogs Sigmund in das vergleichsweise wohl eher primitiv wirkende Tirol. Die Trauung per procurationem erfolgte im September 1448 in Belmont bei Chinon. Die tatsächliche Hochzeit scheint nach einer sehr beschwerlichen Reise Mitte Februar 1449 in Meran stattgefunden zu haben, und zwar in sehr bescheidenem Rahmen.

Im politischen Leben Tirols spielte Eleonore insofern eine Rolle, als sie in den Jahren 1455 bis 1458 während dreimaliger Abwesenheit Sigmunds die Regentschaft des Landes führte, wodurch sie auch unmittelbar in seinen Streit mit Kardinal Nikolaus Cusanus und andere Zwistigkeiten hineingezogen wurde. 1467 fungierte sie als Regentin in den Vorlanden, wobei sie in Thann und nicht in Freiburg residierte. Sie blieb kinderlos. 1469–1474 zog sie sich völlig aus der Politik zurück und widmete sich kirchlichen und karitativen Aufgaben.

In die Literaturgeschichte eingegangen ist sie durch die nach ihrem Tod auf Veranlassung Sigmunds bei Hans Schönberger in Augsburg erstmals aufgelegte Übersetzung des französischen Romans »Pontus und Sidonia« ... »welche histori die durchleuchtig und hochgeporn fraw, fraw Heleonora, geporne künigin aus Schottenlande, erczhertzogin zu Österreich loblich von franczosiger zungen in teutsch getranßferiret und gemacht hat, dem durchleuchtigen hochgepornen fürsten und herren, herren Sigmunden erczherzog zu Österreich etc., irem eelichen gemahel zu lieb und wolgevallen.« Eleonores Urheberschaft an dieser Übersetzung wird gelegentlich angezweifelt, bisher jedoch ohne Gegenbeweis.

Lit.: Margarete Köfler, Eleonore von Schottland, in: Schlern-Schriften, Bd. 269, Innsbruck 1982, 9–114.

Hye

Eleonore (Leonore, Helena), Kaiserin, Gemahlin von Kaiser → Friedrich III., geb. vermutlich 8. 9. 1436 in Torres Vedras/Portugal, gest. 3. 9. 1467 in Wiener Neustadt, begr. im Neukloster in Wiener Neustadt.

Eleonore war das vierte Kind König Eduards (Duartes) von Portugal und der Leonor von Aragon. Nach dem frühen Tod des Vaters 1438 wurde dessen Bruder Pedro Regent und Vormund Eleonores und ihrer Geschwister, bis der junge König Alfons sich gegen den Onkel die Herrschaft gewaltsam erkämpfte. Blutige Familienfehden lernte Eleonore also bereits in der Heimat kennen. Andererseits wuchs sie in einem reichen Land auf, das einen unerhörten Aufstieg als Handels- und Kolonialmacht erlebte. König Friedrich wurde durch Herzog Philipp von Burgund, der eine Tante Eleonores zur Frau hatte, auf die portugiesische Prinzessin aufmerksam. Die Hochzeit sollte gemeinsam mit der Kaiserkrönung in Rom stattfinden. Friedrich entsandte nur zwei bescheidene Kleriker nach Portugal, um die Braut zu holen, doch um so prunkvoller verabschiedete die Heimat Eleonore.

Nach gefahrvoller Seefahrt endlich in Livorno gelandet, begegnete sie ihrem zukünftigen Gatten erstmals vor den Toren Sienas. Am 16. 3. 1452 wurden sie von Papst Nikolaus V. in der Peterskirche getraut, wo dann am 19. 3. die Zeremonie der Kaiserkrönung stattfand, bei der

Der spätere Kaiser Friedrich III. trifft in Siena seine Braut Eleonore von Portugal. Fresko im Dom zu Siena von Pinturiccio

Epitaph der Kaiserin Eleonore von Nikolaus Gerhaerts in der Neuklosterkirche von Wiener Neustadt

Eleonore die Krone von Kaiser Siegmunds zweiter Gattin, Barbara, aufs Haupt gesetzt wurde.

Bei der Heirat stand Eleonore im 16. Lebensjahr. Sie wird als zierlich und liebreizend beschrieben. Der Bräutigam war 21 Jahre älter und in seiner ernsten Verschlossenheit nicht sehr einnehmend. Er war zwar römisch-deutscher Kaiser, verfügte aber mit Innerösterreich über ein verhältnismäßig bescheidenes Herrschaftsgebiet.

Bald nach dem Eintreffen des Paares in der Residenz Wiener Neustadt rückten die Österreicher vor die Tore der Stadt, um Friedrich sein Mündel → Ladislaus, den Erben der albertinischen Länder, abzuzwingen. Eleonore sollte ähnliches noch mehrmals erleben: 1455 vor der Geburt ihres ersten Kindes einen weiteren Überfall auf Wiener Neustadt und vor allem 1462 die von dem kleinen Maximilian traumatisch erlebte Belagerung in der Wiener Burg. Die Kaiserin begegnete solchen Situationen mutig und entschlossen, dabei weniger geneigt als Friedrich, die Schmach einfach hinzunehmen.

Politischen Einfluß hatte sie kaum. Gelegentlich durfte sie die Rolle der Vermittlerin übernehmen. Mit Ausnahme von seltenen feierlichen Anlässen, an denen der Kaiser ihre Anwesenheit wünschte, trat sie selten öffentlich in Erscheinung. Mit ihrem bescheidenen Hofstaat, bei dem es etwas fröhlicher zugegangen sein soll als in Friedrichs Umgebung, führte sie ein gewisses Eigenleben. Im Gegensatz zu ihrem Gatten war die Kaiserin beliebt. Ihr besonderer Verehrer war Enea Silvio, der bei der Organisation ihres Empfanges in Italien und des Romzuges eine wichtige Rolle spielte. Eleonores Gebetbuch zeigt sie in hübschen Miniaturen und zeugt von der oft gerühmten Frömmigkeit.

Dem Erstgeborenen, Christophorus (1455 bis 1456), folgten vier weitere Kinder: → Maximilian, geb. 1459, Helena (1460–1461), → Kunigunde, geb. 1465, und Johann (1466–1467). Den frühen Tod dreier ihrer Kinder lastete der Kaiser ihr an, da sie angeblich die Kleinkinder in unvernünftiger Weise mit portugiesischen Lekkerbissen fütterte. Nach dem Tod des letzten Kindes soll es 1467 zu einem Zerwürfnis zwischen ihnen gekommen sein. Eleonore war damals schon schwer krank und starb nach einem Kuraufenthalt in Baden.

Lit.: Franz Krones, Leonor von Portugal, Gemahlin Kaiser Friedrichs III., Graz 1901; Antonia Zierl, Kaiserin Eleonore und ihr Kreis, Diss., Wien 1966.

H.-R.

Eleonore, Königin von Portugal, Königin von Frankreich, erstes Kind von → Philipp dem Schönen, dem König von Kastilien, und → Johanna, Prinzessin der Spanischen Königreiche, geb. 15. 11. 1498 in Brüssel, gest. 18. 2. 1558 bei Badajoz, begr. in Badajoz.

Schon im ersten Lebensjahr erhielt die älteste Tochter des burgundischen Herzogspaares Gent als Residenz. Später übernahm ihre Tante → Margarete in dem neuerrichteten Palais in Mecheln die Erziehung der in den Niederlanden zurückgelassenen Kinder des spanischen Königspaares – darunter auch Eleonore – und sorgte für die Errichtung eines eigenen Hofstaates.

Obwohl → Karl V. Eleonore oft als seine Lieblingsschwester bezeichnete, nahm er auf Wünsche des Mädchens keine Rücksicht: Das ihr zugedachte und selbst in der gedrechselten Sprache des Hofes den Ton tiefen Gefühls nicht verhehlende Billett des Pfalzgrafen Friedrich wurde ihr noch vor der Lektüre entrissen, und die beiden »Schuldigen« mußten schwören, nicht heimlich getraut zu sein. Der Einspruch des kaiserlichen Großvaters → Maximilian I. schützte Eleonore nicht davor, vom Bruder 1519 an den 50jährigen buckligen König Manuel von Portugal verkuppelt zu werden, der bereits mit zwei ihrer Tanten verheiratet gewesen war.

Eleonore, Königin von Frankreich. Gemälde von Joos van Cleve

Als junge Königin-Witwe (seit 1521) mit einer wenige Monate alten Tochter (Maria, 1521–1577, der einzige Sohn Karl war schon vor dem Vater 1520 gestorben) stand Eleonore im Mittelpunkt politisch-dynastischer Pläne des Kaisers. Zunächst sollte der zu Karl V. übergegangene Connétable von Frankreich mit ihrer Hand belohnt werden. Als Gefangener Karls war Franz I. von Frankreich bereit, die Schwester seines Gegners zu ehelichen, widerrief aber sein Versprechen nach der Freilassung mit der Begründung, die Abmachungen des Friedens von Madrid 1526 seien – weil erzwungen – nicht gültig. Trotz dieser die Braut demütigenden Vorgangsweise wurde die Heiratsabsprache mit dem »Damenfrieden von Cambrai« 1529 bestätigt, und im Sommer 1530 zog die Habsburgerin als zweite Gemahlin von Franz I. in Paris ein.

Als blonde Schönheit und gelehrte Herrscherin von den Dichtern gefeiert, mußte sie sich mit einer politisch einflußlosen Stellung begnügen. Die Rechnung Karls V., seinen Widersacher durch diese verwandtschaftliche Allianz enger an sich zu binden, ging nicht auf. Wenn die kinderlose Königin versuchte, das gespannte Verhältnis der Schwäger auszugleichen, so tat sie dies mit oft irreal anmutenden Heiratsprojekten, die ihre Stiefkinder mit dem Haus Österreich verketten sollten. Karl V. lehnte Eleonores Vorschlag, sich mit ihrer französischen Stieftochter Margarete zu vermählen, 1542 ab.

Nach dem Tod von Franz I. residierte Eleonore in Brüssel, wo sie 1555 miterlebte, wie Karl V. die Niederlande an seinen Sohn → Philipp II. von Spanien abtrat. Gemeinsam mit dem Bruder verließ sie 1556 ihr Geburtsland, um ihren Alterssitz in Spanien aufzuschlagen.

Lit.: Charles Moeller, Eleonore d'Autriche et de Bourgogne, Reine de France, Paris 1895.

T.

Eleonore, Tochter von König → Ferdinand I. und → Anna von Böhmen und Ungarn, geb. 2. 11. 1534 in Wien, gest. 5. 8. 1594 in Mantua, begr. in Mantua.

Zunächst sollte eine Ehe Eleonores mit dem Kurprinzen Johann Friedrich II. von Sachsen (1529–1595) eine führende Dynastie im Reich dem Haus Habsburg verpflichten. Der Plan scheiterte, da es nicht zu einem Religionsausgleich kam, bevor der präsumptive Bräutigam das heiratsfähige Alter erreicht hatte. Obwohl die Erzherzogin erklärt hatte, nicht heiraten zu wollen, beugte sie sich dem Wunsch des Vaters und vermählte sich – in der damaligen Zeit für eine erste Ehe nicht mehr jung – 1561 mit Herzog Wilhelm von Mantua (1538–1587), dem sie acht Kinder gebar.

T.

Eleonore, sechste Tochter von Erzherzog → Karl II. von Innerösterreich und → Maria von Bayern, geb. 25. 9. 1582, vermutlich in Graz, gest. 28. 1. 1620 in Hall/Tirol und dort begraben.

Eleonore trat 1607 zusammen mit ihrer älteren Schwester → Maria Christierna, deren unglückliche Ehe mit dem Fürsten Siegmund Bathory von Siebenbürgen 1599 endgültig gescheitert war, in das adelige Damenstift zu Hall in Tirol ein. Die 100 000 Gulden »geistliches Heiratsgut«, die die beiden Damen in das Stift mitbrachten, trugen vermutlich zu dessen wirtschaftlicher Absicherung bei. In Dr. Hippolyt Guarinoni hatten die beiden Erzherzoginnen nicht nur einen hervorragenden ärztlichen, sondern auch einen persönlichen Berater, der eine ungedruckte Lebensbeschreibung Eleonores verfaßte.

Hei.

Eleonora, Kaiserin, zweite Gemahlin von → Ferdinand II., geb. 23. 9. 1598 in Mantua, gest. 27. 6. 1655 in Wien, begr. in Wien (ursprünglich Karmeliterinnenkloster, ab 1782 in St. Stephan).

Als jüngste Tochter des Herzogs Vincenzo I. Gonzaga von Mantua und der Eleonore de Medici am kunstsinnigen Hof in Mantua aufgewachsen, heiratete Eleonora 1622 in Innsbruck den verwitweten Kaiser Ferdinand II.

Die Gonzaga setzten große politische Hoffnungen auf die Verbindung mit den Habsburgern, die sich jedoch nicht erfüllten. Während des »Mantuanischen Erbfolgekrieges« wurde die Hauptstadt Mantua 1630 sogar von kaiserlichen Truppen geplündert. Wie der mantuanische Gesandte am Kaiserhof noch im Februar 1622 mitteilte, war man in der Umgebung des Kaisers über diese Eheschließung keineswegs erfreut, was der Diplomat auf den Hochmut des deutschen Adels zurückführte. Ebenso wie die außergewöhnliche Schönheit Eleonoras, die der päpstliche Nuntius Caraffa hervorhob, dürfte auch ihre tiefe Frömmigkeit, die schon während ihrer Erziehung im Kloster St. Ursula aufgefallen war, den Kaiser beeindruckt haben. Eleo-

Kaiserin Eleonora von Mantua, die Stifterin der Herzgruft. Gemälde von Justus Sustermans

nora trat als Stifterin von Karmeliterinnenklöstern in Graz und Wien (1633, »Siebenbüchnerinnenkloster«) hervor und stiftete die Herzgruft in der Augustinerkirche in Wien. Sie blieb kinderlos.

Hei.

Eleonore, Kaiserin, dritte Gemahlin von Kaiser → Ferdinand III., geb. 18. 11. 1630 in Mantua, gest. 6. 12. 1686 in Wien, begr. in der Kapuzinergruft in Wien.

Die Tochter von Karl II. Gonzaga, Herzog von Rethel, und Maria Gonzaga heiratete 1651 in Wiener Neustadt den zweimal verwitweten Kaiser Ferdinand III. und schenkte ihm in einer offensichtlich harmonischen Verbindung vier Kinder: Theresia (1652–1653), → Eleonore, geb. 1653, → Maria Anna, geb. 1654 und Ferdinand (1657–1658).

Eleonore war ihrer Zeit gemäß eine eifrige Förderin religiöser Orden. So stiftete sie 1663 das Ursulinenkloster in Wien und stand auch Pate bei der Gründung des Karmeliterinnenklosters in Wiener Neustadt, gründete bereits 1662 den Orden »Sklavinnen der Tugend« für adelige Damen und stiftete 1668 anläßlich der Rettung vor einer Brandkatastrophe den »Sternkreuzorden«, ebenfalls für adelige Damen des In- und Auslandes.

Sie war eine hochgebildete Frau mit ausgesprochen literarischen und musikalischen Interessen, wobei sie auch Werke protestantischer Autoren nicht ausnahm. Eleonore war ein Mittelpunkt der von Kaiser Ferdinand III. nach italienischem Vorbild gegründeten literarischen Akademie, bildete auch als Witwe (seit 1657) einen Mittelpunkt am kaiserlichen Hof ihres Stiefsohnes, des Kaisers → Leopold, gab Feste, Komödien und Ballette und schrieb italienische Gedichte, meist religiösen Inhalts.

Werke: Madrigal an den heiligen Dominik; »Servo fidel al tuo Signor e Dio« und »D'amor le forze sono si potenti« (ungedruckt).

Lit.: Anna Coreth, Kaiserin Maria Eleonore, Witwe Ferdinands III., und die Karmeliterinnen, in: Mitteilungen des Österreichischen Staatsarchivs 14, 1961, 42 ff.

Hei.

Kaiserin Eleonore, die Gründerin des Sternkreuzordens, hier dargestellt als Diana mit ihrer Jagdbeute. Gemälde von Franz Luycx

Eleonore Maria Josefa, Königin von Polen, Herzogin von Lothringen, Tochter von Kaiser → Ferdinand III. und → Eleonore von Mantua, geb. 21. 5. 1653 in Regensburg, gest. 17. 12. 1697 in Wien, begr. in der Kapuzinergruft, Wien.

1670 wurde Eleonore mit dem König von Polen, Michael Korybut Wiśniowiecki (geb. 1640; König 1669–1673), vermählt. Der mehr als vierjährige Aufenthalt in Polen war für Eleonore eine schwere Zeit. Der König, dem körperliche und geistige Stärke abging, wurde von einem Teil des Adels nicht anerkannt. Seine Gegner verbreiteten einmal öffentlich, er sei ein Homosexueller, dann wieder, er sei impotent. Nur selten griff Eleonore in die Streitigkeiten zwischen den Adelsparteien vermittelnd ein. Sie verstand es, inmitten all dieser Unannehmlichkeiten ihre Würde zu wahren. Nach dem Tode König Mi-

Herzogin Eleonore von Lothringen, vor einem Kruzifix kniend. Gemälde von Charles Brendel

chaels 1673 blieb sie noch bis zur Wahl Sobieskis in Polen und kehrte dann in ihr Heimatland zurück.

1678 erlaubte ihr ihr Bruder, Kaiser → Leopold I., endlich, ihre alte Liebe, Herzog Karl V. von Lothringen (1643–1690), den späteren Sieger gegen die Türken, zu heiraten. Karl wurde zum Statthalter von Tirol und Vorderösterreich ernannt, und dem jungen Paar wurde die Innsbrucker Residenz zugewiesen. Hier brachte Eleonore fünf Kinder zur Welt, das älteste, Leopold, war der spätere Vater → Franz Stephans, der durch seine Ehe mit → Maria Theresia das Haus Habsburg-Lothringen gründen sollte.

Nach dem Tod ihres Gemahls 1690 bemühte sich die sehr energische und intelligente Herzogin-Witwe, den letzten Willen des Verstorbenen zu erfüllen und alle Kräfte für die Rückführung ihrer Kinder in ihr Erbland Lothringen zu erreichen. Beim deutschen Reichstag in Regensburg brachte sie einen Antrag ein für die Wiederherstellung Lothringens und die Wahrung der Rechte ihres unmündigen Sohnes Leopold. In den Friedensverhandlungen von Rijswijk 1697 wurde dieses Ziel erreicht. Der König von Frankreich behielt allerdings das Recht eines freien militärischen Durchzuges durch Lothringen, was die Souveränität bedeutend schwächte. Nur wenige Wochen nach diesem Frieden, der die Lothringische Herzogsfamilie wieder in ihr Erbland zurückführte, starb Eleonore. Sie hatte jenes Land, dessen Namen sie führte, nie betreten.

Lit.: Nicolas Frizon, Histoire abrégée de la vie d'Eléonor-Marie archiduchesse d'Autriche . . ., Nancy 1725.
Lei./H.

Eleonore Magdalena, Kaiserin, dritte Gemahlin von Kaiser → Leopold I., geb. 6. 1. 1655 in Düsseldorf, gest. 19. 1. 1720 in Wien, begr. in der Kapuzinergruft, Wien.

Als Kind hart erzogen, hatte die fromme Tochter des Kurfürsten Philipp Wilhelm von der Pfalz, Herzog von Neuburg, und der Prinzessin Elisabeth von Hessen-Darmstadt frühe Neigungen zu einem klösterlichen Leben. Unter dem Druck der Familie gab sie schließlich den Werbungen des zweimal verwitweten Kaisers Leopold I. nach. Die Hochzeit 1676 knüpfte das Band zwischen dem Kaiserhof und dem Hause Pfalz-Neuburg enger. Dieses wurde nicht nur zu einem der wichtigsten Partner im Reich; die Kaiserin, in enger Verbindung mit dem Vater und dem Bruder, Kurfürst Johann Wilhelm, hatte zeitlebens die Interessen ihres Hauses im Auge.

Die gebildete Kaiserin bevorzugte einen sparsamen Stil und mied jeden Prunk; die Autorin eines Andachtbuches pflegte tägliche Bußübungen. Sie soll dem Kaiser als Sekretärin gedient haben und übte starken Einfluß auf die Politik und das Leben bei Hofe aus. Ihre Beständigkeit bedeutete eine wichtige Stütze für Leopold, mit dem sie 1679/80 vor der Pest, 1683 vor den Türken aus Wien fliehen mußte. 1681 wurde sie zur

Königin von Ungarn, 1690 zur Kaiserin gekrönt.

Eleonore gebar dem Kaiser, der aus seinen zwei vorherigen Ehen nur eine überlebende Tochter hatte, zehn Kinder, darunter zwei Thronerben: den späteren Kaiser → Josef I., geb. 1678, Christine (geb. u. gest. 1679), → Maria Elisabeth, Statthalterin der Niederlande, geb. 1680; Leopold Josef (1682–1684), → Maria Anna, Königin von Portugal, geb. 1683, Maria Theresia (1684–1696), den späteren Kaiser → Karl VI., geb. 1685, Maria Josefa (1687–1703), → Maria Magdalena, geb. 1689, Maria Margarethe (1690–1691).

Nach dem Tode Leopolds I. gab sie ihren Einfluß bei Hofe keineswegs auf. Ihrem leichtlebigen Sohn Josef I. stand sie kritisch gegenüber. Nach dessen Tod 1711 erhielt sie (und nicht Josefs Witwe → Amalie Wilhelmine) die Regentschaft bis zum Eintreffen ihres jüngeren Sohnes Karl VI.; sie geriet in Spannungen mit Graf Wratislaw und anderen alten Mitarbeitern Josefs. In der einmaligen Situation dreier rivalisierender Kaiserinnen beteiligte sich Eleonore auch an den kleinen Intrigen und Sticheleien; daneben standen weitere fromme Übungen, Armen- und Krankenfürsorge. 1688 erneuerte sie den 1668 von ihrer Schwiegermutter → Eleonore gestifteten Sternkreuzorden.

Kaiserin Eleonore Magdalena

P.

Eleonora, älteste Tochter von Erzherzog → Karl Stephan und der Habsburgerin → Maria Theresia, geb. 28. 11. 1886 in Pola, gest. 26. 5. 1974 in Baden bei Wien.

Eleonora heiratete 1913 den Linienschiffsleutnant und späteren Korvettenkapitän Alfons von Kloss (es war die erste Einheirat einer Erzherzogin in das Bürgertum) und bekam acht Kinder.

Rau.

Elisabeth von Görz-Tirol, Königin, Gemahlin von König → Albrecht I., geb. um 1262/63, gest. 28. 10. 1313 in Königsfelden (Aargau, Schweiz) und dort begraben, 1770 nach St. Blasien und 1809 nach St. Paul im Lavanttal/Kärnten überführt.

Elisabeth, Tochter des Grafen Meinhard II. von Görz-Tirol, war durch ihre Mutter Elisabeth von Bayern-Wittelsbach eine Halbschwester Konradins, des letzten Hohenstaufen. Schon vor der Wahl → Rudolfs I. von Habsburg zum römisch-deutschen König wurde sie dessen ältestem Sohn Albrecht verlobt. Aus der 1274 geschlossenen Ehe gingen 21 Kinder hervor, von denen zehn als Kinder starben. Die übrigen waren: → Anna, geb. in den späten siebziger Jahren, → Agnes, geb. 1280, → Rudolf III., geb. vermutlich 1281, → Friedrich der Schöne, geb. 1289, → Elisabeth, geb. um 1293, → Leopold I., geb. 1293, → Katharina, geb. 1295, die Zwillingsbrüder → Albrecht II. der Weise, der Lahme, und → Heinrich, geb. Ende 1298, → Otto der Fröhliche, geb. 1301, und → Guta, geb. nach 1302. Damit ist Elisabeth Stammutter aller späteren Habsburger.

Von ihrem Vater Meinhard scheint sie ein starkes Verständnis für Realpolitik und wirtschaftliche Belange geerbt zu haben. Im Namen ihres Gemahls erfüllte sie mehrfach politische

Elisabeth von Görz-Tirol versucht ihren Gatten, König Albrecht I., zurückzuhalten, der die Freiheitsbriefe der Wiener Bürger nach einem Aufstand zerreißt. Rechts der ebenfalls um Gnade bittende Schottenabt. Darstellung bei Anton Ziegler

Aufgaben, und nach der Ermordung Albrechts I. setzte sie sich nachdrücklich für die Bestrafung der Täter ein. Sie starb in der von ihr gestifteten Klarissenniederlassung Königsfelden.

Lit.: G. Frieß, Königin Elisabeth von Görz-Tirol, in: Blätter des Vereins für Landeskunde von Niederösterreich, Neue Folge 24, 1890.

Rie./H.

Elisabeth-Ryksa (auch Richsa oder Rejčka), Königin von Polen und Böhmen, zweite Gemahlin von König Rudolf III., geb. 1288 (oder 1286), gest. 19. 10. 1335 in Königgrätz, begr. in der Marienkirche des Zisterzienserinnen-Klosters in Brünn.

Polen war in der Mitte des 12. Jahrhunderts in eine Reihe von Fürstentümern zerfallen; im Zuge der Bestrebungen der Wiedervereinigung am Ende des 13. Jahrhunderts ließ sich der mächtigste der Fürsten, Přemysl II., Fürst von Großpolen, Krakau und Pommern, 1295 zum König krönen, verstarb jedoch schon im folgenden Jahr. Er hinterließ nur ein Kind: die Tochter Ryksa. An die Spitze der Wiedervereinigungsbemühungen Polens stellte sich nun der König von Böhmen, Wenzel II. Um seine Erfolgsaussichten zu verbessern, vermählte er sich 1303 mit Ryksa, die bei dieser Gelegenheit den Namen Elisabeth erhielt. Aus dieser Ehe ging eine Tochter hervor. Wenzel II. verstarb 1305, 1306 auch der letzte männliche Sproß der Přemysliden, Wenzel III., ein Sohn Wenzels II. aus erster Ehe. Daraufhin verlieh König Albrecht I. Böhmen seinem Sohn Rudolf III. Um seine Anerkennung zu erleichtern, vermählte sich der kurz vorher verwitwete Rudolf 1306 mit Elisabeth-Ryksa. Er war somit der erste Habsburger, der den Titel eines Königs von Polen führte. Er starb schon 1307 ohne Nachkommen.

In den folgenden Kämpfen stand Elisabeth-Ryksa auf Seite der Habsburger, ihre Beziehungen zu König Johann waren daher nicht die besten. Sie verfügte über ein umfangreiches Witwengut nach Wenzel II. und Rudolf III., residierte zumeist in der Stadt Königgrätz, die bis dahin Hradec hieß, von dieser Zeit an jedoch Hradec Králové (Burg der Königin). Sie ließ in Königgrätz die Heiligen-Geist-Kirche bauen und stiftete in Brünn ein Zisterzienserinnenkloster.

Lei.

Elisabeth, Tochter von König → Albrecht I. und → Elisabeth von Görz-Tirol, geb. um 1293 in Wien, gest. 19. 5. 1352 in Nancy, begr. in Königsfelden.

Vorübergehend für ein Eheprojekt (1299) mit einem Sohn König Philipps IV. (»le Bel«) von Frankreich vorgesehen, das schließlich zur Eheschließung ihres Bruders → Rudolf III. mit → Blanche von Frankreich führte, wurde Elisabeth 1307 mit Herzog Friedrich IV. von Lothringen vermählt, der 1328 fiel. Sie gebar vier Söhne und zwei Töchter.

S.

Elisabeth von Savoyen → Katharina

Elisabeth (Isabel) von Aragón, Königin, Gemahlin von König → Friedrich dem Schönen, geb. Ende 1300 (oder 1302), gest. 12. 7. 1330 in der Obersteiermark, begr. in der von ihr erbauten St.-Ludwigs-Kapelle bei den Minoriten in Wien.

Die Tochter König Jaymes (Jakob) II. von Aragón und der Blanca von Neapel wurde von der mit ihr verwandten byzantinischen Kaiserin Konstanze, der Tochter Kaiser Friedrichs II., erzogen. 1313 schloß sie in Barcelona die Ehe mit dem durch einen Prokurator vertretenen → Friedrich dem Schönen, der sich 1311 um sie beworben und in langen Verhandlungen die Bedingungen Jaymes erfüllt hatte. Der Zug mit der Braut, die in Österreich »Elisabeth« genannt wurde, und ihrem ansehnlichen Brautschatz (dessen Inventar bekannt ist) traf im Januar 1314 mit Friedrich zusammen. Das Hochzeitsfest wurde am 31. Januar 1314 in Judenburg gefeiert. Anfänglich begleitete sie ihren Gemahl (seit 1314 zum König gewählt) auf seinen Unternehmungen. In Basel wurde sie zu Pfingsten 1315 zur Königin gekrönt.

Offenkundig handelte es sich um eine harmonische Ehe, die freilich durch die Wechselfälle im Leben ihres Gemahls nicht immer ganz einfach war: die doppelte Königswahl im Oktober 1314 und die folgende Auseinandersetzung mit Ludwig dem Bayern brachte viele, nicht zuletzt finanzielle Probleme (Elisabeth mußte wiederholt Schmuck opfern) und Krieg. Während der bitteren Zeit der zweieinhalbjährigen Gefangenschaft Friedrichs nach der Schlacht bei Mühldorf unterzog sich Elisabeth schwerer Kasteiungen, die ihre Gesundheit untergruben. Dazu kamen die Zerwürfnisse mit Herzog → Otto. Den Tod ihres Gemahls überlebte Elisabeth nur ein halbes Jahr.

Der Ehe entstammten drei Kinder: Friedrich (1316–1322), Elisabeth (1317–1336) und → Anna, geb. 1318.

Nach fast dreijähriger schwerer Haft kehrt Friedrich der Schöne in die Arme seiner Gattin Elisabeth von Aragon und seiner Kinder zurück. Links Friedrichs Brüder Leopold und Heinrich. Darstellung bei Anton Ziegler

Lit.: Heinrich von Zeißberg, Elisabeth von Aragonien ... Sitzungsberichte der kaiserl. Akademie der Wissenschaften, phil.-hist. Classe, 137, Abh. 7, Wien 1898; Johanna Schrader, Isabella von Aragonien ... Abhandlungen zur mittleren und neueren Geschichte 58, 1915; Winfried Küchler, Zur Hochzeit der Infantin Isabella von Aragón mit Herzog Friedrich dem Schönen von Österreich, Spanische Forschungen der Görresgesellschaft I/22, 1965, 176 ff.

S.

Elisabeth von Virneburg, Gemahlin von Herzog → Heinrich »dem Freundlichen«, geb. um 1303 in Virneburg/Pfalz, gest. 14. 9. 1343 in Königsfelden, begr. in Königsfelden, 1770 nach St. Blasien überführt, seit 1809 in St. Paul im Lavanttal.

Die Tochter des Grafen Rudolf von Virneburg und Nichte des Kölner Erzbischofs Heinrich von Virneburg wurde 1314 mit Herzog Heinrich vermählt, um die Kurstimme des Oheims für den habsburgischen Kandidaten → Friedrich den Schönen zu sichern. Sie blieb kinderlos und wurde 1327 Witwe. Sie starb im Alter von etwa 40 Jahren (laut dem Skelettbefund).

S.

Elisabeth von Niederbayern, erste Gemahlin von Herzog → Otto »dem Fröhlichen«, geb. um 1305, gest. 25. 3. 1330 in Wien, begr. in der Zisterze Neuberg im Mürztal.

Die lebenslustige Tochter von Herzog Stephan I. von Niederbayern und der Judith von Schweidnitz wurde 1325 mit Herzog Otto verheiratet. Ihr Einfluß auf die Gestaltung des herzoglichen Hoflebens war beträchtlich. Aus der Ehe stammen die beiden Söhne → Friedrich (II.), geb. 1327, und → Leopold, geb. 1328. Sie starb an den Folgen einer Lebensmittelvergiftung.

S.

Elisabeth von Böhmen, erste Gemahlin von Herzog → Albrecht III., geb. 19. 3. 1358 in Prag, gest. 19. 9. 1373 in Wien, begr. in der Herzogsgruft der Kartause Gaming. 1797 wurden ihre Gebeine (zusammen mit denen Herzog → Albrechts II. und der Gräfin → Johanna von Pfirt) in einem Eichensarg unter dem Hochaltar der Pfarrkirche Gaming, 1985 wieder in der restaurierten Grablege der einstigen Kartäuserkirche beigesetzt.

Die Tochter Kaiser Karls IV. und dessen dritter Gemahlin Anna von Schweidnitz-Jauer, zu deren Geburt niemand Geringerer als Francesco Petrarca ein Glückwunschschreiben übermittelte, wurde bereits im Alter von fünf Jahren 1363 in Nürnberg mit dem 21jährigen Markgrafen Otto V., »dem Faulen«, von Brandenburg, dem jüngsten Sohn Kaiser Ludwigs IV., verlobt, doch kam eine Eheschließung nicht zustande.

Herzog Albrecht III. mit seinen beiden Ehefrauen, Elisabeth von Böhmen und Beatrix von Zollern, dargestellt auf einem Glasgemälde aus St. Erhard in der Breitenau

Aus dynastiepolitischen Erwägungen wurde sie im Rahmen einer Doppelhochzeit 1366 zu Prag mit dem 16jährigen Herzog Albrecht III. von Österreich vermählt, während Otto von Brandenburg die ob Schönheit und Grazilität gepriesene 24jährige Witwe nach Albrechts Bruder, → Rudolf IV., → Katharina von Luxemburg, Elisabeths Halbschwester, zur Frau nahm. Die dadurch entstandene böhmisch-österreichische Allianz sicherte den Habsburgern 1366 nicht nur die Belehnung mit den Reichslehen, sondern auch den Besitz von Tirol. Elisabeths Ehe mit Herzog Albrecht III. blieb kinderlos.

Lit.: Francisci Petrarcae Epistulae de rebus familiaribus et Variae, ed. Guiseppe Fracassetti (Florenz 1853) XXI, 8; Alfred Strnad, Herzog Albrecht III. von Österreich (1365–1395), Diss., Wien 1961.

St.

Elisabeth, erste Gemahlin von Herzog → Friedrich IV. »mit der leeren Tasche«, geb. vor 27. 10. 1381 in Amberg, gest. 31. 12. 1408 in Innsbruck, begr. in der sogenannten Friedrichsgruft des Stiftes Stams/Oberinntal.

Elisabeth war eine Tochter des römisch-deutschen Königs Ruprecht von der Pfalz und der Burggräfin Elisabeth von Nürnberg.

Die Ehe mit Herzog Friedrich IV., 1406 in Innsbruck geschlossen, geht auf das politische Bündnis der leopoldinischen Linie der Habsburger mit König Ruprecht zurück. Elisabeth starb bei der Geburt ihres ersten gleich verstorbenen Kindes (Elisabeth). Die Verbindung dürfte auch noch die Beziehungen zwischen Friedrich und König Siegmund belastet haben.

Rie.

Elisabeth, Königin, Gemahlin von König → Albrecht II. (Herzog Albrecht V.), geb. 28. 2. 1409 in Prag, gest. 19. 12. 1442 in Ofen (Buda), begr. in Stuhlweißenburg (Székesfehérvár).

Elisabeth, die Tochter von König Siegmund und Barbara von Cilli, war eine energische Frau mit klaren Vorstellungen, die sie auch – notfalls mit List – durchzusetzen wußte. Mit knapp dreizehn Jahren wurde sie mit Herzog Albrecht V. verheiratet und bekam zunächst drei Kinder: → Anna, geb. 1432, Georg, geb. und gest. 1435, und → Elisabeth, geb. 1436 oder 1437. Als ihr Gemahl 1439 starb, war er also ohne männlichen Erben. Doch Elisabeth war wieder im fünften Monat schwanger. Um ihre Position zu wahren, entschloß sie sich – »ihre weibliche Schamhaftigkeit vergessend«, wie eine Quelle berichtet –, dieses Faktum offen kundzutun. So konnte sie auch die Heirat mit dem erst 16jährigen polnischen König Władisław Jagiełło, die ihr die ungarischen Stände aufzwingen wollten, hinausschieben, und sie war klug genug, keinen Einspruch zu erheben, als die Stände den Polen zum ungarischen König wählten.

Elisabeth war überzeugt, einen Sohn zu bekommen, und all ihr Streben konzentrierte sich darauf, dieses Kind so bald wie möglich zum ungarischen König krönen zu lassen. Zu diesem Zweck heckte sie einen Plan aus, der sie in den Besitz der heiligen Stephanskrone, die allein den König legitimierte, bringen sollte. In der Nacht ihrer Niederkunft (21./22. 2. 1440) gelang es Elisabeths Kammerfrau, Helene Kottanerin, tatsächlich, die Krone trotz scharfer Bewachung aus Visegrád zu entwenden und in einer abenteuerlichen Schlittenfahrt über die zugefrorene Donau nach Komorn zu bringen. Eine Stunde später kam → Ladislaus, Postumus (der Nachgeborene) genannt, zur Welt. 12 Wochen später ließ Elisabeth den Säugling krönen.

Der Gegenkönig Władisław Jagiełło dachte immer noch, Königin Elisabeth zwecks Festigung seiner Stellung zu heiraten. Wenn er selbst keine Kinder haben sollte, wollte er Ladislaus als seinen Nachfolger anerkennen. Elisabeth aber ließ die Überbringer dieser Botschaft kurzerhand in den Kerker werfen.

Sie versuchte auch in anderen Belangen, ihren Kopf durchzusetzen. Entgegen den testamentarischen Bestimmungen ihres verstorbenen Gemahls wollte sie die Vormundschaft über ihren Sohn dem Herzog → Albrecht VI. übertragen. Dies brachte sie in Gegensatz zu dessen Bruder, Kaiser → Friedrich III. Als Władisław aber – allerdings nur mit einer falschen Krone – zum ungarischen König gekrönt wurde, söhnte sie sich

Königin Elisabeth, Gemahlin Albrechts II., auf einer Medaille aus dem 16. Jahrhundert

mit dem Kaiser aus, übergab ihm den Sohn und die echte Stephanskrone und erhielt ausreichend finanzielle Mittel, um eigene Truppen gegen den Jagiellonen anzuwerben. Nach zwei Kriegsjahren schloß sie kurz vor ihrem Tod mit Władisław Waffenstillstand; die Auseinandersetzung fand allerdings erst ein Ende, als Władisław 1444 in der Schlacht bei Varna gegen die Türken fiel.

Lit.: Ernst Birk, Beiträge zur Geschichte der Königin Elisabeth von Ungarn und ihres Sohnes Ladislaus Posthumus, Wien 1849; Karl Mollay (Hg.), Die Denkwürdigkeiten der Helene Kottanerin (= Wiener Neudrucke 2), Wien 1971.

Mr.

Elisabeth, Königin von Polen, Tochter von König → Albrecht II. und → Elisabeth von Böhmen, geb. 1436 (oder 1437) in Wien, gest. 30. 8. 1505 in Krakau, begr. in der Kathedrale von Krakau.

Elisabeth war bereits im Alter von sechs Jahren Vollwaise (ihr Vater starb 1439, ihre Mutter 1442). Kaiser → Friedrich III., in dessen Obhut sie 1446 kam, kümmerte sich wenig um sie, trug jedoch für eine entsprechende Ausbildung Sorge. 1454 wurde sie mit dem König von Polen Kasimir IV. (geb. 1427; König 1446–1492) vermählt. Die Trauung vollzog Giovanni Capistrano, der im Gefolge Elisabeths nach Krakau gekommen war.

Im Laufe der 38 Jahre dauernden Ehe wuchs ihr politischer Einfluß ständig. Während sich der König durch den für die Jagellonen typischen politischen Instinkt auszeichnete, trug Elisabeth die Konzepte und Formen nicht nur zur Familienpolitik bei. Vor allem verstand sie es, die politischen Konzepte in eine entsprechende sprachliche Form zu kleiden, während der König vermutlich Analphabet war. Der Erfolg ihrer Politik war erstaunlich: Von den 12 oder 13 Kindern waren sechs Söhne; der älteste Sohn wurde König von Böhmen und Ungarn, drei Söhne kamen nacheinander auf den polnischen Thron, einer wurde Kardinal, und Kasimir wurde schließlich 1521 bzw. 1602 heiliggesprochen. Es war vor allem ihren Bemühungen zu verdanken, daß ihr ältester Sohn König von Böhmen und Ungarn wurde; ihr Gegenspieler war hier ihr ehemaliger Vormund Kaiser Friedrich III. Auf den ersten Blick mag sie gleichsam als Abtrünnige erscheinen, doch muß man bedenken, daß hier die Gegensätze zwischen der albertinischen Linie, der sie angehörte, und der leopoldinischen, aus der Friedrich III. stammte, wirksam waren.

Elisabeth war keineswegs eine Schönheit, aber eine sehr kräftige und unternehmungslustige Frau, die sich vor allem sehr intensiv um die Erziehung ihrer Töchter kümmerte und ihren Gemahl auf zahlreichen Reisen durch Polen begleitete, so daß sie wohl von allen polnischen Königinnen diejenige war, die das Land am besten kannte. In Polen, bei den Zeitgenossen und den Historikern, genoß Elisabeth hohes Ansehen, da sich mit ihrem Namen die größte Machtentfaltung einer polnischen Königsfamilie verband.

Lit.: Ilse Rhode, Mutter der Jagellonen: Elisabeth von Habsburg (1436–1505), Ostdt. Forsch. 12, Posen 1942, 24–34.

Lei.

Elisabeth (Isabella) von Valois, Königin von Spanien, dritte Gemahlin von König → Philipp II., geb. 22. 11. 1545 in Fontainebleau, gest. 3. 10. 1568 in Aranjuez, begr. im Escorial.

Als Tochter Heinrichs II. von Frankreich und Katharinas von Medici wuchs Elisabeth zusammen mit ihrer späteren Schwägerin Maria Stuart am französischen Hof auf. Bereits seit ihrer frühesten Kindheit plante man eine Ehe zwischen ihr und dem etwa gleichaltrigen spanischen Infanten Don → Carlos. Als aber im November 1558 die zweite Frau Philipps II. von Spanien, → Maria Tudor, starb, wurde eine Heirat zwischen der 13jährigen Elisabeth und Philipp II., dem Vater von Don Carlos, vereinbart. Damit sollte der Frieden von Cateau-Cambrésis 1559 zwischen Spanien und Frankreich besiegelt werden, der den seit Beginn des 16. Jahrhunderts währenden Kampf um Italien und Burgund be-

Elisabeth von Valois mit der Miniatur ihres Gatten Philipp II. Gemälde von Juan Pantoja de la Cruz

endete. Elisabeth verzichtete auf ihre französischen Thronansprüche, und die Hochzeit fand 1559 in Paris statt. Anläßlich der Feierlichkeiten hielt man ein großes Turnier ab, bei dem der Brautvater Heinrich II. tödlich verletzt wurde. Der Unfall verzögerte Elisabeths Abreise, so daß sie erst im Januar 1560 in Spanien eintraf.

Zwischen der hübschen Elisabeth und ihrem achtzehn Jahre älteren Mann soll ein gutes Verhältnis geherrscht haben. Nach mehreren Fehlgeburten schenkte sie erst 1566 einem Mädchen das Leben, → Isabella Klara Eugenia, der späteren Regentin Flanderns. 1567 gebar sie eine zweite Tochter, → Katharina Michaela, die später den Herzog von Savoyen heiratete. Eine weitere Schwangerschaft Elisabeths führte im Oktober 1568 wieder zu einer Fehlgeburt, an deren Folgen sie starb. Der geringe Abstand ihres Todestages zu dem des kranken Thronfolgers Don Carlos begünstigte die Legendenbildung über eine Liebesbeziehung zwischen der Königin und ihrem Stiefsohn.

Lit.: Agustin G. de Amezúa y Mayo, Isabel de Valois. Reina de España (1546–1568). Estudio Biográfico, 3 Bde., Madrid 1949; Martin Hume, Queens of Old Spain, 2. Aufl., London 1911.

Elisabeth, Königin von Polen, älteste Tochter von Kaiser → Ferdinand I. und Anna von Böhmen und Ungarn, geb. 9. 7. 1526 in Linz, gest. 15. 6. 1545 in Wilna, begr. in der Kathedrale von Wilna.

Unmittelbar nach Elisabeths Geburt wurde bereits ihre Heirat mit Sigismund August von Polen (geb. 1520; König 1548–1572) vereinbart. 1543 fand die Hochzeit statt, doch von Anfang an geriet Elisabeth zwischen die Fronten der Feinde und Freunde Habsburgs am polnischen Hof. Ihre Schwiegermutter, Königin Bona aus dem Hause Sforza, machte ihr das Leben schwer, und Sigismund August empfand ihr gegenüber eine physische Abneigung, die gewiß durch die epileptischen Anfälle Elisabeths verstärkt wurden. Die Ehe sollte die Beziehungen zwischen den Jagellonen und Habsburgern verbessern, bewirkte jedoch das Gegenteil. Die zahlreichen Erniedrigungen und Beleidigungen ertrug Elisabeth zwar mit Fassung und Würde, doch trugen sie gewiß dazu bei, daß sie bereits knapp vor ihrem 19. Geburtstag verstarb.

Lei.

Elisabeth, Königin von Frankreich, zweite Tochter von Kaiser → Maximilian II. und → Maria von Spanien, geb. 5. 7. 1554 in Wien, gest. 22. 1. 1592 in Wien, begr. im Klarissinnenkloster »Maria, Königin der Engel«, 1782 überführt in die Fürstengruft von St. Stephan in Wien.

Königin Elisabeth von Frankreich. Gemälde von François Clouet

Elisabeth wurde gemeinsam mit ihrer Schwester → Anna sehr religiös erzogen. Ein Heiratsplan mit Karl, dem zweiten Sohn König Heinrichs II. von Frankreich, tauchte schon 1559 auf und mündete 1569 (nach dem Scheitern anderer Pläne, etwa mit dem Dänenkönig Friedrich III. und König Sebastian von Portugal) in zwei Heiratsabsprachen: Elisabeth sollte König Karl IX. von Frankreich heiraten, und zur gleichen Zeit → Philipp II. von Spanien Elisabeths ältere Schwester → Anna. Bei der Heirat per procuram nahm Elisabeths Onkel, Erzherzog → Ferdinand von Tirol, die Stelle des Bräutigams ein und erhielt dafür die berühmte Saliera des Benvenuto Cellini und den Michaelsbecher zum Geschenk.

Elisabeth, die als eine der schönsten Prinzessinnen Europas galt, verstand es nicht, das Herz des Königs zu erobern, auch nicht durch die Geburt einer Tochter, Marie Elisabeth, 1572. Er behielt seine langjährige Geliebte Marie Touchet und gab seiner Frau wenig Einfluß. Auch die Bartholomäusnacht änderte daran nichts. Deutsche Berichte erzählen allerdings, die Königin habe sich für das Leben der deutschen Protestanten eingesetzt.

1574 starb Karl IX. Sein Nachfolger und Bruder Heinrich III. erwog eine Heirat mit Elisabeth. Aber sie lehnte ab, da sie nach Österreich zurückkehren wollte. Nach dem Tod ihrer Tochter kaufte sie Grundstücke in Wien rund um die Stallburg und gründete hier ein Klarissinnenkloster. Dessen Ausbau ging nur schleppend vor sich, da die Witwengelder aus Frankreich gar nicht oder gekürzt eintrafen. Elisabeth sammelte für das Kloster Reliquien, so das Haupt der hl. Elisabeth und das Schulterblatt des hl. Leopold, für das sie in der Werkstatt von Wenzel Jamnitzer das prachtvolle Leopoldreliquiar anfertigen ließ. Etwa gleichzeitig mit dem Kloster betrieb sie auch den Neubau der zerstörten Allerheiligenkapelle auf dem Prager Hradschin. Sie starb an einer Rippenfellentzündung. Ihre beachtliche Bibliothek ging in den Besitz ihres ältesten Bruders, Kaiser → Rudolf II., über.

Lit.: Darlem Clary, Elisabeth d'Autriche, reine de France, Paris–Leipzig 1847; Marianne Strakosch, Materialien zu einer Biographie Elisabeths von Österreich, Königin von Frankreich, Diss., Wien 1965.

Rau.

Elisabeth von Bourbon → Isabella

Elisabeth Christine, Kaiserin, Gemahlin von Kaiser → Karl VI., geb. 28. 8. 1691 in Wolfenbüttel, gest. 21. 12. 1750 in Wien, begr. in der Kapuzinergruft, Wien.

Die Eheschließung Elisabeth Christines mit dem jüngeren Sohn Kaiser → Leopolds I. wurde durch den Großvater, Herzog Anton Ulrich von Braunschweig-Wolfenbüttel, planmäßig betrieben – ihr Vater, Herzog Ludwig Rudolf, war als zweiter Sohn nur mit der Grafschaft Blankenburg ausgestattet worden. Für die in kultivierter Umgebung aufgewachsene, anmutige Prinzessin knüpfte Anton Ulrich schon 1704 die Kontakte nach Wien, die dem habsburgisch-welfischen Zusammengehen entsprachen und von der Welfin, Kaiserin → Amalie Wilhelmine, unterstützt wurden. Die Ehe sollte aber auch die Verärgerung der älteren Linie Braunschweig-Wolfenbüttel über die Hannoversche Kurwürde kompensieren. Gleichwohl erregte die vom Großvater, einem Anhänger einer evangelisch-katholischen Union und späteren Konvertiten, planmäßig vorbereitete Konversion allgemeines Aufsehen und Auseinandersetzungen – sie wurde am 1. Mai 1707 öffentlich in Bamberg vollzogen. Es bedurfte einer recht sophistischen Argumentation, um den Widerstand der entschieden protestantischen Prinzessin zu brechen. Elisabeth Christine wurde zu einer frommen Katholikin, die jansenistischen Einflüssen offen gewesen zu sein scheint.

Elisabeth Christine reiste 1708 über Genua zu ihrem Mann, dem damaligen König Karl III. von Spanien, nach Barcelona, wo die Trauung vollzogen wurde. Die Ehe war glücklich, aber Karl suchte seine Frau stets von der Politik fernzuhalten. Wenn er sie mit Stellvertretungen betraute, bewies sie allerdings eine hohe politische Begabung. Dies zeigte sich vor allem 1711, als Karl nach dem jähen Tode seines älteren Bruders, Kaiser → Josef I., nach Wien zurückeilen mußte. Elisabeth Christine blieb als Symbol des habsburgischen Behauptungswillens in Katalonien und wurde Statthalterin und Generalkapitän. Sie hielt in widriger Situation aus. Aber alle Pläne zugunsten der Katalanen scheiterten – 1713 mußte sie Barcelona räumen.

Kaiserin Elisabeth Christine, die Mutter der Kaiserin Maria Theresia, im Jagdkleid

Nach langer Kinderlosigkeit gebar die Kaiserin vier Kinder: Leopold Johann, der bald nach seiner Geburt 1716 starb, und dann die Töchter → Maria Theresia (die spätere Kaiserin), geb. 1717, → Maria Anna, geb. 1718, und Maria Amalia, 1724–1730. Das jahrzehntelange erfolglose Warten auf den ersehnten männlichen Erben und die Sorgen um die Thronfolge verdunkelten ihr Leben in Wien, wo Elisabeth im Hintergrund stand. Sie unterstützte das Welfenhaus, hatte aber große Probleme, die schwierige Finanzlage des Vaters zu stabilisieren, und mußte zudem Sticheleien der sich zurückgesetzt fühlenden Kaiserinwitwe Amalie Wilhelmine ertragen. Im Interesse einer Anbindung an Österreich förderte sie die Heirat ihrer gleichnamigen Nichte mit dem preußischen Kronprinzen Friedrich, dem nachmaligen Friedrich II., von der sie sich vergebens eine österreichisch-preußische Annäherung versprach. Versuche, vor allem über ihren Neffen Ferdinand von Braunschweig, nach 1740 für einen Ausgleich mit Preußen zu werben, blieben auf Dauer vergeblich.

Der Einfluß Elisabeth Christines blieb lange Zeit gering. Er stieg erst nach 1735 an: Um sie scheint sich eine Partei gegen den spanischen Rat gebildet zu haben, die auf den unglücklichen letzten Türkenkrieg Karls VI. Einfluß nahm. Kaiserin Maria Theresia hielt dann die Mutter ebenfalls konsequent von allen Regierungsgeschäften fern, erwies ihr aber alle Ehren und bezog sie stark in die Familie ein. Aus der einstigen schönen »weißen Lisel« war nun eine korpulente Frau geworden, die an geschwollenen Beinen, Rheumatismus, Gürtelrose und wohl auch an Depressionen litt, welche durch das Ausbleiben eines männlichen Erben gefördert worden waren.

Lit.: Gerlinde Körper, Studien zur Biographie Elisabeth Christines von Braunschweig-Lüneburg-Wolfenbüttel, Diss., Wien 1975.

P.

Elisabeth Wilhelmine von Württemberg, erste Gemahlin von Kaiser → Franz I. (II.), geb. 21. 4. 1767 in Treptow, gest. 18. 2. 1790 in Wien, begr. in der Kapuzinergruft, Wien.

Die achte Tochter des Herzogs Friedrich II. Eugen von Württemberg und der Prinzessin Friderika von Brandenburg-Schwedt kam 15jährig auf Veranlassung Kaiser → Josefs II. nach Wien, wo sie im Kloster der Salesianerinnen eine vortreffliche Erziehung erhielt und zum Katholizismus konvertierte. Josef hatte sie nämlich, in Verfolgung seiner staatspolitischen Ideen, als Ehefrau für seinen Neffen Franz, den späteren Kaiser, vorgesehen. Elisabeth war für das Haus Habsburg-Lothringen und damit Österreich eine politisch interessante Partie, weil ihre ältere Schwester, Sophie Dorothea (Maria Feodorowna), den Sohn und Thronfolger Katharinas II. von Rußland, Paul, geheiratet hatte.

Die Hochzeit fand erst 1788 in Wien statt, da der Kaiser bis zu diesem Zeitpunkt Franz nicht für reif genug erachtet hatte. Elisabeth vergalt die Bemühungen Josefs um ihre Person – er soll sich sogar um eine Zahnregulierung der Prinzessin gekümmert haben – durch besondere Anhänglichkeit und stand dem schwerkranken Kaiser in seinen letzten Lebensjahren mit ihrem reizenden Wesen und jugendlichen Charme oft hilfreich zur Seite. Ende 1789 war Elisabeth in der Hoffnung, ihr Zustand war jedoch, nicht zuletzt durch die Aufregungen um den Kaiser und seine immer schlechter werdende Gesundheit, sehr instabil. Als Josef am 15. 2. 1790 die Letzte Ölung empfangen hatte, fiel Elisabeth beim Anblick des Todkranken in Ohnmacht. In der Nacht auf den 17. 2. gebar sie vorzeitig ihre Tochter Ludovika, ein geistesschwaches Kind, das nur sechzehn Monate alt wurde. Die Mutter überlebte die Niederkunft nicht und starb einen Tag vor dem Kaiser.

Elisabeth Wilhelmine von Württemberg, hier mit Kaiser Josef II. Ausschnitt aus einem Kupferstich von H. Löschenkohl

Lit.: Eduard Wertheimer, Die drei ersten Frauen des Kaisers Franz, Leipzig 1893.

M.

Elisabeth, Gemahlin von Erzherzog → Rainer Josef von Savoyen-Carignan, geb. 13. 4. 1800 in Paris, gest. 25. 12. 1856 in Bozen, begr. in der Gruft hinter dem Hochaltar der Mariä-Himmelfahrts-Kirche in Bozen.

Die Tochter des Prinzen Karl Emanuel von Savoyen-Carignan und der Prinzessin Marie von Sachsen heiratete im Alter von zwanzig Jahren 1820 in Prag den 37jährigen Vizekönig des lombardo-venezianischen Königreiches, Erzherzog Rainer Josef. Sie stand ihrem Gatten hilfreich zur Seite und übernahm zahlreiche Patronate, die für sie auch tätige Verpflichtung bedeuteten (Kleinkinderbetreuungsanstalten, Waisen- und Armenhäuser, Krankenanstalten). Kurz vor Ausbruch der Revolution in Mailand verließ sie mit dem Vizekönig die Lombardei und ließ sich in Südtirol nieder, wo sie ihrem Mann auch bei dessen Beschäftigungen mit Künsten und Wissenschaften eine getreue Gefährtin war.

Der Ehe entstammen zwei Töchter und sechs Söhne: → Maria, geb. 1821, → Adelheid, geb. 1822 (sie heiratete 1842 den späteren König von Italien, Viktor Emanuel), → Leopold, geb. 1823, → Ernst, geb. 1824, → Sigismund, geb. 1826, → Rainer d. J., der spätere Ministerpräsident, geb. 1827, → Heinrich, geb. 1828, und Maximilian (1830–1839). Elisabeth war die Schwester König Karl Alberts von Sardinien.

M.

Elisabeth, Tochter des Erzherzog-Palatins → Josef Anton und dessen dritter Gemahlin → Maria Dorothea von Württemberg, geb. 17. 1. 1831 in Ofen (Buda), gest. 14. 2. 1903 in Wien, begr. in Baden bei Wien.

Im Alter von 16 Jahren heiratete sie 1847 den zweiten Sohn des Herzogs → Franz IV. von Modena, → Ferdinand Karl Viktor d'Este, der jedoch schon zwei Jahre später starb. In dieser Ehe kam eine Tochter zur Welt, → Maria Theresia, geb. 1849, die spätere letzte Königin von Bayern. Die junge Witwe galt als Ehe-Favoritin des jungen Kaisers → Franz Joseph, doch hatte seine Mutter, Erzherzogin → Sophie, starke Vorbehalte gegen die ungarische Linie des Hauses. So heiratete Elisabeth eine Woche vor Franz Josephs Hochzeit 1854 den Habsburger → Karl Ferdinand, den zweiten Sohn Erzherzog → Karls. Aus dieser Ehe stammen: Franz Joseph, geb. und gest. 1855, der spätere Feldmarschall → Friedrich, geb. 1856, die spätere Königin → Maria Christina von Spanien, geb. 1858, → Karl Stephan, geb. 1860, der spätere Hoch- und Deutschmeister → Eugen, geb. 1863, und Maria Eleonora, geb. und gest. 1864.

1874 wurde Elisabeth zum zweiten Mal Witwe und erzog ihre Kinder mit tatkräftiger Unterstützung ihres Schwagers → Albrecht, der

Erzherzogin Elisabeth mit ihrem Sohn Friedrich und dessen Frau Isabella (stehend), links Elisabeths Tochter Maria Theresia, die spätere Königin von Bayern, in der Mitte Maria Christina, die spätere Königinregentin von Spanien

ihren Sohn Friedrich auch zum Haupterben machte. Sie nahm verschiedene Protektorate sozialer Einrichtungen wahr und war musikalisch. In ihrem Palais probte zum Beispiel Johannes Brahms 1882 sein Klavierquintett.

M./H.

Elisabeth (»Sisi«), Kaiserin, Gemahlin von Kaiser → Franz Joseph, geb. 24. 12. 1837 in München, ermordet 10. 9. 1898 in Genf, begr. in der Kapuzinergruft in Wien.

Als Tochter Herzog Maximilians in Bayern und der bayerischen Königstocher Maria Ludowika fern des Münchner Hofes aufgewachsen, entwickelte sich Elisabeth wie ihre sieben Geschwister zu einem unkonventionellen, freiheitsliebenden und überaus sensiblen Mädchen. Als Fünfzehnjährige nahm die Mutter, eine Schwester der Erzherzogin → Sophie, sie mit auf die Reise in die kaiserliche Sommerresidenz Bad Ischl, wo die älteste Schwester Helene als Braut des jungen Kaisers Franz Joseph ausersehen war. Franz Joseph verliebte sich jedoch in die jüngere Cousine Sisi und machte sie 1854 trotz anfänglicher Proteste seiner Mutter zur Kaiserin.

1855 brachte Elisabeth eine Tochter, Sophie, gest. 1857, zur Welt, 1856 eine weitere Tochter, → Gisela, endlich 1858 den lang erwarteten Kronprinzen → Rudolf. Nach einer längeren Pause, bedingt durch Eheschwierigkeiten, wurde dann 1868 das vierte Kind, → Marie Valerie, geboren, die das »ungarische Kind« genannt wurde, weil sie nicht nur auf Wunsch Elisabeths in der Ofner Burg geboren, sondern auch in ungarischer Sprache erzogen wurde. Marie Valerie war außerdem als Geschenk der von Ungarn begeisterten Kaiserin und Königin an ihre Lieb-

Die junge Kaiserin Elisabeth nach der Geburt des ersehnten Kronprinzen; stehend die zweijährige Gisela, an der Wand ein Bild der als Kind gestorbenen Erzherzogin Sophie. Aquarell von Josef Kriehuber

lingsnation gedacht – pünktlich zehn Monate nach der von Elisabeth mit allem Nachdruck geforderten und durchgesetzten Krönung ihres Mannes zum ungarischen König geboren.

Vom ersten Tag ihres Wiener Aufenthaltes an fühlte sich die junge Kaiserin am allzu strengen, durch die Schwiegermutter Sophie personifizierten Wiener Hof unglücklich. In den ersten Ehejahren flüchtete sie in Einsamkeit und Krankheit, trat aber nach der Geburt des Kronprinzen, dessen Erziehung man ihr nicht zutraute, in offene Rebellion und verließ 1859 den Kaiser und ihre beiden Kleinkinder, um in Einsamkeit auf Madeira, Korfu und in Venedig zu leben. Nach ihrer Rückkehr 1861 hatte sie die Kraft, sich in Wien durchzusetzten.

Politisch bedeutsam wurde sie in zwei Bereichen:

1865 beendete sie durch ein förmliches Ultimatum an den Kaiser die allzu strenge militärische Erziehung ihres Sohnes Rudolf und setzte für ihn eine bürgerlich-liberale Erziehung bis zur Großjährigkeit durch, was einer Revolution gleichkam und das bürgerliche Element am Hof in der durch den Kronprinzen personifizierten Zukunft stärken sollte.

1866/67 trat Elisabeth, die Zuneigung ihres Mannes skrupellos ausnützend, für die Bevorzugung der Ungarn im ungarischen Ausgleich und der anschließenden Krönung in Budapest ein – ein Schritt, der einer groben Benachteiligung der anderen Nationalitäten, vor allem der Böhmen, gleichkam, andererseits aber auch das liberale Element im Gesamtreich entscheidend stärkte. Elisabeths Zuneigung zum ehemaligen Revolutionär des Jahres 1848 und späteren ungarischen Ministerpräsidenten, Graf Gyula Andrassy, war einer der Beweggründe für ihren, das weitere Schicksal der Donaumonarchie bestimmenden Schritt. In Ungarn genießt Elisabeth bis heute eine überaus hohe Achtung.

In den sechziger Jahren galt Elisabeth als schönste Monarchin der Welt. Ihr Ruhm wurde vor allem durch drei romantische Winterhalter-Porträts bis heute verbreitet. In den siebziger Jahren tat sie sich als berühmteste und wohl auch beste Reiterin der Welt hervor und trainierte für dieses Ziel jahrelang wie ein Hochleistungssportler. Aus der Politik hielt sie sich nach der ungarischen Krönung eher gezwungenermaßen völlig zurück. Als eine Gicht ihr den Reitsport unmöglich machte, versuchte sie, sich als Dichterin in der Nachfolge ihres verehrten »Meisters« Heinrich Heine einen Namen zu machen – wenn auch nur in der Nachwelt, denn diese Gedichte wurden gemäß ihrer Bestimmung erst im 20. Jahrhundert veröffentlicht.

Elisabeth als Königin von Ungarn im Krönungskleid. Gemälde von Georg Raab

Dies alles waren vor allem Versuche, sich als Person, und nicht als Kaiserin, zu profilieren – auch ein Ausdruck von Elisabeths Verachtung für die monarchische Staatsform, die sie als »Ruine« betrachtete und als nicht mehr zeitgemäß. Elisabeth trieb den Individualismus des 19. Jahrhunderts ins Extrem. Sie nahm ihre Pflichten als Kaiserin sehr selbstbewußt nicht zur Kenntnis und lebte ausschließlich ihrer »Selbstverwirklichung«. Vor allem ihre Schönheit machte sie erhaben über das ihr kleinlich erscheinende Getriebe des Wiener Hofes. Allerdings war Elisabeth auch eine sehr gebildete

Frau, die nicht nur Ungarisch, sondern auch Neugriechisch perfekt lernte und sich im Alter ganz in die Welt des alten Griechenland versenkte, weshalb sie sich auch auf Korfu ein Schloß, nach ihrem Lieblingshelden Achill »Achilleion« genannt, bauen ließ.

Der Selbstmord ihres Sohnes in Mayerling 1889 allerdings brachte einen solchen Schock, daß sie fortan keinerlei Ehrgeiz mehr zeigte und als wandelnde Mater dolorosa, stets in Schwarz gekleidet, ihre letzten Jahre fern des Wiener Hofes auf weiten Reisen, vor allem in Griechenland, verbrachte. Ihre jahrzehntelangen Hungerkuren, verbunden mit einem Bewegungsdrang, der sie zu stundenlangen erschöpfenden Wanderungen zwang, führten schließlich zu Hungerödemen und Depressionen bis zu Selbstmordphantasien. Der italienische Anarchist Lucheni, der sie in Genf als Repräsentantin des ihm verhaßten monarchischen Prinzips mit einer Feile erstach, traf eine lebensmüde Frau, die sich überlebt und ihren Tod herbeigesehnt hatte.

Werke: Kaiserin Elisabeth. Das poetische Tagebuch, hg. von Brigitte Hamann. Österr. Akademie der Wissenschaften, Wien 1984.

Lit.: Egon Caesar Conte Corti, Elisabeth. Die seltsame Frau, Wien 1934; Brigitte Hamann, Elisabeth, Kaiserin wider Willen, Wien 1981.

H.

Elisabeth Amalie, Prinzessin von Liechtenstein, Tochter von Erzherzog → Karl Ludwig aus dritter Ehe mit → Maria Theresia von Braganza, geb. 7. 7. 1878 in Reichenau, gest. 13. 3. 1960 in Vaduz, begr. in der Fürstengruft, Vaduz.

Für die Heirat der Erzherzogin mit dem Prinzen Alois von Liechtenstein stellte Kaiser → Franz Joseph in einer dynastischen Grundsatzentscheidung die Aufgabe der österreichischen Staatsbürgerschaft durch den Prinzen als Bedingung, weil Elisabeth Amalie nicht mit einem Untertanen verheiratet sein sollte. Die kluge und bescheidene Frau, eine leidenschaftliche Jägerin, begleitete ihren Mann, der k. u. k. Oberstleutnant war, durch die Garnisonen, bis dieser 1909 die ererbte Herrschaft Groß Ullers-

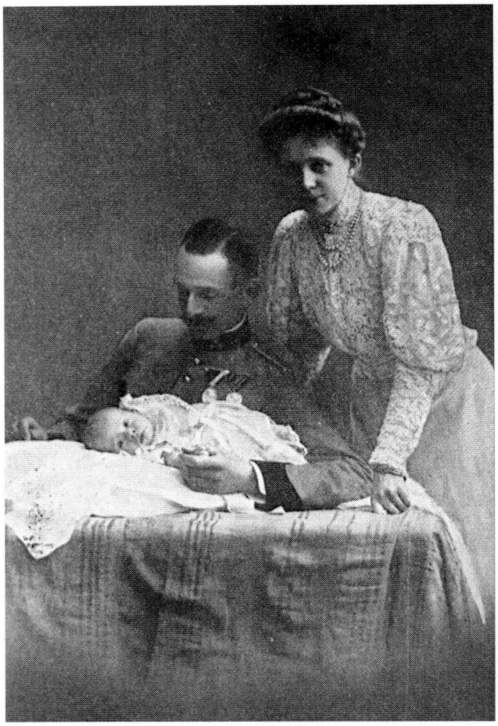

Prinzessin Elisabeth von Liechtenstein mit ihrem Gatten und dem neugeborenen späteren Fürsten Franz Josef von Liechtenstein

dorf in Mähren übernahm. 1938 wurde nach dem Verzicht seines Vaters (1923) Elisabeths Sohn Franz Josef Fürst von Liechtenstein. Er holte 1944 seine Eltern vor der nahenden Front nach Vaduz, wo sie nach dem Verlust des mährischen Besitzes ihren Lebensabend verbrachten.

P.

Elisabeth Klothilde, Tochter des Erzherzogs → Josef und der Herzogin → Klothilde von Sachsen-Coburg-Gotha, geb. 9. 3. 1883 in Alcsut (Ungarn), gest. 8. 2. 1958 in Regensburg, begr. in Regensburg.

Sie lebte auf dem Familiengut in Alcsut, verließ Ungarn im Herbst 1944 mit ihrer Familie und lebte fortan unverheiratet bei ihrer älteren Schwester, Fürstin → Margarete von Thurn und Taxis, in Regensburg.

Ni./So.

Elisabeth Marie (»Erzsi«), die »rote Erzherzogin«, einziges Kind von Kronprinz → Rudolf und → Stephanie von Belgien, geb. 2. 9. 1883 in Laxenburg bei Wien, gest. 16. 3. 1963 in Wien, begr. im Friedhof Wien-Hütteldorf.

Nach dem Selbstmord des Vaters übernahm der Großvater, Kaiser → Franz Joseph, die Vormundschaft über die fünfjährige Lieblingsenkelin, die schon früh starke Eigenwilligkeit und Oppositionsgeist gegen den Wiener Hof zeigte, darin ihrem verehrten Idol, dem Vater Rudolf, nacheifernd. Die Beziehung zur Mutter Stephanie war äußerst kühl, vor allem nach deren Heirat 1900 mit Graf Elemér Lónyay. 1902 setzte »Erzsi« eine nichtstandesgemäße Ehe mit Prinz Otto Windischgraetz (1873–1952) durch. Kaiser Franz Joseph stattete seine Enkelin großzügig aus. Auch aus dem Erbe der Kaiserin Elisabeth flossen Erzsi Millionen zu, so daß sie mit ihrem Mann in Luxus leben konnte.

Die Ehe, der vier Kinder entstammen, wurde höchst unglücklich. Die Affären der beiden Ehepartner waren Gegenstand ausgiebigen Tratsches. Erst nach dem Tod des Großvaters und dem Ende der Monarchie war eine Ehescheidung möglich, die im Januar 1919 eingereicht, aber erst 1924 ausgesprochen wurde. Ein jahrelanger Kampf um die Kinder begann und gipfelte in Entführungen und Polizeiaktionen, bei denen sich Elisabeth Hilfe von Sozialdemokraten holte. In dieser Zeit ging die Kaiserenkelin eine Lebensgemeinschaft mit dem sozialdemokratischen Lehrer, Politiker und Schutzbundkommandanten Leopold Petznek (1881–1956) ein, trat der Sozialdemokratischen Partei bei und begleitete Petznek zu Aufmärschen und Versammlungen, wo sie mit großer Ehrfurcht aufgenommen wurde. Petznek wurde nach den Februarereignissen 1934 vom österreichischen Ständestaat fünf Monate inhaftiert, 1944 von den Nationalsozialisten ins Konzentrationslager Dachau gebracht; die Internierung überlebte er. Das Paar heiratete 1948. Nach dem Tod ihres Gatten 1956 führte Elisabeth ein zurückgezogenes Leben, das sie wegen eines Gichtleidens großteils im Rollstuhl verbringen mußte. Als Erben setzte sie die Gemeinde Wien ein.

Fürstin Elisabeth zu Windischgraetz, die einzige Tochter des Kronprinzen Rudolf, mit ihren vier Kindern. Von links: Rudolf, Stefanie, Ernst Weriand und Franz Josef

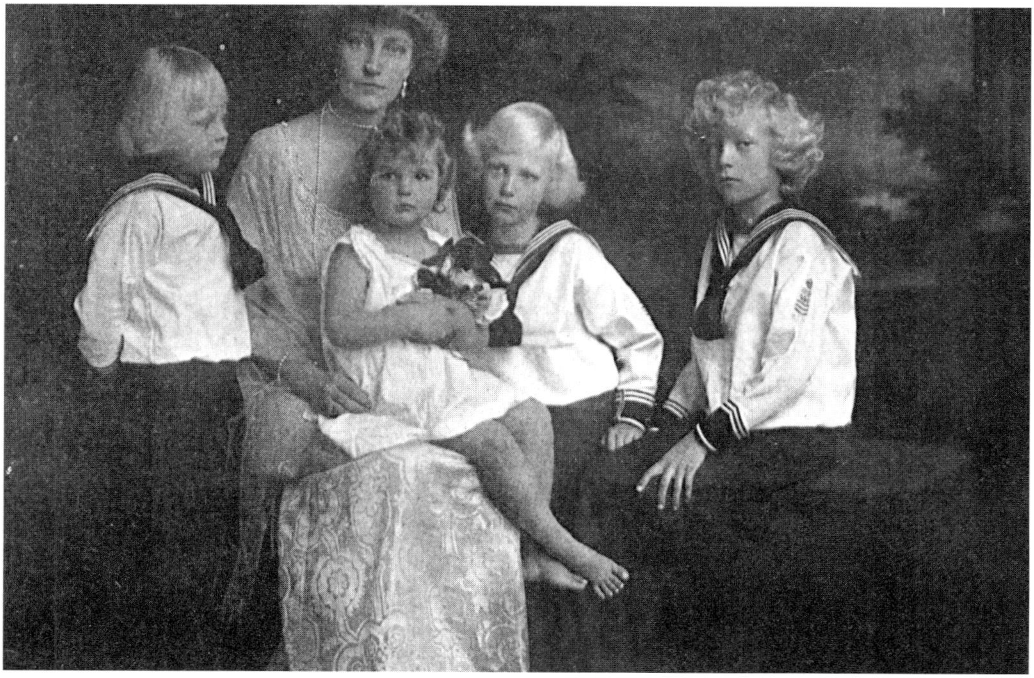

Lit.: Friedrich Weissensteiner, Die rote Erzherzogin, Wien 1982; Edith Gräfin Salburg, Das Enkelkind der Majestäten, Dresden 1929; dies., Liesls Kinder, Dresden o. J. (Schlüsselromane); Franz Nabl, Schichtwechsel, Theaterstück 1929.

H.

Elisabeth Franziska (»Ella«), älteste Tochter von Erzherzog → Franz Salvator und der Erzherzogin → Marie Valerie, geb. 27. 1. 1892 in Wien, gest. 29. 1. 1930 auf Schloß Syrgenstein/Allgäu, begr. in Maria Thann/Allgäu.

Ella heiratete 1912 auf Schloß Wallsee/Niederösterreich den Grafen Georg Waldburg-Zeil (1878–1955) und wurde Mutter von vier Kindern. Sie betätigte sich zeitweise als Malerin.

H.-L.

Eine der hübschen Enkelinnen der Kaiserin Elisabeth, ihr Patenkind Elisabeth, Gräfin Waldburg-Zeil

Ernst »der Eiserne«, Herzog (seit 1414 Erzherzog), dritter Sohn von → Leopold III. und → Viridis Visconti, geb. 1377 in Bruck an der Mur, gest. 10. 6. 1424 in Bruck an der Mur, begr. in der Kirche des Klosters Rein.

Ernst geriet durch den 1396 zwischen seinen beiden älteren Brüdern → Wilhelm und → Leopold geschlossenen »Wiener Vertrag« in den Einflußbereich Wilhelms, der seine Sorgepflicht sehr weitgehend auslegte. Nach Wilhelms Tod (1406) konnte Ernst im wesentlichen über die steirischen Einkünfte verfügen. Da sein Kompetenzbereich von dem des überlebenden älteren Bruders, Leopold IV., nicht streng geschieden war, kämpfte er um mehr Einfluß, besonders auch hinsichtlich der Vormundschaft über → Albrecht (V.) und damit um Einfluß in den Ländern unter und ob der Enns.

Der Bruderzwist verschärfte bestehende soziale Spannungen: Ernst hatte Sympathien im Herrenstand und in der bürgerlichen Oberschicht Wiens – die Spannungen entluden sich vehement in den Wiener Bluturteilen des Jahres 1408. Das beiderseitige Streben nach einer entscheidenden Übermacht führte zu einer relativen Machtlosigkeit beider Brüder und zur Stärkung der Ständemacht – besonders in Österreich, wo Albrecht V. 1411 durch eine Aktion und das Machtwort der Stände mündig erklärt und als Landesfürst anerkannt wurde. Es förderte auch die Einmischung der Grafen von Cilli.

Durch den Tod Leopolds wurde Ernst 1411 unangefochtener Herr in den später als innerösterreichisch bezeichneten Ländern. Er suchte seinen Einfluß in einer politisch für → Friedrich IV. äußerst prekären Situation auch auf Tirol auszudehnen, allerdings ohne Erfolg.

Die Tätigkeit des großen, starken, dunklen und redegewandten Mannes in Innerösterreich wird positiv beurteilt. Neben einer effizienten Verwaltung wird seine Bautätigkeit, besonders in Wiener Neustadt, gerühmt. Er unterzog sich 1414 als letzter Habsburger den alten Huldigungszeremonien auf dem Kärntner Zollfeld

Ernst der Eiserne mit seinen Söhnen auf einer zeitgenössischen Glasmalerei

arneſtus · archidux · au trie

und führte seither den Erzherzogstitel. Seine erste Ehe mit → Margarete von Hinterpommern-Stolp blieb kinderlos. In den zahlreichen Nachkommen seiner zweiten Ehe mit → Cimburgis von Masowien lebte der Habsburgerstamm weiter.

Di.

Ernst, Sohn von Kaiser → Maximilian II. und der Infantin → Maria, geb. 15. 6. 1553 in Wien, gest. 20. 2. 1595 in Brüssel, begr. 15. 3. 1600 in St. Gudula in Brüssel.

Zweifel an der Katholizität Maximilians II., aber auch Sorge um die Nachfolge in Spanien bewogen → Philipp II., darauf zu drängen, daß der älteste Sohn Maximilians, → Rudolf, und der zweitgeborene, Ernst, in Spanien erzogen würden. Aufgrund der Abmachung zwischen → Karl V. und seinem Bruder → Ferdinand I. wäre es durchaus möglich gewesen, daß ein Mitglied des österreichischen Familienzweiges Philipp II. als spanischer König nachfolgte.

So erlebte Ernst die prägende Zeit zwischen seinem 11. und 18. Lebensjahr am spanischen Hof; prägend in zweierlei Hinsicht: einmal in bezug auf konfessionelle Fragen und zum anderen in seiner Haltung gegenüber dem älteren Bruder. Ernst stützte sich später bei der Erneuerung des Katholizismus in Österreich auf den Jesuitenorden, und er war in der Auseinandersetzung zwischen Rudolf II. und → Matthias der einzige Bruder, der loyal zu Rudolf stand.

Zeit seines Lebens mußte er sich mit einem »zweiten Platz« begnügen. Als Rudolf seine Heirat mit → Isabella Clara Eugenia, der Tochter Philipps II., endlos hinauszog, rückte Ernst als möglicher Bewerber nach. Zweimal wurde er als Kandidat für den vakanten polnischen Thron genannt: 1576 wurde ihm Stefan Bathory vorgezogen, 1587 sein jüngerer Bruder → Maximilian III. bzw. Sigismund Wasa.

Nach dem Tod des kaiserlichen Vaters verlegte Rudolf II. seine Residenz nach Prag und ernannte Ernst zu seinem Statthalter in Österreich, und als Erzherzog → Karl II. 1590 starb, führte Ernst die vormundschaftliche Regierung

Erzherzog Ernst, Statthalter der Niederlande, im Harnisch. Gemälde von Martino Rota

für dessen 12jährigen Sohn in Innerösterreich. Gleichzeitig bekam er das Oberkommando über die kaiserlichen Truppen gegen die Türken übertragen. Besondere militärische Ambitionen verspürte Ernst nicht. In Österreich führte er die Gegenreformation konsequent durch, wobei ihn vor allem Kardinal Melchior Khlesl unterstützte. Nach dem kläglichen Intermezzo des Erzherzogs Matthias in den Niederlanden setzte König Philipp II. 1593 die Ernennung Ernsts zum Generalstatthalter dieser spanischen Provinz durch.

1594 zog Ernst mit allem Pomp und unter dem Jubel der Bevölkerung in Brüssel ein. Aber hinter allen Triumphpforten und Festdekorationen erwartete ihn eine rauhe Wirklichkeit. Die nördlichen Provinzen hatten sich unter protestantischer Führung und unterstützt von England und Frankreich praktisch losgelöst; mit untauglichen Mitteln hatten der berüchtigte Herzog von Alba und Alexander Farnese versucht, der Rebellion Herr zu werden. Von dem jahrzehntelangen Krieg waren die südlichen Landesteile wirtschaftlich total ausgeblutet. Die hier stationierte spanische Soldateska machte sich immer verhaßter. Raubzüge und Übergriffe, aber auch offene Rebellion waren an der Tagesordnung, denn das Militär blieb ohne Sold und verschaffte sich ihn auf seine Weise. Der königstreue Adel verlangte vehement den Abzug aller fremden Truppen und den sofortigen Abbruch der kriegerischen Auseinandersetzungen.

In dieser Situation setzte man alle Hoffnung auf Ernst als Friedensbringer. Doch vergeblich: Die Nordprovinzen erwiesen sich allen Friedensfühlern gegenüber unzugänglich. Immer mehr entglitten Ernst die Fäden der Handlung. Ohne es zu wissen, war er bereits auf der Reise in die Niederlande ein todkranker Mann gewesen. Ein chronisches Nierenleiden, dazu schwere rheumatische Beschwerden, ein chronischer Katarrh und schließlich die Tatsache, daß sein Magen kaum mehr etwas behalten konnte, schwächten den gesamten Organismus derartig, daß sich zu Beginn des Jahres 1595 das Ende abzeichnete.

Wenn heute dem politisch eher glücklosen Erzherzog eine positive Beurteilung zuteil wird, so ist sie seinen kulturellen Ambitionen zuzuschreiben. Ernsts Hauptinteresse galt der zeitgenössischen Malerei: Mit Lucas Valckenborch, Pieter Breughel d. Ä. (die »Kinderspiele«, die »Bauernhochzeit«, die »Bekehrung des Saulus« und die drei Monatsbilder im Kunsthistorischen Museum stammen aus Ernsts Nachlaß), Hieronymus Bosch sind nur die bekanntesten Namen genannt. Tapisserien hatten den Erzherzog schon immer begeistert. In Österreich besaß er persische und spanische Teppiche, in den Niederlanden ließ er die berühmten Manufakturen von Brüssel und Antwerpen für sich arbeiten. Ernst erwarb zahlreiche Graphiken, dem Zeitgeschmack entsprechend vor allem Porträts. Auch die Vorliebe für kostbare und ausgefallene Uhren mit komplizierten Mechanismen ist eine typische Zeiterscheinung. In der nachgelassenen Bibliothek fällt vor allem die Vorliebe für die lateinischen Klassiker (etwa Horaz) und für geographische Werke auf. Ernst hatte eine Schwäche für modische Kleidung, insbesondere für die entsprechenden Accessoirs, und für Karten- und Brettspiele aller Art, was ihn viel Geld kostete und nicht gerade zur Hebung der ohnehin desolaten finanziellen Verhältnisse beitrug. Er blieb unverheiratet.

Lit.: Erwin Mayer-Löwenschwerdt, Der Aufenthalt der Erzherzoge Rudolf und Ernst in Spanien 1564–1571 (= Sitzungsberichte der Österr. Akademie d. Wissenschaften, Phil.-hist. Kl. 206, 5. Abh.), 1927; Victor Bibl, Erzherzog Ernst und die Gegenreformation in Niederösterreich, in: Mitteilungen des Institutes für österr. Geschichtsforschung Erg.-Bd. 6 (1901), 575–596; Rudolf Steuer, Beiträge zur Geschichte Erzherzogs Ernst von Österreich, Institutsarbeit am I. f. österr. Geschichtsforschung, Wien 1947; Moritz Strachwitz, Die letzten Jahre des Erzherzogs Ernst von Österreich, Diss. Wien 1969.

Mr.

Ernst, Sohn des Vizekönigs von Lombardo-Venetien, Erzherzog → Rainer, und der Prinzessin → Elisabeth von Savoyen, geb. 8. 8. 1824 in Mailand, gest. 4. 4. 1899 in Arco, begr. in der Kapuzinergruft, Wien.

Erzherzog Ernst, der vor allem durch sein Privatleben Aufsehen erregte.

Ernst machte die übliche Habsburger Militärkarriere und nahm an den Kämpfen in Oberitalien 1848/49 und 1866 am Krieg gegen Preußen, unter anderem bei Königgrätz, teil. 1867 wurde er zum k. k. General der Kavallerie ad honores ernannt und schied im Zuge der Armeereform aus dem aktiven Dienst aus. Um die hohen Schulden Ernsts zu tilgen, schufen die vier Brüder Ernsts (→ Leopold, → Sigismund, → Rainer d. J. und → Heinrich) 1873 einen Tilgungsfonds. Ernst trat sein gesamtes Vermögen samt seiner Erbansprüche an den Bruder Rainer ab und war seither mittellos.

Das Privatleben des Erzherzogs sorgte für erhebliches Aufsehen: nach seinem Tod traten drei angeblich eheliche Kinder unter dem Namen Wallburg (ein weiterer Sohn hatte damals schon Selbstmord verübt) an die Öffentlichkeit und forderten Erbrechte ein. Sie versuchten zu beweisen, daß der als »ledig« gestorbene Erzherzog sich mit der Tochter eines ungarischen Gutsbesitzers, Laura von Skublitz, genannt »Baronin Wallburg«, verheiratet, mit ihr vier Kinder gezeugt und bis zu ihrem Tod 1865 in trautem Familienglück in Laibach gewohnt habe. Die Erberklärung wurde abgewiesen, da die Ehe nicht von Kaiser → Franz Joseph genehmigt worden war. Immerhin aber zahlten Ernsts Brüder für die Kinder Erziehungsbeiträge und auch Studienkosten. Es war von gefälschten Briefen und Urkunden die Rede. Die Wallburg-Nachkommen veröffentlichten zwei Bücher, ganz aufgeklärt wurde die Sache nicht.

Lit.: Ernst Baron Wallburg, Ein Justizmord! ... Leipzig o. J.; E(ugen) von S(zimics), Die heimliche Ehe des Erzherzogs Ernst von Österreich und seine Kinder, Zürich 1901.

H.

Este, Habsburg-Este → Stammbaum S. 310

Eugen, Sohn von Erzherzog → Karl Ferdinand und Erzherzogin → Elisabeth, geb. 21. 5. 1863 auf Schloß Seelowitz in Mähren, gest. 30. 12. 1954 in Meran, begr. in der St.-Jakobs-Kirche in Innsbruck neben dem ersten habsburgischen Hochmeister Erzherzog → Maximilian I. (III.).

Der hochgewachsene Erzherzog wurde nach Privatstudien und Ausbildung an der Militärakademie zu Wiener Neustadt 1877 zum Leutnant im Tiroler Jägerregiment ernannt. In der Folgezeit diente er als rasch aufsteigender Offizier bei der Infanterie und den Husaren auf vielen Truppenplätzen der Donaumonarchie und wurde schließlich 1916 zum Feldmarschall ernannt. Schon 1914 war er Kommandant der 5. Armee (der Balkanstreitkräfte), seit 1915 Kommandant an der Südwestfront gegen Italien (mit dem Hauptquartier in Marburg/Südsteiermark) und von 1917 bis 1918 abermals Kommandant der Südwestfront mit dem Hauptquartier zuerst in Marburg (1917) und dann in Udine (1917/18), nachdem er 1916 bis 1917 Kommandant der Heeresgruppe Tirol mit Sitz in Bozen gewesen war.

Erzherzog Eugen als Hoch- und Deutschmeister

Weitgereist und sich ständig durch Lektüre weiterbildend, wurde er mehrerer Ehrendoktorate (in Philosophie 1915 in Innsbruck, in den Rechts- und Staatswissenschaften zu Zagreb 1915, in Medizin 1916 zu Innsbruck) gewürdigt. 1916 wurde er zum Ehrenmitglied und zum Kurator der Akademie der Wissenschaften bestellt und war ferner Protektor der k. u. k. Zentralkommission für Denkmalpflege (1916), Protektor der »Gesellschaft der Musikfreunde« in Wien, der Stiftung »Mozarteum« (1906) in Salzburg, des Musikvereins in Innsbruck und schließlich Ehrenpräsident des Vereins für Historische Waffenkunde in Dresden.

Der Heerführer, bei seinen Truppen äußerst populär, machte auch im »Deutschen Ritterorden« rasch Karriere: 1887 in der Wiener Augustinerkirche zum Deutschordensritter aufgeschworen, wurde er schon zwei Tage später zum Koadjutor des Erzherzogs → Wilhelm mit Nachfolgerecht gewählt und nach dessen Tod 1894 inthronisiert, nachdem ihn Kaiser → Franz Joseph belehnt hatte. Als Hoch- und Deutschmeister war er maßgeblich beteiligt an der Gründung des Ordenspriesterkonvents zu Laibach (1896/97), der ab 1917 seine Selbständigkeit gegenüber dem Konvent von Troppau erringen konnte; er förderte den Ausbau des Schulwesens durch die Ordensschwestern, die Sanitätspflege des Ordens und den Wiederaufbau der Ordensburg Busau (Bouzov) in Mähren 1895 bis 1905 unter dem Münchner Professor und Architekten Georg Joseph von Hauberrisser.

Um den in den Nachfolgestaaten der Donaumonarchie weiterbestehenden Orden als habsburgischer Hochmeister in den pastoralen und erzieherischen Aktivitäten nicht zu gefährden, verzichtete der Erzherzog mit päpstlicher Zustimmung 1923 auf das höchste Ordensamt. Von der Schweiz aus, wohin er sich als dort geschätzter »Erzi« 1919 bis 1934 zurückzog, berief er ein Generalkapitel nach Wien ein, das die schon seit 1921 verfolgte Umwandlung des Ritterordens in einen rein geistlichen Orden mit der von Eugen verfügten Bestätigung des bischöflichen Hochmeisterkandidaten Norbert Klein (Bischof von Brünn) fortsetzte – eine Entwicklung, die mit der päpstlichen Umwandlung des »Deutschen Ritterordens« in einen rein klerikalen Orden 1929 ihren zeitgemäßen Abschluß fand.

Als Ordensritter lebte Eugen nach seiner Rückkehr aus Basel in der Zeit des Ständestaates von 1934 bis 1938 im neugebauten Ordenskonvent Gumpoldskirchen/Niederösterreich, nach der Aufhebung des Ordens durch die Nationalsozialisten (1938) in Wien und ab 1945 bis kurz vor seinem Tod in Igls bei Innsbruck.

Das facettenreiche, für Werte der Religion, Bildung und Kunst so aufgeschlossene Leben des beliebten Heerführers und letzten Ritter-Hochmeisters, der sehr klar das Ende der Donaumonarchie voraussah und daher die bleibende geistliche Zielsetzung seines Ordens zeitgerecht ermöglichte und förderte, wartet noch auf den kompetenten Biographen.

D.

Felix, dritter Sohn von Kaiser → Karl und → Zita von Bourbon-Parma, geb. 31. 5. 1916 in Schönbrunn.

Als zweijähriges Kind ging Felix mit den Eltern und Geschwistern ins Exil, studierte an der Universität Löwen, ab 1939 in den USA. Er leistete politische Arbeit für seinen Bruder → Otto. 1952 heiratete er Anna Eugenia, Prinzessin und Herzogin von Arenberg. Der Ehe entstammen sieben Kinder. Er ist Direktor mehrerer Banken und Firmen in Mexiko.

H.

Ferdinand I., Kaiser, jüngerer Sohn von → Philipp dem Schönen, dem König von Kastilien, und → Johanna, Thronerbin der spanischen Königreiche, geb. 10. 3. 1503 in Alcalá de Henares bei Madrid, gest. 25. 7. 1564 in Wien, begr. im St.-Veits-Dom, Prag.

Wahlspruch: Fiat iustitia, pereat mundus/Gerechtigkeit geschehe, auch wenn die Welt zugrunde geht.

Zeitlebens im Schatten seines faszinierenderen älteren Bruders → Karl V. stehend, wartet Ferdinand noch auf eine moderne Biographie. Dabei sollte man denken, daß ein Lebensweg, der den spanischen Infanten über die Positionen des österreichischen Erzherzogs, des böhmischen, ungarischen und römischen Königs zum römisch-deutschen Kaiser führte, hinreichend Anreiz zur Auseinandersetzung mit der Frage böte, wie Ferdinand all diese, vielleicht zu vielen Aufgaben bewältigte.

Ferdinand, der jüngere Sohn der anerkannten Nachfolgerin für die Königreiche Kastilien und Aragon, galt als Liebling seines mütterlichen Großvaters, König Ferdinands V. von Aragón, und wuchs bei ihm in Spanien auf – im Gegensatz zu Karl, der am Hof der Tante → Margarete in den Niederlanden erzogen wurde. Ferdinand stieß bei vielen Spaniern auf Sympathie. Er genoß eine sorgfältige Erziehung, die ihn keine Nachteile des Zweitgeborenen spüren ließ.

Der Tod Ferdinands V. 1516 stellte die Weichen für die Zukunft des Enkels und führte ihn

Kaiser Ferdinand I. als Erzherzog. Gemälde von Hans Maler

vom Südwesten Europas an die östliche Grenze des römischen Reiches. Denn das Testament des Aragonesen enthielt keine spezielle Regelung für die Stellung des noch nicht vierzehnjährigen Ferdinand. Dies erleichterte dem älteren Karl die Durchführung seiner Pläne als einzig Erbberechtigtem. Als die Brüder einander am 12. November 1517 in Mojados zum ersten Mal sahen, hatte Karl bereits den Entschluß gefaßt, Ferdinand aus Spanien zu entfernen, und er hatte auch schon dessen Hofstaat aufgelöst.

1518 mußte Ferdinand sein Heimatland verlassen und fand in seiner Tante Margarete in den Niederlanden einen neuen Mentor. Sie erwog sogar seine Kandidatur zum römischen König nach dem Tod des väterlichen Großvaters → Maximilians I.

Innerhalb des habsburgischen Erbes boten nur die österreichischen Erblande mit ihrem Gewohnheitsrecht der »Gesamtbelehnung« eine Möglichkeit zu selbständiger Herrschaftsausübung. Nach zähen Verhandlungen überließ Karl (nicht zuletzt unter dem Druck der Ungarn, die auf eine entsprechende Ausstattung für den künftigen Schwager ihres Königs Ludwig II.

drängten) dem Bruder zunächst 1521 die fünf niederösterreichischen Herzogtümer und verzichtete in der geheimen Vereinbarung von Brüssel 1522 – fast überraschend – voll auf seinen Anteil, allerdings unter Bedingungen, die Ferdinands Handlungsfähigkeit einschränkten.

Die Anfänge herrscherlichen Handelns des vorerst »fremden Spaniers«, den Karl außerdem zum Statthalter in Deutschland in Zusammenarbeit mit dem Nürnberger Reichsregiment ernannt hatte, waren alles andere als ermutigend: Die Ausschaltung der Opposition mit dem »Blutgericht von Wiener Neustadt« 1522, die Vertrauenskrise gegenüber dem Bruder 1524 und eine Spionageaffäre im selben Jahr belasteten die ersten Jahre, und die Bauernaufstände 1525 taten ein übriges. Ferdinands Anteil am Sieg von Pavia 1525 brachte dann aber eine entscheidende Aufwertung und das prinzipielle Zugeständnis Kaiser Karls V., sich für ein römisches Königtum seines Statthalters einzusetzen. Die Weigerung des sächsischen Kurfürsten, sein Votum 1531 für Ferdinand abzugeben, und das Wahlgegnerbündnis unter Führung Bayerns zögerten Ferdinands Anerkennung bis zum Vertrag von Kaden 1534 hinaus.

Inzwischen war er als Folge der Schlacht von Mohács (29. August 1526), in der sein Schwager Ludwig II. gegen die Osmanen gefallen war, mit der Wahl zum König von Böhmen zum einzigen gekrönten Kurfürsten aufgestiegen. Schwieriger gestaltete sich die Lage in Ungarn, wo er sich als Gegenkönig des Kandidaten der national-ungarischen Partei, Jan Zápolya, zu behaupten hatte.

Parallel mit der Sicherung des jagiellonischen Erbes wurde der Aufbau der politisch-administrativen Organisation für die Erblande abgeschlossen: Durch die Einsetzung von Geheimem Rat, Hofrat und Hofkammer 1527 mit dem durchführenden Organ der Hofkanzlei wurden maximilianeische Bestrebungen zur Straffung landesfürstlichen Herrschens auf Dauer reali-

Die Brüder Kaiser Karl V. und Ferdinand I. in einem zeitgenössischen Kupferstich

Kaiser Ferdinand I. Detail des Sarkophags von Alexander Colin im Veitsdom zu Prag

siert. Zum ersten Ratgeber Ferdinands stieg Bernhard von Cles, Fürstbischof von Trient, auf, der als Oberster Kanzler die Politik der dreißiger Jahre wesentlich mitbestimmte.

Innerhalb der einzelnen Länder bedeutete dies ein ständiges Auf und Ab im Mit- und/oder Gegeneinander zwischen zentraler Spitze und Ständen, die ein wichtiges Machtmittel in der Hand hatten, dessen Einsatz das Wort von der absolutistischen Regierung Ferdinands Lügen straft: Sie bewilligten die Gelder, deren er bei der eigenen chronischen Geldnot ständig bedurfte. Die harte Vorgangsweise seines »Finanzministers« Gabriel Salamanca reduzierte zwar Schulden Maximilians I., eine andere Finanzgebarung als diejenige, mit Vorgriffen auf Einkünfte kommender Jahre die drängendsten Gläubiger zufriedenzustellen, ließ sich jedoch nie erreichen: bei Ferdinands Tod überstiegen die Ausgaben die Einnahmen um das Zweifache.

Ohne Ressourcen, wie sie Karl V. zur Verfügung standen, war eine tatkräftige Abwehr der ständigen Bedrohung durch die Osmanen nicht möglich. Die erste Belagerung Wiens 1529 wurde durch den witterungsbedingten Abzug des Feindes aufgehoben. Die Chance aber, mit dem 1532 aufgebotenen Reichsheer eine Entscheidungsschlacht vor Wien zu wagen, wurde durch verzögerten Anmarsch nicht wahrgenommen. Aufgrund der Forderung von Reich und Papst, mit ihren Zuschüssen nur die Reichsgrenzen zu schützen bzw. keinen Angriffskrieg führen zu dürfen, blieb Ferdinand auf reine Defensive beschränkt.

Die Hartnäckigkeit, mit der er das Arrangement eines ungarisch-türkischen Vasallenstaates ablehnte, darf nicht nur unter dem Aspekt des länderhungrigen Ehrgeizes gesehen werden: Neben der Überzeugung, daß das Abendland zur Rettung des christlichen Ungarn verpflichtet sei, muß als Motiv auch die Abschirmung der Erblande durch ein starkes ungarisches Bollwerk einbezogen werden. Solche Überlegungen bewirkten den Ausbau ungarischer Festungen und die Ansätze zur Schaffung der österreichischen Militärgrenze. Militärische Erfolge blieben allerdings aus: die Niederlage bei Esseg 1537 leitete die deprimierende Phase von Verlusten ungarischer Zentren ein. Die Rückeroberung Ofens 1540/41 mißlang, Gran (Esztergom), Sitz des Primas, überrannten die Osmanen 1542, Stuhlweißenburg (Székesfehérvár), die Krönungsstadt, 1543. An der Dreiteilung Ungarns änderte auch der Waffenstillstand von 1547, der Ferdinand zur Tributzahlung verpflichtete, nichts, ebensowenig wie der achtjährige Friede von 1562 sowie die Errichtung des Hofkriegsrates 1556.

In Böhmen sah sich Ferdinand wachsender Opposition gegenüber, die er mit seinem Sieg über das gegen ihn aufgestellte ständische Heer im Zaum halten konnte.

Unterschätzt wird die Rolle, die Ferdinand im Reich spielte. Der Statthalter und römische König war zwar für die Führung der Reichstage von der ad hoc ausgestellten kaiserlichen Vollmacht abhängig, verstand es aber (nicht zuletzt durch seine erstaunliche Lern- und Anpassungsfähigkeit bis ins Alter), sich und seine Räte in den vierziger Jahren gegenüber den Vertretern Karls in den Vordergrund zu schieben, so daß er von den deutschen Fürsten als einer der Ihren empfunden wurde.

Die Enttäuschung über Karls zaudernde Türkenpolitik 1532 steigerte sich zur kaum beherrschten Animosität, als Karl in der Frage der »spanischen Sukzession« 1551 Ferdinand seinen Sohn → Philipp II. als eine Art königlichen Koadjutor aufzwingen wollte. In der inneren Distanz zum Bruder bei äußerer Wahrung der Loyalität liegt vielleicht der Schlüssel für Ferdinands Rolle als Vermittler für die 1552 mit dem Passauer Stillstand mühsam gebändigte Fürstenfronde. Im Gegensatz zur starren Haltung Karls im Religionskonflikt versuchte Ferdinand wiederholt, mit Hilfe von Religionsgesprächen Brücken zwischen den Konfessionen zu schlagen. Der damals als Provisorium eingeschätzte Augsburger Religionsfriede von 1555 ist maßgeblich sein Werk, das Karl nie ratifizierte.

Dem verfassungsrechtlichen Novum der Abdankung Kaiser Karls V. zu Lebzeiten (1556) begegnete Ferdinand geschickt mit der Einbeziehung aller Kurfürsten, die ihn 1558 zum Kaiser proklamierten, auf die Ebene der Mitverantwortung gegenüber dem Reich. Die daraus resultierende Feindseligkeit der Kurie änderte sich erst mit Papst Pius IV., der 1562 die dritte Periode des Trientiner Konzils einberief. Als eine seiner letzten Aktivitäten setzte sich Ferdinand hier für seine Auffassung einer Reform ein. Von größter Bedeutung für das Erstarken kaiserlichen Einflusses nach dem Westfälischen Frieden 1648 wurde die Behörde des Reichshofrates, den Ferdinand 1558 als oberste Gerichtsinstanz und Gegengewicht zum Reichskammergericht geschaffen hatte.

Statt immer wieder zu erklären, daß Ferdinands Existenz als Herrscher ohne Karls schützende Hand nicht möglich gewesen wäre, sollte man künftig für die Reichsgeschichte der ersten Hälfte des 16. Jahrhunderts die Frage aufwerfen: Wie hätte Karl im Reich ohne die Stütze durch Ferdinand auskommen können?

Lit.: Franz Bernhard v. Buchholtz, Geschichte der Regierung Ferdinands des Ersten, Band 1–9, Wien 1831–1838, neu hg. von Berthold Sutter, Graz 1971; Alphons Lhotsky, Das Zeitalter des Hauses Österreich ... Wien 1971; Paula Sutter-Fichtner, Ferdinand I., Graz–Wien–Köln 1986.

T.

Ferdinand II. von Österreich-Tirol, Sohn von Kaiser → Ferdinand I. und → Anna von Böhmen und Ungarn; geb. 14. 6. 1529 in Linz, gest. 24. 1. 1595 in Innsbruck, begr. in der Hofkirche in Innsbruck.

War schon der Geburtsort Ferdinands bedroht von den Türken, so sollte sich auch seine Erziehung und Ausbildung fernab von Wien 1533 bis 1543 in der Burg zu Innsbruck vollziehen, wo sich auch die übrige Familie damals meist aufhielt. Von hier übersiedelte man nach Prag, wo Ferdinand 1544 einen eigenen Hofstaat bekam. Eine erste kurze feldmäßige Ausbildung erhielt er noch im selben Jahr im Krieg seines Onkels, Kaiser → Karl V., gegen Frankreich und den mit diesem verbündeten Herzog von Cleve. Es folgte der Schmalkaldische Krieg, bei dem Ferdinand in der Schlacht von Mühlberg 1547 seine Feuertaufe erhielt. Daran schloß sich die Zurechtweisung der aufständischen böhmischen Stände durch seinen Vater und noch 1547 Ferdinands Bestellung zum kaiserlichen Statthalter in Böhmen. 1556 zog Ferdinand dem Titel nach als Oberbefehlshaber an den türkischen Kriegsschauplatz in Ungarn, befand sich aber schon gegen Ende des Jahres wieder in Prag.

Die väterliche Erbteilung von 1564 machte Ferdinand zum Landesfürsten Tirols und Vorderösterreichs. Sein Bruder, Kaiser → Maximilian II., bat ihn aber, zunächst noch weitere zwei Jahre die Statthalterschaft in Böhmen beizubehalten und 1566 gemeinsam mit ihm nochmals einen Kriegszug gegen Ungarn zu unternehmen.

In Ferdinands böhmische Jahre fällt seine heimliche Eheschließung mit der vermögenden Augsburger Patriziertochter Philippine Welser im Jahr 1557, deren Bekanntschaft er beim Reichstag in Augsburg 1548 gemacht hatte, und

Erzherzog Ferdinand II. (Mitte) mit seinem älteren Bruder, dem späteren Kaiser Maximilian II., und dem jüngeren, schon im ersten Lebensjahr verstorbenen Johann. Gemälde von Jakob Seisenegger

welche in der Folge bei ihrer Tante Katharina von Loxan, geb. Adler, auf Schloß Brzenic in Böhmen lebte. Die Ehe mit Philippine blieb bis 1559 vor der kaiserlichen Familie und bis 1576 vor der Öffentlichkeit geheim. Philippine galt bis dahin nur als Ferdinands »Beywonerin«. Der Verbindung entstammten die beiden Söhne → Andreas und → Karl »von Österreich«.

Wie später in Tirol, frönte Ferdinand schon in Böhmen in aufwendigstem Maße seiner Neigung zur Errichtung von Hofbauten, Zier- und sogenannten Tiergärten (eingefriedete Jagdgehege), der Jagd und den Tafelfreuden, was nicht nur bei den besonders großen Festen wie z. B. 1558 beim Empfang Ferdinands I. in Prag oder 1562 bei der Krönung seines Bruders Maximilian II. zum König von Böhmen zum Ausdruck kam. Obgleich mit stattlichem Etat ausgestattet, verließ Ferdinand Böhmen verschuldet (auch Tirol hatte später noch durch mehrere Generationen an seinen Schulden zu tragen).

Den feierlichen Einzug in sein Erbfürstentum hielt Ferdinand im Januar 1567. Daran schlossen sich die Erbhuldigungslandtage in Innsbruck, Ehingen, Freiburg, Konstanz usw. Seine Politik als Landesfürst war durch friedliche Beziehungen zu den Nachbarländern und im Inneren durch vehemente Durchsetzung der Grundsätze der Gegenreformation – das Konzil von Trient war eben 1563 zu Ende gegangen – geprägt, wobei sich sein kompromiß- und erbarmungsloses Vorgehen besonders auch gegen die Wiedertäufer richtete. Positiv hervorzuheben sind die Förderung der bereits von seinem Vater 1561 nach Innsbruck berufenen Jesuiten, die Unterstützung seiner Schwestern → Magdalena, → Margareta und → Helene bei der Gründung des königlichen Damenstiftes in Hall i. T. ab 1567 und des dortigen Kollegs und Gymnasiums der Jesuiten (1571–1573), weiters die von ihm erlassene erste Tiroler Schulordnung (1586) und endlich die Gründung des Kapuzinerklosters in Innsbruck (1593/94), die erste Niederlassung dieses Ordens im deutschen Sprachraum.

Eine bedeutende Stütze in allen Belangen der Gegenreformation war ihm der aus Franken gebürtige ursprüngliche Schneider und spätberufene Franziskanerpater Johannes Nasus. Er war als Nachfolger des hl. Petrus Canisius (1521–1597) einige Zeit Hofprediger in Innsbruck und wurde 1580 sogar Weihbischof von Brixen. In Innsbruck, wo er 1590 starb, ließ ihm Ferdinand in der Hofkirche ein von Alexander Colin geschaffenes stattliches marmornes Porträt-Epitaph setzen.

Ein kirchenpolitischer Wunsch Ferdinands – die Installation eines Bischofssitzes in Innsbruck, um der Residenzstadt auch einen entsprechenden kirchlichen Glanz zu verleihen – ging nicht in Erfüllung. Andererseits versuchte er die geistlichen Fürstentümer Brixen und Trient stärker in die Grafschaft Tirol zu integrieren. In Trient benutzte er 1567 die gegen den Koadjutor Kardinal Ludwig von Madruzzo ausgebrochenen Unruhen, um von diesem einen Verzicht auf den Fürstentitel zugunsten des Landesfürsten zu erlangen. In der Folge von Ludwig widerrufen, bildete dieses Vorgehen Ferdinands noch durch viele Jahre Anlaß zu sinnlosen Spannungen. Bis ins 18. Jahrhundert in Geltung blieb dagegen die

Erzherzog Ferdinand II.

unter Ferdinand 1573 erneuerte und im Druck herausgegebene Landesordnung sowie die ihr beigegebene neue Polizeiordnung. Während diese Reglements von den Landständen bedankt worden sind, führte die grenzenlose Verschuldung Ferdinands zu permanenten Spannungen. Die Landstände fühlten sich auch durch die aus diesem Grund häufig einberufenen Landtage erheblich belastet.

Dem Reiz der großen Politik konnte sich Ferdinand in Tirol nicht entziehen und ließ sich 1575 und nochmals 1587 neben drei anderen Mitgliedern des Erzhauses zur – erfolglosen – Bewerbung um die polnische Königskrone verleiten, was ebenfalls namhafte Geldmittel verschlang. Seine neuerliche Bestellung zum Feldobersten in Ungarn gegen die Türken im Winter 1593/94 lehnte er jedoch nach längerem Hin und Her ab, obwohl er hiefür sehr ambitioniert war.

Zeitlose Berühmtheit erlangte Ferdinand durch seine kulturellen Aktivitäten und Interessen, etwa den Umbau der mittelalterlichen Burg Ambras bei Innsbruck zum Renaissanceschloß, welches er bereits 1564 seiner Frau Philippine schenkte.

Seine systematische Sammeltätigkeit begann dann in den siebziger Jahren und wurde auch nach seiner 1582 – zwei Jahre nach dem Tod Philippinens – erfolgten zweiten Verehelichung mit seiner Nichte → Anna Katharina von Gonzaga-Mantua, einer Tochter seiner Schwester → Eleonora, uneingeschränkt bis zu seinem Lebensende fortgesetzt. Er interessierte sich besonders für die Rüstungen, Waffen und Porträts berühmter Feldherren, für Handschriften und Bücher sowie für außergewöhnliche oder exotische Objekte, seien es natürliche Gebilde oder solche höchster Kunstfertigkeit für seine Kunst- und Wunderkammer. Zur Aufstellung seiner Sammlungen und der zugehörigen Bibliothek ließ er südwestlich, unmittelbar neben dem Hochschloß von Ambras, eigene Museumsbauten errichten, die als die ältesten Zweckbauten dieser Art nördlich der Alpen gelten. Die wertvollsten Bestände seiner Sammlungen befinden sich heute im Kunsthistorischen Museum und in der Nationalbibliothek in Wien, doch auch in Ambras wer-

Das kaiserliche Bankett anläßlich der Verleihung des Goldenen Vlieses an Kaiser Rudolf II., 1585. Von links: Rudolf II., Erzherzog Ferdinand II. mit seiner zweiten Gemahlin Anna Katharina, Erzherzog Karl II. von Innerösterreich mit seiner Gemahlin Maria und Erzherzog Ernst

den nun wieder repräsentative Stücke der Waffensammlung und der Wunderkammer gezeigt.

Charakterlich war Ferdinand ein ebenso religiöser wie sinnenfreudiger und gebildeter, aber auch verschwenderischer Renaissancefürst, dem allerdings auch ein gewisser Hang zur Grausamkeit nicht fehlte. Das zeigt u. a. die Verurteilung des Bischofs Augusta der Böhmischen Brüder, den er nach grausamer Folterung 13 Jahre (bis 1560) in Kerkerhaft hielt, und zwar auf Schloß Bürgliz, wo er zur selben Zeit oft mit Philippine zusammen war. Auch die Hinrichtungen von Wiedertäufern in Tirol sind hier zu nennen, desgleichen manche Strafandrohung in Jagdsachen.

Für sich und seine Familie ließ er an die Innsbrucker Hofkirche, in der unter seiner Obhut das leere Grabdenkmal Kaiser → Maximilians I. aufgestellt wurde, die nach dem dortigen silbernen Marienaltar »Silberne Kapelle« benannte Grablege erbauen, in der jedoch nur Philippine und er selbst beigesetzt wurden. Beide Grabmale sind Werke Alexander Colins. Von Ferdinands Funeralwaffen haben sich dort Schild und Helm erhalten. Seinem Testament entsprechend wurde dort auch sein Feldharnisch, in kniender Haltung, mit seinem in Holz geschnitzten Porträtkopf, mit Blick zum Altar aufgestellt; bis zur Gegenwart wurde daran nichts verändert.

Werke: Als solche dürfen die von Ferdinand angeregten Bücher über seine Waffensammlung und über das Haus Österreich von Jakob Schrenk v. Notzin (1601) und Gerard de Roo (1592) angeführt werden.

Lit.: Josef Hirn, Erzherzog Ferdinand II. von Tirol, 2 Bde., Innsbruck 1885–1887; Laurin Luchner, Denkmal eines Renaissancefürsten . . ., Wien 1958.

Hye

Ferdinand II., Kaiser, zweiter Sohn von Erzherzog → Karl II. von Innerösterreich und → Maria von Bayern, geb. 9. 7. 1578 in Graz, gest. 15. 2. 1637 in Wien, begr. in Graz (Mausoleum).

Wahlspruch: (Corona) legitime certantibus/ (Die Krone) den ehrlich Kämpfenden.

Ferdinand genoß von frühester Jugend an eine strenge katholische Erziehung. 1586 trug er sich als erster in die Matrikel der neugegründeten Universität Graz ein. Die Grundlagen seiner Bildung aber wurden ihm an der Jesuitenuniversität in Ingolstadt ab 1590 vermittelt, wo vor allem auch seine religiösen Vorstellungen stark geprägt wurden: er vertrat zeitlebens ganz entschieden die nachtridentinische, katholische Position und blieb stets ein Freund der Jesuiten, aus deren Reihen er sich auch seine Beichtväter holte. Wichtig wurden die freundschaftlichen Beziehungen, die damals zu den bayerischen Verwandten, vor allem zu seinem Vetter, dem späteren Herzog Maximilian, geknüpft wurden.

Nach dem Tod des Vaters 1590 trat in Graz für den minderjährigen Ferdinand eine Vormundschaftsregierung in Kraft, die die Geschäfte führte. Gemäß dem Testament seines Vaters sollte er mit 18 Jahren für volljährig erklärt werden und alleine die Regierung in Innerösterreich übernehmen. Die starke Stellung, die die Stände, vor allem der großteils protestantische Adel, in den innerösterreichischen Ländern hatte, machte ihm seine Aufgaben nicht leicht. Den Protestanten erschien er überdies durch seine jesuitische Erziehung suspekt. Zu einer ersten Kraftprobe kam es schon anläßlich der Erbhuldigung 1596 in Graz: Ferdinand ging auf die ständischen Forderungen nicht ein und erreichte trotzdem die Huldigung.

Im Anschluß daran begab er sich auf eine längere Italienreise, die noch einmal eine Atempause für den innerösterreichischen Protestantismus brachte. Er besuchte den Marien-Wallfahrtsort Loreto, aber auch Venedig, Rom und Florenz. Nach seiner Rückkehr wurde die »Religionsreformation«, wie das Werk der Gegenreformation in der Umgebung des Landesfürsten genannt wurde, in Angriff genommen. Die Bischöfe von Seckau (Martin Brenner) und Lavant

Kaiser Ferdinand II., Detail des Hochaltars der Grazer Antoniuskirche

(Georg Stobäus) unterstützten ihn. Die Rekatholisierung, die zunächst noch den Adel ausschloß, ging in erstaunlich kurzer Zeit vor sich. Vorderhand wurden die protestantischen Prediger und Schulmeister, die meist keine Einheimischen waren, ausgewiesen, und die das Land durchziehenden »Reformationskommissionen« traten in Aktion. Dies alles ging zwar unblutig vor sich, bedeutete aber – da den nicht Bekehrungswilligen als einzige Alternative die Auswanderung blieb – einen gewaltigen Verlust an Menschen, wobei es sich in den Städten oft um die wirtschaftlich potenteren Kreise handelte. Wie in der Steiermark ging all dies auch in Kärnten und Krain, von lokalen Tumulten abgesehen, ohne den befürchteten großen Widerstand der Evangelischen vor sich. Hier kam es dem Landesfürsten zustatten, daß es sich fast durchwegs um Lutheraner handelte, die die Ansicht vertraten, man sei gegenüber der weltlichen Obrigkeit auf alle Fälle zu »leidendem Gehorsam« verpflichtet.

Wenig auszeichnen konnte sich Ferdinand im Kampf gegen die Türken. Die mit viel Optimismus in Angriff genommene Belagerung der Festung Kanisza mußte 1601 erfolglos abgebrochen werden. Eine spürbare Entlastung brachte erst der 1606 mit den Türken geschlossene Friede von Zsitva-Torok. Auch mit der Republik Venedig befand sich Ferdinand in einem mehrjährigen militärischen Konflikt, dem »Uskokenkrieg« (1615–1617), benannt nach einem Volksstamm, der mit Vorliebe von Seeräuberei lebte, was besonders die Markusrepublik empfindlich zu spüren bekam.

Im »Bruderzwist« zwischen dem in Prag residierenden Kaiser → Rudolf II. und seinem ältesten Bruder Erzherzog → Matthias nahm Ferdinand eine vermittelnde Position ein, betrachtete aber Matthias' nachgiebige Haltung gegenüber den protestantischen österreichischen Ständen mit Argwohn. Durch den Tod des Kaisers in Prag und die sich abzeichnende Kinderlosigkeit des ihm nachfolgenden Matthias rückte der Landesfürst von Innerösterreich immer mehr in den Mittelpunkt der habsburgischen Politik. 1617 schloß er mit dem spanischen Gesandten Graf Oñate einen nach diesem benannten Geheimvertrag ab: Spanien verzichtete wohl auf Erbansprüche, Ferdinand mußte aber einige kleinere Reichslehen in Italien und das Elsaß abtreten. Im selben Jahr noch gelang es, die Wahl Ferdinands zum König von Böhmen durchzusetzen, und 1618 erfolgte nach längeren Verhandlungen über das Wahlrecht auch in Ungarn seine Erhebung zum König.

Kaiser Ferdinand II. mit einem Hofzwerg. Gemälde von Josef Heintz d. Ä.

Indessen war in Prag nach dem »Fenstersturz« 1618 der Aufstand gegen die Herrschaft der Habsburger ausgebrochen. Nach dem Tod des Kaisers Matthias 1619 sollte ihm Ferdinand in den Erblanden und im Reich nachfolgen, aber sowohl Mähren als auch Schlesien verbündeten sich mit den aufständischen Böhmen. Die österreichischen Erbländer verweigerten die Huldigung, da sie den in den Niederlanden weilenden

Erzherzog → Albrecht als Landesfürsten anerkannten und dessen Zession zugunsten Ferdinands nicht zur Kenntnis nahmen. Die Oberösterreicher unter der Führung der calvinischen Freiherren von Tschernembl erkannten an Ferdinand die »Merkmale des Tyrannen«, obwohl sie ihm auch gewisse Fähigkeiten bescheinigten. Truppen der Aufständischen blockierten die Hauptstadt Wien, und eine Deputation der protestantischen niederösterreichischen Stände bedrängte den Habsburger mit der Forderung nach Religionsfreiheit.

Die bedrohliche Lage besserte sich, als sich Ferdinand trotz der ungeklärten Lage nach Frankfurt zur Kaiserwahl begab und dort mangels eines geeigneten Gegenkandidaten einstimmig gewählt wurde. Auf dem Rückweg schloß er einen Vertrag mit seinem Vetter Maximilian von Bayern, der ihm militärische Hilfe zusicherte, allerdings auch große Zugeständnisse erzwang (so daß man mit Recht von einem »Diktat« Maximilians gesprochen hat). Inzwischen erklärten ihn die aufständischen Böhmen für abgesetzt und erhoben den pfälzischen Kurfürsten Friedrich V. zum König. Im Osten fiel Gabriel Bethlen, der Fürst Siebenbürgens, in Ungarn ein, und auch Wien schien erneut bedroht. Die Stände des Landes ob der Enns (Oberösterreich) verbanden sich mit den aufständischen Böhmen, aber gerade dieses Land wurde nun das erste Opfer der habsburgisch-wittelsbachischen Koalition, als Maximilian von Bayern mit wohlausgerüsteten Truppen von etwa 25 000 Soldaten ins Land rückte und sich im Namen Ferdinands huldigen ließ. Die Entscheidung fiel am 8. November 1620 in der Schlacht am Weißen Berg bei Prag, die eine vollständige Niederlage der Aufständischen brachte und den Gegenkönig Friedrich, den »Winterkönig«, und seinen Anhang zur Flucht zwang.

Nun zerschlug Ferdinand in den wiedereroberten Gebieten die ständische Macht mit Hilfe der Gegenreformation, wie einst in Innerösterreich. Der Absolutismus, der ein konfessionell begründeter war, setzte sich nun in den donauösterreichischen und böhmischen Ländern durch – mit Zwangsbekehrungen und Auswanderungen. Ein strenges Strafgericht folgte, besonders in Böhmen, aber auch in Ober- und Niederösterreich. Dies alles hatte durchaus Methode, denn Ferdinand kannte, obwohl er kein Gelehrter war, die absolutistische Staatstheorie seiner Zeit (Kaspar Schoppe, Thomas Campanella) recht gut. 1621 legte er in seinem Testament die Primogenitur und ungeteilte Erbfolge fest, mußte freilich vier Jahre später seinen Bruder → Leopold mit Tirol abfinden.

Der Siegeszug der katholischen Truppen (von Bayern und der Liga, von Spanien und die des Kaisers) ging weiter. 1629 – auf dem Höhepunkt seiner Macht – erließ Ferdinand das »Restitutionsedikt«, das den Protestanten die Rückgabe aller seit 1555 den Katholiken entfremdeten Besitzungen zumutete. Damit aber brachte er verbündete protestantische Reichsfürsten, wie den Kurfürsten Johann Georg von Sachsen, gegen sich auf. Außerdem beraubte er sich seiner wirksamsten Waffe, als er Wallenstein und seine Armee auf Drängen der Kurfürsten entließ. Als sich das Kriegsglück durch die Landung Gustav

Kaiser Ferdinand II., von protestantischen Rebellen in der Hofburg in Wien belagert, fleht Gott um Hilfe an. Historisierende Darstellung bei Anton Ziegler aus dem 19. Jahrhundert

Adolfs von Schweden wandte, wurde Wallenstein, der in der Umgebung des Kaisers einflußreiche Gönner hatte, mit erweiterten Vollmachten erneut zum kaiserlichen General bestellt. Als jedoch das militärische Gleichgewicht wieder hergestellt war und der Kaiser von Verschwörungsplänen des Feldherrn überzeugt wurde, willigte er 1634 aus Gründen der Staatsräson in dessen Ermordung ein. 1635 gab Ferdinand einzelne Partien des Restitutionsedikts auf und versuchte vergeblich, im Reich den Frieden zu erreichen. Auf dem Reichstag zu Regensburg von 1636 erlebte er die Genugtuung der Wahl seines Sohnes → Ferdinand zum römischen König, kurz nach der Rückkehr vom Reichstag starb er in Wien.

Das Äußere des Kaisers wird als »von mittlerer Statur« mit einer ins Rötliche spiegelnden hellen Hautfarbe geschildert. Allgemein heißt es, er sei ein maßvoller, leutseliger Fürst gewesen, der seinen Gegnern, soferne sie sich unterwarfen, leicht verzieh. Äußerst fromm, ja bigott, führte er ein vorbildliches Familienleben. Mit seiner ersten Frau → Maria Anna von Bayern (Hochzeit 1600) hatte er sieben Kinder, darunter den Thronerben Ferdinand. 1622 heiratete er in zweiter Ehe → Eleonora Gonzaga. Gerühmt wird Ferdinands Freigebigkeit, dessen Vergnügungen besonders die Musik und die Jagd waren.

Lit.: Franz Christoph Khevenhüller, Annales Ferdinandei, 12 Bände, Leipzig 1721–1726; Friedrich von Hurter, Geschichte Ferdinands II. ..., 11 Bände, Schaffhausen 1850–1864; Hans Sturmberger, Kaiser Ferdinand II. und das Problem des Absolutismus, Wien 1957; Johann Franzl, Ferdinand II. Kaiser im Zwiespalt der Zeit, Graz–Wien–Köln 1978; Heiner Haan, Kaiser Ferdinand II. und das Problem des Reichsabsolutismus, in: Historische Zeitschrift 207 (1968), 297 ff.; Robert Bireley S. J., Religion and Politics in the Age of the Counterreformation, Chapel Hill 1981.

Hei.

Ferdinand III., Kaiser, dritter Sohn von Kaiser → Ferdinand II. und → Maria Anna von Bayern, geb. 13. 7. 1608 in Graz, gest. 2. 4. 1657 in Wien, begr. in der Kapuzinergruft, Wien.

Wahlspruch: Justitia et pietate/Mit Gerechtigkeit und Frömmigkeit.

Die Wissenschaft hat sich wenig mit Ferdinand III. beschäftigt, meist wird seine Vita in Verbindung mit der seines Vaters gesehen, wenn man etwa von den »beiden Ferdinanden« spricht. Und doch handelt es sich bei beiden um ganz verschiedene Charaktere, die sich auch rein äußerlich überhaupt nicht glichen. Ferdinand III. war groß und schlank, hatte schwarzes Haar und dunkle Augen, ein ausdrucksvolles, blasses Gesicht.

Nach dem frühen Tod zweier älterer Brüder wurde er Thronfolger. Er war ein zartes, schwächliches Kind, stärkte aber seine körperliche Konstitution durch sportliche Übungen. Als Hofmeister erhielt er den Freiherrn Christoph Simon von Thun, einen erfahrenen Kriegsmann und Angehörigen des Malteserordens. Die geistige und geistliche Ausbildung lag in den Händen der Jesuiten. Eine Disputation in Gegenwart des Kaisers, zweier Jesuiten und des geheimen Rates über juridische, geographische und historische Themen, die Ferdinand mit 17 Jahren abhielt, fiel zur Zufriedenheit des Kaisers und der Lehrer aus. Bemerkenswert erscheint auch die gute Kenntnis von sieben Sprachen (Latein, Deutsch, Spanisch, Italienisch, Französisch, Tschechisch und Ungarisch). Frühzeitig wurde er in die Regierungstätigkeit eingeweiht, las Berichte und diplomatische Korrespondenzen, die er selbst chiffrierte. 1625 wurde er zum König von Ungarn und zwei Jahre später auch zum König von Böhmen gekrönt. Versuche auf dem Regensburger Kurfürstentag von 1630, ihm auch die Nachfolge im Reich zu sichern, scheiterten zunächst.

Nach Wallensteins Ermordung wurde Ferdinand Oberbefehlshaber der kaiserlichen Truppen, in der Person des Grafen Gallas wurde ihm jedoch ein erfahrener General beigegeben. Bald gelangen bedeutende militärische Erfolge: Regensburg wurde erobert und – gemeinsam mit

Ferdinand III. trifft Kardinalinfant Ferdinand bei Nördlingen. Detail aus einem Gemälde von Peter Paul Rubens

den spanischen Truppen des Kardinal-Infanten → Ferdinand – der entscheidende Sieg über Schweden und Franzosen in der Schlacht bei Nördlingen 1634 erfochten. Aus dieser Position der Stärke heraus kam es zur Verständigung mit dem protestantischen Kursachsen im Prager Frieden 1635, dem auch alle anderen Reichsstände beitraten. Auf dem Regensburger Reichstag 1636 gelang dann die Wahl zum römischen König, womit gerade noch ein Interregnum vermieden werden konnte, denn wenige Wochen später starb Kaiser Ferdinand II.

Große Hoffnungen wurden auf den neuen Herrscher gesetzt, vor allem im Kampf gegen die Korruption. Tatsächlich beschränkte Ferdinand auch die Ausgaben für den Hofstaat, aber eine durchgreifende Reform gelang ihm nicht.

Unbestreitbar ist sein Friedenswille. Es zeigte sich bald, daß die Intentionen des Prager Friedens nicht in die Tat umzusetzen waren, da sie die Interessen Frankreichs und Schwedens unberücksichtigt gelassen hatten. Auch das Kriegsglück wandelte sich wieder, die verbündeten Armeen mußten einige vernichtende Niederlagen hinnehmen, und die Habsburgermonarchie wurde auch aus dem Osten bedroht, wo die französische Politik Siebenbürgen ins Spiel brachte. Die vom Kaiser eigenhändig geschriebene Geheiminstruktion für den Grafen Trauttmansdorff 1645 brachte schließlich den Durchbruch bei den westfälischen Friedensverhandlungen in Münster und Osnabrück.

Hatte Ferdinand große Zugeständnisse an Frankreich, Schweden und die Reichsfürsten gemacht, so hielt er zäh daran fest, jeglichen Einfluß auf seine Rechte als Landesfürst in den Erblanden zu verhindern. Er setzte die Gegenreformation seines Vaters weiter fort, freilich nicht mit allen Mitteln. Er war persönlich kaum weniger fromm als sein Vater, aber obwohl er von ihnen erzogen wurde und sie zu Beichtvätern hatte, heißt es immer wieder, er liebte die Jesuiten nicht.

Auf dem Reichstag zu Regensburg von 1653/54, der den Friedenswillen des Kaisers noch einmal eindrucksvoll dokumentierte, kam es auch zu einer Ordnung des Reichskammergerichts und einer Reichshofratsordnung. Schwierigkeiten ergaben sich in der Frage der Reichssteuern, und hier drang der Kaiser nicht durch. Hingegen schien die Kontinuität der Habsburger durch die Wahl von Ferdinands gleichnamigem Sohn zum römischen König gesichert, doch dieser starb überraschend am 9. Juli 1654, erst 21jährig. Die Wahl des nächsten Sohnes, Erzherzog → Leopold, durchzusetzen gelang Ferdinand nicht mehr.

Kaiser Ferdinand III. Gemälde von Franz Luycx

Die venezianischen Botschafter zeichneten ausnahmslos ein sehr positives Bild von Ferdinand III. Er erscheint pflichtbewußt und hellsichtig, einmal sogar als der beste Mann unter seinen Räten. Nach dem Tode seines Sohnes und Thronfolgers → Ferdinand IV. scheint der alte Kaiser trotz seiner strengen Pflichtauffassung eine gewisse Zaghaftigkeit an den Tag gelegt zu haben, die auch in einer pessimistischen, melancholischen Grundhaltung seines Wesens ihre Ursache haben mochte.

Ferdinand III. war dreimal verheiratet: 1631 heiratete er → Maria Anna von Spanien (gest. 1646), 1648 → Maria Leopoldine, die Tochter seines Onkels → Leopold von Tirol, die schon nach 13monatiger Ehe starb, und schließlich in dritter Ehe 1651 → Eleonore Gonzaga, die ihn um fast drei Jahrzehnte überlebte. Übereinstimmend wird berichtet, daß diese Verbindungen glücklich waren und der Kaiser ein vorbildliches Familienleben führte. Er hatte aus allen drei Ehen zahlreiche Nachkommenschaft. Die schon zitierten Venezianer loben nicht nur Ferdinands Liebenswürdigkeit, sondern auch sein maßvolles Wesen und wundern sich darüber, daß er nicht einmal uneheliche Kinder habe.

Dafür erscheinen die wissenschaftlichen, künstlerischen und literarischen Interessen des Habsburgers um so bemerkenswerter. Er schenkte naturwissenschaftlichen und technischen Problemen große Aufmerksamkeit, so führte ihm der bekannte Physiker Otto von Guericke beim Regensburger Reichstag seine Luftpumpe vor. Obwohl er kein selbständiger Feldherr war, beschäftigte er sich doch mit militärtheoretischen und militärtechnischen Fragen: Raimund Montecuccoli, der bedeutendste kaiserliche General und Theoretiker, widmete ihm 1653 zwanzig Tabellen über die Kriegswissenschaft. Ferdinand war auch in der Philosophie bewandert. 1657 gründete er in Wien eine italienische literarische Akademie, wobei ihn seine dritte Gattin Eleonore und sein Bruder → Leopold Wilhelm unterstützten. Der Kaiser schrieb selbst italienische Gedichte, von denen ein Band unter dem Namen des »Accademico occupato« erschienen sein soll, und übersetzte die »Philippika« des Demosthenes ins Italienische. Er interessierte sich auch für Malerei, sammelte Gemälde von Tizian, Veronese und Rubens und betätigte sich in seiner Jugend als Schöpfer kunstvoller Drechselarbeiten.

Seine besondere Neigung aber gehörte der Musik – mit Ferdinand III. beginnt die Reihe der komponierenden Habsburgerkaiser. Seine Kompositionen hatten geistliche wie weltliche Stoffe zum Inhalt und waren, so heißt es, von »vornehmer und edler Haltung«. Er stand stark unter dem Einfluß von Italienern, vor allem seines langjährigen Lehrmeisters Giuseppe Valentini.

Werke: eine sechsstimmige Messe, eine achtstimmige Messe, 4 Motetten, 10 Hymnen, ein Stabat Mater, ein Miserere, eine Bühnenkomposition »Drama Musicum« (1649).

Ausgabe: Guido Adler, Musikalische Werke der Kaiser Ferdinand III., Leopold I. und Josef I., Wien 1892, Band 1, 2.

Lit.: Matthias Koch, Geschichte des Deutschen Reiches unter der Regierung Ferdinands III., Wien 1865.

Hei.

Ferdinand, Kardinalinfant, Generalgouverneur der südlichen Niederlande, dritter Sohn von König → Philipp III. und → Margarete von Österreich, geb. 16. 5. 1609 in Madrid, gest. 9. 11. 1641 in Brüssel, begr. in der Gudula-Kathedrale Brüssel.

Kardinalinfant Ferdinand als Jäger. Gemälde von Diego Velázquez

Ferdinand bekam den Titel Erzbischof von Toledo und wurde nach → Isabellas Tod Generalgouverneur in den südlichen Niederlanden, wo er 1634 die Regierung übernahm. Sein fröhlicher Einzug 1635 in Antwerpen war Anlaß zu großartigen Feiern in der prachtvoll nach Rubens-Entwürfen dekorierten Stadt, was zur Veröffentlichung eines bemerkenswerten Buches »Pompa Introitus Ferdinandi« durch die Stadtverwaltung führte, gedruckt von Jan van Meurs mit Gravüren von Th. van Thulden. An der Spitze seiner spanischen Armee zog Ferdinand von Mailand in die Niederlande, nachdem er 1634 bei Nördlingen die Schweden besiegt hatte.

Seine Regierung wurde durch einen schweren Kampf auf zwei Fronten gegen Frankreich und die Vereinigten Provinzen gekennzeichnet. Ihm wurde von dem Marquis Aytona (†1635) und nachher von dem Marquis von Mirabel Beistand geleistet. Innenpolitisch war Pieter Roose, Vorsitzender des Geheimrates, der absolute Vertrauensmann → Philipps IV.

Die Schwäche Spaniens brachte Ferdinands Militärtalente ungenügend ans Licht. Den Verlust Bredas 1637 konnte er nicht verhindern; wohl siegte er zu Kallo, wodurch die Gefährdung Antwerpens durch die Holländer aufgehoben wurde. 1640 stürzte die Stadt Atrecht, fernerhin hielt aber die Front stand. Trotz mangelnder Finanzen konnte er eine Eroberung der südlichen Niederlande durch französische und holländische Truppen verhindern. Die andauernden Feldzüge untergruben seine Gesundheit. Er starb vorzeitig im Alter von 32 Jahren.

Lit.: L. van der Essen, Le Cardinal-Infant et la politique européenne de l'espagne, 1609–1641, Löwen 1941; P. Arents, Pompa Introitus Ferdinandi, in Gulden Passer, 27., 1949, nr. 2., 3., 4., 81–347.

Ba.

Ferdinand Karl von Tirol, Sohn von Erzherzog → Leopold V. und → Claudia von Medici, geb. 17. 5. 1628, gest. 30. 12. 1662 in Kaltern, begr. in Innsbruck.

Selbst von verschwenderischem und selbstzufriedenem Charakter, war Ferdinand Karls Regierungszeit für Tirol (1646–1662) fast ausnahmslos unerfreulich. So verzichtete er entgegen den lebhaften Vorstellungen seines Kanzlers Dr. Wilhelm Biener im Westfälischen Frieden auf Breisach rechts des Rheins sowie auf die althabsburgischen Rechte im Elsaß und Sundgau und gab damit dieses Glacis Vorderösterreichs links des Rheins auf. Desgleichen verkaufte er, um sein aufwendiges Hofleben und seine Reisen finanzieren zu können, die österreichischen Herrschaftsrechte im Prättigau (1649) und im Unterengadin (1652) – ausgenommen nur die Herrschaft Tarasp, welche bis 1803 eine österreichische Enklave in Graubünden blieb. Des-

Erzherzog Ferdinand Karl pflegte einen aufwendigen Lebensstil und liebte die französische Mode, wie man auch seinen Gewändern ansah. Gemälde von Franz Luycx

gleichen verpfändete er einige Gerichte im Pustertal an den Fürstbischof von Brixen.

Die Mitwirkung der Landstände an der Landespolitik reduzierte Ferdinand Karl auf ein Minimum. Nach dem Erbhuldigungslandtag 1646 berief er nur noch 1647 in der Endphase des 30jährigen Krieges einen Offenen Landtag ein, nach 1648 keinen mehr. Hof und Regierung waren von einer Günstlingsclique und ihren Intrigen beherrscht, für kritische Geister war kein Platz. Dementsprechend wurde Kanzler Biener 1650 abgesetzt und 1651 nach einem Geheimverfahren zum Tode verurteilt. Seine Gegner verstanden es sogar, den Boten mit der Begnadigung aufzuhalten, und so wurde dieser Justizmord auf Schloß Rattenberg vollstreckt.

Für Ferdinand Karls Geschmack war das von seinen Eltern erbaute Hoftheater zu groß, weshalb er 1653–1655 noch von demselben Architekten, Christof Gumpp, an der Stelle des heutigen Landestheaters ein zweites, kleineres Hoftheater errichten ließ. Die Fertigstellung der ebenfalls von seinen Eltern erbauten Jesuitenkirche war ihm hingegen kein Anliegen. Andererseits stiftete er das von seinem Vater nach Innsbruck gebrachte Gnadenbild »Mariahilf« von Lukas Cranach 1650 der Innsbrucker Pfarrkirche, wo es sich noch heute befindet. Während der Zeit seiner Hofhaltung trat in der Innsbrukker Hofkirche Königin Christine von Schweden 1655 zum katholischen Glauben über.

Ferdinand Karl war seit 1646 mit der Nichte seiner Mutter, → Anna von Medici, verheiratet. Aus der Ehe gingen drei Töchter hervor, von denen ihn nur die spätere Kaiserin → Claudia Felicitas, geb. 1653, und Maria Magdalena (1656–1669) überlebten. Sein Nachfolger in Tirol wurde sein Bruder Sigmund Franz.

Hye

Ferdinand IV., römischer König, König von Böhmen und Ungarn, Sohn von Kaiser → Ferdinand III. aus erster Ehe mit der Infantin → Maria, geb. 8. 9. 1633 in Wien, gest. 9. 7. 1654 in Wien, begr. in der Kapuzinergruft, Wien.

Wahlspruch: Deo et populo/Für Gott und das Volk.

König Ferdinand IV. und seine Schwester, die spätere Infantin Maria Anna. Gemälde von Franz Luycx

Das aufgeweckte Kind war der Liebling des Vaters, der ihn frühzeitig zu Regierungsgeschäften heranzog. So wurde er bald (1646 bzw. 1647) zum König von Böhmen und zum König von Ungarn gekrönt. 1653 folgte die Wahl zum römischen König in Augsburg und die Krönung in Regensburg. Dieses sorgfältig vorbereitete Ereignis war ein großer Erfolg für die Kontinuität der kaiserlichen Reichspolitik. Geplant war eine Heirat mit der ältesten Tochter → Philipps IV. von Spanien → Maria Teresa, parallel zur Ehe dieses Königs mit Ferdinands Schwester → Maria Anna. Dazu hätte Ferdinand die Braut nach Spanien geleiten sollen, aber das Projekt zerschlug sich. Der jähe Tod Ferdinands durch eine Pockeninfektion zerstörte alle Hoffnungen. Der Vater war vor Schmerz lange wie gelähmt. Die politische Folge dieses frühen Endes war die gefährliche Krise um die Nachfolge Ferdinands III. im Reich.

Lit.: A. Germershausen, Die Wahl Ferdinands IV., Diss., Leipzig 1901.

P.

Ferdinand Karl Anton, Generalgouverneur der österreichischen Lombardei, vierter Sohn von Kaiser → Franz I. Stefan und → Maria Theresia, geb. 1. 6. 1754 in Wien, gest. 24. 12. 1806 in Wien, begr. in der Kapuzinergruft, Wien.

Schon als Kind zur Ehe mit → Maria Beatrix von Este vorgesehen, heiratete er diese 1771. Das Paar lebte in Mailand, wo Ferdinand 1780 die Nachfolge des Großvaters seiner Frau, Francesco d'Este, als Statthalter der Lombardei antrat. Sein kaiserlicher Bruder, → Josef II., ließ ihm jedoch nicht allzuviel freie Hand, und so war der Erzherzog auf politischem Gebiet eher machtlos. Er verstand es jedoch, bei Hof und in Mailand der Zeit gemäß frisches Leben zu erwecken, wobei er von seiner Frau sehr unterstützt wurde. Die Liebenswürdigkeit und auch die Wohltätigkeit, die beide der Bevölkerung gegenüber an den Tag legten, wurde allgemein gerühmt. Das Privatleben des Paares war von Liebe erfüllt, wovon auch zahlreiche Briefe Zeugnis geben, und erinnert in vielem an die Ehe der Eltern des Erzherzogs.

Zwei Jahre nach dem Kriegsausbruch zwischen Österreich und Frankreich wurde Ferdinand 1794 zum Kommandanten der italienischen Armee ernannt, fühlte sich diesem Amt zwar nicht gewachsen, mußte aber auf Wunsch seines kaiserlichen Neffen → Franz II. bleiben. Er erwies sich als kluger und unermüdlicher Unterhändler bei der Sammlung der italienischen Staaten zu einer Koalition gegen Frankreich. Er hatte jedoch wenig Erfolg, zumal sich auch der Wiener Hof als nicht sehr aktiv erwies. 1796 hatte Bonaparte den Oberbefehl in Italien übernommen und die Österreicher in den Schlachten von Montenotte und Millesimo geschlagen. Ferdinand mußte fluchtartig Mailand verlassen, nachdem er zwei Tage zuvor die Familie weggeschickt hatte. Sieben Tage später zog Napoleon in der Hauptstadt der Lombardei ein. Über Triest kam Ferdinand nach Österreich, wo er im Belvedere zu Wien wohnte und oftmals mit den

Erzherzog Ferdinand von Modena (Mitte) im Familienkreis: von links Großherzog Leopold von Toskana (der spätere Kaiser Leopold II.), Maria Theresia als Witwe, Kaiser Josef II. und der jüngste Bruder, der Hoch- und Deutschmeister Erzherzog Maximilian Franz. Gemälde von J. L. Maurice

Ferdinand Karl Anton als Kind. Pastell von Jean Etienne Liotard

älteren Söhnen im Auftrag des Kaisers auf Reisen war, während die übrige Familie in Wiener Neustadt weilte. Durch den Frieden von Campo Formido (1797) kam es zur Abtretung der Lombardei und Modenas an die neugeschaffene Cisalpinische Republik. Ein Artikel bestimmte, daß die Güter des Erzherzogs in den abgetretenen Ländern unter der Bedingung zurückgegeben werden sollten, daß er sie binnen drei Jahren verkaufe. Alles das war mit ungeheuren Schwierigkeiten verbunden, und außerdem wurde das mütterliche Erbgut der Erzherzogin, Massa und Carrara, im Friedensvertrag gar nicht erwähnt. Nach dem Tod seines Schwiegervaters, dem als Ersatz für Modena der Breisgau und die Ortenau in Aussicht gestellt worden war, wurde Ferdinand 1803 auch für seine Gattin Erbe von dessen Ansprüchen. Aber auch hier kam es, vor allem durch die Kriegsereignisse von 1805, zu keiner rechtlichen Durchsetzung.

M.

Ferdinand III., Großherzog von Toskana, Sohn von Kaiser → Leopold II. und Prinzessin → Maria Ludovica von Spanien-Bourbon, geb. 6. 5. 1769 in Florenz, gest. 16. 6. 1824 in Florenz, begr. in San Lorenzo in Florenz.

Ferdinand wuchs in Florenz auf und wurde, nachdem sein Vater → Leopold Kaiser geworden war, als zweiter Sohn 1791 Großherzog von Toskana, und zwar unter den gleichen Bedingungen wie sein Vater: der ältere Bruder → Franz verzichtete auf alle Ansprüche, sollte das Land an die Hauptlinie zurückfallen.

In der ersten Periode seiner Herrschaft 1791–1799 versuchte Ferdinand III. die ererbte Neutralitätspolitik fortzusetzen. Er blieb aber erfolglos: am Ende wurde er von den Franzosen vertrieben, ging nach Wien und kämpfte um Entschädigung. Kurzfristig – von 1803 bis 1805 – war er als Kurfürst der erste weltliche Herrscher von Salzburg. Doch aus Salzburg wurde er ebenfalls vertrieben und verlor das Land. Entschädigt wurde er mit Würzburg als Großherzogtum. Auch dort regierte er nur kurz: 1807–1814.

Dann kehrte er in die von ihm als Heimat empfundene Toskana zurück, die in seiner Abwesenheit Königreich Etrurien (1801–1807) und unter Großherzogin Elisa, einer Schwester Napoleons I., Provinz des französischen Kaiserreiches geworden war. Durch den Wiener Kongreß erhielt Ferdinand die Toskana zurück. Die Exkönigin von Etrurien, Maria Luise, bekam das Herzogtum Lucca mit dem Recht auf Nachfolge in Parma nach dem Tod der Exkaiserin → Marie Louise.

Aus erster Ehe mit → Marie Luise von Neapel-Sizilien hatte Ferdinand III. sechs Kinder, darunter den Nachfolger → Leopold II., der der letzte souveräne Großherzog der Toskana war.

Die zweite, späte Ehe mit → Maria von Sachsen 1821 blieb kinderlos.

Ferdinand war zeitlebens zurückhaltend weich, wenn auch beharrlich beim Verfolgen seiner Ansprüche, unmilitärisch und musisch, von dem Ancien régime und zum Teil von der Aufklärung geprägt, den Ideen der Französischen Revolution entschieden abgeneigt, ohne Ver-

Großherzog Ferdinand III. von Toskana. Das Gemälde von Josef Dorffmeister weist auf seine naturwissenschaftlichen Interessen hin.

ständnis für den in seiner Regierungszeit aufkommenden italienischen Nationalismus.

Lit.: Franz Pesendorfer, Ein Kampf um die Toskana, Großherzog Ferdinand III., Wien 1984. Dieter Schäfer, Ferdinand von Österreich, Großherzog zu Würzburg, Köln 1988.

Pe.

Ferdinand Karl d'Este, zweiter Sohn von Erzherzog → Ferdinand Karl Anton, Generalgouverneur der Lombardei, und → Maria Beatrix von Este, geb. 25. 4. 1781 in Mailand, gest. 5. 11. 1850 in Ebenzweier/Oberösterreich, begr. in der Kapuzinergruft, Wien.

Schon im Alter von zwölf Jahren Inhaber des 3. Husarenregiments, kam der militärisch sehr engagierte Ferdinand 1796 in die Militärakademie Wiener Neustadt, nachdem seine Familie durch Napoleon aus der Lombardei vertrieben worden war. Nach intensiver militärischer Ausbildung trat der Erzherzog 1799 offiziell in die Armee ein und nahm an zahlreichen Feldzügen gegen die Franzosen teil. Schon im ersten Jahr befehligte er Truppenkörper in den Schlachten von Pfullendorf, Stockach und Mannheim. Als Brigadekommandant 1800 in Deutschland wirkend, erhielt er, vor allem für seine Tapferkeit in den Kämpfen bei Biberach, das Ritterkreuz des Militär-Maria-Theresien-Ordens. Fünf Jahre später wurde er Oberkommandierender der Armee in Deutschland, wobei er jedoch durch organisatorische Hemmnisse, die ihm von Kaiser → Franz II. auferlegt worden waren, seine Idee nicht so in die Tat umsetzen konnte, wie er geplant hatte, und lediglich die Bayern unter General Wrede bei Steken schlagen konnte. Dieser Sieg zeitigte aber keinerlei positive Folgen, da eigentlich schon drei Tage zuvor (am 2. Dezember 1805) die Dreikaiserschlacht von Austerlitz dem Krieg ein Ende gemacht hatte.

Ferdinand erhielt dann das Generalkommando in Mähren und ging dort – ebenso 1808 in Böhmen – an die Errichtung der Landwehren. Der Krieg von 1809 sah ihn an der Spitze der gegen die Polen in Galizien aufgestellten Armee, aber auch diese Kämpfe brachten ihm keine Erfolge. 1815 kommandierte Ferdinand die kaiserliche Reservearmee, die nach Frankreich einrückte. Nach dem zweiten Pariser Frieden übernahm er 1816 das Generalkommando in Ungarn. 16 Jahre später ging er als Zivil- und Mili-

Erzherzog Ferdinand Karl d'Este

tärgouverneur nach Galizien, wo er mit Unterbrechung bis 1846 tätig war. Vier Jahre lang, von 1834 bis 1838, wirkte der in der Zwischenzeit (1836) zum Feldmarschall Ernannte als kaiserlicher Kommissär in Siebenbürgen, wo es ihm gelang, ohne große Gewaltanwendung einen Aufstand niederzuschlagen. Nach den Unruhen in Galizien von 1846 legte er sein Amt nieder und reiste zu seinem Neffen Herzog → Franz V. nach Modena, dem er bei seinen Schwierigkeiten mit Rat und Tat half. Anläßlich eines Besuches bei seinem Bruder Erzherzog → Maximilian d'Este verstarb Ferdinand in Ebenzweier, das er ebenso wie einige umliegende Gemeinden 1848/49 durch finanzielle Unterstützungen vor einer gänzlichen Verarmung gerettet hatte.

M.

Ferdinand I., »der Gütige«, Kaiser von Österreich, ältester Sohn von Kaiser → Franz II. (I.) aus zweiter Ehe mit der Prinzessin → Maria Theresia von Neapel-Sizilien, geb. 19. 4. 1793 in Wien, gest. 29. 6. 1875 in Prag, begr. in der Kapuzinergruft, Wien.

Wahlspruch: Recta tueri/Das Recht schützen.

Schon bald nach der Geburt des Thronerben stellte sich heraus, daß dieser an Epilepsie litt, einer Krankheit, die auch seinen Onkel, Erzherzog → Karl, belastete. Diese in unterschiedlichen Abständen stärker und schwächer auftretende Beeinträchtigung trug dazu bei, daß sein Vater längere Zeit an eine neue Erbfolgeordnung dachte. Bis zu seinem 10. Lebensjahr von einer Aja erzogen, wuchs Ferdinand in der beinahe »bürgerlichen« Atmosphäre seiner Familie auf. Mit der Zeit jedoch, bedingt durch die damals nur oberflächliche Kenntnis seiner Erkrankung und ihrer Behandlung und der oftmaligen Unfähigkeit der zu seiner Erziehung ausgewählten Personen, gestaltete sich die Erziehung äußerst schwierig.

Trotz seiner Behinderung – auch optisch war eine auffallende Disproportion des Kopfes zum übrigen Körper gegeben – war Ferdinand auf einigen Gebieten talentiert und interessiert. Er spielte Klavier und Trompete, zeichnete sich durch einen starken Hang zu den Naturwissenschaften, vor allem zur Botanik, aus, wobei er in der Gärtnerei ausgebildet wurde. Auch an technischen Entwicklungen zeigte er sich interessiert und legte im Laufe seines Lebens eine kleine Modellsammlung an. Außerdem sprach Ferdinand fünf Sprachen, wobei ihm die Kenntnis des Italienischen im späteren Leben sehr zugute kam, sprach doch seine Gattin → Maria Anna ihr ganzes Leben lang fast kein Wort Deutsch.

1805 wurde der Kronprinz mit seinen Geschwistern vor den anrückenden Truppen Napoleons nach Kaschau gebracht. Während des Aufenthaltes in dieser ostslowakischen Stadt zeigte sich erstmals seine Wohltätigkeit, die ihm schon bald den Beinamen »der Gütige« eintrug. 1807 starb seine Mutter, die stets versucht hatte, sein Los zu erleichtern, und ihm näherstand als sein Vater. Seine Stiefmutter – Maria Ludovica – nahm sich aber des Kronprinzen ebenso herzlich wie besorgt an, schrieb ihm ein neues, strengeres Erziehungsprogramm vor, das sie auch immer wieder kontrollierte, und gab ihm in Josef Freiherrn von Erberg einen neuen Mentor, von dem der Kronprinz ab 1809 viel lernte. Früher war oftmalig Zwang bei Ferdinands Erziehung eingesetzt worden, in der irrigen Meinung, damit seinen Zustand zu bessern.

1809 flüchtete der Thronfolger mit der Familie nochmals vor den Franzosen, diesmal nach Ungarn, und machte ab 1810 immer öfter Reisen durch die Monarchie. Öffentliches oder vertretungsweises Auftreten für seinen Vater war damit nicht verbunden, da dieser und auch Maria Ludovica einen solchen Zeitpunkt noch nicht für gekommen erachteten. 1815 nahm Ferdinand im Range eines Brigadegenerals im Gefolge des Kaisers am Einzug in Paris teil. Ende 1816 erhielt er in der nur ein Jahr älteren → Karoline Auguste von Bayern seine zweite Stiefmutter, mit der er bis an ihr Lebensende (1873) sehr gute Beziehungen aufrechterhielt.

Anläßlich einer Denkmalsenthüllung in Brünn trat der nunmehr 25jährige 1818 erstmals als offizieller Vertreter des Kaisers an die Öffentlichkeit. Des Kaisers Berater und hier vor allem Metternich sprachen sich immer stärker für das Prinzip der Legitimität bei der Nachfolge aus und konnten Franz I. auch davon überzeugen. Gelegentliche Versuche, Ferdinand zu einem Nachfolgeverzicht zu überreden, scheiterten an dessen heftigem Widerstand. Erst ab 1829 wurde der Thronfolger den Sitzungen des Staatsrates beigezogen. 1830 erfolgte seine Krönung zum König von Ungarn in Preßburg, und 1831 wurde er mit der 27jährigen Prinzessin → Maria Anna Karoline Pia von Sardinien-Piemont zunächst per procurationem in Turin verheiratet. Mit dieser Ehe sollten allfällige Ansprüche von Ferdinands jüngerem Bruder → Franz Karl und dessen Gattin → Sophie in weitere Ferne gerückt werden. Ferdinand sah seine Braut erstmals kurz vor der kirchlichen Trauung in Wien. Im August 1832 verübte ein pensionierter Hauptmann wegen eines nicht zu seiner Zufriedenheit erfüllten Bittgesuchs ein Attentat auf den Kronprinzen. Dieser blieb zwar unverletzt, erkrankte jedoch zu Jahresende 1832, möglicherweise aufgrund von Spätfolgen des erlittenen Schocks, schwer, erholte sich aber trotz mancher negativer Prognosen wieder.

1835 traf Ferdinand als Kaiser von Österreich das Erbe seines Vaters an, der noch zu Lebzeiten eine Staatskonferenz zur Führung der Regierungsgeschäfte für den Sohn bestimmt hatte – unter der Leitung von Erzherzog → Ludwig gehörten ihr Metternich, Kolowrat und Erzherzog → Franz Karl an. Sie nahm im Dezember 1836 ihre Arbeit auf. Nach der Erbhuldigung der Stände und Städte Niederösterreichs 1835 kam es 1836 zur Krönung zum König von Böhmen und 1838 zur Krönung mit der Eisernen Krone des lombardo-venezianischen Königreichs.

1839 erließ Ferdinand ein Familienstatut, um spätere Thronfolgestreitigkeiten zu verhindern, zumal seine Ehe kinderlos blieb.

Der spätere Kaiser Ferdinand I. wird von seinem sterbenden Vater Kaiser Franz I. gesegnet. Der kleine Erzherzog Franz Joseph wird aber auch auf diesem Bild als künftiger Herrscher ausgewiesen: er hält die linke Hand des Sterbenden.

1835 traf Ferdinand in Teplitz mit dem Zaren und dem preußischen König zusammen, wobei eine gemeinsame militärische Intervention in dem von Unruhen heimgesuchten Freistaat Krakau beschlossen und 1836 in die Tat umgesetzt wurde. 1837 befahl Ferdinand der Zillertaler protestantischen Glaubensgemeinschaft die Auswanderung. Es war dies die letzte Protestantenvertreibung von österreichischem Boden.

1845 führten enorme Preissteigerungen nicht nur zu erhöhter Arbeitslosigkeit, sondern vor allem zu einem Ansteigen der Unruhen. Ein wenige Jahre zuvor gemachter Versuch, das Arbeitsmindestalter hinaufzusetzen und die Arbeitszeit zu begrenzen, war an den Arbeitgebern gescheitert. 1846 kam es zu ersten revolutionären Ausschreitungen in Galizien. Sie wurden von den kaiserlichen Truppen niedergeschlagen, die bei dieser Gelegenheit Krakau annektierten. Am Neujahrstag 1848 brachen in den norditalienischen Provinzen Unruhen aus, die sich bald ausbreiteten. Der Kaiser versuchte zunächst, nicht nur mit militärischen Mitteln der Lage Herr zu werden. Im Januar erließ die Regierung ein neues Presse- und Zensurgesetz, während Erzherzogin Sophie aus Sorge um den Bestand des Hauses Habsburg versuchte, Ferdinand zur Abdankung zugunsten ihres Sohnes → Franz Joseph zu bewegen. Auch Maria Anna bemühte sich darum in den Märztagen des Jahres 1848. Der Kaiser blieb jedoch, eingedenk des Auftrages, den ihm sein Vater hinterlassen hatte. Er entließ aber am 13. März den als Symbol für Unterdrückung und Unfreiheit geltenden Staatskanzler Metternich. Einen Tag später proklamierte er die Pressefreiheit, während in Wien das Zeughaus gestürmt und die Akademische Legion gegründet wurde. Nach Ausbruch der Revolution in Ungarn steigerte sich die Spannung in Wien weiter. Da setzte Ferdinand eine persönliche Tat: er zeigte sich bei einer Ausfahrt der Bevölkerung, die ihn regelrecht feierte.

Die den Gesetzen folgenden Durchführungsverordnungen zeigten jedoch, daß es mit der »Freiheit« nicht sehr weit her war. Das allgemeine Mißfallen wuchs, was der Kaiser sehr persönlich nahm. Nachdem die Demonstrationen gegen die Verfassung am 15. Mai ihren Höhe-

Allegorie aus Anlaß der Thronbesteigung des hilfebedürftigen Ferdinand, von J. Führich

punkt erreicht hatten, floh die kaiserliche Familie bis Mitte August nach Innsbruck, wobei Ferdinand ursprünglich nur an eine Spazierfahrt glauben wollte. Der Kaiser ernannte seinen populären Onkel, Erzherzog → Johann, zu seinem Stellvertreter in Wien und sandte seinen Bruder Franz Karl zur Eröffnung des konstituierenden Reichstages. Bei allen Angriffen gegen die »Hof-Camarilla« wurde Ferdinand stets ausgeklammert. Im September verschärfte sich die Lage wiederum, vor allem in Ungarn. In Wien kam es zu einem neuerlichen Ausbruch der Revolution, als kaiserliche Truppen aus Wien nach Ungarn verlegt werden sollten. Nachdem der Kriegsminister Latour gelyncht worden war, verließ der Hof neuerlich Wien und begab sich nach Olmütz. Der Kaiser ernannte noch einen neuen Ministerpräsidenten, Felix Fürst zu Schwarzenberg, der ein neues Regierungsprogramm ausarbeiten sollte, und ließ den nach Kremsier verlegten Reichstag am 22. November eröffnen. Er selbst verzichtete am 2. Dezember 1848 auf den Thron und dankte zugunsten seines Neffen, Erzherzog Franz Joseph (I.), ab, der gleichzeitig

Nach seiner Abdankung 1848 lebte Kaiser Ferdinand »der Gütige« noch bis 1875 in großem Wohlstand auf dem Prager Hradschin, von den Böhmen als letzter gekrönter König hoch verehrt.

für volljährig erklärt wurde. Dessen Vater Franz Karl hatte nach großen Schwierigkeiten auf eine Nachfolge verzichtet.

Ferdinand zog sich mit seiner Frau, die ihm ihr ganzes Leben auch Pflegerin war, auf den Prager Hradschin zurück und beschäftigte sich mit heraldischen Studien, betrieb Musik, interessierte sich für die verschiedensten Wissenschaften (1847 hatte er die Akademie der Wissenschaften in Wien gegründet). Er kümmerte sich um die abgewirtschafteten, von ihm ererbten ehemaligen Güter des Herzogs von Reichstadt und dessen Mutter und brachte sie zu neuer Blüte. Nach kurzer Krankheit starb er an Entkräftung und Altersschwäche im 83. Lebensjahr. Als Erben setzte er seinen Neffen und Nachfolger Franz Joseph ein.

Lit.: K. A. Schimmer, Ferdinand I., ... Wien 1849; Victor Ségur-Cabanac, Kaiser Ferdinand I. als Regent und Mensch, Wien 1912; ders., Kaiser Ferdinand I. (V.) der Gütige in Prag, Brünn 1913; Hanns Leo Mikoletzky, Bild und Gegenbild Kaiser Ferdinands von Österreich. Ein Versuch, Archiv für österreichische Geschichte 125, Wien 1966; Gerd Holler, Gerechtigkeit für Ferdinand, Wien–München 1986.

M.

Ferdinand Karl Viktor d'Este, Feldmarschalleutnant, Sohn von Herzog → Franz IV. von Modena und → Marie Beatrix von Savoyen, geb. 20. 7. 1821 in Modena, gest. 15. 12. 1849 in Brünn, begr. in S. Vincenzo in Modena.

Ferdinand zeigte schon früh Interesse am Militär und da vor allem an der Artillerie. 1843 und 1844 war er bei seinem Onkel → Ferdinand Karl d'Este, der damals Zivil- und Militärgouverneur in Galizien war. Seine weitere militärische Karriere führte ihn bis in den Rang eines Feldmarschalleutnants. 1847 heiratete er Erzherzogin → Elisabeth, eine Nichte von Kaiser → Franz I. von Österreich. Als nach den beiden Feldzügen gegen Ungarn und Italien 1848/49 die Sterblichkeitsrate stark anstieg, besonders auch in Brünn, inspizierte Ferdinand persönlich ein Spital, um zu prüfen, ob vielleicht mangelhafte Pflege die Ursache sei. Bei diesem Besuch dürfte er sich infiziert haben, denn fünf Tage später starb er plötzlich.

M.

Ferdinand IV. (»Nando«), Großherzog von Toskana, ältester Sohn des Großherzogs → Leopold II. aus zweiter Ehe mit → Maria Antonia von Sizilien, geb. 10. 6. 1835 in Florenz, gest. 17. 1. 1908 in Salzburg, begr. in der Kapuzinergruft, Wien.

Der Erbgroßherzog wuchs in Florenz auf und erlebte dort als Kind die Revolution des Jahres 1848/49. In der zweiten Revolution 1859 verzichtete sein Vater zugunsten des 24jährigen Sohnes als Großherzog. Ferdinand IV. trat jedoch nie die Regierung an, weil die Nationalversammlung kurz darauf die Thronentsetzung der

Habsburger in der Toskana beschloß. Im März 1860 schloß sich die Toskana an das neugeschaffene Königreich Italien an. Florenz wurde zunächst italienische Hauptstadt. Zu diesem Zeitpunkt war die Familie Habsburg-Toskana bereits im Exil in Salzburg, wo die Fiktion eines regierenden Fürsten noch jahrelang aufrechterhalten wurde, bis Ferdinand IV. 1870 auf Wunsch Kaiser → Franz Josephs nach dem Tod seines Vaters abdankte, um die österreichisch-italienischen Beziehungen zu verbessern.

Das vormals souveräne und reiche Haus Habsburg-Toskana war in Österreich vor allem aus finanziellen Gründen von Kaiser Franz Joseph abhängig. Die Mitglieder erhielten eine Apanage und wurden 1866 wieder dem habsburgischen Familienstatut unterstellt. Sie hatten keinerlei politischen Einfluß. Ferdinand IV., in seiner Militärkarriere Feldmarschalleutnant, tat sich am Bodensee als Segler hervor und war ein begeisterter Jäger – er war auch einer der Begleiter des Kronprinzen → Rudolf bei dessen Orientreise. In seiner Familie wurde vorwiegend italienisch gesprochen, was die Beliebtheit der

Großherzog Ferdinand IV. im Exil

»Toskaner« bei den Habsburger Verwandten nicht förderte.

In erster Ehe war Ferdinand mit → Anna Maria von Sachsen verheiratet, die ihm die Tochter → Maria Antonia schenkte und 23jährig starb. In zweiter Ehe heiratete er 1868 → Alice von Parma, mit der er viele Kinder hatte.

H.

Ferdinand Karl, seit 1911 Ferdinand Burg, dritter Sohn von Erzherzog → Karl Ludwig aus zweiter Ehe mit → Maria Annunziata von Neapel-Sizilien, geb. 27. 12. 1868 in Wien, gest. 12. 3. 1915 in München, begr. im Friedhof von Untermais bei Meran.

Nach dem frühen Tod der Mutter wurde Ferdinand wie seine drei Geschwister von der Stiefmutter → Maria Theresia sehr liebevoll aufgezogen, meist in Reichenau und auf Schloß Artstetten. Er machte dann die übliche militärische Karriere bis zum Generalmajor 1902 (enthoben 1904). Seine Interessen galten vor allem dem Theater. Er soll sich die Stelle eines Hoftheaterintendanten erhofft haben. Um die Jahrhundertwende, als sein älterer Bruder → Franz Ferdinand die morganatische Ehe mit Sophie Chotek einging, lernte Ferdinand als Protektor des Technikerballes in Wien Berta Czuber (1879–1979) kennen, die Tochter eines Professors an der Wiener Technik. 1903 lehnte Kaiser → Franz Joseph Ferdinands Bitte ab, die Geliebte zu heiraten. Auch Franz Ferdinand versagte dem Bruder jede Hilfe und wies auf die Rangunterschiede der Frauen – hier die Gräfin, dort die Bürgerliche – hin. Ferdinand, der immerhin an vierter Stelle der Thronfolge stand, hielt sich nun von Wien möglichst fern. 1909 heiratete das Paar heimlich in der Schweiz. 1911 erfuhr der Kaiser von dieser Heirat und veranlaßte Ferdinand zum Austritt aus dem Erzhaus, bewilligte ihm allerdings (im Gegensatz zu → Leopold Wölfling) eine Apanage.

Nach dem Reisepseudonym seines Vaters nahm Ferdinand den bürgerlichen Namen Ferdinand Burg an, lebte auf den geerbten Gütern Schloß Rosenstein und Rottenstein bei Meran

Der frühere Erzherzog Ferdinand Karl mit seiner Frau Berta, geb. Czuber

und ging auf Reisen. Die Ehe, die große Publizität auslöste, blieb kinderlos. Ferdinand Burg starb als gebrochener Mann 1915 in München.

Seine Frau überlebte ihn um mehr als ein halbes Jahrhundert.

H.

Franz I. Stefan, Kaiser, Herzog von Lothringen, Großherzog von Toskana, Gemahl der Habsburger-Erbin → Maria Theresia, geb. 8. 12. 1708 in Nancy, gest. 18. 8. 1765 in Innsbruck, begr. in der Kapuzinergruft, Wien.

Wahlspruch: Pro deo et imperio/für Gott und das Reich.

Der Sohn des Herzogs Leopold von Lothringen und der Prinzessin Elisabeth Charlotte von Orléans kam 1723 – 15jährig – an den Wiener Hof. Kaiser → Karl VI. belehnte ihn mit dem schlesischen Herzogtum Teschen, das 1722 an das Haus Lothringen gekommen war, und ließ dem Jüngling eine Erziehung unter Leitung des Grafen Johann von Cobenzl und des Lothringers Baron Karl von Pfütschner geben. Der Kaiser schloß sich dem »schönen Franzos« in großer Zuneigung an und machte ihn zu seinem bevorzugten Jagdgefährten. Als Enkel des Türkensiegers Karl von Lothringen und der Habsburgerin → Eleonore (einer Stiefschwester Kaiser → Leopolds I.) wurde Franz Stefan in die kaiserliche Familie einbezogen und bald der liebste Gefährte der um neun Jahre jüngeren habsburgischen »Erbtochter« Maria Theresia: »Seit meinem fünften Lebensjahr waren mein Herz und mein Geist erfüllt von diesem einen Menschen.«

Heiratspläne eines Lothringerprinzen mit der habsburgischen Erbin hatten schon für Franz Stefans älteren Bruder Clemens bestanden, der allerdings kurz vor seiner Reise nach Wien gestorben war. Franz Stefan folgte ihm als Erbprinz wie als Bewerber um Maria Theresia. Die politische Machtlosigkeit der Lothringer spielte für den Wiener Hof eine bedeutende Rolle bei diesem Eheprojekt – gegenüber so mächtigen Bewerbern wie dem späteren König Karl III. von Spanien und deutschen Fürsten, vor allem den Wittelsbachern. Doch trotz Maria Theresias und seiner eigenen Zuneigung zu Franz Stefan zögerte Kaiser Karl VI. die Entscheidung über die Heirat jahrelang hinaus und ließ den Lothringer im ungewissen.

1729 mußte Franz Stefan Wien verlassen, um nach dem Tod seines Vaters die Herrschaft in Lothringen zu übernehmen. 1731/32 machte er eine große Reise über die Niederlande (wo er in Den Haag feierlich in die Freimaurerloge aufgenommen wurde) nach London, wo König George II. ihn herzlich empfing, über Wolfenbüttel nach Berlin. Dort sollte er nach dem Auftrag des Prinzen Eugen mit dem jungen Kronprinzen Friedrich »eine solide Freundschaft« gründen. In Breslau traf er mit dem (für eine eventuelle Kaiserwahl wichtigen) Kurfürsten von Mainz zusammen. Überall wurde er als der künftige kaiserliche Schwiegersohn betrachtet – obwohl immer noch eine Entscheidung ausstand. Das unermüdliche Drängen Maria Theresias brachte den Kaiser 1732 dazu, Franz Stefan zum Statthalter Ungarns zu ernennen mit der Residenz nahe Wien in der Preßburger Burg. So kehrte er nach dreijähriger Abwesenheit nach Österreich zurück.

Wie zu Zeiten seiner Vorgänger wurde Franz Stefans Stammland auch jetzt wieder durch Frankreich bedroht, das 1733 im Verlauf des Polnischen Erbfolgekrieges Lothringen besetzte. Frankreich drängte auf einen Tausch Lothringens gegen das (durch das voraussehbare Aussterben der Medici) freiwerdende Großherzogtum Toskana. Dieser Tausch wurde schließlich Bedingung für die 1736 erfolgte Heirat mit der habsburgischen Erbtochter. Mit demonstrativem Sträuben (dreimal habe er seine Feder fortgeworfen, bevor er den Vertrag unterschrieb, heißt es) willigte Franz Stefan in diese Regelung ein.

Als kaiserlicher Schwiegersohn wurde Franz Stefan Generalgouverneur der Niederlande, ein Amt, das er nie antrat, das ihm aber gute Einkünfte sicherte. Karl VI. gab seinem Schwiegersohn (nicht aber seiner Tochter!) einen Sitz in der Geheimen Konferenz und sicherte ihm auch zu, seine zweite Tochter → Maria Anna mit Franz Stefans jüngerem Bruder Karl zu verheiraten (was allerdings erst 1744 geschah). Beide Brüder machten als Freiwillige den Türkenkrieg in Ungarn 1737 mit. Der Kaiser machte Franz Stefan 1738 zum Generalissimus in der besten Absicht, ihm die Popularität eines Türkensiegers zu verschaffen. Allerdings wurde dieser Einsatz ein voller Mißerfolg, was dem »Franzosen« viel Hohn und Kritik in Wien einbrachte.

1738/39 reiste das nunmehrige Großherzogspaar in die ihnen seit 1737 gehörende Toskana.

Krönung des Kaisers Franz I. Stefan im Dom zu Frankfurt 1745. Kolorierter Kupferstich von W. C. Mayr

Zu seinem Empfang in Florenz war (auf der heutigen Piazza Cavour) ein steinerner Triumphbogen errichtet worden. Die Tatkraft und Natürlichkeit des jungen Paares sicherten ihm rasch die Sympathie des eingesessenen Adels. Nach dreimonatigem Aufenthalt verließen sie die Toskana, die sie nie mehr sehen sollten.

1740 starb unerwartet der nur 55jährige Kaiser Karl VI. Die 23jährige, mit dem vierten Kind schwangere Maria Theresia mußte, politisch völlig unvorbereitet, die Regierung antreten. Sofort ernannte sie Franz Stefan zu ihrem Mitregenten. Nach Preußens Einfall in Schlesien neigte Franz Stefan zum Ausgleich und zum Verzicht auf Schlesien. Doch Maria Theresia wollte um ihr Erbe kämpfen und drängte mit großem Selbstbewußtsein den nachgiebigen Gemahl politisch in den Hintergrund. Der Versuch, für ihn als Nachfolger Karls VI. die deutsche Kaiserkrone

Kaiser Franz I. Stefan mit seiner technisch-naturwissenschaftlichen Sammlung. Gemälde von Johann Zoffany

zu erringen, scheiterte 1741: der Wittelsbacher Karl VII. wurde gewählt. Franz Stefans öffentliche Funktion beschränkte sich auf eine ihn wenig ausfüllende Stellung im Hofkriegsrat.

Nach dem frühen Tod des Wittelsbacher Kaisers 1745 gelang die Wahl Franz Stefans zu Kaiser Franz I. An der Krönung in Frankfurt nahm Maria Theresia nur als Zuschauerin teil und ließ sich nicht zur Kaiserin krönen. Auch der nunmehrige Kaiser Franz war sich über die reale Machtlosigkeit seines Amtes im klaren.

Am Wiener Hof setzte der sehr leutselige Kaiser bald einfachere Umgangsformen anstelle der strengen spanischen Etikette seines Schwiegervaters durch. Als Kleidung bevorzugte er die Uniform statt des spanischen Mantelkleides und verstand es, im Familienkreis mit den sechzehn Kindern bürgerliche Umgangsformen zu wahren. Die Ehe mit der oft herrschsüchtigen und mit Recht eifersüchtigen Maria Theresia blieb eine glückliche. Politische Meinungsverschiedenheiten – so etwa wegen der frankreichfreundlichen Politik des Grafen Kaunitz – lösten sich durch Franz Stefans gutmütige Einsicht in seine Machtlosigkeit.

Die wahre Begabung des in Wien oft abschätzig beurteilten Franz Stefan lag in seiner wirtschaftlichen Geschicklichkeit:

Er, der von Kindheit an mit Geldsorgen konfrontiert war, verstand es vorzüglich, mit Geld umzugehen. Schon 1744 hatte er so viel Vermögen gesammelt, daß er den Erbländern zur Kriegsführung fast eine Million Gulden (gegen entsprechendes Pfand in Böhmen) übergeben konnte. Ein Teil des Vermögens stammte aus Erbschaften, so etwa 1743 aus der Erbschaft des Privatvermögens der Medici. Aus seinen mit diesem Geld erworbenen Herrschaften, vor allem Holics und Sassin in Böhmen, machte Franz Stefan mit tüchtigen Mitarbeitern und Fachleuten aus ganz Europa landwirtschaftliche Mustergüter, die beträchtliche Gewinne abwarfen. Schließlich baute er als Ersatz für die durch den Verlust Schlesiens verlorenen Manufakturen eigene Industrien auf: Majolika- und Baumwollfabriken. (Allein die Baumwollfabriken in Schwechat und Sassin beschäftigten 1759 z. B. 30 000 Personen.) Franz Stefans Finanzberater

Nikolofrühstück in der kaiserlichen Familie: Kaiser Franz sitzt vor dem Kamin, Maria Theresia waltet als aufmerksame Gattin, die große Tochter Marie Christine droht dem kleinen Bruder Ferdinand mit der Rute, während Maria Antonia mit ihrer Puppe spielt und der kleine Max Franz unter dem Tisch Lebkuchen nascht. Gouache der Erzherzogin Marie Christine nach einem holländischen Vorbild

stammte – wie viele seiner Handwerker und Beamten – aus Lothringen: François Josef Toussaint. Neben seinen eigenen Gütern übernahm Franz Stefan schließlich auch die Verwaltung der Güter seiner Frau, die ihm 1763 nach dem Ende des Siebenjährigen Krieges auch die Oberleitung der Staatsschuldentilgung und damit die Aufgabe der Sanierung der durch die Kriege zerrütteten Staatsfinanzen übertrug.

Franz Stefan hatte starke naturwissenschaftliche Interessen. Er ließ sich ein chemisches Laboratorium einrichten und beschäftigte sich dort auch mit Alchemie. Er lud berühmte Naturwissenschaftler zu sich nach Wien ein, so Jean de Baillou, dem er später die Leitung des Hofmineralienkabinetts übertrug. Der Kaiser machte einige technische Erfindungen, sammelte mit viel Sachverstand, aber auch Geschäftssinn, Mineralien (mit besonderer Berücksichtigung von Juwelen), Gobelins und Münzen, die noch heute den Grundstock der großen Wiener Sammlungen bilden. Er gestaltete gemeinsam mit vorwiegend lothringischen Botanikern und Gartenarchitekten den Park von Schönbrunn und den Botanischen Garten und ließ auf seine Kosten die Menagerie in Schönbrunn bauen und einrichten.

Nach seinem plötzlichen Tod wurde das Ausmaß seiner Geschäftstüchtigkeit erst recht erkennbar. Sein Universalerbe und Nachfolger → Josef II. schenkte aus dieser Erbschaft 12 Millionen Gulden dem Staat zur Tilgung von Schulden und Herabsetzung des Zinsfußes und sanierte so das Budget der Monarchie. Aus den restlichen fast sechs Millionen gründeten Maria Theresia und Josef auf Wunsch Franz Stefans den »Familienversorgungsfonds«, das gemeinschaftliche Vermögen der Familie Habsburg-Lothringen, das bis 1919 bestand.

Die Toskana wurde nicht mit den übrigen österreichischen Ländern vereinigt, sondern als Sekundogenitur eingerichtet. Hier folgte Erzherzog → Leopold seinem Vater als Großherzog.

Lit.: Friedrich Walter, Männer um Maria Theresia, Wien 1951; Theodor Trombolla, Franz Stefan von Lothringen und sein Kreis. Diss., Wien 1953; Fred Hennings, Und sitzet zur linken Hand, Wien 1961; Hanns Leo Mikoletzky, Kaiser Franz I. Stefan und der Ursprung des habsburgisch-lothringischen Familienvermögens, München 1961.

H.

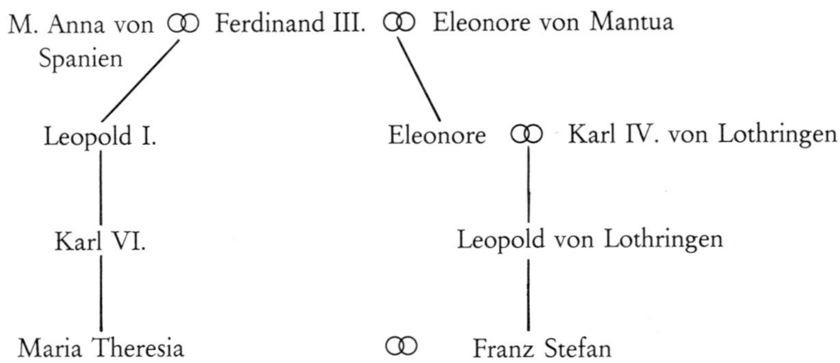

Die Verwandtschaft Maria Theresias mit Franz Stefan: die beiden hatten gemeinsame Urgroßeltern. Geht man in der Ahnenreihe etwas weiter zurück, ergibt sich, daß der »Lothringer« Franz Stefan sogar über einen größeren Anteil an Habsburgern verfügt als die »Habsburgerin« Maria Theresia. Die Stammeltern zum Beispiel, Philipp der Schöne und Johanna die Wahnsinnige, erscheinen in Maria Theresias Stammbaum 13mal, in dem Franz Stefans 16mal. Von der Genealogie aus gesehen, gibt es eine klare Kontinuität vom Haus Habsburg zum Haus Habsburg-Lothringen.

Franz II. (I.), römisch-deutscher Kaiser, Kaiser von Österreich, ältester Sohn von Kaiser → Leopold II. und → Maria Ludovica von Bourbon-Spanien, geb. 12. 2. 1768 in Florenz, gest. 2. 3. 1835 in Wien, begr. in der Kapuzinergruft, Wien.

Wahlsprüche: Justitia regnorum fundamentum / Gerechtigkeit ist das Fundament der Königreiche und Lege et fide / Durch Gesetz und Glauben.

Zunächst am väterlichen Hof in Florenz erzogen, kam Franz mit 16 Jahren 1784 nach Wien, wo sein Onkel → Josef II. sich seiner annahm. Als einer seiner strengsten Kritiker versuchte der Kaiser, viele Charakterschwächen, darunter die Emotionslosigkeit seines Neffen, zu beseitigen, was ihm durch einen ausgeklügelten Erziehungsplan und entsprechende Lehrer auch teilweise gelang – bisweilen wurden aber Unsicherheit und Verstocktheit des Neffen noch verstärkt. Franz besaß sicherlich eine gesunde Intelligenz, aber keinen starken Willen und keine staatsmännische Schöpferkraft. Er interessierte sich für Bücher (der Grundstock der »Familien-Fideikommiß-Bibliothek« geht auf ihn zurück), sammelte Porträts und reiste gerne. Ferner war Franz ein Familienmensch, der sich seinen Kindern und Kindeskindern wann immer möglich persönlich widmete. Seine Liebe zur Botanik und Musik (er spielte Violine) vererbte er seinem Ältesten, → Ferdinand.

Josef II. suchte ihm auch die erste Frau aus: → Elisabeth Wilhelmine von Württemberg, die nach zweijähriger Ehe 1790 im Wochenbett starb. Ein halbes Jahr später ehelichte Franz seine Cousine → Maria Theresia, Prinzessin beider Sizilien, die ihm in siebzehn Jahren zwölf Kinder schenkte und im letzten Kindbett 1807 starb.

Nach dem Tod Josefs II. führte Franz bis zur Ankunft seines Vaters aus Florenz die Geschäfte und folgte diesem, nach dessen frühzeitigem Tod am 1. März 1792, als Franz II. auf den Thron. Am 6. Juni 1792 wurde er in Ofen zum König von Ungarn gekrönt. Am 5. Juli kam es unter dem Druck der Pariser revolutionären Ereignisse zur raschen und einmütigen Wahl zum deutschen Kaiser und neun Tage später ohne großen Aufwand zur letzten Kaiserkrönung in

Der spätere Kaiser Franz II. (I.), auf die Büste seines großen Vorbildes und Onkels, Kaiser Josef II., weisend. Gemälde von Joseph Hickel

Frankfurt. Am 9. August 1792 folgte die böhmische Königswürde.

Unmittelbar nach Regierungsantritt begann durch die Kriegserklärung Frankreichs an Preußen und Österreich der erste, fünf Jahre dauernde Koalitionskrieg, dessen Ziel, die Befreiung des gefangenen französischen Königspaares, nicht erreicht wurde. In der ersten Regierungszeit hatte die Außenpolitik für Franz eindeutig Vorrang: Bei der zweiten polnischen Teilung übergangen, erhielt der Kaiser anläßlich der dritten (1795) nicht nur das Gebiet um Krakau, sondern auch einen als Westgalizien bezeichneten größeren Landstreifen. Im 1797 mit Frankreich geschlossenen Frieden von Campo Formido mußte Franz auf die Lombardei und die Niederlande verzichten, der Breisgau wurde an den Herzog von Modena abgetreten. Zwar kam Venedig an Österreich, dieses konnte aber die verminderte Macht des Kaisers nicht ausgleichen. Franz, zeitlebens von starken Minderwertigkeitskomplexen geplagt, versuchte durch Gewissenhaftigkeit und Fleiß bei den Erledigungen von Akten seine Stellung als patriarchalischer Herrscher zu festigen, was oftmals zu langwierigen Verzögerungen in den Regierungsgeschäften führte.

1794 wurde in Wien eine »Jakobinerverschwörung« aufgedeckt, was den Kaiser veranlaßte, verschärfte polizeiliche Maßnahmen, vor allem für das Unterrichts-, Presse- und Vereinswesen, anzuordnen. Eine neuerliche Kriegserklärung Frankreichs an Österreich brachte 1799 die ersten Kontakte mit dem zum Konsul avancierten Napoleon Bonaparte. Die Niederlage bei Marengo 1800 und die weiteren Mißerfolge der kaiserlichen Armeen führten zum Frieden von Lunéville 1801, der bestimmte, daß sich die besiegten Truppen in die Erblande zurückziehen sollten.

Der Reichsdeputationshauptbeschluß von 1803, der zu großen Säkularisationen im Reich und zu protestantischen Mehrheiten im Kurfürstenkollegium führte, fand zwar unter kaiserlichem Protest seine Exekution, aber Franz mußte große Gebietsveränderungen hinnehmen, vor allem aber eine starke Verminderung seines Einflusses im Reich. Als Napoleon am 18. Mai 1804 zum erblichen Kaiser der Franzosen ausgerufen wurde und sich dann am 2. Dezember desselben Jahres selbst zum Kaiser krönte, nahm Franz am 11. August den Titel eines Kaisers von Österreich, Franz I., an. Von einer Krönung wurde abgesehen und aus den alten habsburgischen Erbländern das erbliche Kaisertum Österreich gebildet. Dazu kamen noch die Königreiche Böhmen und Ungarn, wobei die Erbländer und Böhmen noch zum Reich und auch zum neuen Kaisertum gehörten.

Nach dem Abschluß eines Defensivbündnisses mit Rußland, das den Rücktritt von Erzherzog → Karl als Präsidenten des Hofkriegsrates und als Reformer des Heereswesens zur Folge hatte, kam es zu einer zusätzlichen Verbindung mit England und Schweden und nach der Kriegserklärung Frankreichs an Österreich zum dritten Koalitionskrieg (1805–1807). Schon im ersten Kriegsjahr wurde Wien kampflos besetzt, und am 2. Dezember 1805 siegte Napoleon entscheidend in der »Dreikaiserschlacht« von Austerlitz. Im Frieden von Preßburg mußte Franz unter anderem Venetien, Dalmatien, Istrien, Tirol und Vorarlberg an den Sieger abtreten. Nochmals holte er Karl an die militärische Spitze zurück.

In der Gründung des Rheinbundes und dem damit für die Mitglieder verbundenen Austritt aus dem Reichsverband sah der Kaiser das Ende des »Heiligen Römischen Reiches Deutscher Nation« und entschloß sich, am 6. August 1806 als Franz II. die Kaiserkrone niederzulegen und das Kaisertum für erloschen sowie das Reich für aufgelöst zu erklären.

In seinem eigenen Staatsgebiet führte Franz 1803 ein neues Strafgesetzbuch in allen deutschen, polnischen, böhmischen und italienischen Ländern ein, 1811 folgte das Allgemeine Bürgerliche Gesetzbuch. Außerdem wurden zahlreiche Reformen seines Onkels Josef II., dem er vor der Hofbibliothek ein Denkmal setzen ließ, rückgängig gemacht: Bischöfliche Seminarien wurden wieder eingerichtet und die in Lyceen veränderten Universitäten Innsbruck und Graz sowie Olmütz in ihren alten Status versetzt. Die Protestanten erhielten in Wien eine eigene Fakultät, in Mariabrunn wurde eine Forstschule, in Prag eine technische Lehranstalt, in Wien das Polytechnische Institut (1815) eingerichtet, die Steiermark, Ungarn, Böhmen und Mähren erhielten große Museen. Die 1829 gegründete Erste Donau-Dampfschiffahrtsgesellschaft verhalf ebenso zur Ausweitung des Handelsverkehrs wie das durch die Linz-Budweiser Bahn in Österreich beginnende Eisenbahnzeitalter. Verdiente Staatsbürger wurden durch zwei neue Ordensschöpfungen geehrt: den Leopold-Orden und den Orden der Eisernen Krone.

1807 mußte Franz die von Napoleon geschaffenen politischen und territorialen Veränderungen auch vertraglich anerkennen.

1809 erklärte Österreich Frankreich den Krieg, obwohl die durch Erzherzog Karl vorgenommene Neuorganisation der Armee keineswegs abgeschlossen war. Franz hoffte jedoch auf einen Volksaufstand in Tirol und eine dadurch verstärkte Kampfkraft. Napoleon besetzte im Mai wiederum Wien, erlitt jedoch im selben Monat in Aspern seine erste Niederlage in offener Feldschlacht. Wegen großer Erschöpfung der Truppen konnte Österreich diesen Sieg nicht ausnützen, auch die Kämpfe in Tirol unter der Führung Andreas Hofers brachen nach Abzug der Kaiserlichen total zusammen. Im Frieden von Schönbrunn mußte Franz hohe Kriegsentschädigungen akzeptieren, das Heer verkleinern und unter anderem Westgalizien, Krain, Istrien, Triest, Görz und neuerlich Nordtirol und Vorarlberg abtreten.

1809 berief der Herrscher Metternich zum neuen Leiter der Außenpolitik. Eine seiner ersten Taten war 1810 die Verehelichung der ältesten Kaisertochter → Marie Louise mit dem Kaiser der Franzosen – eine Heirat, die nicht nur von der Stiefmutter der Braut (→ Maria Ludovica von Modena-Este, die Franz 1808 in dritter Ehe geheiratet hatte) bekämpft wurde. Der Politik seines Außenministers folgend, gelang es dem Kaiser, ohne größere Verluste die Teilnahme an Napoleons Feldzug gegen Rußland 1812 zu überstehen und 1813 (in einem Geheimvertrag mit Preußen, Rußland und England verbunden) Frankreich neuerlich den Krieg zu erklären. In der Völkerschlacht von Leipzig siegten die Verbündeten, Napoleon verzichtete 1814 auf den Thron und begab sich auf die Insel Elba ins Exil. Im ersten Pariser Frieden wurde Frankreich auf die Grenzen von 1792 beschränkt, und Franz erhielt unter anderem Tirol, Vorarlberg und Salzburg zurück.

Im Herbst 1814 konnte er als Gastgeber in seiner Residenzstadt Vertreter von fast 200 Staaten, Städten und Herrschaften zur Eröffnung des Wiener Kongresses begrüßen. Diese neun Monate dauernde Tagung sollte die Neuordnung Europas vollziehen. Die Kosten waren enorm, zumal sich die finanzielle Lage Österreichs seit der Bancozetteleinziehung von 1811, die im Grunde den Staatsbankrott bedeutete, noch nicht erholt hatte. Während der Konferenz verließ Napoleon Elba, verlor am 18. Juni 1815 die Schlacht von Waterloo, dankte, nachdem Franz, der Zar und der König von Preußen schon in Paris eingezogen waren, zum zweiten Mal ab und ging auf die Insel St. Helena in die Verbannung. Im zweiten Pariser Frieden wurde

Kaiser Franz I. von Österreich in vollem Ornat mit der alten habsburgischen Hauskrone, die nun als neue Kaiserkrone diente. Gemälde von Friedrich Amerling

Frankreich auf die Grenzen von 1790 zurückgeführt. Kaiser Franz schloß 1815 mit dem Zaren und dem König von Preußen die »Heilige Allianz«, der sich nach und nach alle europäischen Souveräne (mit Ausnahme des Papstes und des Sultans) anschlossen. Sie sollte den Frieden sichern und die Politik der Regenten nach den Prinzipien der christlichen Religion bestimmen.

Sieben Monate nach dem Tod der Kaiserin Maria Ludovica heiratete Franz 1816 → Karoline Auguste von Bayern in vierter Ehe.

Nach den Napoleonischen Kriegen trat in Österreich eine Phase der Ruhe und Konsolidierung ein. 1816 wurden ein neuer Finanzplan publiziert und die Bestimmungen für die Gründung einer Nationalbank. Die damit beabsichtigte Festigung der staatlichen Kreditfähigkeit dauerte immerhin bis 1820. Diese Zeit des Biedermeier und des Vormärz brachte weiteren Handelsaufschwung. Die Industrie entfaltete sich wie nie zuvor. Das geistige Leben erreichte trotz Zensurmaßnahmen neue Höhen.

Der konservative Staatsmechanismus entsprach voll den Absichten des Kaisers. Die Revolutionen in Spanien, Portugal und Neapel-Sizilien steigerten die Furcht vor ähnlichen Ereignissen im Kaisertum Österreich. 1821 ernannte Franz I. Metternich zum Haus-, Hof- und Staatskanzler mit unumschränkten Vollmachten. Schon 1819 war nach der Karlsbader Konferenz die verstärkte Studentenüberwachung und Pressezensur in Kraft getreten.

1830 ließ Franz seinen ältesten Sohn → Ferdinand zum König von Ungarn krönen, obwohl er an dessen Nachfolgefähigkeit zweifelte. Erst durch Metternich ließ er sich vom Prinzip der Legitimität überzeugen. 67jährig starb Franz an Lungenentzündung.

Sein Sohn ließ ihm 1846 im Inneren Burghof durch den Mailänder Bildhauer Pompeo Marchesi ein Denkmal errichten, auf dem sich ein Satz aus des Kaisers Testament findet: »Amorem meum populis meis« (Meine Liebe gehört meinen Völkern).

Lit.: Karl Werner, Kaiser Franz vom Antritte seiner Regierung bis nach dem Frieden von Lunéville 1792–1803, Wien 1866; Hermann Maynert, Kaiser Franz I., Wien 1872; Coelestin Wolfsgruber, Franz I., Kaiser von Österreich, Wien 1899; Viktor Bibl, Kaiser Franz, der letzte römisch-deutsche Kaiser, Leipzig–Wien 1938; Walter Tritsch, Metternich und sein Monarch, Darmstadt 1952; Walter Langsam, Franz der Gute. Die Jugend eines Kaisers, Wien 1954.

M.

Der »gute Kaiser Franz« mit Karolina Augusta (links), in der Mitte sein Enkel, der Herzog von Reichstadt und dessen Mutter Marie Louise, rechts sitzend Schwiegertochter Erzherzogin Sophie mit Franz Karl (rechts außen) und neben ihm Kronprinz Ferdinand. Gemälde von Leopold Fertbauer

Die vier Kaiser von Österreich

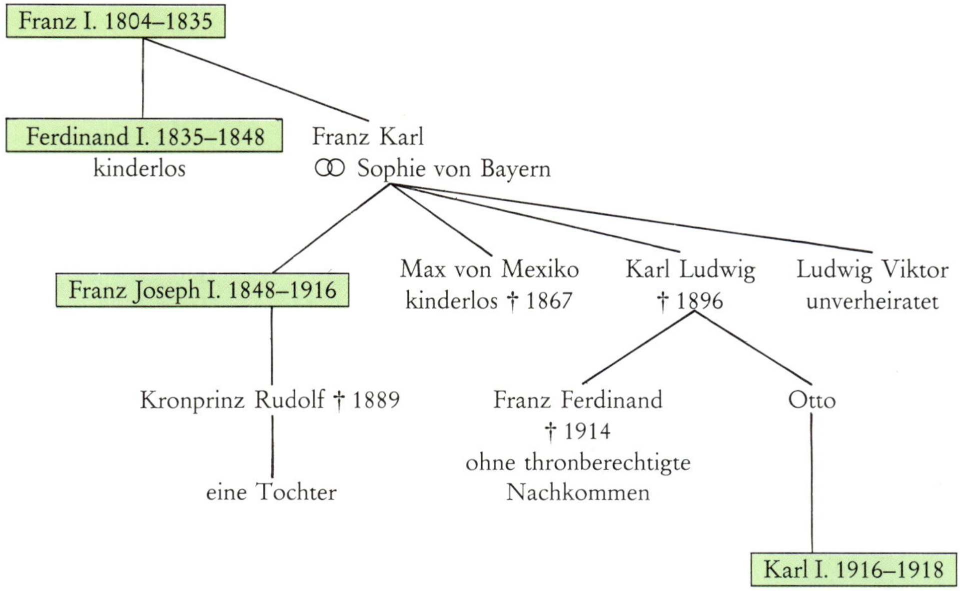

Franz IV., Herzog von Modena, Massa und Carrara, Sohn von Erzherzog → Ferdinand Karl Anton, Generalgouverneur der österreichischen Lombardei, und → Maria Beatrix von Este, geb. 6. 10. 1779 in Mailand, gest. 21. 1. 1846 in Modena, begr. in S. Vincenzo in Modena.

Franz wuchs zunächst in Mailand auf, mußte aber 1796 mit seinen Eltern und Geschwistern vor den französischen Truppen auf österreichisches Gebiet fliehen. Hier erfolgte seine weitere Erziehung zum größten Teil bei seinem in Wien weilenden Vater, während seine Mutter mit den übrigen Kindern in Wiener Neustadt lebte. Der junge Erzherzog begleitete seinen Vater auch öfters auf Reisen, die dieser im kaiserlichen Auftrag unternahm. Nach dem Tod seines Vaters 1806 folgte er diesem als Franz IV. in der Herzogswürde von Modena nach, ohne die Regierung ausüben zu können.

1812 heiratete er seine Nichte, die älteste Tochter König Viktor Emanuels I. von Sardinien, → Marie Beatrix von Savoyen, die ihm vier Kinder schenkte. Modena, seit 1805 dem Napoleonischen Königreich Italien einverleibt, wurde nach dem Sturz Napoleons 1814 an Franz zurückgegeben. Eine seiner ersten Regierungsmaßnahmen war die Ersetzung des Code Napoléon durch den Codex Estense. Als fünfzehn Jahre später seine Mutter starb, erbte der Herzog nicht nur Massa und Carrara, sondern auch das ungeheure Vermögen des Hauses Este. Als absoluter Herrscher regierend, stand er jeder demokratischen Denkart und nationalem Streben total entgegen. Bei der Verwaltung legte er strengste Maßstäbe an.

Nach der Thronbesteigung Karl Alberts von Sardinien-Piemont – Franz hatte selbst längere Zeit mit dem Gedanken gespielt, sich diesen Thron zu sichern – und der Julirevolution des Jahres 1830 weitete sich der Widerstand gegen das habsburgische Regime immer mehr aus. Franz IV. mußte 1831 bei einer Carbonari-Erhebung aus dem Land fliehen. Mit Hilfe österreichischer Truppen gelang es dem Herzog jedoch, noch im selben Jahr nach Modena zurückzu-

Herzog Franz IV. von Modena-Este

kehren und gegen die Aufständischen vorzugehen. Die restlichen fünfzehn Jahre seines Lebens konnte Franz zahlreiche Reformen auf dem Gebiet der Wohlfahrt durchsetzen. Ferner entfaltete sich eine reiche kulturelle Tätigkeit, die auch in mehreren bedeutenden Baudenkmälern ihren Ausdruck fand.

Lit.: Margarete Kittel, Geschichte des Herzogtums Modena 1815–1848. Diss., Wien 1940.

M.

Franz Karl Josef, dritter Sohn von Kaiser → Franz I. (II.) aus zweiter Ehe mit → Maria Theresia von Neapel-Sizilien, geb. 7. 12. 1802 in Wien, gest. 8. 3. 1878 in Wien, begr. in der Kapuzinergruft, Wien.

Der fromme und minder begabte Erzherzog stand zeitlebens im Schatten seines Vaters, des Kaisers Franz, seines älteren Bruders, des Kaisers → Ferdinand, und seines Sohnes, Kaiser → Franz Joseph, vor allem aber im Schatten seiner hochintelligenten und politisch aktiven Gattin, der bayrischen Prinzessin → Sophie, die er 1824 heiratete und die ihn wie ein Kind pflegte. Sophie war es auch, die Franz Karl trotz seines Widerstrebens dazu brachte, auf seine Thronrechte nach der Abdankung Ferdinands im Dezember 1848 zu verzichten und den 18jährigen Sohn Franz Joseph als Symbol einer neuen Zeit zum Kaiser zu machen.

Franz Karl lebte bescheiden im Hintergrund und mischte sich nicht in die Politik ein. Er war extrem religiös und trat in der Öffentlichkeit nur mit seiner Leidenschaft, im Sechsspänner durch den Prater zu fahren, in Erscheinung. Er war der letzte Habsburger, dessen Leiche nach altem Brauch auf drei verschiedene Begräbnisstätten aufgeteilt wurde: das Herz wurde in einer Silberschale in der Augustinerkirche beigesetzt, die Eingeweide in einem Kupferkessel im Stephansdom, der einbalsamierte Körper in einem Sarg in der Kapuzinergruft.

Lit.: J. Emmer, Erzherzog Franz Karl, 1883.

H.

Erzherzog Franz Karl, der Vater Kaiser Franz Josephs, trat in der Öffentlichkeit ganz hinter seiner Gemahlin Sophie zurück.

Franz V., Herzog von Modena, Massa, Carrara und Guastalla, Sohn von Herzog → Franz IV. von Modena und → Marie Beatrix von Sardinien, geb. 1. 6. 1819 in Modena, gest. 20. 11. 1875 in Wien, begr. in der Kapuzinergruft, Wien.

Nach dem Tod seines Vaters folgte Franz diesem 1846 in der Regierung der Herzogtümer in einer sehr schwierigen Zeit nach. Die Kämpfe der italienischen Patrioten um einen geeinten Staat auf der Apenninenhalbinsel waren wieder stärker aufgeflammt, und mehrere Gebietsveränderungen durch vertragsmäßige Erbfolge stärkten die Ideen dieser Bewegungen. Zunächst kam 1847 der größte Teil des Herzogtums Lucca an die Toskana, und weiters sollte Fivizzano von der Toskana an Modena kommen – ein Vorgang, der nur mit Waffengewalt durchgeführt werden konnte. Mit dem Tod der Exkaiserin → Maria Louise trat 1847 auch der Erbfall im Herzogtum Parma ein, wobei Guastalla an Modena und Parma zurück an das Haus Bourbon fielen.

Wie schon sein Vater, mußte auch Franz V. immer wieder österreichische Truppen gegen die italienischen Unternehmungen in sein Land rufen. Im Februar 1848 schloß er ein Schutzbündnis mit Kaiser → Ferdinand I. von Österreich. Wegen wachsender Unruhen mußte der Herzog jedoch im März 1848 sein Land verlassen, konnte aber schon im August mit Hilfe der Truppen Radetzkys wieder nach Modena zurückkehren. Obwohl er durch eine Amnestie und verschiedenste Konzessionen versuchte, seinen Gegnern entgegenzukommen, wurde im November ein Attentat auf Franz verübt, das jedoch fehlschlug. Trotz zahlreicher Reformversuche war in den folgenden elf Jahren die Lage nicht zu beruhigen. Als es 1859 zum Krieg zwischen Österreich und dem Königreich Sardinien-Piemont kam, nützten die italienischen Patrioten die Situation und schürten verschiedene revolutionäre Ausschreitungen in Massa und Carrara, die einen neuerlichen Einmarsch österreichischer Truppen in Modena notwendig machten. Nach der Niederlage Österreichs in der Schlacht von Magenta mußte Franz mit seiner Familie wiederum das Land verlassen, ging zunächst nach Brescia, dann nach Mantua und lebte zuletzt in Wien. Ursprünglich war zwar im Friedensschluß von Villafranca 1859 die Wiedereinsetzung des Herzogs geplant, aber nicht durchgeführt worden. Modena wurde mit Piemont vereinigt.

Franz V., der seit 1842 mit einer Tochter König Ludwigs I. von Bayern, Prinzessin → Adelgunde, verheiratet war und kinderlos starb, vermachte die wertvollen Estensischen Kunstsammlungen dem Erstgeborenen von Erzherzog → Karl Ludwig. Diese großen Schätze, im Laufe der Jahrhunderte zusammengetragen durch die Fürsten des Hauses Este, kamen dadurch an den späteren Erzherzog-Thronfolger → Franz Ferdinand, der den Titel »Este« annahm.

Lit.: Conte Teodoro Bayard de Volo, Vita di Francesco V. Duca di Modena, Modena 1875–1885; Margarete Kittel, Geschichte des Herzogtums Modena 1815–1848, Diss., Wien 1940.

M.

Herzog Franz V. von Modena mit seiner wittelsbachischen Gemahlin Adelgunde

Franz Joseph I., Kaiser von Österreich, ältester Sohn von Erzherzog → Franz Karl und Prinzessin → Sophie von Bayern, geb. 18. 8. 1830 in Wien, gest. 21. 11. 1916 in Wien, begr. in der Kapuzinergruft, Wien.

Wahlspruch: Viribus unitis / Mit vereinten Kräften.

Schon der Großvater und Pate, Kaiser → Franz I. (II.), sah in diesem Enkel den zukünftigen Kaiser, was auch in unzähligen mehr oder weniger volkstümlichen Darstellungen betont wurde – so als sei man bemüht, die Regierungszeit des geistesschwachen und kranken Kaisers → Ferdinand (1835–1848) vergessen zu machen. Tatkräftig erzog die politisch hochaktive Erzherzogin Sophie ihren ältesten Sohn zum Herrscher – vor allem zu Religiosität, Pflichtbewußtsein und Fleiß, aber auch zum Bewußtsein seiner Herrscherwürde, die keiner Macht als der göttlichen verantwortlich sei. Als geistiger Mentor hatte der spätere Wiener Kardinalerzbischof Rauscher großen Einfluß auf Franz Josephs Weltbild, das sich lebenslang an den beiden Prinzipien von Kirche und Militär orientierte, aber an Wissenschaft und Kunst kaum interessiert war. Das hochentwickelte Bewußtsein seiner Auserwähltheit führte schon bei dem jungen Mann zu menschlicher Isolierung, sogar gegenüber seinen drei jüngeren Brüdern.

Die Thronbesteigung des Achtzehnjährigen erfolgte am 2. Dezember 1848 nach der Abdankung Ferdinands (und dem Verzicht des Thronfolgers Franz Karl) in Olmütz, wohin die Kaiserfamilie vor der Revolution geflüchtet war. Dieser Thronwechsel bedeutete kein Zurückweichen vor der Revolution, sondern die Bekräftigung des monarchischen Prinzips gegenüber den Zugeständnissen Ferdinands und leitete eine Zeit der Reaktion ein. Die Ungarn verweigerten die Anerkennung des neuen Königs und gingen in offene Rebellion, die nur mit starker Militärhilfe Rußlands niedergeschlagen werden konnte. Die Hinrichtung ungarischer Revo-

Kaiser Franz Joseph und seine bayrische Braut Elisabeth waren das Traumpaar des 19. Jahrhunderts. Gemälde auf Porzellan

lutionäre und sogar des ungarischen Ministerpräsidenten Graf Batthyány vergifteten die Beziehung zwischen Wien und Budapest. In Italien machte Feldmarschall Radetzky den Aufständen ein Ende.

Mit dem »Sylvesterpatent« 1851 kehrte der Herrscher, beraten von seinem Ministerpräsidenten Schwarzenberg (aber auch dem 1851 aus dem Exil zurückgekehrten Fürsten Metternich) zum Absolutismus zurück und hob sogar die von ihm selbst 1849 oktroyierte Verfassung wieder auf. Der Kremsierer Reichstag wurde aufgelöst, prominente Demokraten verhaftet. All diese harten Maßnahmen machten den jungen Kaiser und seine politisch weiterhin mächtige Mutter äußerst unpopulär, was seinen Ausdruck in dem gefährlichen Messerattentat auf den jungen Kaiser 1853 durch den Ungarn Libenyi fand.

Nach dem Tod Schwarzenbergs 1852 übernahm der politisch unerfahrene Kaiser die Regierung allein. Die politische Isolierung Österreichs im Krimkrieg 1853–1856 war die höchst unselige Folge. Das Konkordat von 1855 gab der Kirche bedeutende Rechte im Schulwesen und der Ehegerichtsbarkeit und bedeutete eine Provokation für den Freisinn. Ein mächtiges Polizeisystem, verbunden mit einer straffen Verwaltung, gewährleistete Kontrollen. Andererseits konnte der tüchtige Finanzminister Bruck wirtschaftliche Reformen durchsetzen und Unterrichtsminister Thun-Hohenstein das Unterrichtswesen bis zu den Hochschulen reformieren. Symbol der neuen Zeit wurde die von Franz Joseph anbefohlene Schleifung der Wiener Stadtmauern und der Bau der Ringstraße.

1854 heiratete Franz Joseph die 16jährige Herzogin → Elisabeth in Bayern, seine Cousine ersten Grades. Es war, von Franz Joseph aus gesehen, eine Liebesheirat, die sich aber mit zunehmendem Selbstbewußtsein seiner berühmt schönen und extravaganten »Engels-Sisi« äußerst schwierig gestaltete. Der Ehe entstammten vier Kinder: Sophie (1855–1857), → Gisela, geb. 1856, Kronprinz → Rudolf, geb. 1858, und die 1868 in Ungarn geborene → Marie Valerie.

Auch der Kriegsausbruch 1859 gegen das mit Frankreich verbündete Sardinien war maßgeblich auf Franz Josephs übersteigertes Herrschergefühl zurückzuführen (Ultimatum an Sardinien). Der Krieg, den Franz Joseph zeitweise persönlich als Generalissimus führte, brachte verheerende Niederlagen bei Magenta und Solferino und den Verlust der Lombardei. Diese Beweise der militärischen und politischen Unfähigkeit machten eine, wenn auch langsame Lokkerung des Neoabsolutismus nötig (Oktoberdiplom 1860, Februarpatent 1861).

Gemälde von Wilhelm List in der von Otto Wagner gebauten Postsparkasse in Wien

Franz Josephs Versuche, eine betont deutsche Politik unter habsburgischer Führung zu machen (»Ich bin ein deutscher Fürst«, Einberufung des Frankfurter Fürstentages 1863) scheiterten an Bismarck und dem preußischen Führungsanspruch. Der Krieg gegen Preußen 1866 endete mit einer verheerenden Niederlage Österreichs bei Königgrätz, machte allen Hoffnungen auf ein »Großdeutschland« unter österreichischer Führung ein Ende und legte die Grundlage für die »kleindeutsche« Lösung im Deutschen Kaiserreich von 1871. Österreich mußte aus Deutschland ausscheiden, was fatale Folgen für die Deutsch-Österreicher hatte, die sich zunehmend nach Berlin orientierten, von Franz Joseph mißtrauisch beobachtet. Auf dem italienischen Kriegsschauplatz von 1866 konnten zwar die Siege von Lissa und Custozza erfochten werden, doch blieben sie wirkungslos, da Franz Joseph schon vor dem Krieg auf Venetien verzichtet hatte, das nun dem neuen Königreich Italien angegliedert wurde.

Der Schock über diese Niederlagen war so groß, daß eine Umordnung des Staates nötig wurde: Im Innern kam es zu weiterer Liberalisierung (Staatsgrundgesetz von 1867), vor allem aber zum »Ausgleich« mit Ungarn, für den sich Kaiserin Elisabeth in ihrer ausgeprägten Liebe für alles Magyarische einsetzte. Diese Neuordnung kam praktisch einer Zweiteilung des Reiches im »Dualismus« gleich: das Kaiserreich Österreich wurde zum k. u. k. Staat (»Österreichisch-Ungarische Monarchie«) mit zwei Hauptstädten, Wien und Budapest, mit zwei getrennten Parlamenten, einem komplizierten System von gemeinsamen und getrennten Ministerien und meist recht unterschiedlicher innerer Politik, aber gemeinsamer Außenpolitik und Armee. Die »Versöhnung« mit Ungarn wurde mit der Krönung des Königspaares 1867 in Budapest besiegelt.

Der »Ausgleich«, der vor allem von den böhmischen Ländern als großes Unrecht aufgefaßt wurde (vor allem, da die versprochene Krönung zum König von Böhmen ausblieb und den Ungarn Sonderrechte eingeräumt wurden, die den Böhmen vorenthalten wurden), blieb die Grundlage des Staates bis 1918. Franz Joseph respektierte zeitlebens die eingegangenen Verpflichtungen gegenüber der Verfassung, regierte fortan als konstitutioneller Monarch und versagte sich auch allen Versuchen, den Dualismus zugunsten einer weiteren Föderalisierung des Reiches zu ändern.

Die Phase der liberalen Regierungen (1867–1879) brachte die Kündigung des Konkordats, fortschrittliche Volksschul- und Pressegesetze, ein neues Wahlgesetz, war aber nicht imstande, das böhmische Problem zu lösen. Außenpolitisch wurde 1879 der Zweibund mit dem Deutschen Reich abgeschlossen (erweitert im Dreibund mit Italien 1882, Geheimbündnis mit Rumänien 1883). Die vom Kaiser erstrebte Ausdehnung auf dem Balkan (1878 Okkupation Bosniens und der Herzegowina) wurde von den Liberalen nicht unterstützt (Sturz des Kabinetts Auersperg 1879).

Mehr persönliche Zustimmung des Kaisers fand das folgende Kabinett seines Jugendfreundes Graf Taaffe (1879–1893), der mit Hilfe des »Eisernen Ringes« der Slawen und Klerikalen konservativ regierte, andererseits aber auch Arbeiterschutzgesetze durchsetzte und durch die Wahlrechtsreform von 1882 mit Herabsetzung des Zensus (»Fünfguldenmänner«) vielen Bauern und Kleinbürgern das Wahlrecht sicherte (was wiederum den Aufstieg der neuen Massenparteien, der Christlichsozialen und der Sozialdemokraten, förderte).

Die letzten zwanzig Friedensjahre brachten dann keine stabile Regierung mehr. In den gefährlichen Nationalitätenkämpfen kam der Person des Kaisers eine große Bedeutung als Integrationsfigur zu, was ihm auch seine große Popularität im Alter sicherte: Durch viele politische Fehlentscheidungen vorsichtig geworden, durch Familientragödien geprüft (Erschießung seines Bruders → Maximilian 1867 in Mexiko, Selbstmord des einzigen Sohnes Rudolf 1889 und 1898 Ermordung seiner Gemahlin Elisabeth) zog sich Franz Joseph persönlich immer mehr hinter sein Amt zurück, bis er zu einem Symbol der Krone und damit des Reiches wurde und als Garant für Gerechtigkeit angesehen wurde. Die Sozialdemokraten etwa dankten ihm seinen Einsatz für das Allgemeine Wahlrecht 1907 mit großer Verehrung (»k. k. Sozialdemokratie«).

Weiterhin war der alte Kaiser bestrebt, für die Verluste in Deutschland und Italien einen Ausgleich auf dem Balkan zu suchen. Die Annexion Bosniens und der Herzegowina zum 60jährigen Regierungsjubiläum 1908 war Ausdruck dieses Großmachtdenkens und brachte Europa an den Rand eines großen Krieges. Vergeblich versuchte der Thronfolger → Franz Ferdinand, seinem immer starrer denkenden Onkel eine Föderalisierung des Staates vorzuschlagen. Unbeirrt hielt Franz Joseph am Dualismus fest, so als be-

Der alte Kaiser, so wie er in der Volksmeinung weiterlebt: als fleißiger erster Beamter seines Reiches. Gemälde von F. Matsch

fürchtete er, daß das von inneren Kämpfen zerrüttete Reich beim ersten Reformversuch auseinanderfallen würde. Auch viele der Zeitgenossen hatten den Eindruck, daß allein der greise Kaiser das Land noch zusammenhielt und daß sein Tod auch der des Reiches sei.

Doch war es der 84jährige Franz Joseph, der sich gern als »Friedenskaiser« feiern ließ, der im Juli 1914 nach der Ermordung des Thronfolgerpaares das unheilvolle Ultimatum und dann die Kriegserklärung an Serbien unterschrieb und so sein Reich und Europa in den Ersten Weltkrieg führte, der fast zehn Millionen Menschenleben kostete und den Zusammenbruch des Reiches und der Monarchie, darüber hinaus das Ende des alten Europa brachte. Der junge, unerfahrene Nachfolger, Franz Josephs Großneffe → Karl, hatte nicht die Macht, diesen Zusammenbruch zu verhindern.

In Franz Josephs 68 Regierungsjahren erfuhr die Monarchie eine grundlegende Wandlung auf allen Gebieten. Viele entscheidende Entwicklungen, so etwa die Blüte der Kunst und Wissenschaft des Wiener »fin de siècle«, fanden nicht das Interesse des Monarchen, der sich vor allem als erster Soldat und Beamter seines Reiches fühlte.

Werke: Franz Schnürer (Hg.), Briefe Kaiser Franz Josephs an seine Mutter, München 1930; Jean de Bourgoing (Hg.), Briefe Kaiser Franz Josephs an Frau Katharina Schratt, Wien 1949, Georg Nostitz-Rieneck, Briefe Kaiser Franz Josephs an Kaiserin Elisabeth, 2 Bde., Wien 1966.

Lit.: Joseph Redlich, Kaiser Franz Joseph von Österreich, Berlin 1929; Egon Caesar Conte Corti, Kaiser Franz Joseph, 3 Bde., Wien 1950–1955; Franz Herre, Kaiser Franz Joseph von Österreich, Köln 1978.

H.

Franz Ferdinand von Österreich-Este, ältester Sohn von Erzherzog → Karl Ludwig aus zweiter Ehe mit Prinzessin → Maria Annunziata von Neapel-Sizilien, geb. 18. 12. 1863 in Graz, ermordet 28. 6. 1914 in Sarajevo, begr. in Artstetten / Niederösterreich.

Im streng katholischen Elternhaus von konservativen Hauslehrern erzogen, machte Franz Ferdinand die übliche militärische Laufbahn bei Infanterie und Kavallerie durch, so 1890–1892 als Oberst eines Husarenregiments in Ödenburg (Sopron), wo er eine tiefe Abneigung gegen ungarisches Wesen faßte. Nach dem Tod des Kronprinzen → Rudolf 1889, mit dem er sich gut verstanden hatte, wurde er allgemein als Thronfolger angesehen, jedoch ohne amtliche Bestätigung. 1892/93 unternahm er eine zehnmonatige Reise um die Welt, worüber er ein Tagebuch veröffentlichte. Danach verschlechterte sich seine durch ein tuberkulöses Lungenleiden angegriffene Gesundheit derart, daß er sich durch Kuraufenthalte in den Alpen, an der Adria, im Mittelmeer und in Ägypten jahrelang schonen mußte. Erst 1898 erfolgte eine durch seine starke Willenskraft geförderte völlige Genesung, so daß er zur »Disposition des Allerhöchsten Oberbefehls« gestellt wurde, also zum Stellvertreter des Kaisers in allen militärischen Belangen. Franz Ferdinand förderte die Marine und die Militärluftfahrt, unterschätzte dagegen die Bedeutung der neuen Artillerietechnologie und der Schützengrabentaktik.

Seine mit Beharrlichkeit verfolgte Eheschließung mit Gräfin Sophie Chotek, die zwar adelig war, aber aus keinem »ebenbürtigen« regierenden oder reichsständischen Haus stammte, begegnete dem hartnäckigen Widerstand Kaiser → Franz Josephs, der seine Einwilligung dazu erst gewährte, nachdem sein Neffe 1900 auf alle Thronfolgerechte der Kinder aus dieser morganatischen Ehe feierlich verzichtete. Mit der Heirat wurde Gräfin Chotek zur Fürstin, 1909 zur Herzogin von Hohenberg erhoben. Der glücklichen Ehe entstammten drei Kinder: Sofie, geb. 1901, Herzog Max von Hohenberg (1902–1964) und Fürst Ernst von Hohenberg (1904–1954).

Thronfolger Franz Ferdinand während seiner Ägyptenreise als Mumie – ein Zeugnis übermütiger Jugendjahre.

Ab 1906 befaßte sich Franz Ferdinand mit der Politik, vornehmlich mit der Zurückdrängung der separatistischen Bestrebungen Ungarns. Seine Militärkanzlei im Wiener Schloß Belvedere entwickelte sich unter Oberstleutnant Brosch (1904–1911) zu einer Art Nebenregierung, unterhielt regen Kontakt zu Vertrauensleuten aus fast allen Ministerien, Parteien und Nationalitäten und verfaßte Zukunftspläne für die Umgestaltung der Monarchie. Für seine Thronbesteigung beabsichtigte Franz Ferdinand, die bindenden Kräfte der Monarchie (Krone, Wiener Zentralregierung und Heer) zu stärken sowie die Autonomie Ungarns durch eine Revision des 1867er-Ausgleichs zu beschränken. Dabei zählte er auf die Unterstützung der Rumänen, Slowaken und Kroaten gegen die regierende magyarische Adelsschicht, war aber im Notfall auch bereit, militärische Gewalt anzuwenden. Von weitreichenden föderalistischen Umbauplänen distanzierte sich der konservativ, klerikal und antidemokratisch gesinnte Thronfolger zunehmend, befürwortete aber die Erweiterung der kulturellen Selbstbestimmungsrechte der Nationalitäten, wenn auch unter Beibehaltung der historischen Kronländer.

Die geplante innere Umgestaltung bedingte einen außenpolitischen Kurs, der auf Konfliktvermeidung ausgerichtet war. Daher bekämpfte Franz Ferdinand die ehrgeizige und überriskante expansionistische Balkanpolitik Aehrenthals (bosnische Annexion) sowie die abenteuerlichen Präventivkriegspläne des Generalstabschefs Conrad von Hötzendorf gegen Italien und Serbien. Er setzte sich während der Balkankrisen 1912/13 konsequent für die Friedenserhaltung ein – durch enge Zusammenarbeit mit Deutschland (er kultivierte die Freundschaft mit Kaiser Wilhelm II.) sowie durch eine Wiederannäherung an das zaristische Rußland – mit der Neubelebung des konservativen, monarchischen und antirevolutionären Dreikaiserbundes als Endziel. Dennoch galt er irrtümlicherweise in der Öffentlichkeit als Verfechter einer aggressiven, gegen Serbien gerichteten Politik – offenbar wegen seiner engen militärischen Zusammenarbeit mit Conrad, der die Trialismus-Idee propagierte: alle Südslawen der Monarchie in einem dritten Teilstaat zu vereinen.

Sein falscher Ruf als Mentor einer Wiener »Kriegspartei« trug dazu bei, den Haß der antihabsburgischen südslawischen Nationalisten auf ihn zu lenken. In seiner Eigenschaft als »Generalinspektor der gesamten bewaffneten Macht« (seit August 1913) mußte er die im Juni 1914 abgehaltenen Manöver in Bosnien leiten. Diese Reise wurde von einer Gruppe junger bosnischer Serben, unterstützt von militärischen Kreisen in der serbischen Hauptstadt Belgrad, zum Anlaß genommen, ein gegen den Thronfolger gerichtetes Komplott zu organisieren. Am 28. Juni 1914 gelang es dem Gymnasialstudenten Gavrilo Princip, Franz Ferdinand und seine Gattin während einer Autofahrt durch die bosnische Hauptstadt Sarajevo zu erschießen. In Wien, wo Franz Ferdinands zurückhaltender Einfluß plötzlich fehlte, wurde diese Mordtat zum Vorwand genommen, um einen Krieg gegen Serbien zu provozieren. Auf diese Art sollte versucht werden, die Stellung der Monarchie als Großmacht zu behaupten sowie die Südslawenfrage gewaltsam zu lösen. Aus diesem lokalen »Präventivkrieg« entstand aber innerhalb einer Woche Ende Juli 1914 der Erste Weltkrieg.

Im Familienkreis liebenswürdig, war der Thronfolger doch im allgemeinen schwermütig, mißtrauisch, sarkastisch und selten nachsichtig oder großmütig gegenüber seinen wirklichen oder oft nur vermeintlichen Gegnern. Er war energisch, fleißig, intelligent und mutig, aber ultrakonservativ, bigott und einseitig, so daß er sich in der Öffentlichkeit keiner besonderen Beliebtheit erfreute.

Franz Ferdinand führte mit seiner Frau Herzogin Sophie von Hohenberg und drei Kindern ein vorbildliches Familienleben.

Werke: Tagebuch meiner Reise um die Erde 1892/93, 2 Bde., Wien 1895/96.

Lit.: Rudolf Kiszling, Erzherzog Franz Ferdinand von Österreich-Este, Graz–Köln 1953; Robert A. Kann, Erzherzog Franz Ferdinand-Studien, Wien 1976; F. Weissensteiner, Franz Ferdinand. Der verhinderte Herrscher, Wien 1983.

Museum: Erzherzog-Franz-Ferdinand-Museum, Artstetten/Niederösterreich.

L.

Franz Salvator, Sohn von Erzherzog → Karl Salvator und Prinzessin → Maria Immakulata von Neapel-Sizilien, geb. 21. 8. 1866 in Altmünster/Oberösterreich, gest. 20. 4. 1939 in Wien, begr. im Friedhof von Sindelburg bei Wallsee/Niederösterreich.

Absolvent des Militärreitlehrinstituts und der Kriegsschule, rückte der Erzherzog 1881 als Leutnant ein und wurde 1889 zum Rittmeister befördert. 1890 heiratete er in Ischl die jüngste Kaisertochter, → Marie Valerie. In der Armee stieg er nun sehr rasch auf, bis zum General der Kavallerie 1911.

Verlobungsbild Erzherzog Franz Salvators mit der Kaisertochter Marie Valerie im Dezember 1888. Die vornehme Heirat machte den Erzherzog zu einem wohlhabenden Mann. Der Liebesehe verdanken zahlreiche Nachkommen ihre Existenz.

Während des Ersten Weltkrieges diente er als Generalinspektor der freiwilligen Sanitätspflege, wobei er die Hilfsaktion für die Kriegsgefangenen in Rußland leitete. 1916 erhielt er das Ehrendoktorat der Medizinischen Fakultät der Universität Innsbruck, wurde Protektor-Stellvertreter der Österreichischen Gesellschaft des Roten Kreuzes und des Vereins des Roten Kreuzes der Länder der heiligen ungarischen Krone.

Am 1. Dezember 1918 wurde Franz Salvator, wie alle Erzherzöge, im Einvernehmen mit dem Deutsch-Österreichischen Staatsamt für Heerwesen in das Verhältnis »außer Dienst« versetzt. Im selben Jahr verzichtete er als zehnfacher und fürsorglicher Vater gemäß dem Habsburgergesetz auf seine Thronrechte und blieb in Österreich. Zehn Jahre nach dem Tod seiner ersten Frau heiratete er 1934 in Wien Melanie Baronin Risenfels (1898 bis 1984).

Franz Salvator war Protektor des Union-Fechtklubs in Wien und technisch sehr aufgeschlossen. Als Förderer des Porsche-Unternehmens zählte er zu den bekanntesten frühen Autofahrern, daneben betätigte er sich als Amateurfotograf und Maler.

H.-L.

Franz Karl Salvator, Sohn von Erzherzog → Franz Salvator und Erzherzogin → Marie Valerie, geb. 17. 2. 1893 auf Schloß Lichtenegg bei Wels, gest. 10. 12. 1918, begr. in Sindelburg bei Wallsee/Niederösterreich.

Nach der Matura an der Stella Matutina in Feldkirch trat er in die Technische Militärakademie in Hainburg ein und wurde 1915 Leutnant. Er kämpfte in Rußland, Montenegro und Rumänien, war am Brückenschlag von Belgrad 1916 beteiligt und wurde zum Pionierhauptmann befördert. Er starb an spanischer Grippe.

H.-L.

Franz Josef, Sohn von Erzherzog → Leopold Salvator und Prinzessin → Blanka von Bourbon-Kastilien, geb. 4. 2. 1905 in Wien, gest. 9. 5. 1975 in Wien, begr. in der Kathedrale San Giusto in Triest.

Mit seiner Familie emigrierte Franz Josef 1918 nach Spanien und wurde dort 1926 naturalisiert. Er führte den Namen »Prinz von Habsburg y Bourbon« und den Titel eines Herzogs von Madrid als Chef der spanischen Karlisten. Von Beruf war er Ingenieur der Elektrotechnik und Pilot. Während des Zweiten Weltkriegs lebte er als Innenarchitekt in den USA und kehrte nach 1955 nach Österreich zurück, wo er als Land- und Forstwirt tätig war. Erste Ehe 1937 in London mit Martha Baumer, zweite Ehe 1962 in Zürich mit Maria Elena Seunig.

H.-L.

Franziska (»Fanny«), Gattin von Erzherzog → Maximilian, geb. 21. 6. 1897 in Teplitz.

1917 heiratete das jüngste von fünf Kindern des Prinzen Konrad von Hohenlohe-Waldenburg-Schillingsfürst, eines Obersthofmeisters Kaiser Karls, in Laxenburg den jüngeren Bruder Kaiser → Karls. Der Ehe entstammen zwei Söhne: Ferdinand Karl, geb. 1918, und Heinrich, geb. 1925, die später den Namen »Kyburg« annahmen.

Das Ehepaar zog nach dem Umsturz zunächst in die Schweiz, dann nach Bayern. Dort lebte Franziska unter dem Inkognito einer »Gräfin Wernberg«. Sie gründete und leitete unter diesem Namen einen Modesalon in München. Ihr Wohnsitz wurde später Anif bei Salzburg.

H.

Prinzessin Franziska von Hohenlohe-Schillingsfürst als Braut des Erzherzogs Max

Friedrich I. (III.), »der Schöne«, römisch-deutscher König, Herzog von Österreich und Steiermark, zweiter Sohn von → Albrecht I. und → Elisabeth von Görz-Tirol, geb. 1289, vielleicht in Wien, gest. 13. 1. 1330 in Gutenstein/Niederösterreich, begr. in der Kartause Mauerbach bei Wien, seit 1789 in der Fürstengruft in St. Stephan in Wien.

Wahlspruch: Ad huc stat / Noch steht er.

Als erster Habsburger erhielt Friedrich einen Babenbergernamen, der demonstrieren sollte, daß die Habsburger in den neuerworbenen Territorien über die ottokarische Zeit hinweg bewußt an die Tradition der babenbergischen Dynastie anknüpfen wollten. Mit 17 Jahren wurde ihm 1306 die Verwaltung der habsburgischen Länder übertragen, als sein Bruder → Rudolf III. zum König von Böhmen erhoben wurde. Seine von Albrecht I. tatkräftig unterstützten Bemühungen um das böhmische Königreich nach dem frühen Tod seines Bruders waren noch unentschieden, aber keineswegs aussichtslos, als die Ermordung Albrechts I. 1308 eine völlig neue Situation herbeiführte. Unter anderem kam es zu einem von Adel und Bürgertum getragenen Aufruhr in Österreich, als dessen Hintermänner die Herzoge von Niederbayern fungierten. Da die Habsburger sogar um die Belehnung mit ihren Territorien durch den neuen König Heinrich VII. bangen mußten, gab Friedrich die Wenzelskrone verloren. 1309 erhielten die habsburgischen Brüder die schriftliche Gesamtbelehnung.

Der offenkundig kraftlose, gesundheitlich labile Friedrich trat nun in der Familienpolitik in den Hintergrund. Hier dominierten seine Mutter → Elisabeth und der energische Bruder → Leopold I. 1311 wurde das 1304 bereits vorübergehend faßbare, vielleicht vom neapolitanischen Hof angeregte Projekt einer habsbur-

Friedrich I. (III.) Herzogskapelle in St. Stephan

gisch-aragonesischen Heirat wiederaufgenommen. Nach langen Verhandlungen, in denen König Jayme II. von Aragón als Bedingung auch auf der schriftlich verbrieften – der Gesamthandbelehnung der habsburgischen Brüder zuwiderlaufenden – Alleinherrschaft Friedrichs und seiner Nachkommen aus der Ehe mit der Infantin Isabel (die dann in Österreich → Elisabeth genannt wurde) bestand, wurde die Ehe (per procuratorem 1313 in Barcelona, tatsächlich 1314 in Judenburg) geschlossen.

1314 kam es, mehr als ein Jahr nach dem Tode Kaiser Heinrichs VII., zur Doppelwahl und zum Thronstreit: Friedrich wurde bei Sachsenhausen von einem Teil der Kurfürsten zum römisch-deutschen König gewählt, von der anderen Gruppe wurde vor Frankfurt Herzog Ludwig von Oberbayern gewählt. Zwei Kurstimmen waren dabei strittig und daher doppelt besetzt gewesen. Friedrich wurde vom Erzbischof von Köln, dem rechten Coronator, in Bonn (Aachen hatte sich verschlossen) mit den Reichsinsignien gekrönt, am selben Tag krönte der Erzbischof von Mainz Ludwig den Bayern in Aachen. Das Königswahlrecht war nicht eindeutig geregelt, das Papsttum zudem vakant; die Auseinandersetzung war unausweichlich. In der Folge konnte keine der beiden Parteien trotz gewaltiger diplomatischer und finanzieller Anstrengungen für sich die allgemeine Anerkennung, auch nicht die des neuen Papstes Johannes XXII. erringen. 1322 kam es bei Mühldorf am Inn zur Entscheidungsschlacht. Friedrich erlitt eine vernichtende Niederlage und geriet wie sein Bruder → Heinrich in Gefangenschaft.

In den folgenden Jahren, in denen Friedrich auf Burg Trausnitz (Oberpfalz) gefangen saß, geriet Ludwig zunehmend unter Druck, einerseits durch die vom Papst gegen ihn eröffneten Prozesse, andererseits durch die Verhandlungen zwischen den Luxemburgern, dem Papst und Frankreich über eine kapetingische Thronkandidatur im Reich, in die auch Herzog Leopold I., der unversöhnliche Gegner Ludwigs, einbezogen wurde. Es kam zur Verständigung zwischen Ludwig und Friedrich, der bereit war, auf sein Königtum zu verzichten. Um die Zustimmung der Brüder zu erlangen, durfte er zu Ostern 1325 Trausnitz verlassen. Er kehrte aber wieder in die Haft zurück, da er den Widerstand Leopolds I. nicht zu überwinden vermochte. Am 5. September 1325 wurde endlich in München ein Geheimvertrag geschlossen, in dem Ludwig Friedrich als Mitkönig anerkannte. Friedrich,

Eine bei Historienmalern beliebte Szene: König Ludwig der Bayer besucht seinen unterlegenen Feind Herzog Friedrich den Schönen im Kerker.

der durch den Tod Leopolds I. (1326) seine wichtigste Stütze verlor, trat politisch indes kaum mehr in Erscheinung.

Der großgewachsene, als hochmütig geschilderte Fürst erfreute sich keiner großen Beliebtheit, offenbar nicht einmal in der Familie. Sein Beiname »der Schöne« ist nicht zeitgenössisch, er wurde erst im 16. Jahrhundert geprägt.

Lit.: Regesta habsburgica 3: Die Regesten der Herzoge von Österreich sowie Friedrichs des Schönen als Deutschen König 1314–1330, bearb. von Lothar Groß, 1924; Alphons Lhotsky, Geschichte Österreichs... (1281–1358), Wien 1967, 169–309.

S.

Friedrich II., Herzog von Österreich, Sohn von Herzog → Otto »dem Fröhlichen« aus erster Ehe mit → Elisabeth von Niederbayern, geb. 10. 2. 1327, gest. 11. 12. 1344 an unbekanntem Ort, begr. in Neuberg/Mürz.

Die Geburt Friedrichs war für die unter Nachfolgesorgen leidenden Habsburger (alle fünf Brüder hatten bisher keine männlichen Nachkommen) eine so große Freude, daß Herzog Otto aus diesem Anlaß das Zisterzienserstift Neuberg an der Mürz stiftete. Friedrichs Mutter starb bald nach der Geburt eines weiteren Sohnes, → Leopold, schon 1330, und der junge Friedrich wurde seiner Tante, Königin → Agnes, in Königsfelden zur Erziehung übergeben. Schon für den Achtjährigen bestand ein Eheprojekt mit der Prinzessin Johanna von England, das von Kaiser Ludwig (dem Bayern) begünstigt, aber nicht realisiert wurde. Nach dem frühen Tod des Vaters 1339 nahm sich der Onkel → Albrecht II. des Knaben an, holte ihn zu sich nach Österreich, ließ ihn Verhandlungen beiwohnen und wichtige Leute kennenlernen. Denn Friedrich hatte nach Albrecht II. die nächste Anwartschaft auf die Nachfolge. Als Sechzehnjähriger nahm der Herzog an einem Turnier in Böhmen glanzvoll teil. Nach dem plötzlichen Tod seines jüngeren Bruders 1344 starb auch der 17jährige Friedrich völlig unerwartet. Die Zeitgenossen sprachen von Vergiftung.

H.

Friedrich III., Herzog, zweiter Sohn von Herzog → Albrecht II. und → Johanna von Pfirt, geb. 31. 3. 1347 in Wien, gest. 10. 12. 1362 in Wien, begr. im Stephansdom in Wien.

Der junge Herzog begleitete seinen Vater Albrecht auf dessen Reise nach Wien, wo dieser mit 70 Jahren starb. Nach der Hausordnung von 1355 traten alle vier Brüder 1358 gemeinsam Albrechts Erbe an. Friedrich III., auch »der Freigebige« genannt, starb jedoch fünfzehnjährig durch einen Jagdunfall.

H.

Herzog Friedrich III. (zweiter von rechts) mit seinem Vater, Albrecht II., und seinem älteren Bruder, Rudolf IV., Glasgemälde in Gaming

Friedrich IV. (»Friedl mit der leeren Tasche«), Herzog von Österreich-Tirol, Sohn von Herzog → Leopold III. und → Viridis Visconti, geb. 1382, gest. 24. 6. 1439, begr. in der Friedrichsgruft in Stams, Oberinntal.

Gemäß habsburgischer Tradition erwarb Friedrich bereits in sehr jungen Jahren an der Seite seines Bruders, Herzog → Leopold IV., Regierungserfahrungen in den Vorlanden. Seit 1406 herrschte er dann allein über Tirol und die verstreuten Besitzungen des Hauses vor dem Arlberg. Er wurde zum Begründer der kurzlebigen sogenannten älteren Tiroler Linie der Habsburger.

Friedrichs erste Lebensperiode ist durch eine Reihe turbulenter Ereignisse gekennzeichnet: Vom Westen her bedrohten die Appenzeller Tirol, im Südên setzte sich Venedig im Gebiet des Hochstifts Trient fest, wo zudem noch Aufstände gegen den Bischof ausbrachen, und vom Norden unternahmen die Wittelsbacher Einfälle in das Inntal. Diesen äußeren Gefahren begegnete der Herzog mit Geschick – ebenso wie der Opposition eines beträchtlichen Teiles des Tiroler Adels, der sich in umfangreichen Bündnissen (Elefantenbund 1406, Falkenbund 1407) unter der Führung des mächtigen Hofmeisters Heinrich von Rottenburg zusammengeschlossen hatte. Der Sturz und der Tod des kinderlosen Rottenburgers boten Friedrich die erste Möglichkeit zur Festigung der landesfürstlichen Macht.

Dieser Prozeß, der auch in territorialen Erwerbungen, in der Rückgewinnung verpfändeter Gerichte und in einer ansatzweise geordneten Verwaltung seinen Ausdruck fand, geriet durch das Bündnis Friedrichs mit Papst Johannes XXIII. in eine schwere Krise. Als der Papst auf dem Konstanzer Konzil 1415, die drohende Absetzung vor Augen, mit Hilfe des Herzogs flüchtete, wurde dieser dafür vom römisch-deutschen König Siegmund geächtet und gefangengesetzt. Daraufhin gingen unter anderem die habsburgischen Kerngebiete im Aargau mit der »Habsburg« für immer an die Schweizer Eidgenossen verloren.

In Tirol versuchte zunächst Herzog → Ernst

Herzog Friedrich IV., »Friedel mit der leeren Tasche«

von Innerösterreich-Steiermark, ein Bruder Friedrichs IV., die Herrschaft für das Haus zu retten. Allmählich wurde aber auch deutlich, daß der aus Konstanz geflüchtete Friedrich selbst in der Lage war, sich gegen das Reichsoberhaupt, gegen beutegierige Nachbarn und gegen den oppositionellen Adel im Land zu behaupten. Maßgeblichen Rückhalt erfuhr er dabei bei der bäuerlichen Bevölkerung und den Bewohnern der Städte, mit deren Unterstützung Friedrich auch die letzte große Kraftprobe mit dem Adel bestand. Die Herren von Schlandersberg, von Starkenberg, von Wolkenstein – unter ihnen der berühmte Dichter Oswald – und weitere Standesgenossen wurden zur Unterwerfung gezwungen. Nicht zufällig erhielten in diesem Zusammenhang die Gerichte mit ihren zumeist bäuerlichen Abgesandten in der sich eben damals ausbildenden landständigen Verfassung Tirols eine bedeutende Position eingeräumt, während das Gewicht des Adels im Tiroler Landtag im Vergleich mit anderen österreichischen Ländern bescheidener blieb.

Seit etwa 1425 war die Herrschaft Friedrichs nach innen und außen deutlich konsolidiert. In Innsbruck, wo der Herzog seit ca. 1420 seine feste Residenz genommen hatte, etablierten sich auch die neu organisierten landesfürstlichen Behörden. Der Aufschwung von Handel und Verkehr in Tirol sowie das Aufblühen des Silberabbaus in Gossensaß und Schwaz sorgten für wachsende Einnahmen. Friedrich wurde zum reichsten aller Habsburger. Seit 1424 führte er auch die Vormundschaft über seine Neffen aus der innerösterreichischen Linie → Friedrich V. und → Albrecht VI. Ein guter Teil der nach 1415 verlorenen habsburgischen Rechte vor dem Arlberg konnte wiedergewonnen und neue Besitzungen erworben werden. Auch mit Kaiser Siegmund fand Friedrich einen Ausgleich.

Friedrich IV. war zweimal verheiratet: in erster Ehe mit → Elisabeth von der Pfalz, die 1408 starb, und in zweiter mit → Anna von Braunschweig-Lüneburg, die ihm 1427 den Sohn → Sigmund (»der Münzreiche«) schenkte und schon fünf Jahre später 1432 starb.

In der Tiroler Bevölkerung blieb das Andenken an den ersten in Tirol residierenden Habsburger stets lebendig. Besonders Episoden seiner abenteuerlichen Flucht verhalfen Friedrich zu großer Popularität. Die angeblich damals von seinen adeligen Gegnern geprägte Charakterisierung »mit der leeren Tasche« wurde zum volkstümlichen Beinamen eines volkstümlichen Fürsten.

Lit.: J. Riedmann, Mittelalter, in: J. Fontana (u. a.), Geschichte des Landes Tirol, Bd. 1, 1985, 437–459 (mit Hinweisen auf die ältere Literatur).

Rie.

Friedrich III., Kaiser (als deutscher König Friedrich IV., wenn → Friedrich der Schöne mitgezählt wird; als Herzog Friedrich V.), ältestes der neun Kinder von Herzog → Ernst von Innerösterreich und seiner zweiten Gemahlin → Cimburgis von Masowien, geb. 21. 9. 1415 in Innsbruck, gest. 19. 8. 1493 in Linz. Herz und Eingeweide sind in der Linzer Stadtpfarrkirche bestattet, der Körper im Wiener Stephansdom (1513

Friedrich III. als römischer König. Gemälde eines italienischen Meisters

Fertigstellung des prächtigen Hochgrabes mit der Grabplatte von Niklas Gerhaert von Leyden).

Wahlspruch: Rerum irrecuperabilium summa felicitas est oblivio (auch: felix oblivio)/Das größte Glück liegt im Vergessen des Unwiederbringlichen.

Bekannter ist Friedrichs Vokalsymbol AEIOU, das allerdings nicht Devise, sondern persönliches Zeichen war und verschiedene Deutungen zuläßt: »Alles Erdreich ist Österreich untertan« oder »Austriae est imperare orbi universo«/Österreichs Bestimmung ist die Herrschaft über den ganzen Erdkreis.

Zum Zeitpunkt der Geburt Friedrichs waren die habsburgischen Länder dreigeteilt: → Albrecht V. besaß Österreich ob und unter der Enns, Ernst besaß Innerösterreich (Steiermark, Kärnten, Krain) und → Friedrich IV. Tirol und die Vorlande, doch war letzterer damals Gefangener des Königs Siegmund in Konstanz, und Ernst hatte sich Tirols angenommen. Friedrich kam deshalb in Innsbruck zur Welt und erhielt den Namen des Onkels. Nach dem frühen Tod des Vaters 1424 wurde Friedrich IV. – inzwischen einigermaßen mit dem König ausgesöhnt und in seine Länder zurückgekehrt – Vormund der noch sehr kleinen Kinder: Friedrich, → Margarete, → Albrecht VI., → Ernst und → Katharina. Erst ein Schiedsspruch Albrechts V. befreite den 20jährigen Friedrich aus der Vormundschaft, worauf er 1436 nach Jerusalem reiste, um wie einst sein Vater Ritter des heiligen Grabes zu werden.

Während seiner Abwesenheit erfolgte die Erhebung der Cillier in den Reichsfürstenstand. Kaiser Siegmund hatte sie damit den Habsburgern gleichgestellt und ihren Besitz in der Steiermark und in Krain dem habsburgischen Einfluß entzogen. Friedrich protestierte nach seiner Rückkehr energisch, aber vergebens, gegen diese Schmälerung seiner Herrschaftsrechte.

Die Herzogsjahre waren erfüllt mit Bemühungen, Ordnung in die wirtschaftlichen Verhältnisse der Länder zu bringen. 1439 starben sowohl Friedrich IV. als auch Albrecht V., der im Jahr zuvor deutscher König und außerdem als Schwiegersohn und Erbe König Siegmunds König von Ungarn und Böhmen geworden war. Somit war Friedrich Senior des Hauses Habsburg und Vormund des 12jährigen Sohnes von Friedrich IV., → Sigmund von Tirol. Noch größere Aufgaben zeichneten sich mit der Nachfolge im deutschen Reich ab und mit der Notwendigkeit, für den möglicherweise zu erwartenden albertinischen Erben Böhmen und Ungarn zu sichern. Im Februar 1440 gebar die Königinwitwe → Elisabeth tatsächlich posthum einen Sohn. Mit diesem Mündel, → Ladislaus Postumus, übernahm Friedrich auch die ungarische Stephanskrone in seine Obhut.

Die Wahl der Kurfürsten fiel wie erwartet auf Friedrich, doch wegen der schwierigen Verhältnisse in Österreich konnte er erst 1442 zum Krönungszug nach Aachen aufbrechen. Er mußte dem Land Österreich große Geldsummen vorstrecken, um es von Albrechts hinterlassenen Söldnern zu befreien. Zudem waren die Österreicher dem »Steirer« Friedrich gegenüber feindselig, was er ihnen zeitlebens nicht verzieh. Der Bruder, → Albrecht VI., verschärfte mit seinen Forderungen die Situation und schreckte als Druckmittel gegen Friedrich nicht davor zurück, sich mit den Cilliern zu verbünden.

Die Heimreise von der Königskrönung benützte Friedrich zu einem Besuch in den habsburgischen Vorlanden und zu einem Treffen mit Herzog Philipp von Burgund. Nach zwei wenig erfolgreichen Reichstagen in Nürnberg verzichtete er weitgehend auf eine aktive Reichspolitik, ohne jedoch die Königswürde geringzuachten. Er verstand sein Amt vor allem als das eines obersten Schiedsrichters und zog mit Vorliebe Prozesse an sich. Zumindest kirchenpolitisch stellte er die Weichen, indem er sich für Papst Eugen IV. entschied und das Ende des Basler Konzils herbeiführte. Als König – wie später als Kaiser nochmals – bestätigte Friedrich die österreichischen Privilegien → Rudolfs des Stifters,

Kaiser Friedrich III. Gemälde von Hans Burgkmair d. Ä.

wie er überhaupt viele Anregungen in Rudolfs Gedankenwelt fand. Der habsburgische Erzherzogstitel, den Friedrich seiner innerösterreichischen Linie vorbehalten wollte, war damit reichsrechtlich anerkannt.

1446 endete die Vormundschaft über Sigmund von Tirol, der ab nun selbst regierte. Der junge Ladislaus blieb noch in Friedrichs Obhut, doch wurde die Opposition in Österreich gegen ihn immer stärker. In Ungarn und Böhmen waren mit Johann Hunyady und Georg Podiebrad nationale Landverweser bestellt worden, mit denen Friedrich eher einen Modus vivendi fand (mit Ungarn erst nach einer kriegerischen Auseinandersetzung). 1451 trat er seine Romreise an. Friedrichs Krönung am 19. März 1452 war die letzte Kaiserkrönung in Rom und der päpstliche Dank für die Beendigung des Schismas. Der Papst traute Friedrich auch mit seiner portugiesischen Braut → Eleonore und verlieh ihm die lombardische Krone, die der Kaiser Sforzas wegen nicht in Mailand empfangen wollte. Nach diesen prunkvollen Zeremonien folgte bald die Ernüchterung: in Österreich war die Rebellion offen ausgebrochen. Den zurückgekehrten Kaiser belagerte man in seiner Residenz Wiener Neustadt, so daß er Ladislaus den Österreichern ausliefern mußte. Innerösterreich, auf das Friedrich somit wieder reduziert war, stellte eine sehr bescheidene Machtbasis für große kaiserliche Politik dar.

1457 ereignete sich der erste der Todesfälle, die zu dem bekannten Urteil Anlaß gaben, Friedrichs Verdienst wäre es einzig gewesen, seine Gegenspieler überlebt zu haben: Ulrich von Cilli wurde ermordet. Er war der letzte seines Geschlechts, und der Kaiser konnte den Großteil des Erbes einziehen. Im selben Jahr starb auch Ladislaus, womit Österreich an die Leopoldiner fiel. Böhmen ging für Habsburg wieder verloren, denn hier wählte man sofort Georg Podiebrad zum König. In Ungarn wurde zwar Hunyadys Sohn Matthias Corvinus König, aber eine Gegenpartei wählte Friedrich, der noch immer im Besitz der Stephanskrone war. Um dieselbe Zeit wurde der sehnlichst erwartete Thronfolger → Maximilian geboren.

Trotzdem gab es kein Aufatmen. Mit dem

AEIOU – das Motto Friedrichs III. an der Kaiserempore der Liebfrauenkirche in Wiener Neustadt

Bruder Albrecht VI. kam es zum offenen Krieg, in dessen Verlauf die kaiserliche Familie in der Wiener Burg belagert wurde. Retter in der Not war damals Podiebrad, zu dem Friedrich ein zwiespältiges Verhältnis hatte. Nach dem Ödenburger Vertrag mit Matthias Corvinus, worin Friedrich gegen das habsburgische Nachfolgerecht in Ungarn die Krone auslieferte, verschlechterten sich die Beziehungen mit dem Böhmen. Durch den unerwarteten Tod Albrechts wurde Friedrich 1463 unbestrittener Herr Österreichs. Doch war das Land als bittere Folge des jahrelangen Krieges völlig ausgeplündert. Die Praxis, zur Befriedigung der Söldner Münzrechte zu verpachten, hatte überdies zu einem Zusammenbruch der Münze geführt.

Vor allem kirchenpolitische Anliegen (Errichtung von österreichischen Bistümern in Wien und Wiener Neustadt; Bestätigung des St.-Georg-Ritterordens; Kanonisierung Leopolds) führten den Kaiser 1468/69 ein zweites Mal nach Rom. Während seiner Abwesenheit brach die Baumkircherfehde aus, die die verheerendste von ähnlichen Aufständen ehemaliger Getreuer war. In diesem einen Fall handelte Friedrich rasch und unerbittlich und ließ Baumkircher hinrichten. Bald darauf begann der große ungarische Krieg, in dessen Verlauf der Kaiser den Großteil Österreichs samt Wien und Wiener Neustadt verlor.

In seinen letzten Regierungsjahren wandte sich Friedrich wieder stärker dem Reich zu. Er kam nach Trier zu einem Treffen mit Karl dem Kühnen und nahm nach dem Scheitern persönlich am Reichskrieg gegen den Burgunder teil. Nach mehreren erfolglosen Projekten, Friedrich einen römischen König an die Seite zu stellen, wurde 1486 sein Sohn Maximilian römischer König, und damit blieb die deutsche Krone bei Habsburg.

Die Jahre der Doppelregierung waren wegen der so verschiedenen Persönlichkeiten von Vater und Sohn nicht unproblematisch, aber letztlich politisch erfolgreich. Friedrich verhinderte, daß Maximilian nach der Heirat mit → Maria von Burgund ganz in den burgundisch-französischen Angelegenheiten aufging. Er schritt in Tirol ein und erreichte, daß Sigmund zugunsten Maximilians zurücktrat. Als 1490 König Matthias Corvinus in Wien starb, wurde Maximilian in Österreich freudig aufgenommen, womit die habsburgischen Erblande endlich in ungeteilter Hand waren. In Ungarn und Böhmen wurde die Anwartschaft durch Erbvertrag gesichert.

Persönlich fromm, mäßig, dem Kriegshandwerk wie der Jagd abhold, liebte der Kaiser den Gartenbau, edle Steine, die Astronomie, beschäftigte sich mit Geheimwissenschaften. Von seinen Zeitgenossen vielfach verachtet und geringgeschätzt, verfolgte er unbeirrt seine Absichten und war sich auch im Angesicht von Demütigungen seiner gottgegebenen Würde bewußt. Politisch war er ein Reaktionär, der noch einmal auf die alte Verbindung von *imperium* und *sacerdotium* setzte. Mit den neu aufkommenden Mächten Burgund und Sforza verhandelte er wohl, versagte ihnen aber die Anerkennung. Hinlänglich gebildet, wußte er die Dienste eines Enea Silvio zu schätzen, ohne eine wirkliche Beziehung zum Humanismus zu gewinnen. Sein vorgenanntes Memorandenbuch gibt einen Eindruck der Persönlichkeit in jüngeren Jahren. Einer gerechteren Beurteilung Friedrichs als Herrscher, vor allem seiner Rolle im Reich, steht die Übermasse der Dokumente im Weg, deren Aufarbeitung nun entschiedener in Gang gekommen ist, was möglicherweise zu einer Neubewertung dieses Kaisers führen wird.

Lit.: Friedrich III. – Kaiserresidenz Wiener Neustadt, Ausstellung Wiener Neustadt 1966: Alphons Lhotsky, Das Haus Habsburg (Aufsätze und Vorträge, Bd. 2, Wien 1971); Karl Nehring, Matthias Corvinus, Kaiser Friedrich III. und das Reich, München 1975.

H.-R.

Friedrich, dritter Sohn von Erzherzog → Karl und Prinzessin → Henriette von Nassau-Weilburg, geb. 14. 5. 1821 in Wien, gest. 6. 10. 1847 in Venedig, begr. in der Malteserordenskirche San Giovanni Battista in Venedig.

Friedrich entschied sich für die Marinelaufbahn und wurde in der Familie nur »Seemann« genannt. Er zeichnete sich durch besondere Entschlossenheit und Tapferkeit bei der Erstürmung der Festung St. Jean d'Acre in Syrien aus und erhielt dafür den Maria-Theresien-Orden (Englisch-Türkischer Krieg mit Unterstützung der österreichischen Marine). Seit 1844 Vizeadmiral, widmete er sich Reformen in der Marine nach englischem Vorbild. Er starb 26jährig an Gelbsucht, wenige Monate nach seinem Vater.

Rau.

Friedrich Maria Albrecht, ältester Sohn von Erzherzog → Karl Ferdinand und Erzherzogin → Elisabeth, geb. 4. 6. 1856 in Groß-Seelowitz/ Mähren, gest. 30. 12. 1936 in Ungarisch-Altenburg (Mosonmagyaróvár) Ungarn, dort in der Pfarrkirche beigesetzt.

Als Enkel Erzherzog → Karls und Patenkind sowie späterer Adoptivsohn Erzherzog → Albrechts wurde Friedrich für eine militärische

Erzherzog Friedrich als Oberbefehlshaber der k. u. k. Armee im Ersten Weltkrieg

Karriere erzogen, aber gleichzeitig systematisch auf die Verwaltung des riesigen Albrecht-Erbes vorbereitet. Er eignete sich Kenntnisse im Berg- und Hüttenwesen, der Gärungstechnik, der Landwirtschaft (vor allem der Milchwirtschaft) an und erlernte auch das Tischlerhandwerk. Besonderes Interesse hatte er für Numismatik.

Als sein Vater 1874 starb, adoptierte sein Onkel Albrecht ihn sowie seine jüngeren Brüder → Karl Stefan und → Eugen.

Fünfzehnjährig wurde Friedrich Leutnant des Tiroler Kaiserjägerregiments, wurde aber erst 1874 konsequent in die Militärlaufbahn eingebunden, wo er sehr rasch aufstieg: bis zum Kommandierenden General des 5. Korps in Preßburg.

In seiner 1878 geschlossenen Ehe mit → Isabella von Croy-Dülmen kamen bis 1892 acht Töchter zur Welt, die auf Friedrichs Weisung pseudomilitärisch erzogen wurden. Als letztes und neuntes Kind kam dann 1897 ein Knabe, → Albrecht, zur Welt.

Mit dem Tod seines Adoptivvaters Albrecht 1895 wurde Friedrich mit einem Schlag unermeßlich reich. 1905 übersiedelte er von Preßburg nach Wien und bezog das Albrecht-Palais auf der Augustinerbastei. Er wurde Generaltruppeninspektor und 1907 Oberkommandant der k. k. Landwehr.

Zunehmend widmete er sich der Verwaltung und Vermehrung seines Besitzes. Zu den ererbten Besitzungen, nämlich dem Herzogtum Teschen, den Herrschaften Ungarisch-Altenburg und Bellye, den Allodialgütern Saybusch, Seelowitz und Friedek, erwarb er große Güter in Véghles, Topolovac und Klachau-Wörschach. Auf einigen Gebieten besaßen die Betriebe Friedrichs fast eine Monopolstellung, etwa bei Milch und Milchprodukten, bei Branntwein, Zucker und Öl. So stammte z. B. ein erheblicher Teil der in Wien konsumierten Milch von Gütern Erzherzog Friedrichs. Friedrich war Großgrundbesitzer und Wirtschaftskapitän ersten Ranges, er erhielt Ehrendoktorate der Technischen Hochschulen von Wien, Prag, Brünn und Lemberg und war außerdem Kunstmäzen. Er ließ die ererbte Sammlung »Albertina« erweitern, kaufte vor allem Dürer, Holbein, Rembrandt, Fra Bartolomeo, Waldmüller, Monet, Menzel, Delacroix. Er selbst behielt sich die Münzsammlung vor, in die er einen Großteil seiner freien Zeit investierte.

Erzherzog Friedrich (hinten Mitte) mit seiner Frau Isabella (links) und seiner Schwester, der Königin-Regentin Marie Christina von Spanien (vorne); links vorne der kindliche König Alfons XIII. von Spanien. Die beiden weißgekleideten Mädchen sind Maria Christinas Töchter.

Nach einem Zerwürfnis mit dem Thronfolger → Franz Ferdinand wegen dessen Eheschließung mit Isabellas Hofdame Sophie Chotek und ständiger späterer Differenzen sollte Friedrich im Sommer 1914 sein militärisches Kommando zurücklegen. Doch erhielt er nach der Ermordung Franz Ferdinands bei Ausbruch des Ersten Weltkrieges den Oberbefehl über die österreichisch-ungarischen Truppen – vor allem deshalb, weil erwartet wurde, daß er Conrad von Hötzendorf, der die militärischen Operationen tatsächlich leiten sollte, keine Hindernisse in den Weg legen würde. Da Conrad keine Frontbesuche machte, blieb dies – wie sonstige Repräsentationsaufgaben – Erzherzog Friedrich überlassen, der im Dezember 1914 Feldmarschall wurde.

Der als mittelgroß und dicklich beschriebene Friedrich, der mit einem watschelnden Gang daherkam und sehr schüchtern war, entwickelte bisweilen Festigkeit und strahlte große Ruhe aus. Er stand unter dem Pantoffel seiner ehrgeizigen und herrschsüchtigen Frau Isabella. Doch die ihm im Krieg zugedachte Rolle spielte er bemerkenswert gut.

Nach dem Tod Kaiser → Franz Josephs und der Thronbesteigung Kaiser → Karls 1916 änderte sich Friedrichs Leben. Die Beziehungen zwischen den Familien Friedrichs und Karls waren (vor allem durch die tiefen persönlichen Gegensätze der Ehefrauen → Zita und Isabella, aber auch durch Gegensätze Kaiserin Zitas zu ihrem Halbbruder Elias von Bourbon-Parma, der Friedrichs Schwiegersohn war) extrem belastet. Kaiser Karl übernahm gleich nach seinem Regierungsantritt das bisher von Friedrich wahrgenommene Armeeoberkommando. Friedrich wurde zunächst sein Stellvertreter, im Februar 1917 aber gänzlich enthoben.

Nach dem Zusammenbruch verwaltete Friedrich die Reste seines Vermögens, blieb mit seiner Familie auf den ungarischen Gütern und spekulierte zeitweise mit dem Gedanken, seinen Sohn Albrecht zum König von Ungarn zu lancieren. Friedrich erfreute sich einer recht guten Nachrede, sieht man von Karl Kraus ab, der ihn in den »Letzten Tagen der Menschheit« als gutmütigen, aber dummen Habsburger (»Bumsti«) hinstellt.

Lit.: Edmund Glaise von Horstenau, Feldmarschall Erzherzog Friedrich, Wien 1936.

R./H.

Gabriele, sechste Tochter von Erzherzog → Friedrich und Prinzessin → Isabella von Croy-Dülmen, geb. 14. 9. 1887 in Preßburg, gest. 15. 11. 1954 in Budapest.

Sie war unverheiratet und lebte meist bei den Eltern, nach deren Tod in großer Armut in Budapest.

Rau.

Germana, Tochter des Großherzogs → Ferdinand IV. von Toskana aus zweiter Ehe mit → Alice von Bourbon-Parma, geb. 11. 9. 1884 in Salzburg, gest. 3. 11. 1955 in Schwertberg/Oberösterreich.

Die Erzherzogin wuchs mit vielen Geschwistern im Salzburger Exil auf. Nach dem Umsturz 1918 zog sie mit ihrer Mutter und zwei weiteren unverheirateten Schwestern nach Oberösterreich.

H.

Georg von Österreich, natürlicher Sohn von Kaiser → Maximilian I., geb. um 1505 vermutlich in Gent, gest. 4. 5. 1557 zu Lüttich, begr. in der Domkirche von Lüttich; 1811 wurden seine Gebeine in die Kirche von Saint-Paul in Lüttich überführt.

Als ältester unter den gesicherten natürlichen Söhnen Maximilians war er zugleich erster Träger des ehrenden Beinamens »de Austria«. Die Mutter des nach Maximilians Lieblingsheiligen Getauften soll eine (ledige) Salzburgerin – nach anderen eine Angehörige der Adelsfamilie der Brimeu de Meghen – gewesen sein, weshalb Gent (Gand) als Georgs Geburtsort angenommen wird. Sein angeblicher Zuname »Püreten« (oder Pürnten bzw. Piret) hilft hierbei nicht weiter. Sicher ist, daß er einen Vollbruder namens → Cornelius hatte.

Seine Jugendzeit verbrachte Georg in der Obhut seiner Halbschwester Erzherzogin → Margarete in den Niederlanden und seit 1522 in der Umgebung → Karls V. in Spanien, wo er sich auch dem Jusstudium an der Universität von Alcalá de Henares widmete (1524). Als sein Erzieher wird »der von Rosenburg« genannt. Da er seit 1522 geistliche Kleidung und die Tonsur trug, später auch die niederen Weihen empfing, war man um seine Versorgung mit kirchlichen Pfründen bemüht. 1526 bestätigt der Papst ihn als Administrator des Bistums Brixen auf die Dauer von fünf Jahren. Versuche, ihm die Koadjutorie des Erzbischofs von Toledo bzw. das Bistum Burgos zu verschaffen, schlugen ebenso fehl wie die mindestens zweimaligen Bemühungen um das Erzstift Salzburg. Zeitweilig schien sogar Georgs Rückkehr in den weltlichen Stand wahrscheinlich, zumal Papst Klemens VII. ihn mit einer Verwandten vermählen und mit dem umstrittenen Herzogtum Mailand belehnt wissen wollte. In Brixen hielt Georg 1528 eine Diözesansynode ab, begab sich aber dann nach Italien, um bei der Kaiserkrönung Karls V. in Bologna (1530) zugegen zu sein. Von diesem empfing er 1530 zu Brixen die Belehnung mit den Reichsregalien.

Nach 1531 war er immer wieder in den Niederlanden bei der Statthalterin, Königinwitwe → Maria von Ungarn, Karls V. Schwester. 1534 war er als deren Gesandter in Hamburg und Dänemark tätig, 1536 in Neapel und beim Kaiser in Rom, danach wieder in Brüssel. Dort verfiel er in eine schwere Krankheit mit Lähmung der Extremitäten, von der er sich erst 1538 erholte. Auf das Bistum Brixen verzichtete er 1538, nach der päpstlichen Bestätigung als Erzbischof von Valencia. Diese Würde tauschte Georg gegen das Reichsbistum Lüttich, wo er seit 1541 Koadjutor mit Nachfolgerecht war. Auf der Reise dorthin geriet er in französische Gefangenschaft, aus der er erst nach 22 Monaten Haft und der Zahlung eines stattlichen Lösegeldes entlassen wurde. Georgs mehrfach behauptete Kardinalskreation ist jedoch niemals erfolgt. 1539 empfing er in Valencia die Priester- und Bischofsweihe.

Im Hochstift Lüttich wirkte Georg, der stets für die habsburgische Politik zur Verfügung stand, als milder, um das Wohlergehen seiner Untertanen besorgter Prälat. Er hinterließ einen natürlichen Sohn gleichen Namens, der 1619 als Propst von Saint-Pierre in Löwen und Kanzler der dortigen Universität in Brüssel starb.

Lit.: Alfred A. Strnad, Brixen–Valencia–Lüttich, Konturen zu einem Lebensbild Bischof Georgs von Österreich, in: Festschrift für Karl Wolfsgruber, Bozen 1987.

St.

Georg, zweiter Sohn von Erzherzog → Peter Ferdinand und → Marie Christine von Bourbon, geb. 22. 8. 1905 in Parsch, gest. 21. 3. 1952 in Mellingen, begr. in Altshausen/Württemberg.

Mit den Eltern und Geschwistern verließ der 13jährige Georg 1918 Österreich und ging ins Schweizer Exil. Während der Schuschnigg-Zeit kehrte die Familie nach Österreich zurück. Georg heiratete 1936 Gräfin Marie Valerie von Waldburg-Zeil, eine Urenkelin Kaiser → Franz Josephs, mit der er neun Kinder hatte. Das jüngste Kind – Georg – wurde posthum geboren.

H.

Gertrud (Anna) von Hohenberg, Königin, Gemahlin von König → Rudolf I., seit der Krönung zur Königin in Aachen 1273 Anna genannt, geb. zwischen 1230 und 1235, gest. 16. 1. 1281 in Wien, begr. im Münster zu Basel. Ihre Gebeine wurden 1770 nach St. Blasien, von dort 1809 nach St. Paul im Lavanttal überführt.

Die Tochter von Graf Burkhard III. von Hohenberg und Mechthild, Tochter des Pfalzgrafen Rudolf II. von Tübingen, wurde 1243 mit dem damals 27jährigen Grafen Rudolf von Habsburg verheiratet. Ihr Heiratsgut rundete älteren habsburgischen Besitz (u. a. in Scherweiler) ab.

Der Ehe entstammten zehn Kinder: → Mathilde, geb. vermutlich 1251 → Albrecht I., geb. 1255, → Katharina, Geburtsdatum ungewiß, → Agnes, geb. 1257, → Hedwig, Geburtsdatum ungewiß, → Clementia, Geburtsdatum ungewiß, → Hartmann, geb. vermutlich 1263, → Rudolf II., geb. 1270, → Guta, geb. 1271, und Karl, geb. und gest. 1276.

Anna hielt sich sehr häufig in Brugg an der Aare auf, in den siebziger Jahren öfters in Rheinfelden. Zahlreiche Anekdoten zeigen sie

Königin Anna (Gertrud), die Gemahlin Rudolfs I., mit ihrem früh verstorbenen jüngsten Sohn. Statue im Basler Münster

als liebende, ihrem Gatten untertänige Gemahlin sowie als Herrscherin. So soll ihr etwa eine Rekluse die künftige königliche Stellung vorausgesagt haben, falls Rudolf sich vor Sünden hütete, was im gegenständlichen Fall mit Übergriffen auf Kirchengut gleichzusetzen war. Der Königin selbst sagte man gute Beziehungen ganz besonders zu den Mendikanten, meistens zu Dominikanern nach; ihr Leibarzt war ein Basler Dominikaner, und in Dominikanerkreisen wurden Anekdoten über sie überliefert, die wohl zum Teil auch dort entstanden sind.

Dazu paßt auch die Erzählung, die Königin habe das Purpurtuch zur Umhüllung des nackten Leichnams König Ottokars II. Přemysl gestiftet. Sie bestimmte das Basler Münster als ihren Begräbnisort. Eine vergoldete Krone aus ihrem Grab wurde 1510 in den Basler Münsterschatz übernommen.

Seit 1277 hielt sich die Königin vorzugsweise in Wien auf. Hier starb sie auch, wie bald vermutet wurde, aus Gram über die Trennung von ihrer Tochter → Clementia, die Karl Martell heiratete.

Di.

Gertrud von Sachsen → Agnes

Gertrud, Tochter von Erzherzog → Franz Salvator und Erzherzogin → Marie Valerie, geb. 19. 11. 1900 auf Schloß Wallsee/Niederösterreich, gest. 22. 12. 1962 in Ravensburg, begr. Maria Thann/Allgäu.

31jährig heiratete die Erzherzogin 1931 den Grafen Georg von Waldburg-Zeil (1878 bis 1955) und wurde Mutter von zwei Kindern.

H.-L.

Gisela, Prinzessin von Bayern, Tochter von Kaiser → Franz Joseph und → Elisabeth, Herzogin in Bayern, geb. 12. 7. 1856 in Laxenburg, gest. 27. 7. 1932 in München, begr. in der St.-Michaels-Kirche, München.

Gisela und ihr Bruder Kronprinz → Rudolf wurden gegen den Wunsch Kaiserin Elisabeths von Erzherzogin → Sophie, der Mutter des Kaisers, erzogen. Gisela war das einzige Familienmitglied, zu dem Rudolf engste Beziehungen entwickelte. Sie nannte ihn ihr »Kirchenlicht«. Gisela war keine Schönheit und nicht so begabt wie ihr Bruder, konnte aber gut zeichnen und malen, war wohlerzogen und gewinnend. Franz Joseph schätzte seine Tochter und nannte sie liebevoll »Gisella«.

Schon mit 16 Jahren heiratete Gisela auf Wunsch der Kaiserin den um zehn Jahre älteren

Die älteste Kaisertochter Gisela mit ihrem Gatten, Prinz Leopold von Bayern, den beiden Töchtern Elisabeth (spätere Gräfin Seefried) und Augusta (die später Erzherzog Josef heiratete) und den beiden Söhnen Konrad und Georg (vorne)

Prinzen Leopold von Bayern, den zweiten Sohn des späteren Prinzregenten Luitpold. Die Hochzeit wurde prachtvoll ganz in der Tradition des spanischen Hofzeremoniells 1873 in Wien gefeiert. Der Mittelpunkt aber war nicht die Braut, sondern in ihrer unwiderstehlichen Ausstrahlung und Schönheit die 35jährige Brautmutter Elisabeth. Neben einem sehr stattlichen Heiratsgut schenkte Franz Joseph dem Brautpaar den ehemaligen Landsitz der Königin Therese von Bayern, das spätere Palais Luitpold, an der Schwabinger Landstraße 6 (der heutigen Leopoldstraße) in München. Die Feierlichkeiten in München standen denen in Wien nicht nach. König Ludwig II. bot allen Prunk auf. Er wollte »Sisi« ehren und Kronprinz Rudolf erfreuen, zu dem Ludwig enge und freundschaftliche Beziehungen hatte. Berlin sah im Verhalten des Königs politische Absichten und war verstimmt. Der

Kaiser sah die Ehe gern, da Leopold als Berufsoffizier und als passionierter Jäger in seiner unkomplizierten Art ganz seinem Geschmack entsprach. Elisabeth dagegen hatte zeitlebens zu Gisela ein kühles Verhältnis, ebenso zu deren Kindern.

Gisela und Leopold spielten in München eine aktive gesellschaftliche Rolle. Leopold übernahm für Ludwig II. und nach dessen Ableben für seinen Vater Repräsentationsaufgaben. Beim Tod der Mutter 1898 erbte Gisela vier bis fünf Millionen Gulden und das Achilleion auf Korfu, das sie an Kaiser Wilhelm II. verkaufte.

Das Paar hatte vier Kinder, von denen zwei Habsburger heirateten, die Tochter → Augusta Erzherzog → Josef und der Sohn Georg Erzherzogin → Isabella (diese Ehe wurde allerdings annulliert).

Nach der Revolution von 1918 fügten sich Gisela und Leopold in die neuen Verhältnisse. So konnte man sie am 19. Januar 1919 bei der Wahl zur Nationalversammlung ihren Bürgerpflichten nachkommen sehen. Gisela überlebte ihren Gatten um knapp zwei Jahre.

Mö.

Gottfried, ältester Sohn von Erzherzog → Peter Ferdinand und → Marie Christine von Bourbon, geb. 14. 3. 1902 in Linz, gest. 21. 1. 1984 in Bad Ischl, begr. in St. Gilgen.

Mit sechzehn Jahren ging Gottfried mit seiner Familie ins Schweizer Exil und kehrte 1935 nach Österreich zurück. 1938 heiratete er Prinzessin Dorothea von Bayern und hatte mit ihr vier Kinder (drei Töchter und einen Sohn).

H.

Gregoria Maximiliane, Tochter von Erzherzog → Karl II. von Innerösterreich und der Prinzessin → Maria von Bayern, geb. 22. 3. 1581 in Graz, gest. 20. 9. 1597 in Graz, begr. in Seckau.

Als eines von fünfzehn Geschwistern in Graz aufgewachsen, wurde die Erzherzogin, die durch Gesichtsnarben und eine verwachsene

Erzherzogin Gregoria Maximiliane, die im Brautstand starb. Gemälde von Jakob de Monte

Schulter verunziert war, schon als Kind mit dem spanischen Infanten → Philipp (dem späteren König Philipp III.) verlobt. Als sie 16jährig starb, trat ihre jüngere Schwester → Margarete als Braut an ihre Stelle und wurde Königin von Spanien.

H.

Guta (Jutta), Königin von Böhmen, Tochter von König → Rudolf I. aus erster Ehe mit → Gertrud von Hohenberg, geb. 13. 3. 1271, gest. 18. 6. 1297 in Prag, begr. im Veitsdom in Prag.

Nach dem Schlachtentod König Ottokars II. von Böhmen (1278) wurde in den Friedensverhandlungen von Sedlec die wechselseitige Eheschließung des damals siebenjährigen Sohnes des getöteten Königs, Wenzel, mit der gleichaltrigen Tochter des deutschen Königs Rudolf, Guta, vereinbart sowie zwischen dem vermutlich achtjährigen Bruder Gutas, → Rudolf (II.) und der neunjährigen Schwester Wenzels, → Agnes.

Mitte November kam es in Iglau zu der Kinder-Doppelhochzeit. Die Ehe Wenzels und Gutas soll im Januar 1279 vollzogen worden sein; weitere – plausiblere – Nachrichten verlegen das Beilager auf den 25. Januar 1285 während eines prunkvoll gefeierten Reichstages in Eger.

1287 erfolgte ihr feierlicher Einzug in Prag als Königin von Böhmen. Zeitgenössische Dichter rühmen sie als schön und gut, als ausgestattet mit allen Vorzügen von Körper und Geist – was davon der Realität entsprach, ist heute schwer festzustellen. Die Lobsprüche blieben zeitlebens dieselben, während man ihren Gatten durchaus nicht in den gleichen hellen Farben schilderte. Als kränklich, reizbar und von problematischem Charakter lebt er noch in der heutigen Geschichtsschreibung. Als Exponentin seiner Politik hatte Rudolf von Habsburg seine Tochter in Böhmen installiert, als solche wurde sie auch in böhmischen Kreisen betrachtet, die Rudolf nicht wohlgesinnt waren.

Zahlreiche Anekdoten und Legenden ranken sich um ihre Tätigkeit auf dem Prager Hof, so etwa die Nachricht, daß Guta einen von Zawisch von Falkenberg übersandten Schleier als »zauberisch« sofort den Flammen überantwortete. Nach Rudolfs Tod gestalteten sich die Beziehungen des böhmischen Königs zu seinem Schwager Herzog → Albrecht keineswegs konfliktfrei – auch wegen der noch nicht bereinigten Mitgiftfrage. Man rechnet es Guta an, daß sie zwischen Gemahl und Bruder in vielem vermitteln konnte, so in der Frage der deutschen Königswahl und in der Angelegenheit der Verbindung ihres Mannes mit den »aufständischen« österreichischen Herren. 1293 gelang es ihr, ein erträgliches Einvernehmen herzustellen, das durch den Besuch König Wenzels und Gutas in Wien sichtbaren Ausdruck fand. Doch nicht nur in politischer Hinsicht, auch durch fromme Stiftungen, wozu besonders auch Zuwendungen an das Kloster Königssaal zählten, trat sie mehr als üblich in Erscheinung. Ja man sagte ihr nach, daß sie und nicht ihr Gemahl am Prager Hof regierte.

In den neun Jahren ihrer Ehe hat Guta zehn Kinder geboren; davon starben sechs im ersten Lebensjahr (darunter auch ihr erstgeborener Sohn), die drei Töchter Anna, Elisabeth und Margarete sowie der Sohn Wenzel (III.) überlebten die Eltern. Während der glanzvollen Feiern der Krönung des böhmischen Königspaares erlitt Guta eine Fehlgeburt, an deren Folgen sie, die bereits vom Tode gezeichnet im Veitsdom gekrönt worden war, starb.

Lit.: Wilhelm Wostry, Guta von Habsburg, in: ders., Deutsche Fürstinnen auf dem Přemyslidenthrone, in: Erich Gierach (Hrsg.), Sudetendeutsche Lebensbilder, Reichenberg 1926, 53–60.

Di.

Guta (Jutta, Jutha, Jeutha, Bonitas), jüngste Tochter von König → Albrecht I. und → Elisabeth von Görz-Tirol, geb. nach 1302 in Wien, gest. 5. oder 6. 3. 1329 in Wien, begr. in Königsfelden, 1770 nach St. Blasien überführt, seit 1809 in St. Paul im Lavanttal.

Guta war 1312 im Zuge einer Annäherung Herzog Ludwigs von Oberbayern an die Habsburger für ein Eheprojekt mit Ludwigs minderjährigem Mündel Heinrich von Niederbayern vorgesehen. Der Widerstand in Niederbayern, besonders der Städte, war jedoch groß und führte letztlich zur Auflösung der Verlobung und damit zum Krieg. In der nur einstündigen Schlacht bei Gammelsdorf 1313 erlitten die habsburgischen Brüder indes eine empfindliche Niederlage durch Ludwig den Bayern. Ende April 1319 wurde Guta dann in Baden im Aargau mit Graf Ludwig IV. von Öttingen vermählt.

S.

Hartmann, Graf von Habsburg und Kiburg, Landgraf im Elsaß, zweiter Sohn von König → Rudolf I. aus erster Ehe mit → Gertrud von Hohenberg, geb. vermutlich 1263, gest. 21. 12. 1281 bei Breisach, begr. im Münster zu Basel.

Hartmann, Träger des kiburgischen Namens, wurde sorgfältig erzogen (die beiden Magister Konrad und Petrus sind namentlich bekannt), denn sein Vater schmiedete für ihn weitreichende Pläne: 1277 war er als künftiger Gemahl der Přemyslidin Kunigunde vorgesehen, im Jahr darauf für Johanna, Tochter Edwards I. von England. Der Heiratsvertrag wurde 1278 in London abgeschlossen und die Hochzeit für den 8. September 1278 (Mariä Geburt) festgesetzt; das Paar sollte das Königreich Arelat (Burgund) erhalten. Aus politischen und gesundheitlichen Gründen wurde der Hochzeitstermin mehrmals aufgeschoben. 1281 fiel Hartmann zusammen mit 14 oder 16 Gefährten einem Schiffsunglück auf dem Rhein zwischen Breisach und Straßburg zum Opfer.

Di.

Hedwig, Markgräfin von Brandenburg, Tochter von König → Rudolf I. aus erster Ehe mit → Gertrud von Hohenberg, Geburtsdatum ungewiß, gest. vor dem 27. 10. 1286, begr. im Zisterzienserkloster in Lehnin.

1278 wurden im Verlaufe der Friedensverhandlungen von Kolin nicht nur Eheabsprachen zwischen den Kindern König Rudolfs, → Guta und → Rudolf, und denen des gefallenen Königs Ottokar, Wenzel und Agnes, getroffen, sondern auch das Verlöbnis zwischen Hedwig und Otto (VI.), dem Sohn der Schwester König Ottokars (1264–1303), beschlossen. 1279 erhielt der junge Askanier in Wien den Ritterschlag, dann erfolgte in der Wiener Dominikanerkirche seine Hochzeit mit Hedwig. Otto, der seit 1280 Regierungsfunktionen im askanischen Herrschaftsgebiet übernahm, ist in der Folge öfter am Hofe seines Schwiegervaters nachzuweisen. Seiner Ehe mit Hedwig dürfte kein Kind entstammt sein. Die junge Markgräfin ist zuletzt lebend nachweisbar in der letzten Januarwoche des Jahres 1285 in Eger, wo sie an den Einweihungsfeierlichkeiten der dortigen Minoritenkirche teilnahm. Bei diesem Anlaß wurden Otto VI. in feierlicher Weise seine Lehen mit 12 roten Fahnen verliehen. Anwesend waren auch Hedwigs Schwestern → Agnes von Sachsen und Guta, die am 25. Januar ihr Beilager mit Wenzel (II.) von Böhmen vollzog.

Nach Hedwigs Tod trat Otto VI. von Brandenburg in den Templerorden ein, bald aber wandte er sich den Zisterziensern zu. Als Akoluth ist er im Zisterzienserkloster Lehnin gestorben und wurde dort begraben.

Di.

Hedwig Augusta von Sulzbach, prokuratorische Gemahlin des Erzherzogs → Sigmund Franz von Österreich-Tirol, geb. 15. 4. 1650, gest. 23. 11. 1681.

Die Tochter des Pfalzgrafen Christian August von Sulzbach und der Amalie von Nassau-Siegen wurde am 3. Juni 1665 per procurationem mit Erzherzog Sigmund Franz vermählt, die tatsächliche Hochzeit aber fand infolge des plötzlichen Todes des Bräutigams (25. Juni 1665) nicht mehr statt. Nach kurzer Zeit, während der ihr Kaiser → Leopold I., der Nachfolger von Sigmund Franz als Landesfürst von Tirol, ein vereinbartes Witwengehalt anweisen ließ, heiratete sie 1668 den Herzog Julius Franz von Sachsen-Lauenburg.

Hye

Hedwig, Tochter von Erzherzog → Franz Salvator und Erzherzogin → Marie Valerie, geb. 24. 9. 1896 in Bad Ischl, gest. 1. 11. 1970 in Hall in Tirol, begr. im Ortsfriedhof in Hall.

Die Erzherzogin heiratete auf dem elterlichen Schloß Wallsee/Niederösterreich 1918 den Grafen Bernhard zu Stolberg-Stolberg (1881–1952) und bekam neun Kinder.

H.-L.

Heinrich »der Freundliche«, Herzog von Österreich und Steiermark, fünfter Sohn von König → Albrecht I. und → Elisabeth von Görz-Tirol, geb. Ende 1298 in Wien, gest. 3. 2. 1327 in Bruck an der Mur, nach der Beisetzung bei den Minoriten in Graz nach Königsfelden überführt, 1770 nach St. Blasien, seit 1809 in St. Paul im Lavanttal.

Der Zwillingsbruder → Albrechts II. wurde 1314 mit → Elisabeth von Virneburg vermählt, um die Kurstimme Erzbischof Heinrichs von Köln, des Oheims der Braut, für die Wahl des Bruders, → Friedrich des Schönen, zu sichern. In den darauffolgenden Jahren nahm er wiederholt an verschiedenen militärischen Unternehmungen teil. In der Schlacht bei Mühldorf 1322 gefangengenommen, wurde seine Gesundheit in der ein Jahr währenden Kerkerhaft bei König Johann von Böhmen so schwer geschädigt, daß er wenige Jahre darauf starb.

S.

Herzog Heinrich der Freundliche. Glasfenster in Königsfelden

Heinrich, seit 1868 Graf Waideck, 1872 wieder Erzherzog, fünfter Sohn des Vizekönigs von Lombardo-Venetien, Erzherzog → Rainer Josef, und der Prinzessin → Elisabeth von Savoyen, geb. 28. 5. 1828 in Mailand, gest. 30. 11. 1891 in Wien, begr. in Bozen.

Heinrich machte die traditionelle erzherzogliche Karriere als Offizier bis zum Feldmarschalleutnant und Truppenkommandanten in Graz. 1868 heiratete er ohne Einwilligung des Kaisers in Bozen die Sängerin Leopoldine Hofmann und mußte aus dem Kaiserhaus ausscheiden. Unter dem Namen Graf Waideck lebte er in Luzern, wurde aber (und dieser Fall war unter Kaiser → Franz Joseph einzigartig) nach der Geburt einer Tochter 1872 wieder in seine erzherzoglichen Rechte eingesetzt. Seine Frau erhielt zunächst den Titel einer »Frau von Waideck«, 1878 einer »Baronin von Waideck«. Heinrich durfte mit seiner Familie nach Österreich zurückkehren und bezog sein ererbtes Palais in Bozen. Bei einem der seltenen Wien-Besuche, anläßlich der Hochzeit der Erzherzogin → Maria Louise mit dem sächsischen Kronprinzen 1891, erkrankte das Ehepaar an Lungenentzündung. Beide starben in derselben Nacht.

H.

Heinrich Ferdinand Salvator, Sohn von Großherzog → Ferdinand IV. von Toskana aus zweiter Ehe mit → Alice Maria von Parma, geb. 13. 2. 1878 in Salzburg, gest. 21. 5. 1969 in Salzburg.

Inmitten einer großen Geschwisterschar wuchs der Erzherzog in Salzburg auf und machte dann die übliche Militärkarriere. Als Rittmeister wurde er 1906 bis 1914 »aus Gesundheitsrücksichten« beurlaubt. Mit seiner nichtebenbürtigen Frau Karolina Ludescher lebte er zumeist in München. Aus der (vom Kaiser nicht legitimierten) Ehe gingen drei Kinder (Heinrich, geb. 1908, Ottmar, geb. 1910 und Veronika, geb. 1912) hervor.

Im Ersten Weltkrieg machte er Militärdienst, wurde aber 1916 ohne Gebühren beurlaubt.

Wie seine Mutter und einige seiner Geschwister verzichtete er nach dem Ende der Monarchie auf seine erzherzoglichen Vorrechte und erklärte seine Loyalität zur Republik Österreich. Er behielt sein Vermögen und blieb in Salzburg.

Werke: Die Wasserstraße Mitteleuropas, 1917.

H.

Helene, Tochter von Kaiser → Ferdinand I. und → Anna von Ungarn, geb. 7. 1. 1543 in Innsbruck, gest. 1574 in Hall in Tirol, begr. in der Jesuitenkirche in Hall.

Helene gründete mit ihren Schwestern → Magdalena und → Margareta das adelige Damenstift zu Hall in Tirol und trat dort als Nonne ein. Mit 31 Jahren starb sie im Stift.

H.

Helene, Herzogin von Württemberg, Tochter von Erzherzog → Peter Ferdinand aus dem Haus Toskana und Prinzessin → Marie Christine von Bourbon-Sizilien, geb. 30. 10. 1903 in Linz, gest. 8. 9. 1924 in Tübingen, begr. in der kgl. württembergischen Familiengruft in Altshausen.

Die Erzherzogin verbrachte ihre Kindheit in Salzburg und Wien und heiratete 1923 den Sohn des württembergischen Thronfolgers, den königlich-württembergischen Major a. D. Herzog Philipp von Württemberg (1893–1975). Nach der Rückkehr aus dem Ersten Weltkrieg hatte er sein Studium der Rechte in Freiburg und Tübingen fortgesetzt und 1925 abgeschlossen, um sich auf die Verwaltung seiner Güter vorzubereiten. Helene starb an den Folgen der Geburt ihres ersten und einzigen Kindes Marie Christine, spätere Prinzessin von Liechtenstein. Der tief getroffene Witwer heiratete 1928 in zweiter Ehe Helenes jüngere Schwester → Rosa.

P.

Henriette, Gemahlin von Erzherzog → Karl, geb. 30. 10. 1797 in Weilburg, gest. 29. 12. 1829 in Wien, begr. in der Kapuzinergruft, Wien.

Die Tochter des Herzogs Friedrich Wilhelm von Nassau-Weilburg und der Burggräfin Luise von Kirchberg heiratete 1815 in Weilburg Erzherzog Karl, den Sieger von Aspern. Diese späte Ehe des 26 Jahre älteren Erzherzogs mit der protestantischen Prinzessin war eine der harmonischsten des Kaiserhauses.

Henriette machte die ursprünglich protestantische Sitte, zu Weihnachten einen Lichterbaum im Zimmer zu haben, in Österreich heimisch. Um seiner sehr geliebten Frau die deutsche Heimat etwas zu ersetzen, ließ Karl vom Baumeister Kornhäusel die »Weilburg« in Baden bauen.

Der Ehe entsprossen sieben Kinder: → Maria Theresia, geb. 1816 (die spätere Königin von Neapel-Sizilien); → Albrecht (der spätere Gene-

Erzherzogin Henriette. Miniatur

ralfeldmarschall), geb. 1817; → Karl Ferdinand, geb. 1818; → Friedrich, geb. 1821; Rudolf, geb. und gest. 1822; → Maria Karolina, geb. 1825, und der spätere Hoch- und Deutschmeister → Wilhelm, geb. 1827.

Weihnachten 1829 erkrankte die Erzherzogin an Scharlach und starb nach wenigen Tagen. Als sich die Kapuziner wehrten, eine Protestantin in der Gruft zu bestatten, setzte sich Kaiser → Franz I. durch mit den Worten: »Sie hat als Lebende unter uns geweilt, sie soll es auch als Tote.«

Rau.

Henriette, dritte Tochter von Erzherzog → Friedrich und Prinzessin → Isabella von Croy-Dülmen, geb. 10. 1. 1883 in Preßburg, gest. 2. 9. 1956 in Mariazell, begr. in Mariazell.

Henriette heiratete 1908 in Baden bei Wien den Prinzen Gottfried zu Hohenlohe-Waldenburg-Schillingsfürst, der vor dem Ersten Weltkrieg österreichischer Botschafter in Berlin war. Der Ehe entstammten zwei Töchter und ein Sohn.

Rau.

Hermine, zweite Gemahlin des Palatins → Josef Anton, geb. 2. 12. 1797 in Hoym, gest. 14. 9. 1817 in Pest, begr. in Budapest.

Die Tochter des Fürsten Viktor Karl IV. von Anhalt-Bernburg-Schaumburg-Hoym und der Fürstin Amelie von Nassau-Weilburg heiratete 1815 18jährig den Palatin nach katholischem Ritus, behielt aber ihre reformierte Konfession bei. Als Mitgift brachte sie ihrem Mann die Grafschaften Schaumburg und Holzappel. Noch nicht zwanzig Jahre alt, gebar sie 1817 die Zwillinge → Hermine und → Stefan Viktor und starb noch am selben Tag. In Budapest war sie wegen ihrer Wohltätigkeit beliebt.

Ni./So.

Hermine Amelie Marie, erste Tochter des Palatins → Josef Anton aus zweiter Ehe mit → Hermine, Fürstin von Anhalt-Bernburg-Schaumburg-Hoym, geb. 14. 9. 1817 in Pest, gest. 13. 2. 1842 in Wien, begr. in Budapest.

Das Zwillingspaar Stefan Viktor und Hermine

Die Zwillingsschwester des Erzherzogs → Stefan Viktor widmete als Äbtissin des k. k. Theresianischen adeligen Damenstiftes auf der Prager Burg ihr ganzes Leben der Wohltätigkeit. Nach ihrem Tod wurde zu ihrem Gedächtnis in der Pester Stadtau die Herminen-Kapelle gebaut.

Ni./So.

Hildegard, Gemahlin von Erzherzog → Albrecht, geb. 10. 6. 1825, gest. 2. 4. 1864 in Wien, begr. in der Kapuzinergruft, Wien.

Die Tochter von König Ludwig I. von Bayern und Prinzessin Therese von Sachsen-Altenburg wurde 1844 in München mit Erzherzog Albrecht vermählt. Die Ehe galt als besonders gut, und es gingen drei Kinder aus ihr hervor:

Das Ehepaar Hildegard und Albrecht

→ Maria Theresia, geb. 1845, Karl Albrecht (1847–1848) und → Mathilde, geb. 1849. Als eine der wenigen Erzherzoginnen genoß Hildegard die Gunst der jugendlichen Kaiserin → Elisabeth, deren Cousine sie war. Hildegard erkältete sich beim Begräbnis ihres Bruders, König Maximilian II. von Bayern, und kehrte aus München mit einer Rippenfellentzündung zurück, an der sie im Beisein ihrer Familie und der Kaiserin starb.

Rau.

Hubert Salvator, zweitältester Sohn von Erzherzog → Franz Salvator und Erzherzogin → Marie Valerie, geb. 30. 4. 1894 auf Schloß Lichtenegg bei Wels, gest. 24. 3. 1971 auf Schloß Persenbeug/Niederösterreich, begr. in der dortigen Familiengruft.

Der Erzherzog absolvierte die berühmte Schule Stella Matutina in Feldkirch. Zu Kriegsausbruch 1914 wurde er in England festgehalten. Später war er Oberleutnant und Rittmeister im Dragonerregiment Nr. 4 (Stellungskämpfe am Bug, bei Gorvchow und Dubno), dann reitender Ordonnanzoffizier beim 9. Gebirgsbrigadekommando in den Dolomiten. Hubert Salvador leitete im September/Oktober 1917 die Österreichische Orientmission im Auftrag → Karls I. und des Kriegsministeriums, zusammen mit dem Orientalisten Alois Musil. Zweck dieser in das Osmanische Reich, Syrien und Palästina führenden Reise war es, die österreichisch-ungarischen Interessen im dortigen Raum gegenüber der dominierenden deutschen Präsenz zu festigen, nebst Truppeninspektionen, Förderung von Wohlfahrtseinrichtungen und Ausübung der Schirmherrschaft über dort lebende Christen.

1919 unterschrieb Hubert Salvator die Verzichtserklärung gemäß dem Habsburger-Verfassungsgesetz. 1920 promovierte er zum Dr. jur. an der Universität Innsbruck, 1926 heiratete er auf Schloß Anholt in Westfalen Rosemary, Prinzessin zu Salm-Salm. Dieser Ehe entsprossen dreizehn Kinder. Als Forstwirt leitete er einen führenden Forstbetrieb trotz Enteignung und Verfolgung durch die Nationalsozialisten. 1946 wurde er für die Dauer der russischen Besatzung Gemeindeausschuß-Vorsitzender des Marktes Persenbeug.

H.-L.

Erzherzog Hubert Salvator

Isabella → **auch Elisabeth**

Isabella von Burgund → **Agnes**

Isabella, Königin von Dänemark, drittes Kind von → Philipp dem Schönen, dem König von Kastilien, und Johanna, Prinzessin der spanischen Königreiche, geb. 18. 7. 1501 in Brüssel, gest. 19. 1. 1526 bei Gent, begr. im Kloster St. Peter bei Gent, 1883 in die St.-Knuds-Kirche/Odensee überführt.

Die Erziehung des elternlos aufwachsenden Mädchens lag in den Händen seiner Tante → Margarete, Statthalterin der Niederlande, die den späteren Papst Hadrian VI. als Lehrer bemühte. Die Strategie, Isabellas Heirat zu rein politischen Zwecken zu nützen, erwies sich als verfehlt: Durch die 1514 geschlossene Verlobung mit König Christian II. von Dänemark vereitelte zwar Isabellas Großvater → Maximilian I. die Bemühungen Frankreichs um den dänischen Thron, die Gegenleistung für die 1515 in Kopenhagen vollzogene Vermählung blieb Christian aber schuldig: er dachte nicht daran, der vom Kaiser geförderten Allianz zur Unterstützung des Deutschen Ordens gegen Polen beizutreten.

Isabella stand ein demütigendes Leben bevor, da Christian aus Bergen seine holländische Geliebte, das »Täubchen von Amsterdam«, mitgebracht hatte. Besorgt wegen dieses Skandals versuchte Maximilian 1516, durch seinen Gesandten Sigmund von Herberstein den König zu dem Versprechen zu bewegen, seine Mätresse zurückzuschicken – eine heikle Mission, der der diplomatisch noch unerfahrene Herberstein nicht gewachsen war. Nach dem Stockholmer Blutbad 1520 – die Ermordung des schwedischen Adels trug dem König den Beinamen »Nero des Nordens« ein – wuchs die Opposition, und 1523 mußte das Königspaar mit drei Kindern (drei Söhne waren als Säuglinge gestorben) in den Niederlanden Zuflucht suchen.

Isabella, spätere Königin von Dänemark (rechts), mit ihren Geschwistern Eleonore (Mitte) (zunächst Königin von Portugal, dann von Frankreich) und dem späteren Kaiser Karl V. (Holztafel des Meisters der St.-Georgs-Gilde)

Trotz der rohen Behandlung, die sie von ihrem Mann erfuhr, vertrat Isabella gegenüber ihren Brüdern loyal die Interessen Christians zur Rückgewinnung seiner Länder. Selbst als sie während des Reichstags in Nürnberg 1524, wo sie vergeblich um finanzielle Hilfe bat, vom Orator ihres Bruders → Karls V. wegen ihrer lutherischen Neigungen schwer getadelt wurde, lehnte sie die Forderung nach Einsetzung eines dreiköpfigen Regentschaftsrates in Dänemark ab: Ihr war klar, daß dies einer Entmachtung ihres Mannes gleichkam. Ihre eigene Notlage schildert sie in zwei erschütternden Briefen an Karl V. Bis zu ihrem Tod lebte sie mit ihrer Familie in Lierre/Lier, der »Hof von Dänemark« genannt. Ihr einziger Sohn Johann (1518–1532) war der Liebling seines Onkels Karl V., der die beiden Töchter Dorothea (1520–1580) und Christine (1521–1590) rücksichtslos für seine politischen Heiratspläne einsetzte.

Lit.: Dansk Biografisk Leksikon, Bd. 6, København 1935, 290 f.

T.

Kaiserin Isabella, Gemahlin Karls V.

Isabella von Portugal (Isabel), Kaiserin, Gemahlin von Kaiser → Karl V., geb. 24. 10. 1503 in Lissabon, gest. 1. 5. 1539 in Toledo, begr. im Escorial.

Nach dem Tode ihres Vaters, König Manuel von Portugal, wurde Isabella von ihrem ab 1521 regierenden älteren Bruder João III. in die Projekte zur weiteren Festigung der traditionellen dynastischen Beziehungen mit Spanien einbezogen. Doch standen einer Verehelichung Isabellas mit Karl V. unter anderem die proenglische portugiesische Außenpolitik und die mit Spanien strittige Molukkenfrage entgegen. Erst 1525/26 ließ sich dieses ausgesprochen politische Eheprojekt realisieren: Der portugiesische König stellte eine Mitgift in der Höhe von einer Million Dukaten in Aussicht. Sie ermöglichte dem Kaiser die Finanzierung seiner Italienfahrt und die dynastische Lösung des spanischen Regentschaftsproblems während seiner Abwesenheit von Spanien. Die Hochzeit wurde 1526 in Sevilla gefeiert. Der päpstliche Nuntius überbrachte den Ehedispens von Papst Clemens VII. wegen der Verwandtschaft ersten Grades, da Isabellas Mutter, Maria von Kastilien, eine Schwester von Karls Mutter, → Johanna, war. Der anschließende Aufenthalt des jungvermählten Paares in Sevilla gab wohl den Anlaß für den Umbau der Alhambra in einen Palast im italienischen Renaissancestil.

Während der dreizehn Ehejahre war Karl V. insgesamt über sechs Jahre von Spanien und von seiner Gattin abwesend. In dieser Zeit wurde Isabella dreimal (1528, 1535, 1538) zur Regentin der spanischen Königreiche bestellt. In dieser repräsentativen Stellung war sie die Anlaufstelle für die vertraulichen Informationen des Kaisers, wie der intensive politische – keineswegs intime

– Briefwechsel zwischen Isabella und ihrem Gatten veranschaulicht. In ihrer Ehe trat das persönliche Zusammensein mit ihrem Gatten zeitweise stark hinter den Herrscherpflichten zurück. Die langen Phasen der Trennung von Karl und die damit verbundene Vereinsamung trotz ihrer portugiesischen Umgebung in Form eines ansehnlichen Hofstaates stellten für die zarte und sensible Frau eine besondere Belastung dar. Hinzu kamen die ihrer Konstitution abträglichen Geburten: → Philipp II., geb. 1527, → Maria, die spätere Gemahlin Kaiser → Maximilians II., geb. 1528, Ferdinand (1529–1530), dessen Tod die Mutter sehr hart traf, → Johanna, die spätere Königin von Portugal, geb. 1535, und der 1539 gleich nach der Geburt gestorbene Juan. Diese Geburt kostete auch die 36jährige Mutter das Leben, die zwei Wochen später, wahrscheinlich an einer fiebrigen Grippe, starb. Der Tod der schönen und intelligenten Isabella hinterließ eine schmerzliche Lücke in der kaiserlichen Familie, und es spricht für eine glückliche Beziehung und eine besondere Wertschätzung seiner Gattin, daß Karl V. keine weitere Ehe einging.

Lit.: Juan Vales Failde, La Emperatriz Isabel, Madrid 1917; María del Carmen Mazarío Coleto, Isabel de Portugal, Emperatriz y Reine de Espana, Madrid 1951, mit einer Edition von 114 Briefen Isabellas an Karl V.

Ko.

Isabella von Valois → Elisabeth

Isabella Klara Eugenia, Fürstin, später Statthalterin der spanischen Niederlande, Gemahlin Erzherzog → Albrechts VII., Tochter von König → Philipp II. von Spanien aus seiner dritten Ehe mit Prinzessin → Elisabeth von Valois, geb. 12. 8. 1566 in Segovia, gest. 1. 12. 1633 in Brüssel, begr. in der Kathedrale Ste Gudule in Brüssel.

Im Alter von zwei Jahren verlor die Infantin ihre Mutter. Mit der um ein Jahr jüngeren Schwester → Katharina Michaela wuchs sie in enger Verbindung zum sehr liebevollen Vater auf, der in seinem Leben zu wohl keinem Menschen ein solches Vertrauensverhältnis hatte wie zu seiner ältesten Tochter.

Isabella Klara, Statthalterin der Niederlande, dargestellt als Stifterin auf dem Ildefonso-Altar von Peter Paul Rubens

Seit 1568, als sie zwei Jahre alt war, galt sie als zukünftige Gemahlin Kaiser → Rudolfs II. Dieser jedoch konnte sich jahrelang zu keinem Entschluß durchringen. Isabella wartete, weiterhin in engem Kontakt mit Philipp II., der 1589, nach der Ermordung des französischen Königs Heinrich III., für sie als Tochter der Elisabeth von Valois Ansprüche auf den Thron von Frankreich erhob. Das Haus Bourbon setzte sich allerdings mit Heinrich IV. (»Paris ist eine Messe wert«) gegen diese Kandidatur durch.

Isabella verlobte sich 1597 mit dem jüngeren Bruder ihrer Stiefmutter → Anna und Rudolfs II., Erzherzog Albrecht VII., der schon als Kind an den spanischen Hof gekommen war. Er war vormals Kardinal-Erzbischof von Toledo und Vizekönig Portugals und seit 1595 Generalgouverneur der spanischen Niederlande (Hochzeit 1599 in Valencia). Kurz vor seinem Tod 1598 verzichtete Philipp II. zugunsten seiner Tochter und seines zukünftigen Schwiegersohnes auf die Herrschaft in den spanischen Niederlanden, die nun ein souveräner Staat wurden, allerdings bei einer (erwarteten) Kinderlosigkeit des Paares an Spanien zurückfallen sollten.

Die gemeinsame Regierung, bei der Albrecht die führende Persönlichkeit war, war geprägt vom Krieg gegen die Generalstaaten, in dem Albrecht immerhin einen zwölfjährigen Waffenstillstand durchsetzen konnte.

Seit dem Tod ihres Gatten 1621 war Isabella Alleinherrscherin. Die Kontinuität des Regimes wurde durch die Beibehaltung des diplomatischen Korps in Brüssel gesichert. Die Friedenspolitik in Albrechts Sinn scheiterte aber am mangelnden Wirklichkeitssinn des Hofes von Madrid, wo jetzt mehr als je zuvor die diplomatischen und militärischen Entscheidungen getroffen wurden. Ein schwerer Verlust für Isabella war der Rücktritt des von Albrecht berufenen erfolgreichen Oberbefehlshabers der Armee, Ambrosius Spinola. Es gab Schwierigkeiten und Mißerfolge, vor allem auf militärischem Gebiet. Die Wende im langen Krieg gegen die Holländer liegt in der Regierungszeit Isabellas, markiert von der gefeierten Eroberung von Breda 1625 und der Niederlage der spanischen Niederlande bei ’s-Hertogenbosch 1629.

Isabella zeigte bei aller Frömmigkeit doch eine seltene Energie und Interesse für das Militär. Auf sie soll der Name »Infanterie« zurückgehen: sie ließ Fußvolk anwerben und auf neue Art bewaffnen – und ihr als Infantin zu Ehren wurden diese neuen Soldaten, die bald überall eingeführt wurden, »Infanterie« genannt. Auch die Bezeichnung »Isabellfarbe« soll auf Isabella und ihr militärisches Interesse zurückgehen: bei der Belagerung Ostendes soll sie geschworen haben, nicht eher die Wäsche zu wechseln, bis die Stadt eingenommen wäre. Sie habe ihren Schwur gehalten, obwohl die Belagerung mehr als drei Jahre dauerte. Die Farbe ihrer Wäsche soll inzwischen die sprichwörtliche »Isabellfarbe« angenommen haben.

Isabella war eine große Förderin der Kunst, die im Zeichen des Barock und der Gegenreformation stand. Ihr Hofmaler war Peter Paul Rubens, der der Landvögtin auch seine politische Karriere verdankte: In ihrem Auftrag reiste Rubens 1628 zum Einleiten von Friedensverhandlungen mit England nach Madrid und 1629 nach London, wo er wirklich einen englisch-spanischen Frieden durchsetzte.

Isabellas Regierung lag in einer allgemeinen Restaurationsperiode, die aber wegen der internationalen Politik und der wirtschaftlichen Konjunktur nicht durchgehalten werden konnte. Die persönliche Tragik der Herrscherin lag darin, daß die spanische Regierung die besondere Situation der Niederlande nicht genügend verstand. Am Ende ihres Lebens mußte Isabella sich noch mit einer Adelsverschwörung auseinandersetzen, die von Richelieu unterstützt wurde. Da sie kinderlos war, fielen nach ihrem Tod die südlichen Niederlande an Spanien zurück. Ihr Nachfolger als Generalgouverneur wurde ihr Neffe, der Kardinal-Infant → Ferdinand.

Lit.: J. Cuvelier und J. Lefèvre, Correspondance de la Cour d’Espagne sur les affaires des Pays-Bas au XVIIe siècle. Brüssel 1923–1937, 6 Bde.; Charles Terlinden, L’archiduchesse Isabelle (Coll. Notre Passé). Brüssel 1943; P. Jenssens, De landvoogdij van Isabella 1621–1633, in Algemene Geschiedenis der Nederlanden. Haarlem 1979, VI, 372–384.

Ba./H.

Isabella (Elisabeth) von Bourbon, Königin von Spanien und Portugal, erste Gemahlin von König → Philipp IV., geb. 22. 11. 1603 in Fontainebleau, gest. 6. 10. 1644 in Madrid, begr. im Escorial.

Als Elfjährige wurde die Tochter von König Heinrich IV. von Frankreich und Maria von Medici mit dem zehnjährigen spanischen Kronprinzen Philipp verheiratet und an den Madrider Hof entsandt. Mit der Erlaubnis König → Philipps III. durfte das Prinzenpaar 1620 die Ehe vollziehen. Im darauffolgenden Jahr begann ihre Herrschaft als spanische Könige. An der Seite ihres Gemahls trat Elisabeth politisch zunächst nicht in den Vordergrund und gab ihrer Begeisterung für Dichtung und Kunst, besonders ihrer Leidenschaft für das Theater, nach. Erst als sich in ihren letzten Lebensjahren die außen- und innenpolitischen Krisen zuspitzten, setzte sie sich erfolgreich für die Entlassung des königlichen Günstlings Olivares (1643) und die selbständige Herrschaft ihres Gemahls ein. Die amourösen Eskapaden des Königs, der mehrere illegitime Nachkommen hatte, beeinträchtigten zeitweise das Ansehen Elisabeths am Hofe, doch vermied es Philipp, ihre Stellung in der Öffentlichkeit zu schmälern. Von ihren sechs Töchtern wurde nur die letztgeborene → Maria Teresa, geb. 1638, die spätere Gemahlin des französischen Königs Ludwig XIV., erwachsen. Ihr einziger Sohn, Kronprinz → Baltasar Carlos (1629–1646), starb im Alter von 16 Jahren.

Mü.

Isabella Klara, Tochter von Erzherzog → Leopold V. und → Claudia Medici, geb. 12. 8. 1629 in Innsbruck, gest. 24. 2. 1685 in Mantua, begr. in Mantua.

Die Erzherzogin wurde 1649 mit Herzog Karl III. von Mantua-Gonzaga vermählt und schenkte ihm den Thronfolger Karl IV. Nach

Erzherzogin Isabella Klara. Gemälde eines toskanischen Künstlers

dem Tod des Herzogs 1665 führte sie für ihren dreizehnjährigen Sohn die Regentschaft. Ihre letzten Jahre verbrachte sie im Kloster St. Ursula in Mantua, wo sie auch starb.

Hye

Isabella von Parma, erste Gemahlin (1760) des späteren Kaisers → Josef II., geb. 31. 12. 1741 in Buen Retiro bei Madrid, gest. 27. 11. 1763 in Wien, begr. in der Kapuzinergruft, Wien.

Die geistig weit über ihr Alter und ihr Geschlecht gebildete und intelligente Prinzessin, eine Tochter des Herzogs Philipp von Parma und der Prinzessin Elisabeth von Frankreich (einer Tochter König Ludwigs XV.), wuchs zunächst in Spanien auf und kam als Achtjährige mit der Mutter an den Hof ihres Großvaters nach Versailles. Sie musizierte und dichtete, war überaus sportlich und beschäftigte sich z. B. auch mit Mechanik und dem damals modernen Automatenbau. Bei aller ihrer Geschäftigkeit jedoch war stets ein Zug zur Reflexion bis hin zur Melancholie spürbar. Die Heirat mit dem österreichischen Thronfolger Josef sollte – ebenso wie die gleichzeitig geplante Ehe von Josefs Bruder → Karl mit der neapolitanischen Bourbonin → Maria Ludovica – die Beziehungen zwischen den Habsburgern und dem Hause Bourbon für die Zukunft sichern.

Die knabenhafte, geistreiche Isabella wurde Josefs große Liebe. In den drei Jahren dieser Ehe war er ein fürsorglicher, warmherziger Ehemann und Vater. Isabella hielt sich gegenüber seinen stürmischen Gefühlen eher zurück. Ihre Liebe und Zuneigung galt vielmehr Josefs jüngerer Schwester → Marie Christine, der sie schwärmerische Briefe schrieb (die der Geschichtsschreibung immer wieder Rätsel aufgaben).

Mit der von ihr erwarteten Rolle als Mutter möglichst vieler Kinder (und eines Thronfolgers) konnte sie sich nicht anfreunden. In einem ihrer vielen Aufsätze, »Das Los der Prinzessinnen«, beklagte sie sich als Opfer der »unseligen

Einzug der Braut Isabella von Parma in Wien. Gemälde in der Art des Martin van Meytens

Politik eines Ministers, der keinen anderen Weg zum Bündnis zweier Häuser findet« als eine Heirat und dieses Bündnis »beim Auftauchen eines Vorteils ebenso leicht zerreißt wie eine gedankenlos getroffene Vereinbarung«.

Ihre Melancholie wuchs mehr und mehr in eine förmliche Todessehnsucht hinein, die durch drei Fehlgeburten und zwei Geburten in nur drei Ehejahren entscheidend verstärkt wurde. 1762 brachte sie eine Tochter, Maria Theresia (gest. 1770), zur Welt. Gegen Ende der zweiten Schwangerschaft erkrankte sie an den Pocken, brachte das Kind – Christine – noch zur Welt, es starb jedoch gleich. Fünf Tage später starb auch die knapp 22jährige Mutter, die ihr nahes Ende schon seit Monaten nüchtern vorhergesagt hatte.

Sie ließ einen untröstlichen jungen Gatten zurück, der zeit seines Lebens nicht mehr zu tiefen Gefühlen zu einer Frau fähig war und der ihrem Vater schrieb: »Alles habe ich verloren. Meine angebetete Gattin, der Gegenstand meiner ganzen Zärtlichkeit, meine einzige Freundin ist nicht mehr.« Auch seine von der kaiserlichen Mutter dringend gewünschte und durchgesetzte zweite Heirat mit → Maria Josefa von Bayern konnte an seiner Trauer um Isabella nichts ändern. Mit großer Liebe umgab er nur das letzte Unterpfand seiner Liebe zu Isabella, seine kleine Tochter, die achtjährig starb.

Isabella, die geliebte erste Frau Josefs II., Gemälde von Jean Marc Nattier

Lit.: Josef Hrazky, Die Persönlichkeit der Infantin Isabella von Parma, Mitteilungen des österreichischen Staatsarchivs, 12. Bd., Wien 1959, 174–239 (mit Edition von Isabellas Briefen an Marie Christine und einigen ihrer Aufsätze).

H.

Isabella, Gräfin von Trapani, Tochter von Großherzog → Leopold II. von Toskana aus zweiter Ehe mit Prinzessin → Maria Antonia von Bourbon-Sizilien, geb. 21. 5. 1834 in Florenz, gest. 16. 7. 1901 in Bürgenstock bei Luzern.

Mit sechzehn Jahren heiratete sie in Florenz 1850 ihren Onkel, Don Francesco di Paolo, Graf von Trapani, königlicher Prinz von Bourbon-Sizilien (1827–1892). Sie bekam zwei Töchter, von denen die ältere, Maria Antonia, 1868 wiederum den Chef des Hauses Bourbon-Sizilien, Alfons, heiratete.

H.

Isabella, Gemahlin des Erzherzogs → Friedrich, geb. 27. 2. 1856 in Dülmen, gest. 5. 9. 1931 in Budapest, begr. in der Pfarrkirche von Ungarisch-Altenburg.

Die Prinzessin, Tochter des Herzogs Rudolf von Croy-Dülmen und der Prinzessin Natalie de Ligne, heiratete 1878 in Hermitage/Belgien Erzherzog Friedrich, den Neffen und Adoptivsohn des Erzherzogs → Albrecht, somit einen der reichsten Habsburger. Das Paar hatte acht Töchter: → Maria Christina, geb. 1879, → Maria Anna, geb. 1882, → Henriette, geb. 1883, Natalie (1884–1898), Stefanie (1886–1890), → Gabriele, geb. 1887, → Isabella, geb. 1888, → Maria Alice, geb. 1893, als endlich 1897 als neuntes und letztes Kind der ersehnte Sohn und Erbe des Vermögens → Albrecht zur Welt kam.

Erzherzogin Isabella im Kleid, das sie 1917 zur Krönung Kaiser Karls zum König von Ungarn trug

Die Erzherzogin (wegen ihrer Beleibtheit auch spöttisch »Busabella« genannt) war voll persönlichem und politischem Ehrgeiz und erlangte eine gewisse Berühmtheit, als nicht, wie sie hoffte, ihre älteste Tochter den Thronfolger → Franz Ferdinand für sich eroberte, sondern eine ihrer Hofdamen, die Gräfin Sophie Chotek.

Nach 1918 unterstützte sie energisch die Bestrebungen, ihren Sohn Albrecht zum König von Ungarn zu machen.

H.

Isabella, siebente Tochter von Erzherzog → Friedrich und Prinzessin → Isabella von Croy-Dülmen, geb. 17. 11. 1888 in Preßburg, gest. 6. 12. 1973 in La Tour-de-Peilz/Kanton Waadt. Inkognitoname: Gräfin Friedek.

Isabella heiratete 1912 in Schönbrunn Prinz Georg von Bayern (1880–1943), einen Enkel Kaiser → Franz Josephs. Die Ehe wurde bereits ein Jahr später wegen Nichtvollzugs annulliert. Prinz Georg wurde Priester, Bibliothekar in der Vatikana und Domherr von St. Peter in Rom. Isabella blieb unverheiratet.

Rau.

Johann »Parricida«, nachgeborener Sohn von Herzog → Rudolf II. und → Agnes, der Tochter König Ottokars II. Přemysl, geb. vor Januar 1291, gest. 13. 12. 1312 oder 1313 vermutlich in Pisa, begr. im Kloster S. Niccolo in Pisa.

Der einzige Sohn Herzog Rudolfs wuchs zunächst in den habsburgischen Stammlanden auf (Brugg bzw. Baden im Aargau) und zog dann mit seiner Mutter nach Prag, wo er auch nach ihrem frühen Tod blieb. Nach dem Tod seines Onkels, König Wenzel II., 1305 und der Ermordung seines Vetters Wenzel III. 1306 wurde der ahnenstolze Knabe trotz der größten verwandtschaftlichen Nähe zur Familie der Přemysliden nicht als Thronanwärter in Betracht gezogen. Sein Onkel und Vormund, König → Albrecht I., förderte dagegen seinen ersten Sohn → Rudolf (III.); er hatte bis dahin auch die in der »Rheinfeldner Hausordnung« von 1283 begründeten Ansprüche seines Neffen nicht befriedigt.

Spätestens seit 1307 Mitregent in den Stammlanden, betrieb Johann ebenso energisch wie erfolglos die Übergabe des zunächst von Treuhändern verwalteten, in der heutigen Schweiz um Lenzburg und Baden gelegenen Witwengutes seiner Mutter. Auch als der Straßburger Bischof, Johann I., in Baden/Aargau sich dafür einsetzte, dem Achtzehnjährigen die Herrschaft zu überlassen, wurde ihm die seinem Vater und ihm als

Johann Parricida, der Mörder seines Onkels Albrecht, fleht – so will es die Legende – einen Mönch um Asyl im Kloster an. Darstellung von Anton Ziegler

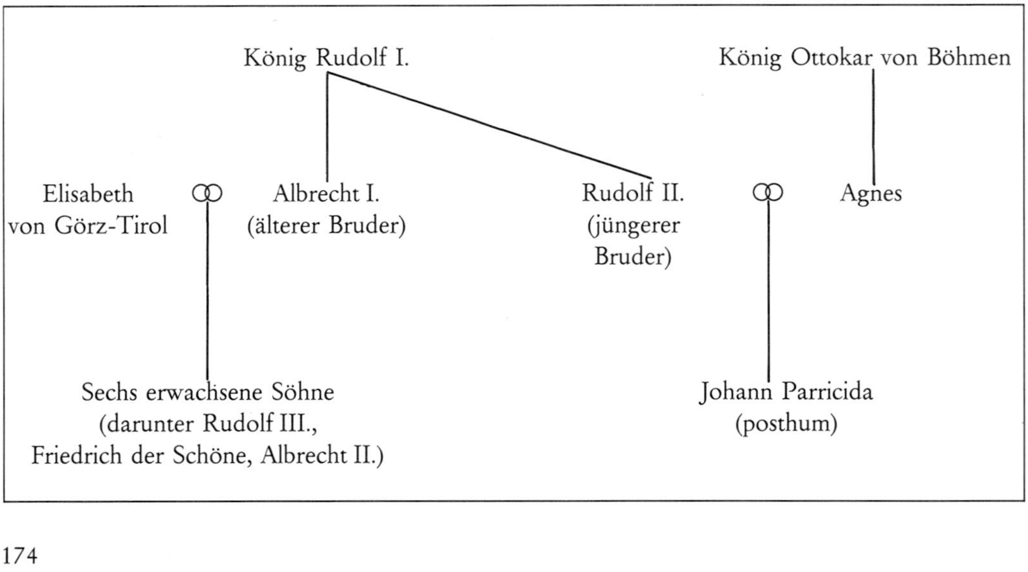

Erben vorenthaltene Entschädigung 1308 wieder einmal verweigert.

Verhetzung durch unzufriedene schweizerische Herren, Enttäuschung und Wut über seine Zurücksetzung und über die hinhaltende Taktik seines Onkels trieben den jungen Mann schließlich zum Mord. Als König Albrecht kurz vor einem Böhmenfeldzug am 5. Mai 1308 von der Burg Baden aus seiner Gemahlin nach Rheinfelden entgegenzog und nach dem Übergang über die Reuß allein in Gesellschaft seines Neffen und von dessen Mitverschworenen Rudolf von Wart, Rudolf von Balm, Walter von Eschenbach und Konrad von Tegerfeld ritt, wurde die Mordtat ausgeführt.

Die Reaktion der Zeitgenossen auf dieses folgenschwere Geschehen war uneinheitlich: sie reichte von unverhohlener Freude über das verdiente Ende des Unterdrückers Albrecht bis zur bewegten Klage über den heimtückischen Meuchelmord, der das Reich an den Rand des Abgrunds gebracht habe. Den Tätern gelang zunächst die Flucht, erst am 18. September 1309 erfolgte in Speyer ihre Ächtung durch den neuen König, den Luxemburger Heinrich VII. Von Johann fehlte jede Spur. Wir wissen nur, daß Johann im Frühjahr 1312 in Pisa die Gnade König Heinrichs suchte. Wahrscheinlich wurde er in dieser Stadt gefangengehalten und ist dort gestorben. Eine unvollständig überlieferte Grabinschrift an der Kirche des Klosters S. Niccolo weist auf diese letzte Spur.

Di.

Johann Karl, Sohn von Kaiser → Ferdinand II. und → Maria Anna von Bayern, geb. 1. 11. 1605 in Graz, gest. 26. 12. 1619 in Graz, begr. im Mausoleum in Graz.

Als Kleinkind wurde der Erzherzog bereits mit der spanischen Infantin → Anna, der Tochter von König → Philipp III. und Erzherzogin → Margarete, verlobt, starb jedoch bereits mit vierzehn Jahren.

H.

Johann, der »steirische Prinz«, Reichsverweser, Sohn des Großherzogs → Leopold der Toskana (des späteren Kaisers Leopold II.) und der → Maria Ludovica von Spanien-Bourbon, geb. 20. 2. 1782 in Florenz, gest. 10. 5. 1859 in Graz, begr. in Schenna bei Meran.

Über Johanns früher Erziehung waltete der aufgeklärte Geist des Vaters. Die Familie übersiedelte 1790, als der Großherzog die Nachfolge → Josefs II. antrat, nach Wien. 1792 starben die Eltern, und die Vormundschaft übernahm Kaiser → Franz II. (I.), der älteste der Brüder. Johann erhielt eine militärisch-technische Ausbildung. Rechtsunterricht erteilte Franz Anton von Zeiller, der Mitgestalter des 1811 erlassenen Allgemeinen Bürgerlichen Gesetzbuches. Die Gleichheit der Menschen im Naturzustand und also vor dem Gesetz, ihr Verlangen, sich freien Willens zu vereinigen, waren Maximen seiner Naturrechtslehre, die auf Johann großen Einfluß hatte. Zwei Schweizer Lehrer, Armand Graf Mottet und der Geschichtsschreiber Johannes von Müller, begeisterten den Erzherzog für die Schweizer Eidgenossenschaft, die der Achtzehnjährige dann auf die waffentragende und im Landtag vertretene Bürger- und Bauernschaft Tirols übertrug, als er die Möglichkeit erhielt, als Stellvertreter seines kaiserlichen Bruders in den Provinzen zu wirken und die durch die Französische Revolution gefährdeten Bande zwischen Dynastie und Völkern zu festigen. Was nach romantischer Schwärmerei für Bergwelt und Bergbewohner Tirols aussieht, hatte somit einen politischen Hintergrund.

Jedenfalls trachtete Johann seit 1800/01, als er erstmals auf Inspektion von Befestigungsanlagen Tirol bereiste, zum Wohl der Menschen in diesem Land zu wirken und mit dieser Volksverbundenheit seinem Leben einen anderen Sinn zu geben, als es ein erzherzogliches Dasein im Militär, am intrigenreichen Hof und im großstädtischen Trubel von Wien versprach. Daß er als Oberbefehlshaber die Schlacht bei Hohenlinden (1800) verlor, mag in diesem Zusammenhang eine Rolle gespielt haben. Wichtiger war wohl, daß er Andreas Hofer kennenlernte, bis 1805 in Tirol die Landwehr modernisierte, auf den

Kleinkrieg in den Bergen setzte und im täglichen Umgang mit dem Volk eine Beliebtheit erlangte, die (zeitgemäß gefühlsgeladen) in Gedichten, Liedern und Anekdoten ihren Ausdruck fand. 1805 mußte er kampflos das Land räumen, das an Bayern kam.

Jetzt ging er nach Innerösterreich, um hier eine Landwehr aufzustellen. Wie die Franzosen sollten Bürger und Bauern, von einem »Nationalgeist« angespornt, mit und neben der regulären Armee ihre Heimat verteidigen. In Friedenszeiten sollte dieser Nationalismus, in dem sich Landesbewußtsein mit Volkszugehörigkeit vermischte, eine neue Solidarität und Identität im Lande stiften, Standesgrenzen verwischend.

1809 führte Johann die innerösterreichische Landwehr gegen die Franzosen. Den Tirolern konnte er jetzt nicht helfen, doch plante er von Wien aus einen Aufstand der Alpenländer, Tirol an vorderster Front, als ob er sich dieses Land von den Feinden und von der Wiener Politik selbst hätte erstreiten wollen. Der Kaiser und Metternich erachteten die Aktion 1812/13 jedoch für inopportun, der verschwörerische Plan eines »Alpenbundes« fiel, und Johann beugte sich im Verzicht, dem Bruder in Treue ergeben.

So wandte er sich der Steiermark zu, in höchstem Maße uneigennützig. Er hatte keine Funktion in Regierung und Verwaltung außer als Generaldirektor des Genie- und Fortifikationswesens der gesamten Monarchie seit 1801. Sein Vorgehen war nicht ohne System: Er selbst faßte Fuß im Lande, erwarb Grund und Boden, wurde als Landwirt, Forstmann, Weinbauer und Jäger den anderen Vorbild (Brandhof am Seeberg, 1818; Weingut Pickern bei Marburg, 1822; Stainz, 1840).

Der Reichsverweser Erzherzog Johann eröffnet im Juli 1848 den konstituierenden Reichstag in Wien

In Vordernberg am Erzberg kaufte er 1822 ein Radwerk und stand selbst als Radmeister im Getriebe der industriellen Revolution, deren britische Feuerstätten er 1815/16 besichtigt hatte. Seine naturwissenschaftliche Sammlung (vor allem Mineralogie und Botanik) und seine Bibliothek verlagerte er 1809 nach Graz und machte sie der Öffentlichkeit zugänglich. Das »Joanneum« wurde 1811 mit Hilfe der steirischen Stände in einem eigenen Haus untergebracht. Bemerkenswert an dieser vier Jahre vor dem Wiener Polytechnikum gegründeten technisch-naturwissenschaftlichen Lehranstalt war die Selbstverwaltung durch Kuratoren, mit Johann an der Spitze.

So kam seit 1811 der Erzherzog regelmäßig in die Steiermark. Seit 1819 band ihn auch die Liebe zur Ausseer Postmeisterstochter Anna Plochl an das Land. (1829 gab der Kaiser die Einwilligung zur Heirat, 1839 wurde der Sohn Franz geboren, der später die Familie der Grafen von Meran begründen sollte.) Wer Rat und Hilfe brauchte, wandte sich an den Erzherzog. Er griff auch selbst ein, so 1816/17 in der Hungersnot in der Obersteiermark, als er den Anbau der Kartoffel propagierte.

Als Protektor gründete er mit Gleichgesinnten die Vereine, die sich als Einrichtungen der bürgerlichen Wirtschaft, Wohlfahrtspflege und Kultur außerhalb des absolutistischen Anstalts- und Wohlfahrtsstaates bewährten. Hier wurden die neuesten wissenschaftlichen Erkenntnisse verbreitet und in die Praxis umgesetzt, hier entfaltete sich eine neue Geselligkeit, in der die alten Standesgrenzen nicht mehr galten und Bürgerliche, Adelige und Klerus zusammenfanden. Unter erzherzoglichen Auspizien übte die bürgerliche Gesellschaft in der Steiermark, gemeinschaftlich zu handeln: im Leseverein am Joan-

Erzherzog Johann. Gemälde von L. Schnorr von Carolsfeld

neum (1817), im Musikverein (1817/1819), in der Landwirtschaftsgesellschaft und in deren Filialen im ganzen Land (1819), in der Sparkasse (1825), in der Wechselseitigen Brandschadenversicherungsanstalt (1828), im Verein zur Unterstützung der Industrie und des Gewerbes Innerösterreichs (1837), in der Bruderlade der Berg- und Hüttenarbeit in Vordernberg (1837) und in den Gründungen der vierziger und fünfziger Jahre: Historischer Verein, Geognostisch-montanistischer Verein, Gartenbaugesellschaft, Männer-Kranken-Leichenunterstützungsverein, St.-Anna-Kinderspital. 1840 wurde in Vordernberg eine berg- und hüttenmännische Lehranstalt errichtet (ab 1849 in Leoben), und Johann setzte sich dafür ein, daß die Südbahn nicht über Westungarn, sondern über den Semmering und Graz geführt wurde (1842–1857).

In merkwürdigem Gegensatz zu seiner Fortschrittlichkeit steht der Zukunftspessimismus, der ihn immer wieder die Abgründe heraufbeschwören ließ, in die er den Staat und die Monarchie stürzen sah. Oder sehnte er sie gar herbei, um die letzte Erfüllung im großen Ereignis zu finden, dessen Ruf ihn ereilen würde, ja müßte? Im März 1848 war es soweit. Mit seiner bloßen Anwesenheit besänftigte er die Grazer Bürgerschaft. In Wien genoß er das Vertrauen des Volkes und des Hofes. Die Frankfurter Nationalversammlung, deren Wunsch nach Vereinigung aller Deutschen auch ihn beseelte, wählte ihn zum Reichsverweser. Im Streit der Rechten und der Linken über die Zentralgewalt, der Groß- und Kleindeutschen über die Existenzmöglichkeit des habsburgischen Vielvölkerreiches im deutschen Nationalstaat und unter dem Druck der Gegenrevolution blieb das Bürgertum uneinig. Johanns Prestige, das ihn nach Frankfurt getragen hatte, war nicht stark genug, Deutschland zu einigen, mit Österreich zu vereinigen. Das in der Paulskirche versammelte Bürgertum, in das er alle Hoffnungen gesetzt hatte, und die Fürsten Deutschlands, so auch → Franz Joseph I., verweigerten ihm das Patronat über das deutsche Volk, das sein Bruder Franz 1806 aus der Hand gegeben hatte. Am 20. Dezember 1849 legte er sein Amt in Frankfurt nieder und kehrte nach Graz zurück, wo er nach dem Bau eines Palais ständigen Aufenthalt nahm und auch starb.

Werke: Der Brandhofer und seine Hausfrau, hg. Walter Koschatzky, Graz, 3. A. 1978; Achtundvierzig Briefe Seiner Kaiserlichen Hoheit an Johann von Müller, Schaffhausen 1848; Feldzugserzählung 1809, hg. Alois Veltzé, Wien 1909; Erzherzog Johann von Österreich. Briefwechsel Seiner Kaiserlichen Hoheit vom Jahre 1850 bis 1859, hg. August Jochmus, Berlin 1884; Aus dem Tagebuche des Erzherzog Johanns von Österreich 1810 bis 1815, hg. Franz von Krones, Innsbruck 1891; Briefwechsel zwischen Erzherzog Johann Baptist von Österreich und Anton Graf von Prokesch-Osten, hg. Anton Schlossar, Stuttgart 1898; Erzherzog Johann von Österreich als Reichsverweser. Der unveröffentlichte Briefwechsel mit Fürst Felix zu Schwarzenberg aus den Jahren 1848 und 1849, hg. Ernst Hoor, Wien 1981.

Lit.: Viktor Theiß, Erzherzog Johann, der steirische Prinz, hg. Grete Klingenstein, Wien, 2. A. 1981; Erzherzog Johann von Österreich. Beiträge zur Geschichte seiner Zeit, hg. Grete Klingenstein, Graz 1982; Erzherzog Johann von Österreich. Sein Wirken in seiner Zeit, hg. Othmar Pickl, Graz 1982.

Kl.

Johann Nepomuk Salvator (»Gianni«), seit 1889 Johann Orth, zehntes und letztes Kind von Großherzog → Leopold II. von Toskana und → Maria Antonia von Neapel-Sizilien, geb. 25. 11. 1852 in Florenz, Sterbedatum unbekannt: 1890 auf der Überfahrt nach Südamerika verschollen, 1911 für tot erklärt.

Nach der Vertreibung der toskanischen Herrscherfamilie aus Florenz 1859 wuchs Johann zunächst in Böhmen auf. Der temperamentvolle Knabe, Liebling seiner Mutter, lernte ausgezeichnet und wurde ab dem 12. Lebensjahr am Wiener Hof erzogen. Mit 13 Jahren wurde er Offizier und schlug die Militärlaufbahn ein. In der Armee, wo er rasch Karriere machte, erwies er sich als Neuerer und Kritiker. Seine diesbezüglichen, vor allem schriftstellerischen Arbeiten brachten ihn in scharfen Gegensatz zu seinen militärischen Vorgesetzten, vor allem Erzherzog → Albrecht, der nach dem Tod seines Vaters 1870 auch sein Vormund war. 1878 nahm Johann am Okkupationsfeldzug nach Bosnien und Herzegowina teil und kritisierte diese Aktion heftig. 1883 wurde er Kommandant der 3. Infanterie-Division in Linz. Seinen Wohnsitz, Schloß Orth bei Gmunden, baute er mit großem Kunstverstand aus. Zeitweise mit dem um sechs Jahre jüngeren, stets beneideten Kronprinzen → Rudolf befreundet, erarbeitete er das Konzept für dessen Sammelwerk »Die österreichisch-ungarische Monarchie in Wort und Bild«. Wie Rudolf engagierte er sich bei der Entlarvung prominenter Spiritisten und trat als Liberaler und Antiklerikaler hervor.

Johann hatte neben den militärischen starke künstlerische Interessen, spielte Waldhorn, Klavier und Zither, komponierte als glühender Verehrer des Walzerkönigs Johann Strauß Walzer und schrieb ein Ballett, »Die Assassinen«, das 1883 an der Hofoper aufgeführt wurde. Darin huldigte er außer der Toleranzidee auch der neuen Erfindung der Elektrizität: die Tänzerinnen traten mit brennenden Glühbirnen am Kostüm und in den Haaren auf (die Musik komponierte J. Forster).

Politisch war Johann ein erklärter Gegner des Bündnisses mit Deutschland und trat für eine Annäherung an Rußland ein. 1887 verwickelte er sich in einem abenteuerlichen Intrigenspiel in

Johann Orth mit seiner Schiffsbesatzung auf seiner Dampfyacht »Bessie«.

die Bulgarienkrise, setzte sich für den Thronkandidaten Ferdinand von Coburg ein, machte sich aber auch selbst Hoffnungen auf den bulgarischen Fürstenthron. Mit diesen Aktivitäten verscherzte er sich vollends die infolge seiner Broschüren und Zeitungskampagnen ohnehin schwachen Sympathien Kaiser → Franz Josephs. Auf Johanns Wunsch enthob der Kaiser ihn 1887 von seinen Kommandos. Die Annahme des Ehrenbürgerrechtes von Linz, das ihm 1887 verliehen wurde, mußte er auf kaiserlichen Befehl widerrufen. Schließlich mußte er auch seine Offizierscharge ablegen.

Verbittert und beschäftigungslos ging er auf Reisen und tat im Oktober 1889 einen als sensationell empfundenen Schritt. Er erkärte seinen Austritt aus der Familie Habsburg: »Bin zu stolz, um einen fürstlichen Müßiggänger abzugeben. Ich will nicht das Geld des Volkes verfressen wie andere.« Er verzichtete auf seine Apanage und nahm den bürgerlichen Namen Johann Orth (nach seinem Gmundner Schloß) an und durfte fortan den Boden Österreich-Ungarns nicht mehr betreten. Erfolglos versuchte er, in die bulgarische Armee übernommen zu werden.

In Hamburg erwarb er sich das Kapitänspatent, kaufte sich einen großen Frachtdampfer und trat mit einer Zementladung und 24 Mann Besatzung die Reise nach La Plata an. Nach Streitigkeiten mit dem Kapitän übernahm er in Südamerika selbst das Kommando und fuhr mit neuer Besatzung weiter Richtung Chile. Bei heftigen Stürmen am Kap Hoorn ist das Schiff mit Johann Orth und seiner ihm kurz vorher angetrauten Frau, der langjährigen Geliebten Milli Stubel, verschollen, wahrscheinlich in der Nacht des 20./21. Juli 1890 untergegangen. Spekulationen, Johann Orth habe das Unglück überlebt und wäre irgendwo (in Südamerika, in Norwegen, ja gar in China) untergetaucht, erwiesen sich als falsch, ebenso wie seine angebliche Verwicklung in das Drama von Mayerling. Der reichhaltige Nachlaß Orths wurde 1912/13 in Berlin versteigert.

Werke: (anonym) Betrachtungen über die Organisation der österreichischen Artillerie; Geschichte des k. k. Infanterie-Regimentes Erhz. Wilhelm Nr. 12, 2 Bde., Wien 1877–1880; Drill oder Erziehung, Wien 1883; Einblick in den Spiritismus, Linz 1884; Ballett »Die Assassinen«; Walzer unter dem Pseudonym Johann Traunwart, z. B. »Gruß an Linz«, »Am Traunsee«.

Lit.: Heinrich P(ollak), Erzherzog Johann, Wien 1901; Hans Schaffelhofer, Johann Orth, Wien 1952; Friedrich Weissensteiner, Ein Aussteiger aus dem Kaiserhaus: Johann Orth, Wien 1985.

H.

Johanna von Pfirt (Jeannette de Ferette), Gemahlin von Herzog → Albrecht II., geb. 1300 in Basel, gest. 15. 11. 1351 in Wien, begr. in der Kartause Gaming, 1797 in die Pfarrkirche Gaming überführt, seit 1985 wieder in der wieder-

Johanna von Pfirt. Stifterfigur vom Singertor der Wiener Stephanskirche

hergestellten Grablege in der ehemaligen Kartause Gaming.

Im Zuge der politisch-territorialen Bestrebungen der Habsburger um Abrundung und Erweiterung der Herrschaften in den oberen Landen wurde 1324 wahrscheinlich in Thann (Elsaß) der von Herzog → Leopold I. angebahnte Ehebund zwischen Johanna, der Erbtochter von Pfirt – Tochter des Grafen Ulrich III. von Pfirt, Herrn von Rougemont/Elsaß, und Johanna von Mömpelgard (Jeannette de Montbéliard) – und Albrecht II. geschlossen. Johanna war eine temperamentvolle Frau, die gern mit großem Aufwand reiste, künstlerische Interessen hatte und jederzeit bereit war, in politischen Angelegenheiten aktiv zu werden. Aus der Ehe gingen die Söhne → Rudolf IV., → Friedrich III., → Albrecht III. und → Leopold III. sowie die Töchter → Katharina und → Margarethe hervor.

S.

Johanna von Durazzo, Königin von Neapel, Gemahlin des Herzogs → Wilhelm, geb. 25. 6. 1373 in Neapel, gest. 2. 2. 1435 in Neapel, begr. in Sta. Chiara in Neapel.

Die Tochter Karls (III.) von Durazzo, Königs von Neapel und schließlich ermordeten ungarischen Thronprätendenten, und seiner Cousine Margareta von Durazzo heiratete 1403 Herzog Wilhelm von Österreich. Eine hochkarätige Gesandtschaft des Herzogs (Berthold von Wehing, Bischof von Freising und Kanzler, Pfarrer Andreas von Grillenberg, Offizial des Bischofs von Passau in Wien, sowie der Wiener Ratsbürger und spätere Bürgermeister Konrad Vorlauf) holte die künftige Herzogin aus ihrer Heimat; es wurde besonders bemerkt, daß die Braut in einem Wagen mit Glasfenstern reiste. Die Ehe dauerte etwa drei Jahre (Herzog Wilhelm starb 1406) und blieb kinderlos.

Wenig später wurde die Witwe von ihrer Mutter zurückbeordert. Johanna schied mit kleinem Gefolge in Trauer. Nach dem Tod ihres Bruders Ladislaus (1414) wurde sie Königin von Neapel. Sie heiratete in zweiter Ehe Jaques de Bourbon, Graf de la Marche. Nach dessen Tod wurde sie 1420 von Alfons V. von Sizilien-Aragon adoptiert, 1423 von Ludwig III. von Anjou. Dessen Erbansprüche gingen nach seinem Tod (1434) auf seinen Bruder René von Bar über.

Di.

Johanna Sophia, Gemahlin des Herzogs → Albrecht IV., geb. um 1373 in München, gest. 17. 10. 1410 in Wien, begr. im Stephansdom Wien.

Die Tochter von Herzog Albrecht I. von Niederbayern-Straubing, Grafen von Holland, und der Margaretha, Prinzessin von Brieg, heiratete 1390 in Wien Albrecht IV., dem sie zwei Kinder gebar: → Margarethe, geb. 1395, die Herzog Heinrich IV. von Bayern heiratete, und den späteren Herzog → Albrecht V. (als König Albrecht II.), geb. 1397.

H.

Johanna I. von Kastilien, »die Wahnsinnige« (span. »la loca«), Gemahlin Philipps »des Schönen«, geb. am 6. 11. 1479, gest. am 12. 4. 1555 in Tordesillas, begr. in der »Capilla Real« in Granada.

Johanna war das dritte Kind der Katholischen Könige, Ferdinand und Isabella von Kastilien und Aragón. Durch den Tod ihrer älteren Geschwister und deren Nachkommen sowie durch die Heiratspolitik ihrer Eltern war Johanna dazu ausersehen, zu einer Stammutter der beiden neuzeitlichen Hauptlinien des Hauses Habsburg zu werden und durch ihr spanisches Erbteil, bestehend aus Kastilien, Aragón mit seinen spanischen und italienischen Teilreichen und dem entstehenden amerikanischen Kolonialreich, der habsburgischen Dynastie zum ersten frühneuzeitlichen Weltreich zu verhelfen.

Über die Jugend Johannas ist wenig bekannt. Ins Licht der Geschichte trat sie erst, als 1495 ihre Heirat mit dem Sohn Kaiser → Maximilians I., → Philipp (»der Schöne«) vereinbart wurde im Rahmen der antifranzösischen Politik der beiden Väter. 1496 langte Johanna in den Niederlanden an und entbrannte gleich bei der

Königin Johanna von Kastilien und Aragón, »die Wahnsinnige«. Gemälde des Meisters der Magdalenenlegende

ersten Begegnung in leidenschaftlicher Zuneigung zu ihrem Gemahl, so daß beide entgegen den protokollarischen Abmachungen auf Vollzug der Eheschließung noch am selben Tag bestanden. Die streng erzogene, jedoch offenbar leidenschaftliche und sinnliche Prinzessin verfiel ihrem Gemahl völlig und war in ihrer neuen Umgebung gänzlich auf ihn fixiert. Sie beteiligte sich kaum an den Vergnügungen des niederländischen Hofes, vernachlässigte ihre religiösen Pflichten und ebenso die Korrespondenz mit ihrem königlichen Elternpaar und begann schon bald, ihren lebenslustigen Gemahl mit ihrer nicht unbegründeten Eifersucht zu verfolgen.

1500, nach dem Tod ihres Neffen, des kleinen Prinzen Miguel von Portugal (des Sohnes von Johannas älterer Schwester), fiel die kastilische Thronfolge an Johanna, die im selben Jahr dem Prinzen → Karl, dem späteren Kaiser Karl V., das Leben schenkte. In den sich verstärkenden Spannungen zwischen Philipp und dem katholischen Königspaar wegen Philipps profranzösischer Neigungen und seiner Weigerung, sich in das politische System seines Schwiegervaters einbeziehen zu lassen, wurde Johanna immer mehr zum politischen Objekt.

Philipp beanspruchte, für seine Frau zu handeln, und begann diese immer mehr abzuschirmen, während Ferdinand und Isabella sie durch Mittelsmänner zu beeinflussen suchten. 1502 kam Johanna in Begleitung ihres Gemahls nach Kastilien, um von den Ständen als Thronfolgerin anerkannt zu werden. Dem diplomatischen Geschick ihres Vaters war es zu verdanken, daß auch die aragonesischen Stände ungeachtet des geltenden salischen Erbrechts Johanna als Thronfolgerin anerkannten, wenn auch mit der Klausel, daß für den Fall, daß König Ferdinand noch einen männlichen Nachkommen haben sollte, dieser erbberechtigt sein sollte.

Als Philipp 1503 in die Niederlande zurückkehrte und Johanna in Spanien zurückblieb, begannen sich erste Anzeichen von sonderbarem Benehmen bei ihr zu zeigen. Sie weilte in Gedanken ständig bei ihrem Gatten, war nur von dem Wunsch beseelt, ihm möglichst bald nach Flandern folgen zu können, und verfiel auf allerlei extravagante Ideen, um dies zu erreichen. Ihre Eltern begannen daher bald ihre Regierungsfähigkeit in Frage zu stellen.

1504 kehrte Johanna in die Niederlande zurück, wo sie Philipp mit heftigen Eifersuchtsszenen verfolgte, woraufhin er sie zeitweise einschließen ließ. 1504 starb Königin Isabella und bestimmte in einem Kodizill zu ihrem Testament ihren Gatten König Ferdinand als Regenten bis zur Regierungsfähigkeit ihres Enkels Karl. König Ferdinand und Philipp rivalisierten nun um die Regentschaft in Kastilien und hatten von daher ein mehr oder weniger offen erklärtes Interesse daran, die Regierungsunfähigkeit Johannas zu dokumentieren. Einem geheimen Abgesandten ihres Vaters unterzeichnete Johanna eine Erklärung, die ihr Einverständnis mit Ferdinands Regentschaft zum Inhalt hatte, nur um wenig später Schriftstücke zugunsten ihres Gemahls Philipp zu unterschreiben. Beide, Vater und Gatte, gingen fortan davon aus, daß Johanna regierungsunfähig sei. Philipp schirmte seine Gattin künftig noch mehr von der Außenwelt ab.

Das traurige Schicksal Johannas »der Wahnsinnigen«, vor allem ihre Reaktion auf den Tod des geliebten Mannes Philipps »des Schönen«, regte die Historienmaler immer wieder zu rührseligen Szenen an.

Die Quellen über Johannas Geisteszustand sind freilich äußerst widersprüchlich. Während ein Teil der zeitgenössischen Berichte sie als wahnsinnig bezeichnet und dies mit ihren Eifersuchtsausbrüchen und ihrer Apathie zu belegen suchten, sprechen andere davon, daß sie mit Würde und Beherrschtheit auftrat und sich auch in politischen Dingen sachkundig zeigte. Während der Krankheit ihres Gatten weilte die schwangere Königin am Krankenbett ihres Gemahls und arrangierte seine Pflege. Auch die Berichte über ihre Reaktionen auf seinen Tod 1506 sind widersprüchlich. So soll sie einerseits vor Schmerz wahnsinnig oder apathisch gewesen sein, andererseits mit Umsicht und Würde seine Einbalsamierung und Aufbahrung veranlaßt haben, ebenso soll sie sich Regierungsgeschäften gewidmet oder sie völlig vernachlässigt haben.

Ihre Lage war jedenfalls außergewöhnlich schwierig, stand sie doch in Kastilien zwei feindlichen Lagern gegenüber: den adeligen Parteigängern ihres Gatten und seinem niederländischen Gefolge, die von ihrer Unzurechnungsfähigkeit ebenso überzeugt waren wie die Gegenpartei, die Anhänger ihres Vaters. Sie verfügte über keinerlei ihr ergebene politische Gefolgsleute oder Berater von Gewicht, war über die Vorgänge nur unzureichend informiert und mußte angesichts des überraschenden Todes ihres Gatten und der sich rasch verbreitenden Gerüchte über seine Vergiftung sogar in Rechnung stellen, daß ihr Vater ihren Gatten hatte ermorden lassen. Selbst für eine völlig gesunde und tatkräftige Frau wäre diese Situation schwer zu meistern gewesen.

Die psychisch labile Johanna war der Lage jedenfalls nicht gewachsen. Sie zog in den folgenden Monaten meist des Nachts durch Kastilien, immer in Begleitung des Sarges mit den sterblichen Überresten ihres Gemahls, ließ häufig den Sarg öffnen und berührte den Leichnam. Ihr Vater Ferdinand, anstatt seiner Tochter zu Hilfe zu eilen, hielt sich abseits, um durch den Gang der Dinge sein Prestige zu erhöhen und seine Rückkehr zur Regentschaft zu betreiben. Im Januar 1507 brachte sie die Tochter → Katharina, spätere Königin von Portugal, zur Welt, als letztes von sechs Kindern: → Eleonore, die spätere Königin von Portugal und Frankreich, geb. 1498; den späteren Kaiser → Karl V., geb. 1500; → Isabella, spätere Königin von Dänemark, geb. 1501; den späteren Kaiser → Ferdinand I., geb. 1503, und die spätere Königin → Maria von Böhmen und Ungarn, geb. 1505.

Im Herbst 1507 kehrte König Ferdinand nach Kastilien zurück. Die Begegnung mit dem Vater versetzte die trauernde Königin in große Freude. Sie trat ihm die Regentschaft ab, und Ferdinand erklärte, daß die Berichte über ihren Geisteszustand weit übertrieben seien. Freilich zog Ferdinand sie künftig nicht in seine Umgebung, sondern ließ sie mit kleinem Gefolge in Arcos, einem kleinen Dorf bei Burgos.

Johannas Krankheit kam nun deutlich zum Ausbruch: sie vernachlässigte ihre Körperhygiene, ihre Kleidung und schlief meist auf dem Fußboden. Ferdinand überredete sie, sich nach Tordesillas zu begeben, wo sie bis zu ihrem Tode unter strenger Aufsicht leben sollte, in Sichtweite des Sarges ihres Gatten, nur begleitet von ihrer jüngsten Tochter Katharina und ohne jedes königliche oder höfische Gepränge, fern von den politischen Geschäften und ohne Kontakt zur Außenwelt in einer Art Kerker. Dies scheint Johannas Krankheit immer mehr verschlimmert zu haben, so daß sie sich völlig vernachlässigte, was wiederum ihre Wärter zu Gewaltmaßnahmen ihr gegenüber veranlaßte.

Auch die Ankunft ihres Sohnes Karl 1517 änderte nichts an Johannas Lage. Karl besuchte sie in Begleitung seiner Schwester → Eleonore in Tordesillas. Als er ihr Katharina wegnahm, geriet Johanna außer sich, so daß man ihr das Kind zunächst wiedergeben mußte. Als Karl sein politisches Ziel, nicht nur als Regent, sondern auch als Mitkönig in Kastilien anerkannt zu werden, erreicht hatte, erlahmte sein Interesse an der Mutter. Er schlug ihren Wunsch ab, ausgehen zu dürfen und adeliges Gefolge um sich zu haben.

Noch einmal, 1520, während des Aufstandes der »Comunidades« von Kastilien, geriet Johanna ins Licht der großen Politik. Die Aufständischen suchten sich der Königin gegen ihren Sohn Karl zu bedienen. Johanna beklagte sich auch bei den sie besuchenden Führern des Aufstandes bitter über die Behandlung, die man ihr habe angedeihen lassen, doch konnte sie sich nicht entschließen, die sich bietende Gelegenheit zu nutzen und sich an die Spitze der Bewegung zu stellen.

Noch 35 Jahre vegetierte die Kranke, die Habsburgs Aufstieg zur Weltmacht ermöglicht hatte und deren Kinder Eleonore, Karl, Ferdinand, Maria und Katharina die europäische Geschichte ihrer Zeit mitgestalteten, unbeachtet in ihrem Gefängnis dahin, bevor der Tod sie erlöste. Johanna zeigte sicherlich schon als junge Frau Ansätze zur Schizophrenie, doch nach heutiger medizinischer Auffassung kann kaum ein Zweifel daran bestehen, daß ihre Krankheit erst durch die Umstände voll zum Ausbruch kam und daß die ihr zuteil gewordene Behandlung das Krankheitsbild verschlimmerte.

Lit.: Johan Brouwer, Johanna die Wahnsinnige. Ein tragisches Leben in bewegter Zeit, München 1978; Ludwig Pfandl, Johanna die Wahnsinnige, Freiburg i. Br. 1930.

Pie.

Johanna (»Juana«), Prinzessin von Portugal, jüngste Tochter von Kaiser → Karl V. und → Isabella von Portugal, geb. 24. 6. 1535 in Madrid, gest. 7. 9. 1573 im Escorial, begr. im Klarissenstift der Descalzas Reales Madrid.

Bereits mit vier Jahren verlor sie ihre Mutter. Ihre Ehe mit dem portugiesischen Thronfolger Johann, einem Vetter, wurde 1548 vereinbart und 1552 geschlossen. Johannas Aufenthalt am portugiesischen Hof dauerte nur zwei Jahre, denn kurz vor der Geburt ihres Sohnes Dom Sebastian starb Prinz Johann.

Da Karl V. sie als Regentin in Spanien einsetzte und ihre Schwiegereltern noch lebten, kehrte sie im Mai 1554 an den spanischen Hof

Johanna von Portugal mit ihrer Dogge. Gemälde von Sánchez Coello

zurück. Dort übernahm sie auch die Sorge für ihren neunjährigen Neffen → Don Carlos. Johanna übte ihre Regentschaft, die bis 1559 dauerte, nach den brieflichen Anweisungen ihres Vaters, Karls V., und ihres Bruders, → Philipps II., aus. In die Zeit ihrer Regierung fiel die erste Zahlungseinstellung der spanischen Krone im 16. Jahrhundert (1557). In Anwesenheit der Regentin wurde 1559 im aufsehenerregenden »auto de fé« von Valladolid das Urteil über dreißig Personen gesprochen, die des Protestantismus angeklagt waren. Unter ihnen befanden sich auch Adelige des königlichen Gefolges.

Während Johannas Regentschaft vollzog sich der Generationenwechsel an der Spitze des spanischen Königshauses: 1555 starb ihre Großmutter, die von der Regierung ausgeschlossene Königin → Johanna die Wahnsinnige, im folgenden Jahr dankte Kaiser Karl V. in Brüssel zugunsten seines Sohnes Philipp II. ab und zog sich nach Yuste (Estremadura) zurück, wo er zwei Jahre später starb.

1559 übergab Johanna Philipp II. die Regierungsgeschäfte in Spanien und zog sich in den folgenden Jahren immer häufiger in das von ihr 1559 in Madrid gegründete Klarissenstift der Descalzas Reales zurück. Nach längerer Krankheit starb sie mit achtunddreißig Jahren im Escorial.

Lit.: Luis Fernández de Retana, Doña Juana de Austria, Madrid 1955.

Pi.

Johanna, Großherzogin von Toskana, jüngste Tochter von Kaiser → Ferdinand I. und Anna von Böhmen und Ungarn, geb. 24. 1. 1547 in Wien, gest. 11. 4. 1578 in Florenz, begr. in Florenz.

Johanna wurde zusammen mit ihren Schwestern → Magdalena, → Margarethe, → Barbara und → Helena in Innsbruck nach religiös-karitativen, von der Societas Jesu geprägten Prinzipien erzogen. Sie galt – zumindest im Verhältnis zu ihrer älteren Schwester Barbara – als »Schönheit« und wurde 1565 nach über zweijährigen Eheverhandlungen und dem Ausscheiden eines zweiten Bewerbers, Johann Sigmund Zapolya, mit dem Sohn Herzog Cosimos I. von Florenz, Francesco Maria, vermählt. Cosimo brauchte die Verbindung mit dem Kaiserhaus wegen des Vorrangstreites mit den Este von Ferrara und wegen der Belehnung mit Siena. Johannas Bruder, Kaiser → Maximilian II., brauchte wiederum finanzielle Unterstützung durch die Medici im Türkenkrieg.

Von insgesamt acht Kindern, die dieser Verbindung entstammten, heiratete die älteste Tochter Eleonore (1566–1611) Vincenzo I. Gonzaga, Herzog von Mantua, die jüngste, Maria (1573–1642), König Heinrich IV. von Frankreich; ein 1577 geborener Sohn, Filippo Cosimo, wurde nur fünf Jahre alt. Die unglückliche Ehe stand im Zeichen von Kabalen und Brutalitäten am Medici-Hof, von Zerwürfnissen zwischen Maximilian II. und Cosimo (wegen Anerkennung des vom Papst verliehenen Titels eines

Johanna, spätere Großherzogin von Toskana, als junges Mädchen. Gemälde von Giuseppe Arcimboldo

Großherzogs von Toskana) und vor allem von persönlichen Demütigungen Johannas durch die Verbindung ihres Gemahls mit der Venezianerin Bianca Capello, die bereits zwei Monate nach Johannas Tod den verwitweten Großherzog heiratete.

Lit.: Viktor Bibl, Erzherzogin Johanna, erste Großherzogin von Toskana, in: Beiträge zur neueren Geschichte Österreichs 4, Wien 1908, 20–34; Brigitte Grohs, Die Hochzeiten der Erzherzoginnen Barbara und Johanna von Habsburg, ungedr. Staatsprüfungsarbeit am Institut für österreichische Geschichtsforschung, Wien 1986.

Rill

Josef I., Kaiser, Sohn von Kaiser → Leopold I. aus dritter Ehe mit → Eleonore von Pfalz-Neuburg, geb. 26. 7. 1678 in Wien, gest. 17. 4. 1711 in Wien, begr. in der Kapuzinergruft, Wien.

Wahlspruch: Amore et timore/Durch Liebe und Furcht.

Als Kind erlebte Josef die Flucht des Hofes aus Wien und die Rettung der Stadt vor der Türkenbedrohung; 1687 wurde der Neunjährige zum ungarischen, 1690 der Elfjährige in Augsburg zum römischen König gekrönt, wobei sich ein Großteil des süddeutschen Adels um Kaiser Leopold I. scharte. Der Erzherzog war durch eine vorzügliche Erziehung auf das Herrscheramt vorbereitet. Die wichtigsten Lehrer waren der spätere Bischof von Wien, Franz Friedrich von Rummel, und der weltläufige westfälische Konvertit Fürst Karl Theodor von Salm-Anholt.

Der römische König hatte die Jagd- und Musikleidenschaft seiner Väter geerbt. Er war ein ausgezeichneter Flötenspieler und sollte als Kaiser die Hofkapelle beträchtlich vermehren. »Unhabsburgisch« waren die weniger ausgeprägte Frömmigkeit und eine frühe Neigung zu amourösen Abenteuern mit Hofdamen. Josefs Ehe mit → Amalie Wilhelmine von Braunschweig-Lüneburg (1699) sollte den ungestümen jungen Mann beruhigen und die Bindung der Welfen an die Wiener Politik verstärken, die Leopold I. erfolgreich eingeleitet hatte. Aber der leidenschaftliche Josef ließ sich auf die Dauer nicht bändigen; dies galt auch für seine waghalsigen lebensgefährlichen Ausritte.

Der Drang zur Neuerung gegenüber dem erstarrenden Regierungssystem Leopolds I. ließ den »jungen Hof« um Josef und Fürst Salm zum Motor der Erneuerung werden. Neben dem Ziel einer Reformpolitik stand die Förderung tüchtiger junger Männer mit dem Prinzen Eugen von Savoyen an der Spitze. Zu Beginn des neuen Jahrhunderts gewann der »junge Hof« Einfluß auf Leopold I. und trug wesentlich zur Entscheidung über den Eintritt in den Spanischen Erbfolgekrieg bei. Nach Anfangserfolgen wurde 1703 durch den Übergang Bayerns zu den Franzosen, deren Vorstoß nach Süddeutschland und die ungarische Erhebung von Franz II. Rákoczy die Lage sehr bedrohlich. Durch den Aufstieg des Prinzen Eugen an die Spitze des Hofkriegsrates und von Josef selbst in den Vorsitz aller Kriegskonferenzen (1703 bzw. 1704) schien sich der

Der spätere Kaiser Josef I. als Kind von sechs Jahren. Gemälde von Benjamin von Block

Einfluß des Königs zu stabilisieren. 1704 folgte der Sieg bei Höchstädt und die Besetzung Bayerns, das einer kaiserlichen Administrationsregierung unterstellt wurde.

Der Regierungsantritt Josefs 1705 erweckte große Hoffnungen. Tatsächlich gelang eine teilweise Modernisierung der Zentralstellen und eine Stabilisierung der Finanzen. In Schlesien wurde sogar auf den königlichen Gütern das Experiment einer Bauernbefreiung gewagt. Daß nicht mehr daraus wurde, lag am Krieg. Es gab jedoch auch bald schwere Spannungen im Umkreis Josefs I., deren Exponenten die Kaiserinmutter Eleonore und Fürst Salm auf der einen, Eugen und der glänzende Diplomat Graf Wratislaw auf der anderen Seite waren – letztere setzten sich mit dem Abgang des schwerkranken Salm 1709 durch. (Nach Ingraos Forschungen gelang es Josef jedoch, die Konferenz zu dominieren und zusammenzuhalten; so relativiert sich die Kritik Braubachs an Josefs »mangelnder Entscheidungs- und Führungskraft«.) Josefs leichte Ablenkbarkeit war jedoch unverkennbar.

Die Erfolge gegen Frankreich dankte der Kaiser vor allem dem militärischen Genie Prinz Eugen – allerdings blieb die ständige Bedrohung durch den ungarischen Aufstand, der erst kurz nach Josefs Tod durch die Vermittlung des Grafen Johannes Pálffy beigelegt werden konnte. Die gefährliche Eskalation durch den Vormarsch Karls XII. von Schweden nach Mitteldeutschland, die den Nordischen Krieg mit dem Spanischen Erbfolgekrieg und mit der ungarischen Rebellion zu vereinigen drohte, konnte mit der Konvention von Altranstädt 1707 vermieden werden, welche den schlesischen Protestanten zugute kam.

Dynastisches Selbstbewußtsein und starker Expansionswille kennzeichneten die politische Linie des Kaisers. In Italien ging er energisch gegen Gegner des Reiches vor, zog das vakant gewordene Herzogtum Mantua ein und bedrohte 1708 sogar den Papst militärisch: Das Ziel waren Bodengewinne Österreichs in Italien.

Reichsvizekanzler Friedrich Karl von Schönborn war Architekt einer energischen Reichs- und Reichskirchenpolitik, die von Josefs Oheim, Kurfürst Johann Wilhelm von der Pfalz, unterstützt wurde. 1706 erfolgte die Ächtung der mit Frankreich paktierenden Wittelsbachischen Kurfürsten von Bayern und Köln; in Bayern suchte Josef durch Abspaltung von Gebietsteilen eine gräfliche habsburgische Parteigängerschaft zu etablieren. Mit der Einführung Kurhannovers und Kurböhmens in das Kurkolleg 1708 verstärkte er dort die kaiserliche Partei. Durch Reformen der obersten Reichsgerichte in Wien und Wetzlar, des Reichshofrats und des Reichskammergerichts, suchte Josef die kaiserliche Stellung im Reich zu verbessern. Allerdings verärgerte viele der schroffe Stil des Kaisers, der auf das aufstrebende Preußen weit weniger Rücksicht nahm als Leopold I. Die Konflikte mit dem Papst belasteten seine Reichskirchenpolitik. Zu weitgehende Forderungen kennzeichneten auch Josefs Politik im Krieg und verhinderten wahrscheinlich 1709/10 einen günstigen Frieden mit Frankreich. Neben der Etablierung seines Bruders → Karl (III.) in Spanien waren Erwerbungen in Italien ein vornehmliches Ziel Josefs, der wahrscheinlich auch an einen Eintausch Bayerns dachte. Die erbländisch bestimmten Großmacht-

Josef I., hier dargestellt im Krönungsornat des römisch-deutschen Kaisers

interessen dominierten bei ihm, hemmten jedoch nicht eine tatkräftige Reichspolitik.

Als der Kaiser 1711 schnell und unerwartet an Blattern erlag, hatte sich im Westen und in Ungarn seine Sache schon zum Besseren gewendet. Danach war die Rückkehr seines Bruders Karl nach Österreich, die Preisgabe aller Ansprüche im Reich und die Restitution des Status quo unumgänglich. Gleichwohl markierten die Jahre Josefs I. einen Höhepunkt kaiserlicher Reichs- und österreichischer Großmachtpolitik. Das allgemeine Gefühl einer tiefen Zäsur bei seinem Tode bestätigte dies. Als Förderer von Kunst und Musik ging auch dieser sehr weltliche Habsburger in die Geschichte ein. Josefs letztes amouröses Abenteuer brachte seiner Freundin Marianne Pálffy, der Tochter des Befrieders von Ungarn, kleinliche Demütigungen durch Witwe und Mutter. Schwerer wog, daß Josef seine Frau mit einer venerischen Erkrankung angesteckt und damit nach dem Tode des einzigen Sohnes wesentlich zum Aussterben der männlichen Linie des Hauses Österreich beigetragen hatte. Es bleibt das Bild eines klugen und energischen Herrschers, dem die Nagelprobe seines Lebenswerks versagt blieb.

Lit.: Karl Otmar Frhr. von Aretin, Kaiser Josef I. zwischen Kaisertradition und österreichischer Großmachtpolitik, in: Histor. Zeitschr. 215, 1972, 529–606; Charles W. Ingrao, Josef I., der »vergessene« Kaiser, Graz–Wien–Köln 1982 (englisch: 1979).

P.

Josef II., Kaiser, König von Böhmen und Ungarn, ältester Sohn von Kaiser → Franz I. Stefan und Kaiserin → Maria Theresia, geb. 13. 3. 1741 in Wien, gest. 20. 2. 1790 in Wien, begr. in der Kapuzinergruft, Wien.

Wahlspruch: Virtute et exemplo/Mit Tugend und Beispiel.

Die Geburt Josefs fiel zeitlich mit der Krise der Habsburgermonarchie zusammen, die Friedrich II. von Preußen mit seinem Einfall in Schlesien ausgelöst hatte. Josefs erste Lebenstage sind

Josef II. als Kronprinz. Pastell von Jean Etienne Liotard

daher mit den Bemühungen zur Bewältigung der Krise verbunden. Die bis heute von Legenden umwobene Ankunft des kleinen Thronerben in Preßburg im September 1741 steigerte die Begeisterung des ungarischen Krönungslandtags für die Sache der bedrängten Herrscherin.

Abgesondert von den Geschwistern und nur von Hofdamen umgeben, wurde Josef in den ersten Jahren ziemlich verwöhnt. Dieser Fehler sollte dann durch die Ernennung des Feldmarschalls Karl Graf Batthyány zum Erzieher (1748) wiedergutgemacht werden. Der Unterrichtsplan stammte von dem Konvertiten Johann Christof Bartenstein. Geschichte spielte darin eine wesentliche Rolle. In die philosophischen Gegenstände wurde er von dem Jesuiten Josef Franz, in die juridischen von dem Rechtshistoriker Christian August Beck eingeführt. Wesentliche Anregungen für seine späteren Reformen hat Josef aus diesem Unterricht kaum empfangen. Jedoch übte der seine religiöse Lektüre bestimmende Reformkatholizismus auf seine Kirchenreformen noch einen großen Einfluß aus.

Der »Volkskaiser« Josef II. führt im mährischen Dorf Slavikowitz eigenhändig den Pflug: die wohl beliebteste Legende über Josef.

Im Oktober 1760 fand die Vermählung Josefs mit der Prinzessin → Isabella von Parma statt. Trotz der durch den Siebenjährigen Krieg sehr angespannten finanziellen Lage wurde die Hochzeit mit aufwendigen Festlichkeiten gefeiert, die der Hofmaler Martin van Meytens in einer Bildserie für die Nachwelt festgehalten hat. Die Heirat war von Maria Theresia und ihrem Staatskanzler Kaunitz zur Stärkung des neuen Bündnisses zwischen Habsburg und Bourbon beschlossen worden. Aber Josef hat in ihr, wenn auch nur für kurze Zeit, eheliches Glück und die Freuden der Vaterschaft gefunden. Isabella starb bereits 1763. Die zweite Ehe mit → Maria Josefa von Bayern 1765 brachte ihm weder Glück noch Kinder.

In die Zeit der ersten Ehe fällt Josefs frühester Versuch, sich mit den Fragen seiner zukünftigen Regierung auseinanderzusetzen. In der als »Träumereien« bekannten Denkschrift kommt seine Überzeugung zum Ausdruck, daß alles für den Staat notwendige »Gute« nur aufgrund uneingeschränkter fürstlicher Vollmachten erreicht werden könne. Die Mächtigen müßten in ihren Einkünften geschmälert und die Hofhaltung und Verwaltung drastisch vereinfacht werden, um die Mittel zu einer blühenden Wirtschaft und zu einem von den Feinden gefürchteten Heer flüssigzumachen.

Trotz seiner weitausreichenden Pläne war Josef, solange seine Mutter lebte, auf einen sehr engen Wirkungskreis beschränkt. 1764 in Frankfurt zum römischen König gekrönt und schon im nächsten Jahr durch den plötzlichen Tod des Vaters zur deutschen Kaiserwürde erhoben, versuchte er zunächst eine Reform der Reichsinstitutionen. 1765 ernannte ihn die Mutter zu ihrem Mitregenten in der Habsburgermonarchie; sie behielt aber in fast allen Bereichen die Kontrolle und Entscheidungsbefugnis fest in der Hand. Das führte zu Spannungen und wiederholten Krisen, die Mutter und Sohn zur Verzweiflung brachten. Josef befreite sich aus dieser für ihn unerträglichen Situation durch lange Reisen, die er inkognito unternahm. Sie führten ihn durch fast alle Länder der Monarchie, nach Preußisch-Schlesien, wo er mit Friedrich II. zusammenkam (1769), nach Italien (1769), nach Frankreich (1777) und schließlich auch nach Rußland (1780). Diese Reisen lösten unter den Zeitgenossen ein überaus positives Echo aus, da sie als das denkbar günstigste Zeichen für seine zukünftige Alleinregierung ausgelegt wurden. Josef hat auch tatsächlich aus seinen Reisebeobachtungen mehr Anregungen für seine späteren Reformen erhalten als aus seinem Unterricht.

Außer dem militärischen Bereich konnte er als Mitregent nur die Außenpolitik nachhaltig beeinflussen. Hier verfolgte er, einvernehmlich mit Kaunitz, einen rücksichtslosen Expansionismus, der die erschütterte Vormachtstellung gegenüber Preußen wiederherstellen sollte. Er konnte seine Politik jedoch bei dem mit zunehmendem Alter stärker werdenden Friedenswillen der Mutter nicht konsequent durchsetzen. Immerhin muß die Annexion Galiziens im Zuge der ersten Teilung Polens (1772), der Bukowina im Zuge des russisch-türkischen Vertrages von Kutschuk-Kajnardji (1775) und des Innviertels nach dem Bayerischen Erbfolgekrieg (1779), in dem er selbst ins Feld zog, seinem Einfluß auf die Außenpolitik zugeschrieben werden.

Im Vergleich dazu war sein Einfluß auf die Innenpolitik gering. Lediglich die Vereinfachung des Hofzeremoniells, die Zulassung des Volkes zu den kaiserlichen Gärten in Wien (1766), die Abschaffung der Folter und die Errichtung eines »deutschen Nationaltheaters« im Hof- und Burgtheater (1776) gehen auf Entschließungen zurück, die ihm als Kaiser zustanden oder die Maria Theresia ihm überlassen hatte.

Nach dem Tod der Mutter 1780 ging Josef als Alleinherrscher um so schneller an sein Werk, das er mit einer weitreichenden Kirchenreform begann. Die Toleranz der Protestanten, Griechisch-Orthodoxen und Juden (1781), die Aufhebung der geistlichen Orden, die sich weder dem Unterricht noch der Krankenpflege widmeten (1782), die Dotierung neuer Diözesen und vieler neuer Pfarren mit dem aus dem Vermögen dieser Orden gestifteten Religionsfonds

Die Krönung Josefs II. zum römisch-deutschen König im April 1764 im Dom zu Frankfurt. Aus dem Bartholomäusgemälde von Johann Dallinger von Dalling

und die Verlegung des Schwerpunktes bei den kirchlichen Zeremonien auf einen einfachen sonntäglichen Gottesdienst mit Kirchenliedern bedeuteten eine tiefgehende gesellschaftliche Veränderung, die auch später nicht mehr rückgängig gemacht werden konnte.

Um den Widerständen unter der konservativen Geistlichkeit und den von dieser noch stark beeinflußten unteren Volksschichten entgegenzuwirken, lockerte Josef die bestehenden Zensurbestimmungen und erlaubte ausdrücklich kritische Erörterungen aller öffentlichen Angelegenheiten; es mochten die Kritiken »treffen, wen sie wollen, vom Landesfürsten bis zum untersten«. Das brachte eine Flut populärer und billiger Broschüren auf den Markt, die zur Popularisierung der Reformen wesentlich beitrugen. Da die Mehrzahl der Bischöfe, allen voran der Wiener Erzbischof Migazzi, die Kirchenreform ablehnten, nahm Josef die Priestererziehung aus ihren Händen, ersetzte alle bischöflichen Seminare durch ein staatliches Generalseminar in jeder Landeshauptstadt (1784) und übertrug den Universitäten und Lyzeen das Monopol des theologischen Unterrichts, der seit 1774 einheitlich im Geiste des Reformkatholizismus vorgetragen wurde.

Weniger erfolgreich war Josefs Bestreben, die Landwirtschaft und die auf ihr beruhenden Steuereinnahmen zu heben. Wohl beschleunigte die Aufhebung der Leibeigenschaft (1781) die Modernisierung der Landwirtschaft und das Wachstum der Industrie, aber die schon seit den 1760er Jahren vorgenommene Einschränkung der feudalen Dienstleistungen (Robota) auf drei Tage pro Woche konnte in unterentwickelten Gebieten wie Galizien kaum durchgesetzt werden. Trotzdem beschloß Josef, eine sowohl für alle Länder als auch für den herrschaftlichen und bäuerlichen Besitz gleichmäßige Grundsteuer ($12^2/_9$% des durchschnittlichen Ertrages) einzuführen und alle bisher den Untertanen auferlegten Leistungen auf $17^7/_9$% dieses Ertrages in Geld zu beschränken (Februar-Patent 1789). Fast der gesamte grundbesitzende Adel widersetzte sich dieser Reform, und in Ungarn gelang es infolge der Zwangslage, in die Josef durch den 1788 erklärten Türkenkrieg geraten war, ihn zu deren Rücknahme zu zwingen.

Der Rückzug in Ungarn (Januar 1790) fiel zeitlich mit einer Revolution in den österreichischen Niederlanden zusammen. Denn nachdem Josefs Projekt, diese Provinzen gegen Bayern einzutauschen, am Widerstand Frankreichs gescheitert war (1784), hatte er die österreichischen Gesetze und das österreichische Verwaltungssystem eingeführt (1787). Die offenen Auflehnungen in Ungarn und Belgien ermutigten oppositionelle Strömungen verschiedenster Art in allen Ländern, denn auch Anhänger der Reformen lehnten deren Einführung durch willkürliche Machtansprüche und ohne Mitwirkung von Vertretern der »Nation« ab. Die Lage schien so gefährlich, daß Josef, seit dem ersten Feldzug gegen die Türken ernstlich erkrankt, wenige Tage vor seinem Tode die Regierung einer unter dem Vorsitz von Kaunitz zusammenberufenen Konferenz übergab.

Trotz dieser Rückschläge stellt die Regierungszeit Josefs II. eine entscheidende Phase in der Modernisierung der Habsburgermonarchie in vielen gesellschaftlichen Bereichen dar, vor allem in dem der Verwaltung, des Gesundheitswesens, der Rechtspflege und des allgemeinen Unterrichts.

Lit.: Paul v. Mitrofanov, Josef II. Seine politische und kulturelle Tätigkeit, 2 Bde., Wien 1910; E. Winter, Der Josefinismus. Geschichte des österreichischen Reformkatholizismus, Berlin 1962; O. Sashegyi, Zensur und Geistesfreiheit unter Josef II., Budapest 1958; R. Rosdolsky, Die große Steuer- und Agrarreform Josefs II., Warschau 1961; E. Wangermann, Aufklärung und staatsbürgerliche Erziehung: Gottfried van Swieten als Reformator des österreichischen Unterrichtswesens 1781–1791, Wien 1978; Österreich zur Zeit Kaiser Josefs II. (Katalog der NÖ Landesausstellung in Melk, Wien 1980); Derek Beales, Joseph II, Cambridge 1987.

Wa.

Josef Anton, Palatin von Ungarn, sechster Sohn von Kaiser → Leopold II. und → Maria Ludovica von Spanien-Bourbon, geb. 9. 3. 1776 in Florenz, gest. 13. 1. 1847 in Ofen (Buda), begr. in Budapest.

Seine Kinderjahre verbrachte er mit seinen älteren Geschwistern am Hof seines Vaters, des damaligen Großherzogs von Toskana, in Florenz. Graf Friedrich Manfredini sorgte für seine Erziehung. Josef sprach schon als Kind Deutsch, Lateinisch, Italienisch und Französisch. In die Rechtswissenschaften führte ihn F. A. Zeiller ein.

Nach der Kaiserwahl des Vaters 1790 lebte die Familie in Wien. Josef wurde nach dem Tode seines älteren Bruders, des Palatins → Alexander Leopold, 1795 zum königlichen Statthalter in Ungarn ernannt und 1796 vom ungarischen Reichstag einmütig zum Palatin erwählt, eine Würde, die er bis zu seinem Tode, 50 Jahre lang, bekleidete. Während dieser Zeit war er bemüht, die Politik des Wiener Hofes mit den Forderungen der ungarischen Stände in Einklang zu bringen. Er erwarb große Verdienste im wirtschaftlichen und kulturellen Leben Un-

Die ungarische Linie des Hauses Habsburg

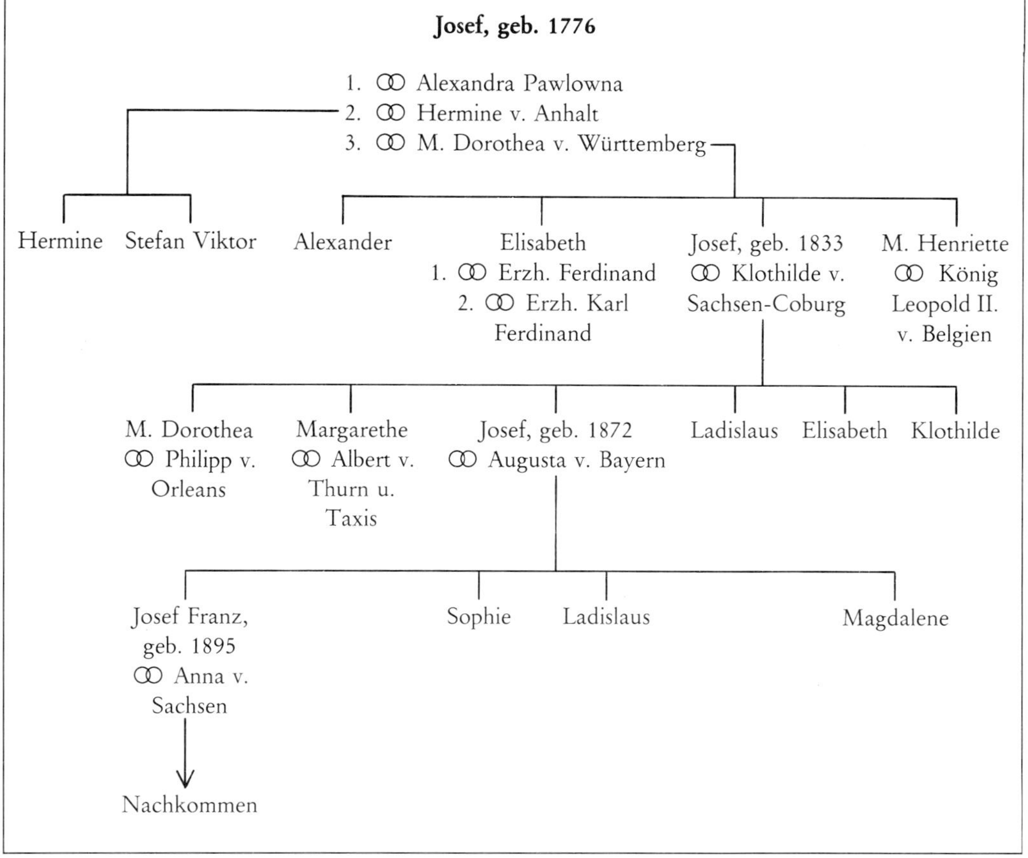

garns. Zur Zeit der Napoleonischen Kriege war er dreimal (1797, 1800, 1809) Oberbefehlshaber der ungarischen adeligen Insurrektion.

Der Palatin unterstützte die Gründung des ungarischen Nationalmuseums (1802) und schenkte ihm wertvolle Kodizes und Urdrucke. In einem Reskript an die Stadt Pest 1804 führte er seine Pläne zum Neubau der Stadt aus, gründete 1808 die königliche Verschönerungs-Kommission und betraute den Architekten József Hild mit der Regulierung der Stadt. Auf dem Reichstag von 1807 sprach er sich für Meinungsfreiheit aus und unterstützte den Plan der Gründung einer ungarischen Offiziersschule (Ludoviceum), wozu er 1829 einen Park kaufte, wo das klassizistische Gebäude 1835 eingeweiht wurde.

Auf Josefs Betreiben wurde 1825 der Reichstag – erstmals nach zwölf Jahren – wieder zusammengerufen. Aus diesem Anlaß erfolgte die Gründung der Ungarischen Akademie der Wissenschaften, wozu Josef 10 000 Gulden beisteuerte. Auf den Reichstagen von 1830 und 1832–1836 unterstützte er die liberalen Bestrebungen der Untertafel, u. a. zur Verbesserung der Lage der Hörigen. 1840 erwirkte er bei dem Herrscher eine Amnestie für Anführer der Opposition (Miklós Wesselényi, Lajos Kossuth).

Auch auf wirtschaftlichem Gebiet sind Josefs Initiativen beachtenswert. Er unterstützte den Bau der ersten ungarischen Eisenbahn (1827) und die Gründung der Pester Ungarischen Commerzbank (seit 1831). 1844 gründete er

Palatin Josef Anton als junger Mann. Miniatur

eine technische Hochschule in Pest. Auf seinem Besitz in Alcsut richtete er eine Musterwirtschaft ein, erwarb die Margareteninsel zwischen Ofen (Buda) und Pest, baute hier einen großangelegten Park aus und ließ auch die Stadtau ausbauen. 1826 gründete er in Pest ein Blindeninstitut, dessen Protektor er war, wie er auch Förderer mehrerer humanitärer und kultureller Vereine war (Wohltätiger Frauenverein, Knabenwaisenhaus, Ungarischer Wirtschaftlicher Verein, Naturwissenschaftliche Gesellschaft, Kisfaludy-Gesellschaft zur Förderung der ungarischen Literatur usw.).

Zur Zeit der großen Überschwemmungskatastrophe im März 1838 in Pest und Ofen leitete er persönlich die Rettungsmaßnahmen. Am 12. November 1846 wurden überall im Lande Festlichkeiten zum 50jährigen Jubiläum seiner Erwählung zum Palatin veranstaltet. In der königlichen Burg in Buda ließ er eine Familiengruft (Palatinsgruft) erbauen, wo bis 1944 die Abkommen seiner Familie begraben wurden. Sein 1869 enthülltes überlebensgroßes Monument steht noch heute auf dem nach ihm benannten Platz in der Budapester Innenstadt.

Erste Ehe 1799 mit Großfürstin → Alexandra

Pawlowna (gest. 1801), zweite Ehe 1815 mit Fürstin → Hermine zu Anhalt-Bernburg-Schaumburg-Hoym. Aus dieser Ehe stammten die Zwillinge → Hermine und → Stefan Viktor. 1819 dritte Ehe mit Herzogin → Maria Dorothea von Württemberg. Erwachsen wurden aus dieser Ehe die Kinder → Elisabeth, → Josef und → Maria Henriette.

Werke: József nádor iratai (Die Schriften des Palatins Josef), 3 Bde. (I. 1792–1804, II. 1805–1807, III. 1807–1809), hrsg. von Sándor Domanovszky, Budapest, 1925–1935, 769, 888, 959 S. (Fontes Historiae Hungariae Aevi Recentoris).

Lit.: Eduard Wertheimer, Palatin Erzherzog Josefs Gedanken zur Regenerierung Ungarns und Österreichs im Jahre 1810, in: Ungarische Revue, Wien 1881, 343–356; Gábor Eble, Palatin Erzh. Josef und Erzh. Karl in Pest 1803–1804, Budapest 1911. Zahlreiche ung. Literatur.

Ni./So.

Josef Karl Ludwig, zweiter Sohn des Erzherzog-Palatins → Josef Anton aus dritter Ehe mit → Maria Dorothea von Württemberg, geb. 2. 3. 1833 in Preßburg, gest. 13. 6. 1905 in Fiume, begr. in Budapest.

Er erhielt eine vorzügliche Erziehung, einer seiner Lehrer war der Benediktinermönch und Historiker Flóris Rómer. 1860 wurde er Generalmajor, 1866 wegen Tapferkeit und Organisationsfähigkeit am böhmischen Kriegsschauplatz zum Feldmarschalleutnant befördert, 1869 Oberbefehlshaber der ungarischen Honvédarmee (Landwehr), 1874 General der Kavallerie.

Josef war vielseitig gebildet, in den Natur- und Sozialwissenschaften gleicherweise bewandert und gab mehrere Werke über die Flora seines Alcsuter Gutes heraus. Europäischen Ruhm erwarb er sich durch seine Werke über die Grammatik der Zigeunersprache und ihre Ethnographie. Er war einer der Redakteure des Sammelwerkes »Die österreichisch-ungarische Monarchie in Wort und Bild«. 1888 wurde er Ehrenmitglied der Ungarischen Akademie der Wissenschaften, 1896 Ehrendoktor der Budapester Universität, 1897 der Ferenc-József-Universität in Kolozsvár (Cluj-Napoca, Rumänien). Er bemühte sich um die Ansiedlung der Zigeuner u. a. auf seinem Alcsuter Gut und unterstützte sie auch materiell.

1864 Heirat mit Prinzessin → Klothilde von Sachsen-Coburg-Gotha.

Werke (Auswahl): Fundamentum linguae Zingaricae, I. I. M. Koritschhnyák, Anno 1806, in: Egyetemes Philológiai Közlöny, Budapest 1887, 11, 705–731; Arborethum Alcusthiense (Katalog

Erzherzog Josef, der Zigeunerforscher

der im Alcsuter Garten gepflanzten Bäume und Sträucher), Kolozsvár 1892, 305 S.; Czigány nyelvtan (Grammatik der Zigeunersprache), Budapest XXIII. 1888, 377 S.; A cigányokról (Über die Zigeuner. Geschichte, Lebensweise, Volksglaube, Volksdichtung, Musik, Sprache und Literatur der Zigeuner), Budapest 1894, 97 S.; Zigeunergrammatik, Budapest 1902, 160 S.

Lit.: Igor E. Kultik-Garudo, Zur 150. Wiederkehr des Geburtstages von Josef Habsburg, dem verkannten großen Romano-Sprachforscher, in: Anzeiger der phil.-hist. Klasse der Österreichischen Akademie der Wissenschaften, 119, Wien 1982, 158–174; zahlreiche ungar. Literatur.

Ni./So.

Erzherzog Josef Ferdinand auf einer Propagandakarte im Ersten Weltkrieg

Josef Ferdinand Salvator, Sohn des Großherzogs → Ferdinand IV. aus zweiter Ehe mit → Alice von Parma, geb. 24. 5. 1872 in Salzburg, gest. 28. 8. 1942 in Wien.

Der Erzherzog wuchs als zweiter Sohn im Salzburger Exil der Familie Habsburg-Toskana auf, rückte aber durch das Ausscheiden seines älteren Bruders → Leopold Ferdinand in den Rang des Ältesten auf. Den Titel eines Großherzogs von Toskana, den sein Vater auch im Exil noch trug, nahm er jedoch nicht mehr an. Er machte die für Habsburger übliche Militärkarriere. Wie sein Vater war er ein begeisterter Jäger und veranstaltete 1903 eine Jagdreise nach Ägypten unter dem Pseudonym eines Grafen Buriano. Früh beschäftigte er sich mit dem neuen Ballonfliegen und flog 1909 von seiner Residenz in Linz in sechzehn Stunden mit dem eigenen Ballon nach Dieppe in Frankreich. 1911 wurde er nach steiler Militärkarriere zum Feldmarschalleutnant ernannt, 1914 schließlich zum General der Infanterie und Kommandeur der 4. Armee, die er in die Winterschlachten der Karpaten, in die Offensive von 1915 bis nach Wolhynien und den Stellungskrieg 1915/16 führte. 1916 Generaloberst. Wegen des schweren Rückschlages bei Luck wurde er 1916 beurlaubt. Kaiser Karl ernannte ihn jedoch 1917 zum Generalinspekteur der Luftstreitkräfte. 1918 unterschrieb der Erzherzog die von der Republik geforderte Verzichtserklärung und blieb in Österreich.

Erste Ehe 1921 mit Rosa Jokl, geb. Kaltenbrunner, Scheidung 1928. Zweite Ehe 1929 mit Gertrud Tomanek Edle von Beyerfels. Dieser Ehe entstammten zwei Kinder, die sich »Principe« bzw. »Principessa di Firenze« nannten. Der persönlichen Beziehung zur Familie Hermann Görings verdankte der Erzherzog seine Befreiung aus dem KZ Dachau nach nur achttägigem Aufenthalt 1938.

H.

Josef August (1918/19 »Josef von Alcsut«), ältester Sohn von Erzherzog → Josef Karl Ludwig und Prinzessin → Klothilde von Sachsen-Coburg, geb. 9. 8. 1872 in Alcsut/Ungarn, gest.

6. 7. 1962 in Rain bei Straubing, begr. im Friedhof von Feldafing.

Er vermählte sich 1893 mit → Augusta, einer Enkelin Kaiser → Franz Josephs, Tochter des Prinzen Leopold von Bayern und der Erzherzogin → Gisela. Nach der Mittelschule im Benediktinergymnasium zu Raab (Györ/Ungarn) stieg er als Offizier bis zum Rittmeister auf. 1902 trat er auf eigene Bitte in die ungarische Honvédarmee (Landwehr) ein und wurde dort 1904 Befehlshaber der Honvédinfanteriedivision Nr. 79, 1910 Brigadier der k. u. k. Division Nr. 31, 1911 Feldmarschalleutnant. Gleichzeitig studierte er die Rechtswissenschaften an der Budapester Universität.

Im Ersten Weltkrieg kommandierte er zunächst das 7. Korps an der russischen Front, dann an der Südwestfront.

Nach dem Tode Franz Josephs wurde er Befehlshaber der Ungarn verteidigenden Frontlinie, eroberte den östlichen Teil Siebenbürgens zurück und leitete Waffenstillstandsverhandlungen ein. Im Juli 1918 wurde er Befehlshaber der Tiroler Armeegruppe (10. und 11. Armee) bis Oktober 1918 und wurde hier zum Feldmarschall befördert.

Am 27. Oktober 1918 wurde er von Karl I. zum Homo regius in Ungarn ernannt, begann Verhandlungen und betraute den Grafen János Hadik mit der Bildung einer Regierung (29. Oktober), die aber von der Revolution am 31. Oktober gestürzt wurde. Josef zog sich auf sein Alcsuter Gut zurück.

Während der Räterepublik wurde er unter Aufsicht genommen, konnte aber in Alcsut verbleiben, mit Rücksicht auf seine große Popularität. Am 7. August 1919 übernahm er als Reichsverweser die Funktion des Staatsoberhauptes und ernannte István Friedrich zum Ministerpräsidenten und bestätigte Konteradmiral Nikolaus von Horthy als Oberbefehlshaber der Nationalarmee. Am 23. August 1919 dankte er als Reichsverweser ab.

Obzwar er sich von der Politik nicht ganz zurückzog (mit der Wiederherstellung des Oberhauses wurde er 1927 dessen Mitglied), betätigte er sich vornehmlich auf kulturellem Gebiet und in der Gesellschaft. Er wurde Ehrenmitglied der Ungarischen Akademie der Wissenschaften und ihr Präsident (1936–1944). Ende 1944, nach einem Aufruf im Rundfunk, den Krieg weiterzuführen, emigrierte er, lebte in den Vereinigten Staaten und später bei seiner Schwester, Fürstin → Margarete von Thurn und Taxis, in Regensburg und betätigte sich als Schriftsteller.

Werke: In den Wildnissen Afrikas. Jagdschilderungen aus dem Sudan, Neudamm 1908, 43 S.; Waidmanns Erinnerungen. Wien–Budapest 1915, 176 S.; A világháboru, amilyennek én láttam (Der Weltkrieg, wie ich ihn sah). Das Aktenmaterial gesammelt und zgst. von Dezsö Rubint/Rubinthy, 7 Bände, Budapest 1926–1934; Der italienische Sieg am Piave. Aus den Memoiren des Erzherzogs Josef, Roma 1936, 20 S.; Ave crux spes unica. 1945–1949 (Sammlung meiner von Herzen kommenden Gebete aus der Zeit meiner unglückseligen Verbannung), Cleve-

Erzherzog Josef August, der beim Umsturz in Ungarn 1918 wichtige politische Funktionen ausübte.

land O. 1949, 88 S.; Hohe Jagd. 75 Jahre Waidwerk, Salzburg–Stuttgart 1957, 422 S. Weitere Aufsätze in wissenschaftlichen Zeitschriften.

Lit.: Kézdiszentléleki Jákó, Margit, Jozsef föherceg (Erzherzog Josef), Budapest 1918.

Ni./So.

Josef Franz, erster Sohn von Erzherzog → Josef August und Prinzessin → Augusta von Bayern, geb. 28. 3. 1895 in Brünn, gest. 25. 9. 1957 in Carcavelos/Portugal, begr. im Friedhof von Feldafing.

Der Erzherzog absolvierte die Mittelschule in Budapest, studierte Recht an der Budapester Universität und an der k. u. k. Kadettenschule und der Ludovica-Akademie. 1915 trat er als Fähnrich in das k. u. k. Husarenregiment Nr. 7 Kaiser Wilhelm II. ein, wurde Leutnant und 1916 Oberleutnant. Er erwarb sich Verdienste in mehreren Schlachten unter dem Kommando von Arz bzw. Boroević. Für seine Tapferkeit in der Schlacht im Putna-Tal wurde er zum Rittmeister befördert. Nach dem Weltkrieg zog er sich auf das Familiengut in Alcsut (Ungarn) zurück.

Während der ungarischen Räterepublik wurde er 1919 als Geisel gefangengenommen, auf Antrag der englischen Königsfamilie jedoch freigelassen und blieb in Ungarn. 1924 vermählte er sich mit Prinzessin Anna, Tochter König Friedrich Augusts III. von Sachsen. 1927 wurde er Mitglied des wiederhergestellten Oberhauses. Im selben Jahr begann er Studien an der Wirtschaftswissenschaftlichen Fakultät der Budapester Technischen Universität, wo er auch den Doktorgrad erreichte. Er war ein begabter Maler, kulturell vielseitig interessiert. 1935 wurde sein Mysterienspiel »Kolumbus« in Szeged, Raab (Györ) und Baja vorgeführt. Ende 1944 emigrierte er aus Ungarn.

Werke: Magyarföld dalai (Gesänge Ungarns. Gedichte), Budapest 1930, 90 S.; u. a. Gedichte in ungarischer Sprache.

Ni./So.

Juan d'Austria, Sohn von Kaiser → Karl V. und Barbara Blomberg, geb. 24. 2. 1547 in Regensburg, gest. 1. 10. 1578 bei Namur, begr. im Escorial.

Der verwitwete Karl V. lernte Barbara, die Tochter eines angesehenen Regensburger Bür-

Don Juan d'Austria, der Sohn Barbara Blombergs. Gemälde von Sánchez Coello

gers, anläßlich des Regensburger Reichstages 1546 kennen. Don Juan wurde wenige Monate nach seiner Geburt der Aufsicht des kaiserlichen Kammerherrn Luis Méndez Quijada übergeben. Im Sommer 1551 brachte ihn ein kaiserlicher Violinist nach Spanien und zog ihn unter dem Namen Hieronymus in seinem Haus auf. Mit sieben Jahren wurde seine Erziehung der Ehefrau des Kammerherrn Quijada übertragen.

Als → Philipp II. im September 1559 nach Spanien zurückkehrte, nahm er den zwölfjährigen Jungen an den Hof und erkannte ihn 1561 offiziell als seinen Halbbruder an. Don Juan wurde nun zusammen mit dem zwei Jahre älteren Don → Carlos, dem Thronfolger, erzogen. Beide besuchten seit 1561 die Universität von Alcalá de Henares. Als sich die Symptome der Geisteskrankheit bei Don Carlos verstärkten, verschlechterte sich auch seine Beziehung zu Don Juan. Trotzdem bat ihn Don Carlos 1557 um Hilfe, als er in die Niederlande fliehen und sich dort an die Spitze der Aufständischen stellen wollte. Don Juan benachrichtigte Philipp II. umgehend von den Plänen seines Sohnes, worauf dieser unter Arrest gestellt wurde.

Karl V. hatte in einer letzten Verfügung Don Juan für eine geistliche Laufbahn bestimmt. 1564 bemühte sich Philipp II. deshalb beim Papst um eine Kardinalswürde für seinen Halbbruder. Zur Freude Don Juans zerschlug sich dieser Plan. Als im folgenden Jahr eine Expedition gegen die Türken, die Malta angegriffen hatten, ausgerüstet wurde, wollte Don Juan daran teilnehmen. Philipp II. schlug ihm die Bitte mit der Begründung ab, er sei zu jung und außerdem solle er Priester werden. Don Juan floh daraufhin nach Barcelona, wo sich die Expeditionsflotte sammelte. Auf der Reise erkrankte er und mußte nach Madrid zurückkehren.

1567 wurde Don Juan eine uneheliche Tochter geboren, Ana de Austria, die in einem Kloster aufwuchs.

Erst 1568 entsprach Philipp II. dem Wunsch seines Halbbruders nach einer militärischen Aufgabe und ernannte ihn zum Generalkapitän der Mittelmeerflotte. Er stellte ihm erfahrene Berater zur Seite, insbesondere den Marquis von Santa Cruz. Don Juan stach mit einer kleinen

Don Juan d'Austria entert in der Seeschlacht von Lepanto die Galeere des Großadmirals der türkischen Flotte. Die Metzelei endet mit einem der strahlendsten Siege der spanischen Geschichte. Darstellung von Anton Ziegler

Flotte von Cartagena aus in See, um vor Cádiz die aus Amerika ankommende Silberflotte zu schützen.

Ende 1568 brach im Königreich Granada ein Aufstand der Morisken aus. Nachdem eine schnelle Unterdrückung mißlungen war, erhielt Don Juan den Oberbefehl über die gegen die Aufständischen eingesetzten Truppen. Philipp II. hoffte, durch die Entsendung seines Halbbruders die zwischen den Heerführern entstandenen Differenzen zu beseitigen und über Don Juan von Madrid aus die Niederwerfung des Aufstandes lenken zu können. Es gelang Don Juan jedoch nicht, den Widerstand der Morisken ohne persönliches Eingreifen Philipps II. zu brechen.

Als sich 1571 Venedig, der Papst und Spanien zur »Heiligen Liga« zusammenschlossen, wurde der Oberbefehl über die gemeinsame Flotte Don Juan übertragen. Auch diesmal gab ihm Philipp II. erfahrene Berater mit. Don Juan vereinigte im August bei Messina die Flotte der Liga und errang am 7. Oktober 1571 in der Schlacht von Lepanto einen entscheidenden Sieg über die Türken. 1573 eroberte er Tunis und erbat vom Papst erfolglos die Königswürde für dieses Gebiet.

Nachdem 1576 der Statthalter der Niederlande gestorben war, ernannte Philipp II. Don Juan zum Nachfolger. Die Abreise nach Norden verzögerte der neue Statthalter so lange, daß mittlerweile spanische Truppen Antwerpen geplündert und die niederländischen Stände sich zur Pazifikation von Gent zusammengeschlossen hatten. Don Juan gelang es nicht, mit dem Prinzen von Oranien, der die Interessen der protestantischen Provinzen vertrat, zu einer Einigung zu kommen. Daher flammte der Krieg wieder auf. Während der Kämpfe erkrankte Don Juan, wahrscheinlich an Typhus, und starb.

Lit.: Charles Petrie, Don John of Austria, London 1967.

Pi.

Juan José de Austria, unehelicher Sohn von König → Philipp IV. von Spanien und der Schauspielerin María Calderón, geb. 7. 4. 1629, gest. 17. 9. 1679 in Madrid, begr. im Escorial.

Bis zu seiner öffentlichen Anerkennung als illegitimer Sohn des Monarchen 1642 wuchs Juan in Ocana/Provinz Toledo auf und zeigte große Begabung als Maler. Eine prinzenmäßige Lebensführung sicherte ihm der Vater durch die Verleihung der Würden des Groß-Priors des Johanniter-Ordens von Kastilien-León. Bei der Niederwerfung separatistischer Aufstände in Neapel (1647/48) und Katalonien (1651/52) zeigte Juan sich als begabter Feldherr. Glücklos blieb er aber als Gouverneur der spanischen Niederlande (1656–1658), wo Spanien Gebiete an Frankreich verlor, und als Oberbefehlshaber der Invasionstruppen in Portugal (1662/63), dessen Wiedergewinnung für die kastilische Krone scheiterte.

Getrieben durch seinen Ehrgeiz und bestätigt

Don Juan José d'Austria, der Sohn Maria Calderóns

durch seine Beliebtheit beim Volk, verlangte Don Juan die Anerkennung seiner Anwartschaft auf den Königsthron. Nachdem Philipp IV. dieses Ansinnen 1663 abgelehnt hatte, erstrebte Juan im Frühjahr 1665 – zur Empörung des Vaters – eine Heirat mit seiner Halbschwester → Margarete Maria. Nach dem Tod des Königs 1665 drängte er auf Einfluß in der Regentschaft für den minderjährigen geistesschwachen Halbbruder → Karl II., doch wurde er von seiner ihm wenig geneigten Stiefmutter, der Königin-Regentin → Maria Anna, und ihrem aus Österreich mitgebrachten Beichtvater Pater Nithard vom Hof verbannt. Die politischen Mißerfolge seiner Widersacher gaben Don Juan 1668 die Möglichkeit, Pater Nithards Absetzung zu erreichen – nicht aber die eigene Mitwirkung an der Regentschaft.

Auch vor der Volljährigkeit König Karls (1675) gelang es Maria Anna wieder, Don Juan aus Madrid fernzuhalten. Erst in der Verbannung in Zaragoza konnte er die Kräfte sammeln, die ihm den endgültigen Einzug in Madrid (23. November 1677) sicherten. (Diese Machtübernahme werten einige Historiker als ersten Militärputsch der spanischen Geschichte.) Die Königin und ihr neuer Günstling Valenzuela mußten den Hof verlassen, und Don Juan führte von da an bis zu seinem Tod für König Karl II. die Regierungsgeschäfte als erster Minister. In dieser Zeit sank allerdings seine Popularität, da Spanien im Frieden von Nijmwegen 1678 Teile der spanischen Niederlande sowie die Freigrafschaft Burgund an Frankreich verlor und im Inneren die wirtschaftlichen und sozialen Krisen ungelöst blieben. Juan José de Austria starb im Alter von 50 Jahren an einem Fieber und wurde – trotz seines illegitimen Ursprungs – auf dem Prinzenfriedhof im Escorial begraben. Er hinterließ drei Töchter, die alle Ordensschwestern wurden.

Lit.: Fr. Miguel Lorenzo de Frías, Noticia de la vida interior y elogio de las virtudes del serenísimo senor don Juan de Austria, Pamplona 1767; Alberto Risco, D. Juan de Austria, hijo de Felipe IV. Narración histórica, Madrid 1918.

Mü.

Juana → Johanna

Jutta → Guta

Karl V., Kaiser (als König von Spanien Karl I.), Enkel des Kaisers → Maximilian I., Sohn des Königs → Philipp des Schönen und → Johanna, Erbin der spanischen Königreiche, geb. 24. 2. 1500 in Gent, gest. 21. 9. 1558 in San Jerónimo de Yuste, begr. im Escorial.

Wahlspruch: Plus ultra (plus oultre)/Mehr, weiter.

Karl wuchs zusammen mit seinen Schwestern → Eleonore und → Isabella in den Niederlanden, am Hofe seiner Tante → Margarete, auf. Erzogen im Geiste der burgundischen Kultur, spielte er sehr früh eine Rolle in den dynastischen Kombinationen seiner Familie. Seit dem frühen Tod seines Vaters (1506) war Karl neben seiner Mutter in Spanien erbberechtigt. In den Niederlanden drängte der burgundische Hochadel auf die Erklärung der Großjährigkeit Karls, die 1515 erfolgte. Ein Jahr später starb Karls Großvater Ferdinand von Aragon. Die Regierungsunfähigkeit seiner geisteskranken Mutter Johanna erforderte Karls Anwesenheit in den spanischen Königreichen, wo die Cortes nach langwierigen Verhandlungen (1517–1519) seine Herrschaft anerkannten. Karl V. war ein »politischer Spätentwickler«, der sich erst spät von seinen Erziehern und engsten Ratgebern löste. Ein früh einsetzendes Gichtleiden beeinträchtigte seit den 40er Jahren zeitweise stark seine physischen Aktivitäten und seine politische Entschlußkraft.

Von größter Wichtigkeit auf dem Weg zur Weltherrschaft (»Dominium mundi«, »Monarchia universalis«), für welche der Großkanzler Mercurino Gattinara sich mit Nachdruck einsetzte, wurde die Kaiserwürde und die Nachfolge im römisch-deutschen Reich (1519). Mit den Niederlanden, den spanischen Königreichen (einschließlich der Überseegebiete), Süditalien und den von Maximilian I. ererbten und 1521/22 an seinen jüngeren Bruder → Ferdinand übergebenen österreichischen Ländern verfügte Karl V. über einen bedeutenden, wenn auch heterogenen Herrschaftskomplex, dessen Regierung und Verwaltung nie in einem gesamtstaatlichen Sinne gelöst werden konnte. Um so wichtiger wurde dessen familienrechtliche Verklammerung: Karl fungierte als Chef des Hauses Habsburg und setzte seine Geschwister Ferdinand und → Maria sowie seine Tante Margarete, seine Gattin → Isabella, seinen Sohn → Philipp und seine natürliche Tochter → Margarete (von Parma) für Regierungs- und Verwaltungsaufgaben ein.

Die Überwindung des geographischen Raums war Karl nur durch weitreichende und strapaziöse Reisen möglich. Dabei ist zu beobachten, wie der Stellenwert der Herrschaftsgebiete im politischen Kalkül des Kaisers wechselte: So etwa traten die Niederlande, ähnlich wie das Reich, in den ersten Jahrzehnten seines Kaisertums gegenüber Spanien und Italien zurück. Ein Beispiel für das Faktum der »Hispanisierung« ist Karls Einstellung zur Türkengefahr: Der Tradition der aragonesischen Politik entsprechend, richtete er sein Augenmerk auf den mediterranen Kriegsschauplatz im westlichen Mittelmeer und bekämpfte die nordafrikanischen Barbareskenstaaten (Algier/Tunis). Der Kaiser erlebte das Tunisunternehmen (1535) als großen persönlichen Triumph in der Rolle des Feldherrn. Hingegen brachte er der Türkenabwehr in Ungarn und auf dem Balkan nur wenig Verständnis entgegen und überließ diese Aufgabe nur zu gerne seinem Bruder Ferdinand.

Im Reich war Karl V. nirgendwo direkt Landesherr. In seiner Doppelfunktion als Reichsoberhaupt und Landesherr der niederländisch-burgundischen Erblande verlieh er 1548 seinen Erblanden auch de jure eine Sonderstellung, die vom Reich wegführte. Mit den Reichsständen trug Karl V. einen verfassungspolitischen Grundkonflikt aus, den er aber auch auf dem Höhepunkt seiner Machtentfaltung (1547/48) nicht für sich, d. h. zugunsten einer »monarchischen Lösung«, entscheiden konnte; statt dessen trug das Prinzip der ständisch-föderativen (»fürstlichen Libertät«) den Sieg davon.

Die Durchsetzung des von Gattinara vertretenen Hegemonial- und Einheitsprogramms in Europa mußte alle älteren Konflikte (Mailand, Neapel, Burgund, niederländisch-französische

Kaiser Karl V. Gemälde von Tizian

MDXLVIII

und spanisch-französische Grenzgebiete) zwischen Valois und Habsburg aktualisieren. Frankreich wurde zum größten Hindernis bei der Realisierung der »Monarchia universalis«. So war der militärische Konflikt 1521 unvermeidbar. In den beiden ersten Kriegen gegen Franz I. (1521–1526, 1526–1529) suchte der Kaiser eine militärische Entscheidung in Italien und in Südfrankreich herbeizuführen. Letzteres entsprach der radikalen Konzeption Gattinaras, die staatliche Existenz Frankreichs zu vernichten. Hier scheiterte das kaiserliche Heer 1523/24 (ähnlich wie später im Jahre 1536), in Italien endeten die Auseinandersetzungen bis 1529 mit einem definitiven Sieg des Kaisers. Doch zeigte sich, daß der dem seit der Schlacht bei Pavia (1525) gefangenen französischen König abgetrotzte und später widerrufene Madrider »Unterwerfungsfriede« (1526), in welchem der Kaiser die Restitution des Herzogtums Burgund und den Verzicht auf Mailand, Genua und Neapel gefordert hatte, zum Ausgangspunkt für eine erste antihabsburgische Opposition europäischen Zuschnitts wurde.

Im Frieden von Cambrai (1529), der den Weg freigab für Karls Kaiserkrönung in Bologna (1530), suchte der Kaiser erstmals die Kooperation mit Franz I., geprägt von der Vorstellung, Frankreich in seinem Hegemonialsystem eine Trabantenrolle einzuräumen. In den folgenden Jahrzehnten ist dies noch zweimal ohne viel Erfolg versucht worden: nach dem beigelegten Konflikt um das Sforza-Erbe in Mailand (1536–1538) und nach dem Frankreichfeldzug Karls V. (1544). Damals hatte der Kaiser schon an den Festungen Nordostfrankreichs wertvolle Zeit verloren, so daß an einen Vormarsch nach Paris nicht mehr zu denken war. Im Frieden von Crépy (1544) mußte er auf die Niederwerfung seines Rivalen verzichten; er erkannte die französischen Ansprüche auf Mailand an und stellte eine dynastische Verbindung des Herzogs von Orléans mit der Infantin → Maria oder mit der Erzherzogin → Anna von Österreich in Aussicht. Als aber der französische Anwärter 1545 starb und Karl V. auf eine Alternativlösung nicht eingehen wollte, versäumte er die Chancen für eine dauerhafte Aussöhnung mit Frankreich.

Karl V. feiert im Kloster San Yuste sein eigenes Leichenbegängnis. Darstellung bei Anton Ziegler

Dies war um so folgenreicher, als dem Kaiser in König Heinrich II. seit 1547 ein unerbittlicher Gegner erwuchs, der 1551/52 mit den antihabsburgischen Kräften im Reich und in Italien kooperierte. So war es nur konsequent, wenn Karl V. im Sieg über den französischen König die Voraussetzung für die Rückgewinnung der religionspolitischen Initiative im Reich ansah. Und so hat die Niederlage vor Metz (1552) Karls »Lösung vom Reich« beschleunigt.

Schon auf dem ersten Reichstag in Worms (1521) war Karl V. mit der Lutherfrage konfrontiert. Damals wie später unterschätzten der Kaiser und seine Umgebung die Bedeutung und die politischen und soziokulturellen Folgewirkungen der Reformation. Von Anfang an war auch die Politisierung der Lutherfrage gegeben. So hatte die verbale Selbstverpflichtung des Kaisers, nämlich alle seine Kräfte gegen Luther und dessen Anhänger einzusetzen, auch die Funktion, Papst Leo X. endgültig für ein Offensivbündnis zu gewinnen – galt es doch damals, die

Weichen für den Krieg gegen Frankreich zu stellen. Hingegen blieb das Wormser Edikt im Reich weitgehend unausgeführt. Diese Diskrepanz zwischen der Ankündigung und der praktischen Durchführung der kaiserlichen Maßnahmen war folgenreich, begünstigte sie doch die rasche Ausbreitung der evangelischen Lehre im Reich.

Zum Augsburger Reichstag 1530 kam Karl V. mit einem Friedens- und Ausgleichsprogramm. Aber die von ihm beanspruchte Position eines unparteiischen Schiedsrichters zwischen Altgläubigen und Protestanten ließ sich nicht durchhalten. Denn mit der Widerlegung der Confessio Augustana ergriff Karl V. Partei für die altgläubige Seite. Doch war das Band reichsständischer Solidarität damals zu stark, als daß der Kaiser mit der Unterstützung der altgläubigen Reichsstände in einem Ketzerkrieg hätte rechnen können. Im Gegenteil, gerade von dieser Seite aus wurde in den folgenden Jahren Kritik an der kaiserlichen Religionspolitik geübt. Sie galt einer Politik des Kaisers, die seit dem Nürnberger »Anstand« (1532) von zeitlich befristeten religionspolitischen Zusagen an die Protestanten gekennzeichnet war und die einer weiteren Ausbreitung und Konsolidierung des Protestantismus im Reich Vorschub leistete. Als 1541 in Regensburg die kaiserliche Unionspolitik scheiterte, war Karl V. auf einzelne befristete Konzessionen an die Protestanten (Kirchengüterbesitz, Suspension der Religionsprozesse) zurückverwiesen. Der Machtkampf zwischen dem Kaiser und den evangelischen Reichsständen wurde mit allen taktischen Finessen geführt: die Hilfe gegen die Türken (wie 1541) und gegen Frankreich (wie 1544) wurde mit religionspolitischen Konzessionen verrechnet, mit deren späterer Zurücknahme Karl V. fest rechnete.

Die Kirchenreform und die Lösung der deutschen Glaubensfrage waren nach den Vorstellungen des Kaisers nur im universalen Sinn und im Zusammenwirken mit dem Papst, aber unter Wahrnehmung kaiserlicher Lenkungsfunktionen (auch gegenüber dem Konzil) vorzunehmen. Daher wurde das Generalkonzil – und nicht das von den Protestanten geforderte Nationalkonzil – zum zentralen Problem zwischen Kaiser und Papst, dessen Politisierung offenkundig war. Jede Unterstützung der kaiserlichen Religions- und Konzilpolitik durch den Papst mußte auch zu einer Machtsteigerung des Kaisers beitragen. Deshalb sparte Karl V. auch nicht mit Kritik am Papsttum, wenn ihm die Unterstützung versagt blieb, wie etwa 1547, als Papst Paul III. das nach Trient einberufene Konzil nach Bologna in den Kirchenstaat verlegte und der Kaiser auch nach der Niederwerfung der schmalkaldischen Fürsten und Städte auf ein religionspolitisches Provisorium verwiesen war: Das ursprünglich nicht nur für die evangelischen Stände bestimmte Interim sollte überdies zum Katalysator eines neuen politisch-religiösen Widerstands werden, der 1552 unter der Führung von Kurfürst Moritz von Sachsen zum Fürstenaufstand gegen Karl V. führte. Hierauf ließ sich eine religionspolitische Dauerlösung auf dem Boden des Reichsrechts (»immerwährender Religionsfriede« 1555) nicht mehr verhindern. Diese Entwicklung beschleunigte Karls Abdankung und Verzicht auf die Kaiserkrone.

Damit war das Experiment supranationaler Herrschaft gescheitert, und noch ehe die Kaiserwürde 1558 an den jüngeren Bruder übergehen sollte, wurde die Aufteilung des Weltreichs Karls V. unter Philipp II. und Ferdinand I. vollzogen.

Werke: Commentaires (1550).

Lit.: Karl Brandi, Kaiser Karl V., 2 Bde., München 1937–1941; Peter Rassow, Karl V. Der letzte Kaiser des Mittelalters, Göttingen 1963; Manuel Fernandéz Alvarez, Karl V. Herrscher eines Weltreichs, München 1977; Heinrich Lutz, Christianitas afflicta. Europa, das Reich und die päpstliche Politik im Niedergang der Hegemonie Karls V., 1552–1556, Göttingen 1964; Heinrich Lutz (Hg.), Das römisch-deutsche Reich im politischen System Karls V. (= Schriften des Historischen Kollegs 1, München–Wien 1982).

Ko.

Karl II., Erzherzog von Innerösterreich, jüngster Sohn von Kaiser → Ferdinand I. und → Anna von Ungarn, geb. 3. 6. 1540 in Wien, gest. 10. 7. 1590 in Graz, begr. in Seckau.

Erzherzog Karl II. von Innerösterreich. Im Fenster Blick auf die Grazer Burg.

Karl, das zwölfte Kind seiner Eltern, erhielt schon 1550 einen eigenen Hofstaat mit dem Freiherrn Leonhard von Harrach an der Spitze. In seinem Testament von 1554 verfügte Kaiser Ferdinand I. eine Teilung der habsburgischen Erbländer, wobei Karl als jüngster Sohn Innerösterreich (Steiermark, Kärnten, Krain, Görz, Inneristrien, Fiume, Triest und die habsburgischen Besitzungen in Friaul) erhalten sollte. Noch zu Lebzeiten des Vaters empfing er 1564 die Huldigung der steirischen, Kärntner und Krainer Stände, kehrte aber erst ein Jahr später, nachdem sein Vater gestorben war, in seine Fürstentümer zurück und schlug fortan in Graz seine Residenz auf. Im Auftrag seines Bruders, Kaiser → Maximilians II., reiste Karl 1568/69 nach Spanien. Er sollte sich zunächst an Ort und Stelle über die Krankheit des Infanten Don → Carlos informieren. Da dieser jedoch vor Karls Ankunft gestorben war, verhandelte der Erzherzog über verschiedene Streitfragen zwischen Wien und Madrid, vor allem die aufständischen Niederlande und dynastische Fragen betreffend.

Lange zogen sich Heiratsverhandlungen mit Königin Elisabeth I. von England hin (1558–1570), wobei jedoch diese von der »jungfräulichen Königin« wohl mehr aus taktischen Gründen geführt wurden, um innen- und außenpolitische Schwierigkeiten zu meistern, was schon die Zeitgenossen vermuteten. Auch die Königin von Schottland, Maria Stuart, geriet zeitweise ins Gesichtsfeld dynastischer Spekulationen. 1571 jedoch heiratete Karl in Wien die Herzogstocher → Maria von Bayern, seine Nichte. Es wurde eine glückliche Ehe, der insgesamt 15 Kinder entsprossen, von denen 12 den Vater überlebten.

Die gelegentlich geäußerte Vermutung, der Erzherzog stünde den Protestanten nahe, war völlig unbegründet, und es bedurfte daher nicht erst des Einflusses seiner Gemahlin, daß er als entschiedener Katholik auftrat. Die Regierung der ererbten Länder, für die Karl sofort Zentralbehörden in der Grazer Burg einrichtete, war insofern schwierig, weil auf der einen Seite die osmanische Bedrohung für Innerösterreich am größten war, während auf der anderen Seite die adeligen Stände, auf deren Mitwirkung im fiskalischen Bereich der Erzherzog angewiesen war, in ihrer Mehrheit protestantisch gesinnt waren. Selbst in der unmittelbaren Umgebung des Hofes fanden sich zahlreiche Protestanten. Angesichts dieser Konstellation machte Karl den protestantischen Ständen, die die Lage geschickt auszunutzen versuchten, verschiedene Zugeständnisse. 1572 mußte er die Grazer Religionspazifikation gewähren, die den evangelischen Herren und Rittern der Steiermark Religionsfreiheit brachte und zu einem mächtigen Aufblühen des Protestantismus und seiner Kirchenorganisation führte. Sechs Jahre später wurden diese Konzessionen noch dahingehend erweitert, daß auch den Bürgern Gewissensfreiheit versprochen wurde. Damit hatte der Protestantismus in der Steiermark seinen äußeren Höhepunkt erreicht. Freilich lag darin auch wieder der Keim neuerlicher Auseinandersetzungen, denn Karl hatte in seinem Sinne den Bürgern wohl Gewissens-, nicht aber Kultusfreiheit zugesichert, wie dies die Gegenseite annahm. Im Mittelpunkt der Auseinandersetzungen stand damals der Hofvizekanzler Dr. Wolfgang Schranz, dem geradezu Verfälschung der Abmachungen vorgeworfen wurde.

Obwohl Karl selbst am päpstlichen Hof großes Mißtrauen erregte, was letztlich zur Gründung einer eigenen Nuntiatur in Graz führte (1580), ließ er sich doch diese Zugeständnisse nur für seine Person, ohne den Nachfolger zu präjudizieren, äußerst zähe abringen. Trotz seines Zurückweichens hatte er ein dem Absolutismus nahestehendes Fürstenbild. Er setzte auch verschiedene Maßnahmen zur Festigung des Katholizismus im Lande und bemühte sich um eine Verbesserung des allgemein als äußerst schlecht angesehenen Klerus im Lande. Vor allem holte er die Jesuiten nach Graz, die auch eine Lateinschule erhielten, und gründete 1585 die Grazer Universität.

Im Kampf gegen die Türken, der mit wechselndem Erfolg geführt wurde, hatte Karl zeitweise selbst die oberste Leitung an den Grenzen übernommen. Er gründete einen eigenen innerösterreichischen Hofkriegsrat und ließ 1579 die nach ihm benannte Festung Karlstadt (Karlovac) errichten.

Hatte ein venezianischer Gesandter noch 1563 gemeint, Karl zeigte nicht viel Geist und habe nur Interesse daran, eine vorteilhafte Ehe einzugehen, so berichtete er schon ein Jahr später weit günstiger über den 24jährigen Erzherzog. Dieser war ja für die Serenissima als unmittelbarer Nachbar besonders interessant. Äußerlich ähnelte Karl seinem Vater sehr. Er liebte besonders die Jagd und errichtete zu diesem Zwecke eine Sommerresidenz (Karlau) südlich der Stadt Graz. Auch auf kulturellem Gebiet gab Karl verschiedene Anstöße, etwa durch die Errichtung einer Kunstkammer in Graz, obwohl er kein so leidenschaftlicher Sammler war wie andere Erzherzoge seiner Generation (etwa sein Bruder → Ferdinand von Tirol) und auch der Einfluß seiner Gemahlin auf diesem Gebiet nicht zu gering veranschlagt werden darf. Er soll sich aber selbst als Goldschmied betätigt haben.

Die Grazer Musikkapelle hatte ein beachtliches Niveau, mit einem italienischen Kapellmeister an der Spitze. Das Mausoleum in der Basilika von Seckau, das sich der Fürst ab 1587 errichten ließ, ist eine Schöpfung italienischer Künstler, die zu den eindrucksvollsten Beispielen

Erzherzog Karl II. mit seiner großen Familie, dargestellt auf diesem von Karls Witwe Maria gestifteten Votivgemälde von Giacomo de Monte auf der Südwand des Grazer Doms.

der österreichischen Kunst um 1600 zählt. Auch die Gründung des berühmten Gestüts im Dorfe Lipizza (Lipica) bei Triest (1580) ist mit Karls Namen verknüpft.

Lit.: Josef Wastler, Das Kunstleben am Hofe zu Graz unter den Herzogen von Steiermark, den Erzherzogen Karl und Ferdinand, Graz 1897; Alexander Novotny/Berthold Sutter (Hg.), Innerösterreich 1564–1619, Graz 1967; Kurt Diemer, Die Heiratsverhandlungen zwischen Königin Elisabeth I. von England und Erzherzog Karl von Innerösterreich 1558–1570, Diss., Tübingen 1969.

Hei.

Carlos de Austria, gemeinhin Don Carlos genannt, ältestes und einziges Kind von König → Philipp II. aus seiner ersten Ehe mit der portugiesischen Prinzessin → Maria, geb. 8. 7. 1545 in Valladolid, gest. 24. 7. 1568, begr. im Escorial.

Der kränkliche Prinz schien sich zunächst normal zu entwickeln, zeigte aber bei seiner Ausbildung erhebliche Lernschwierigkeiten und neigte zu extremen Handlungsweisen und Zornesausbrüchen. Sein Interesse in jugendlichen Jahren galt vor allem dem Essen, Trinken und dem weiblichen Geschlecht. Seit 1560 litt er an Fieberattacken, wahrscheinlich verursacht durch Malaria, und 1562 erlitt er bei einem Vorlesungsbesuch an der Universität Alcalá de Henares einen schweren Sturz, von dem er Schädelverletzungen davontrug, zeitweise das Augenlicht verlor und nur durch eine Schädeltrepanation gerettet werden konnte, jedoch gehbehindert blieb.

Sein zu Exzessen neigendes Benehmen veranlaßte ausländische Botschafter dazu, ihre Höfe vor Eheschließungen mit dem Prinzen zu warnen. Er mißhandelte seine Diener, ritt seine Pferde zuschanden und attackierte die Minister des Königs mit dem Messer, so daß sich sein Verhältnis zu seinem Vater verschlechterte, nachdem auch mehrere Versuche, ihn an den Staatsgeschäften zu beteiligen, negativ verlaufen waren.

1567 begann Don Carlos offenbar Fluchtvorbereitungen zu treffen, um in die Niederlande zu entkommen, wobei ungeklärt ist, ob dies wirklich im Einverständnis mit dem seinerzeit am Hof weilenden niederländischen Emissär Baron de Montigny geschah. Philipps Stiefbruder Don → Juan de Austria informierte den König von den Plänen des Jünglings. Philipp sah sich schließlich im Januar 1568 gezwungen, seinen Sohn unter Arrest zu stellen und Vorbereitungen für eine dauerhafte Sicherheitsverwahrung zu treffen. Don Carlos reagierte mit Hungerstreiks, mußte zeitweise zwangsernährt werden und ging dann wieder dazu über, wahllos Dinge in sich hineinzuschlingen, was zu stetiger Verschlechterung seines Gesundheitszustandes und schließlich zum Tode führte.

Don Carlos, Sohn Philipps II. – eine romantische Figur der Literatur und Oper (Schiller und Verdi), in Wirklichkeit aber ein geistesschwacher, kranker Knabe. Dieses Gemälde des spanischen Hofmalers Sánchez Coello idealisiert den damals Vierzehnjährigen erheblich: der deformierte Rücken ist durch den Umhang verdeckt, auch der Gesichtsausdruck ist wahrscheinlich stark idealisiert.

Das sicherlich aus dem Rahmen fallende Benehmen des Jünglings, der engere menschliche Beziehungen (freilich nicht Liebesbeziehungen, wie behauptet wurde) allenfalls mit seiner Stief-

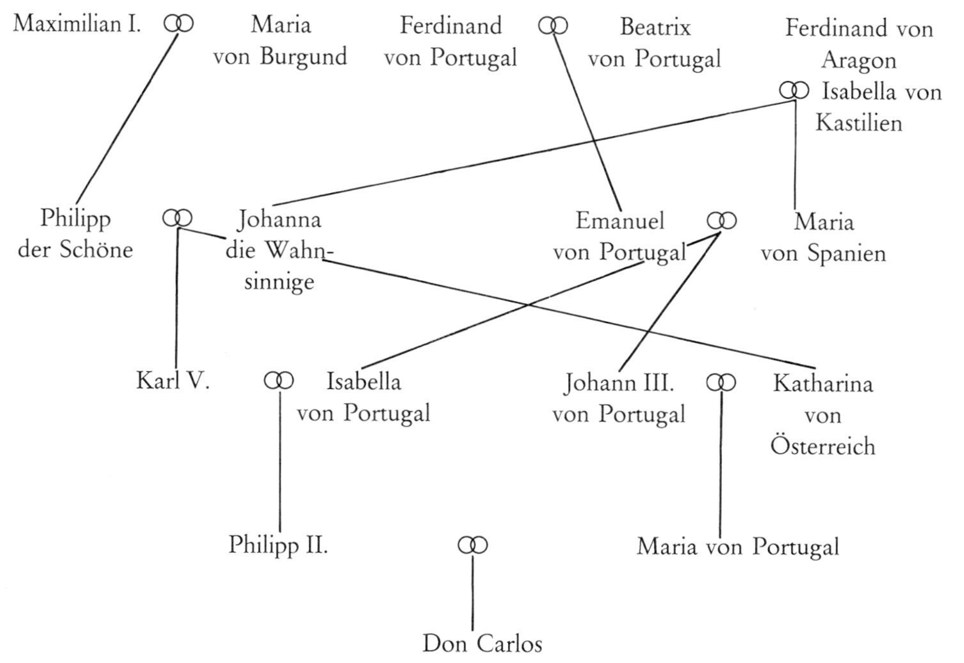

Der Ahnenschwund bei den spanischen Habsburgern am Beispiel des Don Carlos: statt der üblichen acht Urgroßeltern besaß Don Carlos nur vier, statt der sechzehn Ururgroßeltern gar nur sechs. In den weiteren Generationen wächst der Schwund weiter an.

mutter, Königin → Elisabeth, unterhielt, ist wahrscheinlich wie im Falle seiner Urgroßmutter → Johanna der Wahnsinnigen durch die Umstände eines strengen höfischen Zeremoniells, fehlender Zuwendung und wohl auch durch seinen schweren Unfall soweit verschlimmert worden, daß er als regierungsunfähig und unberechenbar eingestuft werden mußte.

Die von Philipps Gegner, dem Prinzen von Oranien, weitverbreitete, auf zeitgenössische Gerüchte gestützte These, daß Don Carlos auf Befehl seines Vaters langsam vergiftet worden wäre, läßt sich weder beweisen noch widerlegen. Sie erscheint aber angesichts der vom König getroffenen Vorbereitungen für eine dauerhafte Festsetzung des Prinzen in der Art und Weise, wie man einst auch mit Johanna der Wahnsinnigen verfahren war, als unwahrscheinlich.

Pie.

Karl von Österreich, Markgraf von Burgau, Graf von Nellenburg und Hohenberg, Sohn von Erzherzog → Ferdinand II. von Österreich-Tirol und Philippine Welser, geb. 22. 11. 1560 auf Schloß Křivoklát (Bürglitz/Böhmen), gest. 31. 10. 1618 zu Überlingen am Bodensee, begr. 1619 in der Kapuzinerklosterkirche zu Günzburg, 1821 in die Stadtpfarrkirche St. Martin überführt und hinter dem Hochaltar beigesetzt.

Karls unter der Leitung des Hofmeisters Ernst von Rauchenberg stehende Erziehung, zunächst auf Bürglitz und (nach 1564) auf Schloß Ambras (Tirol), verlief bis 1576 gleich mit der seines Bruders → Andreas. Danach wurde die ritterliche Ausbildung intensiviert. Entsprechend Karls Neigungen war an eine militärische Laufbahn in spanischen Diensten gedacht, doch konnte erst 1587 das spanische Obristenpatent erworben werden. Ferdinands Versuch, seinem Sohn die Hochmeisterwürde des Deutschen Ordens zu verschaffen, mußte auch deswegen fehlschlagen, weil dieser zu einem Leben im Zölibat nicht bereit war. Allerdings zerschlugen sich auch alle seit 1579 nachweisbaren Eheprojekte, bis sich Karl endlich 1601 mit Sibylle von Jülich-Kleve-Berg vermählte, der jüngsten Tochter Herzog Wilhelms V., »des Reichen«, und der Habsburgerin → Maria. Sibylle überlebte ihn und verstarb erst 1628 kinderlos.

Karl versuchte sich anfangs als Truppenführer in den Niederlanden, seit 1592 aber in Ungarn gegen die Osmanen. 1594 zum Feldmarschall ernannt, nahm er 1597 an der Belagerung von Raab (Györ) teil. Danach lebte er auf Schloß Ambras und seit 1609 in Günzburg. Pläne auf eine Sukzession in Jülich erwiesen sich als undurchführbar. Die markgräfliche Residenz Günzbach profitierte von Karls vom Vater ererbter Baufreudigkeit; 1616 wurde ein Kapuzinerkloster begründet, eine Hofbuchdruckerei eingerichtet und an eine Quellwasserleitung gedacht.

Zahlreiche Rechtshändel, Schuldforderungen sowie die verzögerte Entscheidung über ihm zustehende Lehen verdüsterten Karls Lebensabend. Dazu kamen noch Schwierigkeiten mit Untertanen und Nachbarn, zumal Karl hitzig veranlagt war und nur gegenüber Personen, die sein Vertrauen erworben hatten, Güte und Wohlwollen zeigte. Allen übernommenen Aufgaben aber kam er mit Ernst und Eifer nach, so daß es ihn schmerzte, erst 1613 in die Liga der katholischen Reichsstände aufgenommen zu werden. Für Burgau endete mit seinem Ableben die Zeit der eigenen Markgrafen.

Aus einer Verbindung mit Elisa Ferrari besaß

Philippine Welser, die heimliche Ehefrau Erzherzog Ferdinands II., fleht mit ihren drei Kindern (Andreas, Karl und einem früh verstorbenen Kind) Kaiser Ferdinand I. um Gnade und um Legalisierung ihrer Ehe an. Historienmalerei des 19. Jahrhunderts

Karl von Österreich, Sohn Erzherzog Ferdinands II. und der Philippine Welser

Karl eine Tochter, Anna Elisabeth, und zwei Söhne, die das Prädikat »von Hohenberg« führten: während Karl als Pfleger der Herrschaft Erbach wirkte, hatte Ferdinand die Hauptmannschaft der Grafschaft Hohenberg inne. In seinem Testament von 1618 bedachte Karl – neben seiner Frau – sie alle, darunter auch den natürlichen Sohn seines verstorbenen Bruders Andreas. Da Karl um das Interesse von Kaiser → Rudolf II. am väterlichen Nachlaß zu Ambras wußte, ließ er zumindest die Einrichtung nach Günzburg schaffen. Die Kunstwerke selbst blieben jedoch unangetastet, ob aus mangelndem Verständnis oder anderen Gründen, läßt sich nicht entscheiden.

Lit.: Max Radlkofer, Markgraf Karl von Burgau, in: Zeitschrift des Ferdinandeums für Tirol und Vorarlberg III/51, Innsbruck 1907, 1–49; Eduard Widmoser, Markgraf Karl von Burgau, in: Lebensbilder aus dem bayerischen Schwaben 5, München 1954, 269–284.

St.

Karl, Bischof von Brixen, Hoch- und Deutschmeister, sechster Sohn von Erzherzog → Karl II. von Innerösterreich und → Maria von Bayern, posthum geb. 7. 8. 1590 in Graz, gest. 28. 12. 1624 in Madrid, begr. im Escorial in der Nähe Karls V.

Von Jugend an durch seine Mutter für den geistlichen Stand bestimmt und ausgebildet, wurde er schon als Zehnjähriger von Kaiser → Rudolf II. und seinem älteren Bruder → Ferdinand zur Postulation im Bistum Brixen vorgeschlagen. Dort zwar noch ohne Erfolg, wurde er 1602 zu Salzburg, 1605 zu Passau, 1606 zu Trient und Brixen und 1618 zu Köln Domherr und Kanoniker und hatte Präbenden in Minden und in Osnabrück. Außerdem auch Domherr in Breslau, wurde er 1608 zum dortigen Bischof postuliert. 1613 erfolgte seine Postulation zum Brixener Bischof – domkapitelische Entscheidungen, die auch der Papst anerkannte. Wegen seiner geistlichen Ehe mit beiden Bistümern vom Generalkapitel des Deutschen Ordens zu Frankfurt-Sachsenhausen 1618 als Ritteraspirant und künftiger Ordensmeister noch abgewiesen, schaffte er die großkapitularische Zusage seiner Ordensaufnahme und Koadjutorie im höchsten Ordensamt in einem weiteren Großkapitel 1618 in der Ordensresidenz Mergentheim an der

Erzherzog Karl, Bischof von Brixen

Tauber, nachdem Papst Paul V. ihn vom Hindernis beider Bischofswürden und der höheren Weihe als Diakon dispensiert hatte. Nach dem raschen Tod des ersten habsburgischen Hochmeisters → Maximilian I. 1618 in der Haller Stiftskirche zum Deutschordensritter geschlagen, übernahm er, 1619 in Mergentheim als neuer Ordensmeister inthronisiert, die Regierungsgeschäfte in der Anfangsphase des langen Krieges.

Aus dem durch Reformation und tridentinische Erneuerungsbewegungen gekennzeichneten Schlesien regierte dieser schon als habsburgischer Pfründensammler charakterisierte Erzherzog mittels Briefkontakten zu den jeweiligen örtlichen Behörden und Vertrauensleuten das Bistum Brixen und das im ganzen alten Reich zerstreute Deutschordensgebiet.

Lit.: Adelinde Bresciani, Erzherzog Karl von Österreich als Bischof von Brixen 1613–1624, Diss., Innsbruck 1974; Bernhard Demel, Der Deutsche Orden und die Stadt Neckarsulm (1484–1805), in: Jahrbuch für fränkische Landesforschung 45, 1985, 17–106.

D.

Carlos, Infant von Spanien, Sohn von König → Philipp III. und Erzherzogin → Margarete, geb. 15. 9. 1607 in Madrid, gest. 30. 7. 1632 in Madrid, begr. in Escorial.

Carlos lebte, ohne je offizielle Funktionen innezuhaben, als Begleiter zuerst seines Vaters, dann seines königlichen Bruders → Philipp IV. am Hof »wie in einem goldenen Käfig«. Er wird als ein stiller, freundlicher, aber auch nachgiebiger und leicht beeinflußbarer Prinz geschildert, ohne Ehrgeiz und politische Begabung, der vor allem beim Volk von Madrid sehr beliebt war. Als nach der Thronbesteigung Philipps IV. 1621 die für die spanischen Habsburger einzigartige Situation eintrat, daß die Brüder des Königs das Alter der Großjährigkeit erreichten, erachtete man es für nötig, sie einerseits als mögliche Führer von Frondebewegungen auszuschließen, andererseits aber als Thronfolger für den Fall des Todes Philipps IV. »in Reserve« zu halten.

Infant Carlos mit seiner Schwester, Infantin Maria (Kinder Philipps III. von Spanien), gemalt für Kaiser Matthias von Bartolomé Gonzáles

Nach längeren Beratungen wurde für Don Carlos 1626 die Ehe mit einer lothringischen Prinzessin und die Statthalterschaft in Portugal zusammen mit dem Oberbefehl über die spanische Mittelmeer-Armada vorgeschlagen. Allerdings wurden diese Zukunftspläne von dem mächtigen Ersten Minister Conduque Olivares (1587–1645) nur halbherzig verfolgt, weil ihn das vertraute Verhältnis des Infanten zu seinen Gegnern unter der hohen Aristokratie beunruhigte. Noch bevor sie realisiert werden konnten, starb Don Carlos, nachdem er an der Seite Philipps IV. 1632 die katalanischen Cortes eröffnet hatte, in Madrid an Typhus.

K.

Karl Josef, Sohn von Kaiser → Ferdinand III. aus zweiter Ehe mit → Erzherzogin Maria Leopoldine, geb. 7. 8. 1649 in Wien, gest. 27. 1. 1664 in Linz, begr. in der Kapuzinergruft, Wien.

Als Elfjähriger erhielt Karl Josef 1660 die erste Tonsur und wurde dadurch für den geistlichen Stand bestimmt. 1662 postulierte das Kapitel von Passau den Dreizehnjährigen zum Koadjutor mit dem Nachfolgerecht nach seinem Onkel, dem Hoch- und Deutschmeister Erzherzog → Leopold Wilhelm. Bei seiner Wahl allerdings wurde festgelegt, daß alle damit verbundenen Rechte bis zu Karl Josefs Großjährigkeit, die auf das 20. Lebensjahr festgelegt wurde, ruhen sollten. Nach Leopold Wilhelms Ableben 1662 trat der Neffe die Nachfolge nicht nur im Deutschen Orden und im Bistum Passau an, sondern es konnte 1663 auch seine Postulation durch die Kapitel von Olmütz und Breslau erreicht werden. Hinzu kam noch die Administration der Fürstabteien Murbach und Lüders im Elsaß, die Leopold Wilhelm gleichfalls innegehabt hatte. Kurzfristig dachte man an ihn als Kandidaten für den polnischen Thron ebenso wie für den Posten eines Statthalters der (spanischen) Niederlande.

Karl Josef starb bereits fünfzehnjährig an einer »abzehrenden Krankheit« in Linz, wohin er sich der Luftveränderung wegen begeben hatte.

St.

Erzherzog Karl Josef. Kinderbild von Cornelius Sustermans

Karl II., König von Spanien, Sohn von König → Philipp IV. und Erzherzogin → Maria Anna (Mariana), geb. 6. 11. 1661 in Madrid, gest. 1. 11. 1700 in Madrid, begr. im Escorial.

Dieser letzte spanische König aus habsburgischem Geschlecht gilt als die Verkörperung der politischen und kulturellen Dekadenz Spaniens im 17. Jahrhundert. Mit nur vier Jahren folgte er seinem Vater Philipp IV. auf den Thron der katholischen Könige. Bis zu seiner Großjährigkeit 1675 führten seine Mutter Mariana de Austria als Regentin und eine »junta de gobierno« die Regierungsgeschäfte. Infolge eines Herzfehlers, der ihn zu einem Leben in ständiger Erschöpfung mit häufigen Ohnmachts- und Fieberanfällen verurteilte, war er auch als erwachsener Mann den Pflichten seines Amtes weder körperlich noch geistig gewachsen. Er blieb völlig abhängig von seiner Umgebung, von den starken, ehrgeizigen Persönlichkeiten und den wechselnden Konstellationen des höfischen Intrigenspiels.

Die schwierigen Aufgaben, die sich der spanischen Regierung innenpolitisch mit der katastrophalen Situation der Kronfinanzen und außenpolitisch mit dem kriegerischen Expansionismus Ludwigs XIV. stellten, entwickelten sich unter Karl II. angesichts der Schicksalsfrage der Thronfolge zu schier unlösbaren Problemen. Die Frage, ob der König Kinder bekommen würde, war ein – mal besorgt, mal hämisch behandelter – Gegenstand von Klatsch und Propaganda, von Diplomatenstücken und Staatsaktionen. Die spanische Monarchie wurde unter Karl II. zum Handelsgut der großen Mächte und Dynastien, so wie der König im innenpolitischen Macht- und Verteilungskampf bloße Spielfigur war für die Parteigänger der Habsburger und Bourbonen, die Befürworter von Reformen und die Traditionalisten, die Vertreter einer »Kleinspanien«-Idee und die Anhänger der katholischen Universalmonarchie.

Politische Entscheidungen traf Karl II. nie. Nur ausnahmsweise wohnte er den Sitzungen des Staatsrats bei. Nur selten konnte er sich dazu aufraffen, den Vortrag eines Ministers anzuhören. Die Staatspapiere erhielten meistens seine faksimilierte Unterschrift, eigenhändige

Unterzeichnung oder gar kurze Briefe waren ihm nur gelegentlich zuzumuten – ein König, der »leicht glaubet, wenig resolution hat und forchtsam ist vor seinen Großen«. Mit Rücksicht auf seine Kränklichkeit wurde seine Erziehung vernachlässigt, so daß er mit neun Jahren noch nicht lesen und schreiben konnte. Er fühlte sich am wohlsten bei harmlosen Zeitvertreiben wie

König Karl II. von Spanien im Ornat des Ordens vom Goldenen Vlies, dessen Souverän er war. Die Pracht der Robe steht im Gegensatz zur grotesken Häßlichkeit des letzten spanischen Habsburgers. Gemälde von Juan Carreno de Miranda

beim Mikado-Spiel, beim Zählen der Tiere im Retiro und der Beeren in den königlichen Obstgärten oder bei der Jagd, wo ihn die Zahl der erlegten Tiere weit mehr interessierte als das Waidwerk.

Karls Mutter bemühte sich während ihrer Regentschaft redlich und nicht ohne Erfolg, die von Philipp IV. eingeschlagene Politik fortzusetzen. Wenig Umsicht bewies sie aber bei der Auswahl ihrer politischen Mitarbeiter und schuf dadurch Angriffspunkte für ihre Gegner. Die einflußreiche Opposition setzte sich vor allem aus der Reformpartei und den Sympathisanten Frankreichs unter der hohen Aristokratie zusammen, an der Spitze Don → Juan de Austria, der natürliche Sohn Philipps IV. und damit ein Halbbruder Karls II. Vom Vater 1642 legitimiert, hatte sich Juan in führenden politischen und militärischen Positionen bewährt, ein universal gebildeter, mehrere Sprachen beherrschender Mann. Ein Staatsstreich brachte ihn 1677 an die Macht, »an die Stelle des Königs«, wie der kaiserliche Botschafter nach Wien berichtete.

Mariana sah in dem Prinzen nur den Konkurrenten ihres Sohnes, dem sie ihre ganze Fürsorge zuwendete: »Sohn meines Lebens« nannte sie ihn. Es war aber Don Juan, der dem bis dahin noch ganz als unmündiges Kind behandelten König eine Auffassung von seiner Würde beibrachte. So ließ er Karl 1678 die strapaziöse Reise in das Königreich Aragón machen, um dort den fälligen Eid auf die Verfassung zu leisten und die Huldigung der Stände entgegenzunehmen. Er hielt ihn auch zur ordentlichen Erledigung der Familien- und Hofkorrespondenz an.

Don Juan führte eine auf Entspannung gegenüber Frankreich angelegte Außenpolitik und setzte nach dem Frieden von Nijmwegen 1678 für Karl II. die Heirat mit → Marie Louise d'Orléans durch. Don Juan, der eine Wende der spanischen Politik hätte schaffen können, starb jedoch schon 1679.

Nun kehrte wieder die Königin-Mutter an die Seite des Königs zurück, wo sie zusammen mit »validos«, leitenden Ministern, regierte. Das junge Königspaar ging seinen Vergnügungen nach und blieb von den Krisenzuständen dieser

König Karl II. mit seiner zweiten Gemahlin Maria Anna von Pfalz-Neuburg

Jahre unbehelligt. Karl II. fand in Marie Louise d'Orléans einen Menschen, der auf ihn einging, der nichts von ihm forderte, was über seine Kräfte und Wünsche hinausging. Sicherlich war seine erste Ehe die glücklichste Zeit seines leidvollen Lebens.

Als zu Beginn des Pfälzischen Krieges (1688–1697) Marie Louise plötzlich starb, mußte sich der König auf Anraten seines Staatsrates sofort wiederverheiraten. Diesmal obsiegte die »habsburgische« Kandidatin, die Schwägerin Kaiser → Leopolds I., → Maria Anna von Pfalz-Neuburg. Diese Schicksalsfügung sowie die militärischen Niederlagen in Katalonien und Flandern ließen Hof und Regierung Spaniens in eine »Endzeit«-Stimmung verfallen, in der sich trotz einer langsam erholenden Wirtschaft und einer wieder wachsenden Bevölkerung Pessimismus, Indolenz, Selbstsucht und Fremdenfeindlichkeit verbreiteten.

Der König, der nach dem Urteil des kaiserlichen Botschafters Graf Mansfeld »weiter nichts gewohnt ist, als zu gehorsamen dem, der ihm befehlen will«, sah sich stärksten Spannungen in seiner Umgebung ausgesetzt, weil seine neue Gemahlin, ungleich klüger, aber auch herrschsüchtiger als die erste, zu politischem Einfluß kommen wollte, während die Königin-Mutter ihre angestammte Stellung zu behaupten suchte.

Erst nach Marianas Tod 1696 konnte die Wittelsbacherin die Zügel der Regierung in die Hände nehmen. Dabei traf sie jedoch auf die Opposition »nationaler« Kräfte, deren Führer, der Kardinalerzbischof von Toledo, Luis Fernández de Portocarrero, mit ihr um die Lenkung des immer energieloser werdenden Königs wetteiferte. Als sich bei Karl II. nach einem mehrstündigen Koma im September 1696 die Symptome verlöschender Lebenskraft mehrten, machte der Kirchenfürst die testamentarische Regelung der Thronfolge zur Hauptstaatssache der Monarchie. Damit erreichte das Ringen um die spanische Sukzessionsfrage seine letzte tragische Steigerung, manifest in den berühmt-berüchtigten Teilungsverträgen zwischen Ludwig XIV., Wilhelm III. und den Generalstaaten 1698 und 1699 sowie in dem diplomatischen Duell zwischen dem Grafen Harrach und dem Marquis d'Harcourt, den Vertretern Frankreichs und Österreichs am spanischen Hof. Von dem apathischen König erwirkte der Staatsrat 1698 schließlich ein Testament zugunsten des bayrischen Kurprinzen Josef Ferdinand, des Enkels Kaiser Leopolds I. und dessen erster Gemahlin, der Infantin → Margarita Teresa (der Schwester Karls II.). Der unvermutete Tod des siebenjährigen Kindes, an das sich die Hoffnungen in Madrid geklammert hatten, machte 1699 die spanische Sukzessionspolitik völlig ausweglos.

In dem verzweifelten Bestreben, den von einem Erbfolgekrieg drohenden Schaden abzuwenden, schöpfte man jede Möglichkeit aus, die Rettung verhieß. So erklärt es sich, daß Karl II. auf Initiative des Kaisers und auf Betreiben des königlichen Beichtvaters (trotz aller Bedenken der vernünftigen Königin und der ihr nahestehenden Vertreter des spanischen Klerus) exorzistischen Praktiken unterworfen wurde. Nach dem christlichen Aberglauben der Zeit wurden die Ursachen der Impotenz in Zauberei gesucht. Vor allem das politische Interesse veranlaßte diese – nach den Worten der Königin – »comedy mit lauter Hexereyen, Besessenen, Teu-

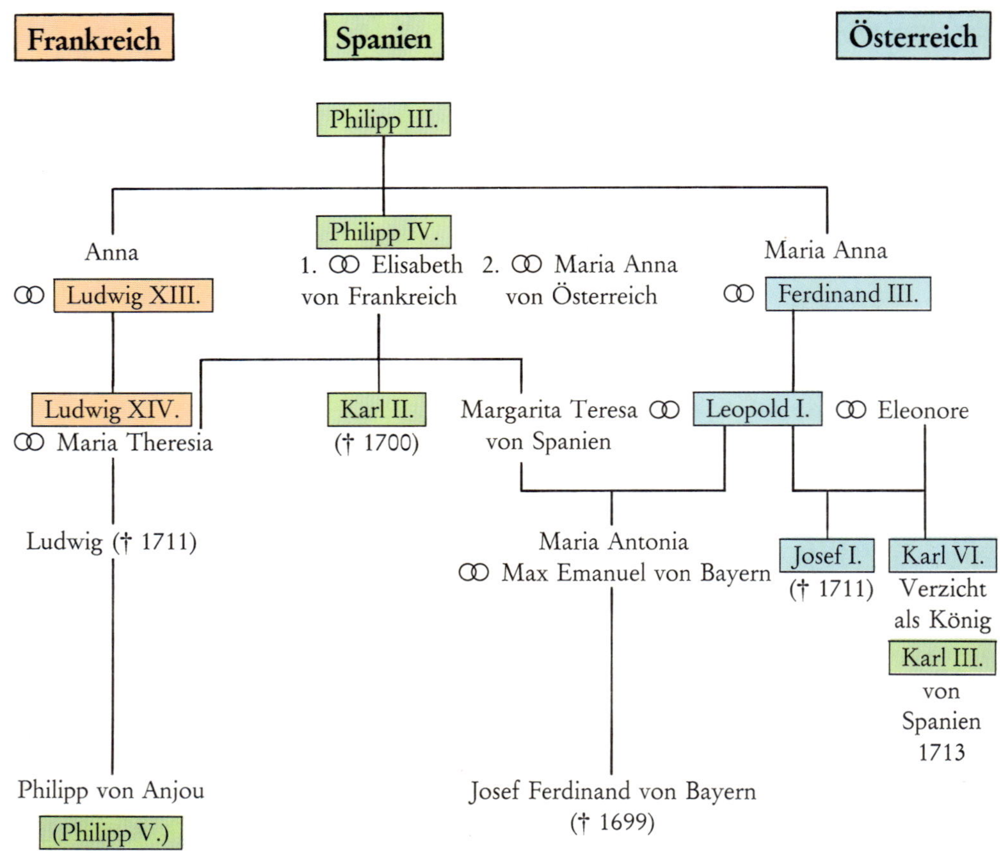

Die Erbansprüche Frankreichs und Österreichs nach dem Aussterben der spanischen Habsburger 1700: Der vorgesehene Erbe, Josef Ferdinand von Bayern, starb schon 1699. Ein Jahr später reklamierte Österreich für Leopolds zweiten Sohn aus dritter Ehe, Karl, die Nachfolge auf den spanischen Thron, der 1703 als König Karl III. in Opposition zur französischen Partei den Thron bestieg. Nach dem plötzlichen Tod seines älteren Bruders Kaiser Josef I. 1711 allerdings mußte Karl als Kaiser Karl VI. die Nachfolge in den Erblanden und im Reich antreten. Gegen die damit drohende österreichische Weltmacht setzen die Großmächte 1713 im Frieden von Utrecht den Verzicht Karls auf den spanischen Thron durch. Ludwig XIV. erreichte nun (nachdem sein Sohn Ludwig bereits 1711 gestorben war) die Thronfolge seines Enkels Philipp von Anjou als König V. von Spanien.

feln, inquisitiones«. Der todkranke König wurde durch die geistlichen und körperlichen Kuren (u. a. durch Verabreichung von Abführmitteln), die nach den Vorschriften des Exorzismus anzuwenden waren, nicht nur weiter geschwächt, sondern auch in quälende Angst um sein Seelenheil versetzt. Seine letzte offizielle Handlung als Monarch war im Oktober 1700 die Signierung des von der Staatsräson diktierten Testaments, das Philipp von Anjou, den Enkel Ludwigs XIV., zum Gesamterben des spanischen Weltreiches einsetzte. »Gott allein gibt die Königreiche ... ich bin ein Nichts«, soll danach Karls Kommentar gewesen sein.

Als Carlos el Hechizado, »der Verhexte«, ist er in die Geschichte eingegangen.

Lit.: Ludwig Pfandl, Karl II. Das Ende der spanischen Machtstellung in Europa, München 1940; Adalbert von Bayern, Das Ende der Habsburger in Spanien, 2 Bde., München 1929; Henry Kamen, Spain in the Later Seventeenth Century, 1665–1700, London 1980; Duque de Maura, Vida y reinado de Carlos II., 2 Bde., Madrid 1954. John Nada, Karl der Behexte, Wien 1963. K.

Karl VI., Kaiser (als König von Ungarn und König von Spanien Karl III., als König von Böhmen Karl II.), Sohn Kaiser → Leopolds I. aus dritter Ehe mit → Eleonore von Pfalz-Neuburg, geb. 1. 10. 1685 in Wien, gest. 20. 10. 1740 in Wien, begr. in der Kapuzinergruft, Wien.

Wahlspruch: Constanter continet orbem/Unabänderlich hält er die Welt zusammen.

Der jüngere Sohn Kaiser Leopolds I. entsprach besser der habsburgischen Tradition als sein Bruder → Josef I. Als Ajo fungierte Fürst Anton Florian von Liechtenstein, weitere Erzieher kamen aus dem Kreis der Jesuiten. Früh prägten sich bei Karl ernste und bedächtige, stark zeremonielle Züge aus. Wie alle Habsburger war er ein großer Freund von Jagd und Musik und nahm vielfältige kulturelle und kirchliche Impulse auf. Seine Religiosität entsprach mehr der des Vaters als der seines Bruders Josef.

In den dynastischen Berechnungen des Hauses Österreich war Karl für die Thronfolge in Spanien ausersehen, die freilich die Trennung der habsburgischen Lande voraussetzte. Die Sukzession des jungen Erherzogs sollte sich auf die Unterstützung der Seemächte England und Niederlande gründen – aber das Testament des letzten spanischen Habsburgers → Karls II. zugunsten des französischen Prätendenten Philipp (V.) versperrte den Weg zu einem Regierungsantritt und löste den Spanischen Erbfolgekrieg aus. Bei der Unterstützung Karls in Italien hatten Leopold I. und Josef I. auch österreichische territorale Gewinne in Italien im Auge.

Nach seiner Ankunft in Spanien 1704 mißlang Karls Versuch, das bourbonische Königtum schnell umzustürzen, da dieses einen Rückhalt in den kastilischen Kerngebieten hatte. Dagegen fand Karl Unterstützung durch die ständische Opposition von Kastilien und Aragon, nachdem er 1705 unter dem Schutz seiner Alliierten in Barcelona eingezogen war. Sein Kriegsglück wechselte – der Belagerung von Barcelona folgte 1706 die Einnahme von Madrid durch Karls Verbündete, aber die Niederlage von Almanza 1707 warf Karl erneut auf Katalonien zurück. 1708 entsandte Josef I., der wesentliche Teile der spanischen Besitzungen in den Niederlanden und in Italien erobert hatte, Truppen unter dem fähigen Grafen Guido von Starhemberg, der 1710 erneut Madrid einnahm. Prompt folgte wieder der Rückschlag, der die Bezeichnung Karls (III.) als »König der Katalanen« rechtfertigte. Karl litt stark unter den Spannungen zwischen seiner deutschen Umgebung und den Spa-

Kaiser Karl VI. im spanischen Mantelkleid. Gemälde von Gottfried Auerbach

niern sowie zwischen den Spaniern und den Verbündeten. Gleichwohl hat ihn das spanische Unternehmen vielfach geprägt und wohl auch vorhandene Neigungen und Anlagen bestärkt, vor allem ein tiefes Mißtrauen gegen jedermann.

Der plötzliche Tod seines Bruders Josef I. 1711 zwang Karl als letzten überlebenden Habsburger zur Rückkehr in seine Heimat. 1711 wurde er in Frankfurt zum Kaiser gewählt und zwei Monate später gekrönt. Im Januar 1712 zog er als Kaiser in Wien ein. Ein spanischer Beraterkreis, der sich nachher um den spanischen Rat kristallisierte, spielte nun eine beträchtliche Rolle in Wien. Karls Freund Graf Althann übernahm für einige Zeit die Rolle des bevorzugten Günstlings. Sonst behielt Karl VI. die alten Räte Josefs I. mit dem Prinzen Eugen von Savoyen an der Spitze bei.

Da die Seemächte das Wiederaufleben eines Reiches → Karls V. unter keinen Umständen wollten, mußte der Kaiser seine spanischen Ambitionen aufgeben und am Ende auch seine getreuen Katalanen gegen seinen Willen preisgeben, in deren Mitte seine energische Frau → Elisabeth Christine als Statthalterin ausgeharrt hatte. So blieb ihm nichts anderes übrig, als sich 1714 im Frieden von Rastatt den von seinen Verbündeten bereits 1713 mit Frankreich geschlossenen Abmachungen von Utrecht anzuschließen. Der Friede brachte Karl immerhin Mailand, Neapel, Sardinien und die südlichen Niederlande (das heutige Belgien) aus dem spanischen Erbe.

Kaum war der Spanische Erbfolgekrieg beendet, stürzte sich Karl VI. in einen Türkenkrieg, der nach der Eroberung von Peterwardein und Belgrad durch den Prinzen Eugen zum erfolgreichen Frieden von Passarowitz 1718 führte: Österreich erhielt das Banat, Nordserbien mit Belgrad und die kleine Walachei. Das Scheitern der bourbonischen Revisionspolitik gegen die Ergebnisse des Spanischen Erbfolgekriegs führte zum Tausch Sardiniens gegen Sizilien und zur größten Ausdehnung der Monarchie in ihrer Geschichte.

Die spätere kaiserliche Politik stand jedoch unter dem unerbittlichen Druck der Nachfolgefrage. Aus der Ehe Karls VI. mit Elisabeth Christine von Braunschweig-Wolfenbüttel überlebten nur zwei Töchter. Die Pragmatische Sanktion von 1713, aufbauend auf den Regelungen Leopolds I. und Josefs I. von 1703, sollte gleichwohl der Monarchie die dynastische Kontinuität sichern. Aber ihre Sicherung erwies sich so sehr als zentrale Aufgabe der österreichischen Politik, daß sie sich anderen Mächten immer wieder als Hebel anbot – ganz abgesehen vom Wahlcharakter des Reichsverbandes.

Zugleich wurde die Priorität der erbländischen Position deutlich. Hier gelang Karl eine völlige Beruhigung, auch des traditionell oppositionellen Ungarn – dies war günstig für die labile Erbfolgefrage. Andererseits wagte der Kaiser nur selten Modernisierungsversuche. Er behielt die separaten Traditionen der einzelnen Länder wie ihre selbständigen Behörden bei. Erfolgreich war die merkantilistische Wirtschaftspolitik: die Errichtung von Kommerzräten für Böhmen, Schlesien und Österreich, eines zentralen Hauptkommerzkollegs in Wien, die Förderung von Post und Verkehr, die Errichtung von Manufakturen, die Beseitigung von Zollbarrieren, der Ausbau der Häfen von Triest und Fiume, die Gründung einer Orientalischen Kompanie. Am kühnsten war der Versuch, 1722 mit einer Ostendekompanie die Sperrung der Schelde aufzuheben und die großen Handelstraditionen Belgiens wiederzubeleben. Diese Maßnahme aber rief den Widerstand der Seemächte hervor, an dem sie schließlich scheiterte. Problematisch waren auch die Spannungen innerhalb der Regierung zwischen den alten Ratgebern Josefs I. einerseits, Althann und den spanischen Räten andererseits, denen sich der Hofkanzler Graf Sinzendorf anschloß. Dadurch wurde auch die Stellung des Prinzen Eugen in Mitleidenschaft gezogen, der zeitweilig stark an Einfluß einbüßte.

Der Versuch, sich nach dem Rastatter Frieden Frankreich anzunähern, scheiterte, im Gegenteil förderten Karls wirtschaftliche Ambitionen die Verbindung Frankreichs mit England. Österreichs zeitweiliges Zusammengehen mit Spanien, betrieben von der dynastisch ehrgeizigen zweiten Frau König Philipps V., Elisabeth Farnese, war nicht von Dauer, weil Karl zu der ge-

Graf Gundacker Althan überreicht Kaiser Karl VI. 1728 feierlich das Inventar der kaiserlichen Gemäldegalerie, die in der Stallburg neu aufgestellt worden war. Gemälde von Francesco Solimena

wünschten dynastischen Verbindung seiner Erbtochter → Maria Theresia mit einem der Farnese-Söhne nicht bereit war. 1727 mußte Karl die Ostendekompanie unter dem Druck der geschickten britischen Koalitionspolitik und Frankreichs liquidieren. Aus der Isolierung löste er sich wieder 1731 durch den Ausgleich mit England.

Um so erstaunlicher war es, daß der Kaiser 1733 im polnischen Thronfolgekrieg intervenierte, den der alternde Prinz Eugen nur mit äußerst mäßigem Erfolg führte. Eine Folge war, daß Frankreich die Erblande des Herzogs → Franz von Lothringen, des Gemahls der Thronfolgerin Maria Theresia, besetzte. Der kriegsmüde Kaiser schloß 1735 den Präliminarfrieden von Wien: er mußte auf Neapel und Sizilien verzichten, während der Schwiegersohn

Kaiser Karl VI. und Kaiserin Elisabeth Christine beim Festmahl anläßlich der Hochzeit Maria Theresias mit Franz Stefan. Gemälde von Martin van Meytens

mit der Nachfolge in der Toskana entschädigt wurde. Erneut politisch isoliert, trieb die Rücksicht auf den russischen Verbündeten Karl VI. in den erfolglosen Türkenkrieg von 1737, der zum Verlust der territorialen Gewinne von 1718 führte (Friede von Belgrad 1739) und vor allem das militärische Prestige Österreichs schwer schädigte.

Prinz Eugen versuchte noch, im Zeichen der kritischen Erbfolgefrage eine Geheimdiplomatie aufzubauen und mit Rußland, Preußen und kleineren Reichsständen anzuknüpfen, starb aber 1736.

Die Nachfolgefrage blieb Österreichs Problem. Sie war trotz vielfacher Anerkennung der Pragmatischen Sanktion doch letztlich ungeklärt und belastete die Politik Karls VI. immer stärker. Überdies verhinderte sie wohl alle weiterführenden Reformen. Als Karl VI. im Oktober 1740 nach einer Jagd plötzlich starb, stellte sich die Existenzfrage für die recht unvorbereitete Monarchie.

Karl VI. war noch ein ganz barocker Herrscher – seine zeremonielle Art hatte sich in Spanien verstärkt. Unter ihm erreichte der Barock in Österreich seinen Höhepunkt; mit der Karlskirche des Bernhard Fischer von Erlach setzte sich der Kaiser ein glanzvolles Denkmal. Er baute die Hofbibliothek aus, die vor allem durch den Erwerb der Bibliothek des Prinzen Eugen eine wertvolle Bereicherung erhielt. Pläne, in Wien eine Akademie der Wissenschaften zu errichten oder Leibniz zu berufen, blieben ohne Erfolg. Innenpolitisch ist die Bilanz der Regierung Karls VI. wesentlich besser als außenpolitisch. Der Kaiser mußte freilich in einer schwierigen Situation agieren, es ist fraglich, ob ein entschlossenerer Herrscher besser damit fertig geworden wäre.

Werke: Oswald Redlich, Die Tagebücher Kaiser Karls VI., in: Gesamtdeutsche Vergangenheit. Festgabe für Heinrich Ritter von Srbik, München 1938, 141–151.

Lit.: Heinrich Benedikt, Das Königreich Neapel unter Kaiser Karl VI., Wien 1927; Markus Landau, Geschichte Kaiser Karls VI. als König von Spanien, Stuttgart 1889; Johannes Ziekursch, Die Kaiserwahl Karls VI. (1711), Gotha 1902.

P.

Karl Josef, zweiter Sohn von Kaiser → Franz I. Stefan und → Maria Theresia, geb. 1. 2. 1745 in Wien, gest. 18. 1. 1761 in Wien, begr. in der Kapuzinergruft, Wien.

Wegen seiner Liebenswürdigkeit und Intelligenz war Karl ein Liebling des Hofes und der Kaiserfamilie, allerdings in starker Rivalität zu seinem älteren, verschlossenen und ernsten Bruder → Josef. Er starb knapp 16jährig an den Blattern, von den Eltern tief betrauert.

Seine für ihn vorgesehene Sekundogenitur als Großherzog von Toskana übernahm sein um zwei Jahre jüngerer Bruder → Leopold, an den auch Karls vorgesehene Braut, Prinzessin → Maria Ludovica von Neapel-Sizilien überging.

H.

Karl, dritter Sohn von Kaiser → Leopold II. und Prinzessin → Maria Ludovica von Spanien, geb. 5. 9. 1771 in Florenz, gest. 30. 4. 1847 in Wien, begr. in der Kapuzinergruft, Wien.

Karl erfuhr zunächst nur eine sehr allgemeine Erziehung und eine eher vage Zuwendung seiner Eltern. Er war kränklich und schüchtern und wurde daher zum Priester bestimmt. Da er aber deutliche Neigung zum Militär entwickelte, wurde seine Erziehung mit militärischen Elementen versehen – mit der Wahl eines besonders groben und ungebildeten Offiziers zum Erzieher. Leopold willigte schließlich ein, daß seine Schwester, Erzherzogin → Marie Christine, Karl zu sich nach Brüssel nahm und ihn, da ihre Ehe mit Herzog Albert von Sachsen-Teschen kinderlos blieb, adoptierte. Damit waren in doppelter Hinsicht Weichen gestellt. Zum einen hatte Karl bedingungslose Förderer seiner Talente und Neigungen gefunden, zum anderen konnte er eine unermeßlich reiche Erbschaft antreten.

Karl wurde zunächst vom sächsischen Oberst Carl von Lindenau militärisch nachgeschult. Er wurde kurzfristig in die vorrevolutionären Strudel gerissen, da ihn eine niederländische Fraktion zum Erbsouverän und Großherzog ausrufen wollte. Das wurde jedoch durch die sogenannte Haager Konvention unmöglich. Nach dem Thronwechsel in Österreich teilte ihn sein Bruder → Franz, mittlerweile Kaiser Franz II., als Brigadier bei der Armee ein. Karl wurde Oberst und 1793 Generalmajor und machte die ersten Gefechte in den Kriegen gegen die Französische Revolution mit (Aldenhoven und Neerwinden). Kurz darauf ernannte ihn der Kaiser zum Generalstatthalter der Niederlande. Dann aber kamen die militärischen Rückschläge; außerdem litt Karl stärker an seiner Erbkrankheit, der Epilepsie. Kaiser Franz berief ihn nach Wien zurück. Erstmals wurde hier eine Konzeption deutlich, die darauf abzielte, Angehörige des Herrscherhauses nicht nur nominell, sondern tatsächlich als Oberbefehlshaber zu verwenden. Man fürchtete, daß sich das einzige militärische Talent unter den damaligen Habsburgern zu schnell verbrauchte. Karl erhielt 1796 den Oberbefehl über die österreichischen Truppen in Süddeutschland, ein Kommando, das mit der Würde eines Reichsgeneralfeldmarschalls verbunden wurde. Es gelang ihm, sein Kommando so auszugestalten, daß er mit Hilfe von Angehörigen des Generalquartiermeisterstabes, die er persönlich ausgesucht hatte, sich auf dem Kriegsschauplatz in Süddeutschland nicht nur behauptete, sondern die Franzosen bis an den Rhein zurückwarf. Das hervorstechendste Ereignis war dabei die Schlacht von Würzburg 1796.

In der Folge versuchte Karl, der österreichischen Armee in Italien Halt zu geben. Sie war von Napoleon schwer geschlagen worden und völlig demoralisiert, aber hier konnte auch Karl nichts mehr ausrichten. Nach einem Rückzug bis in die Steiermark wurde der Waffenstillstand von Leoben geschlossen. Da Franz II. einen Feldherrn wollte, der sich ausschließlich der Truppenführung widmete, ohne politische Fra-

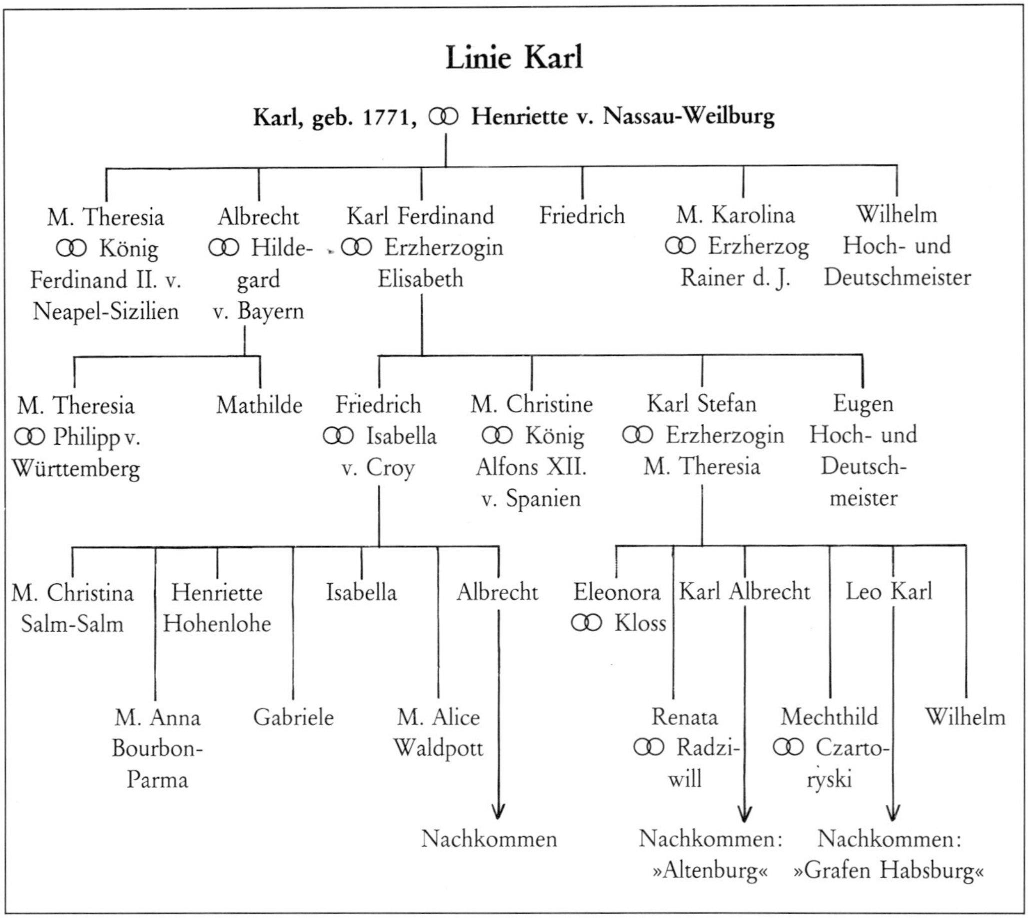

gen zu berühren, war der Konflikt vorprogrammiert.

Das nächste Kommando wurde Karl im 2. Koalitionskrieg 1799 übertragen. Er führte abermals die Armee in Deutschland, errang bei Ostrach und Stockach zwei Siege, doch die Offensive in der Schweiz stockte. Karl wurde jede Freiheit in der Kommandoführung genommen. Nach drei Rücktrittsgesuchen wurde er schließlich des Kommandos enthoben und wartete in Böhmen das Ende des Krieges und die Niederlage seines Bruders → Johann ab. Unmittelbar nach diesem neuerlichen Tiefschlag wurde er zum Feldmarschall befördert und Präsident des Hofkriegsrates. Dazu kam noch der Posten eines Kriegs- und Marineministers. Mit vollem Einsatz begann Karl nun mit der Reform des Militärwesens, und zwar von der Zentralverwaltung bis auf die taktische Ebene der Regimenter. Statt ihn aber die Reform fortsetzen und abschließen zu lassen, wurde er nach dem Bündnis mit Rußland und England 1805 seiner Funktion enthoben, zum Kommandanten der Armee in Italien gemacht und damit auf den Nebenkriegsschauplatz verbannt. Unter seiner Führung wurde der Sieg bei Caldiero 1805 errungen. Währenddessen schlug Napoleon die österreichische Hauptarmee, verfolgte die Truppen bis Wien und diktierte schließlich den Frieden von Preßburg. In Geheimgesprächen trug Napoleon Karl die österreichische Kaiserkrone an, die dieser – fast selbstverständlich – ausschlug.

Für eine neuerliche Funktion in höchsten militärischen Ämtern stellte Karl nun Bedingungen, die seine Selbständigkeit sichern sollten. Der Kaiser willigte ein. Karls neue Stellung war mit dem Titel eines Generalissimus verbunden, Offiziersausbildung und Exerzierreglements wurden verbessert. Karl schrieb seine ersten größeren Arbeiten über Strategie und höhere Kriegskunst, er begründete die Österreichische Militärische Zeitschrift. Zum anderen bekleidete er eine Stellung, in der er die gesamte Militärpolitik kontrollierte.

1809 war Karl gezwungen, in einen abermaligen Krieg einzuwilligen. Er trug die alleinige Verantwortung für Aufmarsch und Operationen. Der Sieg von Aspern (21./22. Mai) ist daher genauso mit seinem Namen verbunden wie die Niederlage bei Deutsch-Wagram (5./6. Juli).

Nach dem Krieg 1809 endete fast schlagartig die militärische Laufbahn des Erzherzogs. Obwohl er sich wiederholt darum bemühte, wurde ihm kein Kommando mehr gegeben. Er bekam lediglich 1815 den Posten eines Kommandanten der Bundesfestung Mainz.

Karls zweiter Lebensabschnitt wurde durch seine Heirat mit der protestantischen Prinzessin → Henriette von Nassau-Weilburg 1815 eingeleitet. Sie gebar ihm vier Knaben und zwei Mädchen. Da Karl mittlerweile in den Genuß der Erbschaft nach seinen Adoptiveltern gekommen war, verfügte er über ein beträchtliches Vermögen, weite Ländereien in Ungarn, Böhmen und Galizien, das Stadtpalais in Wien mit der Sammlung »Albertina«. In der Nähe von Baden ließ er die Weilburg errichten.

Karl widmete sich in der Folge vor allem seinen militärischen Arbeiten, die ihn zu einem der bedeutendsten Militärschriftsteller des 19. Jahrhunderts und einem Clausewitz durchaus vergleichbaren Denker werden ließen. Nach dem Tod seiner Frau 1829 intensivierte er seine Studien, versuchte sich aber auch in der Moderni-

Erzherzog Karl im Kreis seiner Kinder vor der Weilburg bei Baden, von links: Wilhelm, Karl Ferdinand, Maria Theresia, Albrecht, Maria Karolina und Friedrich. Die Büste links stellt seine verstorbene Frau, Erzherzogin Henriette, dar. Gemälde von Johann Ender

sierung und Bewirtschaftung seiner Güter. Dabei sollte vor allem auf landwirtschaftlichem Gebiet experimentiert werden. Karl dürfte auch, obwohl er weder unter Kaiser Franz noch unter Kaiser → Ferdinand politische Funktionen hatte, als Vermittler und Fürsprecher von politischen Gefangenen eine Rolle gespielt haben. So wurde er von Angehörigen der Carbonari aufgesucht und um Hilfe gebeten. Karls Einsatz resultierte sicher nicht aus Ablehnung des politischen Systems, sondern aus Religiosität. In seinen späten Schriften finden sich denn auch zahlreiche religiöse Betrachtungen.

Werke: Ausgewählte Schriften weiland seiner kaiserlichen Hoheit des Erzherzog Carl von Österreich, hg. im Auftrag seiner Söhne, der Herren Erzherzöge Albrecht und Wilhelm, 6 Bde., Wien und Leipzig 1893 und 1894.

Erzherzog Karl, der Kriegsheld von Aspern. Gemälde von Peter Krafft

Hier nicht enthalten: Strategie und Taktik, in: Österreichische Militärische Zeitschrift, Jg. 1866, Nr. 1.

»Der Schreck der Heere stehet nun vor uns,
Ein Held an frommer Milde,
Für jeden, den er schlug auf rauher Bahn,
Lebt einer, dem er freundlich wohlgetan.«
Nikolaus Lenau über Erzherzog Karl

Lit.: Oskar Criste, Erzherzog Carl von Österreich. Ein Lebensbild, 3 Bde., Wien–Leipzig 1912; Heinrich R. v. Zeissberg, Erzherzog Carl von Österreich. Ein Lebensbild, Wien–Leipzig 1895; Helmut Hertenberger/Franz Wiltschek, Erzherzog Karl. Der Sieger von Aspern, Graz–Wien–Köln 1983; Manfried Rauchensteiner, Erzherzog Karl, in: 1 000 Jahre Österreich, hg. von Walter Pollak, Bd. 1, Wien–München 1973.

R.

Karl Ambros, Fürstprimas von Ungarn, Sohn von Erzherzog → Ferdinand und Herzogin → Marie Beatrix von Este (daher Erzherzog von Österreich-Este), geb. 2. 5. 1785 in Mailand, gest. 2. 9. 1809 in Tata (Dotis), Ungarn, begr. in der Kathedrale von Esztergom (Gran), Ungarn.

Wahlspruch: Wenn Aufrichtigkeit ein Fehler ist, so bin ich dieses Fehlers sehr schuldig.

Seine Kindheit verbrachte Karl in der Lombardei, wo sein Vater Generalgouverneur war. Als kränkliches Kind wurde er für eine geistliche Laufbahn bestimmt und trieb bis 1805 theologische Studien, teilweise in Szerencs/Ungarn. Vor Erreichung des kanonischen Alters wurde er mit päpstlicher Sondererlaubnis zum Administrator des Bistums Vác (Waitzen) ernannt. 1808 ernannte ihn der Papst zum Erzbischof von Esztergom und Fürstprimas von Ungarn. Diese Würde bekleidete Karl nur kurz, da er bei einem Besuch im Lazarett der ungarischen adeligen Instruktion von Typhus infiziert wurde und nach einigen Tagen der Krankheit erlag. Wegen seiner Wohltätigkeit war er im ganzen Lande geliebt und verehrt. Seinen Sinn für bildende Kunst brachte er aus Italien mit, besaß eine große Sammlung von Skulpturen, Gemälden, Kupferstichen und Münzen. Sein Grabdenkmal in der Kathedrale von Esztergom stammt von Canova.

Ni./So.

Karl Ferdinand, zweiter Sohn von Erzherzog → Karl und Prinzessin → Henriette von Nassau-Weilburg, geb. 29. 7. 1818 in Wien, gest. 20. 11. 1874 in Groß-Seelowitz, begr. in der Kapuzinergruft, Wien.

Karl Ferdinand trat zuerst in das Infanterieregiment Nr. 57 in Brünn ein und kommandierte nach seiner Lehrzeit in den vierziger Jahren eine Brigade in Italien, dann wurde er als Truppendivisionär nach Prag versetzt und bekämpfte hier den Aufstand von 1848. Der Erzherzog ehelichte 1854 Erzherzogin → Elisabeth, die Tochter des Palatins → Josef Anton und Witwe nach Erzherzog → Ferdinand d'Este, mit der er fünf Kinder hatte. Die späteren Jahre verbrachte Karl Ferdinand wieder in Italien, 1859 wurde er Kommandierender General in Mähren und Schlesien. Seit 1860 war er General der Kavallerie mit Sitz in Brünn. Nach dem Feldzug von 1866, wo er keine Rolle spielte, schied er aus seinem Posten. Er starb 1874 an einem Leberleiden, an dem er seit vielen Jahren litt.

Rau.

Erzherzog Karl Ferdinand (rechts) mit seinem älteren Bruder Albrecht, dem späteren Vormund seiner Kinder

Karl Ludwig (»Karl«), dritter Sohn von Erzherzog → Franz Karl und Prinzessin → Sophie von Bayern, geb. 30. 7. 1833 in Wien, gest. 19. 5. 1896 in Wien, begr. in der Kapuzinergruft, Wien.

Neben den beiden älteren Brüdern → Franz Joseph und → Max (von Mexiko) nahm Karl Ludwig von Kindheit an eine eher untergeordnete Stellung ein, was auch an seiner mittelmäßigen Begabung lag. Die Mutter Sophie gestand ihrem Beichtvater Columbus, Karl sei »schwach im Talente«, und da dieser meinte, er könne sich ja bessern, sagte sie: »Interessant wird er niemals werden!« Die Meinung der Mutter traf offensichtlich zu: Karl Ludwig tat sich weder in der Politik (er galt als ausgesprochen antiliberaler Klerikaler, der wohl für die Liberalisierungsbemühungen der mittleren Franz-Joseph-Zeit eine Belastung gewesen wäre) noch in seinem militärischen Beruf (er brachte es traditionsgemäß bis zum General der Kavallerie 1884, interessierte sich aber nicht für das Militär) hervor, sondern wurde als Statthalter von Tirol und Vorarlberg eingesetzt. Hier sympathisierte er mit den Gegnern des Protestantenpatents der neuen Verfassung, also den Konservativ-Klerikalen, trat deshalb von seinem Amt 1861 zurück und verzichtete künftig auf jede weitere politische Funktion.

Er wurde dann als Repräsentant des Kaiserhauses bei Ausstellungen, so der Wiener Weltausstellung 1873 und als Protektor des Künstlerhauses, der k. k. Gartenbaugesellschaft, dem

Erzherzog Karl Ludwig (vorne rechts) auf seiner letzten Reise in Kairo. Hinten stehend seine dritte Gattin Maria Theresia und zwei Söhne aus zweiter Ehe, Franz Ferdinand (links) und Ferdinand (rechts), vorne sitzend seine Töchter aus dritter Ehe, Maria Annunziata (links) und Elisabeth

Wiener Cottageverein und anderen, eingesetzt, was ihm den Namen »Ausstellungs-Erzherzog« eintrug. Nach dem Tod des Kronprinzen → Rudolf 1889 war Karl Ludwig der erste der Thronfolge und vertrat den Kaiser auch bei Auslandsreisen, wurde aber nicht offiziell zum Thronfolger seines um drei Jahre älteren Bruders Franz Joseph ernannt. Auf einer Pilgerreise ins Heilige Land infizierte sich Karl Ludwig 1896 an Jordanwasser und starb bald darauf in Wien.

Karl Ludwigs Bedeutung liegt darin, daß er als einziger von vier Brüdern den Stammbaum des habsburgischen Hauptzweiges fortsetzte. Seine erste Ehe (1856–1858) mit der sächsischen Königstochter → Margarete blieb kinderlos, aus der zweiten (1862–1871) mit der neapolitanischen Königstochter → Maria Annunziata stammten vier Kinder, darunter drei Söhne (→ Franz Ferdinand, → Otto und → Ferdinand Karl, wovon Otto als Vater des späteren Kaisers → Karl die Hauptlinie fortsetzte). Aus der dritten Ehe (1873–1896) mit → Maria Theresia von Braganza stammten zwei Töchter. Diese dritte Trauung, vollzogen vom Mainzer Bischof Ketteler auf dem Schloß des deutschen Katholikentagspräsidenten Fürst Karl Löwenstein-Wertheim-Rosenberg, brachte Karl Ludwig in enge Beziehung zu den deutschen Katholiken des

Kulturkampfes und prägte die katholisch-aktivistische Atmosphäre seiner Familie, die dann durch seinen Sohn Franz Ferdinand und seinen Enkel Kaiser Karl fortgesetzt wurde.

Lit.: Alfred von Lindheim, Erzherzog Karl Ludwig, Wien 1897; Christine Gruber, Erzherzog Karl Ludwig, Diss., Wien 1982.

H.

Karl Salvator, zweiter Sohn von Großherzog → Leopold II. von Toskana aus dessen zweiter Ehe mit Prinzessin → Maria Antonia von Bourbon-Sizilien, geb. 30. 4. 1839 in Florenz, gest. 18. 1. 1892 in Wien, begr. in der Kapuzinergruft, Wien.

Der Erzherzog absolvierte die Artillerieschule und wurde 1858 Generalinspektor der toskanischen Artillerie. Nach der Landesverweisung aus der Toskana am 27. 4. 1859 kämpfte er in der k. k. Armee gegen die Franzosen und Piemontesen. 1860 wurde er Oberstinhaber des Infanterieregiments No. 77.

1861 wurde er von Papst Pius IX. in Rom mit → Maria Immakulata, Prinzessin von Bourbon-Sizilien, getraut; dieser Ehe entsprossen zehn Kinder. 1886 wird Karl Salvator zum Feldmarschall-Leutnant ernannt. Zu nennen sind vor allem seine waffentechnischen Erfindungen: 1884 brachte er ein kombiniertes Repetiergewehr für Kugel und Schrot »System Karl Salvator« heraus, ferner einen Einlader-Jagdstutzen mit Fallblockverschluß. Zusammen mit Georg Freiherr von Dormus erarbeitete er 1886 eine 11-Millimeter-Mitrailleuse. Dieses Maschinengewehr wurde patentiert, von den Skodawerken in Serie hergestellt und erfuhr laufende Verbesserungen: Skoda MG Mod. 1902, Mod. 1909 auf 8-Millimeter-Basis, Mod. 13. Alle diese liefen unter dem Namen »Salvator-Dormus«, sie fanden in der k. u. k Armee Verwendung und sind heute im Heeresgeschichtlichen Museum in Wien zu besichtigen. Abschließend erfand er eine Repetierpistole mit Automatikfunktion. Karl Salvator, stets wissenschaftsorientiert, arbeitete auch als Hydrotechniker und Architekt. Seine Lebensstationen in der Monarchie waren: Vöslau, Altbunzlau, Palais Toskana in Wien, Traunkirchen, Gmunden und die Salzburger Residenz.

Lit.: Therese de Tursan d'Espaignet, Esquisse sur la vie de l'Archiduc Charles Salvator, 1893; Nikolaus R. von Wuich, Erzherzog Karl Salvator, Wien 1892.

H.-L.

Erzherzog Karl Salvator mit seiner Gemahlin Maria Immakulata

Karl Stefan, zweiter Sohn von Erzherzog → Karl Ferdinand und Erzherzogin → Elisabeth, geb. 5. 9. 1860 in Groß-Seelowitz, gest. 7. 4. 1933 in Zywiec/Polen.

Schon mit fünfzehn Jahren kam der Erzherzog auf die Marine-Akademie in Fiume und wurde nach deren Absolvierung 1879 zum Linienschiffsfähnrich befördert. Er widmete sich der Kriegsmarine mit großem Eifer und avancierte dank seiner praktischen waffentechnischen

Kenntnisse rasch bis zum Linienschiffskapitän (1891). Als Stabsoffizier kommandierte er verschiedene Kriegsschiffe auch bei Manövern und förderte durch seine Tätigkeit im Marine-Technischen Komitee die Torpedoausrüstung der Marine.

1896 schied er aus dem aktiven Dienst, um die Bewirtschaftung der ihm nach dem Tode seines Onkels, Erzherzog → Albrecht, zugefallenen Güter in Zywiec (Saybusch) südlich von Krakau zu übernehmen, wo er die heute noch berühmte Bierbrauerei etablierte. Dem öffentlichen Leben eher abgeneigt, interessierte sich Karl Stefan für Gartenbau und Landschaftsmalerei, spielte ausgezeichnet Klavier. Sein Sprachtalent ließ ihn auch Ungarisch, Tschechisch und Polnisch lernen. Sein beträchtliches Vermögen erlaubte ihm nicht nur die Restaurierung des Schlosses Zywiec, sondern auch den Bau der prachtvollen Villa Podjavori auf der Adriainsel Lussin-Grande sowie den Erwerb eines Wiener Stadtpalais in der Wiedner Hauptstraße. Als begeisterter Seemann verbrachte er mehrere Monate im Jahr mit seiner Familie auf seinen luxuriösen Dampfjachten in der Ostsee oder im Mittelmeer und lud prominente Gäste ein, wobei er seine engen Beziehungen zu fremden Höfen, etwa Spanien oder Preußen, besonders pflegte. 1901 erfolgte seine Ernennung zum Vizeadmiral und 1912 zum Admiral. Zu Kriegsbeginn 1914 übernahm Karl Stefan das Protektorat über die Kriegsinvalidenfürsorge und widmete sich mit dem ihm eigenen praktischen Sinn der materiellen Fürsorge und beruflichen Rehabilitierung der Invaliden.

Nach der Eroberung Russisch-Polens durch die Mittelmächte im Herbst 1915 wurde Karl Stefan vielfach als Kandidat für den polnischen Thron betrachtet. Nachdem die von der Wiener Regierung bevorzugte »austro-polnische Lösung«, d. h. die Angliederung Russisch-Polens und Galiziens als dritter Teilstaat Österreich-Ungarns, von der deutschen Regierung 1916 verworfen wurde, dachte man in Berlin daran, Karl Stefan als Monarch eines als deutscher Pufferstaat konzipierten »Kleinpolens« vorzuschlagen, um den vorauszusehenden Widerstand Wiens abzuschwächen. Nach der Wiederherstellung des polnischen Staates durch die Mittelmächte 1916 galt Karl Stefan als der ernsthafteste Thronkandidat. Er hatte unter den kirchlichen, konservativen und sogar bäuerlichen Kreisen Polens und Galiziens einen großen Anhang und wurde auch von König Ferdinand von Bulgarien und Kaiser Wilhelm bevorzugt. In Wien aber nahmen Kaiser → Karl und seine Außenminister Czernin und Burián eine abwartende Haltung ein, um eine Rückkehr zur austro-polnischen Lösung offenzuhalten, und schlugen eine Regentschaft von Karl Stefans Schwiegersohn, Prinz Olgierd Czartoryski, vor. Durch die hinhaltende Taktik der Mittelmächte enttäuscht, beschloß der provisorische polnische Staatsrat am 1. 5. 1917 eine Resolution, die die Berufung Karl Stefans als Regent eindeutig verlangte. Nachdem keine Einigung über Polen erzielt werden konnte, ließ Kaiser Wilhelm im August 1918 eigenmächtig dem in Wien weilenden Karl Stefan die polnische Krone im Namen beider Kaiser anbieten. Der Erzherzog lehnte mit der Begründung ab, daß es zu spät sei. Kaiser Karl stritt seine Beteiligung an dem Angebot ab und

Erzherzog Karl Stefan, Protektor der gesamten offiziellen Kriegsfürsorge im Ersten Weltkrieg

versuchte noch immer, die Polen für eine Personalunion mit Österreich-Ungarn zu gewinnen.

Nach dem Umsturz 1918 zog sich Karl Stefan auf seine polnischen Güter zurück, die von den neuen Machthabern beschlagnahmt, aber dann infolge der Intervention seiner Schwester, Königinwitwe → Maria Christina von Spanien, wieder freigegeben wurden. Allerdings spendete Karl Stefan 1924 10 000 Hektar dieser Besitzungen für die Akademie der Wissenschaften in Krakau, der er bis 1918 als Protektor vorgestanden war. Infolge einer schweren Nervenlähmung war der Erzherzog in seinen letzten Lebensjahren zu fast völliger Unbeweglichkeit verurteilt.

Aus seiner 1886 geschlossenen Ehe mit der Erzherzogin → Maria Theresia, einer Tochter des Erzherzogs → Karl Salvator, hatte er sechs Kinder.

L.

Karl I., Kaiser von Österreich, ältester Sohn von Erzherzog → Otto und Prinzessin → Maria Josefa von Sachsen, geb. 17. 8. 1887 in Persenbeug/Niederösterreich, gest. 1. 4. 1922 auf Madeira, begr. in Nossa Senhora do Monte auf Madeira.

Karl Franz Josef wurde von seiner frommen Mutter in Abwesenheit seines lebenslustigen Vaters betreut und erhielt von Hauslehrern eine streng katholische Erziehung. Die naturwissenschaftlichen Fächer studierte er am Wiener Schottengymnasium. 1905 begann seine militärische Laufbahn bei der Kavallerie, die ihn bis 1912 in verschiedene Garnisonen Böhmens und Galiziens führte. Karl verfolgte mit wohlwollendem Interesse die Reformpläne seines Onkels, Erzherzog → Franz Ferdinand, blieb aber von der Politik fern, was von Kaiser → Franz Joseph gutgeheißen wurde. 1911 vermählte er sich mit → Zita von Bourbon-Parma, die ihm 1912 einen ersten Sohn, → Otto, schenkte, worauf Karl als Major nach Wien versetzt wurde und Schloß Hetzendorf bei Schönbrunn bezog.

Nach der Ermordung des Thronfolgers Franz Ferdinand in Sarajevo am 28. 6. 1914 rückte Karl zum Thronfolger auf, blieb aber von den Entscheidungen, die zum Kriegsausbruch führten, sowie von der hohen Politik weiterhin ausgeschaltet. Im August 1914 wurde er dem Armeeoberkommando in Teschen zugeteilt. Zum Feldmarschalleutnant avanciert, übernahm Karl am 16. 3. 1916 das 20. Armeekorps, das an der verhängnisvollen Italien-Offensive mit anfänglichem Erfolg teilnahm. Nach dem russischen Erfolg in der Brusilov-Offensive wurde Karl nach Ostgalizien versetzt, um die wankende Moral der Ostfronttruppen zu heben. Dort kam Karl zur Einsicht, daß es angesichts der Erschöpfung der Armeen und des Mangels an weiteren Reserven dringend notwendig wäre, einen Kompromißfrieden zu schließen, und unterbreitete solche Vorschläge Mitte August 1916 in Wien. Nach der Kriegserklärung Rumäniens am 27. 8. 1916 an der Vertreibung des neuen Feindes aus Siebenbürgen beteiligt, intensivierte Karl seine Bemühungen und drängte auch den deutschen Kaiser Wilhelm II., den geplanten Friedens-

Kaiser Franz Joseph mit seinem späteren Nachfolger, seinem Großneffen Erzherzog Karl 1894

schritt des Wiener Außenministers Burián zu unterstützen. Kaiser Franz Joseph zog seinen Nachfolger nicht zur politischen Mitverantwortung heran.

Nach dem Thronwechsel am 21. November 1916 drängten dann auf einmal die durch die lange Kriegsdauer vertieften Probleme zur Lösung, wobei lang verdeckte Widersprüche plötzlich offengelegt wurden.

Kaiser Karl übernahm persönlich das Armee-Oberkommando, das nach Baden bei Wien verlegt wurde, entließ bald den eigensinnigen Generalstabschef Conrad von Hötzendorf und verhinderte weitere Übergriffe der Militärs in den Zivilbereich. In Ungarn aber wurde Karl durch

Die ungarische Königskrönung mitten im Ersten Weltkrieg war das letzte große Schauspiel der Habsburgermonarchie. Daraus leitete Karl seine Ansprüche in zwei Restaurationsversuchen in Ungarn ab (mit Königin Zita und Kronprinz Otto).

den willensstarken ungarischen Ministerpräsidenten István Tisza gezwungen, sich ohne vorhergehende politische Verhandlungen bzw. Verfassungsänderungen als ungarischer König krönen zu lassen. Daher war Karl in seiner Reformtätigkeit eingeschränkt. Auch nach der 1917 erfolgten Entlassung Tiszas konnte Karl die Budapester Regierung nicht dazu bewegen, eine Demokratisierung des Wahlrechts durchzuführen, die er nach der März-Revolution in Rußland für unerläßlich hielt. Statt dessen steuerte die magyarische Oberschicht auf eine Personalunion mit Österreich hin. In Österreich versuchte Karl durch Wiedereröffnung des seit März 1914 vertagten Reichsrates am 31. 5. 1917 sowie durch eine politische Amnestie und durch den Abbau der Ausnahmegesetzgebung eine Versöhnung der nationalen Gegensätze herbeizuführen, um dadurch eine auf parlamentarischer Grundlage basierende umfassende Verfassungsreform zu ermöglichen. 1917 wendeten sich die meisten Führer der nichtdeutschen Völker Österreichs angesichts der wachsenden Abhängigkeit Wiens vom deutschen Bundesgenossen von der Habsburgerdynastie ab und knüpften Verbindungen zu den auf die Zerstörung der Monarchie hinarbeitenden Exilpolitikern im feindlichen Ausland an.

Karls Hauptanliegen war die Wiederherstellung des Friedens. Nach der alliierten Zurückweisung des wegen der zu hohen deutschen Ansprüche fehlgeschlagenen Friedensangebots der Mittelmächte Ende 1916 versuchte Karl gemeinsam mit Kaiserin Zita durch die Vermittlung von Zitas Bruder Prinz Sixtus von Bourbon-Parma geheime Friedenssondierungen in Frankreich einzuleiten. Karl verpflichtete sich in einem Brief an Sixtus, »die gerechten Rückforderungsansprüche« Frankreichs auf Elsaß-Lothringen zu unterstützen. Trotz einer freundlichen Aufnahme in Paris und London scheiterte diese Sondierung an dem Einspruch Italiens, dessen Interessen ignoriert worden waren. Karls weitere Versuche auch über den Papst, den König von Spanien sowie die Königin von Belgien blieben ebenso ergebnislos, da die Alliierten Österreich-Ungarn zunehmend als willenloses Werkzeug Deutschlands betrachteten. Die militärische

Das ehemalige Kaiserpaar Karl und Zita mit seinen Kindern im Schweizer Exil

und wirtschaftliche Abhängigkeit der Monarchie von den Deutschen, die in ihrer Siegeszuversicht durch den Sturz des Zarismus bestärkt wurden, bildete die Hauptschwierigkeit für Karls Friedenspolitik.

Die Beteiligung Österreich-Ungarns an dem harten »Diktatfrieden« mit Sowjet-Rußland in Brest-Litowsk und mit Rumänien in Bukarest und die Besetzung der Ukraine durch österreichisch-ungarische Truppen veranlaßten die Westmächte ab dem Frühjahr 1918, die Zerstükkelung der Monarchie in unabhängige Nationalstaaten als offizielles Kriegsziel zu verfolgen. Durch Clemenceaus Enthüllung »Sixtusbrief Kaiser Karls« im April 1918 wurde die Dynastie trotz Karls verzweifelter Dementis auch in den Augen seiner Anhänger schwer kompromittiert. Karls verspäteter Versuch, Mitte Oktober 1918 die österreichische Reichshälfte durch sein »Völkermanifest« in einen Bundesstaat von autonomen Nationalitäten-Einheiten umzuwandeln, beschleunigte nur den schon im Gange befindlichen Auflösungsprozeß, der sich bald unter dem Eindruck der deutschen und bulgarischen Niederlagen auf die Frontarmeen ausdehnte.

Soziale Unruhen in den Großstädten, die Kündigung des Dualismus durch Ungarn und die Konstituierung der sich bildenden Nationalräte als »provisorische Regierungen« verschiedener Nationalstaaten folgten rasch. Nach dem Waffenstillstand vom 4. 11. 1918 lösten sich auch die Frontarmeen auf, und damit verschwand die letzte Stütze des Habsburgerreiches.

Angesichts der drohenden Lage in Wien unterzeichnete Kaiser Karl am 11. 11. 1918 auf Drängen seiner österreichischen Minister ein Manifest, in dem er sich für den Rückzug aus allen Regierungsgeschäften verpflichtete, aber keinen ausdrücklichen Verzicht auf den Thron aussprach. Daraufhin verließ Karl mit seiner Familie Schönbrunn und übersiedelte nach Schloß Ekkartsau im Marchfeld, wo er als König von Ungarn am 13. 11. 1918 eine ähnliche Erklärung unterzeichnete. Nachdem die republikanische Staatsform in Österreich durch die konstituierende Nationalversammlung bestätigt wurde, weigerte sich Karl, für sich und sein Haus einen förmlichen Thronverzicht abzugeben, und mußte daher mit seiner Familie Österreich am 24. 3. 1919 verlassen. In Feldkirch erließ er ein Manifest, das gegen seine Landesverweisung protestierte und seine Souveränitätsrechte bekräftigte.

In seinem Schweizer Exil, von seiner Gattin Zita und konservativen Ratgebern aus den Nachfolgestaaten stark beeinflußt, überschätzte Karl seine Möglichkeiten, den Thron wiederzuerlangen, der als Mittelpunkt einer Donauföderation dienen sollte. Er erwartete vor allem in Ungarn eine günstige Aufnahme durch seinen alten Anhänger Admiral Horthy, der sich dort als Reichsverweser etabliert hatte. Durch Horthy getäuscht, versuchte Karl auch militärische Mittel, um seine Ansprüche durchzusetzen, doch schlugen beide Restaurationsversuche im Frühjahr und Herbst 1921 fehl. Die Folge war Karls Verbannung durch die Westmächte auf die portugiesische Insel Madeira, wo er, durch die ärmlichen Lebensverhältnisse und seine seelische Erschöpfung stark angegriffen, bereits am 1. 4. 1922 an einer Grippe starb. Seine Witwe Zita hielt am Thronanspruch fest.

Lit.: Reinhold Lorenz, Kaiser Karl und der Untergang der Donaumonarchie, Graz 1959; Gordon Brook-Shepherd, The Last Habsburg/Um Krone und Reich, London–Wien 1968; A. Polzer-Hoditz, Kaiser Karl, Zürich 1928; Erich Feigl (Hg.), Kaiser Karl, Wien 1984.

L.

Karl Albrecht, ältester Sohn von Erzherzog → Karl Stefan und der Erzherzogin → Maria Theresia, geb. 18. 12. 1888 in Pola, gest. 17. 3. 1951 in Östervik/Stockholm.

Karl Albrecht trat 1907 in die k. u. k. Technische Militärakademie ein, nach drei Jahren kam er zum Feldhaubitzendienst. Er wurde Offizier und avancierte bis 1918 zum Oberst. 1919 trat er als Oberst in die polnische Armee ein. 1920 ehelichte er in Saybusch/Galizien die verwitwete Gräfin Alice Badeni, geborene Ankarcrona, eine schwedische Adelige. Nach 1939 begab sich Karl Albrecht mit seiner Familie nach Schweden. Der Ehe entstammen ein Sohn und eine Tochter. Seit 1949 führt die Familie durch Entschließung des Familienchefs den Namen Prinzen von Altenburg.

Rau.

Karl Pius Salvator (Carlos), zehntes Kind von Erzherzog → Leopold Salvator und Prinzessin → Blanka von Bourbon-Kastilien, geb. 4. 12. 1909 in Wien, gest. 24. 12. 1953 in Barcelona, begr. im Monasterio Boblet bei Barcelona.

Die spanischen Karlisten sahen in Carlos ihren Thronprätendenten in der Nachfolge seines mütterlichen Großvaters Karl (VII.). Von Beruf war der Erzherzog Maschinenbau-Ingenieur. 1938 heiratete er Christa Satzger de Bálványos, mit der er zwei Töchter hatte.

H.-L.

Karl Ludwig, vierter Sohn von Kaiser → Karl I. und Prinzessin → Zita von Bourbon-Parma, geb. 10. 3. 1918 in Baden bei Wien.

Als Säugling kam der Erzherzog mit den Eltern und Geschwistern zunächst ins Exil nach Madeira, wo der Vater 1922 starb, dann nach Spanien und Belgien. Er wurde Dr. juris der Universität Löwen. 1940 bis 1942 machte er seinen Militärdienst in der amerikanischen Armee. Er arbeitete politisch für seinen älteren Bruder → Otto und unterstützte vor allem dessen (gescheiterte) Pläne, die Regierung in Ungarn zu übernehmen. Nach politischer Arbeit in Tirol 1945 wurde Karl Ludwig aus Österreich ausgewiesen. 1950 heiratete er Prinzessin Yolande de Ligne, mit der er vier Kinder hat. Er ist als Direktor mehrerer Industriegesellschaften international tätig.

In jüngster Zeit ist er Wortführer jener Habsburger, die beim österreichischen Verfassungs- und Verwaltungsgerichtshof Klage um finanzielle Entschädigung für das 1919 beschlagnahmte Familienvermögen führen.

H.

Karolina → auch Maria Karolina

Karoline Auguste (Charlotta Augusta), Kaiserin, vierte Gemahlin von → Franz I. (II.), geb. 8. 2. 1792 in Mannheim, gest. 9. 2. 1873 in Wien, begr. in der Kapuzinergruft, Wien.

Die Tochter Maximilian Josefs, des späteren Königs von Bayern, und Wilhelmine Augustes von Hessen-Darmstadt wurde im Alter von 16 Jahren (1808) mit Kronprinz Wilhelm, dem nachmaligen König von Württemberg, verheiratet – die Ehe wurde 1815 in beiderseitigem Einvernehmen durch Papst Pius VII. für ungültig erklärt. 1816 heiratete sie den dreimal verwitweten Kaiser Franz I. von Österreich und nahm den Namen Karoline Auguste an, nachdem sie zuvor den Namen Charlotta Augusta geführt hatte. Sie war eine fromme und charmante Frau, deren blühendes Aussehen einer der Gründe gewesen sein soll, daß der leidgeprüfte 48jährige Kaiser noch einmal in den Stand der Ehe trat: »Wenigstens hab ich dann nicht in ein paar Jahren wieder eine Leich'!«

Die Kaiserin blieb kinderlos. Sie war gebildet und nicht nur den politischen und sozialen Problemen ihrer Zeit aufgeschlossen, sondern auch der damaligen Literatur sehr zugeneigt. Auf sie ist zurückzuführen, daß Franz Grillparzers Drama »König Ottokars Glück und Ende« 1825 ohne größere Zensurschwierigkeiten im Hofburgtheater erstmals zur Aufführung gelangte. Grillparzers Werk »Ein treuer Diener seines Herrn«, als Weihespiel für die ungarische Königskrönung der Kaiserin in Preßburg (1825) vorgesehen, versuchte der Hof dem Dichter abzukaufen, um eine Aufführung zu verhindern – hier konnte Karoline Auguste nicht helfen.

Die Kaiserin Karoline Auguste im Alter, neben der Büste ihres Gatten, des Kaisers Franz

Seit 1835 Witwe, wandte die Kaiserin in den ihr noch verbleibenden 38 Lebensjahren ihre besondere Sorgfalt der Jugendfürsorge und Armenpflege zu, gründete geistliche Ordensstiftungen (Graz, Salzburg, Prag), widmete sich der Krankenpflege, förderte die Unternehmung, Wohnungen für Arbeiter zu schaffen (Carolinäum in der Arbeitergasse im 5. Wiener Gemeindebezirk) und half auch bei der Stiftung zur Bildung treuer und geschickter weiblicher Dienstboten durch Rat und Tat. Das Salzburger Landesmuseum trägt seiner Protektorin zu Ehren den Namen »Carolino Augusteum«.

Aus der Politik hielt sie sich völlig heraus, vor allem mit Rücksicht auf ihre Schwester, Erzherzogin → Sophie.

Lit.: Coelestin Wolfsgruber, Caroline Auguste, Wien 1898.

M.

Karolina Ferdinanda, Kronprinzessin von Sachsen, siebente Tochter von Kaiser → Franz I. (II.) und seiner zweiten Gemahlin Prinzessin → Maria Theresia von Neapel, geb. 8. 4. 1801 in Wien, gest. 22. 5. 1832 in Dresden, begr. in der Hofkirche in Dresden.

Die Erzherzogin wurde 1819 dem Kronprinzen Friedrich August von Sachsen angetraut, der 1830 Mitregent seines Onkels, König Anton von Sachsen, wurde und als solcher eine konstitutionelle Verfassung durchsetzte. Die Ehe blieb kinderlos.

Rau.

Karolina, Tochter von Erzherzog → Karl Salvator und Prinzessin → Maria Immakulata von Bourbon-Sizilien, geb. 5. 9. 1869 in Altmünster, gest. 12. 5. 1945 in Budapest, begr. in Budapest.

Die Erzherzogin wurde 1893 Äbtissin des adeligen Damenstiftes auf dem Prager Hradschin. Ein Jahr später heiratete sie den Prinzen August Leopold von Sachsen-Coburg-Gotha (1867–1922), dem sie acht Kinder schenkte.

H.-L.

Katharina, Tochter von König → Rudolf I. aus erster Ehe mit → Gertrud von Hohenberg, Geburtsdatum ungewiß, gest. 4. 4. 1282 in Landshut, begr. im Kloster Seligenthal bei Landshut/Bayern.

In der Zeit einer kurzfristigen Annäherung Herzog Heinrichs XIII. von Niederbayern an Rudolf von Habsburg, von dem er 1276 sein Herzogtum zu Lehen nahm, wurde eine Heiratsabrede getroffen: Heinrichs ältester Sohn Otto (III., 1261–1312) sollte Katharina zur Frau erhalten, nebst 40 000 Mark Mitgift. Für diese Summe forderte Heinrich von Niederbayern hauptsächlich das Land ob der Enns als Pfand. Diese Abmachung sicherte Rudolf in der ersten entscheidenden Auseinandersetzung mit König

Katharina mit ihrem Gemahl Herzog Otto III. von Niederbayern. Habsburger Stammbaum, 16. Jahrhundert

Ottokar den freien Weg nach Wien (Hochzeit um 1279 in Wien).

Diese in einer politischen Zwangssituation erfolgte Annäherung des Herzogs von Niederbayern an den König war nicht von langer Dauer. Heinrich mußte nach Rudolfs Erfolg in Österreich 1279 auf das Land ob der Enns verzichten. Die Mitgift für seine in Aussicht genommene Schwiegertochter wurde auf 3 000 Mark vermindert. Nach kurzer Ehe starb die junge Habsburgerin. Heinrich XIII. wurde durch Schiedsspruch 1283 verpflichtet, die ihm verschriebenen Pfandgüter gegen Auszahlung von 3 000 Mark an Herzog → Albrecht, Rudolfs Sohn, zurückzustellen.

Di.

Katharina, Tochter von König → Albrecht I. und → Elisabeth von Görz-Tirol, geb. im Herbst 1295 in der Steiermark, gest. 13. (oder 18.) 1. 1323 in Neapel, begr. (angeblich als Klarissin) in San Lorenzo in Neapel.

Ursprünglich für ein Eheprojekt mit Herzog Johann von Brabant vorgesehen, wurde Katharina im Zuge der habsburgisch-luxemburgischen Annäherung als Gemahlin für den 1311 plötzlich verwitweten Heinrich VII. erwählt. Der Brautzug war schon auf dem Wege zum Hoflager, als der Kaiser im August 1313 in Buonconvento starb. Katharinas Schwägerin → Elisabeth (Isabel von Aragón), die ihr herzlich zugetan war, lancierte nun ein Eheprojekt mit Don Pedro, dem Sohn König Friedrichs III. von Sizilien. Schließlich wurde die Herzogin 1316 mit Herzog Karl von Kalabrien, dem Sohn Roberts des Weisen von Neapel, vermählt. König → Friedrich der Schöne suchte auf diese Weise, tatkräftig unterstützt von seinem Schwiegervater König Jayme II. von Aragón, Reichspolitik in Italien zu betreiben.

Lit.: Theodor E. Mommsen, Das habsburgisch-angiovinische Ehebündnis von 1316, Neues Archiv 50 (1935) 600-615.

S.

Katharina von Savoyen, Gemahlin von Herzog → Leopold I., geb. um 1298 in Brabant, gest. 30. 9. 1336 in Rheinfelden, begr. in Königsfelden, 1770 Überführung nach St. Blasien, seit 1809 in St. Paul im Lavanttal/Kärnten.

Nach Unterhandlungen, die bis 1310 zurückreichten und mit der habsburgischen Annäherung an die Luxemburger in Verbindung standen, wurde Katharina, eine Tochter des Grafen Amadeus V. von Savoyen und der Maria von Brabant und Nichte der Gattin König Heinrichs VII., zu Pfingsten 1315 in Basel mit Herzog Leopold I. vermählt, dem sie zwei Töchter, → Katharina und → Agnes, schenkte. Sie nahm am politischen Leben Anteil und trat wiederholt mit Papst Johannes XXII. in Verbindung.

S.

Katharina von Savoyen. Glasfenster in Königsfelden

Katharina, Tochter von Herzog → Leopold I. und → Katharina von Savoyen, Geburtsdatum unbekannt, gest. 28. 10. 1349.

Nach dem frühen Tod des Vaters 1326 wurden die beiden Töchter → Agnes und Katharina vom Onkel, → Albrecht II., standesgemäß verheiratet. In Gegenwart des Papstes Benedikt XII. wurde Katharina etwa 1338 in Paris mit einem der mächtigsten Edelleute der Picardie, Enguerrand VI. (deutsch Ingelram) getraut. In alten Chroniken wird die ungewöhnliche Leibesstärke Enguerrands gerühmt und sein Stolz: Als er vom französischen König die Herzogswürde erbat, dieser ihm aber nur den Grafentitel anbot, soll er geantwortet haben: »Herzog kann ich nicht sein, Graf will ich nicht sein, ich bleibe Herr de Coucy.« Katharina bekam einen Sohn, Enguerrand VII., und wurde 1346 Witwe. Ein Jahr später lernte sie den jungen und hübschen (iuvenis et elegantis forme) Grafen Konrad II. von Hardegg, Burggraf von Magdeburg, kennen und heiratete ihn ohne Wissen ihres Onkels, Herzog Albrecht II. – Dies ist die erste bekannte morganatische Liebesehe in der Dynastie. Albrecht II. war darüber derartig erbost, daß er alle vier Brüder Hardegg des Landes verwies. Diese stellten sich jedoch unter den Schutz König Karls IV. Katharina starb wenig später.

H.

Katharina, Tochter von Herzog → Albrecht II. und → Johanna von Pfirt, geb. 1342 in Wien, gest. 10. 1. 1387 in Wien, begr. in St. Stephan, Wien.

Katharina trat in das von → Rudolf III. und seiner Gemahlin → Blanche gestiftete Klarissenkloster St. Klara in Wien ein und starb hier als Äbtissin.

S.

Katharina von Böhmen. Fürstenstatue vom Singertor der Wiener Stephanskirche

Katharina von Böhmen, Gemahlin von Herzog → Rudolf IV., geb. 1342 oder 1343 in Prag, gest. 26. 4. 1395 in Wien, begr. in St. Stephan, Wien.

Im Zuge der guten Beziehungen zwischen Herzog → Albrecht II. und Karl (dem böhmischen Regenten und späteren Kaiser Karl IV.) wurde schon 1344 ein Eheprojekt der Kinder ventiliert und schließlich 1348 – Karl war inzwischen römisch-deutscher König geworden – erneuert. Die sechsjährige Tochter Karls aus seiner Ehe mit Blanche von Valois wurde mit Albrechts erstgeborenem Sohn Rudolf IV. verlobt und zur Erziehung an den Wiener Hof gebracht. Zu Ostern 1353 wurde in Prag Hochzeit gefeiert.

Nach dem Tod Rudolfs IV. 1365 wurde die kinderlose Katharina im Zuge der Heiratspolitik ihres Vaters mit dem Markgrafen Otto V. von Brandenburg vermählt. Nach dessen Tod 1379 kehrte sie von Prag nach Österreich zurück und lebte einige Jahre in der Burg zu Perchtoldsdorf, einem beliebten Witwensitz der österreichischen Fürstinnen.

S.

Katharina von Burgund, Gemahlin des Herzogs → Leopold IV., geb. 1378, gest. 26. 1. 1425 in Dijon, begr. in der Kartause von Champmol bei Dijon.

1393 wurde Katharina, die Tochter des Herzogs Philipp des Kühnen von Burgund und der Margarete von Flandern, mit Herzog Leopold IV. verheiratet. Die achtzehnjährige Ehe blieb ohne Erben. Die ebenso wie ihr Gemahl als außerordentlich dick beschriebene Burgunderin heiratete (nach Thomas Ebendorfer: trotzdem) 1414 in zweiter Ehe Maximilian Smaßmann von Rappoltstein (gest. um 1450).

Verwitwet zog sie sich auf ihre Witwengüter im Elsaß zurück und betrieb von dort aus mit großer Zähigkeit die Rückerstattung ihres Heiratsgutes. Man sprach von einer enorm reichen Mitgift im Werte von 800 000 Gulden. Erst 1423 kam ein Ausgleichsvertrag mit den Habsburgern zustande.

Der Streit war dadurch aber nicht beendet. 1447 schlossen Herzog Philipp und → Albrecht VI. in Brügge einen Vertrag, der eine schiedsgerichtliche Entscheidung vorsah; die Angelegenheit wurde durch die burgundische Heirat → Maximilians I. gegenstandslos. Die Witwe hatte nach dem Tod Leopolds IV. Kleinodien in Paris verkaufen lassen; erhalten dürfte nichts mehr sein, wenn man vielleicht von dem Gebetbuch Leopolds IV. absieht.

Lit.: Louis Stouff, Cathérine de Bourgogne et la féodalité de l'Alsace autrichienne, 1913.

Di.

Katharina, Tochter von Herzog → Ernst dem Eisernen und → Cimburgis von Masowien, geb. um 1420 in Wiener Neustadt, gest. 11. 9. 1493 auf Schloß Hochbaden, begr. in der Stiftskirche »Unserer lieben Frau« in Baden-Baden.

1446 heiratete Katharina, die Schwester des späteren Kaisers → Friedrich III., den Markgrafen Karl von Baden. Sie gebar sechs Kinder, darunter drei Söhne, und wurde zur Stammutter des badischen Fürstenhauses. Katharina wurde 1475 Witwe und überlebte ihren Gatten um 18 Jahre.

H.

Katharina von Sachsen, zweite Gemahlin von Herzog → Sigmund von Österreich-Tirol, geb. 24. 7. 1468 in Grimma/Sachsen, gest. 10. 2. 1524 in Calenberg/Sachsen, begr. in Minden (Epitaph von Loy Hering).

Das erste Kind des Herzogs Albrecht des Beherzten von Sachsen und der Zedena Podiebrad von Böhmen wurde als 16jährige 1484 in Innsbruck dem 56jährigen und bereits senilen Erzherzog → Sigmund angetraut. 1487 wurde Katharina unschuldig in Hofintrigen verwickelt: eine ehemalige Mätresse Sigmunds dichtete ihr Giftmordabsichten gegen ihren Mann an. Noch im selben Jahr wurde Sigmund, dessen politischer Stil untragbar geworden war, von den Landständen unter Mithilfe Kaiser → Friedrichs III. weitgehend entmachtet. Naturgemäß hatte die gleichzeitig eingeführte neue Regiments- und Hofordnung mit ihren Einschränkungen permanente Reibereien zur Folge, die 1490 zur Abdankung Sigmunds führten, was auch für Katharina eine spürbare Reduzierung ihres Etats zur Folge hatte. Nach dem Tode Sigmunds (1496) ging die kinderlose Katharina, die im politischen Leben Tirols keine nennenswerte Rolle gespielt hatte, um 1496/97 eine neue Ehe mit Herzog Erich von Braunschweig ein.

Lit.: Silvia Caramelle, Katharina von Sachsen, in: Schlern-Schriften, Bd. 269, Innsbruck 1982, 115–236.

Hye

Katharina von Kastilien, Königin von Portugal, jüngste Tochter von → Johanna der Wahnsinnigen und → Philipp dem Schönen, (posthum) geb. 14. 1. 1507 in Torquemada, gest. 12. 1. 1578 in Lissabon, begr. im Hieronymitenkloster in Lissabon.

Ihre Kindheit verbrachte Katharina ohne höfisches Gepränge bei ihrer geisteskranken Mutter in Tordesillas. 1524 heiratete sie den jungen König Johann III. von Portugal (1502–1557). Von neun Kindern, denen sie das Leben schenkte, überlebten nur zwei das Kindesalter, ihre Tochter → Maria Manuela, geb. 1527, die erste Frau → Philipps II., und ihr Sohn Prinz Johann (1537–1554).

Katharina, die als energische Frau beschrieben wird, gelang es, die Entwicklung der portugiesischen Politik zu beeinflussen. Auf ihre Anregung hin wurde 1536 in Portugal ein staatliches Inquisitionstribunal eingerichtet. Johann III. übertrug Katharina kurz vor seinem plötzlichen Tode 1557 die Regentschaft für seinen dreijährigen Enkel Dom Sebastian (1554–1578), den Sohn des früh verstorbenen Prinzen Johann. Als Mitregenten berief Katharina ihren Schwager, den

Der Triumphwagen Kaiser Maximilians von Jörg Kölderer. Vor ihm seine erste Frau, Maria von Burgund, und seine Schwiegertochter Johanna von Kastilien. Vor ihnen Philipp der Schöne mit seiner Schwester Margarete, vor ihnen wiederum Philipps Söhne, der spätere Karl V. (mit der Krone auf dem Haupt) und der spätere Ferdinand I., ganz vorne die vier Töchter Philipps: Eleonore, Isabella, Maria und die jüngste, Katharina

Kardinal-Infanten Heinrich. Während ihrer Regentschaft beantragte sie die Gründung der Universität Evora und für das orientalische Imperium die Einsetzung eines Inquisitionstribunals in Goa. In dieser Zeit wurde auch die portugiesische Herrschaft in Ceylon durch Vizekönig Constantin von Braganza gefestigt.

Bereits 1560 dachte Katharina wegen der Differenzen mit dem Kardinal-Infanten an ihre Abdankung. Als 1562 der afrikanische Stützpunkt Mazagao verlorenging, weil die Entsendung von Entsatztruppen verzögert worden war, verstärkte sich die Kritik an ihrer Regierung. Katharina zog sich daraufhin in ein Kloster zurück. Die Aufsicht über die Erziehung ihres Enkels behielt sie bis zu dessen Mündigkeit (1568) bei. Auch in späteren Jahren versuchte sie noch, den geistig labilen König zu lenken. Es gelang ihr jedoch nicht, die Expedition nach Afrika zu verhindern, von der Dom Sebastian nicht zurückkommen sollte. Bevor die Nachricht über die Katastrophe von El-Ksar el-Kebir in Portugal eintraf, war Katharina mit einundsiebzig Jahren gestorben.

Pi.

Katharina, Herzogin von Mantua, Königin von Polen, Tochter von → Kaiser Ferdinand I. und → Anna von Böhmen und Ungarn, geb. 15. oder 25. 9. 1533 in Innsbruck, gest. 28. 2. 1572 in Linz, begr. 1614 im Kloster St. Florian bei Linz.

Katharina wurde vorwiegend in Innsbruck erzogen und sechzehnjährig 1549 mit Franz III., Herzog von Mantua, vermählt, der jedoch vier

Monate nach der Hochzeit starb. 1553 wurde Katharina die dritte Ehefrau des Königs von Polen, Sigismund August, der in erster Ehe mit ihrer Schwester → Elisabeth vermählt war. Mit erstaunlichem Geschick baute sie mit den wichtigen Persönlichkeiten des polnischen Hofes gute Beziehungen auf, doch das Verhältnis zum König war von Anfang an eher kühl. Vermutlich litt sie an Epilepsie. 1558 konnte man mit einiger Sicherheit sagen, daß sie keine Nachkommen haben würde. Daher gab es von 1559 an Bemühungen um eine Ehescheidung. Im Winter 1562/63 trennte sich der König von ihr und nahm trotz zahlreicher Bemühungen von vielen Seiten das Eheleben nicht mehr auf. Im Herbst 1566 verließ Katharina schließlich Polen und lebte bis zu ihrem Tod in Linz. Der König bemühte sich nun jahrelang vergebens um eine Scheidung und überlebte Katharina nur um einige Monate.

Lit.: Józef Szujski: Trzecia żona Zygmunta Augusta (Die dritte Gemahlin Sigismund Augusts), in: Dzieła Józefa Szujskiego II/6, 2, Kraków 1886, 253–296; Walter Pillich, Königin Katharina von Polen in Linz. Jahrbuch Linz, Linz 1966, 169–198; Anna Sucheni-Grabowska, Zu den Beziehungen zwischen den Jagellonen und den Habsburgern, Katharina von Österreich ... Jahrbuch Linz, Linz 1979, 59–100.

Lei.

Katharina Michaela, Herzogin von Savoyen, Tochter von König → Philipp II. von Spanien aus dritter Ehe mit → Elisabeth von Valois, geb. 10. 10. 1567 in Segovia, gest. 6. 11. 1597 in Turin, begr. in Turin.

Katharina, deren Mutter starb, als sie knapp ein Jahr alt war, wuchs gemeinsam mit ihrer ein Jahr älteren Schwester → Isabella Klara in inniger Verbindung zum Vater auf. Die liebevollen Briefe, die Philipp II. mit der Unterschrift »Euer guter Vater« an die beiden kleinen Töchter schrieb, sind eine wichtige Quelle für die Kenntnis seiner Persönlichkeit.

1585 wurde Katharina mit dem um fünf Jahre älteren Herzog Karl Emanuel I. von Savoyen verheiratet. In zwölfjähriger Ehe brachte sie sie-

Die Infantinnen Isabella Klara und Katharina Michaela aus der dritten Ehe König Philipps II. mit Elisabeth von Valois. Gemälde von Sánchez Coello

ben Kinder, darunter fünf Söhne, zur Welt und wurde zur Stammutter der italienischen Könige. Ihr jüngster Sohn Thomas Franz, Prinz von Carignan, ist der Großvater des Türkensiegers, Prinz Eugen von Savoyen. Die Tochter Margarete war 1612 bis 1629 spanische Regentin in Portugal. Katharina starb mit dreißig Jahren, ihr Gemahl überlebte sie um 33 Jahre.

H.

Katharina Renea (Renata), Tochter von → Karl II. von Innerösterreich und → Maria von Bayern, geb. 4. 1. 1576 in Graz, gest. 29. 6. 1595 in Graz, begr. in Seckau.

Sie war mit Rainutius, Herzog von Parma, verlobt, starb aber im Brautstand im Alter von 19 Jahren.

H.

Klemens Salvator (»Altenburg«), achtes Kind von Erzherzog → Franz Salvator und Erzherzogin → Marie Valerie, geb. 6. 10. 1904 auf Schloß Wallsee/Niederösterreich, gest. 20. 8. 1974 in Salzburg, begr. im Friedhof Salzburg-Aigen.

Der Enkel Kaiser → Franz Josephs heiratete 1930 in Wien Gräfin Elisabeth Rességuier de Miremont, mit der er neun Kinder hatte. 1931 wurde der Familienname mit Genehmigung der niederösterreichischen Landesregierung auf »Altenburg« geändert.

H.-L.

Klothilde, Gemahlin von Erzherzog → Josef, geb. 8. 7. 1846 in Neuilly, gest. 3. 6. 1927 in Alcsut/Ungarn, begr. in Budapest.

Die Tochter des Herzogs August von Sachsen-Coburg-Gotha wurde 1864 in Coburg mit Erzherzog Josef vermählt. Kinder: Elisabeth (1865–1866), → Maria Dorothea, geb. 1867, → Margarete, geb. 1870, → Josef August, geb. 1872, → Ladislaus, geb. 1875, → Elisabeth, geb. 1883, und → Klothilde, geb. 1884.

Ni./So.

Klothilde, Tochter von Erzherzog → Josef und Prinzessin → Klothilde von Sachsen-Coburg-Gotha, geb. 9. 5. 1884 in Fiume, gest. 14. 12. 1903 in Alcsut/Ungarn, begr. in Budapest.

Sie blieb unverheiratet und verbrachte ihr 19jähriges Leben auf dem Familiengut in Alcsut.

Ni./So.

Konstanze, Königin von Polen, Tochter von → Karl II. von Innerösterreich und → Maria von Bayern, geb. 24. 12. 1588 in Graz, gest. 10. 7. 1631 in Warschau, begr. in der Kathedrale in Krakau.

Konstanze wurde von ihrer Mutter Maria streng katholisch erzogen. Noch nicht siebzehnjährig wurde sie 1605 mit dem König von Polen Sigismund III. (geb. 1566; König von Polen 1587–1632) vermählt, der zuvor mit ihrer ältesten Schwester → Anna verheiratet gewesen war. Nach polnischem Brauch galt dies als Heiratshindernis, daher wurde auch während des unmittelbar nach der Hochzeit ausbrechenden

Königin Konstanze von Polen mit einer Meerkatze. Gemälde von Josef Heintz d. Ä.

Bürgerkrieges (1606/07) diese Eheverbindung und die Königin persönlich wegen ihrer »deutschen« Herkunft heftig angegriffen. Konstanze war geprägt von barocker Religiosität, hatte jedoch eine nur mangelhafte Bildung und trug zum kulturellen Niveau des Hofes kaum etwas bei. Um so intensiver kümmerte sie sich um das Familienvermögen und um die Versorgung ihrer Kinder (vier Söhne und eine Tochter). Ihr ältester Sohn Johann Kasimir war in den Jahren 1648–1668 König von Polen.

Lei.

Kunigunde, Herzogin von Bayern, zweite Tochter von Kaiser → Friedrich III. und → Eleonore von Portugal, geb. 16. 3. 1465 in Wiener Neustadt, gest. 6. 8. 1520 in München, begr. im Dom in München.

Im Alter von zwei Jahren verlor Kunigunde ihre Mutter. Nach dem Willen des Vaters wurde sie von der Hofmeisterin der Kaiserin, Else Pellendorffer, in Einfachheit und Sparsamkeit erzogen. Wie die portugiesische Mutter war die Tochter sehr fromm und ihr überhaupt ähnlich, jedoch robuster. Sie entwickelte sich zu einer selbstbewußten Persönlichkeit, war besonnen, willensstark, voll praktischer Intelligenz.

Friedrich III. hatte mit seiner Tochter hochfliegende Pläne. So wollte er sie mit Sultan Mohammed II., dem Eroberer Konstantinopels, verheiraten, wenn dieser zum christlichen Glauben überträte. Das Rennen aber machte der von seinem Vater ursprünglich für die geistliche Laufbahn bestimmte Herzog Albrecht IV. (»der Gewitzigte«) von Bayern: Nachdem seine Heiratspläne mit → Bianca Maria Sforza von Mailand, der späteren Frau Kaiser → Maximilians I. (Kunigundes Bruder) gescheitert waren, lernte er 1486 in Innsbruck bei Erzherzog → Sigmund die 21jährige Kunigunde kennen. Persönliche Zuneigung und politische Pläne, so die Wiederherstellung des alten Herzogtums Bayern, drängten Albrecht zu dieser Ehe. Die Verbindung unterstützten Erzherzog Sigmund und Kronprinz Maximilian, der 1486 König und Mitregent im deutschen Reich wurde. Albrecht erhoffte sich für Bayern die Reichsstadt Regensburg und durch vorhandene Pfandrechte und Vereinbarungen mit Erzherzog Sigmund auch Tirol und dachte wohl, da Kunigunde keinen Erbverzicht leistete, auch an weitere habsburgische Lande.

Gegen den Willen Kaiser Friedrichs fand die Hochzeit 1487 statt. Eine Annäherung der beiden Herrscherhäuser war unter diesen Voraussetzungen wenig wahrscheinlich. Tatsächlich trug die Ehe in politischer Hinsicht keine Früchte. Auch der auf Friedrich folgende Kaiser Maximilian I. erfüllte die Wünsche Albrechts nicht. Jedoch ging der bayrische Herzog auf die Visionen Maximilians ein und verfolgte die Interessen seines Landes nur mehr im Rahmen der habsburgischen Universalmonarchie.

Im Interesse der Staatsräson war Albrechts bedeutendste Leistung das Primogeniturgesetz 1506. Die Erbteilungen sollten aufhören, und das Land künftig auf den erstgeborenen Sohn übergehen. Als Albrecht kaum zwei Jahre nach Erlaß dieses Gesetzes starb, entfaltete Kunigunde dynastischen Familiensinn und Herrscherwürde. Im Zusammenspiel mit dem für ihren minderjährigen Sohn Wilhelm eingesetzten Regentschaftsrat, mit den Ständen und ihrem Bruder Maximilian lehnte sie die Primogeniturordnung ab, verwies darauf, daß sie als Fürstin von Österreich, verheiratet mit einem Fürsten von Bayern, nur junge Fürsten geboren habe und keine Grafen und Bastarde, und suchte die Ansprüche ihres jüngeren Lieblingssohnes Ludwig durchzusetzen, was ihr auch gelang.

Von Kunigundes acht Kindern heiratete Sibille den Kurfürsten Ludwig V. von der Pfalz und Sabine Herzog Ulrich I. von Württemberg. Wilhelm (IV., 1493–1550) wurde Herzog von Bayern. Ludwig (1495–1545) erlangte die Mitregierung, und Ernst (1500–1560) wurde abgefun-

Kunigunde, Herzogin von Bayern. Gemälde von Barthel Beham

den. Das jüngste Kind, Susanne (1502–1543), heiratete Kasimir, den Markgrafen von Brandenburg-Kulmbach.

Zusammen mit ihrem Gatten öffnete Kunigunde Bayern den neuen Strömungen des Humanismus und der Renaissance. Bekannt war ihre Büchersammlung. Der bayrische Geschichtsschreiber Aventin erzog ihre Söhne. Nach dem Tod Albrechts trat Kunigunde in das Reformkloster Zum Püttrich in München ein. Sie kam durch ihren einfachen und frommen Lebenswandel bald in den Ruf der Heiligmäßigkeit. Die Figur der Kunigunde von Bayern im Innsbrucker Grabmalprojekt Kaiser Maximilians wird Hans Leinberger zugeschrieben.

Lit.: Johann Mayrhofer, Kunigunde, Kaiser Friedrichs V. Tochter, in: Österreichische Zeitschrift für Geschichts- und Staatenkunde, 1836, Nr. 50–52; Josef Benedict Heyrenbach, Kaiser Friedrichs Tochter Kunigunde, ein Fragment aus der österreichisch-bayrischen Geschichte, samt einem Codex probationum, Wien 1778.

Mö.

Ladislaus »Postumus«, König von Ungarn und Böhmen, nachgeborener Sohn von König → Albrecht II. und → Elisabeth von Luxemburg, geb. 22. 2. 1440 in Komorn, gest. 23. 11. 1457 in Prag, begr. im Veitsdom in Prag.

Die Umstände der posthumen Geburt dieses Erben der ungarischen und böhmischen Krone waren äußerst dramatisch (→ seine Mutter Elisabeth). Mit 12 Wochen wurde Ladislaus zum König von Ungarn gekrönt (15. 4. 1440), wobei Graf Ulrich II. von Cilli, mütterlicherseits ein Onkel des Knaben, eine führende Rolle spielte. Inzwischen hatten jedoch die ungarischen Stände Władisław III. Jagiełło, König von Polen, gewählt. Die Rechtslage war demnach nicht klar, und die Situation erst bereinigt, als Władisław 1444 in der Türkenschlacht bei Varna fiel. Nun anerkannten die Stände Ladislaus als König, bestellten jedoch für die Zeit seiner Minderjährigkeit den siebenbürgischen Adeligen Johann Hunyady, der ein Anhänger der Jagellonen war, zum Reichsverweser (1446).

Ladislaus' Vormund war Kaiser → Friedrich III. Er ließ dem Knaben eine ausgezeichnete humanistische Erziehung zuteil werden, die in ihm offenbar eine Liebe zu Büchern begründete. Jedenfalls mahnte Ladislaus sofort nach seiner Großjährigkeitserklärung den Kaiser, ihm die Bibliothek seines Vaters herauszugeben, darunter die berühmte Wenzelsbibel (heute ein Schatz der Österreichischen Nationalbibliothek), und verschiedentlich erfahren wir von Erwerbungen wie etwa durch das Ersuchen an den König von Aragón um eine Handschrift über Leben und Taten der römischen Helden. In Hinblick auf seine künftigen Herrscheraufgaben mußte Ladislaus außer Deutsch und Latein auch Ungarisch und Tschechisch lernen.

Die böhmischen, ungarischen und ganz besonders die österreichischen Stände verlangten immer wieder die Entlassung des Knaben aus der kaiserlichen Vormundschaft. Friedrich III. verweigerte dies jedoch beharrlich. Als er 1452 zur Kaiserkrönung nach Rom zog, nahm er Ladislaus mit, aus Furcht, man könnte ihn entführen und großjährig sprechen. Während des Romaufenthalts schlossen sich jedoch die oppositionellen Stände Ober- und Niederösterreichs sowie die Reichsverweser Ungarns (Johann Hunyady) und Böhmens (Georg v. Podiebrad) zu einer gemeinsamen Aktion zusammen und belagerten den heimgekehrten Kaiser in Wr. Neustadt so lange, bis er ihnen Ladislaus herausgab.

Der kleine Ladislaus Postumus wird auf dem Schoß seiner Mutter in Stuhlweißenburg zum König von Ungarn gekrönt – eine beliebte Szene für Historienmaler des 19. Jahrhunderts. Darstellung von Anton Ziegler

Die Stände hatten gesiegt; Ulrich von Cilli führte Ladislaus im Triumph nach Wien. Am 28. 10. 1453 wurde er in Prag zum böhmischen König gekrönt. Die Regierung führte jedoch weiterhin Georg v. Podiebrad. Es ist verständlich, daß die einflußreichen österreichischen Ständevertreter (Ulrich v. Eytzing und nach dessen Sturz Ulrich von Cilli) den Knaben zum Werkzeug ihrer Wünsche machten. Thomas Ebendorfer behauptet in seiner Österreichischen Chronik sogar, daß man ihn früh mit dem Genuß des Weines und der Mädchen bekannt machte, um

König Ladislaus (Postumus) von Ungarn und Böhmen, letzter Sproß der Albertinischen Linie. Gemälde eines österreichischen Künstlers

ihn in einem ausschweifenden Leben die Staatsgeschäfte vergessen zu lassen.

Als Ladislaus 15 Jahre alt war, legte er plötzlich eine bemerkenswerte Energie an den Tag: Er entließ Ulrich v. Eytzing und berief an seine Stelle den Cillier als seinen engsten Ratgeber, den er nach dem Tod des Johann Hunyady auch als Statthalter in Ungarn einsetzte. Damit eskalierte ein seit Jahren schwelender Konflikt. Anhänger Hunyadys ermordeten Ulrich von Cilli, den Ladislaus Hunyady, der ältere Sohn von Johann Hunyady, in die Falle gelockt hatte. Aber der junge König war entschlossen, die übermächtige Stellung der Familie Hunyady zu Fall zu bringen. Um den Tod des Ulrich von Cilli aufzuklären, leitete er ein Verfahren gegen Ladislaus Hunyady ein; es endete mit dessen Enthauptung und der Gefangensetzung des jüngeren Hunyady, des späteren Königs Matthias Corvinus.

Ladislaus scheute sich auch nicht, gegen den Kaiser aufzutreten. Anlaß gab Friedrichs Weige-

Ladislaus und sein Vater Albrecht: Habsburger als Könige von Böhmen und Ungarn im 15. Jahrhundert (1438–1457)

Kaiser Siegmund,
Haus Luxemburg,
König von Böhmen und Ungarn
(† 1437)

⚭ Elisabeth von Böhmen (Alleinerbin)

Albrecht V.
1438 deutscher König II.
König von Böhmen und Ungarn
(† 1439)

Ladislaus Postumus
König von Böhmen und Ungarn († 1457)

Die deutsche Königswürde geht 1440 an Herzog Friedrich V. von der Leopoldinischen Linie der Habsburger (als Kaiser Friedrich III.)

Nach dem kinderlosen Tod des Königs Ladislaus geht die Herrschaft über Böhmen und Ungarn den Habsburgern verloren:
Matthias Corvinus wird König von Ungarn
Georg Podiebrad wird König von Böhmen

rung, die Stephanskrone herauszugeben, und erneut ein heftiger Streit um das Erbe des Ulrich von Cilli, mit dem diese begüterte Familie ausstarb. Die Kampfhandlungen endeten erst mit Ladislaus' Tod.

1456 wurde ein interessantes Heiratsprojekt, nämlich die Verbindung Ladislaus' mit einer Tochter des französischen Königs Karl VII. angebahnt. Unter dem Vorwand, seine Braut zu empfangen, brach Ladislaus im September 1457 nach Prag auf. Doch dürfte er beabsichtigt haben, dem selbstherrlichen Gehaben des Gubernators und Ulrichs v. Eytzing, der sich an den böhmischen Hof zurückgezogen hatte, entgegenzutreten. Kaum in Prag angekommen, starb er. Sofort verbreitete sich das Gerücht, er sei von einem der beiden vergiftet worden. Der Tod ist aber auf Leukämie zurückzuführen.

Lit.: Josef Chmel, Urkunden Briefe und Actenstücke zur Geschichte der habsburgischen Fürsten König Ladislaus Posthumus, Erzherzog Albrecht VI. und Herzog Siegmund von Österreich, 1443–1473, Wien 1850; Heinz Dopsch, Die Grafen von Cilli – ein Forschungsproblem? in: Südostdeutsches Archiv 17/18, 1974/75, 9–49.

Mr.

Ladislaus (László), zweiter Sohn von Erzherzog → Josef und Prinzessin → Klothilde von Sachsen-Coburg-Gotha, geb. 16. 7. 1875 in Alcsut/Ungarn, gest. 6. 9. 1895 in Budapest, begr. in Budapest.

Er absolvierte die Mittelschule im Benediktinergymnasium in Raab (Györ), wurde 1895 Leutnant im Infanterieregiment Nr. 37, das den Namen seines Vaters trug. Zwanzigjährig erlag er einem Jagdunfall.

Lit.: Aus dem Leben des Erzherzogs Ladislaus, Berlin 1897.

Ni./So.

Ladislaus (László), zweiter Sohn von Erzherzog → Josef August und Prinzessin → Augusta von Bayern, geb. 3. 1. 1901 in Volosca, gest. 29. 8. 1946 in Budapest. Er starb im Irrenhaus.

Ni./So.

Leopold I., »der Glorwürdige«, Herzog von Österreich und Steiermark, dritter Sohn von König → Albrecht I. und → Elisabeth von Görz-Tirol, geb. 1293 vielleicht in Wien, gest. 28. 2. 1326 in Straßburg, begr. in Königsfelden, 1770 Überführung nach St. Blasien, seit 1809 in St. Paul im Lavanttal.

Wie sein 1289 geborener Bruder → Friedrich (»der Schöne«) erhielt Leopold einen Babenbergernamen – ein kennzeichnender Hinweis dar-

Herzog Leopold I. Glasfenster in Königsfelden

auf, daß die Habsburger in den neuen Territorien über die ottokarische Zeit hinweg bewußt an die Tradition der babenbergischen Dynastie anknüpften. Klein und grazil, aber von großer Agilität mit militärischer Tüchtigkeit, sammelte er zunächst Erfahrungen in der Verwaltung der Vorlande; seit dem Tode des Vaters 1308, vollends aber seit dem Tod der Mutter 1313 war er die bestimmende Persönlichkeit in der Familie. Er sah seine Aufgabe in der Verfolgung und Bestrafung der Königsmörder und setzte sich für eine Annäherung an die Luxemburger ein; beim Romzug Heinrichs VII., vor allem beim Mailänder Aufstand, zeichnete er sich mehrfach aus.

Nach dem Tod Kaiser Heinrichs VII. betrieb er vehement die Wahl seines Bruders Friedrich zum römisch-deutschen König (Doppelwahl 19. bzw. 20. Oktober 1314). Die lange Auseinandersetzung zwischen Friedrich und dem Wittelsbacher Ludwig dem Bayern, auf dessen Seite die Eidgenossen traten, bestimmte Leopolds weitere Aktivitäten. Die verheerende Niederlage des habsburgischen Ritterheeres gegen die Schwyzer am Morgarten 1315 ist das bekannteste militärische Ereignis. Nach der Entscheidungsschlacht bei Mühldorf 1322, in der Friedrich durch das Zuspätkommen Leopolds von Ludwig geschlagen und gemeinsam mit seinem jüngeren Bruder → Heinrich gefangen wurde, setzte sich Leopold auf verschiedenen Ebenen für die Befreiung der Brüder ein. Es kam u. a. zu Verhandlungen mit der päpstlichen Kurie und Frankreich über eine französische Thronkandidatur im Reich, bei denen ein Reichsvikariat Leopolds ventiliert wurde. Knapp nach der Aussöhnung der beiden Gegenkönige, die eine völlig neue Ausrichtung der habsburgischen Politik zur Folge hatte, gegen die sich der Herzog zunächst stellte, starb er völlig überraschend, vielleicht an einem Herzleiden.

Leopold war seit Pfingsten 1315 mit → Katharina, der Tochter des Grafen Amadeus V. von Savoyen, vermählt, mit der er zwei Töchter, → Katharina und → Agnes, hatte.

Lit.: Günther Hödl, Herzog Leopold I.... Diss., Wien 1964.

S.

Leopold II., zweiter Sohn von Herzog → Otto »dem Fröhlichen« aus erster Ehe mit → Elisabeth von Niederbayern, geb. 1328, gest. 10. 8. 1344 an unbekanntem Ort, begr. im Stift Neuberg/Mürz.

Der jüngere der beiden Söhne des Herzogs Otto verlor im Alter von zwei Jahren seine Mutter und seinen Vater mit elf Jahren. 16jährig starb er völlig unerwartet, wenige Monate vor dem ebenso plötzlichen Tod seines 17jährigen Bruders → Friedrich (II.) Die Zeitgenossen sprachen von Vergiftung. Die Nachfolge traten nun statt der Söhne des verstorbenen Herzogs Otto die Söhne seines Bruders, Herzog → Albrechts II., an.

H.

Leopold III., Herzog von Österreich, Steiermark und Kärnten, Sohn von Herzog → Albrecht II. von Österreich und → Johanna von Pfirt, geb. 1351 in Wien, gef. 9. 7. 1386 in der Schlacht bei Sempach, begr. in Königsfelden/Aargau, 1770 nach St. Blasien und 1809 nach St. Paul im Lavanttal/Kärnten überführt.

Wahlspruch: Virtuti nil invium/Der Tugend Bahn.

Bereits in jungen Jahren wurde Leopold III. von seinem ältesten Bruder → Rudolf IV. zum Repräsentanten des habsburgischen Hauses in der neu gewonnenen Grafschaft Tirol bestimmt und mit der Mailänderin → Viridis Visconti vermählt. Nach dem Tode Rudolfs IV. 1365 verfügten → Albrecht III. und Leopold III. zunächst gemeinsam über die Territorien und Rechte des Geschlechts, wobei dem älteren Albrecht aufgrund der Hausverträge ein gewisser Vorrang zukam. Mehrere Etappen von Verwaltungsteilungen führten schließlich zu einer wohl wesentlich von Leopold betriebenen Realteilung aller habsburgischen Besitzungen:

Leopold erhielt im Vertrag von Neuberg/Mürz (Steiermark) am 25. September 1379 neben einer beträchtlichen Geldzahlung die Herzogtümer Steiermark (mit dem Gebiet von Wiener Neustadt) und Kärnten, Krain, die Windische Mark, die ehemals görzischen Bereiche in

Leopold III. mit Viridis. Darstellung als Stifter auf dem Flügelaltar im Schloß Tirol

Inneristrien, Prodennone in Friaul, Feltre, Belluno, Tirol und die Vorlande westlich des Arlbergs. Man einigte sich auf einen wechselseitigen Erbanspruch beim Ausbleiben männlicher Nachkommen, auf eine Vormundschaft über Unmündige der anderen Linie und auf ein Vorkaufsrecht. Titel und Wappen blieben allen Angehörigen der leopoldinischen und albertinischen Linie des Hauses Habsburg gemeinsam.

Leopold III. intensivierte nach 1379 seine schon vorher bestehenden Aktivitäten im Westen und Süden seines Machtbereichs. Der Kauf der Herrschaft Feldkirch vom Grafen Rudolf von Montfort-Feldkirch brachte 1375–1379 ein zentrales Gebiet des späteren Landes Vorarlberg unter habsburgische Kontrolle. Vom Reichsoberhaupt erhielt der Herzog die Landvogteien Ober- und Niederschwaben übertragen, und die Grafschaft Hohenberg am Neckar wurde wiederum durch Kauf erworben. Im Süden waren bereits 1373 Teile der Valsugana im heutigen Trentino sowie die Territorien von Feltre und Belluno von Leopold gewonnen worden. 1381 trat Venedig die Stadt und das Gebiet von Treviso an den Habsburger ab, damit diese für den Handel der Lagunenstadt mit dem Norden lebenswichtigen Bereiche nicht in die Hände des Herrn von Padua, Francesco da Carrara, fielen. Doch an eben diesen veräußerte Leopold seine Positionen im venezianischen Hinterland.

Einen bleibenden Gewinn für das Haus Habsburg bedeutete hingegen die freiwillige Unterstellung der Stadt Triest unter die Oberhoheit Leopolds. Mehr als ein halbes Jahrtausend (1382–1918) währte die Verbindung Triests mit Österreich, deren Beginn von der Furcht vor dem übermächtigen Venedig bestimmt war.

Der Konflikt des Herzogs mit der Schweizer Eidgenossenschaft entsprang einerseits dem Bemühen der Eidgenossen, die seit etwa einem Jahrhundert schrittweise errungenen Freiheiten abzusichern und weiter auszubauen, aber auch dem Bestreben Leopolds, im althabsburgischen Gebiet der späteren Nordostschweiz sowie im gesamten Südwesten des Reiches die Positionen des Hauses auszubauen und vielleicht sogar ein großes, geschlossenes habsburgisches Territorium im Bereich des alten Herzogtums Schwaben zu schaffen. Auch kirchenpolitische Fragen – Leopold entschied sich im Schisma für die Anerkennung des Papsttums in Avignon, während das Reich eher auf der Seite des römischen Pontifex stand – trugen zur Eskalation der Gegensätze bei. Eine weitausholende Bündnispolitik, die nicht nur Mächte im engeren regionalen Rahmen erfaßte, sondern bis nach Burgund reichte, sollte ein offensives Vorgehen gegen die Eidgenossen erfolgreich gestalten. Doch bei Sempach (Kanton Luzern) mußte das von Leopold angeführte, zahlenmäßig überlegene Aufgebot von Rittern in einem für die Reiterei äußerst ungünstigen Gelände durch das mit letztem Einsatz kämpfende bewegliche Fußvolk von Luzern, Uri, Schwyz und Unterwalden eine vernichtende Niederlage hinnehmen. Der Herzog fand in der Schlacht den Tod. Er wurde im habsburgischen Hauskloster Königsfelden bestattet.

Rie.

Leopold IV., Herzog, zweiter Sohn von Herzog → Leopold III. und → Viridis Visconti, geb. 1371, gest. 3. 6. 1411 in Wien, begr. im Stephansdom in Wien.

Leopold stimmte 1386 dem Vertrag seines älteren Bruders → Wilhelm mit seinem Onkel → Albrecht III. zu, nach dem Albrecht die Vormundschaft über seine Neffen übernahm und im Sinne eines Seniorates auch über ihre Länder (Steiermark, Kärnten, Krain, Istrien, Tirol, Land vor dem Arlberg, Vorlande) Verfügungen traf. Seit seinem 20. Lebensjahr führte Leopold die Verwaltung der Vorlande, wo es ihm gemeinsam mit seinem Onkel und seinem Bruder gelang, die habsburgische Position in Südwestdeutschland zu stärken. Durch den Hollenburger Vertrag 1395 zwischen den Leopoldinern und → Albrecht IV. wurden Leopold alle Gebiete jenseits des Arlbergs nebst 6 000 Goldgulden jährlich seitens seines Bruders Wilhelm und seines Vetters Albrecht zugesprochen; die beiden älteren Leopoldiner vereinbarten 1396 vertraglich, ihr Erbe ungeteilt zu lassen, allerdings mit der Einschränkung von Verwaltungstrennungen: Leopold erhielt demnach Tirol und die Vorlande (also den habsburgischen Besitz in Schwaben, im Elsaß und in Burgund), dazu jährlich 6 000 Gulden. Zudem verpflichtete sich Leopold, für → Friedrich (IV.), den jüngsten Bruder, zu sorgen. Dieser Vertrag wurde nach Ablauf von je zwei Jahren dreimal verlängert, das letztemal 1404 mit der Bestimmung, daß Leopold die Steiermark und Tirol mit Sitz in Graz zugewiesen erhalten, die Gebiete jenseits des Arlbergs jedoch durch drei Jahre hindurch gemeinsam mit Wilhelm innehaben sollte. Friedrich, über den Leopold nach wie vor das Sorgerecht hatte, trat seit dieser Zeit immer mehr in der Verwaltung Tirols in den Vordergrund.

Nach dem Tod Wilhelms 1406 stimmten die überlebenden Brüder Leopold, → Ernst und Friedrich einem ständischen Schiedsspruch zu, nach dem Leopold und Ernst gemeinsam die Vormundschaft über → Albrecht (V.) eingeräumt wurde, Leopold aber als Vormund in Österreich in Erscheinung treten sollte, während Ernst auf die Steiermark mit Sitz in Graz, ver-

Herzog Leopold IV. mit seiner Gemahlin Katharina von Burgund. Habsburger-Stammbaum, 16. Jahrhundert

wiesen wurde. Nach Ablauf der Vormundschaft über ihren österreichischen Neffen sollten die drei leopoldinischen Brüder ihre Länder brüderlich teilen: ein Teil umfaßte die Steiermark mit Graz, ein weiterer Kärnten, Krain, Triest, Portenau, Karst und Istrien mit Laibach, der dritte Teil Tirol. Trotzdem kam es in der Folge zwischen Leopold und Ernst zu Streitigkeiten um die Zugehörigkeit von Wiener Neustadt und Neunkirchen und um einen über die Abmachungen hinausgehenden Vormundschaftsanspruch Ernsts – Streitigkeiten, die einen Bürgerkrieg in (Nieder-)Österreich zur Folge hatten, in deren Verlauf im Juli 1408 auf Befehl Leopolds der Wiener Bürgermeister Konrad Vorlauf und zwei Ratsbürger enthauptet wurden. König Siegmund sowie die österreichischen Stände vermittelten 1409 einen Frieden, der die gemeinsame Vormundschaft von Leopold und Ernst über Albrecht bis 1411 vorsah. Da beide Brüder diesen Termin nicht einhalten wollten, wurde der knapp vierzehnjährige Albrecht von den Ständen nach Eggenburg entführt. Am Tag darauf starb Herzog Leopold. Man war der Ansicht, daß den großen und korpulenten Mann vor Aufregung und Zorn der Schlag getroffen habe.

Wenn die letzten Jahre Leopolds auf Österreich konzentriert waren (wovon besonders die Vereinbarung eines Landfriedens in Zusammenarbeit mit den Ständen 1407 positiv hervorgehoben werden soll), so lag in seinen jüngeren Jahren der Schwerpunkt seiner Interessen im Westen, nicht zuletzt begünstigt durch seine 1393 geschlossene Ehe mit → Katharina von Burgund, der Tochter Herzog Philipps des Kühnen. Das Bündnis von 1395 mit Bischof Hartmann von Chur, einem Grafen von Werdenberg, der 1399 die Stellung eines »Rates und Dieners Herzog Leopolds« annahm, und ein Vertrag mit dem Bischof von Trient stärkten Leopolds Herrschaft in Tirol. 1406 erließ er mit seinem Bruder Friedrich eine Landesordnung für Tirol.

In Kirchen- und Reichssachen unterschied sich seine Politik in entscheidenden Phasen von jener seiner Brüder: schon aufgrund der burgundischen Interessen hielt er bis zum Konzil von Pisa (1409) an der Obödienz Clemens' VII. fest. Trotz eines 1400 zwischen den Leopoldinern mit Giangaleazzo Visconti auf fünf Jahre abgeschlossenen Bündnisses schloß Leopold 1401 ein Bündnis mit König Ruprecht von der Pfalz (dem bereits eines mit dem Pfalzgrafen 1400 vorausgegangen war), das unter anderem gegen Mailand gerichtet war. Neben der Anerkennung Ruprechts als König verpflichtete sich der Habsburger zur Öffnung der welschen Pässe Tirols und zur Stellung eines Aufgebotes nach der Lombardei; zugleich wurde eine Heirat Herzog Friedrichs mit Ruprechts Tochter Elisabeth in Aussicht genommen. Leopolds Engagement gegen die Lombardei endete ruhmlos: Er wurde 1401 gefangengenommen, nach drei Tagen wieder freigelassen und beeilte sich dann, nach Hause zu ziehen. Trotzdem blieb er Parteigänger Ruprechts und bemühte sich auch, seine Brüder – wenngleich mit mäßigem Erfolg – auf dessen Seite zu ziehen.

Di.

Leopold von Österreich (»ab Austria«). Natürlicher Sohn Kaiser → Maximilians I., geb. um 1515, gest. 27. 9. 1557 in Córdoba, begr. in der Kathedrale in Córdoba.

Über die Mutter des nach dem damals gerade kanonisierten österreichischen Landespatron Leopold Getauften lassen sich nur Spekulationen anstellen. Verhältnismäßig spät taucht sein Name in den Quellen auf, so wenn ihm 1528 zu Wien außer seiner »ordinarii provision« fünfzig rheinische Gulden gewährt werden. Weitere Bitten um Unterstützung bzw. Bezahlung seiner Schulden waren u. a. an Erzherzog → Ferdinand sowie seinen Halbbruder, Bischof → Georg von Brixen, gerichtet, dürften aber nur wenig Erfolg gehabt haben. Danach wird Leopold, der in Padua studiert hatte und in den geistlichen Stand getreten war, nach den Niederlanden gegangen sein, wo er (vielleicht zu Gent) die Priesterweihe empfing. Als Kleriker der Diözese Tournai wurde er 1541 – nach gewährter Dispens wegen Illegitimität – vom Papst auf das Bistum Córdoba promoviert. Gleich seinem Halbbruder Georg hinterließ er einen natürlichen Sohn, der den Namen Maximilian führte.

St.

Leopold V., Erzherzog von Österreich-Tirol, Bischof von Passau und Straßburg, Sohn von Erzherzog → Karl II. von Innerösterreich und → Maria von Bayern, geb. 9. 10. 1586 in Graz, gest. 13. 9. 1632 in Schwaz, begr. in der Jesuitenkirche in Innsbruck.

Ursprünglich für den geistlichen Stand bestimmt, wurde Leopold bereits als 12jähriger (1598) regierender Bischof von Passau und 1599 Koadjutor des Bistums Straßburg (Bischof seit 1607). Überdies hatte er auch die Pfründen eines Administrators der Klöster Murbach und Lüders im Elsaß inne. Da er ohne Priester- und Bischofsweihe war, bediente er sich für die Seelsorge eigener Weihbischöfe.

Ebenso ehrgeizig wie ungeschickt engagierte er sich an der Seite Kaiser → Rudolfs II. im habsburgischen Bruderzwist. 1609 trat er erfolglos im Jülischen Erbstreit als kaiserlicher Kommissär auf, wobei er durch Truppenwerbungen in den vorderösterreichischen Landen namentlich das Elsaß in Kriegsgefahr brachte und bis zur Auflösung dieser nutzlosen Söldnerschar auf Kosten der Stände (1611) die dortigen Erbländer schwer belastete. Ebenso wie im Straßburgischen sammelte Leopold auch bei Passau Söldnertruppen – angeblich zum Einsatz in Jülich. Tatsächlich aber wurden sie auch nach Abschluß

Erzherzog Leopold V. im geistlichen Gewand. Gemälde von Joseph Heintz d. Ä.

dieser Mission nicht entlassen, sondern sollten sich 1610/11 als Instrument der Familienpolitik Rudolfs zunächst gegen Erzherzog → Maximilian III., den Deutschmeister, in Tirol wenden. Nachdem ihnen bei ihrem geplanten Zug dorthin – über Kärnten – am Pyhrnpaß Widerstand entgegengesetzt worden war, wurden sie nach Böhmen beordert, wo sie die Prager Kleinseite besetzten. Was als Stärkung der Position Rudolfs gegen die böhmischen Stände gedacht war – Leopold wurde dafür die Nachfolge im Reich in Aussicht gestellt –, hatte letztlich den Abzug der »Passauer« und die Abdankung Rudolfs als König von Böhmen zugunsten seines Bruders → Matthias zur Folge.

Diesen drei turbulenten Jahren folgten für Leopold, namentlich nach dem Tode Kaiser Rudolfs II. 1612, einige ruhigere Jahre der Reifung seiner Persönlichkeit mit vorwiegendem Aufenthalt im Bistum Straßburg. Nach dem Tod Erzherzog Maximilians III., des Deutschmeisters, 1618 wurde er von Kaiser Matthias und seinem Bruder, dem nachmaligen Kaiser → Ferdinand II., zu Maximilians Nachfolger als österreichischer Statthalter in Tirol und Vorderösterreich bestellt. Im März 1619 hielt er seinen Einzug in Innsbruck, behielt aber auch seine bisherigen kirchlichen Ämter bei.

Beginnend mit der Ermordung aller Protestanten durch die katholischen Veltliner und die Abwerfung der Herrschaft der drei Bünde über das Veltlin im Sommer 1620 kam es zu kriegerischen Auseinandersetzungen Leopolds mit den Bünden, die mit spanischer Hilfe – von Mailand her – überwältigt, in den Verträgen von Mailand und Lindau 1622 die Oberherrschaft Österreichs anerkennen und das Veltlin mit Bormio – diese wichtige österreichisch-spanische Nachschublinie – an die spanische Krone abtreten mußten. 1624 fielen die Bünde jedoch mit Unterstützung von Frankreich, Venedig und Savoyen von diesen Verträgen wieder ab, was 1629 zuerst durch Verhandlungen und dann durch eine österreichisch-spanische Besatzungsarmee wieder rückgängig gemacht werden konnte. Die 1500 und 1518 mit den Bünden abgeschlossene Erbeinigung wurde erneuert. Die damals noch österreichischen Gebiete des Prättigau und des Unterengadin hatten unter diesen Kriegen und der radikalen Rekatholisierung am meisten zu leiden.

Kaum war dieser Unruheherd einigermaßen unter Kontrolle, drängten 1632, in der dritten Phase des 30jährigen Krieges, die Schweden unter Herzog Bernhard von Sachsen-Weimar gegen die nördliche Landesgrenze. Zweimal stürmten sie erfolglos gegen die von Leopold selbst befehligte Festung Ehrenberg südöstlich von Reutte und zogen am 27. Juli endgültig wieder ab, nachdem sie zuvor noch das tirolische Lechtal heimgesucht hatten.

Schon nach vier Jahren seiner Statthalterschaft hatte Leopold gemeinsam mit seinem Bruder → Karl (Bischof von Breslau und Brixen sowie Hochmeister des Deutschen Ordens) die Forderung nach einer Erbteilung erhoben. In einem ersten Vertrag 1623 wurden ihm hierauf zwei Drittel der Ober- und Vorderösterreichischen Lande zuteil, während er im dritten

Drittel (Breisgau, Sundgau, Elsaß, Hagenau und Ortenau) weiterhin nur Statthalter Kaiser Ferdinands II. blieb. 1625 wurde dieser Vertrag im Hinblick auf die bevorstehende Verehelichung Leopolds erneuert. 1626 durften ihm dann auch die Länder des dritten Drittels huldigen, und in einem neuerlichen Vertrag wurde er 1630 endlich auch in diesem Teil erblicher Landesfürst. Im selben Jahr berief Leopold Dr. Wilhelm Biener, einen der begabtesten Männer seiner Zeit, zum Kanzler von Tirol (der unter Erzherzog → Ferdinand Karl nach einer gezielten Hofintrige 1651 Opfer eines Justizmordes wurde).

Leopolds Regierungsstil war trotz intensiver Heranziehung der Landstände von spürbaren Ansätzen zum fürstlichen Absolutismus geprägt. So setzte er sich 1626 in Reaktion auf die Verzögerungstaktik des Landtages über dessen Steuerbewilligungsrecht hinweg und kündigte entgegen dem ausdrücklichen Willen des Landtages die Einhebung eines Schenkpfennigs an.

Erzherzog Leopold V. sieht als Pilger die verwitwete Herzogin von Urbino im Kloster von Florenz und wirbt um ihre Hand. Darstellung bei Anton Ziegler

Bis zur Resignation auf seine kirchlichen Ämter 1625 und der päpstlichen Dispens zur Eheschließung mit → Claudia von Medici 1626 in Innsbruck residierte Leopold vornehmlich in seiner fürstbischöflich straßburgischen Residenz in Zabern. In dieser Phase entstand auch das Projekt eines Denkmals Leopolds für Ensisheim, welches um 1621 von Kaspar Gras in Innsbruck entworfen und letztlich als Brunnendenkmal mit dem zentralen Reiterstandbild Leopolds 1623–1632 in Innsbruck gegossen und – allerdings in abweichender Anordnung – aufgestellt wurde.

Eine besondere kulturelle Leistung war die auf die Initiative Claudias von Medici zurückgehende Errichtung des ersten Hof-Opern- und Theatergebäudes, der heutigen »Dogana« in Innsbruck (1629/30) durch Christof Gumpp, den man zuvor eigens zum Studium derartiger Bauten nach Italien geschickt hatte. Es war dies der erste feste Theaterbau im deutschen Sprachraum.

Leopolds religiösem Sinn im Dienste der Gegenreformation entsprang der Bau des Servitenklosters bei der Wallfahrtskirche Maria-Waldrast südlich von Innsbruck (1621–1625) und der Jesuitenkirche in Innsbruck. In der Krypta dieser Kirche ließ er für sich und seine Familie die noch bestehende Grabgruft anlegen.

Werke: B. Dudik, Briefe Erzherzog Leopolds an P. Martin Becanus und P. Wilhelm Lamormaini, in: Archiv für österr. Geschichte, Bd. 54, Wien 1876, 276–339; Heinrich Reinhardt, Die Korrespondenz von Alfons Casati ... mit Leopold V., Freiburg/Schweiz 1894.

Lit.: Franz Arnold, Die Außenpolitik Erzherzog Leopolds V. von Tirol, Diss., Innsbruck 1932; Karl Mussak, Hofleben und Kulturpflege in Tirol unter Erzherzog Leopold V., Diss., Innsbruck 1962; Gottfried Reittinger, Die Organisation der Feldzüge Erzherzog Leopold V. gegen Graubünden 1620–1623, Diss., Innsbruck 1954 (2 Bde.); Viktor v. Renner, Die Erbteilung Kaiser Ferdinands II. mit seinen Brüdern, in: Zeitschrift d. Ferdinandeums, 3. Folge, Bd. 18, Innsbruck 1873, 197–248; Walter Senn, Musik und Theater am Hof zu Innsbruck, Innsbruck 1954.

Hye

Leopold Wilhelm, zweiter Sohn von Kaiser → Ferdinand II. und → Maria Anna von Bayern, geb. 6. 1. 1614 in Graz, gest. 20. 11. 1662 in Wien, begr. in der Kapuzinergruft, Wien.

Wahlspruch: Timore Domini/In der Furcht des Herrn.

Schon mit elf Jahren wurde der vielseitig begabte, für die geistliche Laufbahn erzogene Erzherzog Koadjutor seines Onkels, Erzherzog → Leopold V., in den Bistümern Passau und Straßburg. Nach der wenige Monate später erfolgten Resignation trat er hier auch die Nachfolge an, wobei die päpstliche Bestätigung nur unter der Bedingung erteilt wurde, daß die Amtsgeschäfte während seiner Minderjährigkeit von Administratoren wahrgenommen würden. Dazu kamen aus dem Erbe des Oheims noch die Fürstabteien Murbach und Lüders im Elsaß. Leopold Wilhelm setzte die gegenreformatorischen Maßnahmen seines Vorgängers fort, allen voran die Errichtung von Priesterseminaren und konsequente Förderung des Jesuitenordens. Deshalb erstaunt es nicht, wenn er 1627 vom Halberstädter Kapitel zum Bischof gewählt wurde, um den Fortbestand dieses gefährdeten Hochstiftes zu sichern. Allerdings erhielt er hierfür erst 1635 die päpstliche Genehmigung. 1636 wurde ihm durch den Papst noch die Leitung des Bistums Olmütz anvertraut. Schließlich postulierten ihn 1655 auch die Breslauer Domherren zu ihrem Bischof. Deshalb spricht Jedin von ihm als »einem der größten Pfründenbesitzer der deutschen Kirchengeschichte überhaupt«.

Zudem gehörte Leopold Wilhelm seit 1625 dem Deutschen Orden an, dessen Hochmeister er seit 1639 als Koadjutor zur Seite zu stehen hatte. Ohne nur eine seiner zahlreichen Kirchenpfründen abzugeben, übernahm er nach dem Tode des Johann Kaspar von Stadion 1641 auch die hochmeisterliche Würde und wurde 1642 als solcher feierlich in Wien inthronisiert. Zeit seines Lebens nahm der von Ernst, Bedächtigkeit und untadeliger persönlicher Frömmigkeit erfüllte Erzherzog niemals die höheren Weihen, doch war er immer wieder bemüht, wenigstens vorübergehend (z. B. 1632 in Passau) der bischöflichen Residenzpflicht zu entsprechen. Dementsprechend gilt er als verantwortungs- und pflichtbewußter Kirchenfürst seiner Tage. In der Hoffnung, durch das Restitutionsedikt von 1629 der deutschen Reichskirche verlorengegangene Positionen zurückgewinnen zu können, erfolgte seine Bestellung zum Fürstabt von Hersfeld in Hessen (1629–1631) und zum (nominellen) Erzbischof von Magdeburg (1629). Ohne hierfür die päpstliche Bestätigung zu erhalten, mußte er dieses Erzstift aufgrund der politischen Situation schon 1635 an Prinz August von Sachsen abtreten. Halberstadt blieb ihm nominell bis ans Lebensende, obzwar auch dieses Hochstift bereits 1648 an Kurbrandenburg gefallen war.

Seine geistlichen Verpflichtungen hinderten Leopold Wilhelm nicht, auch militärisch tätig zu werden. 1639 übernahm er sogar den Oberbefehl über die kaiserliche Armee im 30jährigen Krieg, vertrieb 1640 die Schweden zunächst aus Böhmen, dann auch aus Schlesien. Nach der Niederlage von Breitenfeld 1642, die er mitverschuldet hatte, legte er aber das Oberkommando nieder, um dieses erst 1645 in einer schwierigen Situation wieder zu übernehmen. Nunmehr bemühte er sich um eine »moderierte« Heeresreform und suchte verlustreiche Offensiven zu vermeiden. Dadurch gelang es, die Schweden auch aus Franken hinauszudrängen.

Im Bewußtsein, keine Entscheidung mehr erzielen zu können, unterstützte er fortan die zum Ausgleich neigenden Kräfte bei Hof und in der Diplomatie. Dies trug ihm manche Gegnerschaft ein. Deshalb übernahm er 1646 die ihm von König → Philipp IV. von Spanien angebotene Statthalterschaft über die niederländischen Provinzen und lieferte dort Proben seines diplomatischen Geschicks, so wenn es ihm gelang, die von Spanien abgefallenen Generalstaaten für ein gemeinsames Vorgehen gegen Frankreich zu gewinnen. 1656 kehrte er nach Wien zurück.

Das große Ansehen, das er sich als Kirchenfürst und Militär erworben hatte, war dafür verantwortlich, daß er nach dem Tode seines Bru-

Leopold Wilhelm inmitten seiner Gemäldesammlung. Detail aus einem Gemälde von David Teniers

ders, Kaiser → Ferdinand III., 1657 als Kandidat für das Kaisertum, im besonderen seitens der reichsständischen Opposition um den Mainzer Kurfürsten, favorisiert wurde. Leopold Wilhelm ließ jedoch keinen Zweifel aufkommen, daß er nicht willens war, seinem Neffen den Vorrang streitig zu machen.

Der vorzeitig Gealterte widmete sich nun fast ausschließlich der Reform des Deutschen Ordens, in dem er das korporative Element institutionell zu verstärken suchte, aber auch seinem kostspieligen Mäzenatentum. Grundstock hierfür war eine vielbeachtete Gemälde- und Gobelinsammlung, welche er in den Niederlanden hatte ausbauen können und die nun in der kaiserlichen Stallburg zu Wien unterzubringen war. Durch den Erwerb hervorragender Kunstwerke von europäischem Rang erwies sich Leopold Wilhelm als »Sammlerpersönlichkeit besonderen Stils«. Seine Sammlung ging an seinen Neffen, Kaiser → Leopold I., über und wurde zu einem wesentlichen Bestandteil der Wiener Kunsthistorischen Sammlungen. Unter dem Namen »il Crescente« (= der Wachsende) war Leopold Wilhelm Mitglied der kaiserlichen Hofakademie.

Lit.: Alphons Lhotsky, Die Geschichte der Sammlungen, Wien 1941/1945, 355–360; Hubert Jedin, Die Krone Böhmens und die Breslauer Bischofswahlen 1468–1732, in: Kirche des Glaubens – Kirche der Geschichte, Freiburg 1966, 438 f.; Alfred A. Strnad, Wahl und Informativprozeß Erzherzog Leopold Wilhelms, in: Archiv für schlesische Kirchengeschichte 26, Hildesheim 1968, 153–190.

St.

Leopold I., Kaiser, Sohn von Kaiser → Ferdinand III. aus erster Ehe mit → Maria von Spanien, geb. 9. 6. 1640 in Wien, gest. 5. 5. 1705 in Wien, begr. in der Kapuzinergruft, Wien.

Wahlspruch: Consilio et industria / Mit Klugheit und Eifer.

Ursprünglich für den geistlichen Beruf bestimmt, war der jüngere Sohn Kaiser Ferdinands III. geprägt von der traditionellen habsburgischen Frömmigkeit, die nicht frei war von gegenreformatorischen Tendenzen. Durch den plötzlichen Tod seines älteren Bruders, des römischen Königs → Ferdinand IV., 1654 wurde Leopold zum Erben des habsburgischen Besitzes, den er nach 1657 ohne Mühe antrat. Dagegen konnte die römisch-deutsche Kaiserwahl gegen die Opposition von Frankreich und Kurmainz nur mühsam durchgesetzt werden. Sie wurde jedoch durch die 47jährige Regierungszeit Leopolds zu einer wichtigen Weichenstellung der europäischen Geschichte.

Nachdem der Kaiser zunächst den Fürsten Weikard von Auersperg (bis 1669) und Wenzel Lobkowicz (bis 1679) die Leitung der Politik anvertraut hatte, nahm er selbst die Zügel in die Hände. Er stützte sich dabei auf die hochadelige Konfiguration des Wiener Hofes, die auch einen Familienverband darstellte.

Innerhalb der Erblande brachte allein Ungarn ernste Probleme, verstärkt durch den Krieg mit dem erneuerten Osmanischen Reich, dessen Ansturm der Heeresorganisator Graf Raimund Montecuccoli bei Mogersdorf (St. Gotthard an der Raab) 1664 mit Erfolg abwehrte. Der Verzichtfriede von Vásvár, geschlossen angesichts der kritischen Situation im Westen des Reiches, gab der ständischen Opposition in Ungarn Nahrung. Sie richtete sich gegen die habsburgischen Tendenzen, einen katholisch geprägten Absolutismus durchzusetzen. 1671 wurden die Häupter einer ungarischen Magnatenverschwörung gegen Leopold hingerichtet, aber die weiteren Vorstöße des Kaisers gegen die Protestanten und gegen die ständische Verfassung Ungarns förderten nur den Aufstieg des »Kuruzzenkönigs« Graf Emerich Thököly. Zwar gab Leopold nach und löste das 1673 errichtete Gubernium unter dem Deutschmeister Kaspar von Ampringen wieder auf, aber die ungarische Krise provozierte eine neuerliche türkische Offensive unter dem Großwesir Kara Mustafa.

Sie erreichte ihren Höhepunkt mit der Belagerung Wiens vom 13. Juli bis zum 12. September 1683 – Leopold war mit dem Hof nach Passau geflüchtet und dann nach Linz gegangen. Ihm gelang die Mobilisierung des Reiches, er gewann die Hilfe des Polenkönigs Johann Sobieski und die massive Unterstützung von Papst Innozenz

Der Einzug des künftigen Kaisers Leopold I. zur Krönung in Frankfurt 1658

VIII. Vor allem Truppen aus dem Reich und aus Polen entsetzten die Stadt unter Sobieski und dem kaiserlichen Schwager, Herzog Karl V. von Lothringen – ein spektakuläres Ereignis für ganz Europa und der Beginn der großangelegten kaiserlichen Offensive, die weit über die Rückeroberung des türkischen Ungarn hinausging: 1686 fiel Buda, 1688 Belgrad. Nach dem Sieg von Szlankamen 1691 stießen die kaiserlichen Heere weit in den Südosten vor. Dabei vollzog sich der Aufstieg des Prinzen Eugen zum großen Feldherrn Österreichs: Er schlug den Sultan 1697 bei Zenta an der Theiß. Der Friede von Karlowitz 1699 trug dem Kaiser Slawonien und die Unterwerfung Siebenbürgens ein und legte die Grundlage zur Donaumonarchie.

Der erneute Versuch, den Sieg in eine absolutistische Reorganisation Ungarns umzumünzen, führte zu Unmut im Lande. Geschmeidiger als früher verband Leopold nun Entgegenkommen mit Zurückdrängen der ungarischen Positionen. Das »Einigungswerk« von 1689 diente der Rationalisierung der Verwaltung und der Wiederbesiedlung des Landes, die zahlreiche Deutsche, die »Schwaben«, anzog.

Im Mittelpunkt der westeuropäischen Interessen Leopolds stand die Sicherung des spanischen Erbes angesichts des drohenden Aussterbens der spanischen Habsburger. Der französischen Politik war es gelungen, im Pyrenäenfrieden von 1659 die Hand der älteren Infantin → Maria Teresa für König Ludwig XIV. zu gewinnen – da die vereinbarte Mitgift nie ausbezahlt wurde, stellte Frankreich ihre Verzichtleistung in Frage. Leopold I., seit 1666 in erster Ehe mit der zweiten Tochter → Philipps IV., → Margarita, verheiratet, die nicht verzichtet hatte, dachte zu sehr in dynastischen Kategorien, fühlte sich zu sehr als erster Monarch Europas, als daß er Spanien aufgegeben hätte. Das Thema »Spanien« beherrschte fortan die diplomatische Bühne. Zunehmend konnte der Kaiser dabei das Bestreben der Seemächte England und Ungarn ausnützen, die hegemoniale Politik Frankreichs einzudämmen.

Während Leopold der französischen Expansionspolitik im Devolutionskrieg von 1667/68 gegen die spanischen Niederlande noch zugesehen hatte, kam er 1673 nach einigem Zögern den nunmehr angegriffenen Generalstaaten zu Hilfe. Der Friede von Nijmwegen 1679 bestätigte jedoch die französischen Bodengewinne. Ludwig XIV. konnte seine expansive Politik gegen das Reich durch die Einforderung von Rechtstiteln, die »Réunionen«, und die Annexion Straßburgs 1681 fortsetzen. Die Zerstörung der Pfalz 1688–1697 in Verfolgung französischer Erbansprüche war durch die Bindung des Kaisers im Südosten begünstigt und führte Leopold schließlich in die Koalition mit den Seemächten und in erneute kriegerische Auseinandersetzungen mit Frankreich, die zunächst keine Erfolge zeitigten.

Der Friede von Rijswijk 1697 war somit nur eine Atempause. Nach dem Tode → Karls II. von Spanien 1700 brach der Krieg erneut aus. Der König hatte in letzter Minute testamentarisch den französischen Prätendenten Philipp (V.) begünstigt, um die Einheit des spanischen Reiches zu retten – eine schwere Schlappe für Österreich, das den zweiten Sohn Leopolds, Erzherzog → Karl, in Spanien etablieren und auch die italienischen Besitzungen Spaniens erwerben wollte. Den Spanischen Erbfolgekrieg erlebte Leopold nur in den Anfängen, als die erneute ungarische Erhebung unter Franz II. Rákoczy die Erfolge des Prinzen Eugen auf dem westlichen Kriegsschauplatz paralysierte. Immerhin entlastete der britisch-österreichische Sieg über die verbündeten Franzosen und Bayern unter Prinz Eugen und dem Herzog von Marlborough 1704 die Erblande.

Leopold I. übergibt die Erblande dem Schutz des hl. Josef.

Im Inneren setzte Leopold I. den Absolutismus fort, ohne allerdings eine echte Zentralisierung zu erreichen – die österreichischen Großmachtinteressen gewannen eindeutige Priorität. Aber es gelang ihm auch, die kaiserliche Reichspolitik aus der 1648 erreichten Talsohle herauszuführen. Bewußt steigerte er die Aktivitäten Wiens im Reich, was ihm durch den 1664 erfolgten Anfall Tirols, der Heimat seiner zweiten Frau → Claudia Felicitas, erleichtert wurde – damit rückte er den Kerngebieten des Reiches näher. Geschickt benützte er den 1663 permanent werdenden Reichstag als Plattform seiner Politik. Ursprüngliche Tendenzen, Frankreich als Gegengewicht gegen die Habsburger zu benützen, verloren angesichts des französischen Ausgreifens an Boden. Den Aufstieg Brandenburg-Preußens zu einer norddeutschen Vormacht mußte Leopold hinnehmen und anerkannte dessen Königswürde 1701. 1690 sammelte er anläßlich der Königskrönung seines Sohnes → Josef I. in Augsburg die kaiserlichen Parteigänger um sich. Insgesamt bedeutete die Regierungszeit Leopolds die Wiederbelebung der kaiserlichen Rolle im Reich.

Leopold stand in der Kontinuität seiner Vorgänger, nicht zuletzt auch in seiner gegenreformatorischen Haltung. Kleriker wie der Kapuziner und Bischof von Wien, Emerich Sinelli, der wortgewaltige Kapuziner Markus von Aviano, der Franziskaner Christoph de Rojas y Spinola hatten beträchtlichen Einfluß, ohne den Kaiser zu dirigieren – weniger der Augustinerprediger Abraham a Sancta Clara. Der Kaiser war polyglott, engagierte sich für die Wissenschaft, wovon die Universitätsgründungen in Innsbruck, Olmütz und Breslau zeugen. Ohne übertriebenen Prunk bedeutete seine Regierung den beginnenden Ausbau des barocken Wien.

Das jungvermählte Kaiserpaar Leopold I. und Margarita Teresa als Schauspieler im Schäferstück »Acis und Galathea«. Gemälde von Jan Thomas

Der Kaiser war nicht nur ein großer Sammler, sondern auch ein bedeutender Musikliebhaber und Freund der italienischen Oper, neben der er jedoch die Musik des Volkes nicht vergaß. Als Komponist hatte er durchaus Bedeutung: überliefert sind 79 kirchliche und 155 weltliche Kompositionen, darunter 102 Tänze. Seine Freude am Spiel äußerte sich auch im Ausbau des Hoftheaters und im berühmten »Roßballett« von 1667.

Bei dem häßlichen kleinen Mann mit der habsburgischen Unterlippe waren Schüchternheit und Majestätsbewußtsein schwer zu unterscheiden. Beherrscht von der Bedeutung seiner Dynastie, fand er trotz seiner Zurückhaltung und Zaghaftigkeit die Sicherheit für politische Entscheidungen. Züge des Aberglaubens fehlten nicht, die ihn auch auf die Goldmacherei hoffen ließen – dennoch verbindet sich mit ihm die Förderung der österreichischen Kameralisten wie Hörnigk, Schröder und Becher. Persönlich bescheiden, wurde Leopold zum Begründer der modernen österreichischen Großmachtstellung, aber auch einer erneuerten Reichspolitik. Die entscheidende Katholizität, in der ihn seine dritte Frau → Eleonore aus dem eng befreundeten Hause Neuburg bestärkte, blieb eine Konstante. Am Ende seines Lebens wandte sich die Opposition des »jungen Hofes« seines Sohnes, des römischen Königs Josef I., gegen das erstarrende System des alternden Kaisers.

Lit.: Thomas M. Barker, Doppeladler und Halbmond. Entscheidungsjahr 1683, Graz–Wien–Köln 1982 (englisch 1967); Oswald Redlich, Weltmacht des Barock, Österreich in der Zeit Kaiser Leopolds I., Wien 1961; John Philip Spielman, Leopold I. Zur Macht nicht geboren, Graz–Wien–Köln 1981 (englisch 1967).

P.

Leopold II., Kaiser, Großherzog von Toskana, dritter Sohn von Kaiserin → Maria Theresia und Kaiser → Franz I. Stefan, geb. 5. 5. 1747 in Schönbrunn bei Wien, gest. 1. 3. 1792 in Wien,

Erzherzog Peter Leopold am Studiertisch. Pastell von Jean-Etienne Liotard

begr. in der Kapuzinergruft, Wien. Grabmal in der Augustinerkirche Wien.

Wahlspruch: Opes regum corda subditorum/ Die Schätze der Könige sind die Herzen der Untertanen.

Der erste nach der Erlangung der Kaiserwürde durch den Vater (1745) »im Purpur« geborene Erzherzog erhielt auf Wunsch seiner Patin, der Zarin Elisabeth Petrowna, in der Taufe als ersten Vornamen den bei Habsburgern und Lothringern ungebräuchlichen Vornamen Peter, wurde in der Familie, in Österreich und im Reich stets nur Leopold, als Großherzog von Toskana dann meist »Pietro Leopoldo« (seltener »Leopoldo I.«) genannt.

Mit nur sechs Jahren war er bereits zum künftigen Gemahl der Erbin von Modena, → Maria Beatrix d'Este, bestimmt, doch führte der Tod seines älteren Bruders → Karl 1761 zu einer Neuregelung. Danach sollte er die Nachfolge im bedeutenderen Großherzogtum Toskana und die Hand der spanischen Infantin → Maria Ludovica erhalten, sein jüngerer Bruder → Ferdinand die der Erbprinzessin von Modena.

Im Hinblick auf den späteren Herrscherberuf erhielt er eine sorgfältige Erziehung im Sinne der Aufklärung. Von den Erziehern sind vor allem die Brüder Franz und Anton Grafen von Thurn-Valsassina sowie der Professor für Naturrecht an der Universität Wien, Carlo Antonio Martini von Wasserberg, ein bedeutender Pionier des Naturrechts und der großen Rechtskodifikationen, zu nennen. Im Alter von 15 Jahren beherrschte Leopold nach dem Urteil Franz Thurns »sehr gut die französische, die deutsche und die lateinische Sprache und ein wenig die böhmische« und begann damals die italienische zu erlernen, die dann seine eigentliche Familien- und Umgangssprache und die Sprache seiner persönlichen Aufzeichnungen wurde. Der junge Erzherzog zeichnete sich bereits durch eine wache Beobachtungsgabe, Lerneifer, Interesse für Naturwissenschaften und Technik, eine gewisse Altklugheit sowie einen wohl vom Vater ererbten Hang zur Melancholie aus. Maria Theresia kritisierte an ihm in dieser Zeit vor allem die Vernachlässigung seines Äußeren, seine Vorliebe für den Umgang mit »kleinen Leuten« und die geringe Sorgfalt in Schrift und Stil.

Der großen Reise als Begleiter von Vater und Bruder nach Frankfurt zur Königskrönung → Josefs II. folgten 1764 Reisen nach Preßburg und in die oberungarischen Bergstädte, eine Donaureise nach Komorn, Gran (Estergom) und Raab (Györ) sowie eine Reise mit Josef durch Böhmen und Mähren. Im Sommer 1765 reiste er mit den Eltern, den älteren Geschwistern und dem Hof nach Tirol, seiner aus Spanien angereisten Braut entgegen. Die Trauung fand in der Innsbrucker Pfarrkirche St. Jakob statt. Knapp zwei Wochen später starb plötzlich und unerwartet Kaiser Franz. Dadurch trat Leopold sogleich die Herrschaft in der Toskana an.

Ausgestattet mit den von seinem Vater niedergeschriebenen, mehr allgemein gehaltenen Instruktionen und den sehr konkreten und detaillierten, die Maria Theresia noch in Innsbruck nach dem Tod ihres Gemahls verfaßt hatte, reiste das Großherzogspaar nach Florenz, wo es am 13. September von einer großen jubelnden Volksmenge empfangen wurde. Der kurz nach seinem Regierungsantritt ausgebrochene Streit mit seinem Bruder Josef, der als Universalerbe des verstorbenen Kaisers auch die Herausgabe der in der »toskanischen Reservekassa« verbliebenen Gelder forderte, um die geplante Konvertierung der österreichischen Staatsschuld durchführen zu können, und die Niederlage in diesem Konflikt rief bei Leopold eine nie mehr ganz verheilte Gegnerschaft gegen den »despotischen« Bruder hervor.

Nach dem Tod des Oberstkämmerers Franz Thurn übernahm der bisherige Gesandte in Madrid, Franz Xaver Wolf Graf von Rosenberg-Orsini, die Leitung der Staatsgeschäfte in der Toskana. Im Zusammenwirken von Leopold, Rosenberg und der toskanischen Reformergruppe um Pompeo Neri, Angelo Tavanti, Francesco M. Gianni u. a. begann das große toskanische Reformwerk mit ersten Schritten zur Freigabe des Getreidehandels, einer breit angelegten statistischen Erhebung über die wirtschaftlichen Verhältnisse und dem Gesetz vom 18. September 1767 über die Freiheit des Verkaufs, Handels und Transports von Getreide, Mehl und Brot, das den Beifall der ganzen »europäischen Partei« der Physiokraten fand.

Josef II. und sein jüngerer Bruder und Nachfolger Leopold II. vor der Kulisse Roms. Gemälde von Pompeo Batoni

Mit einer gründlichen, aber keineswegs überstürzten Reformpolitik machte Leopold dann im Laufe eines Vierteljahrhunderts die Toskana zu einem Musterland der europäischen Aufklärung. Zugleich war er bemüht, im Dienst der Politik des Wiener Hofes die italienischen Staaten und die politischen Entwicklungen im Mittelmeerraum zu beobachten und wenn möglich zu beeinflussen. Mit der Rückkehr Rosenbergs nach Wien und der ersten großen Wien-Reise des großherzoglichen Paares 1770 ging die Epoche der »Lehrjahre« des jungen Herrschers zu Ende. Die wichtigsten Neuerungen dieser Zeit waren die Aufhebung der Generalpacht und die Übernahme des Steuer- und Abgabewesens in die staatliche Eigenregie, die Umschichtung des Bodenbesitzes vom Regular- zum Sekularklerus, die Einführung eines Systems der Erbpacht zur Förderung des bäuerlichen Grundbesitzes, die Aufhebung des kirchlichen Asylrechts für Verbrecher und die Unterstellung der Klostergefängnisse unter die Aufsicht der weltlichen Gerichte.

Die Reformen des ersten Jahrzehnts von Leopolds Selbstregierung betrafen die Aufhebung der Zünfte, die Schaffung einer »Camera di Commercio, Arti e Manufatture«, Einführung der Gewerbefreiheit, eine neue Gemeindeordnung, die radikale, wenngleich nur schrittweise erfolgende Beseitigung der veralteten politischen Struktur und den rationellen Aufbau der Verwaltung, wodurch das Großherzogtum zu einem modernen Einheits- und Flächenstaat wurde, die Reform des Polizei- und Sanitätswesens, die Auflösung des toskanischen Militärs und seine Ersetzung durch eine Bürgermiliz. Kennzeichnend war bei allen diesen Reformen, die bei den Betroffenen natürlich oft Widerstände und Kritik hervorriefen, die gleichsam »wissenschaftliche« experimentelle Methode, etwa die zunächst probeweise Einführung der Neuerungen in kleineren Städten und Gebieten bis zur schließlichen Ausdehnung auf das ganze Staatsgebiet.

Kaiser Leopold II. kurz vor seinem Tod. Gemälde von Heinrich Friedrich Füger

Die ihm zunächst sehr ungelegene Berufung zur Mutter nach Wien 1778 während des »Bayerischen Erbfolgekrieges« bot Leopold die Gelegenheit zu tieferen Einblicken in den »Zustand der Familie« und den »Zustand der Monarchie«, worüber er umfangreiche Aufzeichnungen sowohl in Form eines Tagebuches wie in zusammenfassenden Darstellungen – teilweise in Geheimstenographie – hinterlassen hat. Aus ihnen spricht eine tiefe Abneigung gegen den »despotischen« Bruder Josef und dessen bürokratisch-zentralistischen Absolutismus. Statt der Vermehrung des kostspieligen Beamtenapparats empfiehlt Leopold die neuerliche Aufwertung der ständischen Selbstverwaltung, Bauernbefreiung, völlige religiöse Toleranz, Abschaffung der Zensur und Beteiligung der Regierten an der Regierung.

Diesen Überzeugungen entsprechend, ließ er gleich nach seiner Rückkehr in Florenz eine Repräsentativ-Verfassung für die Toskana ausarbeiten, deren Einführung durch den Besuch Josefs in der Toskana und dessen Plan einer Abolition der toskanischen Sekundogenitur nach dem Tod eines der beiden Brüder verhindert wurde. Josef II. zwang den Bruder, seinen ältesten Sohn → Franz 1784 nach Wien zu bringen, wo er unter Josefs Aufsicht zum künftigen Herrscher der Monarchie erzogen werden sollte. Bei dieser Gelegenheit wurde die Urkunde mit dem Abolitivusversprechen von Josef, Leopold und dem Staatskanzler Kaunitz unterzeichnet, nach Josefs Tod 1790 von Leopold jedoch sogleich »cassirt«.

In der Kirchenpolitik ging Leopold, vielleicht ein noch entschiedenerer Anhänger eines aufgeklärten »spätjansenistischen« Reformkatholizismus als Josef, gleichfalls schrittweise vor und suchte offene Konflikte mit der Kurie zu vermeiden. Sein schärferes Vorgehen seit 1778/79 ist wohl auf den Einfluß seines Beraters Scipione de' Ricci, eines entschiedenen Jansenisten, zurückzuführen. Die von Leopold nach eingehender Beratung verfaßten 57 »Punti ecclesiastici«, die 1786 den toskanischen Bischöfen als Diskussionsgrundlage zugesandt wurden, sollten die Grundlage für Diözesansynoden bilden. In der als Vorbereitung für ein toskanisches Nationalkonzil gedachten Bischofsversammlung in Florenz 1787 erlitten Leopold und die von Ricci angeführte kleine Gruppe der »Rebellen« eine eindeutige Niederlage. Diese Erfahrungen veranlaßten Leopold zum Rückzug aus seiner kirchenpolitischen Reformtätigkeit, und sie erklären auch teilweise seine spätere zurückhaltende Kirchenpolitik in Österreich.

Von den Reformen der letzten Regierungsjahre in der Toskana sind vor allem das in ganz Europa gerühmte Strafgesetzbuch von 1786, das die bisher durch Edikte verfügte Aufhebung von Todesstrafe, Folter und Schuldhaft zusammenfaßte, für jene Zeit ungewöhnlich milde Strafen festsetzte und auf den Begriff »Majestätsverbrechen« überhaupt verzichtete, sowie die wieder gründlich vorbereiteten Pläne einer Reform des toskanischen Erziehungswesens zu nennen, die dann wegen Leopolds Weggang aus der Toskana nicht zum Abschluß kamen.

Der Tod Josefs II. 1790 beendete Leopolds Reformtätigkeit in der Toskana. In Wien erwartete den neuen Kaiser eine denkbar schwierige Situation: der fortdauernde Krieg gegen die Türken, ein drohender Krieg mit Preußen und

Polen, der Erfolg des von Preußen unterstützten Abfalls der Niederlande, eine drohende Erhebung in Ungarn und vielleicht auch in Tirol, dazu die in Josefs letzten Regierungsjahren ständig angewachsene Unzufriedenheit des Adels in den böhmisch-österreichischen Ländern. Wohl hatte Leopold schon seit Monaten ein Programm zur Bereinigung der fast hoffnungslos scheinenden Lage seinen Geschwistern → Marie Christine, → Maria Karolina und → Max Franz sowie seinem Sohn → Franz in Wien mitgeteilt. Seine zugleich kühne und einfache Politik setzte bei Preußen den Hebel an: Durch die Konvention von Reichenbach (27. Juli 1790) wurde der drohende Krieg mit Preußen verhindert, der belgische wie der drohende ungarische Aufstand der preußischen Unterstützung beraubt, Wahl und Krönung in Frankfurt gesichert. Der belgische Aufstand brach zusammen, die kaiserlichen Truppen konnten das Land wieder kampflos besetzen. Mit den Türken wurde ein Waffenstillstand und 1791 der den letzten Türkenkrieg beendende Frieden von Sistowa geschlossen. Schon vorher hatte der ungarische Reichstag eingelenkt, was ihm durch ein kluges Entgegenkommen des Königs vor allem in Prestigefragen erleichtert wurde. Den Adel der böhmisch-österreichischen Länder gewann er durch die Aufhebung der überstürzten Josefinischen Steuer- und Urbarialregulierung. Der Kirche kam er durch die Aufhebung der Generalseminarien entgegen, von denen er schon viel früher gemeint hatte, daß dort durch den staatlichen Druck nur Heuchler erzogen würden. Mit einer wahrhaft »demokratischen« Unterrichtsreform knüpfte er an die Pläne an, die er in der Toskana unvollendet hatte zurücklassen müssen. Die Krönungen in Frankfurt (9. Oktober 1790), Preßburg (15. November 1790) und Prag (6. September 1791) erhöhten das Prestige des als »Friedensfürst«, »Hirtenkönig« und »Leopold der Weise« gefeierten Monarchen.

Die Französische Revolution und die polnische Revolution von 1791 begrüßte Leopold zunächst, weil er den Sieg seiner konstitutionellen Ideen und die Beschränkung des fürstlichen »Despotismus« erhoffte. Die Dynamik der Revolution unterschätzte der nüchterne Verstandesmensch jedoch. Dem Drängen der Emigranten glaubte er in dem Rundschreiben von Padua und der Proklamation von Pillnitz nur so weit nachgeben zu müssen, daß er dadurch das Leben der französischen Königsfamilie zu sichern hoffte. Erst in den letzten Wochen seines Lebens erkannte er die vom revolutionären Frankreich ausgehende Gefahr und schloß am 7. Februar 1792 mit Preußen eine Defensivallianz.

Sein plötzlicher Tod nach zweitägiger Krankheit gab Anlaß zu Gerüchten über Vergiftung durch Freimaurer, Jesuiten oder französische

Die fünf Familienäste nach Leopold II.

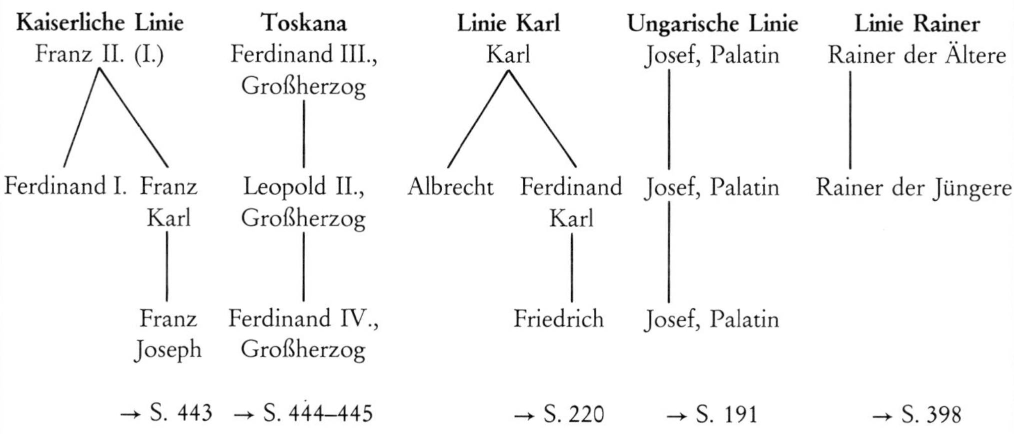

Emissäre, ja durch selbstverfertigte Aphrodisiaka. Krankheitsverlauf und Autopsie weisen mit großer Wahrscheinlichkeit auf eine Oberlappenpneumonie mit eitriger Pleuritis.

Lit.: Adam Wandruszka, Leopold II., Erzherzog von Österreich, Großherzog von Toskana, König von Ungarn und Böhmen, Römischer Kaiser, 2 Bde., Wien 1963–1965; Helga Peham, Leopold II., Herrscher mit weiser Hand, Graz 1987.

W.

Leopold II., Großherzog von Toskana, Sohn von Großherzog → Ferdinand III. und Prinzessin → Marie Luise von Neapel-Sizilien, geb. 3. 10. 1797 in Florenz, gest. 29. 1. 1870 in Rom, begr. in der Kapuzinergruft, Wien.

Aufgewachsen in Wien, Salzburg und Würzburg, sorgfältig von deutschen und italienischen Lehrern erzogen, wurde Leopold vom Vater nur selten als Beobachter zu Regierungsgeschäften herangezogen. Deshalb war er nicht gut vorbereitet, als er nach dem plötzlichen und frühen Tod Ferdinands III. 1824 Großherzog wurde. Leopold II. beließ die Langzeitminister Vittorio Fossombroni und Neri Corsini bis zu ihrem Tod (1844 bzw. 1845) im Amt, befaßte sich sehr intensiv mit den Meliorationen in der toskanischen Maremma und im Val di Chiana bei Arezzo, mit dem Bau von Straßen und mit der wirtschaftlich-sozialen Entwicklung des Landes. Seinem reservierten, fast scheuen Wesen, seinem der Kontemplation zugeneigten Charakter lag – mehr als kühne vorausschauende Reformen – die ruhige, aber beharrliche Aufbauarbeit, mit der er außerordentliche Leistungen erbrachte. Diese Tätigkeit wurde kurzfristig durch die Unruhen und die bald niedergeworfenen Aufstände im Gefolge der Julirevolution 1830 unterbrochen, deren Schauplatz das Herzogtum Modena, vor allem aber die nördlichen Provinzen des Kirchenstaates wurden.

Ein überzeugter Gegner des Liberalismus und des italienischen Nationalismus wurde Leopold II. ebenso wie Pius IX. und die anderen Fürsten auf der Halbinsel 1847/48 gezwungen, Pressefreiheit, Bürgerwehr und schließlich eine parlamentarische Verfassung zu gewähren; im Gleichklang übrigens mit Österreich. Im ersten Unabhängigkeitskrieg 1848/49 gelang es Leopold II. nicht, die Neutralität zu wahren. Die Toskana erklärte Österreich den Krieg und nahm an ihm kurz mit einem kleinen Kontingent teil.

Großherzog Leopold II. von Toskana

Vor den Radikalen, die sich der Regierung bemächtigt hatten, flüchtete Leopold II. erst nach San Stefano, dann nach Gaeta zu dem schon vorher aus Rom gewichenen Papst Pius IX.; nahm Kontakt mit dem jungen Kaiser → Franz Joseph, seinem Neffen, auf, und bat um Hilfe. Vergeblich versuchte er, die österreichische Intervention auf den revolutionären Hauptherd Livorno zu begrenzen, da in Florenz die Konservativen die Radikalen gestürzt hatten. Die Besetzung des Landes (beendet erst 1855) brachte Leopold II. um die Sympathien der Bevölkerung. Er schaffte – wiederum so wie Österreich – die Verfassung ab und versuchte patriarchalisch zu regieren. Die Liberalen wandten sich von seinem Regime und seiner Dynastie ab, verbanden sich mit den Radikalen. Die Augen der führenden Schichten richteten sich immer mehr nach Piemont, das als einziger Staat in Italien die Verfassung beibehalten hatte und überdies – im Gegensatz zur kirchenfreundlichen Politik der Toskana – die Rechte der Kirche gesetzlich zu beschneiden trachtete. Knapp vor Ausbruch des zweiten Unabhängigkeitskrieges mußte Leopold II. mit seiner Familie aus Florenz weichen (27. April 1859) – eine völlig unblutige Revolution, gemeinsam von den oppositionellen Richtungen herbeigeführt. Der Großherzog dankte zugunsten seines Sohnes → Ferdinand IV. ab und lebte sodann in Salzburg und Böhmen, wo er Bürgermeister von Schlackenwerdt wurde.

In erster Ehe war Leopold mit → Maria Anna von Sachsen verheiratet, die 1832 starb. Aus der zweiten Ehe mit Prinzessin → Maria Antonia von Neapel-Sizilien stammt der Sohn und Nachfolger → Ferdinand IV.

Lit.: Giovanni Baldasseroni, Leopold II., Granduca di Toscana e i suoi tempi, Firenze 1871; Franz Pesendorfer, Zwischen Trikolore und Doppeladler, Wien 1987.
Pe.

Leopold, ältester Sohn von Erzherzog → Rainer Josef und Prinzessin → Elisabeth von Savoyen-Carignan, geb. 6. 6. 1823 in Mailand, gest. 24. 5. 1898 auf Schloß Hernstein, begr. in der Kapuzinergruft, Wien.

Die fünf Söhne Erzherzog Rainers d. Ä.: sitzend von links Leopold, Rainer d. J., Sigismund und Ernst, links stehend der jüngste, Heinrich

Leopold nahm die militärische Laufbahn und arbeitete als General-Genie-Direktor (ab 1853) und General-Genie-Inspektor (ab 1860). Hier setzte er sich für die Entwicklung von Minen, Seeminen, Torpedos und der Feldtelegraphie ein. Als Befehlshaber des 8. Armeekorps der Nordarmee 1866 gegen Preußen bewährte er sich jedoch nicht.

1880 schied er aus Gesundheitsgründen (Epilepsie – nach → Leopold Wölfling war er »verrückt geworden«) aus der Armee aus und lebte bis zu seinem Tode abgeschieden auf dem vom Vater ererbten und mit großem Kostenaufwand von Theophil Hansen im Stil der englischen Gotik umgebauten Schloß Hernstein.

H.

Leopold Salvator, ältester Sohn von Erzherzog → Karl Salvator und → Maria Immakulata, Prinzessin von Bourbon-Sizilien, geb. 15. 10. 1863 in Altbunzlau/Böhmen, gest. 4. 9. 1931 in Wien, begr. in der Kapuzinergruft, Wien.

Der Erzherzog machte eine bedeutende militärische Karriere bis zum Generalartillerie-Inspektor 1907 und Generaloberst 1916. Er widmete sich mit Eifer dem Ausbau und der Modernisierung der Artillerie. Seit 1902 betätigte er sich als Ballonflieger und nahm regen Anteil an der Entwicklung der Luftschiffahrt. Leopold Salvator war Protektor des österreichisch-ungarischen Militärkraftfahrwesens und der Erfinder des Allradantriebes für Militärlastwagen im Verwendungsbereich der Artillerie. Zunächst entwickelte er 1906 den als »Daimler-Salvator« bekannten Vierradantrieb für den Zugwagen 06, 1908 folgte ein vierradangetriebener Lastwagen mit Kardanantrieb, der in den Pilsner Škodawerken hergestellt wurde. Auch am Antrieb des Mörserzugwagens Muster 12 hatte er maßgeblichen Anteil. Im Ersten Weltkrieg wurde er vor allem durch seine Lieferungen von Dörrgemüsen bekannt.

Erzherzog Leopold Salvator (links) mit Hauptmann Hinterstoiser vor dem Ballonflug. Seine Gattin Erzherzogin Blanka steht links vor dem Ballon.

Seiner 1889 geschlossenen Ehe mit → Blanka von Bourbon-Kastilien entstammten zehn Kinder. Leopold Salvator war Ehrenmitglied der Akademie der Wissenschaften in Wien, Ehrendoktor der Technischen Hochschule von Wien und der Deutschen Technischen Hochschule von Prag sowie Protektor der Böhmischen Akademie der Wissenschaften in Prag. Nach 1918 lebte er, durch seine Erfindungen sehr reich, in Barcelona, 1930, ein Jahr vor seinem Tod, kehrte er nach Wien zurück.

H.-L.

Leopold Ferdinand Salvator (seit 1902 Leopold **Wölfling**), ältester Sohn von Großherzog → Ferdinand IV. aus zweiter Ehe mit → Alice von Parma, geb. 2. 12. 1868 in Salzburg, gest. 4. 7. 1935 in Berlin, begr. im Friedhof am Mehringdamm in Berlin.

Als Sproß der kinderreichen Familie Toskana wuchs er im Salzburger Exil auf, besuchte die Militärakademie in Fiume und wurde Marineoffizier.

Kaiser → Franz Joseph untersagte Leopolds gewünschte Ehe mit der Tochter des spanischen Thronprätendenten Don Carlos, Elvira von Bourbon – ein Erlebnis, das den jungen Erzherzog nach seinen Aussagen aus dem Gleichgewicht brachte. Dazu kamen schwere persönliche Konflikte mit dem Thronfolger → Franz Ferdinand, die Leopolds Marinekarriere abrupt beendeten. (Leopold hatte auf dem Rammkreuzer »Elisabeth«, mit dem Franz Ferdinand auf Weltreise fuhr, seine Geliebte als Matrose verkleidet an Bord geschmuggelt, wurde entdeckt, von Bord gewiesen und strafweise zur Infanterie versetzt.) Als der Kaiser ihm dann auch die Ehe mit der polizeibekannten Straßendirne Wilhelmine Adamovics verweigerte, floh Ferdinand mit seiner Schwester, Kronprinzessin → Luise von Sachsen, und deren Geliebtem in die Schweiz. Nach vielen Skandalen, Depressionen, einer Alkohol-Entziehungskur, trat Leopold schließlich 1902 aus dem Haus Habsburg aus, wurde aus Österreich-Ungarn verbannt und nahm den bürgerlichen Namen Wölfling an. Die 1903 geschlossene Ehe mit Adamovics endete mit der Scheidung 1907. Wenige Tage später heiratete Wölfling die ebenfalls polizeibekannte Prostituierte Maria Magdalena Ritter. 1912 wurde er wegen einer weiteren Straßendirne bei der Münchner Polizei vorstellig, um sie aus der sittenpolizeilichen Aufsicht befreien zu lassen. In zahlreichen Zeitungsinterviews verteidigte sich der ehemalige Erzherzog, dem der Hof sein skandalträchtiges Leben im Zuhältermilieu selbstverständlich übelnahm. Er gab an, in Zürich Naturwissenschaften zu studieren, was ihm der Kaiser immer verwehrt habe. Freilich erwarb er sich keinen akademischen Abschluß. Er wurde Schweizer Staatsbürger, schloß sich zeitweise einer Sekte von Naturmenschen an und hatte große Existenzsorgen.

Leopold Wölfling, der ehemalige Erzherzog Leopold Salvator

Nach 1918 versuchte er, wieder in Wien Fuß zu fassen, übernahm diverse Aushilfsarbeiten und machte mit einem kleinen Lebensmittelladen Bankrott. In Berlin verdingte er sich als Kommentator für Stummfilme über die Habsburger. In Zeitungsartikeln und Memoiren verarbeitete er seine Familienerfahrungen mit harter Kritik. 1933 heiratete er die fast dreißig Jahre jüngere Klara Hedwig Pawlowski, mit der er in größter Armut im Berliner Stadtteil Kreuzberg lebte, wo er auch starb.

Werke: Habsburger unter sich, Berlin 1921. From Archduke to Grocer – My Lifestory, London 1930; Als ich Erzherzog war, 1936; Verschiedene Artikelserien in »Die Stunde«, Juli/August 1923, Neues Wiener Tagblatt, Wochenendausgabe 28. 7.–18. 8. 1923 und 31. 5.– 6. 9. 1924.

Lit.: Wilhelmine Adamovics, Meine Memoiren, Berlin 1908.

H.

Leo Karl, zweiter Sohn von Erzherzog → Karl Stefan und Erzherzogin → Maria Theresia, geb. 5. 6. 1893 in Pola, gest. 28. 4. 1939 in Bestwina/Polen.

Leo Karl absolvierte die Theresianische Militärakademie, im Ersten Weltkrieg wurde er Ulanen-Leutnant und schließlich Rittmeister. Er fühlte sich als Pole, lebte meist in Polen und ersehnte ein Königreich Polen. Leo Karl ehelichte 1922 in nicht hausgesetzmäßiger Ehe Maria Klothilde von Thuillières, Gräfin von Montjoye und de la Roche. Sie hatten drei Töchter und zwei Söhne, deren Nachkommen meist in Wien leben und die den Namen Grafen von Habsburg annahmen.

Rau.

Leopold, Sohn von Erzherzog → Leopold Salvator und Prinzessin → Blanka von Bourbon-Kastilien, geb. 30. 1. 1897 in Agram (Zagreb), gest.

14. 3. 1958 in Willimantic/Connecticut, begr. in der Kapuzinergruft, Wien.

Der Erzherzog kämpfte im Ersten Weltkrieg als Leutnant an der italienischen Front. Erste Heirat 1919 mit Dagmar Baronin Nicolics-Podrinje, Freifrau von Wolfenau (1898 bis 1971), zweite Heirat mit Alice Coburn in den USA.

H.-L.

Leopoldine, Kaiserin von Brasilien, Tochter von Kaiser → Franz I. (II.) aus zweiter Ehe mit → Maria Theresia von Neapel-Sizilien, geb. 22. 1. 1797 in Wien, gest. 11. 12. 1826 in Rio de Janeiro. Nach der Beisetzung im Ayuda-Kloster wurden ihre sterblichen Überreste 1911 in das Santo-Antônio-Kloster überführt und fanden 1954 ihre letzte Ruhestätte im Mausoleum des Ipiranga-Denkmals in São Paulo.

In engem Kontakt mit ihren Lieblingsschwestern → Maria Klementina und → Marie-Louise wuchs Leopoldine in Wien auf. 1816 begannen die Heiratsverhandlungen mit dem portugiesischen Kronprinzen Dom Pedro. (Die vorübergehende Besetzung Portugals durch die Franzosen hatte den Prinzregenten João 1807 veranlaßt, mit seinem Hof von Lissabon nach Brasilien zu fliehen, wo Rio de Janeiro die Residenz der neu konstituierten »Vereinigten Königreiche von Portugal, Brasilien und Algarve« wurde. Um Großbritanniens politisches Übergewicht einzudämmen und seinen Druck auf das portugiesische Imperium zu mildern, suchte die portugiesische Diplomatie die Anlehnung an Österreich, das als die führende europäische Kontinentalmacht angesehen wurde.)

Obwohl Franz I. wegen des unmoralischen Lebenswandels und der Epilepsie Dom Pedros dem Heiratsplan zögernd gegenüberstand, willigte er auf Metternichs Drängen schließlich ein.

Leopoldine vermochte die Bedeutung dieses Schrittes nicht zu überschauen: »Ein großer Entschluß! Aber er ist gefaßt... Brasilien ist ein herrlicher, sanfter Himmelsstrich, ein gesegnetes Land und hat biedere und gutmütige Bewohner... Das Portrait des Prinzen macht mich noch halb narrisch... Er ist so schön wie Adonis«, schrieb sie an ihre Schwester nach Parma. Schon als Kind hatte sich Leopoldine für Naturwissenschaften interessiert, welche nun die Grundlagen ihrer Vorbereitung auf Brasilien bildeten. Ihre Kenntnis des Französischen, Italienischen und Lateinischen erleichterten die Erlernung der portugiesischen Sprache. 1817 war die feierliche Hochzeit in der Augustinerkirche, wobei Dom Pedro durch den Bruder des Kaisers, Erzherzog → Karl, vertreten wurde. Der Prunk der Festlichkeiten ließ die Wiener noch lange von der »brasilianischen Hochzeit« sprechen. – Nach dreimonatiger Reise traf Leopoldine im November 1817 in Rio de Janeiro ein, wo sie von Dom Pedro empfangen wurde und einen triumphalen Einzug hielt.

Kaiserin Leopoldine von Brasilien

Die tiefe Religiosität Leopoldines sowie ihre lebhaften geistigen Interessen standen zwar im Gegensatz zur Oberflächlichkeit und Halbbildung Dom Pedros, doch wurden ihre Neigungen von ihm respektiert und waren »kein Hindernis für die Annäherung der Ehegatten, wie behauptet worden ist... Gerade ihre geistige Überlegenheit gewährleistete, nachdem sie sein

Vertrauen gewonnen hatte, ihren wachsenden Einfluß auf den unruhigen Geist des Prinzen.« Bis zur Unabhängigkeitserklärung Brasiliens besprach Dom Pedro alle Regierungsangelegenheiten mit Leopoldine und folgte ihrem Rat weitgehend. Auch als Kaiser informierte er sie über politische Fragen und anerkannte dankbar ihren Grundsatz, nur die Politik zu befürworten, »welche mit dem Wohl und Gedeihen des Staates übereinstimmt«.

Nach relativ sorglosen und harmonischen Ehejahren von 1817 bis 1822, in denen sie drei Kinder gebar (Maria da Glória, 1819–1853; João Carlos, 1821–1822, Januária, 1822–1901), sah sie sich gezwungen, aktiv in die Politik einzugreifen. João VI. war 1821 nach Portugal zurückgerufen worden und hatte Kronprinz Pedro die Regierung in Brasilien überlassen, um durch dessen Anwesenheit die drohende Trennung vom Mutterland zu verhindern. Als die Lissaboner Côrtes jedoch Brasilien wieder auf den Status einer Kolonie zurückstufen und Dom Pedro zur Rückkehr nach Portugal zwingen wollten, leitete er unter dem Einfluß Leopoldines mit der Erklärung »fico« (»ich bleibe«) im Januar 1822 eine weitgehende Autonomie Brasiliens ein. Nach den vorliegenden Quellen besteht kein Zweifel, daß Leopoldine den entscheidenden Anstoß für Pedros Entschluß gab, doch »ein unkritisches Nationalgefühl verwehrte bisher den brasilianischen Historikern ... die Erkenntnis, daß die schicksalhafte Wendung ... auf Dona Leopoldina zurückzuführen ist«.

Als Dom Pedro 1822 während einer Reise nach São Paulo Leopoldine in Rio de Janeiro als Regentin zurückließ, beschloß der Ministerrat unter ihrem Vorsitz, wegen des ständig wachsenden Drucks aus Lissabon die Trennung Brasiliens von Portugal zu erklären. In ihrem die Protokolle der Ministerratssitzung begleitenden Brief beschwor sie Dom Pedro, diesem Vorschlag zu folgen: »Brasilien gleicht einem Vulkan ... Mit oder ohne Deine Hilfe wird es seine Trennung erreichen. Der Apfel ist reif, pflücke ihn jetzt, sonst wird er faul ... Pedro, dieser Augenblick ist der wichtigste Deines Lebens ... Du wirst die Unterstützung ganz Brasiliens haben.«

Am 7. September 1822 verkündete Dom Pedro in der Nähe des kleinen Flusses Ipiranga bei São Paulo die Unabhängigkeit Brasiliens von Portugal (»grito de Ipiranga«). Seiner Akklamation zum Kaiser von Brasilien folgte am 1. Dezember 1822 unter großem Pomp seine feierliche Krönung und Salbung als Kaiser Pedro I. Auf eine angebliche Anregung Leopoldines verschmolzen in der Fahne und in den Kokarden der Monarchie das dunkle Grün des Hauses Bragança und das Gelb des Hauses Habsburg-Lothringen zum neuen nationalen Farbsymbol des brasilianischen Kaiserreichs.

Die Entwicklung der folgenden Jahre erwies die Richtigkeit von Leopoldines vorausschauenden Überlegungen, daß man nicht nur »gegen die Loslösung Brasiliens von der portugiesischen Vormundschaft die Unterstützung der brasilianischen Patrioten für eine konstitutionelle Monarchie einhandeln könne«, sondern daß allein das monarchische Prinzip und die nur dem Kaiser zustehende (und auch in der Verfassung ver-

Dem triumphalen Einzug Leopoldines in Rio de Janeiro folgten viele bittere Jahre als Ehefrau. Darstellung bei Anton Ziegler

ankerte) vierte »ausgleichende« Gewalt das riesige Reich zusammenhalten und vor dem Zerfall in Einzelstaaten bewahren würden. Mit Recht behauptete daher der damalige führende Politiker Brasiliens, José Bonifácio de Andrada e Silva, von Leopoldine, daß sie »ein klares, unbestechliches Urteil über die Lage in unserem Lande« habe.

Im Gefolge bzw. auf Veranlassung Leopoldines kamen zahlreiche österreichische Naturwissenschaftler (u. a. J. Ch. Mikan, J. Natterer, J. R. Pohl, H. W. Schott, R. Schüch, D. Sochor) sowie Maler (J. Buchberger, Th. Ender) nach Brasilien, und »die von ihr angeregten Gelehrtenexpeditionen lieferten einem Jahrhundert wissenschaftliche Arbeit ... Ihr Naturalienkabinett wurde die Keimzelle des Nationalmuseums in Rio, und sie förderte die Einrichtung eines brasilianischen Museums in Wien ... Sie gab drei Städten ihren Namen, deren erste am Anfang des brasilianischen Deutschtums stand« (Oberacker), doch bleibt es ihr wirklich »unsterbliches« Verdienst, eine maßgebliche Initiatorin der brasilianischen Unabhängigkeit gewesen zu sein.

Das Jahr ihrer größten politischen Triumphe leitete zugleich die Zerstörung ihrer – vielleicht nicht sonderlich glücklichen, aber doch wohl erträglichen – Ehe ein. Zwar hatte Dom Pedro auch vor 1822 nie auf gelegentliche Seitensprünge verzichtet, doch gerade auf seiner so bedeutsam gewordenen Reise nach São Paulo lernte er Dona Domitilia kennen, eine Frau aus bürgerlichen Verhältnissen, die zu seiner ständigen Geliebten wurde. Er ernannte sie zur »ersten Hofdame der Kaiserin« und erhob sie mit ihrer gemeinsamen illegitimen Tochter in den Hochadel. Obwohl Leopoldine Dom Pedro noch drei weitere Kinder schenkte (Paula Mariana, 1823–1833; Francisca Carolina, 1824–1898; und Pedro, 1825–1891, als Pedro II. de Alcântara von 1831 bis 1889 Kaiser von Brasilien), führten die wachsenden persönlichen Auseinandersetzungen zwischen dem Kaiserpaar und die wahrscheinlichen körperlichen Mißhandlungen, welche Leopoldine durch Dom Pedro erdulden mußte, 1826 zu einer Fehlgeburt, die als Ursache des zehn Tage später eingetretenen Todes von Leopoldine vermutet wird.

Pedro I. dankte 1831 zugunsten seines gleichnamigen Sohnes als Kaiser von Brasilien ab und starb 1834 als Regent von Portugal. 1972 wurden seine sterblichen Überreste von Lissabon nach Brasilien überführt und in São Paulo neben Leopoldine zur letzten Ruhe gebettet, womit sich ihr Wunsch erfüllte, daß »die, die im Leben getrennt worden waren, im Tode vereint« sein mögen.

Lit.: Carlos H. Oberacker jr., Leopoldine, Habsburgs Kaiserin von Brasilien. Wien 1988; Heinrich Schüler, Dona Leopoldina. Erste Kaiserin von Brasilien. Schutzherrin der deutschen Einwanderer. Pôrto Alegre 1954; Olga Obry, Grüner Purpur. Brasiliens erste Kaiserin, Erzherzogin Leopoldine, Wien 1958; Johanna Prantner, Kaiserin Leopoldine von Brasilien, Wien 1974.

Ka.

Ludwig, Sohn von Kaiser → Leopold II. und → Maria Ludovica von Spanien-Bourbon, geb. 13. 12. 1784 in Florenz, gest. 21. 12. 1864 in Wien, begr. in der Kapuzinergruft, Wien.

Zunächst in Florenz erzogen, kam Ludwig, als sein Vater Kaiser wurde, 1790 nach Wien.

Erzherzog Ludwig. Kupferstich nach F. Wolf

Nach dem frühen Tod seiner Eltern (1792) erhielt er unter der Oberaufsicht seines älteren Bruders Kaiser → Franz II. seine weitere Ausbildung, die vorwiegend militärisch ausgerichtet war. Mit 17 Jahren wurde er Oberstinhaber des Infanterieregiments 8, zwei Jahre später 1803 lernte er als Vorsitzender der Grenz-Organisierungs-Kommission die Einrichtungen der Militärgrenze kennen, zu deren Reorganisierung er viel beitragen sollte. 1804 zum General-Grenz-Inspektor ernannt, nahm er 1805 am Feldzug gegen Napoleon in Oberitalien teil, wo den Österreichern bei Caldiero ein relativer Erfolg gegen die Franzosen gelang. 1807 wurde Ludwig zum Feldmarschalleutnant befördert und übernahm im Krieg von 1809 das Kommando des 5. Armeekorps. Er rückte mit diesem über den Inn, den linken Flügel des österreichischen Heeres bildend. Napoleon traf jedoch überraschend schnell auf dem Kriegsschauplatz ein und warf die Österreicher in einer Reihe von Gefechten im Raum von Regensburg zurück. Nach den Schlachten bei Abensberg (20. April) und bei Eggmühl in Niederbayern (22. April), die trotz tapferen Widerstandes der österreichischen Truppen mit einer Niederlage endeten, führte Ludwig den Rest der Armee auf einer Schiffsbrücke über die Donau und übergab zwei Tage später sein Amt an Feldmarschalleutnant Johann Freiherr von Hiller. Im Frieden von Schönbrunn 1809 wurde das Heer auf einen Stand von 150 000 Mann herabgesetzt und das Amt eines General-Grenz-Inspektors abgeschafft.

Ludwig, der immer bestrebt war, seine Bildung auszuweiten, wandte sich nun auch kommerziellen, naturwissenschaftlichen und mathematischen Themen zu. Er ging auf Reisen und begleitete dabei u. a. seinen ähnlich interessierten älteren Bruder → Johann nach Frankreich und England, nachdem er 1815 noch für kurze Zeit beim Einmarsch nach Frankreich ein Divisionskommando innegehabt hatte. Die Reise der beiden Erzherzoge brachte nicht nur nachhaltige Eindrücke, die in »Hormayr's Archiv für Staats- und Kriegskunde« und im »Stuttgarter Morgenblatt« ihren Niederschlag fanden; durch ihre Besuche von Manufakturen, Werkstätten, Stahlfabriken, Webereien und Spinnereien, durch die Mitnahme verschiedenster Beschreibungen, Pläne und Modelle, vor allem aus dem auf diesen Gebieten damals hochentwickelten England (wo Ludwig u. a. auch das Bürgerrecht von Edinburgh verliehen bekam), trugen die beiden Prinzen auch einiges für die Modernisierung der entsprechenden Wirtschaftszweige im Habsburgerreich bei.

Erzherzog Ludwig (rechts) mit seinem Bruder Johann (Mitte) und seinem Vetter Maximilian, dem Hoch- und Deutschmeister. Ausschnitt aus dem Aquarell »Familienvereinigung des österreichischen Kaiserhauses im Herbst 1834« von Peter Fendi

1818 wurde Ludwig zum Feldzeugmeister ernannt und bekleidete von 1819 bis 1849 das Amt eines General-Artillerie-Direktors, außerdem war er Mitglied des Staatsrats und vertrat den Kaiser öfters bei dessen Abwesenheit.

Nach dem Tod von Franz I. (1835) wurde Ludwig durch dessen Testament zum Vorsitzenden der »Staatskonferenz« und damit zur Regentschaft berufen, denn diese Institution sollte für den regierungsunfähigen Kaiser → Ferdinand I. die eigentlichen Geschäfte führen. Sie amtierte ab Dezember 1836. Ihr gehörten ferner der Staatskanzler Klemens Lothar Wenzel Fürst Metternich, Franz Anton Graf Kolowrat und Erzherzog → Franz Karl, der jüngere Bruder des Kaisers, an. Gelegentlich wurden auch leitende Minister den Beratungen zugezogen, der Herrscher selbst griff kaum in die Geschäfte ein. Ludwig ließ als strenger Vertreter des Absolutismus, jeder Neuerung entgegenstehend, Metternich bei seinem Wirken freie Hand und wurde damit mehr und mehr auch zu einem Angriffsziel der Gegner des Systems. Im Revolutionsjahr 1848, nach der Flucht Metternichs und dem Umbau der Staatsverwaltung (an die Stelle des Staatsrates und der Staatskonferenz trat der Ministerrat), zog sich Ludwig aus dem öffentlichen Leben zurück und widmete sich nur mehr seinen privaten Interessen. 1848 wurde er für seine Verdienste um die verschiedensten Wissenschaften mit der Ehrenmitgliedschaft der Österreichischen Akademie der Wissenschaften geehrt.

M.

Erzherzog Ludwig Viktor, der skandalträchtige jüngste Bruder Kaiser Franz Josephs

Ludwig Viktor (»Bubi«, »Luzivuzi«), jüngster Sohn von Erzherzog → Franz Karl und Prinzessin → Sophie von Bayern, geb. 15. 5. 1842 in Wien, gest. 18. 1. 1919 in Klesheim bei Salzburg, begr. im Friedhof von Siezenheim.

Der jüngste Bruder Kaiser → Franz Josephs spielte am Hof eine untergeordnete Rolle. Der kinderlose Kaiser → Maximilian von Mexiko hegte zeitweise den Plan, seinen Bruder Ludwig Viktor zum Erben Mexikos einzusetzen und ihn zu einer Heirat mit der Erbin des brasilianischen Kaiserreiches zu überreden, um auf diese Weise den monarchischen Gedanken in Südamerika zu stärken und Brasilien und Mexiko unter habsburgischer Hand zu einigen. Ludwig Viktor widersetzte sich diesen Träumen erfolgreich und trat nicht durch politischen Ehrgeiz, sondern vor allem durch öffentliche Skandale und höfische Tratschereien in den Vordergrund. Fürstin Nora Fugger nannte seine Zunge »scharf wie die einer Giftschlange«, und Kaiserin → Elisabeth beschuldigte ihren Schwager, durch Zwischenträgerei bewußt Zwietracht in der kaiserlichen Familie zu säen.

Ludwig Viktors zahlreiche Skandale hingen vor allem mit seinem hochmütigen Verhalten in der Öffentlichkeit und seinen homophilen Neigungen zusammen. Laut Fürstin Nora Fugger machte er z. B. in einem öffentlichen Bad einen Annäherungsversuch an einen jungen Mann, »wurde geohrfeigt, und es kam zu einem Handgemenge in der Badeanstalt«. Der Fall war nicht zu vertuschen, und Kaiser Franz Joseph verbannte seinen Bruder aus Wien nach Schloß Klesheim, wo er fortan lebte.

Ludwig Viktor, der sich auch gerne in Frauenkleider hüllte, war ein Freund der Künste und spendete bereitwillig, vor allem in der Salzburger Zeit, für kulturelle und soziale Belange, besaß auch wertvolle Kunstsammlungen. 1915 wurde über ihn wegen Geisteskrankheit die Kuratel verhängt und Erzherzog → Eugen als Kurator bestellt.

H.

Ludwig Salvator, Sohn von Großherzog → Leopold II. von Toskana und dessen zweiter Gemahlin → Maria Antonia, Prinzessin beider Sizilien, geb. 4. 8. 1847 in Florenz, gest. 12. 10. 1915 in Brandeis an der Elbe, begr. in der Kapuzinergruft, Wien.

Ludwig Salvator konnte sich als spätgeborener Sohn des vertriebenen Großherzogs schon früh seinen naturwissenschaftlichen Interessen widmen. Er erhielt auch eine kurze juristische Ausbildung und galt im Familienkreise als der »gelehrte« Erzherzog. Ab 1870 lebte er nur mehr seinen seemännischen und naturwissenschaftlichen Neigungen. Mit seiner Jacht »Nixe« unternahm er große Reisen im Mittelmeerraum. Er führte auf seinem Schiff die volle Gleichberechtigung ein und betrachtete sich als gewöhnliches Mannschaftsmitglied. Über seine Forschungen schrieb er viele Bücher, die große Beachtung fanden. Er wurde Ehrenmitglied der Österreichischen Akademie der Wissenschaften und unterhielt eine ausgedehnte Korrespondenz, so zum Beispiel mit Theodore Roosevelt d. Ä. und mit dem Schriftsteller Jules Verne. Dieser war von ihm so beeindruckt, daß er ihn zur Hauptgestalt für seinen Roman »Mathias Sandorf« machte.

Bei seinen gelegentlichen Besuchen am Hof in Wien rief Ludwig vor allem wegen seiner nachlässigen Kleidung, aber auch wegen seines unhöfischen Benehmens Belustigung hervor. Seine Verbundenheit mit der kaiserlichen Familie bewies er, indem er einige seiner Werke Kaiser → Franz Joseph oder Kaiserin → Elisabeth widmete, die ihn gerade wegen seiner Skurrilität schätzte. Drei seiner illegitimen Kinder auf Mallorca wurden Erben seines beträchtlichen Vermögens. Auf Mallorca befindet sich auch ein Ludwig-Salvator-Museum.

Werke: Benzert, 1897; Süden und Norden, 1868; Die Balearen (5 Bde.), 1869–1884; Beitrag zur Kenntnis der Coleopteren Fauna der Balearen, 1869; Der Golf von Buccara-Porto Ré, 1871; Jachtreisen in den Syrten, 1873; Levkosia die Hauptstadt von Cypern, 1873; Einige Worte über die Kaymenen, 1875; Zärtlichkeitsausdrücke und Koseworte in der friulanischen Sprache, 1915; Eine Spazierfahrt im Golfe von Korinth, 1876; Tunis, 1870; Eine Blume aus dem goldenen Lande oder Los Angeles, 1878; Die Serben an der Adria, 1878; Die Karawanen-Straße von Ägypten nach Syrien, 1879; Um die Welt ohne zu wollen, 1881; Bizerta und seine Zukunft, 1881; Lose Blätter aus Abazia, 1886; Hobarttown oder Sommerfrische in den Antipoden, 1886; Paxos und Antipaxos im Jonischen Meer, 1889; Eine Jachtreise an die Küsten von Tripolitanien und Tunesien, 1890; Die Liparischen Inseln, 8 Bde., 1893; Schiffbruch oder ein Sommernachtstraum, 1894; Spanien in Wort und Bild, 1894; Columbretes, 1895; Märchen aus Mallorca, 1896; Cannosa, 1897; Alboran, 1898; Ustica, 1898; Bougie, die Perle Nordafrikas, 1899; Die Insel Giglio, 1900; Ramleh als Winteraufenthalt, 1900; Panorama von Alexandrette, 1901; Helgoland, 1901; Sommertage auf Ithaka, 1903; Zante, 2 Bde., 1904; Das was ver-

Erzherzog Ludwig Salvator (hinten rechts) mit seinen drei Brüdern von links: Johann (Orth), Ferdinand IV. von Toskana und Karl Salvator

schwindet, Trachten aus den Bergen und Inseln der Adria, 1905; Über den Durchstich der Landenge von Stagno, 1906; Parga, 1907; Versuch einer Geschichte von Parga, 1908; Anmerkungen über Levkas, 1908; Der Kanal von Calamotta, 1910; Die Felsenfesten Mallorcas, 1910; Einiges über Weltausstellungen, 1911; Sommerträumereien am Meeresufer, 1912; Porto pi in der Bucht von Palma de Mallorca, 1914; Lieder der Bäume, 1914; Auslug- und Wachttürme Mallorcas, 1916; Winke für den Besucher von Miramar, o. J.

Rau.

Luise → auch Marie Luise

Luise Antoinette, Kronprinzessin von Sachsen, zweite Tochter von Großherzog → Ferdinand IV. von Toskana und seiner zweiten Gemahlin → Alice von Parma, geb. 2. 9. 1870 in Salzburg, gest. 23. 3. 1947 in Brüssel.

Luise wurde 1891 mit dem damaligen Kronprinzen Friedrich August von Sachsen vermählt. Das Paar hatte fünf Kinder, trotzdem verließ Luise 1902 ihre Familie mit dem Sprachlehrer ihrer Kinder, dem Belgier André Giron, und floh mit ihm in die Schweiz. Die Ehe mit dem Kronprinzen wurde 1903 getrennt. Der sächsische Kronprinz anerkannte Luises sechstes Kind, die nach der Flucht geborene Prinzessin Anna Pia Monika (die später Erzherzog → Josef Franz heiratete). → Franz Joseph suspendierte Luise von allen ihren Rechten als Erzherzogin. 1907 heiratete sie den um 12 Jahre jüngeren Serenadenkomponisten Toselli, hatte mit ihm einen Sohn, 1912 ließ sie sich scheiden. Von ihrem Schwiegervater, König Georg von Sachsen, hatte sie den Titel und die Apanage einer Gräfin Montignoso erhalten, und nach ihrer Scheidung

Das sächsische Kronprinzenpaar in trauter Harmonie. Kurze Zeit später verließ Kronprinzessin Luise ihre Familie mit ihrem Liebhaber, dem Sprachlehrer ihrer Kinder.

von Toselli nahm sie den Titel einer Comtesse d'Ysette an.

Der Skandal um die Kronprinzessin war eine so große Sensation, daß Karl Valentin ein Erfolgscouplet »Luise und Giron« zum besten gab. Völlig verarmt starb Luise 1947 in Belgien.

Werke: Louise von Toscana, Mein Lebensweg, Berlin o. J.

Lit.: Charlotte Köhn-Behrens, Luise von Toskana, Bayreuth 1966 (Roman); Enrico Toselli: Meine Ehe mit Louise von Toscana, Basel o. J.

Rau.

Magdalena, Tochter von Kaiser → Ferdinand I. und → Anna von Ungarn, geb. 14. 8. 1532 in Innsbruck, gest. 10. 12. 1590 in Hall in Tirol, begr. in der Gruft der Stiftskirche von Hall, 1707 in die Jesuitenkirche in Hall überführt.

Nach dem Tod ihres Vaters 1564 legte Magdalena für ihr weiteres Leben Trauerkleidung an und beschloß, sich dem geistlichen Stand unter der seelsorglichen Leitung der Jesuiten zu weihen. Da jedoch den Jesuiten die Seelsorge in Frauenklöstern verboten war, gründete sie gemeinsam mit ihren jüngeren Schwestern → Helene und → Margarete das »Königliche Stift« in Hall in Tirol, das 1568 bezogen wurde. Nach dem frühen Tod ihrer Schwestern setzte sie allein ihr Werk fort und stand dem Stift 22 Jahre lang als Leiterin vor, gab ihm auch ein unter dem Einfluß des Kirchenlehrers Petrus Canisius stehendes Statut. Wie sie selbst, trugen auch sämtliche Klosterinsassen Trauerkleidung. Magdalena erwarb sich durch Frömmigkeit und Klugheit den Ruf der Heiligkeit. Ein Seligsprechungsprozeß ist für sie in Rom eingeleitet.

H.

Erzherzogin Magdalena, die Gründerin des königlichen Damenstiftes in Hall

Magdalene, Tochter von Erzherzog → Josef August und Prinzessin → Augusta von Bayern, geb. 6. 9. 1909 in Kistapolcsany/ČSSR.

Die unverheiratete Erzherzogin lebte bis 1944 mit ihren Eltern in Budapest und auf dem Familiengut Alcsut und war in Ungarn Protektorin verschiedener Wohltätigkeitsvereine. Die Familie emigrierte 1944 aus Ungarn nach Bayern.

Ni./So.

Margarethe, Tochter von Herzog → Albrecht II. und → Johanna von Pfirt, geb. 1346 in Wien, gest. 14. 1. 1366 in Brünn, begr. in Brünn, St. Thomas.

Margarethe wurde schon als Kleinkind von ihrem Vater als Gemahlin Meinhards III. von Oberbayern-Tirol (1344–1363) in Aussicht genommen, als Albrecht II. immer deutlicher sein Interesse an Tirol bekundete. Die 1358/59 abgeschlossene Verbindung erleichterte sodann nach dem unerwarteten und kinderlosen Tod Meinhards III. 1363 die Übertragung der Grafschaft Tirol durch die Mutter Meinhards, Margarethe Maultasch, an die Habsburger. Ein Jahr später ehelichte die junge kinderlose Witwe im Zuge der habsburgisch-luxemburgischen Bündnis- und Heiratspolitik einen Bruder Kaiser Karls IV., den Markgrafen Johann-Heinrich von Mähren (1322–1375), der selbst einst mit der Tiroler Landesfürstin Margarethe Maultasch vermählt gewesen war.

Rie.

Margarete, Markgräfin von Mähren, Tochter von Herzog → Leopold III. und → Viridis Visconti, geb. um 1370, gest. nach 1400.

Die Schwester von Ernst (dem Eisernen) und → Friedrich IV. (mit der leeren Tasche) wurde (Heiratsdatum unbekannt) mit dem Markgrafen Johann von Mähren (1370–1396) vermählt, der bereits verwitwet war. Johann entstammte dem Hause Luxemburg und war ein Sohn Kaiser Karls IV. und ein Bruder Kaiser Siegmunds. Margarete gebar eine Tochter: Elisabeth, die Erbin Luxemburgs (die 1443 Luxemburg an Herzog Philipp von Burgund verkaufte).

H.

Margarete, erste Gemahlin von Herzog → Ernst »dem Eisernen«, Geburtsdatum unbekannt, gest. 12. 6. 1410 in Bruck a. d. Mur, begr. Stift Rein/Steiermark.

Die Tochter des Herzogs Bogislaw V. von Hinterpommern-Stolp und der Adelheid von Braunschweig wurde 1392 mit Herzog → Ernst »dem Eisernen« verheiratet. Die Ehe blieb kinderlos. König Siegmund nahm die Verwandtschaft mit Margarete zum Vorwand, Ansprüche auf ihr Heiratsgut zu stellen.

Di.

Margarethe, Herzogin von Bayern, Tochter von Herzog → Albrecht IV. und der Prinzessin → Johanna Sophia von Bayern, geb. 26. 6. 1395 in Wien, gest. 24. 12. 1447 in Burghausen, begr. im Zisterzienserkloster Raitenhaslach bei Burghausen/Bayern.

Die einzige Tochter Albrechts IV. und Schwester von König → Albrecht II. heiratete 1412 in Landshut Herzog Heinrich IV., den »Reichen«, von Bayern (1386–1450), dem sie einen Sohn (Ludwig den Reichen) und zwei Töchter schenkte.

H.

Margarethe, Kurfürstin von Sachsen, zweites Kind von Herzog → Ernst von Innerösterreich und → Cimburgis von Masowien, geb. 1416 oder 1417 in Wiener Neustadt, gest. 12. 2. 1486 in Altenburg, begr. in der Schloßkirche zu Altenburg.

Margarethe wurde vom Vormund → Friedrich von Tirol 1428 mit Kurfürst Friedrich II. von Sachsen verlobt, der als 16jähriger gerade seinem Vater nachgefolgt war. Die Hochzeit fand 1431 statt. Margarethe blieb zeitlebens ihrer Heimat verbunden. Ihr Gatte gehörte 1440 zu den Stützen der habsburgischen Partei. Anläßlich des Krönungszuges 1442 feierte sie ein Wiedersehen mit ihrem Bruder → Friedrich.

Der Ehe entstammten sieben Kinder. Von den drei Söhnen verstarb einer jung, die beiden überlebenden, Ernst und Albrecht, wurden 1455 Opfer einer Entführung, die als »sächsischer Prinzenraub« berühmt wurde. Der mit dem Kurfürsten verfeindete Ritter Kunz von Kaufungen benützte die Abwesenheit der Eltern in Leipzig, um die Prinzen von der Altenburg zu entführen, doch konnte er vor Erreichen der Grenze glücklich abgefangen werden. Albrecht hatte später als Feldherr Friedrichs III. sowie als Statthalter → Maximilians in den Niederlanden ein besonderes Naheverhältnis zu der habsburgischen Verwandtschaft. 1485 teilten Margarethes Söhne ihre Länder (Leipziger Teilung), was die Habsburgerin sowohl zur Stammutter des ernestinischen als auch des albertinischen Zweiges der Wettiner macht.

Nach dem Tod des Gatten (1464) verbrachte die Kurfürstin einige Zeit in Wiener Neustadt; ihr Witwensitz war Schloß Colditz. Sie behielt einen bestimmenden Einfluß auf die sächsische Politik, die zwischen Kurfürst Albrechts Schwiegervater Georg Podiebrad und dem nach Schlesien vorstoßenden Matthias Corvinus eigene Interessen zu wahren verstand und die Freundschaft mit dem Kaiser aufrecht hielt.

H.-R.

Margarete, genannt »von Österreich« oder »von Savoyen«, Statthalterin der Niederlande, Tochter von Kaiser → Maximilian I. und → Maria von Burgund, geb. 10. 1. 1480 in Brüssel, gest. 1. 12. 1530 in Mecheln, begr. im Kloster Brou/Savoyen.

Erzherzogin Margarete, Tochter Kaiser Maximilians I., als Kind. Meister der St.-Georgs-Gilde (?)

Wahlspruch: Fortune – infortune – fortune/ Glück – Unglück – Glück.

Ausersehen, Königin zu sein, zuerst von Frankreich, dann von Kastilien, war Margarete während kurzer Zeit Herzogin von Savoyen und spielte schließlich eine wichtige Rolle als Landvögtin über die Niederlande. Als kaum dreijähriges Kind wurde sie kraft des Friedens von Arras, der unter dem Impuls der Generalstaaten der Niederlande 1482 zwischen Maximilian und König Ludwig XI. geschlossen wurde, an den dreizehnjährigen Dauphin verheiratet. Dieser Vertrag war für Frankreich sehr günstig: Margarete sollte unmittelbar dem königlichen Hof ausgeliefert werden und brachte als Aussteuer die schon seit 1477 von den Franzosen besetzten Länder Artois und Franche-Comté, mit einigen kleineren Herrschaften um das Herzogtum Burgund. Über letzteres, das auch seit 1477 von Ludwig XI. besetzt gehalten wurde, wurde erst in Margaretes letztem Lebensjahr durch ihr Zutun ein Vertrag erreicht.

Margarete wurde 1483 feierlich durch die Stände von Brabant und von Flandern zum Hof in Amboise hinausgeleitet. In Hesdin begrüßte Anne de Beaujeu, Tochter des Königs, die neue Dauphine und vergewisserte sich, daß das Kind weiblichen Geschlechts war. Die Reise durch Frankreich wurde mit glanzvollen Feierlichkeiten begleitet. Die Staatsräson verhinderte aber, daß diese Heirat vollzogen wurde: ihr Verlobter Karl VIII. nahm 1491 Anne de Bretagne zur Frau, die kurz zuvor per procuram Margaretes Vater, Maximilian I., geheiratet hatte. Die französische Krone gab jetzt der Eroberung der Bretagne und Italiens den Vorrang, und die burgundischen Interessen traten in den Hintergrund.

Kraft des Friedens von Senlis wurde Margarete mit ihrer ganzen Aussteuer 1493 den habsburgischen Niederlanden zurückgeschenkt, nachdem sie zehn Jahre lang zur Königin erzogen worden war. Ihr Vater Maximilian I. war inzwischen Kaiser geworden, und ihr Bruder → Philipp sollte bald als Landesherr in den Niederlanden anerkannt werden. Als Gegenzug gegen die Eroberungen von Karl VIII. in Italien und den Fehlschlag mit den Heiraten gelang es Maximilian, einen Bund mit König Ferdinand von Aragon zu schließen, dessen Haus über Neapel regierte. Er wurde mit einer doppelten Heirat besiegelt. Margarete und ihr Bruder Philipp sollten Juan und Juana (→ Johanna) von Kastilien-Aragon heiraten. 1496 heiratete Margarete in Mecheln per procuram. Die Flotte, die sie nach Spanien bringen sollte, mußte viel Mißerfolg einstecken, was die junge Prinzessin zum folgenden Grabspruch inspirierte:

Cy gist Margot la gentil damoiselle,
qu'ha deux marys et encore est pucelle.
(Hier liegt das liebe Fräulein Margarete, das zwei Ehemänner gehabt hat und immer noch Jungfrau ist.)

Der neunzehnjährige Prinz Juan, dem Margarete in der Nähe von Santander begegnete, war eine schmächtige und stille Figur, die zu seiner heiteren, blonden Braut kontrastierte. Die

Heirat wurde in Burgos vollzogen. Sechs Monate später erlag Juan aber den Anstrengungen des frohen Einzugs in Salamanca – und vielleicht auch denen der Heirat.

Margarete blieb als Witwe noch zwei Jahre am spanischen Hof, wo aufeinanderfolgende Sterbefälle Johanna und ihren Gemahl Philipp zu den vermutlichen Thronfolgern über Kastilien und Aragon machten. Im September 1499 reiste Margarete nach den Niederlanden zurück, wo sie erst am 4. März 1500 ankam, um in Gent den ersten Sohn ihres Bruders, den späteren Kaiser → Karl V., über die Taufe zu halten.

Nach vielen Spekulationen über eine neue Heirat gab der Wille Philipps des Schönen, den Frieden mit Frankreich zu erhalten, um seine spanische Krone zu sichern, den Ausschlag. Diesen Frieden bekräftigte er durch eine Heirat des kleinen Erbprinzen Karl mit dem neugeborenen Töchterchen von König Ludwig XII. Denselben politischen Sinn hatte die Heirat Margaretes mit Herzog Philibert von Savoyen: dieses Fürstentum, das die Wege nach Italien beherrschte, war ja stark mit der französischen Krone liiert. 1501 fand die Einsegnung in der Nähe von Genf statt.

Diese dritte Heirat stand für Margarete im krassen Gegensatz zu den zwei vorigen. Philibert war ein spielerischer Ritter, der sich lieber mit Turnieren, Bällen und der Jagd beschäftigte als mit der Landesverwaltung. Auf dieser Ebene entfaltete aber Margarete ihre Talente, die verstärkt wurden durch ihre großen Vorbilder: die kräftigen Fürstinnen Anne de Beaujeu, Regentin von Frankreich, und Isabella, Königin von Kastilien. Im Schloß von Pont d'Ain umgab sich Margarete mit fähigen Ratgebern, unter denen vor allem Mercurio de Gattinara und Jean de Marnix ihr bis zum Ende zur Seite stehen sollten.

Diese glücklichen Jahre wurden abrupt beendet durch den plötzlichen Tod von Margaretes Gemahl 1504 infolge eines kühlen Trunks nach einer hitzigen Jagdpartie. In Erfüllung eines Gelöbnisses, das Margaretes Schwiegermutter am Sterbebett ihres Schwiegervaters abgelegt hatte, ließ Margarete das alte Kloster von Brou in der Nähe von Bourg-en-Bresse wiederaufbauen, mit einem Mausoleum, wo auch sie später neben ihrem geliebten Philibert beigesetzt werden

Margarete, Statthalterin der Niederlande, als Witwe. Gemälde von Bernaert van Orleys

wollte. Diese Kirche, deren Vollendung Margarete nicht erlebte, wurde das kunstvolle Beispiel der burgundischen Spätgotik. Ihre Devise »Fortune – infortune – fortune«, die ihre persönlichen Erlebnisse treffend widerspiegelt, ziert ihren schönen Sarkophag. Fortan trug sie eine Witwenhaube und lehnte neue Heiratspläne, die ihr Bruder Philipp für sie schmiedete, resolut ab.

Der plötzliche Tod Philipps veranlaßte Kaiser Maximilian dazu, Margarete 1507 zur Statthalterin der Niederlande einzusetzen, ein Amt, das sie (mit einer Unterbrechung 1515–1518) bis zu ihrem Tod ausübte. Sie installierte ihren Hof in Mecheln, wo der oberste Gerichtshof seinen Sitz hatte und wo sich auch die Witwe von Herzog Karl dem Kühnen, Margarete von York, aufgehalten hatte.

Die größten Probleme für Margarete hingen mit dem geringen Verständnis ihres Vaters für die Situation in den Niederlanden zusammen, wo sie, genau wie ihr Bruder, als »natürliche« Fürstin begrüßt wurde. Sie arbeitete in einem spezifisch niederländisch-burgundischen Interesse, was nicht selten gegen die Ambitionen des Kaisers verstieß. Ihre Politik war vor allem auf den Frieden mit Frankreich und England gerichtet. In den Niederlanden führte dies zu andauernden Schwierigkeiten mit dem Herzogtum Geldern, das bei der französischen Krone Hilfe fand. Margarete erwies sich vor allem als eine geriebene Unterhändlerin, die mit den großen Fürsten ihrer Zeit geschickt umgehen konnte. Ihr wichtigster Erfolg war der sogenannte »Paix des Dames« (Damenfrieden), den sie mit der Schwester von Philibert von Savoyen, der Königinmutter von Frankreich, in Cambrai 1529 schloß. Dadurch wurden die feudalen Bande Frankreichs mit Artois und Flandern für immer abgebrochen und auf längere Sicht die internationalen Beziehungen zu Habsburgs Vorteil geregelt.

Von Margaretes Hof in Mecheln strahlte ein mildes Mäzenatentum aus, das vornehmlich der wichtigen südniederländischen Musikantenschule zugute kam, aber auch den Malern, Schriftstellern, Buchverlegern und Teppichwebern.

Lit.: Gislaine de Boom, Marguerite d'Autriche-Savoie et la pré-Renaissance, Paris–Brüssel 1935; Jane de Jongh, Margaretha van Oostenrijk, Amsterdam–Antwerpen 1946; E. Winker, Margarete von Österreich, Grande Dame der Renaissance, München 1966.

Bl.

Margarete, Herzogin von Parma, Statthalterin der Niederlande, natürliche Tochter von Kaiser → Karl V. und Jeanne van den Gheynst, geb. Ende Juli 1522 in Pamele/Flandern, gest. 18. 1. 1586 in Ortona/Italien, begr. in S. Sisto in Piacenza.

Margarete wurde von der Brüsseler Familie de Douvrin erzogen und 1536 vierzehnjährig vom Vater mit Alexander de Medici verheiratet. Nach der Ermordung ihres Gatten 1537 übernahm sie stellvertretend die Regierung in Florenz. Durch ihre zweite Ehe mit Ottavio Farnese 1538 wurde sie aufs neue in die europäische Politik Karls V. eingeschaltet. Die Ehe war nicht glücklich, und Margarete verwickelte sich in den Parteienkampf zwischen den großen italienischen Familien und dem Vatikan.

Obwohl Ottavio Farnese mit Hilfe des Kaisers Herzog von Parma geworden war und zunächst mit Karl V. die Piraten von Tunis bekämpft hatte, stellte er später dem französischen König seine militärischen Dienste zur Verfügung. Der folgende Konflikt mit dem Kaiser wurde zwar beigelegt, die Ehe mit Margarete tat ein weiteres. Endgültig wurden die Beziehungen zwischen Karl V. und Ottavio Farnese jedoch erst 1555 normalisiert. 1556 wurde vereinbart, daß Margaretes Sohn, Alexander Farnese, als Geisel für die politische Zuverlässigkeit seines Vaters am Hof → Philipps II. (der 1555 Karl V. als König von Spanien nachgefolgt war) erzogen werden sollte.

Als Philipp II. nach dem Rücktritt Emanuel-Philiberts von Savoyen einen neuen Statthalter für die Niederlande suchte, wurde Margarete für diese Funktion auserwählt. Hinter dieser Entscheidung stand Anton Perrenot, Herr von Granvelle und Bischof von Arras, einer der wichtigsten Ratgeber Philipps II., ein typischer Vertreter der »Noblesse de Robe« und Verteidiger der fürstlichen zentralistischen und bürokratischen Politik, gegen den der niederländische Adel opponierte. Er war nicht so sehr gegen die Zentralisierung, sondern gegen die Bürokratie, wo Juristen die wichtigsten politischen Stellungen bekleiden würden. Darum wünschte der Adel, daß im Staatsrat (einem der drei Regierungsräte, der 1531 neben dem Geheimen Rat und dem Finanzrat gegründet worden war) nur noch Adelige ihren Sitz haben sollten und daß dieser Rat zugleich tatsächlich an der Politik beteiligt sein sollte. Der adelige Widerstand gegen die fürstliche Politik wurde noch verstärkt, als bekannt wurde, daß in den Niederlanden neue Bistümer errichtet werden sollten, daß der König die Titelträger ernennen würde und daß Granvelle Kardinal-Erzbischof von Mecheln würde. Gleich wurde die protestantische Unzufriedenheit kräftiger, und die ganze Opposition richtete sich gegen den Kardinal, der die Aktion gegen seine Person als einen regelrechten Angriff der königlichen Gewalt betrachtete.

Margarete hielt es 1563 nicht mehr für opportun, ihren Ratgeber weiter zu unterstützen. Als es außerdem klarwurde, daß der Kardinal ihren Interessen in bezug auf Parma und Piacenza nicht diente, bewirkte sie seinen Abgang aus den

Niederlanden. Der Adel errang damit einen wichtigen politischen Sieg und hielt jetzt die Politik in den Niederlanden nahezu völlig in Händen. Nach dem Abgang Granvelles wurde die Statthalterin so gut wie völlig von der adeligen Opposition unter der Führung von Wilhelm von Nassau, Prinz von Oranien, und den Grafen Egmond und Horn beherrscht. Sie konnte dann auch gar nichts anderes tun, als den König zu mahnen, die Entscheidungen über die Niederlande nicht zu lange hinauszuschieben, und drang auf ein baldiges Kommen des Fürsten.

Der politische und religiöse Widerstand gegen die Verwaltung Philipps II. verstärkte sich inzwischen immer mehr. Kontakte zwischen Adeligen, die sich 1565 bei der Heirat von Alexander Farnese in Brüssel trafen, führten zu einer »Eidgenossenschaft von Adeligen«, wobei eine Mäßigung der Ketzerverfolgung im Mittelpunkt stand. Dieser Wunsch wurde Margarete zusammen mit der Frage nach einer Allgemeinen Staatenversammlung 1566 in einem Bittgesuch übergeben. Die Statthalterin verstand, daß sie die Opposition nicht allzu sehr vor den Kopf stoßen durfte, und gab zu erkennen, daß sie den König um eine Milderung der Anschläge gegen die Ketzerei bitten wollte. Bald darauf erließ sie selbst eine »Moderation«, die jedoch von den radikalen Gruppen (den Protestanten und der Opposition am Hof) als nicht weitgehend genug zurückgewiesen wurde. Ein wichtiges Element in dem Widerstand war auch die Angst vor der Einführung einer Inquisition nach spanischem Modell. Die Statthalterin ließ jedoch wissen, daß der König so etwas ganz und gar nicht erwäge. Es ist klar, daß Margarete im Frühjahr 1566 durch die schnelle politische Evolution in den Niederlanden immer mehr in die Enge getrieben wurde und daß sie die »Moderation« als ein »notwendiges Übel« betrachtete. So erlaubte sie gleich nach dem gewalttätigen Bildersturm vom August 1566, die protestantischen Predigten zu dulden – in jenen Orten, wo vorher schon gepredigt wurde, und unter der Bedingung, daß die öffentliche Ordnung nicht gestört würde. Für Brabant gestattete sie die Zusammenkunft der Provinzialstaaten unter der Bedingung, daß man Mittel gegen das protestantische Predigen su-

Margarete von Parma, Statthalterin der Niederlande

chen würde. Als die Lage allmählich zur Ruhe kam, war die Statthalterin nicht zu weiteren Zugeständnissen bereit. Der »Religionsfriede«, den Wilhelm von Oranien in Antwerpen erreicht hatte, wurde abgewiesen, das protestantische Predigen wurde verboten, die Prediger wurden ausgewiesen, und von den Adeligen wurde ein neuer Treueeid zum König gefordert. Inzwischen wurden Untersuchungskommissionen beauftragt, nach den Schuldigen an den öffentlichen Ruhestörungen während des Sommers 1566 zu fahnden und sie vor Gericht zu bringen.

Anfang 1567 hatte Margarete den Zustand fast wieder unter Kontrolle. Die meisten Gegner (darunter Oranien) hatten das Land verlassen. Gerade in diesem Augenblick erklärte Philipp II., daß er seine angekündigte Reise nach den Niederlanden zunächst verschöbe. Der Herzog von Alba solle mit einer beachtlichen Armee in den Niederlanden Ordnung schaffen. Margarete konnte damit nicht einverstanden sein, fühlte sich zur Seite geschoben und unterstützte dann auch den städtischen Protest gegen die drohenden militärischen Einquartierungen.

Der Herzog von Alba wurde von Margarete bei seiner Ankunft in den Niederlanden sehr kühl empfangen. Wegen des Konflikts über die Einquartierungen und wegen der weitgehenden Vollmachten des Herzogs war ihre Macht stark angegriffen. Ihr Rücktritt als Statthalterin schien ihr dann die einzig mögliche Lösung. Im Dezember 1567 reiste Margarete nach Italien, um sich zuerst in Piacenza, nachher in Aquila in den Abruzzen niederzulassen. Ihre Verwaltung wurde, sicherlich im Vergleich zu jener Albas, von den Zeitgenossen positiver beurteilt, sogar in solchem Maße, daß von einem Mythos die Rede sein könnte.

Als die politische Evolution in den Niederlanden nach der Genter Pazifikation 1576 und dem Konflikt zwischen Don → Juan d'Austria und den Generalstaaten um die fürstliche Gewalt sich negativ auszuwirken drohte, versuchte Philipp II. auf Anregung Kardinal Granvelles, Margarete von Parma aufs neue mit der Landvogtei über die Niederlande zu beauftragen. Anfangs war der König der Meinung, daß Margarete und Granvelle am besten zusammen die Verwaltung ausüben könnten, aber diese Pläne führten zu nichts. Nicht nur der Kardinal weigerte sich entschieden, auch Margarete ließ sich nicht auf den Vorschlag ein. Sie kannte ja sehr gut die Opposition der Niederländer gegen Granvelle und meinte außerdem, selbst niemanden mehr zu haben, der ihr in den Niederlanden beistehen würde.

Nach dem Tode Don Juans 1578 wurde zunächst ihr Sohn Alexander Farnese neuer Statthalter – allerdings nur bis zur Rekonziliation der wallonischen Provinzen 1579. Nun war Margarete einverstanden, in die Niederlande zurückzugehen, in der Hoffnung, Piacenza völlig unter Kontrolle zu bringen. Sie wurde mit denselben Zuständigkeiten bekleidet wie 1559. Ihrem Sohn wurde nur der militärische Oberbefehl gelassen – eine Situation, worüber beide Betroffenen nicht glücklich waren. Das Problem der Machtaufteilung zwischen Mutter und Sohn wurde nicht gelöst. Obwohl Alexander seit dem 1. November 1580 de jure kein Landvogt mehr war und der König die Teilung der Macht bestätigt hatte, blieb ihm seine leitende Funktion, während Margarete ihren Aufenthalt in Namur hatte und sich weigerte, ihr Amt aufzunehmen. Diese verwirrende und peinliche Situation hörte erst auf, als Margarete am 25. Juli 1583 von Philipp II. die Genehmigung bekam, nach Italien abzureisen. Alexander Farnese war der große politische Sieger. Margarete zog sich nach Ortona zurück.

Werke: Correspondance de Marguerite d'Autriche Duchesse de Parme avec Philippe II (Hrsg. Baron de Reiffenberg), Brüssel 1842; Correspondance de Marguerite d'Autriche Duchesse de Parme avec Philippe II, 3 Bde., Brüssel 1867–1881; Correspondance française de Marguerite d'Autriche, Duchesse de Parme, avec Philippe II, 3 Bde., Utrecht 1925–1942; I. Donofrio, Il carteggio intimo di Margarita d'Austria, Napoli 1919; Correspondance de Philippe II sur les affaires des Pays-Bas (Hrsg. L. P. Gachard), 5 Bde., Brüssel 1848–1879.

Lit.: F. Rachfahl, Margaretha von Parma, München–Leipzig 1898; J. De Jongh, Madama Margaretha van Oostenrijk, hertogin van Parma en Piacenza 1522–1586, Amsterdam 1981 (3. Aufl.)

J.

Margareta, Tochter von Kaiser → Ferdinand I. und → Anna von Ungarn, geb. 16. 2. 1536 in Innsbruck, gest. 12. 3. 1566 in Hall in Tirol, begr. in der Jesuitenkirche in Hall in Tirol.

Mit ihren beiden Schwestern → Magdalena und → Helene gründete Margareta das adelige Damenstift in Hall in Tirol. Noch bevor das Stiftsgebäude fertig war, starb sie.

H.

Margarethe, Tochter von Kaiser → Maximilian II. und der Infantin → Maria, geb. 25. 1. 1567 in Wien, gest. 5. 7. 1633 in Madrid, begr. im Klarissenstift der Descalzas Reales in Madrid.

Nach dem Tod von Margarethes älterer Schwester → Anna, der vierten Gemahlin

Erzherzogin Margarethe, die es vorzog, Nonne in Madrid zu werden statt Königin von Spanien. Gemälde von Andres Lopez

→ Philipps II. von Spanien, plante der König eine weitere Verbindung mit dem österreichischen Zweig des Hauses und strebte eine fünfte Heirat mit der damals 13jährigen Margarethe, seiner Schwägerin und Nichte, an. Diese jedoch fühlte sich für den geistlichen Stand berufen und wurde in diesem Beschluß auch von Kardinal Karl Borromäus bestärkt, den sie in Mailand traf. Um ihrem verwitweten Schwager und Onkel Philipp II. bei der Erziehung seiner kleinen Kinder zu helfen, reiste Margarethe 1581 gemeinsam mit ihrer verwitweten Mutter, Kaiserin Maria (die ja eine Schwester Philipps war), nach Spanien. In Madrid trat sie 1583 in den von ihrer Tante → Johanna (»der Wahnsinnigen«) gegründeten Konvent der Descalzas Reales ein, wo sie den Namen Sor Margarita de la Cruz annahm und wo sie auch – fast fünfzig Jahre später – starb.

H.

Margarete von Österreich, Königin von Spanien und Portugal, Gemahlin von → Philipp III. (II.), Tochter von Erzherzog → Karl II. von Innerösterreich und → Maria von Bayern, geb. 25. 12. 1584 in Graz, gest. 3. 10. 1611 im Escorial, begr. im Escorial.

König → Philipp II. wollte mit der Heirat seines Nachfolgers die Bindung zwischen beiden Linien des Hauses Habsburg stärken. Drei Töchter aus der zahlreichen Nachkommenschaft seines Vetters Karl schienen ihm dafür geeignet. Der Prinz, angesichts der in Porträts ihm vorgestellten Töchter des Großonkels vor die Wahl gestellt, überließ – willenlos wie er war – dem Vater die Entscheidung. Sie fiel auf die älteste → Katharina Renate, geb. 1576. Doch starb sie ebenso wie die jüngere, von Gesichtsnarben und einer verwachsenen Schulter verunzierte → Gregoria Maximiliane, geb. 1581, noch bevor die Heiratsverhandlungen in Gang kamen. So führte das Schicksal Margarete (span. Margarita) an die Seite des Erben eines weltumspannenden Imperiums. Nach ihren Porträts zu urteilen, war sie nicht von überragender Schönheit, aber doch angenehm anzusehen. Ein frohes und umgängliches Wesen und Sinn für Maß zeichneten sie aus. Es wird berichtet, sie habe die Nachricht ihrer Wahl mit Tränen aufgenommen und hätte es vorgezogen, in ihrer Heimat Armen und Kranken zu helfen. Ihre Familie freilich verband mit der Heirat (vergebliche) Hoffnungen auf Würden und Teilhabe am legendären Reichtum Spaniens.

Begleitet von ihrer Mutter und aufwendigem Gefolge reiste sie über Ferrara, wo Papst Klemens VIII. die Sponsalien des jungen Paares zelebrierte (Philipp, inzwischen König, wurde durch Erzherzog → Albrecht vertreten), nach Genua und von dort über See, von 40 Galeeren geleitet, nach Valencia, wo sie nach siebenmonatiger Reise 1599 Einzug hielt. Hier fanden die Hochzeitsfeierlichkeiten in einer in Spanien bis dahin nicht gesehenen Pracht statt.

Bald habe das königliche Paar eine liebevolle Zuneigung verbunden, hieß es. Anders als sein Nachfolger ließ Philipp sich keine nachweisbaren außerehelichen Verfehlungen zuschulden kommen. Beide vereinte große Frömmigkeit. Margarete zeigte im Unterschied zu ihrem Gemahl Interesse an herrschaftlicher Verantwortung. So wurde sie eine Gefahr für Philipps allmächtigen Favoriten, den Herzog von Lerma. Mit der Zeit gelang es ihm, sie mit Personen seines Vertrauens zu umgeben. Nach einem Bericht des Wiener Gesandten Khevenhüller verbot er ihr sogar die Einmischung in politische Angelegenheiten. Derart eingeschränkt, konnte sie zunächst nur durch Förderung geistlicher Orden sowie Hilfe für Kranke und Kriegsversehrte hervortreten. Klarsichtiger als ihr passiver Gemahl, durchschaute sie bald Lermas Ränkespiele. Unterstützt von dessen Gegnern, gelang es ihr schließlich, wenigstens den skandalumwitterten Zögling Lermas, Rodrigo Calderón, vom Hofe zu entfernen. Gerüchte, wonach Calderón ihren Tod herbeigeführt habe, konnten nicht bewiesen werden.

Königin Margarete als heilige Maria dargestellt in Erwartung der Geburt eines Thronerben (des späteren Königs Philipp IV.). Der Verkündigungsengel hat die Züge der kleinen Infantin Anna, der späteren Königin von Frankreich. Gemälde von Juan Pantoja de la Cruz

Von ihren acht Kindern starben drei frühzeitig: Maria (geb. und gest. 1603), Margarethe (1610–1617) und Alfons (1611/12), den man auch »El Caro« (den Teuren) nennt, weil seine Geburt das Leben der 26jährigen Mutter kostete. Das Kindesalter überlebten: → Anna, geb. 1601, die spätere Königin von Frankreich, der spätere → Philipp IV., geb. 1605, → Maria Anna, geb. 1606, die spätere Gemahlin Kaiser → Ferdinands III., → Carlos, geb. 1607, und → Ferdinand, geb. 1609, der spätere Kardinal.
B.

Margarita Maria **Teresa**, Kaiserin, erste Gemahlin von Kaiser → Leopold I., Tochter von König → Philipp IV. von Spanien und der Habsburgerin → Maria Anna, geb. 12. 7. 1651 in Madrid, gest. 12. 3. 1673 in Wien, begr. in der Kapuzinergruft, Wien.

Nach dem Scheitern seiner Ehepläne mit der spanischen Infantin → Maria Theresia (die dann Ludwig XIV. heiratete) willigte Kaiser Leopold in eine Verbindung mit deren jüngerer Schwester Margarita ein, um die gewünschte Verbindung zu Spanien weiter zu verstärken und die Erbansprüche auf Spanien aufrechtzuerhalten. Margarita, die aus einer Verwandtenehe von Onkel und Nichte stammte, war ihrerseits die Cousine und Nichte Leopolds, den sie auch während der Ehe »Onkel« nannte. 1663 wurde die lange geplante Verlobung der Zwölfjährigen öffentlich verkündet. Die Hochzeit fand zu Ostern 1666 per procuram in Spanien statt.

Die Vierzehnjährige reiste mit großem Gefolge von Madrid nach Barcelona, von dort aus in einem prächtigen, goldverzierten Schiff und einem Begleitgeschwader von 34 Galeeren nach Genua, wo sie feierlich begrüßt wurde, zu Land weiter über Mailand und Brescia, wo sie im Oktober 1666 an den kaiserlichen Abgesandten übergeben wurde. Das Kaiserpaar sah sich zum erstenmal in Schottwien. Anfang Dezember zog die Braut endlich in Wien ein. Höhepunkt der wochenlangen Hochzeitsfeiern war ein prunkvolles Roßballett auf dem Burgplatz mit persönlicher Beteiligung des Kaisers.

Im Lauf der jahrelangen Eheverhandlungen mit dem spanischen Königshaus wurden mehrere Bilder Margaritas nach Wien zur Ansicht geschickt und verblieben in den kaiserlichen Sammlungen. Hier zwei Porträts des spanischen Hofmalers Diego Velázquez.

Die Ehe zwischen Onkel und Nichte (»Gredl«) war recht harmonisch, wozu auch Margaretes Musikalität beitrug. Zu ihrem 17. Geburtstag 1668 ließ der Kaiser die Oper »Il pomo d'oro« von Marc Antonio Cesti aufführen, das bedeutendste musiktheatralische Ereignis des 17. Jahrhunderts. Die private Umgangssprache des Paares war Spanisch, die Hofsprache Italienisch. Deutsch sprach Margarita nur unvollkommen. Ihre überaus strenge Frömmigkeit veranlaßte Leopold 1669 und 1670 zur Vertreibung der Juden aus Wien. Die ehemalige Judenstadt wurde zur »Leopoldstadt«, die dortige Synagoge zerstört und an ihrer Stelle die Leopold-Kirche erbaut.

In sechs Ehejahren bekam die junge Kaiserin (außer zwei Fehlgeburten) vier Kinder: Ferdinand Wenzel, geb. und gest. 1667, Johann Leopold, am Tag der Geburt 1670 gestorben, Maria Anna, geb. und gest. 1672; nur eine Tochter, → Maria Antonia, geb. 1669, wurde erwachsen und gab die Ansprüche ihrer Mutter auf den spanischen Thron an ihren Sohn aus der Ehe mit dem Kurfürsten von Bayern weiter. (Der vorgesehene Erbe starb allerdings siebenjährig noch zu Lebzeiten des letzten spanischen Habsburgers → Karl II.)

Die höfischen Differenzen mit Margaritas spanischem Gefolge gipfelten in Wien in der unverhüllt geäußerten Hoffnung auf den baldigen Tod der sichtlich schwächer werdenden und durch einen Kropf verunstalteten 21jährigen Kaiserin und dem ebenso unverhüllten Wunsch nach einer zweiten kaiserlichen Ehe mit → Claudia Felicitas von Tirol (was auch noch im selben Jahr geschah).

Lit.: Marqués de Villa-Urrutia, Relaciones entre España y Austria durante el reinado de Doña Margarita, esposa del emperador Leopoldo I, Madrid 1905; Irmgard Smidt-Dörrenberg, Margarita Maria. Des Velázquez lieblichstes Modell, Wien 1966; Gladys Taylor, The little Infanta, London 1960; Helga Widorn, Die spanischen Gemahlinnen der Kaiser Maximilian II., Ferdinand III. und Leopold I., Diss., Wien 1959.

H.

Margarete, erste Gemahlin von Erzherzog → Karl Ludwig, geb. 24. 5. 1840 in Dresden, gest. 15. 9. 1858 in Monza, begr. in der Kapuzinergruft, Wien.

Mit sechzehn Jahren wurde die Tochter des Königs Johann von Sachsen und der Prinzessin Amalie von Bayern mit ihrem Vetter 1. Grades, dem jüngeren Bruder Kaiser → Franz Josephs, Karl Ludwig, verheiratet (die Mütter waren Schwestern). Karl Ludwig war damals Statthalter von Tirol. Die zweijährige glückliche Ehe blieb kinderlos. Auf einer Oberitalienreise erkrankte die Achtzehnjährige schwer an Typhus und starb. Ihr Herz wurde auf Wunsch der Tiroler in der Hofkapelle in Innsbruck beigesetzt.

H.

Margarethe Sophie, Herzogin von Württemberg, Tochter von Erzherzog → Karl Ludwig aus zweiter Ehe mit Prinzessin → Maria Annunziata von Sizilien-Bourbon, geb. 13. 5. 1870 in Artstetten/Niederösterreich, gest. 24. 8. 1902 in Gmunden/Oberösterreich, begr. in Altshausen/Württemberg.

Die Erzherzogin verlor, gerade ein Jahr alt, ihre Mutter, wurde aber von der Stiefmutter, Erzherzogin → Maria Theresia, liebevoll aufgezogen. Sie wurde Äbtissin des adeligen Damenstiftes am Prager Hradschin, heiratete aber 1893 Herzog Albrecht von Württemberg (1865–1939), der auch Thronfolger war. Nach neunjähriger glücklicher Ehe, der drei Söhne und drei Töchter entsprossen, starb die Herzogin 32jährig. Ihr Sohn Philipp heiratete wiederum Habsburgerinnen (→ Helene und → Rosa).

H.

Erzherzogin Margarethe Sophie im Ornat der Fürstäbtissin des Theresianischen Damenstiftes auf dem Hradschin in Prag

Margarethe, Tochter von Erzherzog → Josef und Herzogin → Klothilde von Sachsen-Coburg-Gotha, geb. 6. 7. 1870 in Alcsut/Ungarn, gest. 2. 5. 1955 in Regensburg.

Sie wurde 1890 mit dem Fürsten Albert von Thurn und Taxis (1867–1952) vermählt. Die

Margarethe, Fürstin von Thurn und Taxis

Fürstin war eine begeisterte Reiterin. Sie beschäftigte sich als Malerin und Bildhauerin (Arbeiten in der Herz-Jesu-Kirche in Regensburg). In beiden Weltkriegen arbeitete sie als Krankenschwester und engagierte sich lebenslang in Wohltätigkeitsorganisationen. Kaiser → Franz Joseph war Pate ihres ältesten Kindes, des späteren Fürsten Franz Joseph von Thurn und Taxis. Die Fürstin nahm 1944, nach der Emigration ihrer Eltern und Geschwistern aus Ungarn, diese bei sich in Regensburg auf.

Ni./So./H.

Margareta, Tochter von Großherzog → Ferdinand IV. von Toskana aus zweiter Ehe mit → Alice von Bourbon-Parma, geb. 13. 10. 1881 in Salzburg, gest. 30. 4. 1965 in Schwertberg/Oberösterreich.

Die Erzherzogin wuchs mit vielen Geschwistern im Salzburger Exil auf und zog unverheiratet 1918 mit ihrer verwitweten Mutter Alice nach Schwertberg in Oberösterreich, wo sie auch betagt starb. Die Familie hatte 1919 die Verzichtserklärung auf alle erzherzöglichen Rechte unterschrieben und ihr Vermögen behalten.

H.

Margareta (»Meg«), Tochter von Erzherzog → Leopold Salvator und Prinzessin → Blanka von Bourbon-Kastilien, geb. 8. 5. 1894 in Lemberg, gest. 21. 6. 1986 in Rom, begr. in Viareggio.

Die Erzherzogin betätigte sich im Ersten Weltkrieg in der Krankenpflege. 1937 heiratete sie auf Schloß Sonnberg/Niederösterreich den italienischen Botschafter Francesco Marchese Taliani de Marchio (1887–1968). Die Ehe blieb kinderlos. Margareta war als Malerin tätig und verbüßte unschuldig eine von Japanern verhängte Haft in einem Konzentrationslager in China.

H.-L.

Maria von Burgund, erste Gemahlin von → Maximilian I., geb. 13. 2. 1457 in Brüssel, gest. 27. 3. 1482 in Brügge, begr. in Nôtre Dame in Brügge.

Als Tochter Herzog Karls des Kühnen von Burgund und seiner zweiten Gemahlin, Isabella von Bourbon, und alleinige Erbin eines groß und vor allem reich gewordenen Länderkomplexes war Maria von klein auf ein begehrtes Objekt auf dem europäischen Heiratsmarkt. Neben Spanien, England und Frankreich traten auch die Habsburger (bereits 1463, also für die erst Sechsjährige) als Brautwerber für den einzigen Sohn Kaiser → Friedrichs III., Maximilian, auf. Der ehrgeizige Karl der Kühne erkannte seine Chance, dieses kostbare Kind so teuer wie möglich zu verkaufen: Kaiser wollte er werden oder wenigstens König eines burgundischen Reiches. 14 Jahre lang wurde um dieses Projekt gefeilscht. 1477 fiel Karl der Kühne in der Schlacht bei Nancy, ohne sein Ziel erreicht zu haben.

Kaiser Maximilians geliebte erste Frau, Maria von Burgund. Gemälde von Niclas Reiser (?)

Maria von Burgund begrüßt ihren Bräutigam Maximilian in Gent. Romantische Darstellung bei Anton Ziegler aus dem 19. Jahrhundert

Maria mußte schutzlos zusehen, wie die Truppen Ludwigs XI. von Frankreich in Burgund einfielen, wie die flandrischen Städte revoltierten, wie ihre treuesten Ratgeber hingerichtet wurden. Die Ehe mit dem 14jährigen verwachsenen Dauphin aber ließ sie sich nicht aufzwingen. Sie wollte nur Maximilian als Bräutigam anerkennen. Tapfer hielt sie aus, bis dieser im August 1477 endlich in Gent einlangte. Am Tag darauf wurde geheiratet.

Die Ehe wurde, obwohl sie aus rein politischen Motiven geschlossen worden war, überaus glücklich. Zur Liebe auf den ersten Blick kam, daß beide die Jagd und lustige Feste liebten, daß Maria ihrem zwei Jahre jüngeren Max ein kultiviertes Raffinement des Luxus und der Lebensfreude bieten konnte, wovon man am kargen Hof Friedrichs III. nicht die entfernteste Ahnung hatte. Sie bekamen einen Sohn → Philipp (der Schöne), geb. 1478, und eine Tochter → Margarete, geb. 1480. Ein weiteres Kind, Franz, geb. 1481, starb als Säugling.

Dann war das Glück plötzlich zu Ende: Maria stürzte vom Pferd und starb 25jährig nach drei qualvollen Wochen an inneren Verletzungen.

Lit.: Carl Vossen, Maria von Burgund, Stuttgart 1982.

Mr.

Maria, Königin von Ungarn und Böhmen, Statthalterin der Niederlande, Tochter von → Philipp dem Schönen und der Königin → Johanna von Kastilien, geb. 17. 9. 1505 in Brüssel, gest. 18. 10. 1558 in Cigales/Spanien, begr. seit 1574 im Escorial.

Nicht einmal ein Jahr alt, wurde Maria bereits von ihrem Großvater, Kaiser → Maximilian, in dessen Netz dynastischer Politik einbezogen: In der Hoffnung, daß Königin → Anna von Böhmen und Ungarn einen Sohn zur Welt bringen würde, verband der Kaiser seine Enkelin 1506 einem Ungeborenen. Mit der Geburt Ludwigs II. (1506–1526) war die Zukunft Marias, die mit ihren Schwestern → Eleonore und → Isabella unter der Obhut ihrer Tante → Margarete, Statthalterin der Niederlande, aufwuchs, vorgezeichnet.

Auf Wunsch Maximilians verließ Maria 1514 ihr Geburtsland und wurde in Wien als Braut Ludwigs begrüßt. Höhepunkt der Abschlußverhandlungen für die habsburgisch-jagiellonische Doppelhochzeit war die Trauung der zehnjährigen Erzherzogin mit dem neunjährigen ungarischen Thronfolger durch den Erzbischof von Gran (Estergom) im Stephansdom.

Mit ihrer späteren Schwägerin → Anna übersiedelte Maria 1517 nach Innsbruck, wo die Fünfzehnjährige gegen die Absicht, die Kosten ihres Hofstaates zu reduzieren, lauthals protestierte. Nach ihrer Teilnahme an der Hochzeit ihres Bruders → Ferdinand mit Anna in Linz 1521 reiste Maria – ausgestattet mit der Hälfte des Schmucks der Kaiserin → Bianca Maria – nach Preßburg. Ihren Mut bewies sie bereits mit dem Entschluß, sich trotz türkischer Bedrohung nach Ofen (Buda) zu begeben, um als gekrönte Königin – die Ehe wurde erst nach der Krönung 1522 vollzogen – im Sinn einer Regierungsführung handlungsfähig zu sein.

Die fünf Jahre bis zum Tod Ludwigs war sie bemüht, den habsburgischen Einfluß zu stärken. Dabei ging es nicht nur um die Anwartschaft auf die beiden jagiellonischen Königreiche, sondern vor allem um eine koordinierte, intensivierte Abwehr der Türken. Das Treffen von Wiener Neustadt 1523 zwischen Ferdinand und Ludwig verlief im Sand. Selbst die Ungarn bemängelten die Unfähigkeit ihres jungen Königs, tatkräftig vorzugehen. Daß andererseits Maria, die ihrem Mann geistig weit überlegen war, sich auf nichtungarische Berater stützte, kostete sie Sympathien.

Nach der Katastrophe von Mohács, wo ihr junger Mann auf dem Schlachtfeld starb, versuchte Maria von Preßburg aus, für ihren Bruder Ferdinand als neuen König von Ungarn und Böhmen einzutreten. Die Erbverträge wurden aber durch den Anspruch der Stände auf eine Königswahl außer Kraft gesetzt. Der Kandidat der nationalen Partei, Jan Zápolya, Woiwode von Siebenbürgen, wurde bereits ein Jahr vor Ferdinand gekrönt. Marias Aufgabe als Statthalterin war es, die habsburgischen Parteigänger zu fördern – ein schwieriges Unterfangen bei der tristen finanziellen Situation. Ihre Bemühungen bezahlte sie schon damals mit physischer Erschöpfung. In der Folge lehnte sie die Position einer Stellvertreterin des Königs ab, war aber immer bereit, Ferdinand beratend zur Seite zu stehen.

1530 trafen die Geschwister → Karl V., Ferdinand und Maria einander auf dem Reichstag zu Augsburg, wo der Kaiser Gelegenheit hatte, die Fähigkeiten seiner Schwester kennenzulernen und sich ein Bild ihrer religiösen Überzeugung zu machen, die den Brüdern wegen einer von ihnen vermuteten lutheranischen Grundtendenz Sorgen bereitete. Der Eindruck der Augsburger Monate bestimmte Karl zweifellos, nach dem Tod seiner Tante Margarete die 25jährige Witwe Maria zu bitten, die Statthalterschaft in den Niederlanden zu übernehmen.

Mit der Präsentation vor den Ständen 1531 begann Marias 24jährige Tätigkeit im Dienste Karls als Herrn der Niederlande. Als Verbindung zu Ungarn blieb nur der jahrelange Kampf um die Nutzung ihrer durch Eroberungen der Gegenseite gefährdeten Witwengüter. Auf deren Ertrag war sie angewiesen, da Karl bei Bemessung ihrer niederländischen Apanage ungarische Einkünfte einkalkuliert hatte. Erst 1548 beendete ein Finanzausgleich den leidigen Streit.

Königin Maria von Ungarn und Böhmen als Statthalterin der Niederlande

Jedenfalls hatte Karl mit der Wahl der Schwester den besten Griff getan. Ihre überragenden Begabungen auf dem Gebiet der Politik, der Finanzen und der Kriegführung setzte sie voll für ihn ein, vergaß dabei aber nie, für die von ihr regierten Länder einzutreten. Gleich zu Beginn setzte sie für holländische Schiffe die freie Fahrt durch den Sund durch. Mit dem Frieden von Grave 1536 schien die Nachfolge Karls in Geldern gesichert, doch im neuerlichen Krieg zwischen Karl V. und Franz I. von Frankreich mobilisierte Maria den Widerstand, der die Franzosen zum Rückzug zwang. Das gefährliche Bündnis zwischen Franz und dem neuen Herzog von Geldern 1540 paralysierte sie mit dem Ausbau des Festungswesens. Mit dem Sieg des Kaisers bei Düren 1543 war Geldern an die Niederlande angeschlossen und Maria Gouvernante über 17 Provinzen.

Marias Elan für eine Verstärkung militärischer Defensive mag durch Erfahrungen in Ungarn geweckt worden sein: In den Niederlanden war sie die Initiatorin der Sicherung des Südens durch die Forts von Mariembourg, Charlemont, Philippville. Unter ihrer Ägide verwandelte sich Antwerpen zu einem modernen Bollwerk. Die Schwierigkeiten im Inneren konnte sie allerdings nicht allein meistern: sowohl für die Unterdrükkung der Wiedertäufer als auch für die Niederschlagung der von politisch-sozialen Motiven getragenen Genter Revolte (1539/40) war Karls persönlicher Einsatz erforderlich.

Marias Parteinahme für die Niederlande und deren Probleme gegen alle Interessen des Reichs manifestierte sich durch ihre überragende Mitwirkung bei der Ausarbeitung des Augsburger Vertrags 1548, der die 17 Provinzen weitgehend vom Reich löste. Und ebenso engagierte sie sich neben Karl für den Abschluß der Pragmatischen Sanktion 1549, durch die alle Länder unter ein einheitliches Erbrecht gestellt wurden.

Marias politisches Denken war vor allem auf Karls dynastische Pläne ausgerichtet. Auf eine ausgewogene Unterstützung Ferdinands erstreckte sich ihre Aktivität nicht, denn sie übte (entgegen der vorherrschenden Meinung von ihrer Vermittlerrolle in der Frage der »Spanischen Sukzession«, der Nachfolge im Reich 1550/51) fast erpresserischen Druck auf Ferdinand aus, um ihn zur Annahme der Vorstellungen Karls zu bewegen – und diese sahen → Philipp II. als zukünftigen römischen König vor. Nicht zuletzt zeigte sich ihre Übereinstimmung mit Karl, als sie noch während des letzten Krieges gegen Frankreich, der ihr Schloß Mariemont zerstörte, gleichzeitig mit seiner Abdankung die Statthalterschaft zurücklegte, um sich mit dem Bruder nach Spanien zurückzuziehen.

Sie spielte die undankbare Rolle der Stellvertreterin, die mit der Unzufriedenheit der Bevölkerung rechnen mußte, während die Beliebtheit des meist abwesenden Landesfürsten unverändert blieb, mit eiserner Willensstärke. Ihre vielfachen Begabungen – politischer Scharfsinn, strategisches Denken und ein erstaunliches physisches Durchhaltevermögen –, verbunden mit der Vernachlässigung modischen weiblichen Aussehens, ließen sie als Frau ungewöhnlich erscheinen und trugen ihr wiederholt auch abschätzige Urteile über ihr männliches Verhalten ein.

Lit.: Ghislaine de Boom, Marie de Hongrie, Bruxelles 1956; Jane de Jongh, Mary of Hungary, London 1959; Gernot Heiß, Königin Maria von Ungarn und Böhmen, Diss., Wien 1971; Gernot Heiß, Politik und Ratgeber der Königin Maria von Ungarn in den Jahren 1521–1531, in: Mitteilungen des Instituts für österr. Geschichtsforschung 82 (1974), 120–180.

T.

Maria Tudor, Königin von England und Spanien (»Die Katholische«, »Die Blutige«), zweite Gemahlin König → Philipps II. von Spanien, geb. 18. 2. 1516 in Greenwich, gest. 17. 11. 1558 in London, begr. in der Westminster Abbey, London.

Bis zur Annullierung der Ehe ihrer Eltern, König Heinrichs VIII. von England und Katharinas von Aragon 1533, wurde Mary als Erbin der englischen Krone erzogen. Unter dem Einfluß Katharinas behielt sie ihren katholischen

»Bloody Mary« trägt hier den Schmuck der spanischen Königinnen, der nur bei besonderen Staatsanlässen getragen wurde: den Diamanten »El Estanque« und die Perle »La Peregrina«. Gemälde nach Anthonis Mor

Glauben bei und sah in Kaiser → Karl V. den Verfechter dieses Glaubens und ihren Beschützer. In seinem Testament bestimmte Heinrich VIII. sie zur Thronfolgerin, falls ihr jüngerer Halbbruder Eduard VI. ohne Kinder sterben sollte. Als dieser Fall 1553 eintrat, konnte sich Mary gegen die Ansprüche ihrer Cousine Jane Grey behaupten und proklamierte sich zur Königin. Um ihre Stellung durch die Geburt eines Erben zu festigen, heiratete die Achtunddreißigjährige 1554 in Winchester den spanischen Thronfolger Philipp, der kurz zuvor zum König von Neapel ernannt worden war. Karl V. förderte diese Ehe, um die kaiserliche Position in der Auseinandersetzung mit Frankreich zu stärken. In England stieß die Verbindung auf Ablehnung, weil man die Kosten eines Krieges mit Frankreich ebenso fürchtete wie eine militante Rekatholisierung des Landes. Philipp mußte daher im Ehevertrag auf eine Beteiligung an der englischen Regierung verzichten.

Bereits vor ihrer Ehe hatte Mary begonnen, den Protestantismus zurückzudrängen und die Kirche wieder unter die römische Obedienz zu stellen. Da sich Philipp der Gefahren einer protestantischen Reaktion bewußt war, versuchte er, Mary zur Mäßigung zu veranlassen. Als er im Spätsommer 1555 England verlassen hatte, um sein burgundisches und spanisches Erbe anzutreten, setzte die Verfolgung der Protestanten ein, bei der etwa dreihundert Menschen starben. Im Frühjahr 1557 kehrte Philipp für nur wenige Monate nach England zurück. Auf seine Veranlassung hin trat England an der Seite Spaniens in den Krieg gegen Frankreich (1556–1559) ein. Die Kosten dieses Krieges erhöhten das bereits bestehende Defizit der englischen Finanzen. Zudem verlor England in dieser Auseinandersetzung mit Calais seinen letzten Stützpunkt auf dem Kontinent. Im November 1558 starb Mary kinderlos. Ihre Regierung wird nicht als eine Blütezeit der englischen Geschichte angesehen, aber sie hinterließ auch kein vom Bürgerkrieg bedrohtes und unregierbares Land. In der englischen Volksmeinung galt Maria jahrhundertelang als grausame Despotin, das Drama hingegen weist ihr die Rolle der unglücklichen Frau zu (vgl. A. Tennyson, Queen Mary, 1875).

Lit.: David M. Loades, The Reign of Mary Tudor. Politics, Government and Religion in England, 1553–1558, London 1979; Martin Hume, Queens of Old Spain, 2. Aufl., London 1911.

Pi.

Maria Manuela von Portugal, erste Gemahlin des späteren Königs → Philipp II., geb. 15. 10. 1527 in Coimbra, gest. 12. 8. 1545 in Valladolid, begr. im Escorial.

Sie wurde als älteste Tochter Johanns III. von Portugal (1502–1557) und → Katharinas von Österreich, der jüngeren Schwester Kaiser → Karls V., geboren. Um die traditionellen verwandtschaftlichen Verbindungen zwischen der portugiesischen und der kastilischen Krone zu festigen und die Vereinigung aller Königreiche der Iberischen Halbinsel und ihrer Kolonialrei-

Die berühmte Bronzegruppe am Grabmal der spanischen Habsburger im Escorial, gestaltet von den Mailänder Bildhauern Leone und Pompeo Leoni. Die erste Gemahlin König Philipps II., Maria von Portugal, kniet neben ihrem Sohn Don Carlos. Vor ihr Philipps dritte Ehefrau, Elisabeth von Valois.

che unter einem Monarchen zu fördern, erwog Kaiser Karl V. bereits seit 1541, seine portugiesische Nichte Maria Manuela mit seinem Sohn Philipp, dem Prinzen von Asturien und späteren Philipp II., zu verheiraten. Die Ehe der fast gleichaltrigen Prinzen wurde 1543 in Almeirim per procuram und fünf Monate später tatsächlich in Salamanca geschlossen. Da Philipp bereits für seinen Vater die Regentschaft in Spanien übernommen hatte, begab sich das junge Paar an den Sitz des Hofes nach Valladolid.

Trotz anfänglicher Zuneigung zog sich Prinz Philipp bald auf Anraten seines Vaters und aus gesundheitlichen Gründen von seiner Frau zurück. Maria Manuela fühlte sich vernachlässigt. Ihre portugiesischen Verwandten beschwerten sich bei Karl V. über Philipps kühles Verhalten. Nach nicht ganz zweijähriger Ehe schenkte Maria Manuela 1545 in Valladolid einem Sohn → Don Carlos das Leben, der ebenso wie seine Urgroßmutter → Johanna die Wahnsinnige geisteskrank war. Maria Manuela erlebte die Krankheit ihres Sohnes jedoch nicht mehr, da sie vier Tage nach seiner Geburt im Alter von siebzehn Jahren starb.

Pi.

Der spätere Kaiser Maximilian II. mit seiner Familie: seiner Gemahlin Maria von Spanien, der Tochter Anna und den beiden Söhnen Rudolf und Ernst. Gemälde von Giuseppe Arcimboldo

Maria, Kaiserin, Gemahlin von Kaiser → Maximilian II., Tochter von Kaiser → Karl V. und → Isabella von Portugal, geb. 21. 6. 1528 in Madrid, gest. 26. 2. 1603 in Villamonte/Spanien, begr. in S. Clara, Madrid.

Die Infantin wurde mit ihrem ein Jahr älteren Bruder → Philipp (II.) gemeinsam erzogen. Der Vater betrachtete sie stets als wichtiges Objekt seiner Politik. 1544 stand beim Frieden von Crêpy eine französische Heirat zur Diskussion. Schließlich sollte die Verbindung mit ihrem ältesten Vetter Maximilian (II.) die dynastische Einheit der Casa de Austria weiterführen und eine Kette spanisch-österreichischer Verbindungen einleiten. Im Hintergrund standen die Pläne Karls V. für eine wechselseitige Sukzession beider Linien im Reich. Auch sollte die Infantin eine Barriere gegen die protestantischen Sympathien Maximilians II. bilden – eine Rolle, die sie mit Erfolg spielte. Zur Hochzeit in Valladolid kam Maximilian nach Spanien.

Die Ehe wurde sehr glücklich und mit sechzehn Kindern sehr fruchtbar: → Anna, die spätere Gemahlin → Philipps II., geb. 1549, Ferdinand (1551–1552), Kaiser → Rudolf II., geb. 1552, → Ernst, Statthalter der Niederlande, geb. 1553, → Elisabeth, Königin von Frankreich, geb. 1554, Marie (1555–1556), der spätere Kaiser → Matthias, geb. 1557, ein totgeborener Sohn 1557, → Maximilian III., Hoch- und Deutschmeister, Landesherr von Tirol, geb. 1558, → Albrecht (VII.), Statthalter der Niederlande, geb. 1559, → Wenzel, Großprior des Johanniterordens in Kastilien, geb. 1561, Friedrich (1562–1563), Maria (geb. u. gest. 1564), Karl (1565–1566), → Margarethe, geb. 1567, und Eleonore (geb. und gest. 1568).

1553 holte Maximilian seine Frau nach Deutschland. Ihre spanisch geprägte Gefolgschaft brachte ein Element der Spannung an den Kaiserhof. Ihr Beichtvater war ein Exponent des

Katholizismus. Maria konnte die Distanz Maximilians zu Philipp II. nicht dämpfen. Jedoch sorgte sie für die katholische Erziehung der Erzherzöge Rudolf und Ernst in Spanien und blieb mit ihren Madrider Verbindungen ein wichtiger Faktor der Wiener Politik. Nach dem Tode ihres Mannes 1576 isoliert, zog sich Maria 1581 nach Spanien zurück, wo sie mit ihrer Tochter Margarethe ein halb klösterliches Leben führte. Aber auch dort schlug ihr Mißtrauen entgegen, nicht zuletzt von ihrem Bruder Philipp II., der ihr die Spannungen zu Maximilian II. nicht verzeihen konnte. Man verdächtigte Maria der Machtgier und des Strebens nach der Regentschaft im Falle von Philipps Tod. Die Kaiserin starb 1603 einsam und verbittert.

P.

Maria, Herzogin von Jülich-Kleve-Berg, Tochter von Kaiser → Ferdinand I. und → Anna von

Herzogin Maria von Jülich-Kleve-Berg mit ihrer ältesten Tochter Maria Eleonore, die später den Markgrafen Albrecht Friedrich zu Brandenburg heiratete. Gemälde von Jakob Seisenegger

Böhmen und Ungarn, geb. 15. 5. 1531 in Prag, gest. 11. 12. 1581 auf Schloß Hambach, begr. in der Stiftskirche Mariae Himmelfahrt in Kleve.

Nach dem Abschluß des Krieges wegen Kleve versprach Kaiser → Karl V. dem besiegten Herzog Wilhelm V. von Kleve (»der Reiche«, 1516–1592) die Hand seiner Nichte Maria, um den Frieden von Venlo 1543 zu besiegeln. Daraufhin löste der Herzog seine erste, 1540 mit der damals 12jährigen Jeanne d'Albret geschlossene Ehe, die auch vom Vatikan 1545 annulliert wurde. Die Heirat mit der 15jährigen Erzherzogin fand 1546 in Regensburg statt. Das Paar residierte hauptsächlich in Düsseldorf, und Maria gebar sieben Kinder, darunter den letzten irrsinnigen Herzog von Jülich-Kleve-Berg, Johann Wilhelm. Ihre jüngste Tochter Sibylle heiratete 1601 → Karl von Österreich, den Sohn von Marias Bruder, Erzherzog → Ferdinand II., und Philippine Welser.

H.

Maria, Gemahlin von → Karl II. von Innerösterreich, geb. 21. 3. 1551 in München, gest. 29. 4. 1608 in Graz, begr. zunächst im Klarissinnenkloster, dann im Mausoleum in Graz.

Die ältere Tochter Herzog Albrechts V. von Bayern und (durch ihre Mutter → Anna) Enkelin Kaiser → Ferdinands I. wurde unter der Obhut ihrer Mutter sehr religiös und äußerst streng erzogen, wobei auch Mittel der körperlichen Züchtigung nicht selten angewendet wurden. Den Elementarunterricht erteilte ein Kanzleibeamter (Andreas Staudenmaier), bald kam auch Latein hinzu. Besondere Bedeutung hatte der Musikunterricht; Maria übernahm sogar die Patenschaft über eine Tochter Orlando di Lassos, spielte Orgel und bevorzugte geistliche Musik.

Nachdem sich ein Heiratsprojekt mit Johann Sigismund Zapolya von Siebenbürgen zerschlagen hatte, heiratete sie 1571 Erzherzog Karl von Innerösterreich, ihren Onkel. An die überaus prächtigen Hochzeitsfeierlichkeiten wurde noch 1854, anläßlich der Hochzeit Kaiser → Franz Josephs mit der Wittelsbacherin → Elisabeth, in einem historischen Reiterkarussell des böhmi-

Die vielgereiste Erzherzogin Maria, Mutter Kaiser Ferdinands II.; im Hintergrund die Stiftskirche von Seckau. Gemälde von Cornelius Vermeyen

schen Adels in historischen Kostümen in Prag erinnert. In einer glücklichen Ehe gebar Maria 15 Kinder: Ferdinand, geb. und gest. 1572, → Anna, die spätere Königin von Polen, geb. 1573, → Maria Christierna, die spätere Gemahlin des Fürsten Sigismund Bathory, geb. 1574, → Katharina Renate, geb. 1576, Elisabeth (1577–1586), den späteren Kaiser → Ferdinand II., geb. 1578, Karl (1579–1580), → Gregoria Maximiliane, geb. 1581, die spätere Nonne → Eleonore, geb. 1582, den späteren Hoch- und Deutschmeister → Maximilian Ernst, geb. 1583, → Margarete, die spätere Gemahlin König → Philipps III. von Spanien, geb. 1584, den späteren Landesherrn von Tirol, → Leopold V., geb. 1586, → Konstanze, die spätere Königin von Polen, geb. 1588, → Maria Magdalena, die spätere Großherzogin der Toskana, geb. 1589, und den späteren Hoch- und Deutschmeister → Karl, posthum geb. 1590.

Maria bestärkte ihren Mann in seinem Katholizismus gegenüber den protestantischen Adeligen in der Steiermark. Die Erziehung ihrer Kinder leitete sie sehr sorgfältig. Ihr ältester Sohn, der spätere Ferdinand II., stand stark im Banne ihrer Persönlichkeit. Maria machte mehrere größere Reisen, so nach Spanien und Polen. Charakteristisch für sie war eine gewisse Prunksucht. Als eifrige Katholikin nahm sie gerne an Prozessionen und Wallfahrten teil, entwickelte eine erstaunliche Caritas und stellte auch Kunst und Musik in den Dienst des Glaubens.

Werke: 46 Briefe der Erzherzogin Maria an ihren Sohn Ferdinand. Hrsg. Ferdinand Khull, Graz 1898.

Lit.: Johanna Wehner, Maria von Bayern ... Diss., Graz 1965.

Hei.

Maria, Tochter von Erzherzog → Ferdinand II. aus zweiter Ehe mit → Anna Katharina von Gonzaga, geb. 16. 6. 1584 in Innsbruck, gest. 2. 3. 1649 in Innsbruck, begr. im Servitenkloster in Innsbruck.

Mit ihrer überaus frommen verwitweten Mutter trat die 28jährige, nie verheiratete Erzherzogin 1612 in das Servitinnenkloster (das von ihrer Mutter gegründete »Regelhaus«) in Innsbruck ein. Sie nahm dort den Namen Anna Katharina an, starb im Kloster und wurde dort auch begraben. Nach der Aufhebung des Klosters unter → Josef II. wurden ihre und ihrer Mutter Gebeine zunächst in die Jesuitenkirche und dann in den Kreuzgang bei den Serviten überführt.

H.

Maria Anna, Kaiserin, Gemahlin von → Ferdinand III., Tochter von König → Philipp III. von Spanien und von Erzherzogin → Margarete, geb. 18. 8. 1606 in Madrid, gest. 13. 5. 1646 in Linz, begr. in der Kapuzinergruft, Wien.

Nach dem Tod des zunächst für sie vorgesehenen Bräutigams, Erzherzog → Johann Karl, des ältesten Sohnes Kaiser → Ferdinands II., trat dessen zweiter Sohn Ferdinand als Bewerber um Maria auf. Die Eheverhandlungen dauerten viele Jahre, denn auch der englische Thronfolger Karl bemühte sich um ihre Hand und kam sogar 1623 zur persönlichen Brautwerbung nach Spanien. Die Verkündung des englisch-spanischen Eheversprechens wurde mit einer Illumination Madrids und anderen Festlichkeiten begangen. Da aber die gewünschte Mitgift – Abtretung der Pfalz – nicht durchgesetzt wurde, beendete England die Eheverhandlungen. 1626 kam es zur Verlobung mit dem inzwischen zum König von Ungarn gekrönten Ferdinand. Drei Jahre dauerte der Kampf der Höfe um finanzielle Probleme, die Größe und Zusammensetzung von Marias Hofstaat, vor allem auch um die Person des Beichtvaters. (Der Kaiser wollte einen Jesuiten, der spanische Hof setzte aber den spanischen Kapuziner Diego Quiroga durch.) Im Heiratsvertrag von 1628 wurde die gewünschte Stärkung der verwandtschaftlichen Bande zwischen Wien und Madrid besonders hervorgehoben. Im Gegensatz zu ihrer Schwester → Anna, der Königin von Frankreich, behielt Maria ihre spanischen Thronrechte, die allerdings zunächst durch die Geburt des Thronerben → Baltasar Carlos 1629 geschmälert wurden.

Nach zahlreichen Verzögerungen trat Maria Ende Dezember 1629 mit einem großen Hofstaat endlich ihre Brautfahrt an, die, behindert von Kriegen, Seuchen, aber auch Festlichkeiten, vierzehn Monate dauerte. Die Hochzeitsfeiern in Wien nahmen den ganzen März 1631 in Anspruch und kosteten – mitten im Dreißigjährigen Krieg – 365 280 Gulden.

Maria entfaltete eine großzügige Hofhaltung und spielte neben der Kaiserin → Eleonora eine bedeutende Rolle am Wiener Hof. Mit ihrem Ehemann stand sie in herzlichem Einvernehmen. Während seiner kriegsbedingten Abwesenheiten von Wien übernahm sie politische und repräsentative Aufgaben. Nach der Krönung ihres Gat-

Kaiserin Maria mit ihrem ältesten Sohn Ferdinand (IV.). Gemälde von Friedrich Stoll

ten wurde sie im Januar 1637 im Regensburger Dom zur deutschen Königin gekrönt. Kurz darauf starb Ferdinand II., und Marias Gatte bestieg als Kaiser Ferdinand III. den Thron, von Maria tatkräftig unterstützt.

In 15jähriger Ehe gebar sie sechs Kinder: → Ferdinand, geb. 1633 (den späteren König Ferdinand IV.), → Maria Anna (geb. 1634, die spätere Gemahlin ihres Lieblingsbruders König Philipp IV. von Spanien), Philipp August (1637–1639), Maximilian Thomas (1638–1639), den späteren Kaiser → Leopold I., geb. 1640.

Das Vorrücken der Schweden veranlaßte die Kaiserfamilie 1645, zeitweise nach Graz zu flüchten. Andauernde Seuchengefahr in Wien ließ sie dann Zuflucht in Linz suchen. Dort starb Maria hochschwanger im vierzigsten Lebensjahr an einer Schwangerschaftsvergiftung. Das noch lebende Kind – Maria – wurde operativ aus dem Leichnam geholt, starb aber sofort. In einem schauerlich-prunkvollen Leichenzug wurden die Leichen donauabwärts mit Schiffen nach Wien gebracht und dort in einem gemeinsamen Sarg beigesetzt.

Lit.: Helga Widorn, Die spanischen Gemahlinnen der Kaiser Maximilian II., Ferdinand III. und Leopold I., Diss., Wien 1959.

H.

Maria Anna Josepha, Gräfin von Pfalz-Neuburg, Tochter Kaiser → Ferdinands III. aus dritter Ehe mit → Eleonore Gonzaga, geb. 20. 12. 1654 in Wien, gest. 4. 4. 1689 in Wien, begr. in der Kapuzinergruft in Wien.

Die Erzherzogin wurde 1678 in Wiener Neustadt mit dem späteren Kurfürsten Johann Wilhelm von Pfalz-Neuburg (»Jan Wellem«, 1658–1716) verheiratet. Das Paar lebte in Düsseldorf und blieb kinderlos. Über die spanische Verwandtschaft seiner Frau versuchte der unter Geldsorgen leidende Johann Wilhelm vergeblich, Statthalter der spanischen Niederlande zu werden. Im Spanischen Erbfolgekrieg stand er

Maria, Gräfin von Pfalz-Neuburg

voll auf habsburgischer Seite. Seine ältere Schwester → Eleonore war seit 1676 die dritte Gemahlin Kaiser → Leopolds I., und seine jüngere Schwester → Maria Anna wurde 1690 mit dem letzten habsburgischen König von Spanien, → Karl II., verheiratet.

Maria starb bei einem Besuch in Wien an Schwindsucht. In zweiter Ehe heiratete Johann Wilhelm Anna Maria von Medici, die als letzte ihrer Familie 1737 die Toskana und ihr Privatvermögen an → Franz Stefan von Lothringen vererbte.

H.

Maria, zweite Gemahlin des Großherzogs → Ferdinand III. von Toskana, geb. 27. 5. 1795, gest. 3. 1. 1865 auf Schloß Brandeis, Böhmen.

Maria stammte aus der Ehe des Prinzen Maximilian von Sachsen mit Prinzessin Karoline von Parma. Ihr jüngerer Bruder Friedrich August II. wurde 1836 König von Sachsen. Großherzog Ferdinand III. entschloß sich 1821, im Alter von 52 Jahren, zu dieser zweiten Ehe mit der um 25 Jahre jüngeren Maria, weil aus der Ehe seines Sohnes und Nachfolgers → Leopold II. (mit Marias jüngerer Schwester → Maria Anna) kein männlicher Nachkomme vorhanden war. Ferdinand III. starb drei Jahre nach dieser zweiten Heirat, ohne ein weiteres Kind zu hinterlassen. Maria lebte als Witwe weiter am toskanischen Hof in Florenz und ging auch mit der Familie des Großherzogs ins Exil nach Böhmen, wo sie starb.

Pe./H.

Maria, älteste Tochter von Erzherzog → Rainer Josef, dem Vizekönig der Lombardei und Venetiens, und der Prinzessin → Elisabeth von Savoyen-Carignan, geb. 6. 2. 1821 in Mailand, unverheiratet gest. 23. 1. 1844 in Mailand.

H.

Maria, siebtes Kind von Erzherzog → Franz Salvator und Erzherzogin → Marie Valerie, geb. 19. 11. 1901 auf Schloß Wallsee/Niederösterreich, gest. 29. 12. 1936 in Innsbruck, begr. in der Familiengruft Sindelburg bei Wallsee.

Die Erzherzogin blieb unverheiratet. Sie war eine aktive Sportlerin.

H.-L.

Maria Alice, achte Tochter von Erzherzog → Friedrich und Prinzessin → Isabella von Croy-Dülmen, geb. 15. 1. 1893 in Preßburg, gest. 1. 7. 1962 in Halbthurn, begr. Schloß Seefeld/Bayern.

Maria Alice heiratete 1920 den Freiherrn Dr. Friedrich Heinrich Waldbott von Bassenheim. Sie waren bis 1945 Großgrundbesitzer in Ungarn. Nach der Enteignung blieb ihnen in Österreich u. a. Schloß Halbthurn. Das Paar hatte drei Söhne und drei Töchter.

Rau.

Maria Amalie, Kaiserin, Kurfürstin von Bayern, jüngere Tochter von Kaiser → Josef I. und → Amalie Wilhelmine von Braunschweig-Lüneburg, geb. 22. 10. 1701 in Wien, gest. 11. 12. 1756 in München, begr. in der Theatinerkirche in München.

Als absehbar war, daß das Habsburgererbe an eine Tochter fallen würde, suchte der bayrische Kurfürst Max Emanuel mit allen Mitteln für seinen Sohn Karl Albrecht die Hand der älteren Tochter seines Intimfeindes Kaiser Josef I., → Maria Josefa, zu erlangen. Dies schaffte er nicht, aber 1717 wurde dem Erbprinzen die jüngere Kaisertochter Maria Amalie versprochen. Die Erzherzogin ähnelte der Mutter, war klein von Statur, sehr lebhaft, durchaus selbstbewußt und sprach im Gegensatz zum damals üblichen Französisch ein waschechtes Wienerisch. Sie fügte sich zwar den politischen Gegebenheiten ihrer Ehe, war aber nicht geneigt, eine untergeordnete Rolle zu spielen.

Nachdem das Brautpaar im Ehevertrag die österreichische Erbfolgeordnung nach der Pragmatischen Sanktion von 1713 anerkannt hatte, was einem Erbverzicht gleichkam, konnte 1722 die Hochzeit gefeiert werden. Die Erzherzogin erhielt 100 000 Gulden Mitgift und ca. eine Million Gulden an Schmuck. War die Hochzeit in Wien schon prunkvoll ausgefallen, so stellten die dreiwöchigen Feierlichkeiten in München in ihrer Prachtentfaltung alles in den Schatten. Max Emanuel wollte mit der Hochzeit des Kurprinzen zeigen, wen er für den künftigen Kaiser halte. Vier Millionen Gulden gab er aus. An der Planung war kein Geringerer als Cosmas Damian Asam beteiligt. Pietro Torri und Tommaso Albinoni schrieben die Festopern »Adelaide« und »I Veri Amici« – Aufführungen, die zu den strahlendsten Opernereignissen des 18. Jahrhunderts gehörten. Eusebius Amort gründete im Hochzeitsjahr die enzyklopädische Zeitschrift »Parnassus boicus« und widmete das erste Heft

Maria Amalie in Jagdkleidung vor Münchner Panorama. Gemälde von Franz J. Winter

dem jungen Brautpaar Karl Albrecht und Maria Amalie.

Maria Amalie suchte der Mätressenwirtschaft und der Lebensweise ihres Gatten auf eigene Art zu begegnen. Sie beteiligte sich an der Jagd, an Festen, Reisen und der Politik, wurde nicht nur zur leidenschaftlichen Jägerin und zur hervorragenden Schützin, sondern bald zum Mittelpunkt des Hofes. Der Kurfürst ließ für sie von François Cuvillés dem Älteren das Jagdschloß Amalienburg im Nymphenburger Park bauen, eine Perle des Rokoko, ein »Silberschlößchen«.

Festesfreude ging mit Buße und Frömmigkeit Hand in Hand. Maria Amalie beteiligte sich 1729 an der Erneuerung des Georgi-Ritter-Ordens, holte zur Krankenpflege die Barmherzigen Schwestern nach München, dotierte sie mit 40 000 Gulden, baute ein geistliches Exerzitienhaus aus einer Gabe von 70 000 Gulden und legte 1727 den Grundstein zur Hironimitenkirche in Lehel, der späteren Franziskanerkirche St. Anna. Sie pflegte auch die Tradition der sogenannten Hof- oder Wittelsbacher Wallfahrten, so nach Altötting, Eichstätt, Padua und Loreto.

Maria Amalie gebar sieben Kinder, von denen drei jung starben. Ihre Tochter Antonia Maria Wallburga (1724–1780) heiratete Friedrich Christian von Sachsen, den späteren Kurfürsten, Maria Anna Josefa (1734–1776) Ludwig Georg, den Markgrafen von Baden-Baden, → Maria Josefa, geb. 1739, wurde die zweite Gemahlin Kaiser → Josefs II. Der spätere Kurfürst Maximilian (III.) Josef, 1727 geboren, zählt zu den beliebtesten Herrschern Bayerns. Mit ihm starb 1777 die altbayerische Linie der Wittelsbacher aus.

Für Karl Albrecht blieb die österreichische Erbfolgefrage trotz des ausgesprochenen Verzichts offen. Er war wie sein Vater von den älteren wittelsbachischen Ansprüchen überzeugt, die im Ehevertrag Herzog Albrechts V. von Bayern und → Annas von Österreich von 1546 und im Testament Kaiser → Ferdinands I. von

Die Krönung der Kurfürstin Maria Amalie von Bayern zur Kaiserin in Frankfurt

1543–1547 begründet zu sein schienen – wohl nicht wissend oder nicht beachtend, daß Kaiser Ferdinand das Erbrecht aller ehelichen Habsburger vorsah, also auch der Töchter. Karl Albrecht und Maria Amalie erhoben nach dem Tod → Karls VI. 1740 Anspruch auf das habsburgische Erbe. Kusine → Maria Theresia war jedoch nicht bereit, nachzugeben. Karl Albrecht konnte seine Wahl zum Kaiser durchsetzen. So war mit der Kaiserkrönung Karl Albrechts zu Karl VII. in Frankfurt am Main 1742 und der folgenden Krönung Maria Amalies Krieg zwischen Bayern und Österreich. Karls Stammland blutete aus. Dies war seine Tragik, wie die Tagebuchaufzeichnungen des Kaisers zeigen. Der glanzvolle Aufbruch zum Rokoko konnte ihn über das politische Scheitern nicht hinwegtrösten.

Maria Amalie unterstützte ihren Mann zwar tatkräftig, zweifelte aber schon vor seinem Tod 1745 an der Möglichkeit einer Großmachtpolitik auf der Grundlage des bayerischen Kurfürstentums. Sie drängte ihren Sohn Max III. Josef zum Frieden und zum Ausgleich mit Wien. Sie drohte sogar, sie würde nach Wien übersiedeln und den Kontakt mit ihm abbrechen, wenn er dem Frieden (von Füssen) nicht zustimme. Aber Max III. Josef war zu klug, als daß er nicht an die traditionelle Politik Maximilians I. und Ferdinand Marias angeknüpft hätte. Er nahm Abschied von einer bayrischen Großmachtpolitik. Maria Theresia anerkannte nun das Kaisertum Karls VII. und Maria Amalies und zahlte 40 000 Gulden, obwohl Bayern den Krieg begonnen hatte.

Maria Amalie lebte nach dem Tod ihres Mannes noch fast zwölf Jahre zurückgezogen in der Residenz. Sie geriet in den Ruf der Bigotterie.

Mö.

Maria Amalia (Amélie), Herzogin von Parma, Tochter von Kaiser → Franz I. Stefan und → Maria Theresia, geb. 26. 2. 1746 in Wien, gest. 18. 6. 1804 in Prag, begr. im St.-Veits-Dom in Prag, das Herz in der Augustinerkirche in Wien.

Herzogin Maria Amalia von Parma. Gemälde des »Meisters der Erzherzoginnen«

Die Erzherzogin wuchs in Wien auf und wurde 1769 im Alter von 23 Jahren in Wien durch Prokuration mit dem Herzog von Parma und Piacenza, Ferdinand von Bourbon, einem Enkel König Ludwigs XV. von Frankreich, vermählt. Die eigentliche Hochzeit mit dem wenig intelligenten und bigotten 18jährigen Bräutigam, der bereits 1765 die Regierung angetreten hatte, fand in Colorno statt. Ursprünglich hatte Herzog Karl August von Pfalz-Zweibrücken daran gedacht, Maria Amalia zu heiraten (1767), stieß jedoch mit diesem Plan in Wien aus politischen Erwägungen auf starken Widerstand– zum großen Kummer der jungen Erzherzogin, die deshalb ihrer Mutter zeitlebens zürnte. Die Ehe wurde äußerst unglücklich.

Maria Amalia wurde von ihrem Bruder → Josef II. als halbe Amazone charakterisiert, die geschickt genug wäre, ein Land auch ohne männliche Hilfe zu regieren. Sie schenkte ihrem Gatten vier Kinder (Caroline Maria Theresia, Louis, Marie Antoinette und Charlotte). Obwohl die kaiserliche Mutter ihr Unterwürfigkeit unter den

Gatten und Nichteinmischung in die Geschäfte angeraten hatte, bewährte sich die Herzogin in der auch für ihre Länder sehr schwierigen Zeit der Napoleonischen Kriege, 1796 wurde Parma von französischen Truppen besetzt. Nach dem Tod ihres Mannes 1802 zog sich die Herzogin nach Prag zurück, wo sie zwei Jahre später starb.

M.

Maria Amalia, Tochter von Kaiser → Leopold II. und Prinzessin → Maria Ludovica von Spanien-Bourbon, geb. 15. 10. 1780 in Florenz, gest. 25. 12. 1798 in Wien, begr. in der Kapuzinergruft, Wien.

Mit zwölf Jahren Vollwaise, wurde dieses zwölfte Kind des Kaiserpaares vom ältesten Bruder, Kaiser → Franz I. (II.), in Wien weiter erzogen und starb hier achtzehnjährig.

H.

Maria Anna, erste Gemahlin des späteren Kaisers → Ferdinand II., geb. 8. 12. 1574 in München, gest. 8. 3. 1616 in Graz, begr. im Mausoleum in Graz.

Die zweite Tochter von Herzog Wilhelm V. von Bayern und Renate von Lothringen heiratete 1600 ihren Vetter Ferdinand von Innerösterreich, wobei die Festigung der Achse München–Graz im Vordergrund stand. Sie gebar ihm in 16jähriger Ehe sieben Kinder, Christine (geb. und gest. 1601), Karl (geb. und gest. 1603), → Johann Karl, geb.1605, den späteren Kaiser → Ferdinand III., geb. 1608, → Maria Anna, die spätere Kurfürstin von Bayern, geb. 1610, → Cäcilia Renata, geb. 1611, und → Leopold Wilhelm, geb. 1614.

Gemäß den Traditionen ihres Hauses wird Maria Anna als außerordentlich fromm geschildert, die täglich drei bis vier Messen hörte. Schon längere Zeit kränkelnd, starb sie 41jährig am »hitzigen Fieber«.

Hei./H.

Maria Anna, geb. 1606 → **Maria**

Maria Anna, Kurfürstin von Bayern, Tochter von Kaiser → Ferdinand II. und → Maria Anna von Bayern, geb. 13. 1. 1610 in Graz, gest. 25. 9. 1665 in München, begr. in der St.-Michaels-Kirche in München.

Als die 25jährige Maria Anna 1635 in Wien auf väterlichen Wunsch den 65jährigen Kurfürsten Maximilian I. von Bayern heiratete, mochten Bedenken aufkommen, nicht nur wegen des großen Altersunterschiedes, sondern vor allem wegen der nahen Verwandtschaft. Die Erzherzogin war als Tochter seiner gleichnamigen Schwester die Nichte Maximilians. Aber Maria Anna erfüllte alle in sie gesetzten Erwartungen. Die erste Ehe Maximilians mit Elisabeth Renata von Lothringen war kinderlos geblieben. Maria Anna gebar ihm nun zwei Söhne, 1636 den Stammhalter Ferdinand Maria, der mit 16 Jahren die vielgerühmte Adelaide von Savoyen heiraten sollte, und 1638 den sehr begabten, aber in

Kurfürstin Maria Anna von Bayern mit dem berühmten Schmuck der Wittelsbacher. Gemälde von Joachim von Sandrart

der diplomatischen Karriere wenig erfolgreichen Maximilian Philipp Hieronimus.

Auch in Charakter, Lebensführung und Regierungsanschauungen ergänzten sich Maximilian und Maria Anna vortrefflich. Der Kurfürst war einer der bedeutendsten Wittelsbacher, tief religiös, begabt, gebildet und ein nüchterner Realist in Fragen der Politik und der Staatsverwaltung. Maria Anna war eine kluge Frau mit guter Erziehung, umsichtig, tatkräftig, streng, eine sparsame Hausfrau, in Fragen der Wirtschaft erfahren und an politischen Fragen interessiert. War auch das Motiv der Heirat in erster Linie ein dynastisches, so hätten sich die Ehepartner doch kaum besser ergänzen können. Maria Anna war weltlicher eingestellt als Maximilian, aber sie teilte die Ansichten des Kurfürsten und nahm an den Geheimen Ratssitzungen teil.

So wunderte es Eingeweihte nicht, daß Maria Anna nach dem Tod Maximilians 1651 an die Spitze des Vormundschaftsrates für ihren ältesten Sohn trat. Nach dem letzten Willen des Kurfürsten regierte sie zusammen mit dessen Bruder Albrecht das Land bis 1654, dann übernahm Ferdinand Maria diese Aufgabe selbst. Die Mutter blieb aber seine Ratgeberin. Ferdinand Maria erhielt eine gute, aber nicht abgeschlossene Bildung. Die Mutter suchte ihm Disziplin, Demut und Autorität beizubringen, zog ihn aber aufgrund ihres stark ausgeprägten Herrschergefühls nicht zu den Regierungsgeschäften heran.

Bei der deutschen Königswahl von 1653 votierte sie für ihr Geschwisterkind → Ferdinand (IV.). Als Kardinal Mazarin für Ludwig XIV. die Kaiserkandidatur Ferdinand Marias betrieb, entschied Maria Anna zugunsten ihres Neffen → Leopold (I.), der 1658 nach dem Tod seines Bruders Ferdinand zum deutschen Kaiser gewählt wurde.

Das Haupt der französischen Partei am Münchner Hof war die vitale, der Poesie, Musik und dem Tanz zugetane Adelaide. Der Gegensatz zwischen beiden Frauen hätte nicht größer sein können. Hier die strenge, energische und weitblickende, eher den traditionellen Geist verkörpernde Kurfürstinmutter, und auf der anderen Seite die nach Erziehung und Neigung ganz im Banne der ausstrahlenden neuen italienischen Kultur stehende hochbegabte junge Kurfürstin Adelaide.

Maria Anna war aber keineswegs habsburghörig. Ihr Handeln entsprang einer realistischen Einschätzung der politischen Möglichkeiten Bayerns. Vielfach pochte sie auf die Neutralität des Landes und wies ihren Sohn darauf hin, daß sie nach ihrem Ehevertrag von 1635 nicht nur 100 000 Gulden mit in die Ehe gebracht habe, sondern auch keinen Erbverzicht auf die Habsburgerländer geleistet habe, was nach Aussterben des österreichischen Mannesstammes ein Miterbe für sie und ihre Nachkommen bedeuten konnte.

Maria Anna förderte die italienische Oper in München, nahm sich verschiedener Maler, so Nikolaus Prugger, an und setzte 1662 persönlich den Druck des dritten und letzten Teils der »Annales Boicae Gentis« des Jesuitenpaters und Beichtvaters Maximilians, Johannes Vervaux, durch. Sie verbot Tabakgenuß in Bayern.

Werke: Karl Mayr, Briefe der Kurfürstin Maria Anna von Bayern, in: Festgabe für Karl Theodor von Heigel zur Vollendung des 60. Lebensjahres, München 1903, 305–323.

Lit.: Christian Ruepprecht, Die Information des Kurfürsten Maximilian I. von Bayern für seine Gemahlin vom 13. März 1651, in: Oberbayerisches Archiv, 49 (1895/96), 311–320.

Mö.

Maria Anna (span. auch Mariana Teresa de Austria), Königin und Regentin (1665–1675) von Spanien, zweite Gemahlin von König → Philipp IV., Tochter von Kaiser → Ferdinand III. und der Infantin → Maria, geb. 23. 12. 1634 in Wiener Neustadt, gest. 16. 5. 1696 in Madrid, begr. im Escorial.

Nachdem die beabsichtigte Ehe mit ihrem Vetter, dem spanischen Kronprinzen → Baltasar Carlos durch dessen frühen Tod 1646 nicht zustande kam, heiratete Maria Anna 1649 dessen Vater → König Philipp IV., den Lieblingsbruder

Königin Maria Anna von Spanien in Witwentracht, die sie mehr als dreißig Jahre lang trug. Gemälde von Juan Carreno de Miranda

ihrer Mutter. Der König war fast dreißig Jahre älter als seine Frau und brauchte dringend einen Thronerben. Von ihren fünf Kindern wurden nur zwei erwachsen: → Margarita Teresa, geb. 1651, heiratete später ihren Onkel, Kaiser → Leopold I., und → Karl (II.), geb. 1661, bestieg als letzter Habsburger den spanischen Thron.

Zehn Jahre lang, vom Tod ihres Gemahls 1665 bis zur Volljährigkeitserklärung ihres Sohnes Karl 1675, führte Maria Anna die vormundschaftliche Regierung und behielt auch später Einfluß auf die spanische Politik. Während der ersten Jahre ihrer Regentschaft stützte sie sich auf den Rat ihres Erziehers und Beichtvaters, des oberösterreichischen Jesuitenpaters Nithard, den sie zum General-Inquisitor des Reiches machte. Durch dessen innenpolitische Fehlentscheidungen (u. a. Verbot von Theatervorstellungen und Stierkämpfen) und außenpolitische Mißerfolge (1668 Anerkennung der Unabhängigkeit Portugals und Verzicht auf Teile der spanischen Niederlande) bildete sich gegen Nithard eine Opposition unter der Führung von Philipps IV. populärem Bastardsohn → Juan José de Austria, der 1669 die Absetzung Nithards erreichte.

Maria Anna verstand es aber, Don Juan von der Regierung fernzuhalten, und setzte mit Hilfe ihres neuen Günstlings Fernando Valenzuela die Regentschaft fort. Auch der neue Favorit, der seine Stellung bei Hof zur persönlichen Bereicherung nutzte, rief den Widerstand von Teilen des Adels und der Geistlichkeit hervor. Die Opposition hoffte, nach der Volljährigkeit Karls II. die Herrschaft von Königin-Regentin und Günstling beenden zu können.

Zwei Tage vor seinem vierzehnten Geburtstag, der ihn nach väterlichem Testament zur selbständigen Herrschaft ermächtigte, verweigerte der junge König seiner Mutter die Unterschrift unter ein Dokument, das seine Volljährigkeit wegen mangelnder geistiger und körperlicher Fähigkeiten zwei Jahre hinauszögern sollte. Nach strengen Ermahnungen gelang es Maria Anna jedoch, ihren Sohn zur Trennung von der Opposition zu bewegen. Auch als die Regentschaft formell beendet war, behielten Maria Anna und Valenzuela ihren Einfluß, bis beide 1677 von Juan José de Austria vom Hof verbannt wurden.

Nach dem Tod des Don Juan José 1679 kehrte Maria Anna nach Madrid zurück und traf für den geistesschwachen Sohn – später in Konkurrenz zu dessen zwei Ehefrauen → Marie Louise von Orléans und → Maria Anna von Pfalz-Neuburg – politische Entscheidungen.

In der Nachfolgediskussion um die spanische Krone trat sie für ihren Urenkel Josef Ferdinand von Bayern ein, den Enkel ihrer Tochter Margarita Teresa und Kaiser Leopolds I. Der vorgesehene spanische Erbe starb jedoch siebenjährig.

Lit.: Martin Hume, Queens of Old Spain, London 1921.

Mü.

Maria Anna von Pfalz-Neuburg, geb. 1654 → Maria

Maria Anna von Pfalz-Neuburg, Königin von Spanien, zweite Gemahlin von → Karl II., geb. 28. 10. 1667 in Düsseldorf, gest. 16. 7. 1740 in Guadalajara, begr. im Escorial, das Herz im Kloster der Descalzas Reales in Madrid.

Sie war die dritte Tochter des Kurfürsten Philipp Wilhelm von der Pfalz und seiner zweiten Frau Elisabeth Amalia von Hessen-Darmstadt. Ihre Auswahl zur Braut des verwitweten spanischen Königs war ein Werk des kaiserlichen Botschafters in Madrid, Graf Mansfeld, und also ein Sieg der habsburgischen über die bourbonische Familienpolitik. Die Prokurationstrauung fand in Gegenwart des Kaiserpaares 1689 in Neuburg a. d. Donau statt. Die Reise der Königin nach Spanien dauerte wegen des Krieges mit Frankreich gut ein halbes Jahr und führte über Holland und England im Schirm von 37 Kriegsschiffen der Seemächte.

Nach kurzer Eingewöhnungszeit am spanischen Hof griff die Neuburgerin, die nicht ohne Intelligenz und voller Selbstbewußtsein war, aber auch launisch, ungeduldig und herb im Umgang, energisch in die Regierung ein. Als »Prinzipalminister« des Königs, als der sie sich verstand, erreichte sie 1691 die Absetzung des leitenden Ministers Graf Oropesa. Bei der Verleihung der Statthalterschaft in den spanischen Niederlanden 1692 konnte sie sich jedoch nicht gegen die Königinmutter → Maria Anna (Mariana Teresa de Austria) durchsetzen, die für dieses Amt statt des pfälzischen den bayerischen Kurfürsten Max Emanuel favorisierte. Einem französischen Bericht zufolge wären sich die beiden Königinnen wie »Feuer und Wasser« oder wie »Sonne und Mond« begegnet.

Es war ihrer Autorität abträglich, daß sie Interessen ihres pfälzischen Hauses über das spanische Staatsinteresse stellte und sich auf deutsche Vertraute stützte, ihren Beichtvater, den Tiroler Kapuziner Gebriel Pontifeser, ihren Sekretär und späteren kurpfälzischen Gesandten Heinrich von Wiser (»el cojo«, der Lahme) sowie auf ihre erste Hofdame Maria Josefa von Berlepsch. Die Unpopularität dieser Günstlinge schlug mit der Zeit auf die Königin zurück, zumal auch sie nicht die Hoffnungen auf einen Thronerben zu erfüllen vermochte. Auch nach dem Tod ihrer Rivalin und Schwiegermutter Mariana de Austria 1696 konnte sie nicht unumschränkt schalten, denn in Kardinal Luis Fernández de Portocarrero erwuchs ihr ein politischer Gegenspieler.

Ihre Bemühungen, in letzter Stunde noch dem kaiserlichen Kandidaten Erzherzog → Karl (1685–1740) das spanische Erbe zuzuwenden, scheiterten, weil die von Portocarrero geführte Staatsratsmehrheit der Meinung war, daß nur Frankreich die verfallende Monarchie retten könne. Danach konzentrierte sie sich nur noch auf ihre künftige Versorgung als Königinwitwe.

Nach dem Tod Karls II. hatte sie bis zur Ankunft des neuen bourbonischen Königs Philipp V. zwar Sitz und Stimme in der »junta de gobierno«, war aber bald genötigt, sich nach Toledo zurückzuziehen, wo sie fünf Jahre als »arme, verlassene, verfolgte Wittib« verbrachte.

Maria Anna von Pfalz-Neuburg, die zweite Gemahlin des spanischen Königs Karl II.

Eine Aussicht, doch noch die von ihr angestrebte Rolle der Königin Mariana de Austria zu übernehmen, bot sich ihr im Spanischen Erbfolgekrieg, als der habsburgische Prätendent nach siegreichem Feldzug 1706 als Karl III. zum spanischen König proklamiert wurde. Doch als sich das Kriegsglück kurz darauf wendete, mußte sie als Persona non grata, vom Toledaner Mob wegen ihrer deutschen Abstammung als »cervecera« (Bierwirtin) verhöhnt, im französischen Bayonne ihre Exilresidenz aufschlagen. Dort führte sie, immerhin noch von einem Hofstaat von 400 Personen umgeben, jedoch ständig von Geldsorgen bedrängt, weil die ihr im Testament Karls II. versprochene Rente nicht gezahlt wurde, ein ödes, freudloses Leben. Als Relikt einer vergangenen Zeit besuchten sie dort die großen zeitgenössischen Memoirenschreiber, Baron Pöllnitz und der Duc de Saint-Simon. Erst 1738 lud sie das katholische Königspaar ein, wieder nach Spanien zurückzukehren. Im Renaissancepalast der Herzöge von Infantado zu Guadalajara fand sie, an Altersbrand leidend, für kaum mehr als ein Jahr ihren letzten Zufluchtsort.

Lit.: Ludwig Pfandl, Karl II. Das Ende der spanischen Machtstellung in Europa, München 1940; Adalbert von Bayern, Das Ende der Habsburger in Spanien, München 1929.

K.

Maria Anna, Königin von Portugal, Tochter von Kaiser → Leopold I. aus dritter Ehe mit → Eleonore von Pfalz-Neuburg, geb. 7. 9. 1683 in Linz, gest. 14. 8. 1754 in Lissabon, begr. in der Kirche der Theresianerinnen in Lissabon, Herzurne in der Kapuzinergruft, Wien.

Wie ihr Vater, Leopold I., war die Erzherzogin hochmusikalisch, erhielt eine solide musikalische Ausbildung und wirkte an den barocken Opernaufführungen des Wiener Hofes mit. Vor allem war sie eine gerühmte Tänzerin bei den höfischen Balletten. Als 25jährige wurde Maria Anna mit König Johann V. (dem »Großmütigen«) von Portugal verheiratet, dessen Regierung durch einen nahezu 50jährigen Frieden ge-

Königin Maria Anna von Portugal

kennzeichnet war. Sie teilte die kostspielige Vorliebe des Königs für prunkvolle Feste und Bauten, die vor allem aus brasilianischen Gold- und Diamantensendungen finanziert wurden. Nach Wiener Vorbild berief sie die besten italienischen Operntruppen nach Lissabon.

Der Ehe entsprossen fünf Kinder, darunter der portugiesische Thronfolger José. Als Johann V. 1742 vom Schlag getroffen wurde, führte Maria Anna, unterstützt von Ratgebern, die Regierung immerhin acht Jahre lang bis zum Tod des Königs 1750. Es waren Jahre des wirtschaftlichen Niedergangs und staatlichen Verfalls. Nach Regierungsantritt des inzwischen 34jährigen Sohnes José I. zog sich Maria Anna zurück.

Lit.: Josef Ritter, Leben und Tugenden Mariae Annae Königin in Portugal und Algarbien, Passau 1757.

H.

Maria Anna, Tochter von Kaiser → Karl VI. und → Elisabeth Christine von Braunschweig-Wolfenbüttel, geb. 14. 9. 1718 in Wien, gest. 16. 12. 1744 in Brüssel, begr. in der Kapuzinergruft, Wien.

Erzherzogin Maria Anna im Alter von neun Jahren. Gemälde von Andreas Möller

Mit ihrer um ein Jahr älteren Schwester, der späteren Kaiserin → Maria Theresia, wuchs Maria Anna in Wien auf. Wie Maria Theresia verliebte sie sich schon in früher Jugend in einen lothringischen Prinzen, den jüngeren Bruder → Franz Stefans, Karl von Lothringen, Maria Theresias »liebsten Herrn Schwager« (1712–1780). Auf die ersehnte Heirat mit ihm mußte Maria Anna allerdings bis 1744 warten, vor allem wegen der Opposition der Kaiserin-Witwe Elisabeth Christine. Das Paar residierte in Brüssel, wo Karl von Lothringen kaiserlicher Statthalter der Niederlande mit reichen Einkünften war. Nach einer Totgeburt und während der Abwesenheit ihres geliebten Mannes, der gegen Friedrich II. in Böhmen kämpfte, starb Maria Anna nach kaum einjähriger Ehe.

H.

Maria Anna (»Marianne«), Tochter von Kaiser → Franz I. Stefan und → Maria Theresia, geb. 6. 10. 1738 in Wien, gest. 19. 10. 1789 in Klagenfurt, begr. im Elisabethinenkloster in Klagenfurt.

Das älteste der erwachsen gewordenen Kinder des Kaiserpaares wurde nach Maria Theresias Schwester → Maria Anna benannt. Schon früh zeigte die Erzherzogin eine Vorliebe für Wissenschaft und Kunst, vor allem (wie der Vater Franz I.) für Mineralogie und Numismatik, weshalb sie die »gelehrte Erzherzogin« genannt wurde und eine eher »männliche Erziehung« erhielt. Eine schwere Krankheit 1757 führte zu einer immer stärker werdenden Verwachsung bis zu einem ausgeprägten Buckel und trug dazu bei, daß Maria Anna unverheiratet blieb.

Der plötzliche Tod des über alles geliebten Vaters 1765 änderte Maria Annas Leben (»dieser tod schlagte mich zu boden«). Sie wurde fromm, suchte die Einsamkeit und führte ein fast asketisches Leben, zu dem eine systematische wissenschaftliche Betätigung (Physik, Mechanik, Chemie, Botanik u. a.) gehörte. Zu diesem ihrem »Eremitentum in der Welt« trug auch eine langjährige unglückliche Liebe bei. 1766 wurde Maria Anna Äbtissin des von Maria Theresia gestifteten adeligen Damenstiftes auf dem Prager

Maria Theresias älteste Tochter, Erzherzogin Maria Anna. Pastell von Jean-Etienne Liotard. Der Umhang verhüllt ihre Verwachsung.

Hradschin, hatte dort aber nur weltliche Funktionen, lebte auch nicht fest in Prag und bezog aus dieser hohen Stellung vor allem ein hohes Einkommen, mit dem sie ihre Sammlungen finanzieren konnte.

In Anerkennung ihrer künstlerischen Tätigkeit als Kupferstecherin wurde sie 1767 Mitglied der neu gegründeten kaiserlichen Kupferstecher-Akademie in Wien und 1769 Mitglied der Großherzoglichen Akadamie der Künste in Florenz. Mit dem berühmtesten Mineralogen ihrer Zeit, Ignaz von Born, trat sie in persönliche, ja freundschaftliche Beziehung, unterstützte ihn finanziell, machte ihn zu ihrem Lehrer und beauftragte ihn mit der systematischen Ordnung ihrer Mineraliensammlungen.

Nach Maria Theresias Tod und dem Regierungsantritt des wenig geliebten Bruders → Josef II. übersiedelte Maria Anna 1781 nach Klagenfurt, in die Nähe des Klosters der Elisabethinerinnen, wo sie bis zu ihrem Tod in enger Verbundenheit mit der Klostergemeinschaft, aber nicht als Nonne, lebte. Wegen ihrer steten finanziellen Förderung gilt sie als zweite Gründerin des Klosters. In Klagenfurt, fern vom Wiener Hof, bildete sich um Maria Anna ein geistiges Zentrum von Gelehrten und Dichtern. Gemeinsam mit ihrem Mitarbeiter Franz Josef Graf von Enzenberg leitete sie auch die Ausgrabungen von Virunum mit großem Kostenaufwand.

Durch Ignaz von Born kam Maria Anna in enge persönliche Beziehung zur Freimaurerei (der ja auch ihr Vater Franz I. angehörte). Sie vertrat die freimaurerischen Ideale der Wohltätigkeit, Nächstenliebe und Toleranz. Ihr zu Ehren wurde 1783 die Loge »Zur wohltätigen Marianna« in Klagenfurt gegründet. Born und der Dichter Blumauer waren bei der feierlichen Konstituierung anwesend.

Im Kreis ihrer Getreuen, vor allem auch der Freundin Xaveria Gasser, der Oberin des Klosters, starb Maria Anna nach langjähriger Krankheit an einem Lungenleiden. In ihrer Sterbestunde trug sie jenen braunen Männerschlafrock (wohl der ihres Vaters), in dem auch Maria Theresia gestorben war. Ihr Begräbnis war das einer Nonne, der Sarg wurde von acht Nonnen getragen. Universalerbe wurde das Kloster der Elisabethinerinnen, das auch heute noch Maria Annas Andenken hochhält.

Werke: Adolf Innerkofler, Eine große Tochter Maria Theresias ... (mit Selbstbekenntnis, Asketisches Tagebuch u. a.), Innsbruck 1910; Schau- und Denkmünzen, welche unter der glorwürdigen Regierung der Kaiserin-Königin Maria Theresia geprägt worden sind, zwei Abteilungen Wien 1782 und 1783; Sechzehn radierte Blätter, gemalet und geätzet von Ihrer kaiserl. Hoheit Erzherzogin Maria Anna.

Lit.: Amelie Engels, Maria Anna, eine Tochter Maria Theresias, Diss., Wien 1964, Othmar Rudan, Erzherzogin Maria Anna in Klagenfurt, in: Carinthia I. 170, Klagenfurt 1980, 185–260.

H.

Maria Anna, Tochter von Kaiser → Leopold II. und → Maria Ludovica von Spanien-Bourbon, geb. 21. 4. 1770 in Florenz, gest. 1. 10. 1809 in Neudorf/Banat, dort auch begraben.

Die Kaisertochter Maria Anna, Fürstäbtissin des adeligen Damenstiftes in Prag, krönt ihre Mutter Maria Ludovica zur Königin von Böhmen.

Die Erzherzogin wuchs in Florenz auf und wurde 1791, als ihr Vater Kaiser war, Nachfolgerin ihrer gleichnamigen Tante als Fürstäbtissin des adeligen Damenstiftes in Prag. In dieser Eigenschaft übte sie wenige Tage nach ihrer Installierung das traditionelle Recht aus, die neue Königin von Böhmen – ihre Mutter Maria Ludovica – zu krönen. Maria Anna residierte bis 1800 am Prager Hradschin und bezog aus dieser Stellung auch reiche Einkünfte.

H.

Maria Anna, erste Gemahlin von Großherzog → Leopold II. der Toskana, geb. 15. 11. 1799 in Dresden, gest. 24. 3. 1832 in Pisa.

Die Tochter Maximilians von Sachsen aus erster Ehe mit Karoline von Parma heiratete 1817 Erbgroßherzog Leopold. Ihre ältere Schwester → Maria heiratete vier Jahre später den Vater Leopolds, Großherzog → Ferdinand III., und wurde damit Maria Annas Schwiegermutter. Die offensichtlich gute Ehe wurde überschattet erst durch lange Kinderlosigkeit, dann durch das Ausbleiben eines für die Erbfolge dringend benötigten männlichen Nachkommen. Maria Anna gebar drei Mädchen: Karolina Augusta (1822–1841), → Auguste, geb. 1825 (sie heiratete später Luitpold von Bayern), und Maria (1827–1834). Laut Familienvertrag konnte die Toskana nur in männlicher Linie innerhalb der Sekundogenitur vererbt werden. Bei Fehlen eines Thronfolgers war nach dem Tod des regierenden Großherzogs ein Rückfall des Landes an die habsburgische Hauptlinie, also an das österreichische Kaiserhaus, vorgesehen. Damit verbunden: der Verlust der staatlichen Selbständigkeit – sofern nicht durch den Kaiser wiederum eine Sekundogenitur begründet worden wäre.

Maria Anna war sich dieser Lage voll bewußt. Am Totenbett riet sie Leopold II., nach ihr eine neapolitanische Bourbonin zu heiraten, die damals durch ihren Kinderreichtum berühmt waren. Der Großherzog befolgte den Rat: Seiner nächsten Ehe mit → Maria Antonia entsprossen zehn Kinder, darunter der Thronfolger.

Pe.

Maria Anna, Kaiserin, Gemahlin von → Ferdinand I., geb. 19. 9. 1803 in Turin, gest. 4. 5. 1884 in Wien, begr. in der Kapuzinergruft, Wien.

Die Tochter König Viktor Emanuels I. von Sardinien-Piemont und der Erzherzogin → Maria Theresia von Österreich-Modena d'Este wurde im Alter von 27 Jahren 1831 durch Prokuration in Turin, tatsächlich in Wien, mit dem österreichischen Kronprinzen Ferdinand vermählt. Nach der Thronbesteigung ihres Gatten wurde sie 1835 Kaiserin von Österreich, und ein Jahr später folgte in Prag die Krönung zur Königin von Böhmen. Obwohl sie bis an ihr Lebensende der deutschen Sprache nicht mächtig war und sich am liebsten französisch verständigte, war sie in ihrer neuen Heimat sehr beliebt. Sie stand ihrem durch seine Krankheit sehr belasteten Gatten hilfreich zur Seite und teilte auch seine Interessen und Neigungen für Musik, Botanik und bildende Kunst. Maria Anna nahm im Dezember 1848 entscheidenden Einfluß auf Ferdinand, zugunsten seines Neffen → Franz Jo-

Kaiserin Maria Anna, die ihr Leben an der Seite des kranken Kaisers Ferdinand »des Gütigen« in bewundernswerter Haltung ertrug.

seph abzudanken. Nach dem Thronverzicht zog sie sich mit ihrem Gatten auf den Hradschin nach Prag zurück und wirkte bei vielen karitativen Unternehmungen aktiv mit. Die Ehe des Paares blieb kinderlos. Die populäre Kaiserin überlebte ihren Mann um neun Jahre.

M.

Maria Anna, Tochter von Kaiser → Franz I. (II.) aus zweiter Ehe mit → Maria Theresia von Neapel-Sizilien, geb. 8. 6. 1804 in Wien, gest. 28. 12. 1858 in Wien, begr. in der Kapuzinergruft, Wien.

Maria Anna blieb unverheiratet, war jahrelang leidend und lebte im kaiserlichen Schloß Hetzendorf, wo sie auch starb.

H.

Maria Anna, Tochter von Erzherzog → Friedrich und Prinzessin → Isabella von Croy-Dülmen, geb. 6. 1. 1882 in Linz, gest. 25. 2. 1940 in Lausanne, begr. in Glashütte/Steiermark.

Das Brautpaar Prinz Elias von Bourbon-Parma und Erzherzogin Maria Anna

Die Erzherzogin heiratete 1903 Prinz Elias von Bourbon-Parma (1880–1959), der 1907 Chef des Hauses Bourbon-Parma wurde. Dieser Stiefbruder der späteren Kaiserin → Zita war k. u. k. Oberst im Generalstab bis 1918 – im Gegensatz zu Zitas Brüdern Sixtus und Xavier, die in der belgischen Armee kämpften. Die politischen und persönlichen Konflikte der Geschwister wirkten sich auch auf das Verhältnis zwischen dem späteren Kaiser → Karl und der Familie des Erzherzogs Friedrich sehr negativ aus. Der Ehe entsprossen acht Kinder, die in Österreich aufwuchsen.

H.

Maria Annunziata (»Ciolla«), zweite Gemahlin von Erzherzog → Karl Ludwig, geb. 24. 3. 1843 in Neapel, gest. 4. 5. 1871 in Wien, begr. in der Kapuzinergruft, Wien.

Die Tochter König Ferdinands II. von Neapel-Sizilien und der Habsburgerin → Maria Theresia wurde mit neunzehn Jahren 1862 mit

Erzherzogin Maria Annunziata und Erzherzog Karl Ludwig mit ihren Söhnen Franz Ferdinand und Otto

dem verwitweten jüngeren Bruder Kaiser → Franz Josephs verheiratet, zunächst per Prokuration in Rom und dann persönlich im noch österreichischen Venedig. Am Tag nach der Hochzeit hatte sie angesichts der versammelten Familie Habsburg in der Messe einen aufsehenerregenden epileptischen Anfall. Trotz ihrer Schwäche und einer Lungenkrankheit brachte sie vier gesunde Kinder zur Welt: → Franz Ferdinand, geb. 1863, → Otto (den Vater des späteren letzten Kaisers → Karl), geb. 1865, → Ferdinand Karl (Burg), geb. 1868 und → Margarethe Sophie, geb. 1870. 28jährig starb sie an ihrer Lungenkrankheit.

H.

Maria Annunziata (»Miana«), Tochter von Erzherzog → Karl Ludwig aus dritter Ehe mit → Maria Theresia von Braganza, geb. 31. 7. 1876 in Reichenau an der Rax, gest. 8. 4. 1961 in Vaduz, begr. in der Fürstengruft Vaduz.

Die Erzherzogin wurde 1894 Äbtissin des Theresianischen adeligen Damenstiftes auf dem Prager Hradschin und blieb unverheiratet. Wegen der nichtstandesgemäßen Ehen ihrer Halbbrüder → Franz Ferdinand und → Ferdinand und dem frühen Tod → Ottos übernahm sie jahrelang neben ihrer Mutter → Maria Theresia die Funktion der ersten Dame des Wiener Hofes neben Kaiser → Franz Joseph. Große Bedeutung hatte sie für das Zustandekommen der Ehe ihres Neffen, des späteren Kaisers → Karl mit ihrer Cousine → Zita, in deren Familie sie fortan, auch im Exil, meist lebte.

Sie starb in Vaduz bei ihrer Schwester → Elisabeth, der Fürstin von Liechtenstein.

H.

Maria Antonia, Kurfürstin von Bayern, Tochter von Kaiser → Leopold I. und → Margarita Teresa von Spanien, geb. 18. 1. 1669 in Wien, gest. 24. 12. 1692 in Wien, begr. in der Kapuzinergruft, Wien.

Maria Antonia war keine Schönheit, aber apart und von Kindheit an ein stilles Mädchen. Leopold liebte seine Tochter, opferte sie aber gleichwohl der Staatsräson.

Die jung verstorbene Maria Antonia, Gemahlin des Kurfürsten Max Emanuel von Bayern. Gemälde von Benjamin von Block

Der letzte spanische Habsburger, König → Karl II., blieb nach medizinischem Ermessen ohne Kinder. Aus diesem Grunde war nach den gültigen Erbverfügungen Maria Antonia als das einzige lebende Kind der Kaiserin Margarita (der Schwester Karls II.) erbberechtigt. Im Interesse der Einheit des Gesamthauses Österreich suchte man in Wien die dynastische Vereinigung zu beschleunigen. In einem Heiratsvertrag von 1676 wurde die Ehe zwischen Karl II. und der 7jährigen Maria Antonia vereinbart, kam aber durch die Veränderung der Kräfteverhältnisse in Spanien und den Einfluß der europäischen Mächte nie zustande.

Das große dynastische Spiel bahnte sich 1684 an, als der bayerische Kurfürst Max II. Emanuel als Bewerber auftrat. Um den Preis der Abkehr

Bayerns von Frankreich und der Hilfe gegen die Türken erlangte der ob seiner Tapferkeit bewunderte »blaue König« die Hand der Kaisertochter. Es war eine rein politische Ehe. Im Ehekontrakt wurde ein Heiratsgut von 100 000 Gulden und eine Ausstaffierung der Braut von 200 000 Gulden festgelegt. Wichtiger aber war, daß Maria Antonia und Max Emanuel auf das spanische Erbe mit Ausnahme der Niederlande, die dem Kurfürsten in Aussicht gestellt wurden, verzichten mußten. Max Emanuel fiel dies nicht schwer, da seine Frau Infantin von Spanien blieb und der Vertrag rechtliche Mängel aufwies. Er behielt als Nahziel das spanische und als Fernziel das österreichische Erbe im Auge.

1685 heiratete der 23jährige Kurfürst die 16jährige Erzherzogin in Wien. Das Paar konnte nicht gegensätzlicher sein: Max Emanuel, heißblütig und lebhaft, vorher der schönen und geistreichen Eleonore von Sachsen-Eisenach zugetan, kam mit der schüchternen und zarten Maria Antonia nie zurecht. Gleichwohl bereitete er ihr mit dem Einzug in München eine Serie von großartigen Festen. Die große Huldigungs-Oper von Agostino Steffani und Terzago (Text) »Servio Tullio« wurde als Musiktheater zu einem großen Ereignis des 17. Jahrhunderts. Max Emanuel zog bedeutende Künstler an seinen Hof und ließ von Enrico Zuccali für Maria Antonia das Wasserschloß Lustheim bauen. Die 17jährige Kurfürstin konnte aber weder die Mätressenwirtschaft Max Emanuels abstellen, noch war sie dazu in der Lage, der strahlende Mittelpunkt des Hofes in dem ununterbrochenen Reigen der Feste zu sein.

Max Emanuel behandelte seine Frau in unerträglicher Weise. Die Entfremdung steigerte sich zur gegenseitigen Abneigung. Als ihr Gatte endlich 1692 Generalstatthalter der Niederlande wurde und nach Brüssel reiste, begab sich die schwangere Kurfürstin zu ihrem Vater nach Wien, wo sie 1692 den sehnsüchtig erwarteten bayerischen Erben Josef Ferdinand zur Welt brachte. Die junge Mutter starb, in Melancholie verfallen, mit wenig Lebensmut, am Weihnachtsabend desselben Jahres an Kindbettfieber. In ihrer letzten Verfügung rächte sie sich an ihrem Ehegatten: Sie verzichtete nochmals für sich und ihre Erben auf die spanische Monarchie, enterbte Max Emanuel und vermachte ihren Privatbesitz dem kleinen Kurprinzen, bei dessen Tod sie den Kaiser und seine Verwandten als Erben vorsah. Nur einige Erinnerungsstücke sollten unveräußerlich beim Hause Wittelsbach bleiben.

Maria Antonia war in München und Bayern durchaus beliebt. Ihr Sohn wurde in der Residenzstadt erzogen, und die bayerischen Stände sahen in ihm einen Garanten für das Kurfürstentum, das durch Max Emanuels Ambitionen Gefahr lief, zu einem Nebenland zu werden. Aber alle Hoffnungen, die auf den Schultern des Kurprinzen ruhten, lösten sich auf, als er 1699, kurz nachdem er von seinem Vater nach Brüssel geholt worden war, an einer eitrigen Magenentzündung starb. Nicht nur dieser Schicksalsschlag zeigte Max Emanuel die Vergeblichkeit seines Bemühens, sondern die bösen Geister über seiner Ehe mit Maria Antonia schienen noch zu wirken, als im Spanischen Erbfolgekrieg das Ringen zwischen Wittelsbach und Habsburg in die Verwüstung des Kurfürstentums mündete.

Mö.

Marie Antoinette (Maria Antonia), Königin von Frankreich, letzte Tochter der Kaiserin → Maria Theresia und des Kaisers → Franz I. Stefan, geb. 2. 11. 1755 in Wien, gest. 16. 10. 1793 in Paris, begr. Saint-Denis in Paris.

Wahrscheinlich ist sie ihres tragischen Schicksals wegen die berühmteste Königin Frankreichs.

Jüngste Tochter der Kaiserin Maria Theresia, die sie besonders lieb hatte, sollte Erzherzogin Maria Antonia – oft »Madame Antoine« genannt – durch die Heiratspläne ihrer Mutter »die schönste Krone der Welt« bekommen. Ihre Vermählung mit dem französischen Kronprinzen hatte das politische Ziel, das neue Bündnis mit Frankreich zu festigen. Der Vertrag von 1756, der die Versöhnung zwischen Wien und Versailles besiegelte, war sehr bedeutend für die Erhaltung des europäischen Friedens. Der verwitwete König Ludwig XV. hatte sogar 1768

Erzherzogin Maria Antonia im Jagdkostüm. Gemälde von Josef Kranzinger

vorgeschlagen, die junge Prinzessin zu heiraten, er blieb aber vernünftig, und Maria Antonia wurde mit seinem Enkel und zukünftigen Nachfolger verlobt.

Die Erzherzogin wurde zur Königin von Frankreich erzogen und galt schon mit vierzehn als hochgebildet und musikalisch (ihr Musiklehrer war Christoph W. Gluck). Schön und elegant, war Maria Antonia ein oberflächlicher Geist und ein hochmütiger, für die Diplomatie wenig begabter Charakter. Sie wurde schon 1770 verheiratet und sollte ihrem königlichen Gemahl angenehm sein, um die österreichische Allianz liebenswürdig zu machen.

Sie stieß bald auf eine erste Schwierigkeit: der junge Ludwig war schwermütig, schüchtern und impotent. Erst nach dem Besuch Kaiser → Josefs II. 1777 ließ er sich operieren, und die Ehe konnte vollzogen werden. Maria Antonia gebar vier Kinder – nur die Tochter »Madame Royale« überlebte die Französische Revolution. Nach dem plötzlichen Tod Ludwigs XV. 1774 bestieg sein Enkel, Marie Antoinettes Ehemann, als Ludwig XVI. den Thron. Das Königspaar war noch nicht reif, um zu regieren. In den damaligen verfassungsrechtlichen Verhältnissen konnte niemand ihm helfen.

Nach einigen Monaten schon wurde Marie Antoinette als leichtsinnige Königin heftig kritisiert. Der Hof (außer ihren Schützlingen) und die oberen Schichten behaupteten, sie sei verschwenderisch, in einer Zeit, als Frankreich den Krieg gegen Großbritannien führte. Man stellte auch bald fest, daß sie sich in politische Angelegenheiten einmischte, denn sie wünschte zum Beispiel die Rückkehr des in Ungnade gefallenen Ministers Herzog von Choiseul. Der österreichische Botschafter Mercy-Argenteau kontrollierte Marie Antoinette genau und erstattete der Kaiserin Maria Theresia Bericht.

Solch eine Position war grundsätzlich ungesund. Trotzdem: nach dem Tode der Kaiserin 1780 erweiterte Kaiser Josef II. noch ihren politischen Auftrag, die Interessen Österreichs zu vertreten. Marie Antoinette geriet in offenen Konflikt mit dem wichtigsten Mann der Regierung, Außenminister Vergennes. Er stützte sich auf die öffentliche Meinung, die auf keinen Fall die Vormachtstellung Österreichs begünstigen wollte.

Deshalb war Marie Antoinette schon vor der Revolution von ihren Untertanen verhaßt und wurde »l'Autrichienne« (die Österreicherin) genannt. Man warf ihr vor, hochmütig zu sein und die Staatsminister als einfache Diener einzusetzen – Necker, Brienne, Calonne. Die »Halsbandaffäre« am Versailler Hof trug noch dazu bei.

Die Revolution besiegelte das Schicksal Marie Antoinettes endgültig. Die Königin benahm sich als grundsätzlicher Reaktionär und führte die rechtsradikale Partei persönlich mutig, aber ungeschickt. Noch schlimmer beeinflußte sie den König und trug so zur Niederlage der französischen Monarchie beträchtlich bei.

Die Versammlung der Generalstände (Etats généraux) vergrößerte die politische Krise, weil der König vollkommen unfähig war, entweder mit der aufgeklärten Elite mitzuarbeiten oder energisch die Gegenrevolution durchzusetzen. Die Ratschläge der Königin forderten jedesmal eine Radikalisierung der Revolution heraus.

Am 10. Juli 1789 provozierte die Königin die Entlassung Neckers und die Bildung eines »Kriegskabinetts« unter der Leitung eines klugen und energischen Aristokraten, Baron von Breteuil. Die Pariser Bevölkerung hatte aber Angst vor dem Einmarsch von Kavallerieregimentern in die Hauptstadt. So begann der Aufstand des 14. Juli 1789 und die erste Niederlage der Monarchie.

Am 1. Oktober 1789 verwandelte sich das feierliche Abendmahl der königlichen Leibgarde in eine Demonstration zugunsten der Monarchie und gegen die Revolution. Das Pariser Volk antwortete durch den Aufstand des 5. Oktober: es marschierte gegen das Versailler Schloß, das niemand ernsthaft verteidigen wollte. Als Ergebnis fand sich die königliche Familie ab 6. Oktober unter der Kontrolle des Pariser Volkes. Sie mußte wieder ständig in der Hauptstadt residieren, in den Tuilerien.

Marie Antoinette rechnete auf die Hilfe fremder Mächte oder auf einen Staatsstreich. 1791 wollte sie ihre Politik auf das treugebliebene königliche Heer stützen. Die königliche Familie sollte aber zuerst Paris verlassen: so kam es im Juni zur Flucht nach Varennes, die ein Mißerfolg wurde. Nach einer falschen Versöhnung mit der Nationalversammlung sah Marie Antoinette nur im Krieg die Rettung der Monarchie: das geschwächte Frankreich würde schnell besiegt und die königliche Macht restauriert werden. Sie hatte schon seit dem Beginn der Revolution mit ihren Brüdern wegen militärischer Hilfe korrespondiert. Josef II. konnte und Leopold II. wollte aber Ludwig XVI. nicht helfen. Leopolds Tod 1792 erleichterte allerdings die Kriegspolitik, denn Kaiser → Franz wollte unbedingt die Revolution unterdrücken und seine Tante retten. Deshalb wurde die Kriegserklärung des 20. April 1792 allgemein bejubelt.

Königin Marie Antoinette mit ihren beiden Kindern, Prinzessin Marie Therèse und dem Dauphin. Gemälde von Jean Leclerc

Die ersten Niederlagen der französischen Armee und die Invasion Frankreichs durch das preußische Heer führten zu der Katastrophe, d. h. der Revolution des 10. August 1792. Die Schweizer Garde wurde niedergemetzelt, die Monarchie »de facto« abgeschafft. Marie Antoinette, samt Kindern und Ehemann, wurde gefangengenommen und in einer alten Pariser Burg (»le Temple«) interniert. Dann begann für Marie Antoinette ein grauenhaftes Jahr. In den Tuilerien wurde ihre Korrespondenz mit ausländischen Herrschern entdeckt. Die Jakobiner konnten also den Prozeß gegen Ludwig XVI. führen – unter Anklage des Hochverrats. Der ehemalige König wurde am 21. Januar 1793 hingerichtet, der Kronprinz starb später im Gefängnis. Marie Antoinette war bis Herbst inhaftiert; eine neue Welle der Schreckensherrschaft brachte sie vor das »Gericht der Revolution«. Sie wurde, wie üblich bei dieser Sonderjurisdiktion, zum Tode verurteilt.

Eine ganz neue Persönlichkeit enthüllte sich im Gefängnis: Marie Antoinette war fromm und zurückhaltend, und am Ende machten ihr Mut und ihre Würde vor dem revolutionären Gericht großen Eindruck. Sie wurde auf dem »Revolutionsplatz« am 16. Oktober 1793 enthauptet.

Die Hinrichtung Marie Antoinettes verursachte in der österreichischen Meinung einen

Die 37jährige Königin von Frankreich als »Witwe Capet« auf dem Weg zum Schafott. Zeichnung von Jean Jacques Louis David

tiefen Haß gegenüber Frankreich und erleichterte die Fortführung des Krieges. Das Unglück Marie Antoinettes, die zwar Fehler begangen hatte, aber keine Verbrechen, hat dauerhaft die Nachwelt berührt.

Werke: Alfred von Arneth (Hg.), Maria Theresia, ihr Briefwechsel während der Jahre 1770–1780, Paris Wien 1865; Geffroy-Arneth (Hg.), Correspondence secrète entre Marie-Thérèse et le comte de Mercy-Argenteau, avec les lettres de Marie-Thérèse et de Marie-Antoinette, 3 Bde., Paris 1874.

Lit.: Vincent Cronin, Ludwig XVI. und Marie Antoinette, Zug 1981.

Be.

Maria Antonia (»Antoinette«), zweite Gemahlin des Großherzogs → Leopold II. von Toskana, geb. 19. 12. 1814 in Palermo, gest. 17. 11. 1898 in Orth bei Gmunden, begr. in der Kapuzinergruft, Wien.

Maria Antonia war eine Tochter des Königs Franz I. von Neapel-Sizilien aus zweiter Ehe mit der Infantin Isabella von Spanien. Aus ihrer 1833 in Neapel geschlossenen Ehe mit dem verwitweten Leopold II. gingen zehn Kinder hervor: → Maria Isabella, geb. 1834, der Erbherzog → Ferdinand IV., geb. 1835, Maria Theresia (1836–1838), Maria Christina (1838–1849), → Karl Salvator, geb. 1839, Maria Anna (1840–1841), Rainer (1842–1844), → Maria Luisa, geb. 1845, → Ludwig Salvator, geb. 1847, und → Johann, geb. 1852, der spätere Johann Orth.

Maria Antonia übte etwa ab 1848/49 auch politischen Einfluß auf Leopold II. aus, trat für engste Bindung der Toskana an Österreich ein und wandte sich gegen Zugeständnisse an (italienischen) Nationalismus und Liberalismus. Sie suchte ihren Sohn und Thronfolger → Ferdinand deutsch und nicht italienisch zu erziehen.

1859 dankte Leopold zugunsten seines Sohnes Ferdinand IV. ab. Die Familie mußte Florenz verlassen, übersiedelte nach Österreich, hielt aber den grundsätzlichen Anspruch auf den toskanischen Thron auch im Exil aufrecht. Ma-

Großherzogin Maria Antonia von Toskana

ria Antonia überlebte ihren 1870 gestorbenen Mann um 28 Jahre und lebte meist in Gmunden. Sie sprach weiterhin ihren neapolitanischen Dialekt und Französisch, aber kein Deutsch.

Einmal jährlich reiste sie nach Rom, um am Sterbensort ihres Mannes zu beten, aber auch, um den Papst – nicht nur als Haupt der Kirche, sondern als vornehmsten der depossedierten Monarchen – zu besuchen. Das unglückliche Schicksal ihres jüngsten und Lieblingssohnes Johann (Orth) bewegte sie zutiefst und verdüsterte ihre letzten Lebensjahre.

Pe./H.

Maria Antonia (»Antoinette«), Tochter von Großherzog → Ferdinand IV. von Toskana aus erster Ehe mit → Anna Maria von Sachsen, geb. 10. 1. 1858 in Florenz, gest. 13. 4. 1883 in Cannes, begr. in der Kapuzinergruft, Wien.

Die von Geburt aus schwache Erzherzogin verlor im ersten Lebensjahr ihre Mutter. Mit dem Vater verließ sie in frühester Jugend die Heimat Florenz und lebte fortan im Salzburger Exil, wo sie als Zehnjährige in → Alice von Parma 1868 eine Stiefmutter und eine schnell wachsende Geschwisterschar bekam. Von Jugend an war Antoinette lungenkrank und sehr zart. Sie wurde Äbtissin des Theresianischen Damenstiftes in Prag, zog aber bei Fortgang der Krankheit an die Côte d'Azur, wo sie nach langem Leiden unverheiratet starb, vom Vater tief betrauert.

H.

Maria Antonia, Tochter von Erzherzog → Leopold Salvator und Prinzessin → Blanka von Bourbon-Kastilien, geb. 13. 7. 1899 in Agram (Zagreb), gest. 22. 10. 1977 in Porto Alegre, Brasilien.

Die Erzherzogin heiratete 1924 in Barcelona Don Ramon Orlandis y de Villalonga (1896–1936) und hatte mit ihm fünf Kinder. In zweiter Ehe heiratete sie 1942 in Montevideo den argentinischen Botschafter Luis Perez Sucre.

H.-L.

Maria Beatrix Riccarda von Este, Herzogin von Massa und Carrara, Gemahlin des Erzherzogs → Ferdinand, geb. 7. 4. 1750 in Modena, gest. 14. 11. 1829 in Wien, begr. in der Kapuzinergruft, Wien.

Die Tochter von Herzog Herkules III. Reginald von Modena aus dem Hause Este und der Prinzessin Maria Theresia von Cybo-Malaspina, Erbin von Massa und Carrara, war schon als Kind von Kaiserin → Maria Theresia zur Braut eines ihrer Söhne ausersehen. Die Kaiserin beobachtete genau die Entwicklung des Mädchens, das 1771 den 17jährigen Erzherzog ehelichte.

Maria Beatrix stand ihrem Gatten bei der nicht leichten Aufgabe als Generalgouverneur der Lombardei hilfreich zur Seite. Ihre Liebenswürdigkeit und soziale Fürsorge wurden allgemein gelobt. Der glücklichen Ehe entsprossen neun Kinder: → Maria Theresia, geb. 1773, die spätere Gattin König Viktor Emanuels I. von Sardinien, Josef Franz (1775–1777), → Maria Leopoldine, geb. 1776, → Franz IV., geb. 1779, → Ferdinand Karl, geb. 1781, später Feldmar-

Maria Beatrix und Ferdinand, die Begründer der Linie Habsburg-Este

Die Linie Habsburg-Este

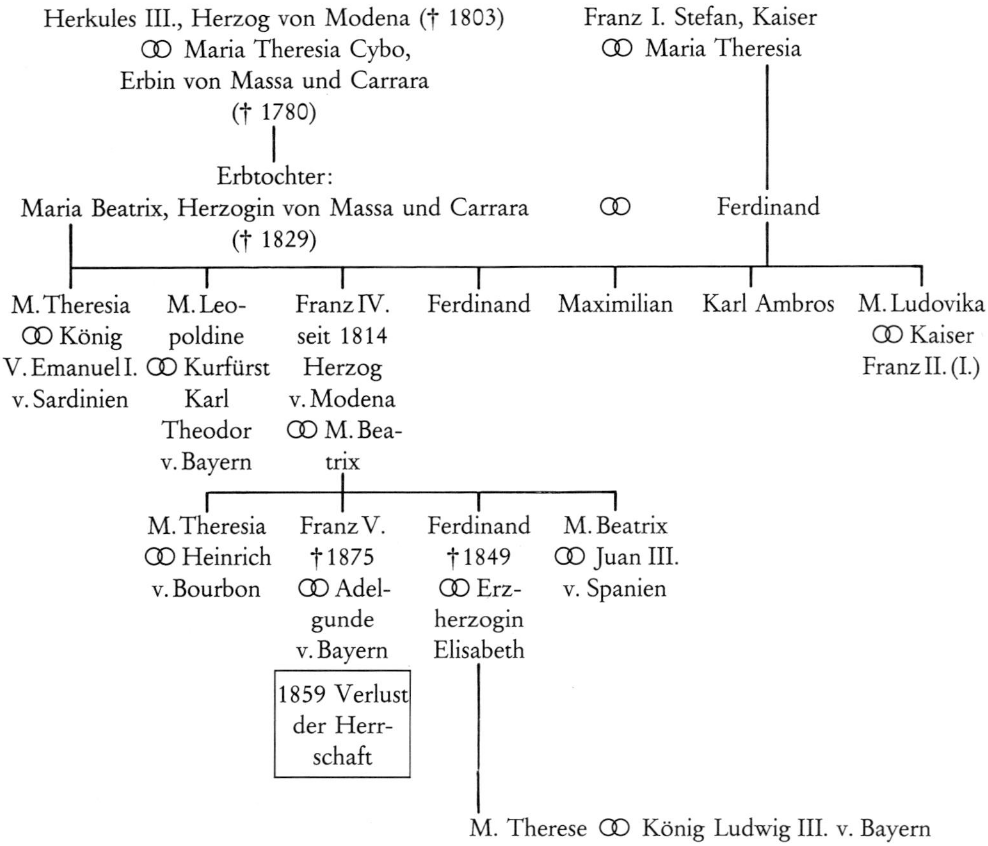

Da Franz V. keine Nachkommen hat, geht das große Vermögen 1875 an Erzherzog → Franz Ferdinand über, der den Titel Österreich-Este annimmt. Nach seiner Ermordung geht das Vermögen 1914 an den Thronfolger → Karl, der es nach seiner Thronbesteigung 1917 seinem zweiten Sohn → Robert weitergibt, der heute noch den Titel Este führt.

schall, → Maximilian Josef, geb. 1782, Hoch- und Deutschmeister, Maria Antonia (1784–1786), → Karl Ambros, geb. 1785, später Erzbischof von Gran und Fürstprimas von Ungarn, und → Maria Ludovica, geb. 1787, die spätere Gattin Kaiser → Franz' I. (II.). Maria Beatrix kümmerte sich persönlich, ähnlich ihrer Schwiegermutter, um die Erziehung ihrer Kinder und hier vor allem um die jüngste Tochter, die sie unter anderem in römischer Geschichte unterrichtete.

1796 mußte die Familie vor Napoleon aus Mailand fliehen. Maria Beatrix ließ sich nach Aufenthalten in Triest und Brünn mit einem Teil der Kinder im Neukloster von Wiener Neustadt nieder, während der Erzherzog, meist auch mit den älteren Söhnen, sich in Wien oder im kaiserlichen Auftrag auf Reisen befand.

Ein Jahr nach dem Tod ihres geliebten Mannes im 52. Lebensjahr wurde Maria Beatrix durch die Hochzeit ihrer Tochter Maria Ludovica mit Kaiser Franz I. Kaiserinmutter, hielt sich jedoch stets im Hintergrund. Ein reicher Briefwechsel mit der Kaiserin zeugt aber vom engen Kontakt der Frauen und dem lebendigen Interesse der Erzherzogin an Politik und Familie.

Maria Beatrix erlebte noch die Freude, daß ihr Ältester als Herzog Franz IV. in das großväterliche Erbe von Modena zurückkehren konnte (1814). Zur selben Zeit trat sie auch die Regierung des schon 1790 von ihrer Mutter ererbten Herzogtums Massa und Carrara an, wozu nach den Bestimmungen des Wiener Kongresses auch die kaiserlichen Lehen in der Lunigiana hinzukamen.

Nach ihrem Tod gingen alle diese Länder an Herzog Franz IV. über, während sich Ferdinand Karl und Maximilian das große Privatvermögen teilten.

M.

Marie Beatrix, Gemahlin von Herzog → Franz IV. von Modena, geb. 6. 12. 1792 in Turin, gest. 15. 9. 1840 in Modena, begr. in Modena.

Die Tochter König Viktor Emanuels I. von Sardinien-Piemont und der Erzherzogin → Maria Theresia von Österreich-Modena d'Este heiratete 1812 ihren um dreizehn Jahre älteren Onkel, Herzog Franz IV. von Modena, den jüngeren Bruder ihrer Mutter. Zu dieser Zeit war Modena noch ein Teil des Napoleonischen Königreiches Italien, und so konnte die herzogliche Familie erst 1814 in das Land zurückkehren. 1830 mußte die Herzogsfamilie wieder für kurze Zeit das Land verlassen, kehrte jedoch mit Hilfe österreichischer Truppen noch im selben Jahr zurück. Marie Beatrix schenkte ihrem Gatten vier Kinder: → Maria Theresia, geb. 1817, → Franz V., geb. 1819, → Ferdinand Karl Viktor, geb. 1821, und → Maria Beatrix, geb. 1824. Sie starb sechs Jahre vor Herzog Franz IV.

M.

Maria Beatrix (Beatriz de Austria Este), Tochter von Herzog → Franz IV. von Modena und der Prinzessin → Marie Beatrix von Savoyen, geb. 13. 2. 1824 in Modena, gest. 18. 3. 1906 in Görz.

1847 heiratete die Erzherzogin in Modena den (der karlistischen Linie des spanischen Königshauses angehörigen) Prinzen Juan (III.) de Bourbon und Braganza (1822–1887). Die Karlisten fochten in Bürgerkriegen für die Anerkennung des alleinigen Thronfolgerechtes der männlichen Erben und das absolutistische Herrschaftsprinzip in Spanien gegen Königin Isabella II. (1833–1868) sowie gegen die Anhänger des Liberalismus und der konstitutionellen Monarchie. Juan brach jedoch mit den traditionalistischen Prinzipien des Karlismus und verzichtete 1868 zugunsten seines ersten Sohnes Carlos (VII.) auf seinen Thronanspruch.

Maria Beatrix, die in Modena fernab liberaler Ideen zu religiöser Hingabe erzogen worden war, entfremdete sich bald nach der Hochzeit dem Prinzen Juan, dem der Einfluß des Klerus und allzu große Sittenstrenge widerstrebten.

Erzherzogin Maria Beatrix als Braut des Prinzen Juan von Bourbon und Braganza

Nach der Trennung von ihrem Gemahl lebte Maria Beatrix mit ihren Kindern in Modena. Ihr Versuch, die Söhne von den politischen Wirren in Spanien fernzuhalten, scheiterte. (Ihr ältester Sohn Don Carlos [1848–1909] führte seine Anhänger in den Dritten Karlistenkrieg [1869–1876]. Ihr zweiter Sohn Alfons Carlos [1849–1936] war der letzte Vertreter der karlistischen Linie.) 1872 zog sie sich in ein Kloster zurück und schrieb religiöse Werke.

Mü.

Maria Christierna, Tochter von Erzherzog → Karl von Innerösterreich und → Maria von Bayern, geb. 10. 11. 1574 in Graz, gest. 6. 4. 1621 in Hall in Tirol, dort auch begraben.

Die Erzherzogin heiratete 1595 trotz der Bedenken ihrer Mutter den Fürsten Siegmund Bathory von Siebenbürgen. Tatsächlich wurde diese Verbindung höchst unglücklich. Die Fürstin wurde von ihrem Gatten verstoßen, worauf ihr Bruder 1599 in Rom die Annullierung der Ehe erreichte. 1607 zog sie sich mit ihrer Schwester → Eleonore ins adelige Damenstift nach Hall in Tirol zurück, dessen Obristin sie 1612 wurde.

Erzherzogin Maria Christierna im Brautkleid. Der prachtvolle Schmuck ist wahrscheinlich jener, der ihr von Kaiser Rudolf II. geschenkt wurde. Bild von einem unbekannten steirischen Hofmaler

Lit.: Karl Reißenberger, Prinzessin Maria Christierna von Innerösterreich (1574–1621), in: Mitteilungen des Historischen Vereins für Steiermark 30 (1882), 27 ff.

Hei.

Marie Christine (»Marie«, »Mimi«), Statthalterin der Niederlande, fünftes Kind von Kaiser → Franz I. Stefan und Kaiserin → Maria Theresia, geb. 13. 5. 1742 in Wien, gest. 24. 6. 1798 in Wien, begr. in der Kapuzinergruft, Wien.

Die erklärte Lieblingstochter Maria Theresias zeichnete sich durch Liebenswürdigkeit, Intelligenz und beträchtliche künstlerische Begabung, vor allem als Malerin, aus. Nach dem Scheitern einer Romanze mit dem Prinzen Ludwig Eugen von Württemberg heiratete sie 1766 in Preßburg den gleichaltrigen Herzog Albert-Kasimir von Sachsen-Teschen (1742–1822), einen Sohn der Habsburgerin → Maria Josepha. Diese Ehe war die einzige reine Liebesheirat, die Maria Theresia einem ihrer Kinder erlaubte. Marie Christine brachte 1767 eine Tochter zur Welt, die am Tag darauf starb, und blieb dann kinderlos. (Später adoptierte sie ihren Neffen Erzherzog → Karl.)

Um dem nicht mit Vermögen ausgestatteten Albert eine standesgemäße Stellung zu geben und das junge Paar in der Nähe zu haben, machte ihn Maria Theresia 1765 zum Statthalter in Ungarn mit der Residenz im Preßburger Schloß, das sie liebevoll und mit hohen Kosten für das junge Paar renovieren ließ. Die ungarische Hauptstadt Preßburg wurde unter dem Statthalterpaar ein blühendes kulturelles Zentrum. Schnell erwarb sich Marie Christine die Sympathie des nationalen Adels und der Bevöl-

Erzherzogin Marie Christine. Selbstbildnis in holländischer Manier

kerung. Auch als sie 1776 eine lange Rundreise durch Italien machte, um ihre »italienischen« Geschwister zu besuchen, wurden ihre Spontaneität und ihre Herzlichkeit hoch geschätzt. Aber als ihr Gemahl 1777/78 während des Bayerischen Erbfolgekrieges einen militärischen Auftrag zu erledigen hatte, manifestierten sich bei der einsamen Gattin schon Zeichen ihrer schwachen Gesundheit und wachsenden Melancholie.

Die Ehe blieb glücklich in der gemeinsamen Arbeit. Denn Albert baute mit tatkräftiger Unterstützung Marie Christines die größte Kupferstichsammlung der Monarchie auf, die heutige »Albertina«.

Die enge Bindung Marie Christines zu ihrer kaiserlichen Mutter (und wohl auch die innige Freundschaft, die Marie Christine zu seiner geliebten, früh verstorbenen ersten Frau → Isabella unterhalten hatte) verstärkte die Eifersucht des Bruders → Josef. Nach Maria Theresias Tod 1780 entfernte er außer den Schwestern → Maria Anna und → Maria Elisabeth auch Marie Christine vom Wiener Hof und ernannte sie mit ihrem Gemahl als Nachfolger des 1780 verstorbenen Karl von Lothringen zu Statthaltern der Niederlande, allerdings ohne politische Verantwortung. Sie hatten nur zu unterschreiben, was die Minister unter der Bewilligung des Kaisers beschlossen hatten. Eine glänzende Hofhaltung sollte die erzwungene Untätigkeit im politischen Leben verschleiern. Als neues Sommerschloß baute das Paar Laeken in der Nähe von Brüssel.

Als Josef II. die Verwaltung Belgiens grundsätzlich änderte, erhob das Land Einspruch. Man wandte sich an die Statthalter. Der Widerstand wurde so erheblich, daß sie sich veranlaßt sahen, die verfassungswidrigen Verordnungen aufzuheben. Josef II. war unzufrieden und entschlossen, seine Reformen durchzusetzen. Weitere Vermittlungsversuche zwischen Kaiser und Volk

Marie Christine und Herzog Albert (links) zeigen Kaiserin Maria Theresia und den Geschwistern (von rechts) Josef II., Maria Anna, Maria Elisabeth und Max Franz ihre in Italien erworbenen Kunstschätze. Gemälde von Friedrich Heinrich Füger

wurden den Statthaltern untersagt, bis 1789 die Revolution ausbrach. Die Statthalter mußten nach Bonn fliehen: die Bevölkerung machte sie, zusammen mit dem Kaiser, für die schwere Verletzung der Verfassung verantwortlich.

Nach der Wiedereroberung der Niederlande kamen sie 1791 als Statthalter nach Brüssel zurück, zunächst im Namen → Leopolds II. und später im Namen → Franz' II. Ihre politische Auffassung, vor der belgischen Revolution eher demokratisch, bekam nun eine autoritäre Prägung. Jede Bewilligung der Forderung der Bevölkerung betrachtete Marie Christine nun als Übernahme des Gedankengutes der Französischen Revolution. Nach dem französischen Einfall in Belgien 1792 verließ sie endgültig die Niederlande – erschöpft und verarmt.

Die schlechte Beziehung zu ihrem Bruder Josef II. brachte sie in engen Kontakt mit Leopold II., ihrem jüngeren Bruder. In ihrem Nachlaß befindet sich eine umfassende Korrespondenz mit ihm, und sein plötzlicher Tod 1792 traf sie hart. Unter der Regierung ihres Neffen Franz II. war sie ohne politischen Einfluß.

Nach ihrem Tod ließ ihr tief trauernder Mann Albert über ihrer Herzgruft in der Augustinerkirche in Wien ein großes Denkmal setzen, das zu den Hauptwerken Antonio Canovas gehört und die Aufschrift trägt: »Uxori optimae«, »Der besten Gattin«. Albert überlebte sie um mehr als zwanzig Jahre und blieb unverheiratet.

Werke: A. Wolff, Leopold und Marie-Christine. Ihre Briefwechsel (1781–1792), Wien 1867; A. von Arneth, Briefe der Erzherzogin Marie-Christine, Statthalterin der Niederlande, an Leopold II., Wien 1896.

Lit.: Adam Wolff, Marie-Christine, Erzherzogin von Oesterreich, Wien 1863, 2 Bde.; E. von Impe, Marie-Christine van Oostenrijk, Gouvernante Generaal van de Zuidelijke Nederlanden 1781–1789, 1790–1792. Reihe Standen en Landen, Bd. LXXVII, Kortrijk, 1979.

Le./H.

Maria Christina (»Christa«), Königin und Regentin von Spanien, Tochter von Erzherzog → Karl Ferdinand und Erzherzogin → Elisabeth, geb. 21. 7. 1858 in Groß-Seelowitz/Mähren, gest. 6. 2. 1929 in Madrid, begr. im Escorial.

Maria Christina wuchs am Hof Kaiser → Franz Josephs I. auf und wurde als junges Mädchen zur Äbtissin des adeligen Damenstiftes in Prag ernannt. 1879 heiratete sie 21jährig den um ein Jahr älteren, bereits verwitweten König Alfons XII. von Spanien. Er war im Pariser Exil aufgewachsen und hatte am Theresianum in Wien sowie in München seine Studien vervollständigt. Nach der Restauration der Monarchie in Spanien war er 1875 nach Madrid zurückgekehrt und hatte eine stabile innere Ordnung erreicht, die vorher durch Revolution (1868), Republik (1873/74) und Bürgerkrieg (1869–1876) erschüttert worden war.

Die Ehe mit Maria Christina wurde in Spanien von Politikern und der königlichen Familie einhellig begrüßt, jedoch war die zurückhaltende junge Königin zunächst wenig populär.

Als sie nach der Geburt zweier Töchter ihr drittes Kind erwartete, starb Alfons XII. nach sechsjähriger Herrschaft am 26. November 1885 im Alter von 27 Jahren an einem Lungenleiden. Der Königin fiel nun die schwere Aufgabe zu, anstelle ihres Gemahls in Zusammenarbeit mit dem Kongreß die Regierungsgeschäfte zu führen und die innere Stabilität, die Spanien unter dem Monarchen gewonnen hatte, zu bewahren und einen Rückfall in die unruhige Zeit vor der Restauration zu vermeiden.

Trotz ihrer politischen Unerfahrenheit und ihrer durch Trauer und Schwangerschaft beeinträchtigten Stimmung meisterte Maria Christina die Krise und erwarb sich rasch Ansehen und Popularität. In ihrem ersten Regierungsdekret erklärte sie, bis zur Volljährigkeit des legitimen Thronfolgers als Regentin des Königreichs herrschen zu wollen. Der für den Bestand der Monarchie so wichtige Sohn wurde am 10. Mai 1886 geboren und am selben Tag zu König Alfons XIII. proklamiert.

Nach der Verfassung von 1876 verfügte Maria Christina über große politische Macht. Neben ihren exekutiven Rechten übte sie die gesetzgebende Gewalt gemeinsam mit der Volks- und Ständevertretung, den Cortes, aus, die sie einberufen und auflösen konnte. Alle Gesetze mußten durch sie gebilligt und verkündet werden. Die Königin gebrauchte diese Macht mit großem Geschick und vermied Konflikte mit den gewählten Volksvertretern. Sie stützte sich großteils auf Minister, die schon unter König Alfons die Regierungsgeschäfte geführt hatten. Zu Ministerpräsidenten ernannte sie im Wechsel die Führer der zwei dominierenden politischen Gruppierungen, den liberalen Práxedes Mateo Sagasta und den konservativen Antonio Cánovas del Castillo sowie dessen Nachfolger Francisco Silvela. In enger Zusammenarbeit mit ihnen überstand Maria Christina die 17jährige Regentschaftszeit, in der große Probleme zu lösen waren, ohne ernste Krise.

Innenpolitik: Sowohl Liberale als auch Konservative erstrebten eine Modernisierung Spaniens, das sie im Vergleich zu anderen europäischen Staaten als rückständig empfanden. Reformen im Rechtswesen und in der Verwaltung brachten eine Zentralisierung der heterogenen Institutionen und eine Vereinheitlichung gesetzlicher Vorschriften (Bürgerliches Gesetzbuch 1889). Diese Maßnahmen stießen in Katalonien und im Baskenland auf Widerstand und stärkten die regionalistischen Kräfte. Beide Regionen erreichten in dieser Zeit einen – im Vergleich zum übrigen, stark agrarisch strukturierten Spanien – hohen Grad der Industrialisierung.

1878 wurde die Spanische Sozialistische Arbeiterpartei (PSOE) unter ihrem Führer Pablo Iglesias gegründet und zehn Jahre später die sozialistische Gewerkschaft UGT. Der parlamentarische Einfluß der Arbeiterbewegung blieb jedoch – selbst nach Einführung des allgemeinen Wahlrechts für alle spanischen Männer über 25 Jahre (1889) – noch gering.

Zahlreich im Vergleich zu anderen europäischen Staaten waren die Anhänger des Anarchismus in Spanien. Ihr Wirken erfuhr die Königin hautnah, als 1879 ein galicischer Anarchist Schüsse auf das Königspaar abgab. Hauptschauplatz des anarchistischen Terrors, dem 1897 Ministerpräsident Cánovas zum Opfer fiel, war Katalonien. Um diesen neuen gesellschaftlichen Kräften zu begegnen, versuchten die Regierungen der Regentschaft, das Sozial- und Bildungswesen zu verbessern. Angesichts begrenzter Haushaltsmittel blieben die Maßnahmen aber in den Anfängen stecken. Dessenungeachtet erlebte das kulturelle Leben Spaniens einen bemerkenswerten Aufschwung.

Königin Maria Christina von Spanien mit ihrem Sohn, König Alfons XIII.

In der Außenpolitik versuchte Spanien, seine gesunkene militärische Macht durch eine defensive Haltung und eine in den europäischen Konflikten neutrale Politik auszugleichen. Gleich zu Beginn ihrer Regierungzeit mußte Maria Christina sich mit dem deutsch-spanischen Streit um den Besitz der Karolinen beschäftigen. Nach der Vermittlung Papst Leos XIII. unterzeichneten 1885 in Rom beide Mächte das »Karolinenprotokoll«, das sowohl die spanische Souveränität als auch die deutschen Handelsinteressen sicherte. 1899 verkaufte Spanien die Karolinen und Marianen für 17 Millionen Mark an das Deutsche Reich.

Ein weit schwererer Verlust für das spanische Kolonialreich war Kuba, wo seit langem separatistische Bewegungen gegen die spanische Herrschaft kämpften. Als die USA die Unabhängigkeitskämpfer unterstützten, Spanien den Krieg erklärten und der spanischen Flotte eine demütigende Niederlage beibrachten, mußte Spanien die Unabhängigkeit Kubas anerkennen sowie die Inseln Puerto Rico, Guam und die Philippinen an die USA abtreten. Diese als nationale Katastrophe empfundene Niederlage des Jahres 1898 war der Tiefpunkt der Regentschaft Maria Christinas, gleichzeitig aber auch Ausgangspunkt der Bewegung »Generation von 98«, die eine Veränderung des politischen Systems und der gesellschaftlichen Struktur in Spanien anstrebte.

Als Alfons XIII. 1902 sein sechzehntes Lebensjahr vollendete, ging die Regentschaft Maria Christinas zu Ende. Es begann eine an inneren Erschütterungen reiche Epoche der spanischen Geschichte. Die alten Konfliktherde wie Anarchismus und Regionalismus kamen zum vollen Ausbruch und führten die Monarchie in eine schwere Krise, an deren Ende der König das Land verließ (1931). Maria Christina, die diese Entwicklung in Madrid bis zu ihrem Tod 1929 mitverfolgte, nahm an vielen Entscheidungen ihres Sohnes noch Anteil, doch konnte sie keinen Einfluß mehr auf die Politik nehmen. Sie widmete sich karitativen Aufgaben und hinterließ beim spanischen Volk den Eindruck einer strengen, aber liebenswürdigen Monarchin.

Ihren habsburgischen Verwandten in Österreich half sie nach dem Umsturz 1918 tatkräftig und gewährte auch der exilierten Kaiserin → Zita und deren Kindern jahrelang Asyl in Spanien.

Lit.: Juan Ortega Rubio, Historia de la regencia de María Cristina Habsburgo Lorena, 5 Bde., Madrid 1905/06; Gabriel Maura Gamazo, Historia crítica del reinado de don Alfonso XIII. durante su menoridad bajo la regencia de su madre dona María Cristina de Austria, 2 Bde., Barcelona 1919–1925; Conde de Romanones, Dona Mará Cristina de Habsburgo-Lorena, Madrid 1944.

Mü.

Marie Christine, Gattin von Erzherzog → Peter Ferdinand, geb. 10. 4. 1877 in Cannes, gest. 4. 10. 1947 in St. Gilgen.

Die Tochter des Prinzen Alfons von Bourbon-Sizilien und der ebenfalls dem Haus Bourbon-Spanien entstammenden Prinzessin Maria Antonia heiratete 1900 in Cannes den Erzherzog, der durch diese Ehe in engere verwandtschaftliche Beziehungen zur späteren Kaiserin → Zita kam.

Der Ehe entstammten vier Kinder: → Gottfried, geb. 1902, → Helene, geb. 1903, → Georg, geb. 1905, und → Rosa, geb. 1906.

Nach 1918 emigrierte die Familie zunächst in die Schweiz und kehrte in der Schuschnigg-Ära nach Österreich zurück.

H.

Maria Christina, älteste Tochter von Erzherzog → Friedrich und Prinzessin → Isabella von Croy-Dülmen, geb. 17. 11. 1879 in Krakau, gest. 6. 8. 1962 in Anholt/BRD.

Maria Christina Salm-Salm (links) mit ihren jüngeren Geschwistern (von links) Gabrielle, Henriette Hohenlohe, Albrecht. Rechts: Isabella und vorne Maria Alice Waldbott.

Ursprünglich als Braut für den Thronfolger → Franz Ferdinand ausersehen, heiratete sie nach dessen morganatischer Eheschließung 1902 den Erbprinzen Emanuel zu Salm-Salm. Zu Kriegsbeginn 1914 war das Ehepaar in Deutsch-Ostafrika, von wo es nur nach einer persönlichen Intervention Kaiser → Franz Josephs zurückkehren konnte. Prinz Emanuel rückte zur k. u. k. Armee ein und fiel 1916 in der Nähe von Pinsk, Weißrußland.

Maria Christina zog als Witwe fünf minderjährige Kinder auf. Die Tochter Rosemary heiratete den Erzherzog → Hubert.

Rau.

Maria Dolores, älteste Tochter von Erzherzog → Leopold Salvator und Prinzessin → Blanka von Bourbon-Kastilien, geb. 5. 5. 1891 in Lemberg, unverheiratet gest. 10. 4. 1974 in Viareggio, begr. in der dortigen Familiengruft.

H.-L.

Maria Dorothea, dritte Gemahlin von Palatin → Josef Anton, geb. 1. 11. 1797 in Carlsruhe/ Preuß. Schlesien, gest. 30. 3. 1855 in Buda (Ofen), begr. in Budapest.

Die Tochter des Herzogs Ludwig von Württemberg und seiner zweiten Frau, Henriette Fürstin von Nassau-Weilburg, wurde in streng puritanischem, lutherisch-evangelischem Geiste erzogen, erwarb sich Kenntnisse in der Theologie, las Griechisch und Latein und bereicherte ihr Wissen auch durch Lektüre in englischer und französischer Sprache. 1819 wurde sie mit dem Palatin Josef Anton vermählt und zog neben den eigenen auch seine Kinder aus der zweiten Ehe, → Stefan und → Hermine, auf. Kinder: Elisabeth (1820–1823), Alexander (1825–1837), → Elisabeth, geb. 1831, → Josef, geb. 1833, und → Maria Henriette, geb. 1836, die spätere Königin der Belgier.

Nach dem Tode ihres Gemahls wurde ihr die Erziehung ihres Sohnes Josef verboten. Trotz des Unwillens des Wiener Hofes und vornehmlich Metternichs blieb sie bei ihrem Glauben und unterstützte die evangelischen Prediger im Reiche. Fast wöchentlich waren ihre Gäste Jószef Székács, Prediger der evangelischen Gemeinde in Pest, Dichter und Schriftsteller, und Pál Török. Ihre Vertrauten waren G. Bauhofer, Prediger in Ödenburg (Sopron/Ungarn) und G. A. Wimmer in Oberschützen (damals Felsö-Lövö, Ungarn). Sie unterstützte moralisch und materiell Bauhofers Bestrebungen zur Ausarbeitung seiner Kirchengeschichte. 1846 betraute sie den evangelischen Prediger János Zapf mit der Sammlung der Quellen zur Geschichte des Protestantismus in Ungarn. Sie war die Begründerin der evangelischen Gemeinde und ihrer Kirche in Buda (Ofen), die sie auf Székács' Rat im Burgviertel in Ofen erbauen ließ. Sie war auch für ihre Wohltätigkeit berühmt und verehrt und begründete in Pest 1828 den unter der Aufsicht der Gräfin Theresie von Brunswick stehenden »Engelgarten«, das erste Kinderheim in Ungarn.

Nach dem Tode ihres Gatten mußte sie im Wiener Augarten leben, wo sie ab 1847 von der Polizei beobachtet wurde. Sie durfte nur mit spezieller Genehmigung oder heimlich nach Ungarn reisen. Auf einer solchen Reise starb sie.

Lit.: Georg Loesche, Die evangelischen Fürstinnen im Hause Habsburg, Wien 1904 (mit Quellenbeilagen).

Ni./So.

Maria Dorothea, Tochter von Erzherzog → Josef Karl Ludwig und Herzogin → Klothilde von Sachsen-Coburg-Gotha, geb. 24. 6. 1867 in Alcsut/Ungarn, gest. 2. 4. 1932 in Alcsut, begr. in Budapest.

Wie ihre Schwester → Margarethe war auch Maria Dorothea eine begabte Malerin, die von Olga Wiesinger-Florian unterrichtet wurde.

1896 heiratete sie Herzog Louis Philippe von Orléans (1869–1926), der die Krone Frankreichs anstrebte. Die kinderlose Herzogin war politisch hoch aktiv, organisierte Demonstrationen gegen die Französische Republik und galt – weit mehr als ihr lebenslustiger Ehemann – als Mittelpunkt der royalistischen Propaganda in Frankreich.

H.

Maria Elisabeth, Statthalterin der Niederlande, Tochter von Kaiser → Leopold I. aus dritter Ehe mit Prinzessin → Eleonore von Pfalz-Neuburg, geb. 13. 12. 1680 in Linz, gest. 26. 8. 1741 in Schloß Mariemont bei Morlanwelz/Hennegau, begr. in Ste. Gudule in Brüssel, 1749 nach Wien in die Kapuzinergruft überführt.

Maria Elisabeth war eine sehr begabte und gebildete Frau: sie sprach fließend Französisch, Deutsch, Italienisch und Latein. Überzeugt von der Bedeutung der Habsburgerdynastie schrieb die 19jährige schon eine lange Geschichte des habsburgischen Hauses.

Als Amtsnachfolgerin des Prinzen Eugen von Savoyen, der nie seinen Wohnsitz in den Niederlanden hatte, sollte sie in Brüssel residieren. So forderte es ihr Bruder, Kaiser → Karl VI. Er gab der unverheirateten Schwester umfassende Vollmachten: so das Recht, Bischöfe, Äbte und Ratsherren der kollateralen Räte zu ernennen, aber sie mußte dafür immerhin ein Gutachten des Wiener Hofes einholen. Die Provinzialstände waren so entzückt über die Tatsache, daß eine geborene Prinzessin in den Niederlanden residierte, daß sie sich dazu entschlossen, ihr eine Zivilliste von 560 000 Brabantgulden anzubieten. Dieses Jahreseinkommen ermöglichte eine reiche Hofhaltung mit etwa 250 Personen.

Erzherzogin Maria Elisabeth als Kind, gemalt von Charles Brendel (?)

Die Regierung Maria Elisabeths (1725–1741) ist bislang nicht ausreichend studiert; so weiß man z. B. noch nicht genau, welches ihr Anteil an der Politik war und welcher der ihres Oberhofmeisters. Die Oberhofmeister wurden ihr vom Kaiser aufgezwungen und in Wien ernannt. Ihre Aufgaben betrafen weniger den Hof als die Landesregierung. Der Oberhofmeister sollte genau beobachten, was in den Niederlanden stattfand, und die Befehle des Wiener Hofes tadellos ausführen. Die Statthalterin hatte zwei Oberhofmeister: zunächst den italienischen Grafen Julio Visconti (1725–1732), danach den böhmischen Grafen Friedrich von Harrach (1732–1744).

Die Kirchenpolitik führte Maria Elisabeth persönlich. Ihr Ziel war die Unterdrückung und Ausrottung des Jansenismus. Sie wurde darin beraten von ihrem Beichtvater, dem ungarischen Jesuiten Stefan Amiodt. Gegen den Willen der Ministerialräte wies sie den einflußreichen Löwener Professor Van Espen aus und ließ mehrere Abteien reformieren. Der gefügige Graf Visconti ließ sich schnell zu dieser Politik Maria Elisabeths überreden. Dann wurde Harrach ernannt, um die autonome und eben autoritäre Politik der Statthalterin zu korrigieren. Er sollte auch die Regierungsfinanzen sanieren, deren heikle Lage dafür verantwortlich war, daß es bei der Zahlung der Beamtengehälter einen Rückstand von etwa vier Jahren gab.

Die zweite Periode der Regierung Maria Elisabeths hat einen besseren Ruf. Graf Harrach erreichte beim Kaiser, daß die Statthalterin eine Anzahl unnötiger Ämter abschaffen und andere umgestalten mußte. Die Pacht der Ein- und Ausfuhrrechte wurde abgeschafft und die Einziehung in eigene Verwaltung genommen. Die subalterne Behörde der Stände, der Städte und auf dem Lande sollte überprüft werden. Sie weigerte sich aber, eine Verordnung des Kaisers zu publizieren, die den Niederlanden Intendanten französischer Prägung aufzwang. Fünfzehn hohe

Erzherzogin Maria Elisabeth, die Statthalterin der Österreichischen Niederlande

Beamte, Schützlinge der Statthalterin, wurden entlassen.

Das Zeitalter Maria Elisabeths war eine Periode schwerer wirtschaftlicher Depression. Sie ließ eine Untersuchung über die belgische Industrie anstellen, die erste in Belgien, sorgte sich um die Armut der kleinen Leute und war wohltätig. Ihre Almosen und ihre Frömmigkeit und ihre Teilnahme an Prozessionen machten sie sehr beliebt bei der Brüsseler Bevölkerung. Am Hofe erhielt sie aber eine sehr strenge Etikette aufrecht. Sie liebte italienische Musik und Opern und förderte das Musikleben in Brüssel.

Werke: Chronologia augustissimae Domus Austriacae in Synopses collecta . . ., Wien 1698.

Lit.: M. Engels, De Godsdienstpolitiek van Maria-Elisabeth . . ., Diss., Löwen 1976; M. Jonckers, Maria-Elisabeth van Oostenrijk, Diss., Löwen 1978.

Le.

Maria Elisabeth, Tochter von Kaiser → Franz I. Stefan und → Maria Theresia, geb. 13. 8. 1743 in Wien, gest. 22. 9. 1808 in Linz, begr. in der Jesuitenkirche in Linz.

Das sechste Kind des Kaiserpaares galt als besondere Schönheit, wenn auch flatterhaft und ohne ausgeprägte Interessen. Die Blatternkrankheit machte 1767 dieser Schönheit ein Ende und zerstörte die Hoffnungen auf eine bedeutende politische Heirat. Pläne, die 23jährige mit dem verwitweten König Ludwig XV. von Frankreich zu verheiraten, um die Beziehungen zu Frankreich zu festigen, scheiterten. Nach dem Tod Maria Theresias mußte die unverheiratete Maria Elisabeth wie ihre Schwestern → Maria Anna und → Marie Christine Wien verlassen, weil Kaiser → Josef II. die »Weiberwirtschaft« seiner Schwestern in Wien beenden wollte. Sie ging als Äbtissin nach Innsbruck (1781–1806), wo sie sich wegen ihrer scharfen Zunge zum gefürchteten Original entwickelte. Auch bei ihren Familienbesuchen legte sie sich keinerlei Zwang auf, nannte ihren Neffen, Kaiser → Franz II., einen »Lümmel«, seinen Bruder → Rainer »Ochs«, Erzherzog → Ludwig »Duckmaus« und den

Maria Elisabeth als Äbtissin des adeligen Damenstiftes in Innsbruck. Porträt von Franz Altmutter

noch jugendlichen → Rudolf, den späteren Erzbischof von Olmütz, »Nestsch ... ßl«. Zu den verunstaltenden Blatternnarben im Gesicht kam im Alter noch eine starke Korpulenz und ein dreifacher Kropf, der der häßlichen Erzherzogin den Namen »kropfete Liesl« einbrachte.

H.

Maria Henriette, Königin der Belgier, Tochter von Palatin → Josef Anton aus dritter Ehe mit Prinzessin → Maria Dorothea von Württemberg, geb. 23. 8. 1836 in Ofen (Buda), gest. 19. 9. 1902 in Spa/Belgien, begr. in Laeken/Belgien.

Die in Ungarn inmitten einer großen Geschwisterschar in Freiheit aufgewachsene, temperamentvolle 17jährige wurde 1853 dem ältesten Sohn König Leopolds I. der Belgier trotz geringer gegenseitiger Zuneigung vermählt. Anspielend auf Maria Henriettes Leidenschaft für Pferde kommentierte Fürstin Melanie Metternich, hier heirate ein Stallknecht eine Nonne, »wobei der Herzog von Brabant die Nonne ist«. Dieser höchst unglücklichen Ehe entsprossen vier Kinder: drei Töchter (darunter die spätere Kronprinzessin → Stephanie) und ein Sohn, der im Kindesalter starb.

Leopold wurde nach dem Tod seines Vaters 1865 als Leopold II. König der Belgier. Die Beziehung zu seiner Familie war äußerst gespannt, vor allem, da er aus seinen zahlreichen Liebesabenteuern kein Geheimnis machte und schließlich wegen seiner jahrelangen Liaison mit der Tänzerin Cléo spöttisch »Cléopold« genannt wurde. Die ständigen Demütigungen ließen Maria Henriette hart werden, auch gegenüber ihren Kindern. Politisch war sie ohne Einfluß. Sie beschränkte sich auf Repräsentationsaufgaben, zog sich aber in den letzten Lebensjahren verbittert in ein Schloß in Spa zurück. Dort widmete sich die immer noch stolze Ungarin der Gartenarbeit und der geliebten Musik, spielte vor allem Harfe. Wegen ihrer Wohltätigkeit war sie beliebt. Die Streitigkeiten in der belgischen Königsfamilie waren so groß, daß Leopold II. seinen Töchtern sogar den Zugang zu Maria Henriettes Sterbezimmer und dem Begräbnis verwehrte.

Königin Maria Henriette von Belgien (rechts) bei der Verlobung ihrer Tochter Stephanie mit dem österreichischen Kronprinzen Rudolf. Links sitzend Kaiserin Elisabeth, links stehend Kaiser Franz Joseph und König Leopold II. von Belgien

H.

Maria Immakulata (»Petite«), Gattin von Erzherzog → Karl Salvator, geb. 14. 4. 1844 in Caserta, gest. 18. 2. 1899 in Wien, begr. in der Kapuzinergruft, Wien.

Die Tochter König Ferdinands II. von Neapel-Sizilien und der Erzherzogin → Maria Theresia heiratete 1861 in Rom den aus der toskanischen Linie stammenden Karl Salvator. Sie war eine berühmte Schönheit, die im »Schönheitenalbum« der Kaiserin Elisabeth mehrfach mit Fotos vertreten ist. Elisabeth nannte die Familie Karl Salvators spöttisch »Perlenfischer« wegen der rasch aufeinanderfolgenden Geburten, zu denen der Kaiser der jungen Mutter stets eine Perlenkette zu schenken pflegte. Die Kinder: → Maria Theresia, geb. 1862, → Leopold Salvator, geb. 1863, → Franz Salvator (der die Kaisertochter

Herzogin Maria Immakulata galt als ausnehmend schöne Frau.

→ Marie Valerie heiratete), geb. 1866, → Karolina, geb. 1869, → Albrecht Salvator, geb. 1871, Maria Antonia (1874–1891), → Maria Immakulata, geb. 1878, Rainer Salvator (1880–1889), Henriette Maria (1884–1886) und Ferdinand Salvator (1888–1891).

H.

Maria Immakulata, Herzogin von Württemberg, siebentes Kind von Erzherzog → Karl Salvator und der Prinzessin → Maria Immakulata von Bourbon-Sizilien, geb. 3. 9. 1878 in Baden bei Wien, gest. 25. 11. 1968 auf Schloß Altshausen/Württemberg, dort auch begraben.

Die Erzherzogin heiratete 1900 in Wien Herzog Robert von Württemberg (1873–1947). Die Ehe blieb kinderlos.

H.-L.

Maria Immakulata, Tochter von Erzherzog → Leopold Salvator und der Prinzessin → Blanka von Bourbon-Kastilien, geb. 9. 9. 1892 in Lemberg, gest. 4. 9. 1971 in Viareggio, in der dortigen Familiengruft beigesetzt.

Im Ersten Weltkrieg machte die Erzherzogin Pflegedienst beim Roten Kreuz. 1932 heiratete sie in Rom den Rittmeister Igino Nobile Neri-Serneri (1891–1950), einen Patrizier von Siena. Sie betätigte sich als Komponistin und blieb kinderlos.

H.-L.

Maria Isabella → Isabella

Maria Josefa, Königin von Polen, Kurfürstin von Sachsen, Tochter von Kaiser → Josef I. und Prinzessin → Amalie Wilhelmine von Braunschweig-Lüneburg, geb. 8. 12. 1699 in Wien, gest. 17. 11. 1757 in Dresden, begr. in der Hofkirche von Dresden.

Maria Josefa wurde 1719 mit Friedrich August, dem Sohn des polnischen Königs

Königin Maria Josefa von Polen, Kurfürstin von Sachsen

August II., Kurfürst von Sachsen, vermählt. Nach der Wahl ihres Gemahls zum König von Polen (1733) entwickelte sie eine rege politische Tätigkeit. Sie bemühte sich nach dem Tod von Kaiser → Karl VI. (1740), nochmals nach dem Tod Karls VII. (1745) um die Wahl ihres Gemahls zum Kaiser. Ihr Einfluß auf die Politik ihres Gemahls verringerte sich deutlich, als Graf Brühl zum Vertrauten des Königs wurde. Sie nahm nicht nur an der Reichspolitik, sondern auch an den Beratungen der polnischen Reichstage aktiven Anteil, überragte ihren Gemahl an politischen Fähigkeiten und zeichnete sich vor allem durch eine starke Religiosität aus. Sie gebar 14 Kinder, um deren Erziehung sie sich sehr bemühte.

Lit.: Anton Hermann, Leben und Tugenden der Allerdurchlauchtigsten Frauen Maria Josefa, Königinn in Pohlen, Churfürstinn zu Sachsen . . ., Leipzig 1766.

Lei.

Maria Josefa, Kaiserin, zweite Gemahlin von → Josef II., geb. 20. 3. 1739 in München, gest. 28. 5. 1767 in Wien, begr. in der Kapuzinergruft, Wien.

Nur auf dringenden Wunsch seiner kaiserlichen Mutter → Maria Theresia ging der verwitwete, wenige Monate vorher zum römisch-deutschen König gekrönte Josef 1765 seine zweite Ehe ein. Die Braut war seine Cousine zweiten Grades, Tochter des Kurfürsten Karl Albrecht von Bayern (Kaiser Karl VII.) und der Habsburgerin → Maria Amalie (einer Tochter → Josefs I.). Die Ehe stand auch im Zusammenhang mit Josefs Bestrebungen, Bayern für Österreich zu gewinnen. Die Heirat wurde sehr festlich begangen, unter anderem mit der Uraufführung der Oper »Telemacho« von Christoph Willibald Gluck.

Die wenig schöne und wenig gebildete, aber warmherzige Maria Josefa, die schon im Jahr ihrer Heirat auch Kaiserin wurde, konnte trotz aller ihrer ehrlichen und demütigenden Bemühungen das Herz Josefs nie gewinnen. Er begegnete ihr mit unverhohlenem Widerwillen und vollzog wahrscheinlich diese Ehe nie.

Die ungeliebte Kaiserin Maria Josefa. Gemälde aus der Meytens-Werkstatt

Während der großen Blatternepidemie 1767 erkrankte die junge Kaiserin sehr schwer und starb, während Josef am Bett seiner ebenfalls kranken Mutter wachte. Auch an der Beisetzung seiner Frau nahm er nicht teil. Wegen des fürchterlichen Zustandes wurde die Leiche gleich nach dem Tod eingenäht und verdeckt auf dem Paradebett ausgestellt – Grund für die Legende, es sei ein verhüllter Stein in den Sarg gelegt worden und die unglückliche junge Frau sei in ein Kloster geflohen. Der 25jährige, nun zweimal verwitwete Kaiser Josef II. widersetzte sich energisch einer weiteren Ehe.

H.

Maria Josefa, zwölftes Kind von Kaiser → Franz I. Stefan und → Maria Theresia, geb. 19. 3. 1751 in Wien, gest. 15. 10. 1767 in Wien, begr. in der Kapuzinergruft, Wien.

Die 16jährige Erzherzogin war die Braut des gleichaltrigen Königs Ferdinand IV. (III.) von

Erzherzogin Maria Josefa, die kurz vor der Hochzeit an den Blattern starb. Pastell von Jean-Etienne Liotard

Neapel-Sizilien. Wenige Tage vor der geplanten Hochzeit per procuram in Wien und der Abreise nach Neapel erkrankte sie an den Blattern. Die Sterbenskranke tröstete die verzweifelte Mutter Maria Theresia mit den Worten: »Ich hätte ohnedies morgen von dir Abschied nehmen und auf alle Zeit wegreisen müssen. Dafür gehe ich in den Himmel, wo ich viel besser aufbehalten sein werde.«

Josefas Tod wurde in der Familie innig betrauert, vor allem von → Josef II., dessen Lieblingsschwester sie gewesen war. Ihre jüngere Schwester → Maria Karolina trat als Braut an ihre Stelle und wurde Königin von Neapel-Sizilien.

H.

Maria Josefa, Gemahlin von Erzherzog → Otto, geb. 31. 5. 1867 in Dresden, gest. 28. 5. 1944 auf Schloß Wildenwart/Oberbayern, begr. in der Kapuzinergruft, Wien.

Die Tochter des späteren Königs Georg von Sachsen und der Infantin Maria Anna von Portugal heiratete 1886 19jährig in Dresden den Neffen Kaiser → Franz Josephs, Otto, der in den nächsten zehn Jahren durch Todesfälle an die zweite Stelle der Thronfolge gelangte. Maria Josefa war eine äußerst fromme Frau, die ihre unglückliche Ehe mit dem »schönen Erzherzog« nur durch ihre starke Religiosität ertrug, dafür aber von ihrem Mann als »Nonne« verspottet und gedemütigt wurde. Sie bemühte sich nach Kräften, ihre beiden Söhne, den späteren Kaiser → Karl, geb. 1887, und → Maximilian, geb. 1895, zu guten Christen zu machen und dem unheilvollen Einfluß des Vaters zu entziehen – was ihr schon deshalb gelang, weil Otto sich meist fern der Familie aufhielt und sich auch, als er schwer an Syphilis erkrankte, von seiner Geliebten pflegen ließ, in deren Armen er 1906 in Wien starb, ohne die Familie wiedergesehen zu haben. Als Witwe, schließlich 1916 als Mutter des letzten Kaisers Karl genoß Maria Josefa die lang entbehrte auch öffentliche Anerkennung. Im Ersten Weltkrieg richtete sie in ihrem Augarten-Palais ein Lazarett ein und half bei der Verwundetenpflege. Sie verließ 1919 mit der jungen Kaiserfamilie Österreich und lebte die letzten Jahrzehnte in großer Zurückhaltung und Frömmigkeit.

H.

Erzherzogin Maria Josefa bei der Verwundetenpflege im Ersten Weltkrieg

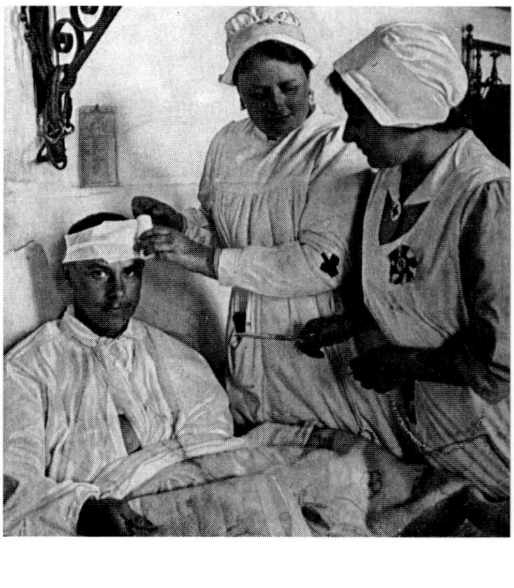

Maria Karolina (Marie Charlotte), Königin von Neapel-Sizilien, Tochter von Kaiser → Franz I. Stefan und → Maria Theresia, geb. 13. 8. 1752 in Wien, gest. 8. 9. 1814 in Hetzendorf bei Wien, begr. in der Kapuzinergruft, Wien.

Marie Charlotte, wie sie als Kind hieß, der 13. Sproß der kaiserlichen Ehe, wurde gemeinsam mit ihrer drei Jahre jüngeren Schwester → Maria Antonia (Antoinette) erzogen. Schon sehr früh plante Maria Theresia, den neapolitanischen Thronerben mit einer ihrer Töchter zu vermählen. Ursprünglich war dazu → Maria Josefa ausersehen, die jedoch 1767 an den Blattern starb. Nun wurde Marie Charlotte, die ein Jahr jüngere Schwester der Verstorbenen, als Gattin bestimmt. Sie heiratete 1768 durch Prokuration in Wien den 17jährigen König Ferdinand IV. (III.) von Neapel-Sizilien (1751–1825, als König beider Sizilien Ferdinand I.). In der Heiratsurkunde wird erstmals der Name Maria Carolina angeführt.

Von ihrer Mutter mit einer Denkschrift über persönliche und politische Angelegenheiten versehen, fuhr die Erzherzogin in ihr neues Land. Geistvoll, mit lebhaftem Charakter ausgestattet, ähnelte sie Maria Theresia sehr, während der künftige Gemahl als derb, bequem und verspielt beschrieben wird, dem die Jagd näher lag als die Regierungsgeschäfte. Die ihm noch von seinem Vater beigegebenen Minister, vor allem Bernardo Tanucci, hatten große Machtpositionen inne. Die junge Königin versuchte nicht nur, Einfluß auf ihren Gatten und die Regierung zu erlangen, sondern dadurch auch Ordnung im Staat zu schaffen.

Ein Jahr nach ihrer Hochzeit kam ihr Bruder, Kaiser → Josef II., zu Besuch (1784 ein weiteres Mal) und half dem unerfahrenen Königspaar mit seinem Rat. Er versuchte auch, seinem Schwager ins Gewissen zu reden, wie er dies ebenso bei Ludwig XVI. machen sollte. Der Erfolg war vorerst gering. Der Königin gelang es durch kluges Taktieren im Laufe der Zeit, die Leitung der Geschäfte stärker an sich zu ziehen, ohne jedoch bei der Auswahl ihrer Ratgeber eine gute Hand zu beweisen. So war etwa John Acton kein guter Nachfolger Tanuccis, und

Königin Maria Karolina von Neapel-Sizilien, die energische Tochter Maria Theresias und Gegnerin Napoleons. Gemälde von Georg Weikert

seine Wirtschaftspolitik erbitterte nicht nur das Volk, sondern auch den Adel. Maria Karolina konnte dennoch einige Reformwerke einleiten, so etwa bei der Marine. 1780 wurde auf ihr Betreiben auch eine Akademie der Wissenschaften gegründet. Mit Sorge beobachtete sie die Vorgänge in Frankreich, wo ihre Lieblingsschwester 1793 hingerichtet wurde. Die Königin von Neapel-Sizilien lehnte sich immer mehr an England an, da von habsburgischer Seite keine Hilfe zu erwarten war (obwohl ihr Neffe → Franz II. in zweiter Ehe 1790 ihre Tochter → Maria Theresia geheiratet hatte). Die Gattin des englischen Botschafters, Lady Emma Hamilton, war ihr behilflich.

1796 drang Napoleon in Oberitalien ein. Maria Karolina haßte und bewunderte ihn zugleich. Zwei Jahre später erklärte Neapel der französischen Republik den Krieg. Der von Maria Karolina initiierte Versuch, den von den Franzosen besetzten Kirchenstaat zu befreien, schlug fehl. 1798 mußte die Königsfamilie mit Hilfe des englischen Admirals Lord Horatio Nelson nach Palermo fliehen. Von dort aus versuchte die Köni-

Königin Maria Karolina mit ihren beiden ältesten Kindern, Maria Theresia, der späteren Gemahlin Kaiser Franz' II. (I.) und dem Thronfolger Franz. Gemälde von Jean Leclerc

gin, den Widerstand gegen Napoleon zu organisieren, verließ jedoch im Juni 1800 Sizilien und reiste nach Wien, um politische und militärische Hilfe zu erreichen. Sie stieß aber auf geringe Gegenliebe, zumal Kaiser Franz II. mit eigenen Schwierigkeiten zu kämpfen hatte.

1802 kehrte das Königshaus für kurze Zeit nach Neapel zurück, immer wieder von Napoleons Politik bedrängt. Unter dem Vorwand der Bedrohung des Königreiches durch die Engländer und Russen sowie der Aufrüstung von Neapel-Sizilien und der starken Rolle der französischen Emigranten in diesen Landen, übte der nunmehrige Kaiser der Franzosen Druck auf Maria Karolina aus. Dazu wurde die Bevölkerung noch durch Erdbeben und einen Vesuvausbruch stark beunruhigt. Die Königin versuchte vom Zaren Hilfe zu erhalten, um in weiterer Folge auch auf Österreich einwirken zu können – da fiel Nelson 1805 bei Trafalgar und damit eine große Stütze der Königin. Anfang 1806 sah sich Maria Karolina von allen Helfern im Stich gelassen und mußte neuerlich Neapel in Richtung Palermo verlassen.

Napoleon setzte seinen Bruder Josephe als Herrscher ein, dem 1808 Murat folgen sollte. Maria Karolina regierte nunmehr auf Sizilien durch die Gnade der Engländer, denen sie sich jedoch im Laufe der Jahre immer mehr entfremdete, da diese die Insel sehr gerne besetzt hätten. Die Hochzeit ihrer Enkelin → Marie Louise mit Napoleon, ihrem größten Feind, empörte die Königin sehr.

Die Königin fühlte sich in ihrer 46jährigen Ehe nicht immer glücklich, und es kam zu einer Entfremdung der Ehegatten, zumal Ferdinand seine Freuden meist außerhalb der Familie fand. Maria Karolina gebar siebzehn Kinder, darunter → Maria Theresia, die 1790 den späteren Kaiser → Franz II. (I.) heiratete, → Marie Luise, vermählt mit → Ferdinand von Toskana, und den späteren König Franz I. von Neapel-Sizilien (1777 bis 1830). Die Tochter Maria Christina heiratete den späteren König von Sardinien, Karl Felix; Marie Amélie heiratete Louis Philippe von Orléans, den späteren König von Frankreich, und Marie Antoinette den späteren König Ferdinand von Spanien.

Die Königin verfolgte bei ihren Kindern eine ähnliche Heiratspolitik, wie dies ihre Mutter getan hatte, und hatte dabei auch einigen Erfolg, nicht immer zum Glück ihrer Nachkommen.

Nach ihrer Flucht vor den Franzosen mußte sie 1813 auf Druck der Engländer nunmehr auch Sizilien verlassen und reiste ohne ihre Familie über Konstantinopel und Odessa nach Wien. Hier starb sie an den Folgen eines Schlaganfalles. Der Wiener Kongreß bestimmte in seiner Schlußakte die Rückgabe Neapels an Ferdinand, womit das Vermächtnis von Maria Karolina in Erfüllung ging. Drei Monate nach ihrem Tod heiratete der König heimlich seine langjährige Begleiterin Lucia Migliaccio e Borgia.

Lit.: Alexander von Helfert, Königin Karoline von Neapel und Sicilien im Kampfe gegen die französische Weltherrschaft, Wien 1878; André Bonnefons, Marie Caroline, Reine des Deux Siciles, Paris 1905; Egon Caesar Conte Corti, Ich, eine Tochter Maria Theresias, München 1950.

M.

Maria Karolina (»Marie Rainer«), Tochter von Erzherzog → Karl und → Henriette von Nassau-Weilburg, Gattin von Erzherzog → Rainer Ferdinand, geb. 10. 9. 1825 in Wien, gest. 17. 7. 1915 in Baden bei Wien, begr. in der Kapuzinergruft, Wien.

Vierjährig verlor Maria Karolina die Mutter. Der Vater und der älteste Bruder → Albrecht nahmen sich ihrer Erziehung an. Sie begleitete den Vater auf mehrere Reisen und nahm mit ihm auch an der Probefahrt der ersten Eisenbahn zwischen Floridsdorf und Wagram 1837 teil. Mit 19 Jahren wurde Maria Karolina Äbtissin des Theresianischen Damenstiftes in Prag, verließ das Stift aber 1852, um ihren Vetter, Erzherzog Rainer Ferdinand, zu heiraten. Die kinderlose Ehe galt als vorbildlich und glücklich.

Die fromme Erzherzogin betätigte sich bei zahlreichen sozialen Institutionen als Protektorin, u. a. bei dem St.-Josef-Kinderspital in Wien und dem St.-Josef-Knabenasyl am Rennweg. Auch in der Habsburgerfamilie nahm »Tante Marie Rainer« v. a. bei den zahlreichen Nichten eine einflußreiche Stellung ein. Ihre Liebhaberei war es, kunstvolle Meßgewänder zu besticken. In Wien und in Baden verfügte sie über beträchtliche Popularität, die sich vor allem bei einer großen Huldigungsfeier zur 50jährigen Verlobung des greisen Paares in Baden zeigte. Erzherzog Rainer starb zwei Jahre vor seiner Gattin. H.

Das alte kinderlose Ehepaar Maria Karolina (zweite von links) und Rainer (links stehend) inmitten einer Schar von Verwandten: links Erzherzogin Maria Theresia, die Frau Karl Stefans, in der Mitte Erzherzogin Karolina, die Tochter Karl Salvators, neben ihr Erzherzogin Elisabeth mit ihrem Sohn Eugen (hinten stehend); rechts die beiden Schwestern Prinzessin Louise von Sachsen-Coburg und (vorne) Kronprinzessin Stephanie

Marie Klementine, Kronprinzessin von Neapel-Sizilien, Tochter von Kaiser → Leopold II. und der Prinzessin → Maria Ludovica von Spanien-Bourbon, geb. 24. 4. 1777 in Florenz, gest. 15. 11. 1801 in Neapel, begr. in Santa Chiara in Neapel.

Als ihr Vater 1790 Kaiser wurde, arrangierte er eine Dreifachhochzeit seiner Kinder mit drei Kindern seiner Lieblingsschwester, der Königin → Maria Karolina von Neapel-Sizilien: Leopolds Söhne → Franz und → Ferdinand wurden mit Maria Karolinas Töchtern → Maria Theresia und → Luise verheiratet. Die damals erst dreizehnjährige Marie Klementine heiratete gleichzeitig (allerdings wegen ihres kindlichen Alters zunächst per procuram) den gleichaltrigen Thronfolger Franz von Neapel-Sizilien. Tatsächlich heiratete das Paar erst 1797 in Neapel. Die Ehe war glücklich, doch zeigten sich schon bald bei der jungen, durch zwei Geburten weiter geschwächten Kronprinzessin Symptome einer schweren Lungenkrankheit, der sie nach vierjähriger Ehe im Alter von nur dreiundzwanzig Jahren erlag.

H.

Kronprinzessin Marie Klementine von Neapel-Sizilien, die nach kurzer Ehe an Schwindsucht starb, in einer zeitgenössischen Miniatur

Maria Klementina, Prinzessin von Salerno, Tochter von Kaiser → Franz II. aus zweiter Ehe mit → Maria Theresia, Prinzessin beider Sizilien, geb. 1. 3. 1798 in Wien, gest. 3. 9. 1881 auf Schloß Chantilly bei Paris.

Mit 18 Jahren heiratete die Erzherzogin 1816 in Wien ihren Onkel → Leopold Johann Josef, Prinz beider Sizilien und Salerno (1791–1851), den Sohn König Ferdinands I. beider Sizilien und der Habsburgerin → Maria Karolina, und zog nach Neapel. Dieser Ehe entstammte eine Tochter, Maria Carolina Auguste (1822–1869), die sich mit Heinrich von Orléans vermählte. Als Sternkreuzordensdame wirkte Maria Klementina bei vielen karitativen Einrichtungen mit.

M.

Maria Leopoldine, Kaiserin, zweite Gemahlin von → Kaiser Ferdinand III., jüngste Tochter von → Leopold V. von Tirol und → Claudia de

Die hochschwangere Kaiserin Maria Leopoldine, Gemahlin Ferdinands III. Sie starb bei der Geburt ihres Kindes, Erzherzog Karl Josef. Gemälde von Lorenzo Lippi

Medici, geb. 6. 4. 1632 in Innsbruck, gest. 7. 8. 1649 in Wien, begr. in der Kapuzinergruft, Wien.

Sechzehnjährig wurde Maria Leopoldine Kaiserin, starb jedoch schon ein Jahr später bei der Geburt ihres Sohnes → Karl Josef.

Hei.

Maria Leopoldine, Kurfürstin von Bayern, Tochter von Erzherzog → Ferdinand und → Marie Beatrix von Modena-Este, geb. 10. 12. 1776 in Mailand, gest. 23. 6. 1848 bei Wasserburg, begr. in der Gruftkapelle auf dem St.-Antons-Berg/Steppberg bei Neuburg an der Donau.

Während der Regierungszeit des Kurfürsten Karl Theodor von Bayern versuchte die Wiener Regierung wiederholt, sich Bayern durch Tausch einzuverleiben. Der kinderlose bayrische Kurfürst war dazu geneigt, aber die in Bayern und der Pfalz erbberechtigten Mitglieder der Linie Pfalz-Zweibrücken-Birkenfeld verhinderten dies zusammen mit den bayrischen Patrioten der ständischen Opposition. Wenige Monate nach dem erwarteten Tod der Kurfürstin Elisabeth Auguste von Pfalz-Sulzbach arrangierte der Wiener Hof die lang geplante Hochzeit zwischen dem 71jährigen Kurfürsten und der 19jährigen Maria Leopoldine. Karl Theodor wollte durch einen männlichen Nachkommen die Erbfolge der wenig geliebten Verwandtschaft verhindern, und die Habsburger erhofften sich Rechte auf Bayern.

Die Hochzeit fand 1795 in aller Stille in Innsbruck statt. Berühmt wurden die Münchner Festlichkeiten: sie organisierte kein Geringerer als Generalleutnant Benjamin Thompson, Reichsgraf von Rumford. Er legte den Englischen Garten an und nutzte die Hochzeitsfeierlichkeiten, um sein Werk in Glanz erstrahlen zu lassen. Lustfahren auf dem künstlichen See, ein Tanz der Musen, eine bayrische Bauernhochzeit, Wettrennen und Feuerwerke gehörten ebenso dazu wie die Huldigungsansprache eines echten Chinesen unter dem buntilluminierten Chinesischen Turm. Anläßlich der Hochzeit

Maria Leopoldina, Kurfürstin von Bayern

wurde erstmals das Hoftheater der Öffentlichkeit zugänglich gemacht.

Maria Leopoldine war die Enkelin → Maria Theresias, erbte ihre Energie, ihren praktischen Sinn und ihren politischen Verstand. Sie war eine attraktive, exquisite Person, selbständig, klug, mit viel Temperament und nahm an der heiteren Lebensfreude des Münchner Rokoko regen Anteil. Ihre ältere Schwester → Maria Theresia war mit König Viktor Emanuel I. von Sardinien verheiratet; zeitlebens pflegte Maria Leopoldine die habsburgisch-italienischen Beziehungen am bayrischen Hof.

Schon kurz nach ihrer Eheschließung ging Maria Leopoldine zur Enttäuschung Wiens politisch eigene Wege. Karl Theodor wollte einen Thronfolger, auch wenn er ihm unterschoben wurde. Seine Frau aber bereitete die Herrschaftsübernahme des Herzogs Max von Zweibrücken vor, als sie beim Tod ihres Mannes 1799 auf die Frage, ob sie von ihm ein Kind erwarte, mit nein antwortete. Sie fühlte sich zwar schwanger, aber ihr Herz gehörte zu dieser Zeit dem Grafen Taufkirchen. König Ludwig I.

dankte es ihr zeitlebens und sagte 1845 von Maria Leopoldine, es sei ihr »zu verdanken, daß Wittelsbacher noch in Bayern herrschen«.

In zweiter Ehe heiratete Maria Leopoldine 1804 Ludwig Graf von Arco, den Schwager des leitenden Ministers Maximilian von Montgelas. Ludwig war der Sohn des streitbaren Grafen Ignaz von Arco, des Führers der ständischen Opposition, und wurde später Obersthofmeister und Reichsrat der Krone Bayerns. Maria Leopoldine gebar zwei Söhne, 1808 Aloys und 1811 Maximilian, dessen Sohn Ludwig der später bekannte katholische Politiker und Bauernführer wurde. Die Kurfürstenwitwe residierte in der Herzog-Max-Burg in der Residenzstadt und gehörte zu den farbigsten Gestalten am bayrischen Hof. Sie war emanzipiert, lebenslustig, berühmt geizig und sammelte mit gewagten Spekulationen und Transaktionen großen Reichtum an. König Ludwig I. bevorzugte sie als Gesprächspartnerin in politischen Fragen. Gerne hätte sie eine Annäherung Bayerns an das Frankreich der Julimonarchie und eine Heirat des bayrischen Kronprinzen Maximilian mit einer französischen Prinzessin gesehen. Am Zustandekommen der Ehe → Auguste Ferdinandes von Österreich-Toskana mit König Ludwigs Sohn Luitpold, dem späteren Prinzregenten, war sie maßgeblich beteiligt, ebenso an der Heirat der Tochter Ludwigs, → Adelgunde, mit ihrem Neffen → Franz V. von Modena.

Maria Leopoldine starb mit 72 Jahren durch einen Unfall bei Wasserburg auf dem Weg nach Salzburg. Ihr zweiter Mann überlebte sie um sechs Jahre.

Lit.: Marianne Wintersteiner, Prinzessin Courage, Heilbronn 1986 (Roman).

Mö.

Marie Louise = Maria Luisa = Maria Ludovica

Marie Louise d'Orléans, Königin von Spanien, erste Gemahlin von König → Karl II., geb. 26. 4. 1662 in Paris, gest. 12. 2. 1689 in Madrid, begr. im Escorial.

Sie war die älteste Tochter des Bruders Ludwigs XIV., Philippe Duc d'Orléans, aus dessen Ehe mit Henriette Anne von England. Ihre Verbindung mit dem spanischen König wurde im Anschluß an den Frieden von Nijmwegen 1678 ausgehandelt. Während man spanischerseits die Heirat als Teil eines Ausgleichs mit Frankreich betrachtete, verband man in Versailles damit die Absicht, Spanien in das französische Hegemonialsystem einzubinden und von der Politik des Sonnenkönigs abhängig zu machen.

Die Königin vermochte die in sie gesetzten Erwartungen nicht zu erfüllen und die Sache Ludwigs XIV. nicht zu fördern. Sie war weder von ihrer Erziehung und Begabung her dazu befähigt, noch besaß sie politischen Ehrgeiz. Ihre Aktivitäten beschränkten sich im wesentlichen darauf, sich im Alltagsleben des spanischen Hofs nach und nach mehr Freiraum für ihre Lieblingsbeschäftigungen zu verschaffen. Dabei fielen schon den Zeitgenossen die extravaganten Züge auf: ihr maßloser Appetit, der schließlich zu ihrem Tod führte, Theaterspielen und der Reitsport, den sie fast manisch betrieb. »Die Königin denkt nur daran, zu Pferde zu ermüden ... sicher ein herrliches Mittel, um in Hoffnung zu kommen«, bemerkte 1685 sarkastisch der Staatsrat Conde Montalto. Sie litt sichtlich unter der Einförmigkeit, Abgeschlossenheit und Freudlosigkeit des Hoflebens auf dem Tiefpunkt der spanischen Dekadenz, obwohl ihr Karl II. nach übereinstimmendem Zeugnis zeitgenössischer Beobachter aufrichtig zugetan war. Der Einfluß, den sie dadurch auf den König hatte, gab auch bei einigen Personalentscheidungen für hohe Staatsposten den Ausschlag.

Wegen ihrer Kinderlosigkeit und infolge einer Reihe von Skandalen in ihrer nächsten Umgebung büßte sie die Sympathien, die ihr am Hof und in der Öffentlichkeit anfänglich entgegengebracht worden waren, ein, was in immer zahlreicher und hämischer werdenden Spottversen Ausdruck fand, von denen das Wortspiel »Si paris, paris a España; si no paris, a Paris« (»Wenn Ihr gebärt, gebärt Ihr für Spanien; wenn Ihr nicht gebärt, ist's für Paris bzw. ab nach Paris«) immer wieder zitiert wurde. Ihr plötzlicher Tod hat sofort, vor allem bei den Anhängern Frankreichs,

König Karl II. von Spanien mit seiner ersten Gemahlin Marie Louise von Orleans

das Gerücht entstehen lassen, sie sei vergiftet worden. Es steht heute aber fest, daß sie an den Folgen einer akuten Gastroenteritis durch Salmonelleninfektion nach dem Genuß von einem Dutzend Austern und einem großen Krug eisgekühlter Milch gestorben ist.

Lieselotte von der Pfalz, ihre Stiefmutter, kommentierte später: »Nichts ist unglücklicher in der Welt als eine Königin in Spanien ... Es ist nicht alles Gold, was glänzt.« Durch Alexandre Dumas Père in »Les Deux Reines« ist ihr Schicksal auch Literatur geworden.

Lit.: Ludwig Pfandl, Karl II. Das Ende der spanischen Machtstellung in Europa, München 1940; Adalbert von Bayern, Das Ende der Habsburger in Spanien, München 1929.

K.

Maria Ludovica (Maria Luisa, Marie Louise), Kaiserin, Großherzogin von Toskana, Gemahlin von Kaiser → Leopold II., geb. 24. 11. 1745 in Neapel, gest. 15. 5. 1792 in Wien, begr. in der Kapuzinergruft, Wien.

Die Tochter Karls von Neapel-Sizilien (seit 1759 Karl III. von Spanien) und der Prinzessin Anna Amalia von Sachsen verbrachte ihre ersten zwölf Jahre in Neapel und sprach daher italienisch mit neapolitanischem Akzent. Schon als Kind war sie als Braut Erzherzog → Karls, des zweiten Sohnes Maria Theresias, vorgesehen. Nach dem frühen Tod Karls 1761 trat der drittgeborene Sohn Maria Theresias, Peter Leopold, als Bräutigam an dessen Stelle. Die Hochzeit fand 1765 in Innsbruck statt. Während dieser Hochzeitsfeier starb Kaiser → Franz I., der Vater des Bräutigams, plötzlich an einem Schlaganfall.

Obersthofmeister Fürst Johann Josef Khevenhüller-Metsch verglich sie nach der ersten Begegnung mit ihrer verstorbenen Cousine → Isabella von Parma, der ersten Frau → Josefs II. (»Sehr eingenommen von der Frauen Maintien und Bildnus ...«)

1779 vertraute der Statthalter von Triest, Graf Carl Zinzendorf, seinem Tagebuch sein Entzükken an über die Ungezwungenheit und Freundschaft, die sie in der Gesellschaft ihres Mannes zeigte, und notiert über ihren »sehr hübschen und passenden« Morgenrock aus »satin rayé«:

»Sie braucht das auch, da sie recht häßlich und ältlich ist.« 1767–1788 brachte sie 16 Kinder zur Welt: → Maria Theresia, geb. 1767, den späteren Kaiser → Franz II. (I.), geb. 1768, den späteren Großherzog → Ferdinand III. von Toskana, geb. 1769, → Maria Anna, geb. 1770, → Karl, den späteren Sieger von Aspern, geb. 1771, → Alexander Leopold, geb. 1772, Albrecht (1773–1774), Maximilian (1774–1778), → Josef Anton, den späteren Palatin von Ungarn, geb. 1776, → Marie Klementine, geb. 1777, → Anton Viktor, den späteren Hoch- und Deutschmeister, geb. 1779, → Maria Amalia, geb. 1780, → Johann, geb. 1782, → Rainer Josef, geb. 1783, → Ludwig, geb. 1784, und → Rudolf, den späteren Fürsterzbischof von Olmütz, geb. 1788.

Maria Ludovica litt an Epilepsie, die sie an ihren drittältesten Sohn Erzherzog Karl (den Sieger von Aspern) vererbte. Mit den Seitensprüngen ihres Gemahls scheint sie sich abgefunden zu haben, soll sogar mit dessen Geliebter, der Tänzerin Livia Raimondi, freundschaftlich verkehrt haben. Ihr legendärer Ausruf »una porcheria tedesca« (eine deutsche Schweinerei) nach der Uraufführung von Mozarts »La Clemenza di Tito« in Prag im September 1791 ist nicht verbürgt. Sie starb 1792, nur 2½ Monate nach dem Tod ihres Gemahls.

W.

Marie Luise (Ludovica), erste Gemahlin von Großherzog → Ferdinand III. von Toskana, geb. 17. 7. 1773 in Neapel, gest. 19. 9. 1802 in Wien, begr. in der Kapuzinergruft, Wien.

Großherzog Leopold I. von Toskana 1773 mit seiner Gemahlin Maria Ludovica und den sechs ältesten Kindern: Maria Theresia, Franz, Ferdinand, Maria Anna, Karl und Leopold. An der Wand die Porträts von Leopolds Mutter Kaiserin Maria Theresia, seines ältesten Bruders, Kaiser Josef II. und von Maria Ludovicas Vater, König Karl III. von Spanien. Das Fenster gibt einen Ausblick auf die Residenzstadt Florenz. Gemälde von Wenzel Werlin

Marie Luise von Toskana, die Gemahlin Ferdinands III. Gemälde von Josef Dorffmeister

Die Tochter König Ferdinands von Neapel-Sizilien war durch ihre Mutter → Maria Karolina eine Enkelin von Kaiserin → Maria Theresia – ebenso wie ihr Ehemann durch seinen Vater, Kaiser → Leopold II. ein Enkel war. Auch die bourbonischen Eltern waren Geschwister, nämlich der Vater der Braut, König Ferdinand, und → Maria Ludovica, die Mutter des Bräutigams. Das Paar hatte also statt der üblichen acht Urgroßeltern nur vier – eine extreme Inzucht.

Die Hochzeit fand 1790 als viel gefeierte Dreifachhochzeit statt – gemeinsam mit der von Ferdinands älterem Bruder, Thronfolger → Franz, und Marie Luises älterer Schwester → Maria Theresia. Der jüngere Bruder Marie Luises, Franz, der spätere König von Neapel-Sizilien, damals erst 13jährig, wurde mit → Maria Klementina, der jüngeren Schwester von Franz und Ferdinand, verheiratet.

Aus der Ehe gingen sechs Kinder hervor: Karolina, geb. 1793, starb mit neun Jahren, Franz, geb. 1794, mit sechs Jahren. → Leopold, geb. 1797, wurde später Nachfolger des Vaters in der Toskana, → Marie Luise, geb. 1798, → Maria Theresia, geb. 1801, spätere Königin von Sardinien. Bei der Geburt des sechsten, gleich verstorbenen Kindes starb die Großherzogin Luise im Alter von 29 Jahren im Exil in Wien, denn die Toskana war von französischen Truppen Napoleons besetzt.

Pe./H.

Maria Ludovica Beatrix (»Luiga«), Kaiserin, dritte Gemahlin von → Franz I. (II.), geb. 14. 12. 1787 in Monza, gest. 7. 4. 1816 in Verona, begr. in der Kapuzinergruft, Wien.

Zunächst wuchs das jüngste Kind von Erzherzog → Ferdinand, Generalgouverneur der österreichischen Lombardei, und → Maria Beatrix von Este in Mailand und dem Lustschloß zu Monza auf. Im Verlauf der Napoleonischen Kriege – der junge General Bonaparte hatte den Oberbefehl der italienischen Armee übernommen – mußte die erzherzogliche Familie 1796 nach Österreich flüchten, ließ sich zunächst in Triest nieder und kam dann nach Wiener Neustadt, das ihnen der Kaiser zum Aufenthalt bestimmt hatte. 1803 übersiedelte die Familie nach Wien. Maria Ludovica erfuhr eine gründliche Erziehung durch ihre Mutter und die von dieser ausgewählten Lehrer.

1808 heiratete sie den vierzigjährigen, zweimal verwitweten Kaiser Franz I. in Wien, wobei ihr jüngster Bruder → Karl Ambros, Fürstprimas von Ungarn, die Trauung vornahm. Von seiten des Bräutigams war dies wohl die einzige Liebesheirat. Die Feierlichkeiten der Vermählung fanden reichen literarischen Niederschlag bei August Wilhelm Schlegel, der zu dieser Zeit in Wien weilenden Madame de Staël, Josef von Collin und anderen Schriftstellern. Sie feierten ganz besonders die Braut, vor allem ihre Schönheit, ihre Anmut, ihren Geist und ihr Herz.

Neigungen und Interessen der beiden Ehepartner stimmten nicht immer überein: der Kaiser muß als kühl, trocken und eher berechnend bezeichnet werden, Maria Ludovica war eher der enthusiastisch-sentimentale und vorschauend geniale Teil. Doch die Ehe war glücklich. Schon bald nach der Eheschließung zeigten sich die ersten Anzeichen einer Tuberkulose, die das Leben der jungen Frau sehr belasten sollte. Die Kaiserin kümmerte sich intensiv um ihre Stiefkinder, vor allem um den kranken Thronfolger → Ferdinand und, wie auch ihre Vorgängerin, um den kaiserlichen Haushalt. Sie verstand es aber auch in den politisch so schwierigen Zeiten, bei Festen Glanz zu zeigen.

1808 fand in Preßburg ihre Krönung zur ungarischen Königin statt. Es gelang ihr, wie seinerzeit → Maria Theresia und später Kaiserin → Elisabeth, die Ungarn zu begeistern und zu Hilfeleistungen finanzieller und militärischer Art zu motivieren. Maria Ludovica war politisch sehr engagiert und vor allem durch ihre Jugenderlebnisse in ihrer Gegnerschaft zu Napoleon zutiefst geprägt. Sie stand in diesen entscheidenden Jahren keineswegs im Hintergrund und trat etwa als Vermittlerin zwischen den nicht immer harmonisierenden Brüdern Franz und → Karl hervor. Sie neigte eher der »Kriegspartei« bei Hof zu und war außerdem eine Gegnerin konstitutioneller Staatsform, wie auch aus den Briefen an ihre Schwäger, den Erzherzog-Palatin → Josef Anton und den »steirischen« Erzherzog → Johann, zu ersehen ist.

Nachdem ihre Stieftochter → Marie Louise 1810 Napoleon geheiratet hatte (eine Tatsache, die Maria Ludovica nie verwinden konnte), ging die Kaiserin im Sommer 1810 nach Karlsbad. Hier fand am 6. Juni die erste Begegnung mit dem auch zur Kur weilenden Johann Wolfgang von Goethe statt, auf den die geistvolle Frau größten Eindruck machte. Die Karlsbader Bürgerschaft bestellte auch einige Gedichte zu Ehren der Kaiserin (unter anderem »Der Kaiserin Ankunft« und »Der Kaiserin Becher«). Durch den Dichter wurde Maria Ludovica näher mit der deutschen Literatur vertraut gemacht, hatte sie doch bis dahin italienische und französische Autoren vorgezogen, da sie sich nie ganz sattelfest in der deutschen Sprache fühlte.

Im Mai 1812 traf sie anläßlich des Fürstenkongresses von Dresden, vor Napoleons Rußlandfeldzug, mit ihrem Stiefschwiegersohn zusammen, ohne daß sich ihre Antipathie änderte. Im Sommer 1812 traf sie in Teplitz wieder Goethe, der sich noch Jahre später ihres literarischen Urteils erinnerte.

Während der folgenden Jahre und vor allem zur Zeit des Wiener Kongresses war sie zu

Kaiserin Maria Ludovica, die Freundin Goethes. Miniatur

kränklich, um an allen Veranstaltungen teilnehmen zu können. 1815 reiste sie kurz nach Schwaben und Bayern und im Spätherbst mit dem Kaiser nach Italien. Ihr Gesundheitszustand verschlimmerte sich, und die Ärzte rieten zu einem längeren Aufenthalt im Süden. Venedig, die Heimatstadt Mailand, Pavia, Bergamo, Brescia und Verona waren Reisestationen. Noch nicht 29jährig starb die kinderlose Kaiserin im Palazzo Canossa in Verona.

Lit.: Ede Wertheimer de Monar, Die drei ersten Frauen des Kaisers Franz, Leipzig 1893; Eugen Guglia, Kaiserin Maria Ludovica von Österreich, Wien 1894; ders., Goethe und Maria Ludovica, Wien 1898.

M.

Marie Louise (Maria Ludovica), Kaiserin der Franzosen, Herzogin von Parma, Piacenza und Guastalla, erstes Kind des späteren Kaisers → Franz II. (I.) und dessen zweiter Gemahlin → Maria Theresia, Prinzessin beider Sizilien, geb. 12. 12. 1791 in Wien, gest. 17. 12. 1847 in Parma, begr. in der Kapuzinergruft, Wien.

Aufgewachsen in einer vom Vater besonders gepflegten familiären Atmosphäre, wurde der jungen Erzherzogin in ihrer Erziehung eine große Abneigung gegen Frankreich und den

Erbfeind Napoleon eingegeben. Achtzehnjährig verliebte sie sich in den Bruder ihrer Stiefmutter → Maria Ludovica, Erzherzog → Franz von Modena-Este, der Vater erlaubte aber keine Heirat. Die große Politik, an ihrer Spitze Metternich, hatte anderes mit ihr vor.

1809 hatte sich Napoleon von seiner ersten Frau Joséfine getrennt und suchte an den katholischen Höfen Europas eine zweite Gemahlin, nachdem ein russischer Heiratsplan fehlgeschlagen war. Obwohl verschiedenste Momente mitspielten, sah Marie Louise in Metternich den Hauptverantwortlichen für ihre Ehe mit Napoleon und verzieh ihm dies zeitlebens nicht.

1810 heiratete die Kaisertochter per procurationem in Wien, begab sich zwei Tage später auf die Reise in ihre neue Heimat und traf bei Courcelles erstmals mit Napoleon zusammen, den sie jetzt gar nicht mehr so übel fand. Am 1. April 1810 fand im Schloß von Saint-Cloud die Ziviltrauung statt, am Tag darauf in der Kapelle des Louvre die kirchliche Hochzeit, die der Onkel des Bräutigams, Kardinal Fesch, vornahm. Die neue Kaiserin der Franzosen hatte es nicht leicht in ihrer Funktion, ebensowenig aber auch mit der Familie ihres Gatten. Vor allem blieb ihr immer eine gewisse Angst vor dem Land und seinen Bewohnern, die vor nicht zu langer Zeit ihre Großtante → Marie Antoinette hingerichtet hatten. Napoleon nahm seine Frau auf manche seiner »Reisen« mit, wobei Marie Louise unter den militärischen Angewohnheiten Napoleons sehr litt. 1811 kam in einer schweren Niederkunft ein Sohn zur Welt, der auf den Namen Napoleon Franz Josef Karl getauft wurde und schon bei der Geburt den Titel eines Königs von Rom erhielt.

Napoleon fuhr seiner Braut inkognito entgegen und stürzte in Courcelles der völlig überraschten Marie Louise in die Arme.

Den Juni und Juli 1812 verbrachte die Kaiserin mit ihren Angehörigen in Prag, während Napoleon für den Marsch nach Rußland rüstete. Eine für Anfang 1813 geplante Krönung Marie Louises zur Kaiserin scheiterte an der Weigerung Papst Pius' VII., und so fand lediglich eine Vereidigung der Kaiserin als Regentin statt. Während des folgenden Feldzuges gegen die Preußen und Russen wurde ihr erstmals die Regentschaft übertragen, um die sie sich jedoch wenig kümmerte, da ihr jedes politische Interesse fehlte. Der Regentschaftsrat führte die Geschäfte allein. An der Jahreswende 1813/14 begann das Vorrücken der Gegner Napoleons nach Frankreich. Die Kaiserin wurde wiederum mit der Regentschaft betraut, und ehe Napoleon sich neuerlich an die Spitze seiner Armee stellte, verabschiedete er sich am 25. Januar 1814 von seiner Frau und seinem Sohn, die er beide niemals wiedersehen sollte. Nach anfänglichen Erfolgen des kaiserlichen Heeres rückten schließlich die Alliierten gegen Paris vor, und am 28. März reiste Marie Louise mit ihrem Sohn aus der französischen Hauptstadt zunächst nach Blois. Eine von Napoleon gewünschte Zusammenkunft kam aus verschiedensten politischen Überlegungen aus der Umgebung der Kaiserin nicht zustande. Nach kurzem Aufenthalt in Rambouillet verließ Marie Louise mit ihrem Sohn am 24. April Frankreich in Richtung Österreich. Beide sollten nicht mehr zurückkehren. Sie trafen am 21. Mai 1814 in Schönbrunn ein, wo jedoch ihre französische Lebensweise

Kaiserin Marie Louise mit ihrem Sohn, dem König von Rom, Napoleon II., dem späteren Herzog von Reichstadt. Gemälde von Jean François Franque

beibehalten wurde. Mit ihrem Gatten verkehrte sie nur noch schriftlich.

Ihr Vater gab ihr Adam Adalbert Graf Neipperg (1775–1829) als Begleiter zur Seite, da Marie Louise an Reisen dachte und ihr außerdem kurze Zeit später auf dem Wiener Kongreß das im Besitz einer bourbonischen Nebenlinie befindliche Herzogtum Parma, Piacenza und Guastalla auf Lebenszeit übertragen wurde. Sie fand Gefallen an dem stark blessierten Haudegen, und er war nun ständig an ihrer Seite. Während der hundert Tage von Napoleons neuerlicher Regierung wurde auch über eine Rückkehr seiner Frau nach Paris spekuliert, aber Metternich verhinderte jede Möglichkeit. Die Schlacht von Waterloo hatte Napoleons endgültige Abdankung zur Folge – und Anfang 1816 reiste die Herzogin in ihre neuen Lande. Ihr Sohn blieb in Wien; Neipperg, der seit 1815 Witwer war, kam mit ihr. In der ersten Zeit half auch ihr Onkel Erzherzog → Rainer Josef bei Administrationsfragen. Der Versuch, dem kleinen König von Rom in ihrem Herzogtum die Nachfolge zu sichern, scheiterte am Einspruch der Großmächte.

Zum Trost erhielt Napoleons Sohn 1818 den Titel eines Herzogs von Reichstadt.

Das Verhältnis der Exkaiserin zu ihrem Begleiter Neipperg blieb nicht ohne Folgen: 1817 kam eine Tochter Albertine zur Welt, ein Mädchen Mathilde starb bald nach der Geburt, und 1819 wurde Wilhelm Albrecht geboren. Alles dies geschah im geheimen, war Marie Louise doch noch mit Napoleon verheiratet. Erst nach dessen Tod am 5. Mai 1821 heiratete sie in Parma Neipperg, auch dies wurde streng geheimgehalten. Sogar ihr Sohn und vor allem der Wiener Hof erfuhren Genaueres erst nach des Generals Tod.

1831 griffen Unruhen, von Modena ausgehend, auf Parma über. Die Herzogin mußte für einige Zeit das Land verlassen. Die Ruhe wurde erst nach der Besetzung Bolognas durch die Österreicher 1832 wiederhergestellt. In der Zwischenzeit begann der nie ganz gesunde Herzog von Reichstadt zu kränkeln. Marie Louise kam jedoch erst im letzten Augenblick zu ihrem todkranken Sohn, der am 22. Juli 1832 in Wien verschied.

Nach den revolutionären Ereignissen zeigte die Herzogin äußerste Milde und baute die sehr gute Administration weiter aus. Ihre Länder dankten ihr auf dem Gebiet des Wohlfahrtswesens (Waisenhäuser und Spitäler) viele Reformen. Ferner trat sie für den Ausbau von Straßen, Brücken und Dämmen gegen Naturkatastrophen ein. Auch das Kulturleben kam nicht zu kurz, so wurde unter ihrer Regierung ein Konservatorium gegründet (1821) und das Teatro Regio 1829 seiner Bestimmung übergeben.

Nach dem Ableben ihres zweiten Mannes hatte die Herzogin zahllose Liebschaften – einer der Liebhaber wurde mit ihrer erst fünfzehnjährigen Tochter verheiratet –, ehe sie 1834 den Grafen Charles-René de Bombelles (1784–1856) in dritter Ehe heiratete, der von Metternich als Obersthofmeister und Minister am Hof zu Parma vorgeschlagen worden war. Abgesehen von ihren Amouren führte die Herzogin ein einfaches, stilles Leben in Parma und überwachte mit Liebe und Umsicht die Erziehung ihres Sohnes Wilhelm (er wurde 1864 in den Fürstenstand Montenuovo erhoben). 56jährig starb sie an »rheumatischer Brustfellentzündung«, wie das Totenprotokoll besagt. Ihr Leichnam wurde in der Kapuzinergruft neben ihrem Sohn, dem Herzog von Reichstadt, beigesetzt. Die Regierung der Herzogtümer Parma, Piacenza und Guastalla übernahm Herzog Karl Ludwig von Lucca, ein Bourbone, wie dies seinerzeit auf dem Wiener Kongreß festgelegt worden war.

Werke: Carl Fredrik Palmstierna (Hg.), Marie Louise und Napoleon 1813–1815. Die unveröffentlichten Briefe der Kaiserin mit den Briefen Napoleons, München 1960.

Lit.: Jean de Bourgoing, Marie Louise von Österreich – Kaiserin der Franzosen – Herzogin von Parma, Wien – Zürich 1949; Agnes de Stoeckl, Four Years an Empress, Marie Louise Second Wife of Napoleon, London 1962; Irmgard Schiel, Marie Louise. Eine Habsburgerin für Napoleon, Stuttgart 1983.

M.

Marie Luise, Tochter von Großherzog → Ferdinand III. von Toskana und Prinzessin → Luise von Bourbon-Sizilien, geb. 30. 8. 1798 in Florenz, gest. 15. 6. 1857 in Florenz, begr. in Florenz.

Die Erzherzogin lebte am Hof ihres Bruders → Leopold II. und blieb unverheiratet, vor allem auch wegen ihrer körperlichen Mißbildung. Das Volk nannte sie »Gobbina« (die Bucklige), aber meist in gutgemeinter Freundlichkeit: Marie Luise verdiente sich die Sympathie durch wirkungsvolle karitative Betätigung. Sie starb, kurz bevor ihre Familie 1859 Florenz verlassen mußte.

Pe.

Maria Luisa, Tochter von Großherzog → Leopold II. von Toskana aus zweiter Ehe mit Prinzessin → Maria Antonia von Neapel-Sizilien, geb. 31. 10. 1845 in Florenz, gest. 27. 8. 1917 in Hanau, begr. in Birstein.

Die Erzherzogin wuchs in Florenz auf und verließ 14jährig mit ihrer Familie die Toskana,

Fürstin Maria Luisa von Isenburg-Birstein mit ihren Brüdern, Erzherzog Ludwig Salvator und Erzherzog Johann, dem späteren Johann Orth

die sich mit dem neuen Königreich Italien zusammenschloß. 1865 heiratete sie Fürst Karl Isenburg-Birstein, dem sie neun Kinder schenkte. Wie ihr Ehemann, der eine führende Rolle im deutschen Katholizismus der Bismarck-Zeit spielte, lebte sie streng religiös im Kreis einer betont katholischen Familie.

Ein besonders enges Verhältnis hatte sie zu ihrem jüngsten Bruder → Johann Salvator. Als dieser aus dem Kaiserhaus austrat, den Namen Johann Orth annahm und aus Österreich-Ungarn verbannt wurde, nahm sie sich seiner an und lud ihn nach Birstein ein. Er deponierte auch in Birstein seinen schriftlichen Nachlaß, bevor er seine abenteuerliche Seereise machte und dabei zugrunde ging.

H.

Maria Magdalena, Großherzogin von Toskana, Tochter von Erzherzog → Karl von Innerösterreich und → Maria von Bayern, geb. 7. 10. 1589 in Graz, gest. 1. 11. 1631 in Passau, begr. in San Lorenzo in Florenz.

1608 wurde die Erzherzogin mit Cosimo II. von Medici vermählt. In ihrer 13jährigen Ehe gebar sie 5 Söhne (außer dem Thronerben Ferdinando II. die beiden späteren Kardinäle Giovanni Carlo und Leopoldo sowie die während des 30jährigen Krieges zeitweise im kaiserlichen Kriegsdienst stehenden Francesco und Mattia) und 2 Töchter (von denen eine, → Anna, 1646 → Ferdinand Karl von Tirol heiratete). Nach dem frühen Tod ihres Gemahls 1621 führte die Großherzogin für ihren minderjährigen Sohn Ferdinando die Regierung in einem entschieden habsburgischen Sinn in ständigem Gegensatz zu ihrer zu Frankreich hinneigenden Schwiegermutter Christine von Lothringen.

Die von ihr 1622 gekaufte Villa Baroncelli bei Florenz nannte sie im Sinne dieser habsburgischen Politik in »Villa del Poggio Imperiale« um und ließ sie an der Fassade mit dem habsburgischen Wappen und einer lateinischen Inschrift »Villa Imperialis ab Austriacis Nomen consecuta . . .« schmücken. Innen ließ sie eine Reihe von Freskenzyklen von dem Florentiner Maler Matteo Rosselli ausführen. Die Zyklen behandeln Leben und Taten ihres verstorbenen Gemahls, die Verherrlichung des Hauses Öster-

Großherzogin Maria Magdalena von Toskana. Gemälde von Frans Pourbus d. J.

reich, seine Auserwähltheit und Sendung im Dienste Gottes und der Kirche (von der Legende von Rudolf und dem Priester bis zur Schlacht auf dem Weißen Berge), Szenen aus dem Leben biblischer Heroinen, christlicher Märtyrerinnen und christlicher Herrscherinnen.

Die Hochschätzung des Gelehrten Galileo Galilei durch ihren Gemahl führte Maria Magdalena fort und übertrug sie auf ihre Kinder und Enkel. Auf Einladung ihres Bruders, des Kaisers → Ferdinand II., und wohl auch, um am Kaiserhof die vorteilhafte Verheiratung eines ihrer Söhne zu betreiben, reiste sie 1631 nach Norden, hielt sich im Oktober in Innsbruck bei ihrem Bruder → Leopold V. auf, starb aber dann unterwegs in Passau.

Lit.: Estella Galasso Calderara, La Granduchessa Maria Maddalena d'Austria, Genova 1985; A. Wandruszka, Ein Freskenzyklus der »Pietas Austriaca« in Florenz, Mitt. d. Öst. Staatsarchivs 15/1962; ders., Aus Oenipons wurde Cenipeus. Zu den österreichischen Städtebildern in und bei Florenz, Römische Historische Mitteilungen 23/1981.

W.

Maria Magdalena, Tochter von Kaiser → Leopold I. aus dritter Ehe mit → Eleonore Magdalena von Pfalz-Neuburg, geb. 26. 3. 1689 in Wien, gest. 1. 5. 1743 in Wien, begr. in der Kapuzinergruft, Wien.

Die Erzherzogin blieb unverheiratet und lebte in Wien in enger Verbundenheit mit den Familien ihrer Brüder, Kaiser → Josef I. und → Karl VI., besonders aber der jungen Nichte → Maria Theresia. Sie starb 54jährig an einer Lungenentzündung.

H.

Maria Raineria, geb. 1878 → Maria Immakulata

Maria Teresa (Marie Thérèse), Königin von Frankreich, Tochter von König → Philipp IV. von Spanien und → Isabella von Bourbon, geb. 20. 9. 1638 in El Escorial, gest. 30. 7. 1683 in Versailles.

Ludwig XIV. von Frankreich (links) und Philipp IV. von Spanien treffen zum Friedensschluß auf der »Fasaneninsel« zusammen. Philipps Tochter Maria Teresa wird zur Besiegelung dieses Friedens mit dem französischen König verlobt. Ludwig XIV., der eine Habsburgerin zur Mutter hatte und eine Habsburgerin heiratet, leitet hieraus seine Ansprüche auf das spanische Erbe ab.

Durch den frühzeitigen Tod ihrer sechs Geschwister war sie in den Jahren 1646–1657 spanische Erbprinzessin. Die Geburt ihres Bruders, des Prinzen → Philipp Prosper 1657, und die Ratifizierung des Pyrenäenfriedens zwischen Spanien und Frankreich waren die Voraussetzung für ihre Heirat mit Ludwig XIV. 1660, die nach einer langen Kriegsperiode (1635–1659) den Frieden festigen sollte. Um bei einer möglichen Thronvakanz in Spanien die Anwartschaft des französischen Königshauses auszuschließen, verzichtete Maria Teresa vor der Hochzeit auf den spanischen Thron und erhielt als Entschädigung eine hohe Mitgift. Unregelmäßigkeiten bei der Zahlung dieser Mitgift bewogen König Ludwig später zu dem Versuch, die Ansprüche seiner Gemahlin durch die Eroberung der spanischen Niederlande im Devolutionskrieg (1667/68) durchzusetzen. Die Intervention Hollands, Englands und Schwedens zwangen Frankreich aber zum Rückzug.

In der Nachfolgefrage auf den nach dem Tod des kinderlosen spanischen Königs → Karl II. vakanten Thron hatte Ludwig XIV. jedoch Erfolg: Karl II. bestimmte in seinem Testament den Enkel seiner Halbschwester Maria Teresa, den Herzog von Anjou und späteren König Philipp V., zu seinem Erben. Ihm gelang es, sein Königtum im Spanischen Erbfolgekrieg erfolgreich gegen den österreichischen Prätendenten → Karl (vorübergehend Karl III. von Spanien, seit 1711 Kaiser Karl VI.) zu verteidigen.

Maria Teresa spielte an der Seite ihres Gemahls keine politische Rolle und mußte auch im privaten Bereich den Favoritinnen des Königs den Vortritt lassen. Sie gebar sechs Kinder, von denen einer das Erwachsenenalter erreichte, und lebte zurückgezogen am Hof, wo sie sich vorwiegend religiösen und karitativen Aufgaben widmete.

Mü.

Maria Theresia, Kaiserin, Königin von Böhmen und Ungarn, älteste Tochter von Kaiser → Karl VI. und Prinzessin → Elisabeth Christine von Braunschweig-Wolfenbüttel, Gemahlin von Kaiser → Franz I. Stefan, geb. 13. 5. 1717 in Wien, gest. 29. 11. 1780 in Wien, begr. in der Kapuzinergruft, Wien.

Wahlspruch: Justitia et clementia/Durch Gerechtigkeit und Milde.

Die elfjährige Maria Theresia mit einer Insignie ihres großen Erbes. Gemälde von Andreas Möller

Vier Jahre vor Geburt der »Erbtochter« Maria Theresia, 1713, hatte Karl VI., der letzte männliche Habsburger, die Pragmatische Sanktion erlassen, jenes Gesetz, das die Unteilbarkeit der habsburgischen Länder, die einheitliche Erbfolge im Mannesstamm und, bei Ausbleiben eines männlichen Erben, auch die weibliche Erbfolge festlegte.

Maria Theresias Erziehung hatte nichts Außergewöhnliches: Sie lernte musizieren und tanzen, hatte gute Kenntnisse von Stil und Inhalt klassischer Autoren, lernte neben dem Latein ihrer Jesuiten-Erzieher die traditionellen Sprachen des Wiener Hofes, Spanisch, Italienisch und auch Französisch, das sich anschickte, die beiden anderen romanischen Sprachen zu verdrängen. Der Geschichtsunterricht vermittelte ihr auch geographische Kenntnisse und lieferte lehrreiche Beispiele für gute und für schlechte Regenten. Mit den Regierungsgeschäften machte ihr Vater sie nicht vertraut.

Knapp 19 Jahre alt, heiratete sie 1736 aus Liebe den ihr vom Vater vorbestimmten Franz Stefan von Lothringen, der noch im selben Jahr infolge des Polnischen Erbfolgekrieges sein Herzogtum im Tausch gegen das Großherzogtum Toskana aufgeben mußte.

Dieser sehr glücklichen Ehe entsprossen 16 Kinder: Maria Elisabeth (1737–1740), → Maria Anna, geb. 1738, Maria Karolina, geb. und gest. 1740, der Kronprinz und spätere Kaiser → Josef II., geb. 1741, → Marie Christine, geb. 1742, → Maria Elisabeth, geb. 1743, → Karl Josef, geb. 1745, → Maria Amalia, geb. 1746, Peter Leopold, der spätere Kaiser → Leopold II., geb. 1747, Maria Karolina, geb. und gest. 1748, Johanna (1750–1762), → Maria Josefa, geb. 1751, → Maria Karolina, geb. 1752, → Ferdinand Karl Anton, geb. 1754, → Marie Antoinette, geb. 1755, und → Maximilian Franz, geb. 1756.

Wahrscheinlich bekam die Erbtochter durch ihren um neun Jahre älteren Mann (der seit 1732 Statthalter von Ungarn war, 1738 den Oberbefehl führte und an den Sitzungen der Geheimen Konferenz teilnahm) Einblick in die Praxis der Politik. Im Kreis Franz Stefans lernte sie wohl die Regierungsweise ihres Vaters kritisch zu beurteilen. Sie nannte ihn einen bloßen Verwalter der Länder und nahm sich vor, als Herrscherin einmal die durch adelig-ständische Interessen gebundenen Minister nicht mehr »despotisch« schalten und walten zu lassen. Ein Regierungsprogramm läßt sich daraus nicht ablesen, aber die Absicht, absoluter zu regieren als ihr Vater. Maria Theresias sogenannter »Pragmatismus« und »Realismus« scheint einer allgemeinen Regierungspraxis zu entsprechen; nämlich für die jeweils akuten Probleme Entscheidungen zu suchen, ohne deren ideologische Grundlagen propagandistisch in die sich neu formierende bürgerliche Öffentlichkeit hineinzutragen. Das bedeutet jedoch nicht das Fehlen politischer Leitgedanken. Maria Theresias Vorstellung von Macht ruhte in der noch ganz im Glauben verankerten Auffassung, daß sie die Herrschaft durch Geburt übernommen habe und daß ihr somit Gottes Vorsehung eine doppelte Verantwortung aufgetragen habe: Gott und den Menschen gegenüber. Dabei sah sie sich als Treuhänderin, als vorübergehende Inhaberin einer Herrschaft. Das Wissen um ihren eigenen flüchtigen Ort im Strom der Zeit und das Vertrauen in Gottes Allmacht hinderten sie, ihre eigene Macht absolut zu setzen und sich mit ihr zu identifizieren – war doch der Staat nichts anderes als das unzulängliche Werk schwacher Menschen.

An sich selbst erfuhr schon die Dreiundzwanzigjährige beim Angriff Friedrichs II. von Preußen auf Schlesien ihre Ohnmacht. Unwissenheit, Unsicherheit, Furchtsamkeit und Mißtrauen in sich selbst und in andere beseelten sie. Dann aber bekamen wiederum »Ambitionen und andere Affekten«, wie sie schrieb, die Oberhand. An eine angeborene Güte einer von Gottes Gnade losgelösten Menschennatur konnte sie

Maria Theresia auf dem Krönungshügel in Preßburg. Gemälde von F. Moessmer und W. Pohl

– im Gegensatz zu den Aufklärern – nicht glauben. Immer wieder nahm sie zu Gebet und Selbstreflexion Zuflucht. Sie zog sich auch tageweise zurück, um Andacht zu üben und Distanz zu gewinnen, so vor allem nach dem Tod ihres Mannes 1765. Sie hörte nie auf, Rat zu suchen, sei es bei Laien oder Theologen. Zwar war ihr die Vernunft ein Maßstab, aber nicht der einzige. Das theologische Erdreich, in dem die Wurzeln ihres politischen Denkens und Handelns lagen, hat die neuere Forschung als Jansenismus erkannt.

Doch nahm sie die Bürde der Herrschaft mit Entschiedenheit an. Das erste war die Verteidigung und somit die Sicherheit der Monarchie vor feindlichen Invasionen und vor Zerstörungen (Österreichischer Erbfolgekrieg 1740–1748, Siebenjähriger Krieg 1756–1763). Der Verlust Schlesiens (1745) ließ sie und ihren außenpolitischen Berater Wenzel Anton von Kaunitz-Rietberg die Integrität der mitteleuropäischen Kernländer höher einschätzen als den Streubesitz von Ländern in Süd- und Westeuropa (Lombardei und südliche Niederlande). Um die Unabhängigkeit in außenpolitischen Entscheidungen zu gewinnen, schloß sie mit Frankreich 1756 eine Allianz gegen das sich mit England verbündende Preußen (»Umkehr der Bündnisse«).

Schlesien verblieb jedoch 1763 bei Preußen, das nunmehr als zweite Vormacht im Heiligen Römischen Reich an die Seite Österreichs rückte (Dualismus). Gegen den Widerwillen seiner nunmehr am Status quo festhaltenden Mutter versuchte 1778/79 Josef II., seit 1765 Kaiser und Mitregent, Bayern an Österreich anzugliedern. Der Versuch schlug fehl. Nur das Innviertel wurde österreichisch. Folgenschwerer als in Westeuropa, wo die 1714 gesetzten Grenzen respektiert wurden, wirkte sich der Aufstieg Preußens in Osteuropa aus, wo Polen ein Machtvakuum bildete. 1772 stellte Maria Theresia ihre christlich-naturrechtliche Überzeugung von Recht und Unrecht im Verkehr von Staaten und Völkern hintan, beugte sich dem Machtkalkül Josefs und des Staatskanzlers Kaunitz und beteiligte sich mit Preußen und Rußland an der Teilung des polnischen Königreiches. Galizien wurde als ein breites Glacis im Nordosten Ungarns und Siebenbürgens der Monarchie einverleibt. Rußland, das 1774 an das Schwarze Meer vorstieß, richtete sein Auge auf den im Südosten Galiziens gelegenen Landstrich, die »Bukowina«. In direkten Verhandlungen mit dem Osmanischen Reich erwarb Josef dieses Land.

So verlagerten sich zwischen 1740 und 1780 die großmachtpolitischen Interessen Habsburgs von Rhein und Mosel einerseits und Po andererseits an die Flüsse Weichsel, San, Djnestr und Pruth. Der Friede mit den Türken blieb gewahrt. Es war ein persönliches Anliegen Maria Theresias, die von moderner Staatsräson getragene Friedenspolitik in West- und Südeuropa durch Heiraten ihrer Kinder Josef, Maria Amalia, Marie Antoinette und Maria Karolina mit Prinzessinnen und Prinzen des weit verzweigten Hauses Bourbon (Parma, Spanien, Frankreich, Neapel) dynastisch netzartig abzusichern.

Durch die 1740 einsetzende und andauernde Kriegs- und Konfliktlage erlangten die im Inneren aufgenommenen Reformen des »aufgeklärten Absolutismus« ihre besondere Dringlichkeit und Schärfe. Die nur lose verbundenen Länder mußten enger zusammengeschlossen und die vorhandenen, aber größtenteils brachliegenden materiellen und menschlichen Ressourcen effizienter organisiert, eingesetzt und vermehrt werden. Es ist unbestritten, daß im Beraterkreis Maria Theresias das Gedankengut der europäischen Aufklärung verbreitet war und daß sie sich selbst Anliegen öffnete und zu den ihren machte, die man aufgeklärt nennen kann, ob es sich dabei um die Vereinheitlichung des Rechts und insbesondere um die Emanzipierung des Strafrechts (Aufhebung der Folter 1776) handelt, um Maßnahmen zur Förderung von Handwerk, Gewerbe, Manufaktur und Handel, oder um die nach den Bauernaufständen in Böhmen heftig geführte Diskussion über die gänzliche Abschaffung der Leibeigenschaft. Entscheidend war wohl, daß sie sich zuerst selbst (mitsamt Franz Stefan als Mitregenten) direkt und somit absolutistisch in die Regierung und Verwaltung der Länder einschaltete. Damit etablierte sie die landesfürstliche Autorität und Souveränität gegenüber den anderen weltlichen und geistlichen Gewalten, um sie, in ihrer Person zusammenfas-

Das Herrscherpaar Maria Theresia und Franz Stefan, gleichberechtigt nebeneinander thronend inmitten ihrer Kinderschar. Gemälde von Martin van Meytens

send und die einzelnen Länder überwölbend, als Souveränitätsanspruch des Staates durchzusetzen: gegen die Stände wie gegen die katholische Kirche.

Instrumente dieser fundamentalen Mobilisierung war die im Aufbau begriffene Bürokratie, die in ihren Spitzen weiterhin Adeligen Anteil an der Macht gewährte, in ihren mittleren und unteren Ebenen aber bürgerliche Räte und Kanzlisten in die Vorzimmer der Macht brachte. Nach böhmischem Vorbild wurden die übrigen Erbländer in Kreise eingeteilt, deren Beamte durch Einsicht in und Kontrolle über die wirtschaftlichen, sozialen und rechtlichen Verhältnisse der Grundherrschaften und Magistrate Zugang zur städtischen und ländlichen Bevölkerung erhielten. Über den Kreisverwaltungen standen dann die in den Hauptstädten der Länder neu eingerichteten Regierungen und darüber, die böhmischen und österreichischen Länder zusammenfassend, das »Directorium in publicis et cameralibus« in Wien. Nach den Vorschlägen des Grafen Friedrich Wilhelm von Haugwitz sollten durch diese Instrumente die Mittel für das einstweilen auf 108 000 Mann erhöhte stehende Heer ohne Zwischenschaltung der Stände neu berechnet und verteilt, rationeller aufgebracht und verwaltet werden: vom Staat gewissermaßen in Eigenregie. Wenn auch noch nicht auf den untersten Ebenen der Grundherrschaften und Magistrate, so wurde doch auf oberster Ebene die früher mit der Länderverwaltung gekoppelte Justiz nunmehr einer selbständigen Justizstelle zugewiesen, eine Art von Gewaltentrennung. Ungarn samt Siebenbürgen wurde in den Verwaltungsapparat des in Umrissen sich abzeichnenden »Gesamtstaates« nicht eingegliedert, auch nicht die Lombardei und die südlichen Niederlande, die nicht zuletzt wegen ihrer exponierten Lage der von Kaunitz geleiteten, seit 1742 bestehenden Staatskanzlei zugeordnet wurden.

Im Prinzip blieben diese Verfassungs- und Verwaltungsstrukturen von 1749 bis 1780 erhalten. Sie bilden auch die Grundlage für das, was man mit guten Gründen »theresianischen Josefinismus« nennen könnte. Dringliche wirtschafts-, finanz-, sozial- und bevölkerungspolitische Probleme waren mit pastoralen, pädagogischen und wissenschaftlichen Anliegen einer genuin katholischen Aufklärung verwoben, bei der Reform des Bildungswesens von den Universitäten bis zu den Elementarschulen, der Vermögensverwaltung von Kirchen und Klöstern, der Armenfürsorge, der Zahl der Geistlichen, der Einteilung von Diözesen und Pfarren oder der Reduzierung von Feiertagen. In allem war Maria Theresias persönliches Engagement groß. Sie konnte sich jedoch nicht entschließen, die von ihr in traditioneller Weise aufgefaßte Verantwortung für die Aufrechterhaltung des katholischen Glaubens aufzugeben und Toleranz zu gewähren.

Werke: Briefe der Kaiserin Maria Theresia an ihre Kinder und Freunde, 4 Bde., hg. Alfred von Arneth, Wien 1881; Maria Theresia und Joseph II. Ihre Korrespondenz samt Briefen Josephs an seinen Bruder Leopold, 3 Bde., hg. Alfred von Arneth, Wien 1867–1868; Maria Theresia. Briefe und Aktenstücke in Auswahl, hg. Friedrich Walter, Darmstadt 1968; Marie Antoinette. Correspondance secrète entre Marie-Therèse et le Comte de Mercy-Argenteau, avec les lettres de Marie-Therèse et de Marie-Antoinette, hg. Alfred von Arneth und M. A. Geoffroy, 3 Bde., Paris 2. A. 1874–1875.

Lit.: Alfred von Arneth, Geschichte Maria Theresias, 10 Bde., Wien 1863–1879; Eugen Guglia, Maria Theresia, ihr Leben und Wirken, 2 Bde., Wien 1917; Peter Reinhold, Maria Theresia, Frankfurt, 1979.

Kl.

Maria Theresia, Königin von Sachsen, älteste Tochter von Kaiser → Leopold II. und Prinzessin → Maria Ludovica von Bourbon-Sizilien, geb. 14. 1. 1767 in Florenz, gest. 7. 11. 1827 in Leipzig, begr. in der Hofkirche von Dresden.

Die Erzherzogin wurde 1787 mit dem verwitweten Prinzen Anton Clemens von Sachsen ver-

Königin Maria Theresia von Sachsen

mählt. Ihre drei Töchter starben im Kindesalter. Es gelang Maria Theresia, eine Ehe zwischen dem sächsischen Erben Friedrich August und ihrer Nichte → Karolina Ferdinanda zu vermitteln. Während der Erbhuldigung für ihren Gatten zum König von Sachsen starb sie.

Rau.

Maria Theresia, Kaiserin, zweite Gemahlin von Kaiser → Franz II. (I.), geb. 6. 6. 1772 in Neapel, gest. 13. 4. 1807 in Wien, begr. in der Kapuzinergruft, Wien.

Die Tochter König Ferdinands I. beider Sizilien aus dem Hause Bourbon und der Erzherzogin → Maria Karolina heiratete 1790 den seit sechs Monaten verwitweten Thronfolger Erzherzog Franz, mit dem sie doppelt verwandt war: ihre Mutter war als Schwester Kaiser → Leopolds II. die Tante des Bräutigams, und der Vater war seinerseits der Bruder von Leopolds Frau → Maria Ludovica, also ein Onkel des Erzherzogs. Es heirateten daher Cousin und Cousine, was sich für die Gesundheit ihrer zahlreichen Nachkommenschaft möglicherweise ungünstig auswirkte. Maria Theresia sprach vorwiegend Italienisch und Französisch, Deutsch sprach sie sehr schlecht.

Die Ehe mit der von überschäumendem Temperament beseelten Prinzessin verlief sehr glücklich. In siebzehn Jahren schenkte sie ihrem Gatten insgesamt zwölf Kinder: → Marie Louise, geb. 1791, die spätere Kaiserin der Franzosen; → Ferdinand »der Gütige«, geb. 1793, Karoline Leopoldine (1794–1795); Karolina Ludovica (1795–1799); → Leopoldine, geb. 1797, die spätere Kaiserin von Brasilien; → Maria Klementina, geb. 1798; Josef Franz (1799–1807); → Karolina Ferdinanda, geb. 1801, die spätere Königin von Sachsen; → Franz Karl, geb. 1802, der Vater Kaiser → Franz Josephs; → Maria Anna, geb. 1804; Johann Nepomuk (1805–1809) und Amalia Theresia (geb. u. gest. 1807).

Die Kaiserin war sehr musikalisch und trat gelegentlich als Sängerin bei Hofkonzerten auf. Beethoven widmete ihr sein Septett in Es-Dur und Haydn seine »Theresienmesse«.

Die kinderreiche Kaiserin Maria Theresia, zweite Gemahlin Kaiser Franz' II. (I.)

Gemeinsam mit ihrem Gatten, mit dem sie einen großbürgerlichen Familienhaushalt führte, wurde die ihrer Frömmigkeit und Wohltätigkeit wegen stets gerühmte Herrscherin am 10. Juni 1792 zur Königin von Ungarn und am 12. August desselben Jahres zur Königin von Böhmen gekrönt. Ihre letzte Schwangerschaft war ungemein kompliziert, zumal sie an tuberkulöser Rippenfellentzündung erkrankte und im Verlauf dieser Krankheit am 6. April 1807 eine Fehlgeburt erlitt. Sieben Tage später starb sie, noch nicht 35jährig.

Lit.: Eduard Wertheimer, Die drei ersten Frauen des Kaisers Franz, Leipzig 1893.

M.

Maria Theresia, Königin von Sardinien-Piemont, Tochter von Erzherzog → Ferdinand Karl Anton, Generalgouverneur der österreichischen Lombardei, und → Maria Beatrix von Este, Herzogin von Massa und Carrara, geb. 1. 11. 1773 in Mailand, gest. 28. 3. 1832 in Turin, begr. in Turin.

Maria Theresia heiratete 1788 den späteren König Viktor Emanuel I. von Sardinien-Piemont (1759–1824) per procuram und 1789 in Novara tatsächlich. Die Auswahl der Braut für den immerhin schon Dreißigjährigen erfolgte nach einem regelrechten Kriterienkatalog: vor der Vermählung mußten Nachrichten über Schönheit, Hautfarbe, Größe, Gesundheit, Zähne, Gesichtsbildung, Ausdruck, Charakter, Geist, Manieren, Religion, Lebensführung, überstandene Krankheiten, guten oder schlechten Appetit und vor allem darüber eingeholt werden, ob die Prinzessin die Pocken schon überstanden hätte oder mindestens geimpft sei. Der Turiner Hof gab der nach ihrer Großmutter benannten Maria Theresia den Vorzug vor einer bourbonischen Prinzessin. Der (nach Aussage des bigotten Gatten) glücklichen Ehe entsprossen ein Sohn, der 1799 im Alter von drei Jahren an den Pocken starb (womit die männliche Linie des Hauses ausstarb, da auch des Königs Bruder und Nachfolger, Karl Felix, keine Söhne hatte), und vier Töchter, darunter → Marie Beatrix, geb. 1792, die ihren Onkel → Franz IV. von Modena heiratete, und das Zwillingspaar Maria Theresia und → Maria Anna, geb. 1803, wobei letztere den späteren Kaiser → Ferdinand I. von Österreich ehelichte.

1802, als ihr Gatte seinem abgedankten Bruder Karl Emanuel IV. auf den Thron folgte, wurde Maria Theresia Königin. Nach dem Verlust Piemonts wartete die Familie das Ende der Napoleonischen Herrschaft auf Sardinien ab und kehrte erst 1814 nach Turin zurück. 1821 brachen Unruhen aus, während derer auch die Königin zum innersten Rat beigezogen wurde und sich bereit erklärte, allenfalls die Regentschaft zu übernehmen. Der König dankte jedoch noch im selben Jahr zugunsten seines jüngeren Bruders ab, begab sich zunächst zu seinem Schwiegersohn nach Modena, kehrte aber bald nach Piemont zurück, wo er acht Jahre vor seiner Frau 65jährig starb.

M.

Maria Theresia, Königin von Savoyen-Piemont, Tochter von Großherzog → Ferdinand III. der Toskana und dessen erster Gattin → Luise von Neapel-Sizilien, geb. 21. 3. 1801 in Wien, gest. 12. 1. 1855 in Turin, begr. in Turin.

Sechzehnjährig heiratete sie 1817 in Florenz den neunzehnjährigen Herzog Karl Albert von Savoyen-Carignan (1798–1849), den Anwärter auf den sardinisch-piemontesischen Thron. Nach der Abdankung des Königs Viktor Emanuel I. wurde der zu gemäßigten Reformen neigende Karl Albert zum Regenten designiert, König wurde zunächst jedoch sein Onkel Karl Felix, der ebenfalls keine männlichen Erben hatte. 1831 folgte ihm Karl Albert auf den Thron. Die Königin wird als schön, lieb und sanft sowie als gute Mutter beschrieben, die im Laufe ihres Lebens zu einer leidenschaftlichen Italienerin wurde. Sie pflegte sehr die Häuslichkeit und wählte mit ihrem Gatten »Moralische Erzählungen« für ihre Kinder zum Druck aus, die sie teilweise auch selbst aus dem Deutschen ins Französische übersetzte.

Trotz der von ihr bewiesenen Liebe hielt es ihr Gatte mit der Treue nicht sehr genau. Maria Theresia schenkte ihm drei Kinder, darunter den späteren König von Italien, Viktor Emanuel (II.) (1820–1878). Im Verlauf der Revolution von 1848/49, die die Niederlage des sardisch-piemontesischen Heeres gegen Österreich bei Mortara und Novara brachte, dankte der König zugunsten seines Ältesten ab und starb kurz darauf in Portugal. Die Königin überlebte ihn um sechs Jahre.

M.

Maria Theresia, Königin beider Sizilien, älteste Tochter von Erzherzog → Karl und → Henriette von Nassau-Weilburg, geb. 31. 7. 1816 auf der Weilburg/Baden, gest. 8. 8. 1867 in Rom.

Mit fünf jüngeren Geschwistern wuchs die Erzherzogin in sehr harmonischer Umgebung in Wien und der Weilburg zu Baden auf. Nach dem frühen Tod der geliebten Mutter 1829 zog die 13jährige gemeinsam mit ihrem um ein Jahr jüngeren Bruder → Albrecht die jüngeren Geschwister in liebevoller Verbundenheit mit dem Vater auf. Kurze Zeit lang war sie Äbtissin des adeligen Damenstiftes in Prag.

Zwanzigjährig heiratete Maria Theresia 1837 in Trient König Ferdinand II. beider Sizilien und erlebte den Niedergang des Königtums gegen die aufsteigende italienische Einigungsbewegung, der der König mit Härte zu begegnen versuchte (»Re bomba«). Nach dem Tod des Königs 1859 trat Maria Theresias ältester, überaus schwacher Stiefsohn Franz die Regierung an. Er war mit der Schwester der Kaiserin → Elisabeth, der Wittelsbacherin Maria (»Heldin von Gaeta«), verheiratet, die politisch und persönlich eine Antipodin ihrer Schwiegermutter Maria Theresia war, den jungen König aber dominierte. Der mutige Einsatz der jungen Königin freilich half wenig. Die Königsfamilie mußte 1860 nach Rom fliehen. Vom Wiener Kaiserhof, wohin Maria Theresia stets enge Fühlung hielt (vor allem zu ihrem politisch mächtigen Bruder Albrecht), kam keine Hilfe. Immerhin gelang es

Die spätere Königin Maria Theresia beider Sizilien als Äbtissin des adeligen Damenstiftes am Prager Hradschin. Gemälde von Johann Ender

Maria Theresia, zwei ihrer Töchter, → Maria Immakulata und → Maria Annunziata, wieder an Habsburger zu verheiraten.

H.

Maria Theresia von Bourbon, älteste Tochter von Herzog → Franz IV. von Modena, Massa und Carrara und → Marie Beatrix von Savoyen, geb. 14. 7. 1817 in Modena, gest. 25. 3. 1886 in Görz, begr. in Castagnavizza.

Im Alter von 29 Jahren heiratete sie 1846 den um drei Jahre jüngeren Heinrich von Bourbon, Herzog von Bordeaux, Graf von Chambord – zunächst durch Prokuration in Modena und in Person in Bruck an der Mur. Der Bräutigam war der nachgeborene Sohn von Charles Fernand Herzog von Berry, der 1820 in Paris ermordet worden war. Seine Mutter Karoline, eine Tochter Franz' I. von Neapel, versuchte – nachdem sein Großvater König Karl X. 1830 abgedankt hatte und dessen zweiter Sohn Ludwig Anton seinen Ansprüchen auf die Krone entsagt hatte – ihn als Heinrich V. auf den französischen Thron zu bringen. Er verließ jedoch 1830 das Land, nahm den Namen eines Grafen von Chambord an und ging ins österreichische Exil. Das Paar, dessen Ehe kinderlos blieb, lebte in Frohsdorf bei Wien. Die Winter wurden in Görz verbracht, wohin sich seinerzeit auch Karl X. zurückgezogen hatte.

Als sich 1871 in der französischen Nationalversammlung eine monarchistische Mehrheit ergab und ihn auch der Graf von Paris, das Haupt der Linie Orléans, als alleinigen Thronprätendenten anerkannte, war eine Rückkehr des gräflichen Ehepaares nach Frankreich und eine Thronbesteigung möglich. Da Heinrich sich jedoch weigerte, die Trikolore und die konstitutionelle Verfassung anzunehmen, scheiterte die Wiederherstellung der Monarchie. Der Prätendent starb 1883 im Exil. Schon zu Lebzeiten des Gatten und besonders nach seinem Tod widmete sich die Prinzessin kirchlichen und humanitären Zwecken, und ihre Wohltätigkeit wurde gerühmt. Sie verfügte als Universalerbin nach ihrem 1863 verstorbenen Onkel → Maximilian über ein beträchtliches Privatvermögen.

M.

Maria Theresia, Herzogin von Württemberg, Tochter von Erzherzog → Albrecht und Prinzessin → Hildegard von Bayern (einer Tochter König Ludwigs I.), geb. 15. 7. 1845 in Wien, gest. 8. 10. 1927 in Tübingen, begr. in Altshausen/Württemberg.

Die Erzherzogin wuchs im überaus reichen Haus ihres Vaters in Wien auf und heiratete

Herzog Philipp von Württemberg mit seiner habsburgischen Gattin Maria Theresia und den Kindern Albrecht (genannt nach dem habsburgischen Großvater) und Maria Amalie

1865, knapp 20jährig, Herzog Philipp von Württemberg (1838–1917). Die junge Familie siedelte sich in Österreich an, um dem nach dem Tod seiner Gemahlin 1864 und seiner jüngeren Tochter → Mathilde 1867 immer einsamer werdenden Erzherzog Albrecht nahe zu sein. Herzog Philipp begründete, durch seine katholische Mutter und seine konservativ-katholische Ehefrau Maria Theresia beeinflußt, den katholischen Zweig des Hauses Württemberg. Das Paar hatte vier Kinder, darunter den späteren Chef des Hauses Württemberg, Herzog Albrecht (1865–1939), der bis 1918 Thronfolger nach dem söhnelosen König Wilhelm von Württemberg war und wiederum eine Habsburgerin, → Margarethe Sophie, heiratete. Maria Theresia stand in engem Kontakt mit ihrem Vater in Wien, der auch ihre politischen Ansichten im katholisch-konservativen Sinn prägte.

H.

Maria Theresia, Königin von Bayern, Tochter von Erzherzog → Ferdinand von Österreich-Este und Erzherzogin → Elisabeth, geb. 2. 7. 1849 in Brünn, gest. 3. 2. 1919 auf Schloß Wildenwart im Chiemgau, begr. in der Frauenkirche in München.

Die Erzherzogin galt als die schöne Tochter einer wegen ihrer Eleganz berühmten Mutter, in deren Haus Künstler wie Brahms auftraten. Dennoch wurde Maria Theresia zu Einfachheit und strenger Religiosität erzogen. Ihre Interessen gingen über das höfische Leben hinaus. König Ludwig suchte sie als Frau für seinen Enkel Ludwig (III.), den Sohn Luitpolds, zu gewinnen, weil sie sowohl in der Nachfolge der Este wie der Stuarts in Schottland stand. Die Hochzeit wurde 1868 in Wien gefeiert. Der große estensische Besitz freilich blieb im Hause Habsburg und ging an den Thronfolger → Franz Ferdinand. Maria Theresia erhielt die Güter Eiwanowitz in Mähren und Sarvar bei Steinamanger (Szombathely/Ungarn). 1875 kam von ihrer Tante → Adelgunde das Schloß Wildenwart im Chiemgau hinzu, und Ludwig erwarb noch das Gut Leutstetten am Starnberger See, das er zu einem landwirtschaftlichen Musterbetrieb ausbaute. Das Paar lebte in eher bescheidenen finanziellen Verhältnissen und residierte nach dem Tod Ludwigs I. im Palais Wittelsbach in München.

Maria Theresia war Bergsteigerin, musisch begabt und hatte gute botanische Kenntnisse, die sich in Veröffentlichungen in Zeitschriften mit eigenen Illustrationen niederschlugen. Sie widmete sich karitativen Aufgaben und war Ehrenvorsitzende des Bayerischen Roten Kreuzes. Wenn auch manchmal kleinlich, entwickelte sie – im Gegensatz zu ihrem Mann – durchaus Herrschergefühl. Ludwig war ein autoritärer Patriarch, aber das Familienleben war vorbildlich und die Ehe glücklich.

Maria Theresia brachte 13 Kinder zur Welt, vier Söhne und neun Töchter; drei der Kinder starben früh. Die Töchter heirateten in die Häuser Hohenzollern, Kalabrien, Croy, Sachsen-Coburg-Gotha, Urach und Preysing-Lichteneck-Moos. Die Erziehung war traditionsgemäß streng religiös, auf Bescheidenheit und möglichst umfassende Bildung ausgerichtet. Der Erstgeborene, Rupprecht, wurde sorgfältig auf eine künftige Herrschertätigkeit vorbereitet, da man nach der Auflösung der Verlobung König Ludwigs II. und angesichts des problematischen Zustandes König Ottos im Familienkreis die Regierung der »Luitpolds« in Bayern erwartete. Rupprecht sollte dieses Ziel nicht erreichen, aber sein Vater folgte 1912 Prinzregent Luitpold nach und ließ sich 1913 neben dem noch lebenden geisteskranken König Otto zum König proklamieren. Maria Theresia wollte Königin werden. Dem fast 70jährigen Ludwig III. hatte man diesen Schritt weniger zugetraut. Er hatte gute Eigenschaften, war gescheit, religiös, bescheiden, in Landwirtschafts- und Verkehrsfragen wohl orientiert, der aktivste Prinz im Reichsrat, kein Militär – aber ein Monarch wie die Vorgänger auf dem bayrischen Thron war er nicht. Als er in der Revolution von 1918 eher unauffällig abtrat, richteten sich die Hoffnungen der Anhänger der Monarchie in Bayern auf seinen Sohn Rupprecht, der die wittelsbachischen Familieneigenschaften Intelligenz, Empfindsamkeit und Unabhängigkeitsdrang in starkem Maße verkörperte.

Mö.

Das letzte Königspaar von Bayern, Ludwig III. und Maria Theresia

Maria Theresia, dritte Gemahlin des Erzherzogs → Karl Ludwig, geb. 24. 8. 1855 in Heubach, gest. 12. 2. 1944 in Wien, begr. in der Kapuzinergruft, Wien.

Die Tochter des portugiesischen Thronprätendenten Dom Miguel von Braganza, als Kind einer Prinzessin Löwenstein-Wertheim-Rosenberg in Heubach/Deutschland als Deutsche erzogen, heiratete 1873 knapp achtzehnjährig den zweimal verwitweten, mehr als zwanzig Jahre älteren Bruder Kaiser → Franz Josephs, Erzherzog Karl Ludwig, der bereits vier Kinder hatte. Die Trauung in Heubach vollzog der Mainzer Bischof Ketteler.

Maria Theresia war eine berühmte, wenn auch sehr melancholische Schönheit, die unter dem jähzornigen und berüchtigt eifersüchtigen Ehemann viel zu leiden hatte. Ihr glühendster Verehrer war der um drei Jahre jüngere Kronprinz → Rudolf, der in ihr sein Frauenideal sah. Maria Theresia war ihren Stiefkindern eine ebenso gute Mutter wie den zwei eigenen Töchtern → Maria Annunziata, geb. 1876, und → Elisabeth, geb. 1878.

Nach dem Tod des Kronprinzen Rudolf 1889 nahm sie als Gattin des nunmehrigen Thronfolgers nach der meist verhinderten Kaiserin die Stelle der ersten Dame des Reiches ein, die sie auch nach dem Tod ihres Ehemannes 1896 und dem der Kaiserin vorzüglich ausfüllte. Es gab gar Spekulationen über eine mögliche Ehe mit Kaiser Franz Joseph.

Maria Theresia unterstützte ihren Stiefsohn → Franz Ferdinand gerade in der schwierigen Zeit seiner Krankheit und morganatischen Heirat gegenüber dem Kaiser, versuchte dies allerdings vergeblich bei der bürgerlichen Heirat ihres dritten Stiefsohnes → Ferdinand (Burg), dem sie nach dessen Ausscheiden aus dem Kai-

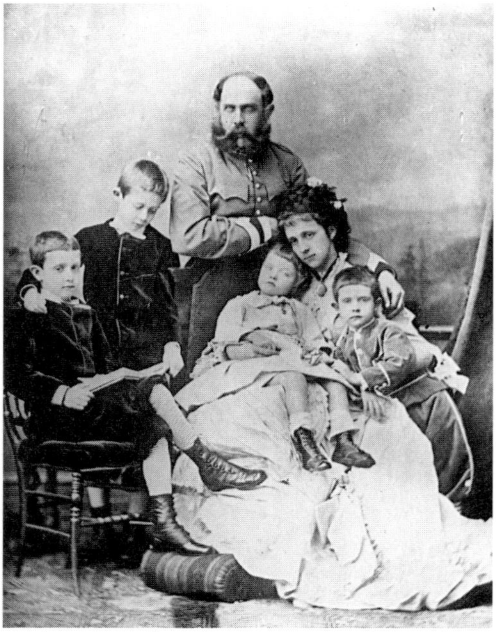

Erzherzog Karl Ludwig mit seiner schönen dritten Frau, Maria Theresia, die seine Kinder aus zweiter Ehe vorzüglich erzog (von links: Otto, Franz Ferdinand, Margarethe Sophie und Ferdinand Karl).

serhaus verbunden blieb. Sie war auch die einzige der Familie, die den schwer an Syphilis erkrankten Erzherzog → Otto besuchte. Tatkräftig arbeitete sie für das Zustandekommen der Ehe des späteren Kaisers → Karl mit ihrer Nichte → Zita und half dem Kaiserpaar auch im Exil auf Madeira.

Maria Theresia hatte künstlerische Interessen und war vor allem eine begeisterte Fotografin. Im Ersten Weltkrieg arbeitete sie als »Schwester Michaela« in der Krankenpflege. In den Umsturztagen soll sie (nach Aussage der Kaiserin Zita) ihr Palais in der Wiener Favoritenstraße mit dem Jagdgewehr gegen die Roten Garden verteidigt haben.

H.

Maria Theresia, älteste Tochter von Erzherzog → Karl Salvator und Prinzessin → Maria Immakulata von Neapel-Sizilien, Gattin des Erzherzogs → Karl Stefan, geb. 18. 9. 1862 in Altbunzlau, gest. 10. 5. 1933 in Zywiec/Polen.

Die ersten Ehejahre verbrachte die Erzherzogin mit ihrem bei der Kriegsmarine dienenden Gemahl in Pola und wurde von der Bevölkerung in Istrien und Dalmatien wegen ihrer Leutseligkeit sehr verehrt. Die Hausstickereien dieser Gegend entzückten sie derart, daß sie in Wien eine eigene Stickereischule schuf und Propaganda für deren Erzeugnisse machte. Wie Erzherzog Karl Stefan war sie eine begabte Malerin, und ihr Palais war stets ein Treffpunkt bildender Künstler. Sie stiftete mit Kriegsbeginn 1914 in ihrem Schloß Zywiec in Galizien ein Spital und half persönlich bei der Pflege. Nach dem Krieg betreute sie mit großer Liebe ihren leidenden Mann, zog sich durch diese Anstrengungen ein Leiden zu und starb fünf Wochen nach ihm.

Sechs Kinder: → Eleonora, geb. 1886, → Renata Maria, geb. 1888, → Karl Albrecht, geb. 1888, → Mechthildis, geb. 1891, → Leo Karl, geb. 1893, → Wilhelm, geb. 1895.

L.

Marie Therese, Gattin des Erzherzogs → Theodor Salvator, geb. 18. 10. 1901 auf Schloß Neutrauchburg, gest. 17. 7. 1967 in München, begr. in Sindelburg bei Wallsee/Niederösterreich.

Die Tochter des Fürsten Georg zu Waldburg-Zeil heiratete 1926 auf Schloß Zeil im Allgäu den Erzherzog, dem sie vier Kinder schenkte.

H.-L.

Marie Valerie, jüngste Tochter von Kaiser → Franz Joseph und Herzogin → Elisabeth in Bayern, geb. 22. 4. 1868 in Ofen (Buda), gest. 6. 9. 1924 auf Schloß Wallsee/Niederösterreich, begr. in Sindelburg, Niederösterreich.

Nach 328 Jahren wurde erstmals wieder ein Nachkomme eines regierenden Monarchen auf ungarischem Boden geboren, was Marie Valerie den Beinamen »das ungarische Kind« einbrachte. Ihre bis 1883 von Bischof H. Ronay geleitete Erziehung trug einen ungarisch-nationalen Charakter, der ganz im Sinne der Mutter lag. Später wurde sie vom Wiener Lehrer Dr. Karl Ferdinand Kummer in Deutsch, Geschichte und Literatur unterrichtet, wobei Marie Valerie eine Vorliebe für die schöngeistige Richtung entwickelte. Sie betätigte sich als Blumen- und Vedutenmalerin und zeigte ihre Ambitionen zum Theater in mehreren Einaktern und dramatischen Gelegenheitsspielen, die im Familienkreis unter der Regie der Hofschauspieler Lewinsky und Sonnenthal in der Wiener Hofburg, in Gödöllö und in Wartholz aufgeführt wurden. Ihre besondere Zuneigung galt dem Wiener Burgtheater, deren große Gönnerin und Förderin sie zeitlebens blieb. Wie die Mutter Elisabeth verfaßte Marie Valerie lyrische Gedichte, die 1885 in einem in geringer Auflage erschienenen Gedichtband gedruckt wurden. Als Verfasserin eines Tagebuchs ist Marie Valerie für Historiker bedeutsam; erwähnenswert sind ihre religiösen

Aus dem einst verhätschelten »ungarischen Kind« wurde eine überaus sittenstrenge und deutschbewußte Familienmutter: Die Kaisertochter Marie Valerie mit Erzherzog Franz Salvator und ihren Kindern

Betrachtungen mit vorwiegend pädagogischem Inhalt. Zusammen mit der Kaiserin gab sie das Buch »Ein Herbst im Süden« heraus.

Oft begleitete Marie Valerie ihre Mutter auf Reisen nach Ungarn, dem Salzkammergut, Meran, Deutschland, Frankreich und England.

1890 heiratete sie in Ischl ihren Vetter dritten Grades, → Franz Salvator, aus dem toskanischen Zweig der Habsburger. Der Ehe entstammten zehn Kinder: → Elisabeth, geb. 1892, → Franz Karl Salvator, geb. 1893, → Hubert Salvator, geb. 1894, → Hedwig, geb. 1896, → Theodor Salvator, geb. 1899, → Gertrud, geb. 1900, → Maria, geb. 1901, → Klemens Salvator, geb. 1904, → Mathilde, geb. 1906, und Agnes (geb. u. gest. 1911). Die Familie lebte vorwiegend auf Schloß Wallsee, wo sie von Kaiser Franz Joseph I. oft und gerne besucht wurde.

Marie Valerie liebte es nicht, ihren hohen Rang in der Öffentlichkeit zur Geltung zu bringen. Sie verfügte über großen Wohltätigkeitssinn, den sie oft unter Beweis stellte, so für die Opfer und Angehörigen des Wiener Ringtheaterbrandes von 1881. Während des Ersten Weltkrieges richtete sie im Wallseer Vorschloß ein Lazarett ein, sie gründete ebendort das »Marie Valerie Armenspital und Altersheim« und wurde von der Bevölkerung als »Engel von Wallsee« bezeichnet. Daneben finanzierte sie zahlreiche Klöster und Kirchen wie das Sacré Cœur in Preßbaum, die Herz-Jesu-Kirche in Amstetten, die Pfarrkirche von Bärnkopf. Sie stiftete Stipendien für Arme und war Protektorin von sieben Wohltätigkeitsvereinen.

Ihre Heimatverbundenheit und die Liebe zur Großfamilie, verbunden mit ihrem Entschluß, nach dem Umsturz in Österreich »nicht das Schicksal der umherirrenden Bourbonen« teilen zu wollen, erleichterten ihr die Anerkennung des Habsburgergesetzes von 1919 und die Unterfertigung der Verzichtserklärung. Sie blieb, unter Beibehaltung ihres Vermögens, in Österreich.

H.-L.

Mathilde, Herzogin von Bayern, älteste Tochter von König → Rudolf I. aus erster Ehe mit → Gertrud von Hohenberg, geb. vermutlich

Herzogin Mathilde von Bayern mit ihrem Gemahl Ludwig II. in der wenig wirklichkeitsnahen Darstellung aus dem Habsburger-Stammbaum aus dem 16. Jahrhundert

1251, gest. 22. 12. 1304 in München, begr. im Zisterzienserkloster Fürstenfeld (Bayern).

Nach einer Anekdote hätten 1273 die Kurfürsten einen Boten zu dem Grafen Rudolf von Habsburg gesandt mit der Botschaft, sie würden ihn zum deutschen König wählen, wenn er ihnen seine Töchter zur Ehe gebe. Und eine andere überliefert die bange Frage des Herzogs Ludwig (II.) von Oberbayern und Pfalzgrafen bei Rhein, der wegen der unrechtmäßigen Enthauptung seiner ersten Gemahlin Sanktionen fürchten mußte: »Welche Sicherheit habe ich vor Verfolgung, falls Rudolf erwählt wird? Hat er eine Tochter, die er mir zur Frau geben würde?« In der Tat zählte Herzog Ludwig »der Strenge« (1229–1294) zu den einflußreichsten und entschiedensten Parteigängern Rudolfs. Am Abend des Krönungstages König Rudolfs, am 24. Oktober 1273, vermählte sich Ludwig in dritter Ehe mit Mathilde, der Tochter des Königs. Drei Tage später verpfändete der König für die 10 000 Mark Mitgift seinem Schwiegersohn die Burgen und Städte Nürnberg, Ravensburg, Altdorf, Memmingen und Kaufbeuren. Der Herzog und Pfalzgraf erwies sich als einer der treuesten Parteigänger König Rudolfs und seines Sohnes → Albrecht.

Aus der Ehe gingen zwei Töchter und zwei Söhne hervor, unter ihnen Ludwig (IV.), der spätere deutsche König und Kaiser.

Di.

Mathilde, geb. 1419 → Mechthild

Mathilde, Tochter von Erzherzog → Albrecht und → Hildegard von Bayern, geb. 25. 1. 1849 in Wien, gest. 6. 6. 1867 in Hetzendorf bei Wien, begr. in der Kapuzinergruft, Wien.

Mathilde war als Braut des Kronprinzen Umberto von Sardinien-Piemont vorgesehen, um die gespannten Beziehungen Österreichs zu Italien zu verbessern. Sie starb als Achtzehnjährige qualvoll nach einem Brandunfall: ihr Tüllkleid fing Feuer, als sie ihre brennende Zigarette aus Angst vor Strafe hinter ihrem Rücken verbergen wollte.

H.

Die beiden Töchter Erzherzog Albrechts: Mathilde (links) und Maria Theresia

Mathilde, Tochter von Erzherzog → Franz Salvator und Erzherzogin → Marie Valerie, geb. 9. 8. 1906 in Ischl.

Dieses neunte Kind der Kaisertochter Marie Valerie heiratete 1947 DDr. Ernst Hefel (1888–1974), Unterstaatssekretär und Sektionschef im Bundesministerium für Unterricht. Die Ehe blieb kinderlos.

H.-L.

Matthias, Kaiser (seit 1612), Sohn von → Maximilian II. und der Infantin → Maria (Tochter → Karls V.), geb. 24. 2. 1557 in Wien, gest. 20. 3. 1619 in Wien, begr. in der Kapuzinergruft, Wien.

Wahlspruch: Concordia lumine major/Eintracht ist stärker als Licht.

Matthias wurde nicht wie seine älteren Brüder → Rudolf und → Ernst in Spanien erzogen, sondern unter den Augen seiner Eltern in Österreich. Zu seinen Lehrern zählte unter anderen Ghislain de Busbecqu. Zweifellos dürften in seinen jungen Jahren der Einfluß seines Vaters und dessen konziliante religiöse Anschauungen für ihn bestimmender gewesen sein als die seiner streng katholischen Mutter. Im Unterschied zu dem mißtrauischen und verschlossenen Charakter seines Bruders Rudolf wurde sein offenes und treuherziges Wesen gerühmt. Allerdings scheint er auch schon früh einen starken politischen Ehrgeiz entwickelt zu haben.

Maximilian II. bestimmte in seinem Testament, daß von seinen sechs überlebenden Söhnen dem ältesten, Rudolf, dessen Nachfolge im Reich bereits gesichert war, die gesamte Herrschaft zufallen sollte. Die übrigen Söhne wurden mit relativ bescheidenen Jahresgeldern abgefunden. Für Matthias war die Enttäuschung über diese Erbregelung ausschlaggebend für den weiteren Lebensweg. Hier ist sicherlich die Hauptwurzel für den späteren »Bruderzwist« zu suchen.

Jedenfalls verschmähte er es, sich, wie Kaiser Rudolf beabsichtigte, um ein geistliches Reichsfürstentum zu bewerben. Er führte vielmehr die politische Linie seines Vaters fort, der mit zunehmender Sorge die Entwicklung in den Niederlanden verfolgt hatte. Wie Maximilian II. war auch Matthias überzeugt, daß dort nicht nur die Herrschaft der spanischen, sondern auch der sukzessionsberechtigten deutschen Linie des Hauses, ja überhaupt fundamentale Interessen des Reiches bedroht waren. In den Tagen des Regierungswechsels 1576 waren die Gesandten der Aufständischen in Regensburg und bemühten sich um die Unterstützung von Kaiser und Reich. Tatsächlich erklärte sich Rudolf II. zunächst bereit, zwischen den niederländischen Ständen und Spanien zu vermitteln. Damals nahmen die Aufständischen zum ersten Mal mit Matthias Kontakt auf.

Ein Jahr später, als der Freiheitskampf voll entbrannt war, wurde Matthias von den katholischen Provinzen im Süden, die eine Vorherrschaft der Protestanten fürchteten, zu einer überstürzten Aktion verleitet. Auf ihre Einladung, die Statthalterschaft zu übernehmen, verließ er heimlich Österreich, gelangte auf schnellstem Weg in die Niederlande und wurde 1578 von den Generalstaaten als Generalstatthalter angenommen.

Das Unternehmen stand unter keinem glücklichen Stern und erklärt sich nur aus Matthias' jugendlicher Unerfahrenheit und seinem Ehrgeiz. Seine Machtbefugnisse waren beschnitten, seine finanziellen Mittel dürftig, im Staatsrat hatten die Protestanten und Anhänger Wilhelms von Oranien bereits die Oberhand; beim Kaiser fand das eigenmächtige Vorgehen des Erzherzogs nur geringes, am spanischen Hof überhaupt kein Verständnis. So endete das niederländische Abenteuer 1581 mit einem kläglichen Mißerfolg und schadete dem Prestige des Erzherzogs. Die Absicht, die Provinzen für Reich und Dynastie zu retten, erwies sich als undurchführbar. Wie auch später immer wieder, erlebte es Matthias, daß sein Versuch, zwischen den Parteien zu vermitteln, damit endete, daß er gleichsam zwischen zwei Sesseln zu sitzen kam.

Nach seiner Rückkehr nach Österreich lebte Matthias zunächst in Linz im Schatten der Ungnade seines kaiserlichen Bruders. Unverdrossen suchte er eine seinen Ambitionen entsprechende

Erzherzog Matthias als Publius Cornelius Scipio, anläßlich seines Einzuges in Brüssel 1578. Die Allegorie sollte die Befreiung von der Tyrannei darstellen. Gemälde von Lucas van Valckenborch

Stellung, bemühte sich um Bistümer im Reich (wie Münster, Lüttich und Speyer), dann strebte er eine Statthalterstelle an sowie die Vormundschaftsregierung in Innerösterreich während der Minderjährigkeit des Erzherzogs → Ferdinand, ja er bewarb sich auch um die polnische Königskrone. Alle diese Versuche führten zu nichts, bis sein älterer Bruder Ernst vom König von Spanien zum Statthalter in den Niederlanden ernannt wurde und Matthias an seiner Stelle im Auftrag Rudolfs II. die Statthalterschaft des Erzherzogtums ob und unter der Enns übernahm. Da der Kaiser schon seit 1583 in Prag residierte, hatte Matthias in Wien ziemlich freie Hand. Seine Aufgabe war freilich schwierig, weil auch hier schon die konfessionellen Gegensätze unüberbrückbar waren. Seit dem Tode Maximilians II. hatte die Gegenreformation auch in diesen Erbländern mit voller Wucht eingesetzt. Die Protestanten wurden, vor allem durch das Wirken des Konvertiten Melchior Khlesl, der bald der engste und allmächtigste Berater des Erzherzogs werden sollte, zurückgedrängt. Matthias selbst war schon nicht mehr gesonnen, in religiösen Fragen irgendwelche landesfürstlichen Rechte preiszugeben. Dies zeigte sich mit aller Deutlichkeit bei der Niederwerfung des Bauernaufstands in Oberösterreich (1596 und 1597).

Wenn er gegenüber den protestantischen Landständen eine gewisse Nachgiebigkeit an den Tag legte, so gewiß nicht aus Überzeugung oder aus Schwäche, sondern mit Rücksicht auf die Steuerleistungen, die er um so nötiger hatte, als 1593 der Türkenkrieg neu ausbrach. Das Osmanische Reich hatte zwar militärisch seinen Höhepunkt bereits überschritten, doch wechselten spektakuläre Erfolge der kaiserlichen Heere mit schmerzlichen Niederlagen. Matthias, der zeitweise nominell (ohne militärisches Talent und ohne Ehrgeiz auf diesem Gebiet) den Oberbefehl innehatte, war daher um einen baldigen Friedensschluß bemüht.

Inzwischen verschlechterte sich sein ohnedies gespanntes Verhältnis zum Kaiser: Rudolfs geistiger Verfall zeitigte zunehmend einen Verfolgungswahn, der sich gegen seinen Bruder Matthias richtete. Matthias seinerseits schürte – freilich auch notgedrungen – das Mißtrauen Rudolfs noch mehr, da er immer offener und ungeduldiger auf eine Regelung der Nachfolge des kinderlosen Kaisers drängte und hierbei von den übrigen Erzherzögen unterstützt wurde.

Die Lähmung des kaiserlichen Regimes brachte das Land in wachsende Bedrängnis. Dies traf vor allem auf den Türkenkrieg zu: 1604 brach im schwer heimgesuchten Ungarn der Aufstand Stefan Bocskays aus und machte mit einem Schlag alle bisherigen Erfolge der kaiserlichen Truppen zunichte. Österreich stand am Abgrund, und Matthias suchte in einem baldigen Friedensschluß zu retten, was noch zu retten war. Aber Rudolf II. versuchte gerade die Verhandlungen seit 1605 und die Friedensschlüsse von 1606 zu verhindern und deren Durchführung zu sabotieren: Matthias mußte jetzt handeln und zur Gewalt schreiten. Die Erzherzöge unterstützten sein Vorgehen gegen den Kaiser, indem sie ihn seit 1606 als neues Haupt des Hauses anerkannten. Aber ihre Hilfe war mehr moralisch als materiell, und so war Matthias gezwungen, sich um die Hilfe der vorwiegend protestantischen Stände der Länder zu bemühen und dafür Konzessionen auf konfessionellem Gebiet zu machen. Damit entfremdete er sich zunächst wieder alle Katholiken, und selbst der treue Khlesl zog sich vorübergehend von ihm zurück.

1608 trat unter Teilnahme von Ausschüssen der österreichischen Stände der ungarische Reichstag in Preßburg zusammen. Offiziell ging es um die Verteidigung der beiden Friedens-

Kaiser Matthias im Ornat des Königs von Böhmen. Gemälde von Hans von Aachen

schlüsse, aber das eigentliche Ziel des ständischen Bündnisses war der Sturz Rudolfs und seine Ersetzung durch Matthias. Es kam zum offenen Krieg. Matthias, der schon nur mehr bedingt Herr seiner Entschlüsse war, zog an der Spitze des ständischen Heeres vor Prag. Im Vertrag von Lieben mußte ihm Rudolf die ungarische Königskrone, die Herrschaft in Ober- und Niederösterreich sowie in Mähren überlassen. Nur Böhmen blieb noch im Besitz des Kaisers.

Es war ein Triumph der Stände und nicht jener Matthias', der schon damals, unmittelbar nach dem Sieg über Rudolf, vor ihrer offenen Gewalt zurückweichen mußte. Der Plan Khlesls, gemeinsam mit dem Kaiser die landesfürstlichen Rechte wiederherzustellen, scheiterte an dessen unversöhnlicher Rachsucht. Rudolf seinerseits kapitulierte 1609 in dem folgenschweren »Majestätsbrief« vor den böhmischen Protestanten. Ihn bestimmte jetzt nur der Haß gegen seinen erfolgreichen Bruder. Sein Versuch jedoch, mit Hilfe des Erzherzogs → Leopold und dessen Passauer Kriegsvolk den Kampf wiederaufzunehmen, endete mit einer totalen Niederlage und seinem Sturz auch in Böhmen, wo Matthias 1611 zum König gekrönt wurde. Rudolf führte in Prag bis zu seinem baldigen Tod als Kaiser nur noch ein kurzes Schattendasein.

Matthias, der 1611 seine Kusine, Erzherzogin → Anna von Tirol, geheiratet hatte, wurde im Juni 1612 in Frankfurt zum Kaiser gewählt und gekrönt. Er schien damit am Ziel seiner Wünsche. Seine weiteren Jahre als Herrscher waren aber eine Kette herber Enttäuschungen. Seinen Aufstieg hatte er der ständisch-protestantischen Opposition zu verdanken. Er mußte deren Forderungen erfüllen, hatte aber angesichts der allgemeinen Lage wenig Aussicht, sie wieder zurückzudrängen. Auch die Kaiserwürde erwies sich als eine Last, denn seit der Zerreißung der Reichsstände in Union und Liga 1607/08 war der Reichstag völlig gelähmt, und es mehrten sich die Vorzeichen eines großen Krieges in Deutschland.

Matthias schätzte zeitig die Lage richtig ein, denn seine politische Begabung und Urteilskraft war bedeutend (und wurde bisher von Historikern eher unterschätzt). Vor allem wären seine

Ideen auf wirtschaftlichem Gebiet, die von seinen Zeitgenossen nicht verstanden wurden, einer historischen Analyse wert. Sein Hauptstreben ging bald nur mehr dahin, die drohende Katastrophe zu verhindern. Aber auch hier war der Handlungsspielraum äußerst eng. Sein Versuch etwa, 1614 bei einem Generallandtag der Landstände in Linz die vorhandenen Kräfte zu einigen, scheiterte.

Die Enttäuschungen und der Kräfteverschleiß der letzten Jahre bewirkten bei ihm eine geistige Erschlaffung und körperlichen Verfall. (Er litt am Hauptübel der oberen Stände seiner Zeit, an der Gicht.) So lag die Regierung tatsächlich in den Händen Khlesls, der im Sinne seines Herrn eine Politik des Ausgleichs betrieb. Außenpolitisch gelang die Sicherung des Friedens an der Südostgrenze 1615 durch die Verlängerung des Vertrages mit den Türken in Wien und mit Bethlen Gabor in Siebenbürgen im Verzichtfrieden von Tyrnau.

Da Matthias kinderlos blieb, wiederholte sich das Spiel um die Nachfolge wie unter Rudolf II. Wieder drängten die Erzherzöge, aber auch die katholischen Mächte Spanien, Rom und Bayern. Nur zögernd gab Matthias nach. Widerstrebend stimmte er der Wahl → Ferdinands, des aufsteigenden Sterns des Erzhauses zu: 1617 in Böhmen und 1618 in Ungarn. Aber er mußte noch den Ausbruch des Krieges erleben, den er hatte verhindern wollen. Der Sturz und die Gefangennahme seines engsten Mitarbeiters Khlesl durch seinen Bruder → Maximilian und seinen Vetter Ferdinand versetzten ihm eine Wunde, von der er sich nicht mehr erholte. Wenige Monate nach dem Tod seiner geliebten Gemahlin wurde er aus einer tragischen, ihres Sinnes entleerten Existenz erlöst.

Lit.: (Josef Frh. v.) Hammer-Purgstall, Khlesls ... Leben, 4 Bde. Wien 1847-1851.

N.

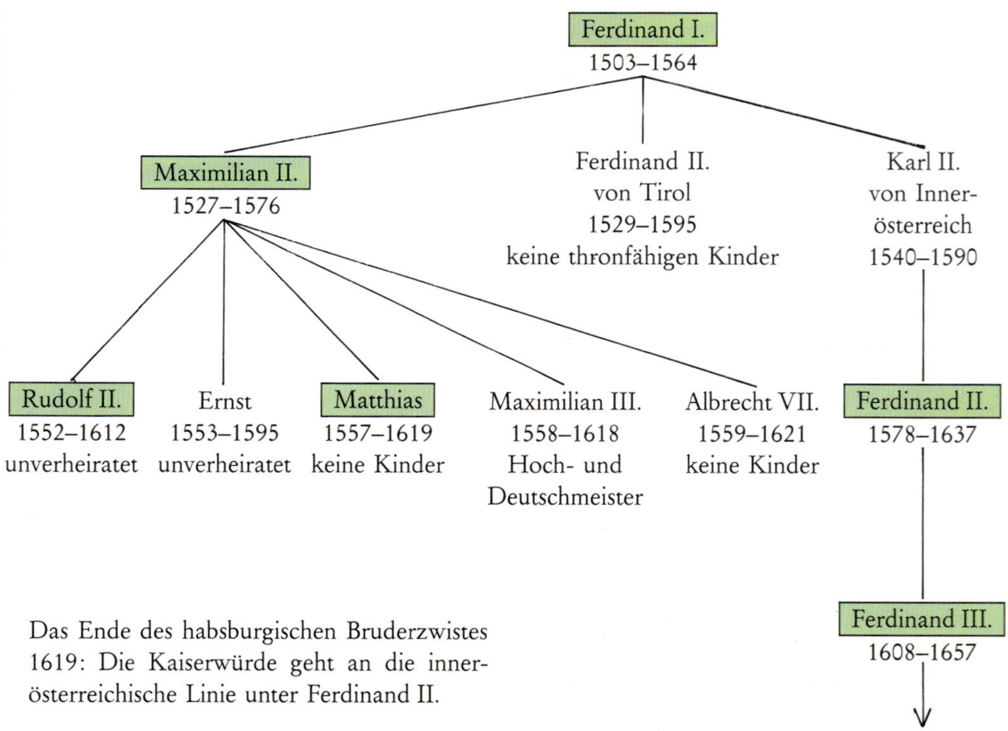

Das Ende des habsburgischen Bruderzwistes 1619: Die Kaiserwürde geht an die innerösterreichische Linie unter Ferdinand II.

Maximilian I., Kaiser, Sohn von Kaiser → Friedrich III. und → Eleonore von Portugal, geb. 22. 3. 1459 in Wiener Neustadt, gest. 12. 1. 1519 in Wels, begr. in Wr. Neustadt, sein Herz im Sarg der Maria von Burgund in Brügge. (Das Grabmal in Innsbruck ist leer.)

Wahlspruch: Per tot discrimina rerum/Durch so viele Gefahren.

Die Astrologen errechneten Mars als Maximilians Aszendenten und sagten ihm einen »widrigen Geist« (spiritus contrarius) voraus, der ihm Schwierigkeiten bereiten würde. Betrachtet man Maximilians Lebenslauf, so läßt sich diese Vorhersage nur bestätigen. Bereits der Dreijährige mußte erleben, mit Vater und Mutter in der Wiener Burg gefangen zu sein; draußen wütende Volksmassen, aufgehetzt durch des Vaters Bruder, drinnen wenig zu essen, nur Erbsen und Graupen und das Fleisch von Katzen und Hunden. Der Krieg blieb der rote Faden in Maximilians Leben. Er führte 25 Feldzüge in knapp 40 Jahren. Macchiavelli attestierte ihm beachtliche Feldherrnqualitäten. Aber der »widrige Geist« (meist in Gestalt der geld- und truppenverweigernden Reichsfürsten) brachte ihn trotz Sternstunden um durchschlagende Erfolge.

Das Ringen um die Erhaltung des burgundischen Herzogtums war die erste große Auseinandersetzung, in die Maximilian verwickelt war. Im 14. und 15. Jh. war Burgund zu gewaltigem wirtschaftlichem und kulturellem Reichtum aufgestiegen, nach den Vorstellungen seines Herzogs Karl des Kühnen wert, in ein Königreich umgewandelt zu werden. Kaiser Friedrich III., der diese Rangerhöhung durchführen sollte, kalkulierte hingegen sehr realistisch den Erbfall der Provinzen für seinen Sohn Maximilian, denn Karl hatte ja »nur« eine Tochter, → Maria. Unter diesen politischen Auspizien wurde die Ehe geplant. Man war noch nicht ins reine gekommen, als der Herzog in der Schlacht von Nancy 1477 fiel. Da gedachte auch der französische König, die Hand auf Burgund zu legen (ein Teil war französisches Kronlehen und damit rechtlich heimgefallen). Der Krieg um Burgund (1477–1482, 1487–1493) wurde mit großer Härte und Grausamkeit geführt. Zur Bedrohung

Ein alter Hofdiener bringt unter Lebensgefahr dem kleinen Maximilian Nahrung in die von Erzherzog Albrecht belagerte Burg. Hinten stehend: Kaiser Friedrich III. Darstellung von Anton Ziegler

von außen kamen immer wieder aufflackernde Revolten im Inneren. Für Maximilian waren es harte Lehrjahre. Doch die allseits umworbene Erbin von Burgund, Maria, hielt tapfer aus bis zu Maximilians Ankunft in Gent, wo das Paar im August 1477 heiratete. Der Ehe entstammten → Philipp der Schöne und → Margarete. Maria starb 25jährig 1482 nach einem Reitunfall. Die zweite 1493 geschlossene Ehe mit → Bianca Maria Sforza blieb kinderlos. Bianca starb, vernachlässigt von ihrem Ehemann, 1510. Einer außerehelichen Verbindung Maximilians mit einer Salzburgerin entstammten die beiden legitimierten Söhne → Georg und → Cornelius.

1479 feierte Maximilian bei Guinegate seinen größten Triumph gegen eine französische Übermacht; 1488 brachte die tiefste Erniedrigung, als Maximilian 14 Wochen Gefangener der Bürger von Brügge war. Aber im Grunde liebte er dieses Leben. Anders ist kaum erklärbar, daß er – ohne Geld und Truppen – 15 Jahre bestehen und dann noch den französischen König zum Einlenken zwingen konnte. Im Vertrag von Senlis 1493 erhielt Karl VIII. die Bourgogne zurück, die anderen Provinzen aber konnte Maximilian für seine Kinder behaupten.

Im selben Jahr 1493 starb Friedrich III., und Maximilian – bereits 1486 zum römischen König gewählt – folgte ihm als Kaiser nach, wenn auch infolge der politischen Konstellation vorderhand an eine Krönung in Rom nicht zu denken war. (Ausrufung zum »Erwählten Römischen Kaiser« in Trient 1508.) 1494 fiel der französische König Karl VIII. in Italien ein. Dieser Kriegsschauplatz mit wechselnden Fronten brachte Maximilian fast nur Enttäuschungen, die in der Niederlage bei Marignano (1515) gipfelten: ganz Oberitalien wurde damit französisch. Die lebenslange Auseinandersetzung mit Frankreich zeigt die merkwürdige Kluft zwischen Traum und Realität im Leben des Kaisers, aber auch die Kluft zwischen vorausblickender politischer Einsicht und Unvermögen, diese auch realisieren zu können. Der Traum hieß: Paris zu erobern und Frankreich zu vernichten. Die Realität hieß: in einem fremden Land um jeden Fußbreit Boden zu kämpfen. Realpolitisch gesehen war es richtig, die französische Präsenz in Italien als Bedrohung anzusehen. Allerdings ist zu differenzieren: Im mittelalterlichen Reichsdenken spielte Italien eine hervorragende Rolle. Die Reichsfürsten des 16. Jahrhunderts konnten diesem Denken nichts mehr abgewinnen. Für das Reich war Italien kaum mehr wichtig, aber gewiß war es das für den expandierenden habsburgischen Machtkomplex. Die Rivalität zwischen Frankreich und Österreich bis in die Zeit → Maria Theresias beweist es. Maximilian sah das Problem richtig, konnte es aber nicht lösen.

Darstellung der Heirat Maximilians I. mit der Erbtochter von Burgund 1477. Aus dem »Triumphzug Maximilians«

Genauso erkannte er die Brisanz einer anderen Bedrohung, die tatsächlich Europa und nicht nur den Habsburgern galt: die Osmanen. Maximilian träumte sein Leben lang von einem Kreuzzug, der in ihm einen universalen Herrscher über das Ost- und das Westreich wiedererstehen lassen würde. In der Realität gelangte er über lokale Leistungen nicht hinaus. Uns erscheint heute ein anderer Traum Maximilians besonders utopisch: um 1511 trug er sich mit dem Gedanken, die beiden höchsten Würden der Christenheit – das Kaisertum und das Papsttum – in seiner Person zu vereinen. Und doch war er gerade hier von der Realität gar nicht so weit entfernt: sechs Jahre später gab Luthers Thesenanschlag den Auftakt für eine folgenschwere »Los-von-Rom«-Bewegung, und 1534 schwang sich Englands König Heinrich VIII. zum Oberhaupt einer nationalen Kirche auf.

Maximilian war ein Mann zwischen den Zeiten. Man ist gewohnt, seine Ritterideale und die universalistischen Ansprüche seiner Kaiseridee als rückwärtsgewandt anzusehen. Ebenso ist man gewöhnt, bei »Renaissance« an die Wiederentdeckung der Antike zu denken. Vielleicht sind Maximilians mittelalterliche »Mummereien«, die Turniere zum Beispiel, als eine andere Form der Renaissance, eine Rückkoppelung an eine eigene deutsche Vergangenheit zu interpretieren. Ähnlich hat die Romantik empfunden. Was den Universalgedanken anlangt,

Das große Porträt eines großen Herrschers: Kaiser Maximilian I., gemalt von Albrecht Dürer

braucht man nur vom »Reich« zur Dynastie zu wechseln – das ist ein kleiner Schritt, wenn man bedenkt, wie sehr Maximilian von der Auserwähltheit seiner Familie überzeugt war. So gesehen war Maximilian kein Epigone, sondern Vordenker seines Enkels → Karl V. und selbst noch → Karls VI. Gar nichts Phantastisches haftet Maximilian an, wenn es darum ging, durch gezielte Heiratspolitik territoriale Gewinne zu erzielen. Beide kaiserlichen Aktionen dieser Art erwiesen sich als Erfolge. 1496 vermählte er seinen Sohn → Philipp mit → Johanna, der Erbin Kastiliens und Aragons. Spanien, Italien südlich von Rom und ein gewaltiges Kolonialreich wurden habsburgisch. In der berühmten Wiener Doppelhochzeit (1515) heiratete Maximilian stellvertretend (und symbolisch) für einen seiner Enkel die Jagellonin → Anna, die Tochter König Wladislaws II. von Böhmen und Ungarn; Maximilians Enkelin → Maria aber wurde die Frau Ludwigs, des einzigen Sohnes Wladislaws. Damit waren die Ansprüche auf Böhmen und Ungarn besiegelt.

Ganz auf dem Boden der Realität befand sich Maximilian in seinem Bestreben, die Verwaltung des Reiches und seiner Länder nach westlichen Vorbildern zu reformieren und vor allem zu zentralisieren. Dem widersprachen jedoch die ständischen Vorstellungen von mehr Selbständigkeit auf den Reformreichstagen 1495 (Worms) und 1500 (Augsburg). Im Zuge der Auseinandersetzungen ging die Schweiz dem Reich verloren (1499). In den Erblanden aber schuf Maximilian zwei Verwaltungseinheiten: Oberösterreich (= Tirol, Vorlande, Windische Mark, Görz, Istrien mit Triest, Friaul) und Niederösterreich (Österreich unter und ober der Enns = das heutige Nieder- und Oberösterreich, Steiermark, Kärnten, Krain) und eine Behördenorganisation (Hofrat als Justizbehörde und Hofkammer als Finanzbehörde), die im wesentlichen bis zu den maria-theresianischen Reformen gültig blieb.

Maximilian blieben für die Umsetzung vieler seiner Ideen in eine Realität nur Feder, Pinsel und Papier. Davon ließ er fleißig Gebrauch machen. »Wer ime (= sich) im leben kain gedechtnus macht, der hat nach seinem tod kain gedechtnus, und demselben menschen wird mit dem glockendon vergessen.« Mit diesen Worten schloß Maximilian sein bekanntestes autobiographisches Buch »Weißkunig«. In allen autobiographischen Werken herrscht eine in mittelalterlicher Tradition liegende allegorisch-symbolisch überhöhte Realität vor, vermengt mit Wunsch- und Traumbildern. In verschiedener »Verkleidung« ist Maximilian selbst immer der siegreiche Held, sei es im Turnier oder im Kampf (mit der Waffe in der Hand oder in einem moralischen Sinn) gegen den bösen Feind. Die Bücher sagen viel darüber aus, was diesem »letzten Ritter« wichtig war: Abenteuer, Minnedienst, Ehre, Treue, ein Jäger, Krieger und Sieger zu sein, fest in Gottes Hand zu ruhen. »Triumphzug« und »Ehrenpforte« sind wohl die beiden bekanntesten monumentalen Holzschnittwerke, die den

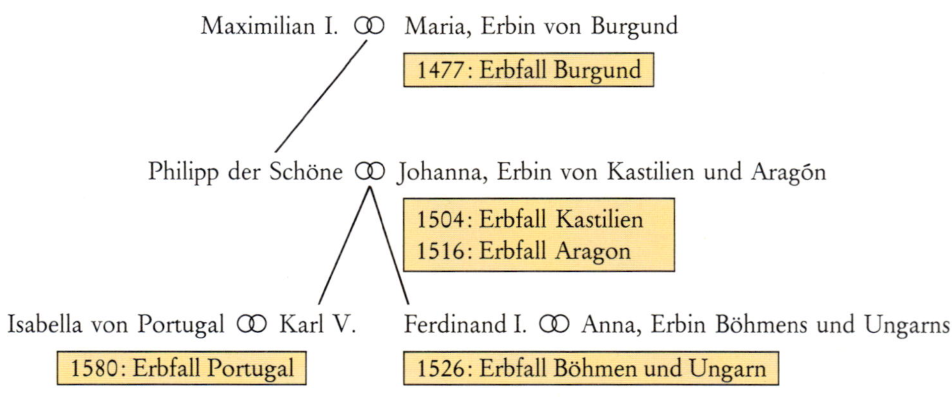

Tu felix Austria nube: In drei Generationen entstand durch vier bedeutsame Heiraten das Weltreich der Habsburger

Kaiser verherrlichen. An der »Ehrenpforte« hat kein Geringerer als Albrecht Dürer mitgewirkt. Von den Wissenschaften interessierte Maximilian die Geschichte am meisten. Eine breit angelegte illustrierte Deutsche Geschichte blieb in den Vorarbeiten stecken, aber die Genealogie des »Hauses Österreich«, also der eigenen Familie, die bis Noe zurückverfolgt wurde, wuchs auf sechs Bände an. Maximilian beschäftigte zur Beratung der Künstler und zur Erforschung der Vergangenheit ein Team gelehrter Humanisten, die ihm die geeigneten Quellen zu beschaffen hatten.

Werke: Fragment einer lateinischen Autobiographie, »Gedenkbücher«, Ms. über die »Falknerey«, Weißkunig, Freydal, Theuerdank.

Lit.: Hermann Wiesflecker, Kaiser Maximilian I., 5 Bde., Wien 1971–1986 mit aller älteren Literatur.

Mr.

Der spätere Kaiser Maximilian II. als etwa Siebzehnjähriger. Gemälde von Guillaume Serots

Maximilian II., Kaiser, Sohn von Kaiser → Ferdinand I. und → Anna von Böhmen und Ungarn, geb. 31. 7. 1527 in Wien, gest. 12. 10. 1576 in Regensburg, begr. im Veitsdom in Prag.

Wahlspruch: Providebit Deus/Gott wird schützen.

Maximilian II. war eine singuläre Erscheinung unter den Habsburgern des 16. Jahrhunderts – noch Jahrhunderte nach seinem Tod war man sich nicht einig über die konfessionelle Stellung des »rätselhaften Kaisers«, der sich nie von der alten Kirche förmlich löste, aber auf dem Totenbett die Sterbesakramente verweigerte.

Der weiche und lebensfrohe Prinz erhielt eine gute Ausbildung – persönliche Liebenswürdigkeit unterstrich das gewinnende Bild des jungen Erzherzogs: leutselig, gebildet, sprachgewandt, kunstsinnig. Mit vielen deutschen Fürsten, wie Albrecht V. von Bayern und Christoph von Württemberg, verband ihn eine lebenslange Freundschaft. Frühzeitig machten jedoch seine prolutherischen Neigungen seinem Vater, König Ferdinand I., Sorge – sie waren ein Spiegel der österreichischen Konfessionsentwicklung. Als »Gegenmaßnahme« wurde Maximilian 1548 mit der entschieden katholischen Cousine → Maria, der Tochter → Karls V., verheiratet und widerwillig nach Spanien entsandt. Schon dort war er über seine Behandlung enttäuscht – die Pläne Karls V., eine alternative Nachfolge der deutschen und spanischen Linie der Habsburger zu vereinbaren, stießen vor allem auf den Widerstand Maximilians, des mutmaßlichen Hauptgeschädigten. Vater und Sohn ließen den Plan durch Verschleppung scheitern. Dies wurde durch die Niederlage Karls V. gegen die revoltierenden Fürsten 1552 endgültig besiegelt. Hoffnungen Maximilians II., sein Schwiegervater Karl V. würde ihn mit einem größeren territorialen Präsent ausstatten, erfüllten sich nicht.

Die antispanische Haltung des Erzherzogs verband sich seit 1551 mit seinen wiedererwachten protestantischen Neigungen, die vor allem unter dem Einfluß des Hofpredigers Sebastian Pfauser wuchsen. Maximilian überschritt dabei die Grenzen des Kompromißkatholizismus, den sein kaiserlicher Vater vertreten hatte. Der alternde Ferdinand suchte Maximilians drohenden Abfall zu verhindern – dies verband sich mit massiven Drohungen des Papstes und der spanischen Verwandten. Die stärkere Zuneigung des Vaters zu dem gleichnamigen zweitgeborenen Sohn → Ferdinand verschärfte die Situation noch. 1560 mußte Maximilian dem Druck nachgeben, nachdem er vergebens bei den führenden deutschen Protestanten Rückhalt gesucht hatte. Das erzwungene Bekenntnis zur alten Kirche, die er nicht mehr verließ, steigerte jedoch die Abneigung gegen dogmatische Fixierungen, aber auch Maximilians Neigung zur Verstellung, zum »Dissimulieren«.

Dies zeigte sich schon im Vorfeld seiner Königswahl 1562: Eine zunehmende sklerotische Erkrankung machte Ferdinand I. immer handlungsunfähiger und führte Maximilian in das Zentrum des politischen Geschehens. Während er die katholischen Fürsten über seine religiöse Haltung beruhigte, weckte Maximilian bei den Protestanten Hoffnungen.

Nach seinem Regierungsantritt 1564 blieb der neue Kaiser zwar in der Kontinuität seines Vaters, schon aus Rücksicht auf die möglicherweise bevorstehende spanische Thronfolge (die Krise des → Don Carlos zeichnete sich ab). Andererseits hatte Maximilians äußerliche konfessionelle Zurückhaltung einen tieferen reichspolitischen Sinn. Es gelang ihm, das Vertrauen der protestantischen Fürsten im Reich zu gewinnen. Er wurde damit zum eigentlichen Kaiser des Religionsfriedens von 1555, jenes konfessionellen Waffenstillstands, der unter wesentlichem Anteil Ferdinands I. die Glaubenskämpfe der Reformation beigelegt hatte.

Kaiser Maximilian II. im Alter von etwa vierzig Jahren. Aus der Werkstatt des Nicolas Neufchatel

Der Kaiser knüpfte zunächst an den Kompromißkatholizismus des Vaters an. Bei der Erbteilung von 1564 hatte er neben Ungarn und Böhmen die niederösterreichischen Lande erhalten, während sich in Innsbruck und Graz mit den jüngeren Brüdern Ferdinand und → Karl eigene Regenten etablierten. Maximilian war in den Erblanden mit einem sich ausbreitenden Protestantismus konfrontiert, der sich vor allem auf den Adel in den Ständen stützte. Die Finanznot der Türkenkriege gab diesen ein massives Druckmittel; die Rücksichtnahme auf die Protestanten im Reich war ein weiteres Motiv Maximilians II., auch im Landesinneren in der Religionsfrage nachzugeben. Zwar wies er noch 1566 weitgehende Forderungen der niederösterreichischen Stände zurück, aber 1568 verließ er die Linie des Vaters und stellte dem Adel die Augsburger Konfession frei. Den Höhepunkt erreichte sein Entgegenkommen mit der Religionssekuration vom 14. Januar 1571 – dabei suchte der Kaiser im staatskirchlichen Sinne eine gewisse Kontrolle auch über die evangelische Kirche zu gewinnen; es wurde eine Agende festgelegt, die die Augsburger Konfession festschrieb. Das Entgegenkommen galt freilich nur für den Adel. Andererseits stand Maximilian der immer noch von hussitischer Tradition bestimmten evangelischen Konfessionsbildung in Böhmen skeptisch gegenüber, auch wenn er 1568 dem böhmischen Adel Religionsfreiheit gewährte. Während Ferdinand von Tirol strikt an der alten Kirche festhielt, konnte sich Karl von Innerösterreich den Entwicklungen im Umkreis des Wiener Bruders nicht entziehen.

Die Etablierung einer Ständekirche in den Erblanden stand aber schon im Zeichen der gescheiterten kaiserlichen Religionspolitik im

Das Feuer – Allegorie, gemalt von Giuseppe Arcimboldo 1566. Dieses berühmte Bild weist zahlreiche Hinweise auf das Haus Habsburg auf: den Doppeladler auf der Brust, den Orden des Goldenen Vlieses, Kanonen und Pistole als Zeichen für die militärische Macht. Es wird als Porträt Kaiser Maximilians II. gedeutet, dessen Hofmaler Arcimboldo war.

Reich. Im Geist des Augsburger Religionsfriedens versuchte Maximilian II. die Sicherung des Luthertums gegen den aufkommenden Calvinismus (im Sinn eines Festhaltens dogmatischer evangelischer und katholischer Gemeinsamkeiten, wohl im Hinblick auf eine konfessionelle Konvergenz durch Reformen). Aber der Versuch, die reformierte Kurpfalz auf dem Augsburger Reichstag von 1566 aus dem Religionsfrieden zu stoßen, scheiterte – Maximilians Überlegungen waren angesichts der fortgeschrittenen Konfessionalisierung obsolet geworden und fanden weder bei den Katholiken noch bei den Lutheranern Rückhalt. Danach wurde die kaiserliche Religionspolitik defensiv. Sie mußte sich notgedrungen auf die Sicherung der Regelungen von 1555 beschränken. 1570 kam es zum Verbot ausländischer Kriegsdienste für Deutsche.

Maximilian kämpfte fortan gegen ein Übergreifen der westeuropäischen Religionskonflikte ins Reich, hielt aber an der Einheit der Casa de Austria fest. Er lehnte zwar die harte spanische Politik in den Niederlanden seit 1568 ab, vermied aber den Bruch mit dem Vetter → Philipp II., der ihm zutiefst mißtraute – trotz seiner Heirat mit Maximilians Tochter → Anna (1570). Zwischen dynastischen und Reichsinteressen operierte der Kaiser unentschieden. Mit der religiösen Ordnung verteidigte Maximilian auch die territoriale und versagte sich den Werbungen des rebellischen Ritters Wilhelm von Grumbach in den Jahren um 1560. Andererseits verweigerte Maximilian aus reichsrechtlichem Legitimitätsdenken allen Versuchen, die norddeutschen Bistümer der Reformation zuzuführen, den Konsens.

Seit 1566 und wieder seit 1574 stand der Kaiser im Türkenkrieg, in dem der bedeutende Kriegstheoretiker und Organisator Lazarus von Schwendi das kaiserliche Heer befehligte. Die heldenhafte Verteidigung Szigétvárs durch Peter Zrinyi 1566 war umsonst – Unentschiedenheit verhinderte den erfolgreichen Einsatz der zahlreichen geworbenen Truppen. Nach einer vergeblichen Kandidatur seines Sohnes → Ernst 1572 bewarb sich Maximilian selbst um die polnische Königskrone; nach der Doppelwahl von 1575 steigerte sich dort die Opposition gegen ihn immer mehr. Maximilian kam nicht mehr dazu, die militärische Entscheidung zu versuchen.

Der Kaiser war lange Zeit herzkrank und rechnete nicht mit einer langen Regierung. So setzte er – auch mit Hilfe des »Dissimulierens« – 1575 die Wahl seines entschieden katholischen Sohnes → Rudolf II. durch. 1576 starb er während des Regensburger Reichstages. Der späte Maximilian war geprägt von Reserve gegen die

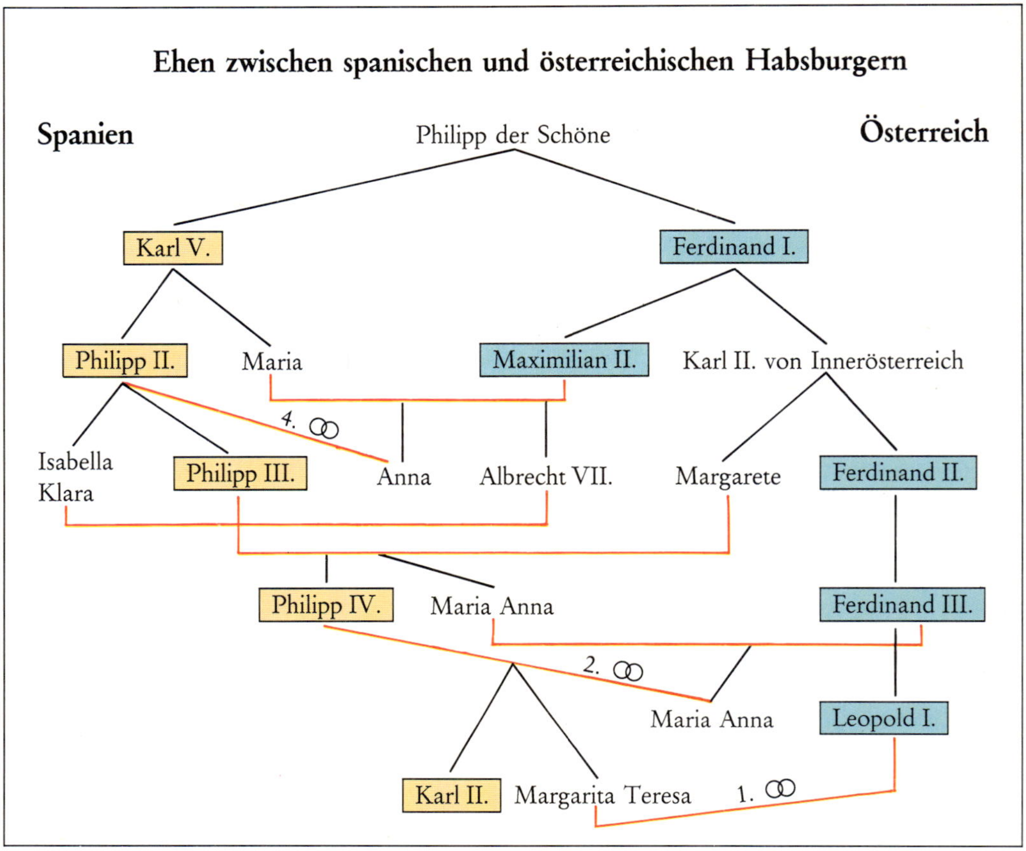

fortschreitende Konfessionalisierung; mit seiner ausgleichenden Haltung trug er entscheidend zur Sicherung des Religionsfriedens und damit zu einer langfristigen Ruhe im Reich bei – in den Erblanden hinterließ er eine starke Stellung der Landstände.

Lit.: Viktor Bibl, Maximilian II. Der rätselhafte Kaiser, Hellerau b. Dresden 1929; Walter Goetz, Maximilians II. Wahl zum römischen König, Würzburg 1891; Robert Holtzmann, Maximilian II. bis zu seiner Thronbesteigung (1527–1564), Berlin 1903; Otto Helmut Hopfen, Kaiser Maximilian II. und der Kompromißkatholizismus, München 1895; Grete Mecenseffy, Maximilian II. in seiner Zeit, in: Jahrbuch f. Geschichte des Protestantismus in Österreich 92, 1976, 42–54.

P.

Maximilian III. (I.), der Deutschmeister, Sohn von Kaiser → Maximilian II. und der Infantin → Maria, geb. 12. 10. 1558 in Wiener Neustadt, gest. 2. 11. 1618 in Wien, begr. im Dom zu Innsbruck.

Maximilians Jugend war eng mit jener des nächstälteren Bruders → Matthias verknüpft. Anders als die Erzherzöge → Rudolf, → Ernst, → Albrecht und → Wenzel wurden die beiden nicht bei → Philipp II. in Spanien, sondern am konfessionell offeneren Wiener Hof erzogen. Dies prägte nicht nur ihre Mentalität, ihren Gestus, ihre Kleidung und Sprache, sondern vor allem ihre politische Reifung: In ihrer späteren Reichspolitik wird dann ein gutes Stück väterliches Erbe zum Vorschein kommen. Hingegen setzte sich im Glaubensverständnis Maximilians und Matthias' die streng altkirchliche Gesinnung ihrer Mutter, einer Schwester Philipps II., und ihrer spanischen Hofpartei durch.

Beim Tod ihres Vaters (1576) waren die beiden Brüder noch unversorgt. Maximilian II., religiös hochsensibel, hatte eine gezielte geistliche Erziehung der nachgeborenen Söhne, freilich auch aus reichspolitischen Gründen, stets abgelehnt. Erst Rudolf II. betrieb dann, mit den Wittelsbachern konkurrierend, mit seinen jüngeren Brüdern eine gezielte Bistumspolitik im Reich. Für Maximilian verhandelte man zunächst um das nordwestdeutsche Hochstift Münster, faßte kurzfristig auch Bamberg ins Auge und versuchte zuletzt in Salzburg, eine Resignation des alternden Erzbischofs Johann Jakob Khuen von Belasy zugunsten des Erzherzogs zu erreichen. Nach massiver gesamthabsburgischer und päpstlicher Intervention gelang schließlich 1585 die Wahl Maximilians zum Koadjutor des Deutschen Ordens. 1590 trat Heinrich von Bobenhausen nach internem Zwist auch die Hochmeisterwürde an den Prinzen ab.

Mit dem geistlichen Ritterinstitut erschloß sich dem Haus Habsburg ein illustres Beziehungsfeld im Reich. Maximilian war der erste einer Kette von habsburgischen Hoch- und Deutschmeistern bis zum Untergang der Monarchie. Für den jungen Erzherzog schien sich im Orden sein Ideal des christlichen Türkenkampfes mit der gewachsenen Ordenstradition, dem Heidenkrieg, hervorragend zu verbinden.

Maximilian III. im Prunkornat als Hochmeister des Deutschen Ordens

Habsburger als Hoch- und Deutschmeister

Maximilian III. (I.)	1590/1595–1618
Karl	1619–1624
Leopold Wilhelm	1641–1662
Karl Josef	1662–1664
Max Franz	1780–1801
Karl	1801–1804
Anton Viktor	1804–1835
Max Josef Este	1835–1863
Wilhelm	1863–1894
Eugen	1894–1923

Durch den überraschenden Tod Stefan Báthorys 1586 freilich eröffnete sich der habsburgischen Türkenabwehr zunächst eine viel weiträumigere Variante. Maximilian bewarb sich 1587 um die polnische Krone und wurde von einer Minderheit gegen Sigismund III. Wasa gewählt. Der ehrgeizige Fürst, das Vorbild → Ferdinands I. vor Augen, war entschlossen, die polnische Krone mit Waffengewalt zu übernehmen, und zog mit einem kleineren Heer bis vor Krakau. Er wurde nach wenigen Feldzügen von den Anhängern Sigismunds 1588 im schlesischen Pitschen geschlagen. Eineinhalbjährige Gefangenschaft im ostpolnischen Krasnystaw und Horodo folgte. Maximilian machte sich noch in den kommenden Jahren Hoffnungen auf Polen, auch auf den Zarenthron, was zu erheblichen Spannungen mit den innerösterreichischen Habsburgern führte, die durch eine gezielte Heiratspolitik den Ausgleich mit Polen anstrebten. Erst 1598 leistete er den mit der Freilassung verbundenen Verzichtseid auf die polnische Krone.

Allerdings bezog ihn die Statthalterschaft

1593–1595 für den noch minderjährigen Erzherzog → Ferdinand von der Steiermark unmittelbar in das türkische Kampfgeschehen ein. 1594 unternahm er einen Feldzug nach Kroatien, wobei Ordensritter seine Leibtruppe stellten. Im nächsten Jahr zog er nach Niederungarn, noch unter dem Oberbefehl Erzherzog Matthias'; 1596/97 war er dann selbst Oberbefehlshaber des kaiserlichen Heeres in Ungarn. Auch wegen des schlecht organisierten Nachschubs aus dem Reich blieben Erfolge aus. Maximilian zog sich um die Jahrhundertwende enttäuscht in seine Mergentheimer Ordensresidenz zurück.

Damit war zugleich eine Wende eingeleitet: der Erzherzog setzte sich jetzt vorbehaltlos für die dynastischen Interessen und die Ritterkorporation ein. Noch 1599 unternahm er von Mergentheim aus eine erste systematische Reise zu protestantischen und altkirchlichen Reichsfürsten und lernte so aus nächster Nähe das konfessionspolitische Dilemma des Reiches kennen. Weitere Besuche, vor allem bei den benachbarten Mainzer und Pfälzer Kurfürsten, aber auch in Dresden beim sächsischen Kurfürsten, folgten. Die dadurch hergestellten Kontakte sollten für den bald ausbrechenden innerhabsburgischen Bruderzwist wichtig werden. Maximilian suchte darin zwar zwischen Matthias und Rudolf zu vermitteln, stützte letztlich aber doch die erbländischen Aktionen des ersteren. Einen vom Pfälzer, Mainzer, Trierer und Kölner Kurfürsten 1607 unterzeichneten Pakt, ihn zum deutschen König zu erheben, lehnte er zugunsten des älteren Matthias ab.

Maximilian verließ Mergentheim bereits 1602, als ihm Kaiser Rudolf und die anderen Erzherzöge die Regentschaft in Tirol übertrugen. Innsbruck bildete fortan seine Hauptresidenz. Die geistliche Reform des Ordens, mit der er in Mergentheim begonnen hatte, setzte er während seiner Tiroler Regentschaft fort. 1606 ließ er in einem Generalkapitel die Ordensstatuten erneuern und ebnete den Weg für die Sukzession eines innerösterreichischen Habsburgers, → Karl, der zugleich Bischof von Brixen und Breslau war. In Tirol sanierte er die Kammer, die seit seinem Vorgänger Ferdinand erheblich verschuldet war, zumal auf ihm als unverheiratetem Fürsten weniger repräsentativer Druck lastete. Einen betont vorsichtigen Kurs verfolgte er in den labilen Vorlanden.

Die Wahl des Matthias im Reich förderte Maximilian nachhaltig, auch aus der Einsicht, daß nur die Kaiserkrone die auseinanderstrebenden Erbländer weiterhin verklammern konnte. Konsequent unterstützte er daher auch die Sukzession Ferdinands von der Steiermark, was wegen dessen streng gegenreformistischem Standpunkt schwierig sein mußte. Maximilian selbst setzte trotz aller dynastischer Verbundenheit und persönlicher Devotion nie voll auf die im Reich umstrittene spanische und päpstliche Karte. Freilich zog ihn das Ziel der ferdinandeischen Sukzession in eine zunehmend härtere Position, brachte ihn vor allem in Gegensatz zu Kardinal Khlesl, der den Ausgleich der Konfessionsparteien vorrangig behandeln wollte. Der fromme Choleriker stürzte 1618 zusammen mit dem jüngeren Ferdinand den Kardinal. Maximilian sah den großen konfessionellen Krieg mit aller Deutlichkeit kommen. Er starb kurz vor dessen offenem Ausbruch.

Im Zeitalter der anscheinend ausweglosen konfessionellen Polarisierung war er einer der wenigen Reichsfürsten, die das Vertrauen aller drei Konfessionsparteien besaßen.

Lit.: Heinrich Noflatscher, Glaube, Reich und Dynastie. Maximilian der Deutschmeister. Marburg 1987. Messerschmitt-Stiftung (Hg.), Die Eremitage Maximilians des Deutschmeisters und die Einsiedeleien Tirols, Innsbruck 1986.

No.

Maximilian Ernst, vierter Sohn von → Karl II. von Innerösterreich und → Maria von Bayern, geb. 17. 11. 1583 in Graz, gest. 18. 2. 1616 in Graz, begr. im Mausoleum zu Seckau.

Ursprünglich nicht von der Mutter für den geistlichen Stand herangezogen und um die Jahrhundertwende noch in Heiratspläne mit der Zarentochter in Verbindung gebracht, spielte der sich mit dem Erzherzog-Hochmeister → Maximilian I. (III.) gut vertragende und dessen Hausmachtpläne mittragende Grazer Vetter

Erzherzog Maximilian Ernst mit seinem Jagdhund. Gemälde von Josef Heintz d. Ä.

seit 1614 eine wichtige Rolle bei der Nachfolgeregelung an der Spitze des Deutschen Ordens als gefürsteter Reichs- und mehrfacher Kreisstand (in Franken, Schwaben, Kurrhein und Österreich). Der von Jugend an durch Fieberanfälle geschwächte Erzherzog, der sich entgegen ärztlichen Mahnungen nicht in Speise und Trank und im Jagdvergnügen zurückhielt, wurde 1615 von Kaiser → Matthias und seinem älteren Bruder → Ferdinand (dem späteren Kaiser Ferdinand II.) zur Ordensaufnahme vorgeschlagen, in Graz zum Ordensritter geschlagen und sofort zum Balleioberen der österreichischen Ordensprovinz bestellt. Die Kommenden Graz und Großsonntag/Südsteiermark wurden ihm als Subsistenzgrundlage zugewiesen. Sein unerwarteter Tod machte alle Pläne, das Meistertum des Deutschen Ordens schon zu Lebzeiten des ersten habsburgischen Hochmeisters als einflußreiches Versorgungsgut nachgeborener Erzherzöge zu sichern, zunichte.

D.

Maximilian Franz, letzter Kurfürst-Erzbischof von Köln und Fürstbischof von Münster, 16. und jüngstes Kind von Kaiser → Franz I. Stefan und → Maria Theresia, geb. 8. 12. 1756 in Wien, gest. 26. 7. 1801 in Hetzendorf bei Wien, begr. in der Kapuzinergruft, Wien.

»Max Franz« gehört zu jenen Mitgliedern des Hauses Österreich, die in den Ländern ihres Wirkens wesentlich populärer und bekannter waren und sind als in ihrer österreichischen Heimat. Wie die anderen Söhne des Kaiserpaares genoß auch er eine sorgfältige Erziehung. Da seine Mutter schon früh meinte, er sei mit seinem verschlossenen Naturell wenig geeignet, eine Frau glücklich zu machen, ließ auf ihre Anregung ihr »vielgeliebter Schwager« Prinz Karl Alexander von Lothringen, Hochmeister des Deutschen Ordens, ihn 1769 vom Generalkapitel des Ordens zu seinem Koadjutor mit dem Recht der Nachfolge wählen und schlug ihn selbst in Wien 1770 in der Augustinerkirche zum Deutschen Ordensritter. Außer dem Großmeistertum waren für seine Versorgung die Statthalterschaft von Ungarn sowie aus dem väterlichen Erbe die Güter Holitsch, Sassin, Göding, Schloßhof bestimmt.

Die obligaten »Kavaliersreisen« 1774/75 führten Max zuerst in die österreichischen Niederlande nach Brüssel zu seinem Hochmeister und Onkel Karl Alexander und von dort nach Paris zu seiner mit Ludwig XVI. vermählten Schwester → Marie Antoinette. Der zweite Teil der »Kavalierstour« führte über Salzburg, Parma (Besuch bei der Schwester → Maria Amalia) nach Mailand, wo der mit ihm erzogene Bruder → Ferdinand eben Generalgouverneur geworden war. Zusammen reisten die beiden Brüder dann zum Treffen der vier Söhne Maria Theresias (→ Josef, → Leopold, Ferdinand, Max) zur »Touristenattraktion« der »Sensa« (Himmelfahrtsfest am 25. Mai 1775) nach Venedig. Von Ferrara reiste Max dann allein nach Neapel zur Schwester → Maria Karolina. Auf dem Rückweg über Rom blieb er über zwei Monate in der Toskana. Der ausführliche Bericht, den Großherzog Leopold über den jüngsten Bruder auf Verlangen Josefs verfaßte, hebt hervor: Selbstbeherrschung, Ehrenhaftigkeit, Wahrheitsliebe, ausgezeichnetes Gedächtnis, Gründlichkeit und mehr Talent und Witz, als er äußerlich zeige, andererseits eine erstaunliche Teilnahmslosigkeit, ja Apathie, Verachtung der Etikette, Unzugänglichkeit für Schmeichelei und Lob, Neigung zur Ironie, zu Bonmots und Wortspielen.

Da er für die militärische Laufbahn bestimmt war, folgte im Winter 1775/76 die militärische Ausbildung im westungarischen Steinamanger (Szombathely).

Eine von ihm verfaßte Denkschrift »Hungarien, wie ich es im Frühjahr des Jahres 1777 sah« zeugt von Aufgeschlossenheit, rascher Auffassung und einem entschiedenen Bekenntnis zu energischer Reformpolitik im Sinne der Aufklärung. Im Bayerischen Erbfolgekrieg 1778/79 als Begleiter Josefs war er den Strapazen nicht gewachsen und erlitt einen physischen Zusammenbruch. Nach der Rückkehr nach Wien folgte eine lange schwere Krankheit, die eine militärische Laufbahn ausschloß.

Fürsterzbischof Maximilian Franz

Maria Theresia stimmte den Plänen des kurkölnischen Ministers Baron Kaspar von Belderbusch zu, für Max die Koadjutur im Erzbistum Köln und im Fürstbistum Münster anzustreben. Max lehnte zuerst schroff ab und gab dem Drängen der Mutter, er könne sich ja vom Empfang der Weihen dispensieren lassen und dann die Würde auf einen seiner Neffen übertragen, erst allmählich nach. Intrigenreiche Verhandlungen und beträchtlicher finanzieller Aufwand brachten 1780 trotz preußischem und holländischem Widerstand die einstimmige Wahl des Erzherzogs zum Koadjutor in Köln und Münster. Inzwischen hatte er bereits Tonsur und niedere Weihen erhalten, trug geistliches Gewand und bereitete sich mit Eifer auf das Fürstenamt und den geistlichen Beruf vor. Durch den Tod des Prinzen Karl Hochmeister und damit Reichsfürst geworden, besuchte er im Oktober 1780 Mainz, Bonn, Köln und stellte sich seinen künftigen Kollegen im Kurkollegium vor. Nach Wien zurückgekehrt, erlebte er den Tod der Mutter. Die folgenden Jahre waren ausgefüllt mit Besuchen bei den Geschwistern in Innsbruck, Klagenfurt, Neapel, in der Toskana und in Mailand, mit einem kurzen Besuch in Rom bei Pius VI., dessen spektakulären Besuch in Wien er kurz vorher miterlebt hatte, sowie längeren Aufenthalten in Mergentheim, dem Sitz des Ordenskapitels.

Nach dem Tod des Kurfürsten Max Friedrich (von Königsegg) trat Max Franz 1784 die Regierung in Bonn und Münster an.

Arbeitsam, streng gegen sich selbst und wohlwollend gegenüber seinen Untertanen, stets schlicht, ja fast nachlässig gekleidet, unterschied er sich von seinen bau- und prunkfreudigen, weltlich-barocken Vorgängern aus dem Hause Wittelsbach durch einfachen Lebenswandel und Sparsamkeit, »ein Muster von Pflichttreue« auch in der Erfüllung seiner geistlichen Pflichten, so daß es hieß, die Kavaliere am Bonner Hof müßten jetzt erst wieder beten lernen. Von den schönen Künsten liebte er vor allem die Musik, übte sie selbst aus und förderte Mozart, Haydn und Beethoven. An bedeutenden Bauten verdankt

Feierlicher Einzug des neuen Kurfürsten Max Franz in seine Residenzstadt Bonn, 1785

ihm das Rheinland nur ein bezeichnenderweise der Volksgesundheit und der wirtschaftlichen Nutzung dienendes Gebäude, die in klassizistischen Formen errichtete »Redoute« in Bad Godesberg bei der dort neu entdeckten Mineralquelle, vergleichbar der Förderung der Bäderkultur durch seine Brüder und Neffen (Montecatini, Baden bei Wien usw.).

Sein Stil energischer, wohlüberlegter und nicht überhasteter Reformen zeigte sich auch in der ihm besonders wichtigen Erziehungspolitik, von den Volksschulen bis zur Gründung und dem Ausbau der ersten Bonner Universität im Geist der Aufklärung. Ausdruck seiner sozialen Gesinnung war der von ihm aufgestellte Grundsatz für die Lohnfestsetzung der Taglöhner, »daß der Favor eher für die armen Taglöhner sein müsse, da derselbe sich oft nebst Familie davon ernähren, kleiden, wohnen, beheizen muß, öfters an Arbeitsmangel leidet oder durch Krankheiten und Zufälle am Arbeiten verhindert wird, wohingegen das Arbeitenlassen eine willkürliche Handlung ist«.

Im Nuntiaturstreit und den »Emser Punktationen« 1786 stand er mit den drei anderen deutschen Metropoliten (Mainz, Trier und Salzburg) auf einer reform-katholischen, antikurialen Linie. Ursprünglich Josef II. treu ergeben, half er nach dem Scheitern von dessen überstürzter Politik dem Bruder und Nachfolger Leopold, die Krise zu überwinden, die Kaiserkrönung zu erreichen und die »belgische Revolution« (während der er den Generalstatthaltern → Marie Christine und Albert von Sachsen-Teschen in Bonn Asyl geboten hatte) wie die parallele »Lütticher Revolution« ohne Blutvergießen zu beenden. Der Vormarsch der französischen Revolutionsheere vertrieb ihn vom linken Rheinufer. Die Hoffnungen, den Kurstaat am rechten Rheinufer neu aufzubauen, wurden durch den Frieden von Lunéville enttäuscht. Die Schicksalsschläge beschleunigten seine Krankheit (Fettleibigkeit, Schlafsucht, Depressionen, schließlich Wassersucht). Im Rheinland und in Westfalen hat man dem als Flüchtling in Hetzendorf bei Wien verstorbenen letzten Landesfürsten noch lange ein gutes Andenken bewahrt.

Lit.: Max Braubach, Maria Theresias jüngster Sohn Max Franz. Letzter Kurfürst von Köln und Fürstbischof von Münster, Wien 1961; ders., Die erste Bonner Hochschule. Maxische Akademie und kurfürstliche Universität, Bonn 1966; Klaus Oldenhage, Kurfürst Erzherzog Maximilian Franz, Hoch- und Deutschmeister 1780–1801, Bad Godesberg 1969; Adam Wandruszka, Ems und Pistoia, in: Spiegel der Geschichte, Festgabe für Max Braubach, Münster 1964; ders., Die verachtete Nachbarstadt, Der Universitätsstreit zwischen Köln und Bonn in drei Jahrhunderten, in: Köln, Vierteljahrschrift für die Freunde der Stadt, Heft 1, März 1967.

W.

Maximilian Josef, Hoch- und Deutschmeister, vierter Sohn von Erzherzog → Ferdinand Karl und → Maria Beatrix von Este, geb. 14. 7. 1782 in Mailand, gest. 1. 6. 1863 zu Ebenzweier/Oberösterreich, begr. in Altmünster/Oberösterreich.

Als eines von sieben Kindern wuchs er in Mailand und Monza auf. Sein Pate und Mentor war sein Onkel, Erzherzog → Maximilian Franz, Hoch- und Deutschmeister und letzter Kurfürst-Erzbischof von Köln und Münster. Er regte den Eintritt Maximilians in den Deutschen Orden (1801) an und machte ihn auch zum Universalerben seines beträchtlichen Privatvermögens.

Entscheidend für Maximilians politische Anschauung war die Hinrichtung seiner Tante, Königin → Marie Antoinette von Frankreich, 1793. Zeitlebens behielt er eine starre absolutistische Haltung und einen großen Abscheu vor der Revolution (was sich später bei den Revolutionen in Modena 1831 und in Wien 1848 zeigte).

Die Napoleonischen Feldzüge in Italien zwangen die Familie Habsburg-Este 1796 nach dem Fall der Lombardei, die Heimat zu verlassen. Sie ließ sich in Wiener Neustadt nieder, wo Maximilian an der Militärakademie sein Studium (vor allem Artillerie und mathematische Fächer) absolvierte. Seine militärische Laufbahn: 1803 Oberst der Infanterie, 1805 Oberstfeldwachtmeister, 1807 Feldmarschall-Leutnant und Stellvertreter des Artillerie-Direktors. 1808 wurde er mit der Organisation der Landwehr in Nieder- und Oberösterreich betraut, 1809 zum Kommandanten der gesamten Feldartillerie ernannt mit dem Auftrag, das durch Napoleon neuerdings bedrohte Wien bis zum Eintreffen der Hauptarmee zu verteidigen. Die Übergabe der Stadt an Napoleon war auch eine große persönliche Niederlage des jungen, überforderten Erzherzogs. Von nun an beschäftige er sich lebenslang mit der Konzipierung ständig neuer Projekte für Festungen und Verteidigungssysteme vor allem im Donautal. 1819 zum General-Feldzeugmeister avanciert, ließ er 1822 auf Privatkosten einen Probeturm für Kanonen auf der Simmeringer Haide bei Wien bauen und 1828 einen Probeturm in Linz als Beginn einer geplanten großen Festungsanlage mit 26 Türmen. (Diese Anlage wurde nie vom Militär beansprucht und verfiel im Lauf der Jahre.) Ähnliche Befestigungen erhielt Brescello in Modena.

Maximilian betätigte sich als Erfinder, so von Porzellanmünzen und »Dippelziegeln«. Er machte Pläne für eine Schiffsmaschine und eine Kettenbrücke nach englischem Muster in Linz. Im Kriegshafen von Plymouth ließ er sich in einer Taucherglocke auf den Meeresgrund senken, begeisterte sich für die neue Erfindung der Konservierung von Lebensmitteln in Weißblechdosen und war ein guter Numismatiker. Er förderte die Volkskunde des Salzkammergutes, Volkstrachten und Jodeln und veranstaltete 1827 zugunsten seines Vetters Erzherzog-Kardinal → Rudolf in Bad Ischl ein großes Volksfest.

1803 war Maximilian in Wien zum Ritter des Deutschen Ordens (Ballei Franken) geschlagen worden, im selben Jahr zum Koadjutor und künftigen Statthalter dieser bislang einflußreichen Ordensprovinz ernannt, vereidigt und nach kapitularischer Beratung 1805 mit der Administration dieses Ordenszweiges betraut. Nach der Abdankung des letzten Landkomturs 1805 gelobte Maximilian Josef die treue Führung der Amtsgeschäfte als neuer Balleioberer.

Nach dem Tod seines Vetters → Anton Viktor 1835 zum »Hoch- und Deutschmeister des deutschen Ritterordens« gewählt, betrieb er die Reorganisation seines Ordens im Kaiserstaat und mit Privatmitteln die Wiederbelebung des mittelalterlichen Schwesternzweiges zur Pflege

Erzherzog Maximilian Josef, Hoch- und Deutschmeister, bei einem feierlichen Ritterschlag in der Deutschordenskirche in Wien

der Kranken und Schulbildung der Mädchen in Tirol und Österreichisch-Schlesien. Lebenslang sorgte er auch für beide Priesterkonvente in Lana/Südtirol (ab 1855) und Eulenburg/Mähren (ab 1858). Damit sicherte er dem Priester- und Schwesternzweig seine bisherige Bedeutung. Eine zeitgemäße Reorganisation der entscheidenden Ritterbrüder ist aber auch ihm mißglückt.

Der Volkskunde und dem Wiener Romantikerkreis eng verbunden und die Konvertiten des Hofbauerkreises fördernd, pflegte dieser Erzherzog Kontakte mit bildenden Künstlern, Malern und Philosophen. Aus tiefer Glaubensüberzeugung förderte er auch die Barmherzigen Schwestern in Oberösterreich, die Armen Schwestern des hl. Franziskus, die Mechitaristen, die Redemptoristen in Wien und Attnang-Puchheim und deren weiblichen Zweig in Wien und die vom spätjosefinisch-liberalistischen Zeitgeist abgelehnten Jesuiten in Linz. Gerne zog er sich nach Ebenzweier zurück – eine Herrschaft, die er 1830 käuflich erworben hatte.

Persönlich redlich, fromm und rechtschaffen, blieb er wegen der Hausinteressen eher rückwärts gewandt, vor allem nach den Erschütterungen des Jahres 1848. Bleibenden Freundschaften verschloß er sich, hatte aber einen starken Familiensinn. Er stand seinem Bruder, Herzog → Franz IV., und seinem Neffen → Franz V. von Modena tatkräftig zur Seite, machte seine Nichte → Maria Theresia von Bourbon zur Universalerbin und seinen Neffen → Wilhelm zu seinem Nachfolger im Orden.

Wegen fehlender selbstkritischer Elastizität war er für Erfordernisse der Zeit nach der Revolution nicht aufgeschlossen. Sein Wirken an der Ordensspitze aber trägt bis in unsere Tage seine erwähnenswerten Früchte.

Werke: Versuch eines Kriegssystems des österreichischen Kaiserthumes... Wien 1850 (anonym); Sammlung von Denksprüchen, Wien

1855; Abhandlung über das Bauen mit zusammengedippelten Ziegeln, Wien o. J. (anonym); Einige Worte über Geld- und Münzverhältnisse ... Wien 1860.

Lit.: Diemut Kastner, Erzherzog Maximilian und sein Kreis. Diss., Wien 1964. Renate Wagner-Rieger, Die Maximilianeischen Türme ... Kunstjahrbuch der Stadt Linz, Wien 1963.

D./H.

Maximilian, eigentlich Ferdinand Maximilian (»Max«), Kaiser von Mexiko, zweiter Sohn von Erzherzog → Franz Karl und → Sophie von Bayern, geb. 6. 7. 1832 in Wien, erschossen 19. 6. 1867 in Queretaro/Mexiko, begr. 18. 1. 1868 in der Kapuzinergruft, Wien.

Maximilian, Kaiser von Mexiko, in der Darstellung des mexikanischen Malers Santiago Rebull

Der um zwei Jahre jüngere Bruder Kaiser → Franz Josephs war der intellektuell weitaus begabtere, phantasievollere und beliebtere der Brüder, hatte aber in Österreich keine Möglichkeit, seinen großen Ehrgeiz zu befriedigen. Um den wachsenden Schwierigkeiten mit dem Bruder zu entgehen und auf angenehme Weise zu lernen, ging der junge Erzherzog auf Reisen – vornehmlich zu Schiff. Denn er bevorzugte die Marine von Kindheit an. Er reiste nach Griechenland, in die Türkei, nach Portugal, vor allem aber nach Spanien, wo er sich am Grabe der Vorfahren Ferdinand und Isabella romantischen Träumen eines habsburgischen Weltreiches hingab. Begeistert von der Größe der spanischen Überseemacht, unternahm er 1860 die erste Amerikareise eines Erzherzogs: nach Brasilien. Seine Reiseerlebnisse schrieb er nieder und ließ sie in mehreren Bänden drucken. (Sie fanden auch noch in der Nachwelt einiges Interesse, zum Beispiel bei Karl May, der sie als Quelle für seine Arbeiten benützte.)

1854 wurde der 22jährige Erzherzog zum Oberkommandanten der Marine ernannt. Bei der Reorganisation dieser bisher vernachlässigten Waffengattung erwies er sich als durchaus tüchtig. Unter seiner Ägide unternahm die Fregatte »Novara« 1857–1859 ihre berühmte Weltumseglung, die einen erheblichen wissenschaftlichen Ertrag hatte.

Auf einer offiziellen Reise nach Paris lernte Maximilian 1856 Napoleon III. und Eugénie kennen, auf die er einen günstigen Eindruck machte. Der Erzherzog schätzte den französischen Kaiser als »modernen« Herrscher (im Gegensatz zu seinem konservativen Bruder).

1857, nach der Eheschließung mit der belgischen Prinzessin → Charlotte, wurde Max zum Gouverneur des lombardo-venetianischen Königreiches ernannt mit der Residenz Mailand. Doch alle Anstrengungen, sich bei der italienischen Bevölkerung beliebt zu machen, verschärften den politischen Gegensatz zur Wiener Zentralregierung. Die Lombardei ging im Krieg von 1859 verloren, und das junge Paar zog sich in sein neugebautes Schloß Miramare bei Triest zurück, ohne wirkliche politische Aufgabe.

In diese Situation der Unzufriedenheit und

Das Kaiserpaar von Mexiko empfängt eine Abordnung der Indianer. Gemälde von Jean Adolphe Beaucé

Verbitterung kam 1861 das vorerst noch vage Angebot Napoleons III. an Max, die Krone Mexikos anzunehmen. Das englische Angebot 1863 – die Krone Griechenlands – schlug Max dagegen sofort aus, ebenso wie Pläne, ihn zum König von Polen zu machen, da sich die Träume des Paares schon völlig auf ein großes habsburgisches Reich in Amerika konzentrierten. Max redete auch seinem jüngeren Bruder → Ludwig Viktor (vergeblich) zu einer Heirat mit der brasilianischen Thronerbin zu, wollte ihn außerdem, da er kinderlos war, zu seinem Erben in Mexiko machen, um das erträumte Habsburgerreich in Amerika zu vergrößern.

Trotz der flehentlichen Einwände seiner Mutter, Erzherzogin Sophie, willigte Max 1864 gegenüber einer Delegation von mexikanischen Notabeln in Miramare ein, die Krone anzunehmen. Franz Joseph bestand darauf, daß Max auf sämtliche Rechte eines Erzherzogs, vor allem natürlich die Thronrechte in Österreich – Max stand ja hinter dem Kronprinzen → Rudolf an zweiter Stelle der Thronfolge – zu verzichten, worein Max erst nach tagelangem erbitterten Tauziehen einwilligte. Franz Joseph war zu keinem Zugeständnis bereit außer der Erlaubnis, ein Freiwilligenkorps anzuwerben, wie es auch König Leopold I., Charlottes Vater, in Belgien erlaubte. Zur Unterzeichnung des Verzichtes fühlte sich Max gezwungen, und schon auf der Überfahrt nach Mexiko setzte er sich dagegen schriftlich zur Wehr – erfolglos.

Vor der Überfahrt machte das neue Kaiserpaar Station in Rom, um den Segen des Papstes Pius IX. einzuholen. Das Unternehmen erhielt durch diese offensichtliche Unterstützung des Papstes so etwas wie einen Kreuzzugscharakter zum Schutz der kirchlichen und religiösen Rechte. Max demonstrierte damit, daß er keineswegs einen Eroberungszug plante, sondern für Humanität und Recht das beschwerliche Opfer bringen wolle. Das mexikanische Kaiserreich wurde von den großen europäischen Mächten anerkannt. Sämtliche amerikanischen Staaten jedoch sahen im republikanischen Präsidenten Juarez die rechtmäßige Regierung Mexikos.

Erschießung Maximilians von Mexiko. Gemälde von Edouard Manet

Auf der Reise beschäftigte sich das neue Kaiserpaar nicht nur mit der Formulierung einer Verfassung nach französischem und belgischem Vorbild, sondern auch mit der Ausarbeitung eines komplizierten Hofzeremoniells nach Wiener Muster. Der Empfang in Mexiko war äußerst kühl. Nur zu bald wurde klar, daß das Land keineswegs, wie Napoleon behauptet hatte, »pazifiziert« war. Max mußte sein Reich erst mit Waffengewalt erobern. Die humanitären Aufgaben blieben ungelöst, weil der Krieg alles Geld (eine Anleihe des französischen Staates) und alle Kraft kostete. Trotzdem verteidigten Max und Charlotte ihren Traum vom Kaiserreich, bauten Schlösser und Gärten, gründeten eine Akademie der Wissenschaften, Museen und ein Kaiserliches Theater. Eine Fülle von Reformgesetzen wurde erlassen, »aber niemandem fällt es ein, dieselben auszuführen«, schrieb der preußische Gesandte Magnus. Die Bevölkerung war durch die langjährigen Bürgerkriege apathisch geworden, und nur wenige nahmen Notiz von dem fremden Kaiser, der von einem besseren Mexiko träumte.

Die finanzielle Abhängigkeit von Frankreich machte eine selbständige Regierung unmöglich. Auch die Differenzen mit den Konservativen und der Kirche Mexikos verschärften sich, da Max eine betont liberale Politik machte und sich auch weigerte, der Kirche das von Juarez konfiszierte Vermögen zurückzugeben, das inzwischen in der Hand neuer Besitzer war.

Als die USA 1865 aus dem Sezessionskrieg wider Erwarten gestärkt hervorgingen und nun gegen die europäische Intervention in Mexiko vorzugehen drohten, änderte Napoleon III. seine Politik und zog sich militärisch und politisch aus Mexiko zurück. In Zeiten tiefer Depression spielte Maximilian mit dem Gedanken, nach Europa zurückzukehren, wurde allerdings von der energischeren Charlotte vehement daran gehindert. In großer Verzweiflung fuhr sie nach Europa, um den Papst und Napoleon III. um Hilfe anzuflehen – beides vergeblich. Charlotte verlor den Verstand und kehrte nie mehr nach Mexiko zurück, während Maximilian mit Ehrgefühl ausharrte. Nach dem Abzug der französischen Truppen kämpfte er mit den verbliebenen Legionären und wenigen mexikanischen Anhängern und wurde in aussichtsloser Lage am 15. Mai 1867 in Queretaro gefangengenommen. Die ihm angebotene Flucht lehnte er ab. Er wurde vom Kriegsgericht zum Tode verurteilt und am 19. Juni 1867 in Queretaro mit seinen beiden mexikanischen Generälen Miramon und Mejia erschossen.

Werke: Maximilian, Aus meinem Leben, 7 Bde., Leipzig 1867.

Lit.: Egon Caesar Conte Corti, Maximilian und Charlotte von Mexiko, Wien 1924, 2 Bde.; Maximilian von Mexiko, Katalog der Ausstellung auf Burg Hardegg 1974 (die ständige Max-Ausstellung in Hardegg gibt auch die »Hardegger Beiträge zur Maximilian-Forschung« heraus); Brigitte Hamann, Mit Kaiser Max in Mexiko, Aus dem Tagebuch des Fürsten Carl Khevenhüller, Wien 1983; Joachim Kühn (Hg.), Das Ende des maximilianischen Kaiserreichs in Mexico, Göttingen 1965.

H.

Maximilian Eugen, zweiter Sohn von Erzherzog → Otto und → Maria Josefa von Sachsen, geb. 13. 4. 1895 in Wien, gest. 19. 1. 1952 in Nizza, begr. in Altshausen/Württemberg.

Der jüngere Bruder des späteren Kaisers → Karl besuchte das Schottengymnasium und studierte Jus in Wien, was der habsburgischen

Erzherzog Max, der jüngere Bruder Kaiser Karls

Tradition nicht entsprach. Im Ersten Weltkrieg stieg er bis zum Major auf. 1917 heiratete er Prinzessin → Franziska zu Hohenlohe-Waldenburg-Schillingsfürst. Nach Kriegsende promovierte er zum Dr. jur. Seit dem Umsturz lebte er in der Schweiz und in Bayern in großer Bescheidenheit. Seine beiden Söhne nannten sich in der Hitlerzeit »Grafen von Kyburg«.

H.

Mechthild (Mathilde), Gemahlin des Herzogs → Albrecht VI., geb. 7. 3. 1419 in Heidelberg, gest. 22. 8. 1482 in Heidelberg, begr. in der Kartause Güterstein bei Urach, 1555 nach St. Georg in Tübingen überführt.

Die Tochter von Kurfürst Ludwig III. von der Pfalz und Mathilde von Savoyen war in erster Ehe mit Graf Ludwig dem Älteren von Württemberg verheiratet. Albrecht VI. von Österreich ging die Ehe mit der Witwe 1452 in der Zeit seiner Regentschaft in den Vorlanden aus rein politischen und finanziellen Erwägungen ein. Mechthild brachte dem ständig unter Geldmangel leidenden Albrecht eine beträchtliche Mitgift

Kurz vor dem Ersten Weltkrieg fand auf Schloß Saybusch im späteren Polen eine prachtvolle habsburgische Doppelhochzeit statt: Erzherzogin Mechthildis heiratete Prinz Olgierd Czartoryki. Erste Reihe von links: das Paar Prinz Hieronymus und Renata Radziwill, eine Schwester der Braut, anschließend das Brautpaar, rechts neben dem Brautpaar die Eltern, Erzherzog Karl Stefan und Maria Theresia, daneben die Erzherzöge Wilhelm, Karl Albrecht und Leopold Salvator. Das zweite Brautpaar, Erzherzogin Eleonora mit dem Linienschiffsleutnant Alfons von Kloss (hinten zwischen Erzherzog Karl Stefan und Erzherzogin Maria Theresia), sitzt bereits vor Antritt der Hochzeitsreise in der Kutsche.

ein. Die Eheleute lebten kaum zusammen und blieben auch kinderlos.

Mechthild residierte meist in Rothenburg. Sie war eine außerordentlich gebildete Frau, die einen Kreis bedeutender Philologen um sich scharte. Ihre Interessen trafen sich dabei mit denen ihres Sohnes Eberhard aus erster Ehe, mit dem sie 1477 die Universität Tübingen gründete. Auch die Gründung der Universität Freiburg i. Br. 1457 ging mehr auf ihre Initiative als auf Albrecht VI. zurück.

Lit.: Ernst Martin, Erzherzogin Mechthild ..., in: Zeitschrift der Gesellschaft zur Förderung der Geschichts-, Altertums- und Volkskunde von Freiburg i. B., 2, 1871, 163 ff.

Mö.

Mechthildis, dritte Tochter von Erzherzog → Karl Stefan und Erzherzogin → Maria Theresia, geb. 11. 10. 1891 in Pola, gest. 6. 2. 1966 in Rio de Janeiro/Brasilien.

Die Erzherzogin ehelichte 1913 den Prinzen Olgierd Czartoryski, der Gesandter des Malteserordens für Brasilien und Paraguay war. Der Ehe entstammten zwei Töchter und zwei Söhne.

Rau.

Orth → Johann Salvator

Otto »der Fröhliche«, Herzog von Österreich, Steiermark und Kärnten, jüngster Sohn von König → Albrecht I. und → Elisabeth von Görz-Tirol, geb. 1301 in Wien, gest. 16. 2. 1339 auf der Reise von Graz nach Wien, begr. zunächst bei den Augustinern in Wien, dann überführt in die von ihm gegründete Zisterze Neuberg im Mürztal.

Bis etwa Mitte Zwanzig blieb der höchst ambitionierte junge Herzog, der wie sein Bruder → Albrecht II. ursprünglich für den geistlichen Stand bestimmt war und eine sorgfältige Ausbildung erhalten hatte, von jeglicher Mitwirkung an der Regentschaft ausgeschlossen; zu sehr dominierten – trotz des Grundsatzes der Gesamtherrschaft – die älteren Brüder. Nach dem Tod → Leopolds I. 1326 forderte Otto, der im Gegensatz zu seinen beiden Brüdern an der Gegnerschaft gegen Ludwig den Bayern festhielt, energisch die Teilung der habsburgischen Lande und des väterlichen Erbes und scheute auch nicht davor zurück, die Könige von Ungarn und Böhmen zu einer bewaffneten Intervention zu bewegen. Dadurch erzwang er die Überlassung besserer Einkünfte und schließlich 1329 die Übertragung der Verwaltung der Vorlande.

Seit dem Tod → Friedrichs I. 1330 übte er gemeinsam mit Albrecht II. die Herrschaft aus und spielte infolge der schweren Behinderung Albrechts zeitweise die führende Rolle. Die Anerkennung Ludwigs des Bayern durch die habsburgischen Brüder im Frieden von Hagenau 1330 führte zu einer engen Verbindung mit dem Kaiser. In einem Geheimvertrag verständigte sich Otto mit dem Kaiser über das zu erwartende Erbe Herzog Heinrichs von Kärnten-Tirol. 1331 wurde er von Ludwig überdies zum Reichsvikar ernannt.

Schwierig gestaltete sich das Verhältnis zu den Luxemburgern. In Absprache mit dem Kaiser ging Otto ein Bündnis mit Ungarn ein und zog mit einem Heer gegen Böhmen. 1332 wurde Frieden geschlossen. Als aber den Habsburgern 1335 die Erwerbung Kärntens und Krains gelang, griff König Johann von Böhmen nach

Otto der Fröhliche, Herzog von Österreich, Steiermark und Kärnten. Glasfenster in Königsfelden

einem längeren Waffenstillstand Österreich an. Erst im Frieden von Enns 1336 wurde die Erwerbung Kärntens und Krains durch die Verständigung mit Böhmen gesichert. Johann Heinrich, der Sohn Johanns von Böhmen, und seine Gemahlin Margarethe »Maultasch« behielten Tirol. Die Wittelsbacher, die Nordtirol für sich gewinnen wollten, gingen leer aus.

Ein besonderes Anliegen Ottos (dessen Beiname »der Fröhliche« freilich erst um 1460 belegt ist) war die Förderung des geselligen Hoflebens und der Literatur. Der Pfarrer vom Kahlenberg wie der bauernfeindliche Ritter Neidhart Fuchs standen mit seinem Hof, der den Schwänken zugetan war, in Verbindung. Noch vor 1337 stiftete er bei St. Augustin in Wien eine exklusive Rittergesellschaft zur Erneuerung des Gralsrittertums, die »Societas Templois«, die sich u. a. den Kreuzzug gegen die heidnischen Preußen und Litauer zum Ziel erkor.

Aus seiner ersten, 1325 geschlossenen Ehe mit → Elisabeth von Niederbayern (gest. 1330) stammten die beiden Söhne → Friedrich, geb. 1327, und → Leopold, geb. 1328. Aus Dankbarkeit für die Geburt seines ersten Sohnes – die Sorge um den Bestand der Dynastie war schon groß gewesen – gründete Otto 1327 das Zisterzienserkloster Neuberg im Mürztal. Beide Söhne überlebten den Vater nicht lange. Seine zweite, 1335 geschlossene Ehe mit der zwölfjährigen → Anna (gest. 1338), der Tochter König Johanns von Böhmen, war nur von kurzer Dauer. Er selbst war offenbar schon länger kränklich. Auf der Reise von Graz zu Albrecht II., der ihn mitten im Winter dringend zu sich nach Wien gebeten hatte, starb der Herzog.

S.

Otto Franz Josef (»Bolla«), zweiter Sohn von Erzherzog → Karl Ludwig aus zweiter Ehe mit → Maria Annunziata von Bourbon-Sizilien, geb. 21. 4. 1865 in Graz, gest. 1. 11. 1906 in Wien, begr. in der Kapuzinergruft, Wien.

»Der schöne Erzherzog«, Schwarm der Damen, wurde mit fünfzehn Jahren zum Leutnant ernannt und machte, trotz mangelnden militäri-

Familienglück vor dem Fotografen: »Der schöne Erzherzog« Otto mit Maria Josefa und den beiden Söhnen, Karl (vorne) und Maximilian

schen Interesses, eine schnelle Karriere bis zum Feldmarschalleutnant 1899. In der Armee tat er sich vor allem durch Skandale hervor, die Stoff ausgiebigsten Tratsches, aber auch Grund für Empörung breiter Bevölkerungskreise bildeten.

1886 heiratete er in Dresden die sächsische Königstochter → Maria Josefa, eine überaus fromme und sittsame Frau, die ihm zwei Söhne, → Karl (den späteren letzten Kaiser Österreichs) und → Maximilian, schenkte. Bekannt (und sogar in einem Gedicht der Kaiserin Elisabeth angeprangert) war die Szene, wie Otto nachts mit seinen Zechkumpanen in das Schlafzimmer seiner Frau eindringen wollte, um ihnen, wie er sagte, »eine Nonne« zu zeigen. Auch der Skandal, als er betrunken und nackt, nur mit dem Orden des Goldenen Vlieses und einem Säbel bekleidet, Gäste des Hotels Sacher erschreckte, war dem Ansehen des Hauses Habsburg höchst abträglich. Aus seinen zahlreichen Verhältnissen machte Otto kein Hehl. Seine Ehefrau litt tapfer und betete für sein Seelenheil.

Im Fasching 1894 erntete Otto Ruhm als Lenker eines Sechspferdegespannes bei einem historischen Pferdekarussell. Außerdem war er ein begabter Zeichner, besonders von Karikaturen. Nach der frühen Erlernung des Drechslerhandwerks unterhielt er eine eigene Werkstatt für Tischlerei und Zimmermannsarbeit und liebte es auch noch in den letzten Jahren, mit seinem Kammerdiener Bäume zu fällen. In seinem Schloß Schönau an der Triesting kümmerte er sich ausgiebig um eigenen Weinbau und Kelterung. Politische Interessen fehlten ihm.

Nach dem Tod des Kronprinzen → Rudolf und seines Vaters Karl Ludwig 1896 rückte Otto hinter seinem Bruder → Franz Ferdinand an die zweite Stelle der Thronfolge. Als Franz Ferdinand an Tuberkulose erkrankte, sah man in Otto schon den zukünftigen Kaiser. Er erhielt das Schloß Augarten als repräsentativen Wohnsitz und einen ansehnlichen Hofstaat und übernahm neben dem Kaiser zahlreiche Repräsentationsaufgaben (so die offizielle Teilnahme an der Zarenkrönung 1896), was ihm die Eifersucht des kranken Bruders eintrug.

Nach der Gesundung Franz Ferdinands erkrankte Otto schwer, offiziell an einem Kehlkopfleiden. In Wien sprach man offen von schwerer Syphilis. 1904 wurde er aus Gesundheitsrücksichten des Dienstes enthoben, aber noch pro forma zum Generalinspekteur der Kavallerie ernannt, 1905 zum General, 1906 wieder enthoben. Otto starb nach qualvoller Krankheit und dem Verlust seiner Stimme, von seiner letzten Geliebten hingebungsvoll gepflegt, in einer Villa im Wiener Cottage, ohne Kontakt zu seiner Familie außer zur Stiefmutter Erzherzogin → Maria Theresia. Den seiner Verbindung mit der Ballettänzerin Marie Schleinzer entstammenden Sohn erkannte Otto an, ebenso wie eine Tochter aus seiner Verbindung mit der Schauspielerin Louise Robinson.

Da die Kinder seines Bruders Franz Ferdinand aus morganatischer Ehe stammten und nicht thronfähig waren, wurde Ottos ältester ehelicher Sohn → Karl 1914 Thronfolger und 1916 Kaiser.

H.

Otto, ältester Sohn von Kaiser → Karl I. und → Zita von Bourbon-Parma, geb. 20. 11. 1912 in Reichenau/Niederösterreich, lebt seit 1954 in Pöcking/Bayern.

Erstmals trat Otto in der Öffentlichkeit in Erscheinung, als er im November 1916 im Trauerzug Kaiser → Franz Josephs zwischen seinen Eltern mitging. Bald darauf wohnte er der Krönungszeremonie in Budapest bei, wo er »durch seine Artigkeit und Frische allgemein gefiel«. Nach der Ausrufung der Republik im November 1918 verfügte das Habsburgergesetz vom 3. April 1919 eine Landesverweisung aller Mitglieder des Hauses Habsburg-Lothringen, die auf ihre Thronansprüche nicht ausdrücklich verzichteten, und beschlagnahmte ihr Vermögen. Im März 1919 verließ die kaiserliche Familie Österreich und ging ins Exil in die Schweiz, wurde aber nach dem zweiten Restaurationsversuch in Ungarn nach Madeira verbannt, wo Karl 1922 starb und Otto sein Nachfolger und Erbe wurde.

Der habsburgische Thronprätendent Otto vor der Kulisse der Gloriette. Monarchistische Propagandakarte in der Ersten Republik

Die Familie übersiedelte nach Lequeito/Baskenland. Um seine geistige Verbundenheit mit den Nachfolgestaaten zu wahren, wurde Otto in enger Anlehnung an die österreichischen und ungarischen Lehrpläne von Privatlehrern aus Österreich und Ungarn unter der Leitung des Juristen Heinrich Graf Degenfeld unterrichtet. Er lernte auch Ungarisch und Kroatisch und beendete 1930 seine Gymnasialstudien mit Auszeichnung. 1929 übersiedelte die Familie nach Steenockerzeel/Belgien, damit Otto an der Universität Löwen studieren konnte. Er studierte Staats- und Sozialwissenschaften und promovierte 1935 mit Auszeichnung.

Nach der Einführung des autoritären Regimes in Österreich 1933 verbesserten sich dort die Aussichten für eine Restauration. Die legitimistische Bewegung bekam Auftrieb durch die propagandistische Auswertung einer Welle von Ehrenbürgerrechtsverleihungen an Otto, die mit der Tiroler Bergbauerngemeinde Ampaß 1931 begann. Ab August 1932 in der Organisation des »Eisernen Rings« vereinigt, zielten die Legitimisten darauf hin, als Vorstufe zu einer Restauration das Habsburgergesetz abzuschaffen. Nach der nationalsozialistischen Machtergreifung in Deutschland 1933 dachte auch Bundeskanzler Dollfuß daran, daß der österreichische Legitimismus mit Otto an der Spitze ein nützliches Mittel zur Bekämpfung des von den Deutschnationalen angestrebten Anschlusses Österreichs an Deutschland darstellte. Mit Kanzler Schuschnigg kam ein engagierter Monarchist ans Ruder, der aber eine Restauration im Rahmen des eben eingeführten christlichen Ständestaates erst dann durchzuführen beabsichtigte, wenn sich die innenpolitische Lage einigermaßen stabilisiert hatte. Er mahnte auch in mehreren geheimen persönlichen Begegnungen den in jugendlicher Überschätzung der Möglichkeiten auf sofortige Restauration drängenden Otto immer wieder zur Vorsicht wegen der negativen Haltung der Großmächte sowie der Nachbarstaaten. Schuschnigg beschränkte seine Tätigkeit vorerst auf vorbereitende Maßnahmen: die Landesverweisung der Habsburger sowie die Beschlagnahme ihres Privatvermögens wurden am 10. Juli 1935 gesetzlich aufgehoben, der Familienversorgungsfonds im April 1936 wiederhergestellt und am 1. Januar 1938 Privatgüter im Wert von 31,5 Millionen Schilling zugunsten dieses Fonds rückerstattet (der allerdings von den Nationalsozialisten bald darauf wieder aufgehoben wurde).

Um die Jahreswende 1936/37 erreichte die legitimistische Propaganda, von der Regierung als Abwehrbasis gegenüber dem erhöhten Druck der Nationalsozialisten unterstützt, einen Höhepunkt. Im Frühling 1937 aber trat eine merkliche Abkühlung der Beziehungen Schuschniggs zu Otto ein. Unter dem Einfluß der schlechteren außenpolitischen Konstellation – Mussolinis Annäherung an Hitler, der mit einem Einmarsch im Falle einer Restauration drohte, Appeasement-Politik der Westmächte – wollte Schuschnigg die »Neugründung der Monarchie« verschieben. Otto dagegen und der »Eiserne Ring« wurden immer aktiver in ihren Bemühungen. In der Krisensituation nach dem Berchtesgadener Abkommen vom 12. Februar 1938 richtete Otto an Schuschnigg den sonderbaren Vorschlag, er wolle als Bundeskanzler nach Österreich zurückkehren. Aber Schuschnigg lehnte höflich mit dem Hinweis ab, daß ein solcher Versuch »mit hundertprozentiger Sicherheit den Untergang Österreichs bedeuten müßte«. Zehn Tage später setzte der Anschluß Österreichs an das Dritte Reich Ottos Bestrebungen ein abruptes Ende.

Von den Nazis wurden die Habsburgergesetze wieder eingeführt und viele Anhänger Ottos interniert. In Paris versuchte Otto eine Exilregierung zu gründen. Er fungierte als Verbindungsmann zwischen dem bürgerlichen Lager (Rott, Zernatto) und dem französischen Außenministerium (Daladier), konnte aber die Sozialisten weder jetzt noch später für eine gemeinsame Front gewinnen. Nach seiner Flucht vor der deutschen Invasion Belgiens im Mai 1940 wohnte er in New York. Im selben Jahr traf er Präsident Roosevelt, um ihn von der Notwendigkeit zu überzeugen, nach dem Krieg Österreichs Unabhängigkeit wiederherzustellen sowie eine »Donau-Föderation« als Bollwerk gegen die Sowjetmacht zu bilden. Er traf auch den amerikanischen Außenminister Cordell Hull,

Dr. Otto von Habsburg und seine Gattin Regina, geb. Prinzessin von Sachsen-Meiningen

während sein Bruder → Robert in London gute Beziehungen zu Churchill anknüpfte. Diese Kontakte spielten eine Rolle in der Vorbereitung der »Moskauer Erklärung« der Alliierten vom 30. Oktober 1943, die die Wiederherstellung der österreichischen Unabhängigkeit in Aussicht stellte. Durch seine Mutter und Brüder eifrig unterstützt, unternahm Otto ausgedehnte Vortragsreisen, um die amerikanische Öffentlichkeit und die politische Führung für sein Zukunftskonzept zu gewinnen. Er verließ die USA im Herbst 1944 und kehrte über Lissabon und Paris nach Österreich zurück, wo er sich nach Kriegsende einige Wochen in Innsbruck aufhielt, bis ihn die von der Regierung Renner verfügte Wiedereinführung des alten Habsburgergesetzes von 1919 zwang, Österreich wieder zu verlassen. Auch in dem 1955 abgeschlossenen österreichischen Staatsvertrag wurden die Vorschriften des Gesetzes aufgenommen.

Inzwischen heiratete Otto 1951 in Nancy Prinzessin Regina von Sachsen-Meiningen. Der Ehe entsprossen zunächst fünf Töchter, dann zwei Söhne.

Am 31. Mai 1961 leistete Otto eine Verzichtserklärung auf seine persönlichen Thronrechte, um seinen Kindern das Schicksal des Exils zu ersparen und um sich eine breitere Basis für seine Propagandatätigkeit als Präsident der Paneuropa-Union zu verschaffen. Noch immer wollten die österreichischen Sozialisten Otto keine Aufenthaltsgenehmigung erteilen, und erst nachdem ein Gerichtsurteil des Verwaltungsgerichtshofes zu seinen Gunsten ausfiel, konnte er am 31. Oktober 1966 nach Österreich einreisen. Obgleich er sich verpflichtet hatte, sich politisch nicht zu betätigen, wurde der begeisterte Empfang, den ihm die Monarchisten in Österreich bereiteten, von manchen Gegnern sehr übelgenommen. Erst nach der Bildung der sozialistischen Alleinregierung 1970 wurde eine versöhnlichere Haltung eingenommen, die dann 1982 zur ersten Reise der Exkaiserin Zita nach Österreich auch ohne Verzichtserklärung führte.

1978 wurde Otto deutscher Staatsbürger, und ein Jahr danach wurde er als Vertreter der bayerischen CSU Mitglied des ersten gewählten Europäischen Parlaments in Strasbourg. Sein ältester Sohn Karl, geb. 1961, vertritt die Habsburgerfamilie zunehmend in der österreichischen Öffentlichkeit.

Werke: Briefe aus der Verbannung, ed. K. v. Werkmann, Wien 1935; Entscheidung für Europa (Auszüge aus Vorträgen und Studien), Wien 1953; Probleme des Atomzeitalters, Innsbruck 1955; Im Frühling der Geschichte, Wien 1961; Karl V., Wien 1967; Politik für das Jahr 2000, Wien 1968; Damals begann unsere Zukunft, Wien 1971, 3. Aufl. 1983; Bis hierher und weiter (Sammlung aus Reden und Schriften), Wien 1974; Idee Europa. Angebot der Freiheit, Wien 1976; Europa – Garant der Freiheit, Wien 1980. Die Reichsidee, Wien 1986.

Lit.: Hellmuth Andics, Der Fall Otto Habsburg, Wien 1965; Emilio Vasari (d. i. Emil Csonka), Dr. Otto Habsburg oder die Leidenschaft für Politik, Wien 1972; Ingrid Mosser, Der Legitimismus und die Frage der Habsburger-Restauration in der innenpolitischen Zielsetzung des autoritären Regimes in Österreich, Wien 1979. Erich Feigl, Otto von Habsburg, Wien 1987.

L.

Peter Ferdinand Salvator, zweiter Sohn von Großherzog → Ferdinand IV. aus zweiter Ehe mit → Alice von Parma, geb. 12. 5. 1874 in Salzburg, gest. 8. 11. 1948 in St. Gilgen, dort auch begraben.

Im Salzburger Exil der Familie Habsburg-Toskana aufgewachsen, machte er wie sein älterer Bruder → Josef Ferdinand Salvator eine Militärkarriere bis zum Feldmarschalleutnant 1914. Im Juni 1915 bat er um Enthebung des Kommandos und wurde 1916 ebenso wie sein Bruder beurlaubt. General Auffenberg warf ihm in seinen Memoiren vor, durch ungeschicktes Taktieren die Einkesselung der russischen 5. Armee bei Komarow verhindert zu haben. Kaiser → Karl aber machte Peter Ferdinand 1917 zum General der Infanterie, unter anderem an der Tiroler Westfront. (Zum neuen Kaiserpaar stand der Erzherzog seit seiner Heirat 1900 mit der Bourbonin → Marie Christine in engerem verwandtschaftlichen Verhältnis.) 1918 zog das Paar zunächst in die Schweiz, kehrte aber in der Schuschnigg-Zeit nach Österreich zurück, wo der frühere Erzherzog eine geringe Ehrenpension erhielt.

Erzherzog Peter Ferdinand mit Marie Christine und den Kindern Gottfried, Georg, Helene und Rosa

H.

Philipp »der Schöne«, Landesherr in den niederländischen Territorien ab 1493/94, 1506 König-Gemahl von Kastilien, ältester Sohn von Kaiser → Maximilian I. und → Maria von Burgund, geb. 22. 6. 1478 in Brügge, gest. 26. 9. 1506 in Burgos, begr. in der Kathedrale von Granada.

Wahlspruch: Dominus adjutor meus/Gott ist mein Helfer.

Bei der Geburt Philipps herrschte große Freude unter der Brügger Bevölkerung: ihre geliebte und erprobte Herzogin, die Erbin von Burgund, hatte einen männlichen Thronfolger geboren, den die Untertanen – im Gegensatz zu seinem Vater Maximilian – als ihren »natürlichen« Fürsten betrachteten. Der frühe Tod der Mutter infolge eines Jagdunglücks 1482 führte zu dramatischen Wendungen im Leben der Kinder: dadurch, daß sie in Gent wohnten, wurden sie Geiseln der flämischen Städte, die sich weigerten, die Macht Maximilians anzuerkennen. Kraft des 1482 geschlossenen Friedens von Arras wurde die dreijährige → Margarete 1483 mit dem Dauphin verheiratet und zum französischen Hof gebracht.

Auf Initiative der Stadtverwaltung wurde Philipp 1483 in Gent und Brügge als Graf von Flandern gehuldigt. Maximilian erklärte sich damit einverstanden, daß die Grafschaft im Namen Philipps von einem Regentschaftsrat regiert wurde, der jeweils zur Hälfte aus inländischen Edelleuten und Vertretern der drei großen Städte zusammengesetzt war.

Als er wenige Monate später diese Konzession widerrief, regierte der Rat aber noch immer im Namen Philipps. Der Rat behauptete, in dieser Weise Philipps Rechte vor dem Machthunger seines Vaters zu schützen. Dieser warf den Flamen Usurpation und unrechtmäßige Gefangenhaltung seines Sohnes vor.

König Philipp I. (der Schöne) von Kastilien, Erbe von Burgund, mit der Kette des Ordens vom Goldenen Vlies, am Barett ein Medaillon mit dem hl. Philippus. Gemälde des Meisters der Magdalenenlegende

Bei der Unterwerfung von Gent 1485 forderte Maximilian, Philipp solle zu ihm gebracht werden. Daraufhin eskortierten Mitglieder der Generalstaaten den jungen Erzherzog nach Brüssel, wo er sicherer war. Einige Jahre lang wurde er den Spannungen des wiederaufflackernden Aufstands entzogen. Philipp wohnte vor allem in Mecheln und wurde von niederländischen Ratsmitgliedern und Höflingen umgeben. Seinen Vater, der 1488 ins Reich zog, sah er wenig.

1492 trat Philipp in den Generalstaaten in Mecheln auf, um den Frieden mit den letzten Aufständischen, Gent und Philipp von Kleve, zu erreichen. Er spielte dort eine vermittelnde Rolle gegenüber seinem Vater. Als aber auch seine Vorschläge abgelehnt wurden, sagte er zu den Unterhändlern: »Dites à Monsieur Philippe (de Clèves) qu'il ne me face faire chose dont je puisse avoir regret cy après.« (»Sagen Sie dem Herrn Philipp von Kleve, daß er mich nicht Dinge tun läßt, die ich später bereuen könnte.«)

Ein Jahr später, im August 1493, baten die Generalstaaten Maximilian, der inzwischen selbst Kaiser geworden war, seinem 15jährigen Sohn die effektive Macht über die Niederlande zu gewähren. Die Huldigungsfeierlichkeiten, denen der Kaiser jeweils beiwohnte (ausgenommen in Flandern), fanden 1494 in den einzelnen Fürstentümern statt. Als »natürlicher Prinz«, von Niederländern erzogen und schon früh den Besprechungen der Räte und Stände seiner Länder zugezogen, war Philipp viel besser als sein Vater mit den Institutionen, den Menschen und den Problemen der Niederlande vertraut. Er genoß die Sympathie und das Vertrauen seiner Untertanen. Er hatte denn auch den Beinamen »Philippe croit-conseil«. Schnell identifizierte er sich mit niederländischen Interessen, auch gegen die Ansicht seines Vaters. So strebte er deutlich friedliche Beziehungen mit Frankreich an. Intern brachte Philipps Regierung in den Niederlanden die Wiederherstellung der Ruhe und des wirtschaftlichen Wachstums und eine gemäßigte Politik.

Die 1495 per procuram und 1496 effektiv eingegangene Doppelheirat von Philipp und seiner Schwester Margarete mit → Johanna und deren Bruder Juan von Kastilien-Aragón erhielt eine welthistorische Bedeutung. Dadurch, daß Don Juan, seine Tochter, seine Schwester Isabella, Königin von Portugal, und ihr Sohn nacheinander starben, wurde Philipps Gemahlin Johanna Erbin der Königreiche Kastilien, Leon, Aragón und Granada. Während Maximilian die spanische Heirat als ein Mittel, die Koalition gegen Frankreich zu verstärken, betrachtet hatte, brachte sie die Habsburger an die Spitze Spaniens mit Süditalien und den Kolonien. So wurde das mächtigste Imperium des Westens gebildet. Als 1500 Johanna Erbin wurde, bereitete Philipp sich darauf vor, die Anerkennung seiner Rechte als Prinz-Gemahl in Spanien selbst zu erwerben. Inzwischen war 1500 in Gent ihr erster Sohn geboren, → Karl (V.), der einzige, der spä-

Philipp der Schöne (Mitte hinten) mit seinem Vater, Kaiser Maximilian I., und seiner Mutter Maria von Burgund (rechts). Im Vordergrund von links seine Söhne Ferdinand und Karl und sein Schwiegersohn König Ludwig von Ungarn. Tafelbild von Bernhard Strigel

ter wirklich über dieses enorme Reich regieren sollte. Die Geburt → Isabellas 1501 verzögerte die Abreise nach Spanien.

Erst im Mai 1502 kamen sie in Toledo an, wo sie als Erben der spanischen Königreiche anerkannt wurden. Das Paar kehrte über Savoyen und Innsbruck zurück, wo es Philipps Schwester Margarete und den Kaiser aufsuchte. Wie er vor seiner Abfahrt die Generalstaaten ausführlich über seine Vorhaben aufgeklärt hatte, so informierte Philipp sie auch bei seiner Wiederkehr im November 1503 über seine Erfahrungen. Bei dieser Gelegenheit trug Erasmus ihm seinen »Panegyricum« vor, ein pathetisches Loblied auf den Frieden zwischen den christlichen Fürsten, dem eine höhere Sittlichkeit gegenüber allem kriegerischen Ruhm beigemessen wird.

Als Johanna nach dem Tod ihrer Mutter im Januar 1505 zur Königin von Kastilien ausgerufen wurde, faßte Philipp wieder den Plan, nach Spanien zu reisen, und bat die Generalstaaten, ihm die nötigen Mittel zu verschaffen. Sie willigten ein. Am 15. Juli 1506 anerkannten die Cortes von Kastilien Philipp als König-Gemahl neben seiner inzwischen Anzeichen der Geistesgestörtheit zeigenden Frau. Ein kühler Trunk nach einem hitzigen Ballspiel brachte aber dem jungen König den Tod.

Lit.: Luc Hommel, Philippe le Beau ou le prince naturel, in: Revue générale belge 91, Brüssel 1955, 1114–1130; H. Wiesflecker, Maximilian I. und die habsburgisch-spanischen Heirats- und Bündnisverträge von 1495/96, in: Mitteilungen des Instituts für österreichische Geschichtsforschung LXVII, 1959, 1–52; W. P. Blockmans, Autocratie ou polyarchie? La lutte pour le pouvoir politique en Flandre de 1482 à 1492, in: Bulletin de la Commission royale d'Histoire CXL, 1974, 257–368.

Bl.

Philipp II., span. Felipe II, der »Kluge« (el prudente), König von Spanien, als König von Portugal Filipe I, Sohn von Kaiser → Karl V. und → Isabella von Portugal, geb. 21. 5. 1527 in Valladolid, gest. 13. 9. 1598 im Escorial, begr. im Pantheon der Könige im Kloster San Lorenzo im Escorial.

In Philipps Regierungszeit verlagert sich das Zentrum der habsburgischen Macht nach Spanien, das zur imperialen Hegemonialmacht in Europa, zur Vormacht der Gegenreformation und nach dem Erwerb der Philippinen (1564/65) und der Vereinigung mit Portugal und seinem ausgedehnten Kolonialreich (1580) zur ersten, den Globus umspannenden Weltmacht der Neuzeit wurde.

Philipp verbrachte seine frühen Kinderjahre in der Obhut seiner Mutter, die für ihren abwesenden Gemahl in Spanien die Regentschaft führte. Die Erziehung des Thronfolgers scheint zunächst vernachlässigt worden zu sein, denn bis zu seinem 7. Lebensjahr konnte er weder lesen noch schreiben. 1535 entzog der Kaiser Karl V. Philipp der Obhut seiner Mutter und ernannte Don Juan de Zúñiga, ein Mitglied des kastilischen Hochadels, zum gestrengen Erzieher, der ihn nach spanischer Sitte erziehen sollte. Schon als Jüngling zeichneten sich bestimmte Neigungen und Charaktereigenschaften ab: Philipp war sehr introvertiert, stark auf seinen Vater fixiert, zeigte wenig Emotionen, war stark religiös, liebte die Natur und den Aufenthalt im Freien, jagte und angelte gern, so daß ihm der Vater vorschreiben mußte, wieviel Tiere er pro Woche erlegen durfte. Daneben interessierte sich Philipp für Musik, Malerei und die Wissenschaften.

Etwa 1540 begann Philipps Sammelleidenschaft. Er trug bis zu seinem Tod eine ca. 14 000 Bände umfassende Bibliothek im Escorial zusammen, Gemälde, Spiegel, Medaillen, Münzen, Uhren, Astrolabien, Musikinstrumente, Edelsteine und Waffen. Die Sammlungen hatten einen Wert von mehr als 7 Millionen Dukaten. Persönlich gab sich Philipp sowohl in der Kleidung als auch im Auftreten bescheiden, war jedoch sehr auf seine Gesundheit und körperliche Reinlichkeit bedacht. 1543 übergab Karl V. dem 16jährigen die Regentschaft in Spanien, und im selben Jahr heiratete der Jüngling aus politischen Gründen seine Cousine, die portugiesische Infantin → Maria Manuela. Sie starb 1545 bei der Geburt des Don → Carlos.

1548 verließ Philipp erstmals Spanien und reiste über Genua, Mailand, Innsbruck, Schwaben und Lothringen nach Brüssel. Mit seiner steifen Zurückhaltung und seiner Unfähigkeit, sich in einer der gängigen Fremdsprachen auszudrükken, stieß er weitgehend auf Ablehnung und wurde als hochmütig eingestuft. Er selbst war von seiner neuen Umgebung beeindruckt: flandrische Festlichkeiten und Kultur, vor allem der Gartenbau, die Malerei (Hieronymus Bosch und die Brueghels) und die Musik gefielen ihm dermaßen, daß er sie später in Spanien einführen ließ. Anläßlich des Habsburger-Familientreffens im Winter 1550/51 lernte Philipp auch seine »deutschen« Verwandten kennen. Das Verhältnis zu ihnen gestaltete sich freilich wenig herzlich. Im Sommer 1554 heiratete er in England → Maria Tudor, seine zweite, erheblich ältere und wenig reizvolle Frau. Aus Statusgründen trat ihm sein Vater kurz vor der Vermählung das Königreich Neapel ab.

1555 trat Karl V. dem Sohn die Niederlande, 1556 die spanischen Reiche und die Franche

Comté ab. Die Verantwortung traf den jungen König mit voller Wucht. Er sah sich im Krieg mit Frankreich und dem Papst und mußte 1557 seinen ersten Bankrott erklären. Doch seine Truppen errangen den großen Sieg von Saint-Quentin. Nach dem Tod des Vaters und der zweiten Gattin 1558 gab ihm der Friedensschluß von Château Cambrésis 1559 freie Hand, seine Herrschaft nach eigenem Willen zu organisieren. Er kehrte nach Spanien zurück und verließ nun die Iberische Halbinsel nie mehr. Madrid wurde zum dauerhaften Herrschaftszentrum seines Weltreichs.

Philipp übernahm ein ausgedehntes und problematisches Erbe. Jedes seiner Reiche besaß eigene Institutionen, eine eigene Rechtsordnung, besondere politische und wirtschaftliche Probleme und verschiedene kulturelle Traditionen. Nicht einmal in religiöser Hinsicht war die Einheit gesichert: der Protestantismus faßte in den Niederlanden Fuß, in Spanien gab es mit den zwangsbekehrten Morisken und jüdischen Konvertiten religiös zur Abweichung neigende Minderheiten – darüber hinaus die gar nicht oder nur oberflächlich bekehrten Indianer Amerikas. Mit Ausnahme von Kastilien gab es allenthalben ständische Widerstände gegen die herrscherliche Autorität, und patriotische Opposition gegen eine ausländische Herrschaft war in Italien, den Niederlanden und selbst in Aragón verbreitet. Außenpolitisch drohte Gefahr von Frankreich und (dem sich unter Königin Elisabeth wieder dem Protestantismus zuwendenden) England, den protestantischen Reichsfürsten, den Türken und selbst dem sich gegen spanische Umklammerung wehrenden Papsttum. Die politische Konzeption war einfach. Bewahrung des väterlichen Erbes, Verteidigung des katholischen Glaubens um nahezu jeden Preis, Wahrung der königlichen Autorität nach innen wie nach außen – Ziele, die er nach Möglichkeit friedlich zu erreichen suchte, und sei es auch durch Intrigen, Paktieren mit den Glaubensfeinden oder durch drakonisches Vorgehen gegen persönliche Störenfriede.

Philipp war, wohl wesensbedingt, ein defensiver Herrscher, der zwar ständig in äußere Konflikte verwickelt war, aber dessen persönliche

König Philipp II. im Todesjahr des Don Carlos und seiner dritten Gemahlin Elisabeth von Valois. Gemälde von Sánchez Coello

Neigung eher der Innenpolitik galt. Er übernahm einen komplizierten Regierungsapparat, der aus einer großen Zahl kollegial organisierter, zentraler Ratsbehörden bestand, deren Kompetenzen teils nach regionalen, teils nach sachlichen Kriterien festgelegt waren. Im Gegensatz zu seinem Vater organisierte Philipp seine Regierungstätigkeit nun auf rein bürokratischer Grundlage, wohl aus der Einsicht, daß es ihm in Ermangelung persönlicher Ausstrahlung nicht vergönnt war, durch sein Auftreten an den Brennpunkten des Geschehens die Dinge in seinem Sinne zu beeinflussen.

Verließ er sich zu Beginn seiner Herrschaft noch eher auf die Unterstützung hoher Adeliger, so erledigte er die Amtsgeschäfte immer mehr nur noch mit vertrauten Sekretären einfacher Herkunft. Von einem starken Pflichtbewußtsein

Der junge König Philipp II. Gemälde von Tizian

durchdrungen, arbeitete er unermüdlich bis in die tiefe Nacht an seinem Schreibtisch, der stets mit Blick in die Natur aufgestellt war, las Unmengen von Papieren, schrieb Kommentare, kümmerte sich oft selbst um Details und traf wichtige Entscheidungen nach Anhörung zahlreicher Ratgeber meist allein. Diese Arbeitsweise trug ihm ein Augenleiden ein, hatte aber auch enorme Verzögerungen selbst wichtigster politischer Entscheidungen zur Folge. Da zudem die Übermittlungswege lang waren, funktionierte der Regierungsapparat äußerst schwerfällig.

Das bekannteste Zeugnis für Philipps rege Bautätigkeit in und um Madrid ist der Escorial als Palast und Kloster, zugleich als Ausdruck der engen Verbindung von Staat und Religion und strenger imperialer Größe. Viel Zeit und Geld verwandte er auf den Bau des Königspalastes in Madrid, des Sommersitzes von Aranjuez und den Ausbau der übrigen Königsschlösser um Madrid, wobei ihm die umliegenden Gärten mit Bäumen und Pflanzen aus all seinen Reichen, mit künstlichen Seen und selbst mit zoologischen Gärten (in denen er u. a. Löwen, Rhinozerosse, Elefanten, Kamele und andere seltene Tiere halten ließ) mindestens so am Herzen lagen wie die Bauten selbst. Er reiste häufig zwischen seinen Schlössern hin und her, verbrachte möglichst viel Zeit in der Natur und auf der Jagd. Hier offenbart sich ein starker Gegensatz zwischen dem kontaktarmen, pflichtbewußten und strengen König und dem in seinem Innern empfindsamen, kunst- und wissenschaftszugewandten Menschen Philipp, der seine Empfindungen eigentlich nur in seinen umfangreichen Briefen an seine Töchter zu äußern vermochte. Selbst schwerste politische und familiäre Schicksalsschläge veranlaßten ihn kaum je dazu, seine Gefühle zu äußern.

1559 vermählte sich Philipp in dritter Ehe mit der Tochter des französischen Königs Heinrich II. → Elisabeth von Valois. Nach zwei Fehlgeburten schenkte sie ihm die beiden von Philipp so zärtlich geliebten Töchter → Isabella Klara und → Katharina Michaela, nach einer weiteren Fehlgeburt starb sie. Das von Wilhelm von Oranien in seiner gegen Philipp gerichteten »Apologia« verbreitete Gerücht, Philipp habe Elisabeth

Philipp II. in seinem Todesjahr, dargestellt von Pantoja de la Cruz in der Kleidung, die der König meist trug: die spanische Hoftracht, hier mit dem Orden des Goldenen Vlieses.

vergiftet und Don Carlos umbringen lassen, erlangte zwar weite Verbreitung im prostestantischen Europa und beeinträchtigte nachhaltig das Bild des Königs, ist jedoch völlig haltlos. Ungeachtet seines lebhaften Wunsches, Witwer zu bleiben, heiratete Philipp 1570 aus dynastischen Gründen seine vierte Gattin → Anna von Österreich, die Tochter Kaiser → Maximilians II. Anna bescherte dem König den ersehnten Kindersegen: sie brachte vier Knaben und eine Tochter zur Welt (darüber hinaus hatte sie zwei Totgeburten). Mit Ausnahme des vierten Sohnes

→ Philipp starben jedoch alle Kinder Annas früh, und die Königin selbst wurde 1580 Opfer ihrer siebten Schwangerschaft und einer Grippe. Insgesamt erlebten Philipps vier Gattinnen 13 Schwangerschaften, gebaren acht Kinder, von denen jedoch nur zwei, die Tochter Isabella und der Sohn Philipp, den Vater überlebten.

Neben den familiären Tragödien, die er mit Gebeten, religiösen Übungen in einem Kloster oder einfach durch die tägliche Arbeitsroutine zu verkraften suchte, mußte Philipp auch politische Rückschläge hinnehmen: den Aufstand der Niederlande und der Morisken in Granada, den Verlust eines großen Teils der spanischen Stützpunkte in Nordafrika, den Untergang der Armada, den Verrat und die Flucht seines Sekretärs Antonio Pérez und den dadurch ausgelösten Aufstand Aragóns, zwei weitere Staatsbankrotte, um nur die spektakulärsten zu nennen. Dem gegenüber stand mit dem Sieg bei Lepanto nur ein wirklich herausragender Erfolg.

Mit seiner zähen und beharrlichen Politik trug er wesentlich dazu bei, Frankreich dem Katholizismus zu erhalten, den Vormarsch des Protestantismus in Europa insgesamt aufzuhalten und mit der portugiesischen Erbfolge den Machtbereich seines Hauses erheblich auszudehnen. Er mehrte somit neben kleineren Verlusten die ihm vom Vater übergebenen Reiche, ebnete letztlich einem neuen Herrscherbild und einer neuen, objektiveren Regierungspraxis auf der Grundlage von Schriftlichkeit und Bürokratie in Europa endgültig den Weg und wurde von seinen Rivalen allenthalben imitiert. Die Vorwürfe,

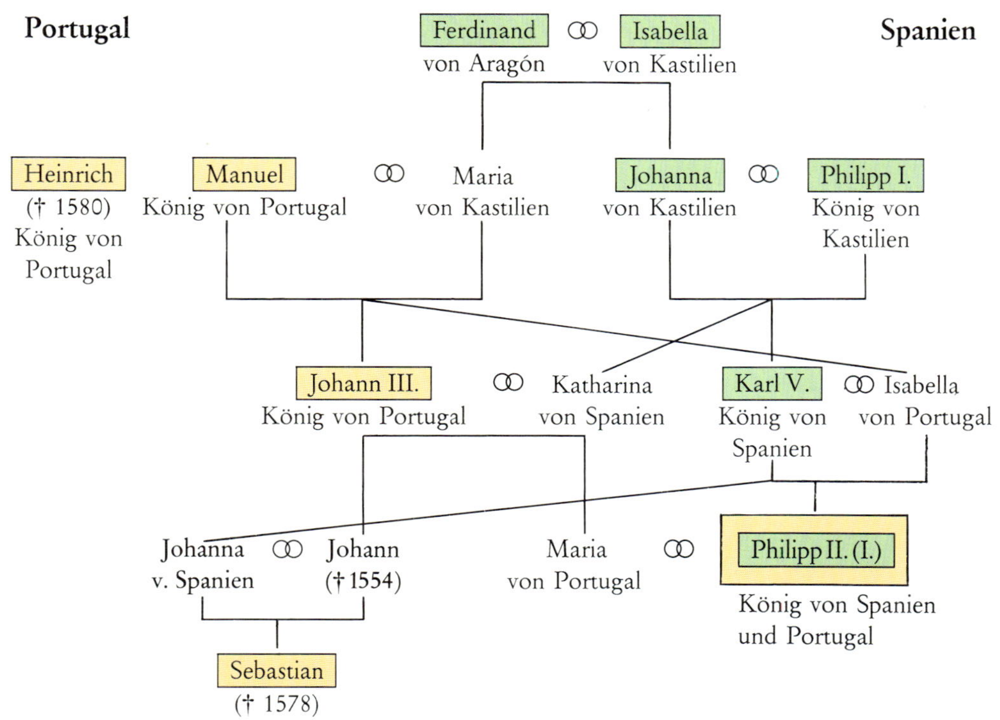

Nach dem Tod König Heinrichs von Portugal 1580 ging die portugiesische Thronfolge an Philipp II. von Spanien als nächsten Verwandten über. Die Union Portugals und Spaniens dauerte bis 1640, als das Haus Braganza die Macht in Portugal an sich riß.

die man Philipp in Europa machte, wie etwa seine religiöse Rigorosität und die Praktiken der Inquisition, seine Strenge und Distanziertheit, brachten ihm gerade in seiner engeren Heimat, in Kastilien, den Respekt und die Achtung seiner Untertanen. Wie kaum ein Herrscher seiner Zeit konnte er sich ohne nennenswerte Leibwache in seinem Lande bewegen, ja sich unter das Volk mischen, und Kastilien finanzierte ohne Murren seine aufwendige Politik. Gerade das einfache Volk Kastiliens identifizierte sich mit der Politik Philipps und sah in seiner Strenge, seinem Pflichtbewußtsein und seiner Distanziertheit die Garantie gegen Adelswillkür.

Lit.: Geoffrey Parker, Philip II, London 1979; Ludwig Pfandl, Philipp II., München 1938; Peter Pierson, Philipp II. Vom Scheitern der Macht, Graz 1985; Charles Petrie, Philipp II., Stuttgart 1965.

Pie.

Philipp III., »der Fromme«, König von Spanien und (als Filipe II) von Portugal, Sohn von König → Philipp II. und seiner vierten Gemahlin → Anna von Österreich, geb. 14. 4. 1578 in Madrid, gest. 31. 3. 1621 in Madrid, begr. im Escorial.

Der lang erwartete spanische Thronerbe war von kränklicher Natur, wiederholt von schweren Leiden befallen, von kleinem Wuchs, aber sein Äußeres bot doch eine angenehme Erscheinung. Sein Gesicht, bemerkten Zeitgenossen, trage edle Züge und zeige eine große Ähnlichkeit mit dem des Vaters; auffallend war die ererbte rötliche Farbe des Haares.

Im dritten Lebensjahr verlor Philipp seine Mutter. Seine Erziehung war streng. Er erhielt Unterricht in Latein, Französisch, Italienisch, Philosophie, Geschichte und Kosmographie, Mathematik, Festungsbau und Seefahrtskunde. Seine Lehrer bescheinigten ihm Fleiß. Doch werden seine intellektuellen Fähigkeiten als mäßig beschrieben. Mit Freude lernte er Reiten, Jagen und die vom Vater anempfohlene Kunst des Tanzens, worin er zu besonderer Fertigkeit gelangte. Mit Ausdauer gab er sich schon in der Jugend dem Kartenspiel hin. Auch schätzte er die üppigen Freuden der Tafel. Ansonsten Ausschweifungen abgeneigt, bewies er große Frömmigkeit und deutete Mißgeschicke der Politik als Zeichen göttlichen Mißfallens.

Gegen Außenstehende war er verschlossen und gehemmt, zuweilen auch abweisend. Dem Vater war er in willenlosem Gehorsam ergeben. Tiefe Zuneigung hatte er nur zu wenigen Menschen, etwa seiner Großmutter und Tante → Maria, Witwe Kaiser → Maximilians II. Folgenreich wurde seine Begegnung mit dem Marquis von Denia und späteren Herzog von Lerma, Don Francisco Gómez de Sandoval y Rojas (1553–1625), der als Grande Zutritt zum Hause des Prinzen hatte und dieses Recht nutzte, um sein Vertrauen zu gewinnen. Darüber besorgt, daß die Freundschaft Züge einer des zukünftigen Herrschers unwürdigen Vertraulichkeit annahm, ernannte Philipp II. den Marquis zum Vizekönig von Valencia, ließ aber wenige Jahre später seine Rückkehr zu.

Seit 1593 wurde Philipp zur Beratung von Staatsgeschäften herangezogen. Er folgte dieser Pflicht mehr aus Gehorsam denn aus Interesse. Resignierend klagte der Vater Philipp II. kurz vor seinem Tode: »Ich fürchte, man wird ihn regieren müssen. Gott, der mir so viele Reiche anvertraute, verweigerte mir einen Sohn, der fähig ist, sie zu regieren.«

Philipp III. war 20 Jahre alt, als er die Verantwortung für ein weltumspannendes Imperium einmaliger Ausdehnung erbte. Mit der Herrschaft übernahm er fähige Sachwalter staatlicher Interessen aus alter Schule, die ihm im territorial und nach Sachzuständigkeit gegliederten Verwaltungsapparat der Consejos (Ratsbehörden) sowie im Staatsrat und als Diplomaten Dienste leisteten. In den 23 Jahren seiner Herrschaft bot Spanien noch den Schein glanzvoller Macht. Die Werke der Kultur des »Goldenen Zeitalters« fanden in weiten Teilen Europas Anerkennung und Nachahmung. Im Innern herrschte Frieden, der auch durch die Vertreibung der Morisken (1609) kaum beeinträchtigt wurde, vielleicht sogar gefördert, denn diese stellten in einigen Reichsteilen einen beachtlichen und schnell wachsenden, nicht integrierbaren Bevölkerungsteil (ein Drittel im Gebiet Valencias) mit

Zwei Söhne Philipps II. und seiner vierten Gemahlin Anna: Diego (links), der schon als Vierjähriger starb, und der spätere Philipp III. Gemälde von Sánchez Coello

geistiger Heimat außerhalb Spaniens dar. Freilich verlor Spanien damit auch eine wirtschaftlich aktive Bevölkerungsgruppe. Bemühungen um äußeren Frieden hatte noch sein Vater eingeleitet.

Philipp erbte aber auch eine drückende Staatsschuld. Nahezu die Hälfte der Einnahmen war bei Regierungsantritt dem Schuldendienst vorbehalten (4,6 von 9,7 Millionen Dukaten). Eine verheerende Pestseuche (1597–1602) forderte vor allem in Kastilien hohe Opfer. Die Einnahmen aus amerikanischem Silber erreichten 1610 einen Höhepunkt, gingen dann aber massiv zurück.

Philipp entledigte sich mit überraschender, aber nur kurz währender Entschlossenheit und ungeachtet testamentarischer Verfügungen rasch des Beraterkreises seines Vaters (wegen der oft in die Nacht reichenden Sitzungen »Junta de noche« genannt) und erteilte seinem Favoriten (span. »Privado« oder »Válido«) Lerma umfassende Vollmachten, die ihm – seit 1612 auch offiziell – erlaubten, anstelle des Königs und in seinem Namen zu regieren. Um Philipp von Kriti-

Der junge König Philipp III., Gemälde von Juan Pantoja de la Cruz

kern, darunter Kaiserin Maria, abzuschirmen, betrieb Lerma die enorm aufwendige Übersiedlung von Hof und Behörden nach Valladolid (1601–1606) und betraute Personen, die den König hätten beeinflussen können, mit diplomatischen Missionen. Derart abgesichert, nutzte er seine Stellung, um sich und seine Klientel schamlos zu bereichern. Zuletzt (1618) erlangte er noch den Kardinalspurpur von Toledo. Man nennt ihn »den größten Dieb Spaniens«. Der König bevorzugte es unterdessen, zu jagen und zu reiten. Es begann die für die Dekadenz der letzten spanischen Habsburger bezeichnende Zeit der Favoritenherrschaft. Besonderes Augenmerk widmeten Lerma und Philipp nur den Staatseinnahmen und der Vergabe von Würden und Ämtern. Korruption, Patronage und die Bildung von Fraktionen nahmen zu. Der Hochadel, unter Philipp II. in seinem Einfluß beschnitten, machte nun sein Gewicht geltend.

Philipp verfügte über den Staatshaushalt wie über sein Privatvermögen. Allein die Feierlichkeiten anläßlich seiner Eheschließung mit → Margarete von Österreich (1599) verschlangen nahezu eine Million Dukaten. Ungerührt verlor er beim Kartenspiel hohe Einsätze. Der Aufwand der Hofhaltung, das Anwachsen der Bürokratie und fortdauernde Kriege verschärften die Finanzkrise der Krone. Eine nötige Reform der sehr ungleichen Steuerlast – die geschwächte Bevölkerung Kastiliens trug die Hauptlast – blieb aus. Einstellung der Zahlungen, neue Kredite, Beschlagnahme des aus Amerika eingehenden Privatsilbers gegen Ausgabe von Schuldverschreibungen und – eine Neuheit – Ausmünzung von Kupfergeld schadeten der Wirtschaft, ohne die Finanznot der Krone zu lösen.

Die Außenpolitik in der Zeit Philipps III. wird oft mit dem Begriff »pacifismo« charakterisiert. Sie stand in Kontinuität zur späten Politik Philipps II., wurde von finanzieller Erschöpfung und verbreiteter Kriegsmüdigkeit diktiert, von Initiativen der großen Diplomaten und Sachwalter spanischer Interessen getragen und durch Wechselfälle der Politik begünstigt.

Der Tod der Widersacherin aus dem Hause Tudor und die Thronfolge des Stuarts Jakob I. (1603) ermöglichte Spanien 1604 den Frieden mit England. Verhandlungen über eine dynastische Verbindung mit dem Hause Stuart scheiterten an der Religionsfrage. Nach wechselndem Kriegsglück konnte der kräftezehrende Kampf in den Niederlanden durch einen zwölfjährigen Waffenstillstand gegen den Preis spanischer Zugeständnisse (faktische Anerkennung der Generalstaaten, Handelsrechte) 1609 beendet werden. Zum Zustandekommen beider Abkommen hatte der Regent der spanischen Niederlande, Erzherzog → Albrecht, wesentlich beigetragen.

Frankreich setzte auch nach dem Frieden von Vervins (1598) seine antispanische Politik fort. Die Ermordung Heinrichs IV. (1610) kam dem Ausbruch eines neuen Krieges zuvor. Unter der spanienfreundlicheren Regentschaft Marias von Medici kam es 1615 zur Doppelhochzeit zwischen dem Infanten → Philipp (IV.) und → Isabella von Bourbon sowie dem Dauphin Ludwig

(XIII.) und der Infantin → Anna. Herzog Karl Emanuel I. von Savoyen, mit Philipps Schwester → Katharina Michaela vermählt, zeigte jedoch, daß Heiratsbindungen nicht gegen Konflikte feiten. Seinem spanische Interessen beeinträchtigenden Expansionsdrang wurde im Savoyisch-Venezianischen Krieg (1615–1617) ein Ende gesetzt.

Philipps Verzicht auf Erbansprüche auf Ungarn und Böhmen gegen die Abtretung oberrheinischer Gebiete (1617), das Veltliner Blutbad (1620) und die Besetzung der Rheinpfalz durch Ambrosio Spinola zu Beginn des Dreißigjährigen Krieges dienten der Sicherung der Verbindung zwischen den Niederlanden und Oberitalien und der Einkreisung Frankreichs. Damit zeichnete sich eine Wende spanischer Politik ab.

Mittlerweile war Lerma gestürzt (1618). Die Opposition gegen ihn hatte sich zunächst um Königin Margarete und nach ihrem Tod 1611 um Philipps Beichtvater gesammelt.

König Philipp III., der schwache Sohn eines großen Vaters. Gemälde von Diego Velázquez

Von einer Reise nach Portugal (1619) zurückkehrend, wo die Stände dem Thronfolger Philipp (IV.) ihren Eid geleistet hatten, erkrankte Philipp. Er hinterließ das ererbte Reich in nahezu unveränderter Ausdehnung. Nicht verhindern konnte er das Eindringen der rivalisierenden Seemächte, vor allem Hollands, in das portugiesische Kolonialreich. Unverkennbar zeigten sich Symptome einer sozialen und wirtschaftlichen Krise, welche den Niedergang Spaniens einleiteten. Von Gewissensbissen geplagt und Gottes Erbarmen erflehend, soll er auf dem Totenbett fortwährend geklagt haben: »Wenn mir der Himmel Leben schenkte, wie anders würde ich herrschen!«

Lit.: John Lynch, Spain under the Habsburgs, vol. II: Spain and America 1598–1700, Oxford 1969; Ciriaco Pérez Bustamante, La España de Felipe III, eingel. v. Carlos Seco Serrano, Historia de España, hrsg. v. R. Menéndez Pidal, Bd. XXIV, Madrid 1979; ders., Felipe III. Semblanza de un Monarca y perfiles de una privanza, Madrid 1950.

B.

Philipp IV., »der Große«, »Planetenkönig«, König von Spanien und (als Filipe III) von Portugal, Sohn von König → Philipp III. und → Margarete von Habsburg, geb. 8. 4. 1605 in Valladolid, gest. 17. 9. 1665 in Madrid, begr. im Escorial.

Die 44 Regierungsjahre Philipps IV. waren für Spanien (trotz einer kulturellen Blüte, die in Werken von Künstlern wie Velázquez oder Calderón Ausdruck fand) eine Zeit des politischen Niedergangs, mit empfindlichen Rückschlägen bei der Verteidigung des Weltreiches sowie schweren wirtschaftlichen und gesellschaftlichen Krisen im Inneren. Deshalb fällten viele Historiker ein negatives Urteil über Philipp IV., bezeichneten ihn als Monarchen mit »angeborener Indolenz«, der die Regierungsgeschäfte Günstlingen überließ und sich zu sehr seinen Leidenschaften (Stierkampf, Jagd und Schauspiel sowie seiner »krankhaften Sinnlichkeit«) hingab. Eine gründlichere Quellenauswertung (Elliott) hat dieses Bild in jüngster Zeit korrigiert: die Per-

Der spätere König Philipp IV. mit seiner Schwester Anna, der späteren Königin von Frankreich und Mutter Ludwigs XIV. Gemälde von Juan Pantoja de la Cruz

sönlichkeit des frommen, künstlerisch begabten und gutmütigen Königs muß als integer angesehen werden; seine geistigen Fähigkeiten waren zweifellos überdurchschnittlich. Neben der kastilischen Sprache beherrschte er Französisch, Italienisch sowie Portugiesisch und zeigte große Neigung für Dichtung, Malerei und Musik. Im Gegensatz zu seinem Vater Philipp III. widmete er der Politik täglich seine Zeit und traf die Entscheidungen gemeinsam mit seinem jeweiligen Günstling, der in der Art eines Premierministers die Regierungsarbeit leitete.

Bereits im Alter von 10 Jahren heiratete Philipp 1615 → Isabella, die älteste Tochter des französischen Königs Heinrich IV. von Bourbon. Von ihren sieben Kindern überlebten nur der einzige Sohn → Baltasar Carlos und die älteste Tochter → María Teresa das Kindesalter. Nach dem Tod Isabellas und des Erbprinzen Baltasar Carlos vermählte sich Philipp 1649 mit seiner Nichte, Erzherzogin → Maria Anna. Aus dieser Ehe gingen drei Söhne und zwei Töchter hervor, doch nur → Margarita Teresa und → Karl (II.) erreichten das Erwachsenenalter. Durch uneheliche Verbindungen hatte Philipp zahlreiche weitere Kinder. Den Sohn der Schauspielerin María Calderón, → Juan José de Austria, erkannte er als illegitimen Nachkommen an.

Unter Philipp IV. zeigte das spanische Weltreich Erschöpfungserscheinungen (Rückgang der Bevölkerung in Kastilien, Agrarkrisen, Epidemien, Sinken der Steuereinnahmen, Staatsbankrotte 1627, 1647 und 1652), so daß der äußeren Bedrohung nicht mehr mit Energie begegnet werden konnte. Reformversuche scheiterten entweder am Widerstand der Stände oder erwiesen sich als wirkungslos. Angesichts sinkender Einkünfte aus den überseeischen Kolonien mußte die Monarchie ihre Ausgaben immer stärker durch Sondersteuern, Münzverschlechterungen und den Verkauf königlicher Besitzungen bestreiten.

Um die spanische Vormachtstellung zu erhalten, setzte Philipp IV. den seit dem Abschluß des 12jährigen Waffenstillstands (1609) unterbrochenen Krieg gegen die niederländischen Generalstaaten (Holland) fort, die sich 1579 vom katholischen Süden (Flandern) getrennt und 1581 ihre Unabhängigkeit von Spanien erklärt hatten. Das Kriegsglück wechselte. Den Holländern gelang z. B. die spektakuläre Kaperung der spanischen Silberflotte (1628) und die Eroberung eines Teils der brasilianischen Küste, von wo sie erst 1654 wieder vertrieben wurden. Holland zwang schließlich durch ein Bündnis mit Frankreich die Spanier und Flamen zu einem Zweifrontenkrieg, der selbst nach der Intervention kaiserlicher Soldaten unter Erzherzog → Leopold Wilhelm nicht mehr gewonnen werden konnte. Spanien mußte im Haager Frieden (ratifiziert in Münster 1648) die Unabhängigkeit der Generalstaaten endgültig anerkennen.

Das Verhältnis zu England und dem Königshaus Stuart war zunächst freundlich, was sich in einem Eheprojekt des Prince of Wales (des späteren Königs Karl I.) mit der Infantin → Maria Anna, einer Schwester Philipps IV., zeigte. Um die seit Jahren verschleppten Heiratsverhandlungen zu beschleunigen, reiste der Prince of Wales auf Anraten des spanischen Botschafters 1623 nach Madrid und wurde dort feierlich empfangen. Doch Philipp und sein Ratgeber Olivares weigerten sich, die Prinzessin einem Protestanten zur Frau zu geben; nach einem halben Jahr fruchtlosen Wartens reiste Karl gekränkt nach England zurück. Als er 1625 seinem Vater auf den Thron folgte, ließ er seinem Zorn freien Lauf und beorderte eine Invasionsflotte nach Cádiz. Die Expedition blieb zwar erfolglos, doch setzte England auf den Meeren seine Feindseligkeiten gegen Spanien bis 1630 (span.-engl. Frieden) fort. In der Republik nahmen die Engländer unter Cromwell den Seekrieg wieder auf. 1655 eroberten sie Jamaica (danach ein bedeutsamer Stützpunkt des englischen Handels inmitten der amerikanischen Besitzungen Spaniens), zerstörten die spanische Silberflotte in Santa Cruz de Tenerife und bemächtigten sich nach Abschluß eines Bündnisvertrages mit Frankreich (1657) Dünkirchens, des Stützpunktes der flämischen Flotte. Auch nach der von Spanien unterstützten Restauration der Stuarts kam es zu keiner spanisch-britischen Aussöhnung.

Wichtigster außenpolitischer Rivale Spaniens

König Philipp IV. Gemälde von Diego Velázquez

war Frankreich, das sich aus der Umfassung durch habsburgische Länder im Norden, Osten und Süden zu lösen versuchte. Zu Kämpfen kam es 1628 in Italien wegen eines Erbfolgestreits im Herzogtum Mantua. Der offene Krieg entbrannte aber erst 1635, als Frankreich, alarmiert durch die Erfolge der kaiserlichen Soldaten unter dem Befehl des Kardinal-Infanten → Ferdinand, eines Bruders Philipps IV. (1534: Sieg über die Schweden bei Nördlingen), Spanien den Krieg erklärte. Im Bündnis mit Holland, Schweden und dem Herzogtum Savoyen attakkierten die Franzosen die spanischen und kaiserlichen Truppen längs ihrer Grenzen. Im Jahr 1640, dem politischen Tiefpunkt der Regierungszeit Philipps, gewannen die Gegner Spaniens die Oberhand.

Im Januar erhoben sich die der Kriegslasten müden Katalanen und im Dezember die Portugiesen, die, um die ungeliebte, seit 1580 dauernde Vereinigung der portugiesischen und kastilischen Krone zu beenden, Johann IV., den Herzog von Braganza, zu ihrem König proklamierten. Verschwörungen und Aufstände ereigneten sich in Andalusien (1641), Neapel, Sizilien (1647) und Aragón (1648). Mangels militärischer Macht mußte Philipp die Abspaltung Portugals hinnehmen, ohne sie zunächst anzuerkennen. In Katalonien aber, wo ein französisches Heer die Verschwörer unterstützte und so den spanisch-französischen Krieg auf die Iberische Halbinsel verlagerte, erreichte er nach zwölfjährigen Kämpfen die Unterwerfung der Aufständischen. Der Krieg mit Frankreich endete 1659 mit dem Pyrenäenfrieden. Um diesen Frieden dauerhaft zu gestalten, vereinbarte man die Heirat zwischen Philipps Tochter → María Teresa und König Ludwig XIV., wobei Frankreich gegen die Zusicherung einer hohen Mitgift den Verzicht der Prinzessin auf die spanische Thronfolge anerkannte. Trotz der nun erneut geknüpften familiären Bande erwies sich die Aussöhnung zwischen Spanien und Frankreich schon bald als wenig dauerhaft. Entgegen seiner Zusicherung im Pyrenäenfrieden unterstützte Frankreich mit Hilfe Englands die neue portugiesische Monarchie und sicherte auf diese Weise deren Fortbestand gegen die militärischen

König Philipp IV. Gemälde von Diego Velázquez

Interventionen Spaniens (1661–1665). Wenig später erklärte Ludwig XIV. den Thronverzicht María Teresas für nichtig und setzte die Reihe der spanisch-französischen Kriege fort.

Im Alter von 60 Jahren starb Philipp IV., einsam und schwermütig geworden, mit dem Abschiedswort an seinen einzigen, erst vierjährigen Sohn und Nachfolger Carlos (Karl II.): »Gott mache dich glücklicher, als ich es gewesen bin.«

Briefwechsel: Die Schwester Maria von

Agreda und Philipp IV. hg. von Ludwig Clarus. Regensburg 1856.

Lit.: Antonio Cánovas del Castillo, Estudios del reinado de Felipe IV, 2 Bde., Madrid 1888/89; Gregorio Marañón, Olivares. Der Niedergang Spaniens als Weltmacht, München 1939; John Lynch, Spain under the Habsburgs, Vol. 2: Spain and America, 1598–1700, Oxford 1969; John H. Elliott, Richelieu and Olivares, Cambridge u. a. 1984.

Mü.

Philipp Prosper (Felipe Prospero), Infant und Thronfolger von Spanien, ältester Sohn von König → Philipp IV. und → Maria Anna, geb. 5. 12. 1657 in Madrid, gest. 1. 11. 1661 in Madrid, begr. im Escorial.

Trotz seines kurzen Lebens machte das Kind, das skrophulös war und zu epileptischen Anfällen neigte, Geschichte. Denn durch seine Geburt wurde die spanische Verhandlungsposition gegenüber Frankreich verbessert und so der Pyrenäenfrieden von 1659 auf der Grundlage der Heirat Ludwigs XIV. mit der Infantin → María Teresa ermöglicht, ohne daß sich dabei für Spanien die Thronfolge akut stellte.

Der Infant wurde zur Begrüßung seines Vaters, als dieser von der Begegnung mit Ludwig XIV. am 26. Juni 1660 in die Hauptstadt zurückkehrte, auf dem Arm seiner Amme in Kavalierstracht mit dem Degen präsentiert, erlitt

Allzu schwacher Erbe eines mächtigen Reiches: Infant Philipp Prosper. Gemälde von Diego Velázquez

anderntags den ersten einer Serie von Fieberanfällen, von denen er sich nicht mehr erholte. »Mein Schmerz ist groß«, schrieb der König an seine Vertraute, die Nonne von Agreda, »wie es natürlich ist, wenn man solchen Schatz verliert.«

K.

Rainer Josef (Rainer der Ältere), Vizekönig des lombardo-venetianischen Königreiches, vierzehntes Kind des späteren Kaisers → Leopold II. und der Prinzessin → Maria Ludovica von Spanien-Bourbon, geb. 30. 9. 1783 in Pisa, gest. 16. 1. 1853 in Bozen, begr. in der Mariä-Himmelfahrts-Kirche in Bozen.

Zunächst in der Toskana aufwachsend, kam Rainer im Alter von sieben Jahren nach Wien, als sein Vater die Nachfolge Kaiser → Josefs II. antrat. Nach dem Tod beider Eltern 1792 übernahm sein ältester Bruder → Franz II. die Aufsicht über die Erziehung. Traditionsgemäß erfolgte die Ausbildung mit den Schwerpunkten auf den staatswissenschaftlichen und militärischen Fächern. Daneben kamen aber auch die Interessen von Rainer nicht zu kurz, besonders die Naturwissenschaften (Botanik) sowie Kunst und Musik. Zahlreiche Reisen in Österreich erweiterten sein Wissen. Er arbeitete sich intensiv in die Finanzpolitik des Staates ein. Ab 1805 wurde er neben seiner militärischen Laufbahn vom Kaiser auch zu inländischen Staatsgeschäften zugezogen. Ab 1807, vor allem während der Wien berührenden Napoleonischen Kriege, war der Erzherzog mit der Vertretung seines kaiserlichen Bruders betraut. Denkschriften aus dieser Zeit zeigen sein Engagement und sein Wissen um die Finanzlage des Staates und deren Sanierung. Auch trat Rainer für die Förderung der Industrie ein. Als Vertreter der Friedenspartei bei Hofe geriet er in Konflikt mit Kaiserin → Maria Ludovica und seinen Brüdern → Karl und → Johann.

Als 1809 der Hof Wien verließ, blieb Rainer als Statthalter des Kaisers in der Stadt. Er versuchte nicht nur, Verteidigungsmaßnahmen zu treffen, sondern auch auf die öffentliche Stimmung einzuwirken, um die instabile Finanzsituation des Staates nicht weiter zu beunruhigen. Als die französische Streitmacht immer näher an Wien heranrückte, verlegte Rainer den Sitz der Behörden nach Ofen (Buda), da er einsah, daß Wiens Festungswerke nicht mehr standhalten konnten. Mit den Behörden ließ er auch wertvollste Kunstschätze und wissenschaftliches Material (darunter aus dem Haus-, Hof- und Staatsarchiv) vor dem Feind in Sicherheit bringen. Da ein Vordringen Napoleons nach Ungarn befürchtet wurde, wurden die Kulturgüter schließlich bis nach Temesvar verlagert. Die scharfe Kritik, die der Erzherzog im Zuge der Friedensverhandlungen am Finanzwesen im allgemeinen und an einzelnen Persönlichkeiten im besonderen übte (vor allem trat er für eine Förderung des Handels in der Monarchie ein, ferner für die Aufhebung gewisser Zölle und eine Reformierung des gesamten Kreditwesens), vermehrte die Zahl seiner Gegner bei Hofe. Aber auch 1815, als der Kaiser sich zur Armee außer Landes begab, betraute er seinen Bruder mit der Vertretung im Amt und der Aufgabe, den damals 22jährigen Kronprinzen → Ferdinand mit den Regierungsgeschäften vertraut zu machen.

1816 bereiste Rainer das lombardisch-venetia-

Linie Rainer

Rainer, geb. 1783, ⚭ Elisabeth v. Savoyen

Maria	Adelheid ⚭ König Viktor Emanuel v. Sizilien	Leopold	Ernst	Sigismund	Rainer d. J. ⚭ Erzherzogin M. Karolina	Heinrich ⚭ Leopoldine Hoffmann v. Waideck

keine Habsburger-Nachkommen

Vier selbstbewußte, oft rivalisierende Brüder. Von links: Erzherzog Josef, Palatin von Ungarn, Erzherzog Rainer d. Ä., Vizekönig von Lombardo-Venetien, Erzherzog Karl, der Sieger gegen Napoleon, und Kaiser Franz I. Ausschnitt aus Peter Fendi, Die kaiserliche Familie 1834

nische Königreich, das mit Patent vom 20. April 1815 errichtet worden war, um die dortigen Verhältnisse kennenzulernen. Er nahm nicht nur in die Arbeit der Administration und der Finanzbehörde Einsicht, sondern verschaffte sich auch einen Einblick in das Schul- und Wohlfahrtswesen und besuchte die bedeutenderen Fabriken. 1816 weilte Rainer zu demselben Zweck in Parma und arbeitete für die dortige neue Regentin, seine Nichte → Marie Louise, einen Plan zur Reorganisation der Verwaltung aus. Dann führte Rainer seinen jüngeren Bruder → Ludwig in die Arbeit der Staatsverwaltung ein und faßte Berichte über die notwendigen Reformen in den von ihm bereisten Ländern ab.

Nachdem ihm der Kaiser für seine Verdienste den Stefans-Orden verliehen hatte, wurde Rainer 1817 zum Vizekönig des lombardisch-venetianischen Königreiches ernannt. 1818 ging er nach Mailand. Eine Wirksamkeit großen Stils war für ihn jedoch kaum möglich, denn nur mit Mühe konnte die immer stärker werdende nationale Propaganda der italienischen Einheitsidee, vertreten von den geheimen Gesellschaften der Carbonaria und der Guelfia, abgewehrt werden. Für die unpopulären Maßnahmen zur Eindämmung dieser Bestrebungen war der Vizekönig verantwortlich. Rainer bemühte sich, die Administration zu verbessern, und reiste wiederholt durch die Provinzen, die er abwechselnd von Mailand und Venedig aus regierte. Unter ihm kam es zur Einführung eines neuen Münzsystems, zur Ausweitung der Industrie und damit zum Ansteigen der Staatseinkünfte. Ferner entwickelte er sehr verdienstvolle Initiativen im Straßenbau über die Alpen, bei der Errichtung von Kleinkinderbewahrungsanstalten, Waisen- und Armenhäusern sowie Krankenanstalten.

Erzherzog Rainer, Vizekönig des lombardo-venetianischen Königreichs

Bei der Einrichtung dieser Institutionen unterstützte ihn seine Frau, Prinzessin → Elisabeth aus dem Hause Savoyen-Carignan, die er 1820 in Prag geheiratet hatte. Aus dieser Ehe stammen acht Kinder, und damit wurde der Erzherzog zum »Stammvater« der Linie Erzherzog Rainer.

Ferner erfuhr das Justiz- und Militärwesen der Lombardei und Venetiens Reorganisationen, und der Vizekönig schlug in seinen Berichten an den Wiener Hof manche administrative Neuerung vor. Seine Privatinteressen, vor allem die Botanik, pflegte er weiter und fand im Park seiner Sommerresidenz in Monza ein reiches Betätigungsfeld.

Als die Revolution 1831 auf Parma übergriff und Marie Louise für kurze Zeit ihr Herzogtum verlassen mußte, fand sie in ihrem Onkel einen klugen Berater. Seine Verschwägerung mit dem Königshaus von Sardinien machte Rainer zu einem gut informierten Beobachter der italienischen Vorgänge. Unmittelbar vor Ausbruch der Revolution in Mailand 1848 verließ der Vizekönig aufgrund einer Weisung des Wiener Hofes die Stadt und begab sich mit Hofstaat und Kanzlei nach Verona. Kurz darauf zog er sich ganz von den Staatsgeschäften zurück und ließ sich als Privatmann in Bozen nieder. Dort lebte er die ihm verbleibenden fünf Jahre seinen Natur-, Kunst- und Wissenschaftsinteressen.

M.

Rainer Ferdinand (Rainer der Jüngere), Sohn des Vizekönigs von Lombardo-Venetien → Rainer Josef und → Maria Elisabeths von Savoyen, geb. 11. 1. 1827 in Mailand, gest. 27. 1. 1913 in Wien, begr. in der Kapuzinergruft, Wien.

Rainer war, obwohl überzeugter Katholik, ein prominenter Liberaler des Hauses Habsburg und bezog vor allem daher seine Popularität. Seine Kindheit und Jugend verbrachte er in Oberitalien, kam mit 17 Jahren nach Wien und machte dort die traditionelle Militärkarriere bis zum Oberkommandanten der k. k. Landwehr 1872–1906.

In der wichtigsten Übergangszeit vom Neoabsolutismus zum Verfassungsstaat spielte er eine große Rolle: 1857 war er Präsident des ständigen Reichsrates, 1860 des verstärkten Reichsrates und wurde am 4. Februar 1861 als Kompromißkandidat der erste konstitutionelle Ministerpräsident Österreichs. Nach mannigfaltigen Schwierigkeiten, vor allem mit den Ungarn, trat er 1865 zurück und zog sich von nun an völlig aus der Politik zurück, machte aber keinen Hehl aus seiner Kritik z. B. an der Regierung Taaffe.

Rainers besonderes Interesse galt den Wissenschaften und Künsten. Die kaiserliche Akademie der Wissenschaften machte ihn 1861 zu ihrem Kurator und Ehrenmitglied. Die jährlichen Reden Rainers bei der Festsitzung der Akademie wurden ein Forum seiner Bekenntnisse für Freiheit der Wissenschaft und der Forschung. 1863 Protektor des österreichischen Museums für Kunst und Industrie. 1873 Präsident der Weltausstellungskommission.

Als Sammler von Büchern und Handschriften machte sich Rainer einen guten Namen. In seiner Hauptresidenz, dem »Palais Rainer« auf der Wieden, ließ er sich einen zweiflügeligen Bibliotheksbau anlegen, wo seine 40 000 Bücher untergebracht wurden. In der hauseigenen Buchbinderei wurden alle Bücher in goldverziertes Leder oder roten Samt gebunden. Gemeinsam mit dem Gelehrten Karabacek gelang es Rainer, die etwa 100 000 Stück umfassende Papyrussammlung »El Fayum« nach Wien zu bringen. Er finanzierte die Restaurierung und Katalogisierung der aus der Zeit von 1400 vor bis 1400 nach Christus stammenden Handschriften und schenkte sie 1899 der kaiserlichen Hofbibliothek, die sie heute noch als einen ihrer größten Schätze beherbergt.

Rainer war sehr vermögend und besaß aus dem Erbe seines Vaters Güter in Österreich und Oberitalien, erbte aber auch von seinen kinderlosen Brüdern, so von → Leopold das Schloß Hernstein. Seine Sammlungen wurden nach dem Zweiten Weltkrieg zerstreut, sein Palais abgebrochen.

Erzherzog Rainer der Jüngere

Seit 1852 war Rainer mit seiner Cousine Erzherzogin → Maria Karolina in glücklicher, kinderloser Ehe verheiratet.

Lit.: Ernst von Plener, Erzherzog Rainer, Österreichische Rundschau 1913; Egon Kux, Die innere Politik der Regierung Erzherzog Rainer – Schmerling ..., Diss., Wien 1937; Dietlinde Frühmann, Erzherzog Rainer Ferdinand, Diss., Wien 1985.

H.

Rainer Karl, ältester Sohn von Erzherzog → Leopold Salvator und Prinzessin → Blanka von Bourbon-Kastilien, geb. 21. 11. 1895 in Agram (Zagreb), gest. 25. 5. 1930 in Wien, begr. in der Kapuzinergruft, Wien.

Der Erzherzog diente im Ersten Weltkrieg als Oberleutnant an der italienischen Front. Er blieb unverheiratet.

H.-L.

Renata Maria, zweite Tochter von Erzherzog → Karl Stefan und Erzherzogin → Maria Theresia, geb. 2. 1. 1888 in Pola, gest. 16. 5. 1935 in Schloß Balice/Polen.

Renata Maria heiratete 1909 den Prinzen Hieronymus Radziwill, mit dem sie zwei Töchter und vier Söhne hatte. Der Prinz starb als nationaler Pole am 6. Mai 1945 im Konzentrationslager Altschewskoje bei Woroschilowgrad/UdSSR.

Rau.

Robert von Österreich-Este, zweiter Sohn von Kaiser → Karl I. und → Zita von Bourbon-Parma, geb. 8. 2. 1915 in Schönbrunn.

Kaiser Karl übertrug seinem zweiten Sohn 1917 den Namen und das Wappen Este, die er selbst nach dem Tod des Thronfolgers → Franz

Ferdinand 1914 von Kaiser → Franz Joseph verliehen bekommen hatte. Als Dreijähriger verließ Robert mit Eltern und Geschwistern Österreich und wuchs im Exil auf, ging in Spanien in die Volksschule, lernte den Gymnasialstoff privat nach österreichischem und ungarischem Lehrplan. Das Studium an der Universität Löwen schloß er mit dem Doktorat der Staats- und Wirtschaftswissenschaften ab, dann war er beruflich in London tätig. Seine Bemühungen um eine gemeinsame österreichische Emigrantenpolitik scheiterten, vor allem am unüberwindlichen Gegensatz zu den Sozialisten. 1945 versuchte er wieder, die politische Arbeit in Österreich aufzunehmen, wurde aber ausgewiesen. Seit 1953 ist Robert verheiratet mit Prinzessin Margarethe von Savoyen-Aosta und hat fünf Kinder. Er arbeitet als Bankier in Brüssel (Präsident der Compagnie Privée de Banque).

H.

Rosa, Herzogin von Württemberg, Tochter von Erzherzog → Peter Ferdinand aus dem Hause Toskana und Prinzessin → Maria Christina von Bourbon-Sizilien, geb. 22. 9. 1906 in Parsch bei Salzburg, gest. 17. 9. 1983 in Friedrichshafen, begr. in der kgl. württembergischen Familiengruft in Altshausen.

Nach Kindheit und Jugend in Salzburg und Wien verbrachte die Erzherzogin nach 1918 schwere Jahre in der Schweiz, wo sie in Luzern bis 1923 die Schule besuchte. 1928 heiratete sie in Friedrichshafen den verwitweten Mann ihrer älteren Schwester → Helene, Herzog Philipp von Württemberg (1893–1975), der schon bei Lebzeiten seines Vaters, des Thronfolgers Herzog Albrecht, die Verwaltung der württembergischen Güter übernommen hatte.

Der Ehe entstammen sechs Kinder, darunter der heutige (seit 1975) Chef des Hauses Württemberg, Herzog Carl.

Nachdem Herzog Philipp 1933 wegen Nichtbeteiligung an der Volksabstimmung kurze Zeit verhaftet war, mußte Rosa mit ihrem Mann Stuttgart auf Weisung der Nationalsozialisten verlassen. Ihr starkes soziales Engagement galt zunächst vor allem den Kindern ausgebombter Familien, Flüchtlingen, Waisenkindern, dann auch Besatzungskindern. Seit 1950 wirkte sie als Protektorin von Kinderheimen und Altenheimen.

P.

Rudolf I., römisch-deutscher König, ältester Sohn des Grafen Albrecht IV. von Habsburg und der Heilwig von Kiburg, geb. 1. 5. 1218, gest. 15. 7. 1291 in Speyer, begraben im Dom von Speyer.

Wahlspruch: Utrum lubet/Wie's beliebt.

Eine spätere Nachricht weiß zu berichten, Rudolf sei von dem mit seinem Vater eng befreundeten König Friedrich II. aus der Taufe gehoben worden. Der Tradition seiner Familie folgend, war er Anhänger der staufischen Partei und blieb dies ungeachtet der Verhängung des Kirchenbannes über seine Person und des Interdikts über seine Gebiete auch nach dem Tode Kaiser Friedrichs II. Er verstand die Macht seines Hauses beträchtlich zu mehren. Die Vermählung mit → Gertrud von Hohenberg bot Anlaß, den elsässischen Besitz im Gebiet von Schlettstadt zu erweitern. Als die Kiburger mit Graf Hartmann, einem Bruder seiner Mutter, im Jahre 1264 ausstarben, vermochte er sich im Kampf um ihr reiches Erbe erfolgreich durchzusetzen. So galt Rudolf bald als der mächtigste Dynast im alemannischen Südwesten Deutschlands. Er stand mit Erzbischof Werner von Mainz in Verbindung und schloß sich im Herbst 1267 dem Zug Konradins nach Italien an, woraus sich Kontakte mit Herzog Ludwig von Bayern und Graf Meinhard von Görz-Tirol ergaben; doch kehrte er in richtiger Einschätzung der Aussichtslosigkeit des Unternehmens des letzten Staufers in Verona um. In der Folge wurde er in eine schwere Fehde gegen Bischof Heinrich von Basel verwickelt. Im Feldlager vor Basel erreichte ihn die Nachricht, er sei zur Wahl zum König ausersehen.

Papst Gregor X. drängte die Kurfürsten, dem Reich ein rechtmäßiges und handlungsfähiges Oberhaupt zu geben, denn er wünschte einen

Kreuzzug zur Wiedergewinnung des Heiligen Landes unter der Führung eines Kaisers. Auf Betreiben des Erzbischofs von Mainz, Werner von Eppenstein, und des Burggrafen Friedrich von Nürnberg aus dem Hause Hohenzollern wurde Rudolf am 1. Oktober 1273 in Frankfurt gegen den Protest des Vertreters Ottokars von Böhmen, der sich selbst Hoffnung auf die höchste Krone der Christenheit machte, von den Kurfürsten gewählt und am 24. Oktober in Aachen gekrönt. Territoriale Macht, persönliches Ansehen und Kriegserfahrung sprachen für ihn.

Das vornehmste Ziel der Politik des neuen Königs mußte es sein, den gewaltigen Herrschaftsbereich zu zerschlagen, den Ottokar durch die Vereinigung des babenbergischen Erbes sowie des Herzogtums Kärnten mit den böhmischen Ländern im Südosten des Reiches aufgebaut hatte. Den formalrechtlichen Ausgangspunkt dafür bot der bald nach Regierungsbeginn verkündete Grundsatz, daß alles Reichsgut, das Kaiser Friedrich II. vor seiner Absetzung durch Papst Innozenz IV. im Jahre 1245 innegehabt hatte, zurückzustellen sei. (Natürlich wurde dieses Prinzip nicht gegenüber den Kurfürsten angewendet, denen Rudolf den Thron verdankte und die nun mit Erfolg einen wachsenden Anspruch auf Mitsprache in der Reichsregierung erhoben.) Ein lehensrechtliches Verfahren wurde eingeleitet; da Ottokar, wie zu erwarten stand, den Ladungen keine Folge leistete, wurde die Acht und Oberacht über ihn verhängt, was die Kriegserklärung bedeutete. Zäh und behutsam Schritt für Schritt vorgehend, verstand es Rudolf, den Gegner zu isolieren, dessen bürgerfreundliches Regiment bei Adel und Geistlichkeit Widerstand hervorgerufen hatte. Kräftig unterstützt von Herzog Heinrich von Niederbayern, dem Grafen Meinhard von Tirol und dem Burggrafen von Nürnberg, mit dem König von Ungarn verbündet, stieß Rudolf nach Österreich vor, während Meinhard von den adeligen Herren der Steiermark und Kärntens freudig begrüßt wurde und sich in Böhmen die Opposition des mächtigen Geschlechtes der Witigo-

Rudolfs Grabstein im Dom zu Speyer

König Rudolf I., Glasfenster in St. Stephan

nen regte. Obwohl die Stadt Wien zu ihm hielt, sah sich Ottokar zum Einlenken gezwungen. Aufgrund eines Schiedsspruches kam es am 21. November 1276 zum Frieden: Ottokar verzichtete auf die österreichischen Länder und nahm Böhmen und Mähren zu Lehen. Am 29. und 30. November konnte Rudolf seinen Einzug in Wien halten, das sich ihm ergeben hatte und im folgenden Jahr die Reichsunmittelbarkeit bestätigt erhielt, wie sie ihm einst von Kaiser Friedrich II. gewährt worden war.

Ottokar fand sich nicht mit seiner Niederlage ab. Es kam zu neuen Auseinandersetzungen, die zunächst dadurch überbrückt wurden, daß er sich am 6. Mai 1277 bereit fand, seinen Verzicht auf Österreich vertraglich zu erneuern. Aber die Unruhe wuchs. Die Kurfürsten wünschten die Erwerbung der österreichischen Länder durch den habsburgischen König nicht. Heinrich von Niederbayern ging zu Ottokar über. Die Kuenringer und die Wiener Erbbürger wandten sich gegen den neuen Herrn, der trotzdem seine Macht wieder festigen konnte und in den Ungarn einen starken Verbündeten fand.

So kam es am 26. August 1278 zur Entscheidungsschlacht auf dem Marchfeld: Ihr Verlauf war wechselnd, Rudolf schwebte sogar zeitweilig in Lebensgefahr, aber eine Reserve, die er bereitgestellt hatte, führte seinen Sieg herbei. Ottokar wurde auf der Flucht von persönlichen Feinden erschlagen.

Rudolfs Ziel aber war und blieb die Gewinnung einer Hausmacht. Weiterhin schrittweise vorgehend, schonte er den jungen Sohn Ottokars, König Wenzel II., und belehnte ihn mit Böhmen. Er bewog die Bischöfe, die reichen Kirchenlehen in Österreich und Steiermark an seine Söhne zu vergeben, setzte 1281 → Albrecht zum Statthalter ein und belehnte im Dezember 1282 Albrecht und → Rudolf II. zu gesamter Hand mit den erledigten Herzogtümern. Diese Lösung bewährte sich nicht. In der Rheinfeldner Hausordnung vom 1. Juni 1283 wurde Albrecht die alleinige Herrschaft übertragen und Rudolf II. eine Entschädigung in Aussicht gestellt. Nach längeren Schwierigkeiten erreichte Meinhard von Görz-Tirol im Jahre 1286 seine Belehnung mit dem Herzogtum Kärnten.

Länger als je zuvor ein Reichsoberhaupt in einer Stadt Hof gehalten hatte, residierte Rudolf in Wien, um die Verhältnisse in Österreich zu ordnen. Hier ebenso wie im Reich galt seine Sorge vornehmlich der Aufrechterhaltung des Landfriedens, den er dann insbesondere in Thüringen herzustellen wußte. Volkstümlich und leutselig, war er besonders in bürgerlichen Kreisen beliebt. Andererseits stießen die Geldforderungen des Herrschers gegenüber den Reichsstädten, die oft weit über das Herkommen hinausgingen, nicht selten auf harten Widerstand, der sich bis zur Empörung steigern konnte. Das führte 1284 in Verbindung mit dem Auftreten eines »falschen Friedrich«, der sich für den 1250 verstorbenen Stauferkaiser ausgab, zu gefährlichen Wirren im Rheinland, die mit Gewalt unterdrückt werden mußten.

Rudolf wußte sehr wohl, welche Grenzen ihm gesetzt waren. Vor allem dem erstarkenden französischen Königtum, das entlang der Westgrenze des Reiches seinen Einfluß erfolgreich ausbreitete, stellte er keinen konsequenten Widerstand entgegen. Vorübergehend dachte er daran, den englisch-französischen Gegensatz ausnützend, seinen zweiten Sohn → Hartmann mit einer Tochter des Königs Eduard I. von

König Rudolf I. Historisierendes Gemälde von Gustav Lasinsky im Frankfurter Römer

England zu vermählen und ihn zum Herrscher im burgundisch-arelatensischen Königreich einzusetzen. Allein er ließ diesen Plan aus Rücksicht gegenüber Karl von Anjou, den er selbst mit der Provence belehnt hatte, wieder fallen.

Der Gedanke einer Erneuerung der staufischen Kaiserpolitik in Italien spielte in Rudolfs politischem Denken stets eine ganz bestimmte, wenn auch nicht dominierende Rolle. Bald nach der Königswahl begannen konkrete Verhandlungen mit der Kurie über eine Kaiserkrönung. Bei einer Zusammenkunft mit Papst Gregor X. in Lausanne nahm Rudolf das Kreuz und beschwor alle Zusagen, die seine Vorgänger der Römischen Kirche gemacht hatten. Doch ergaben sich finanzielle Schwierigkeiten für die geplante Italienfahrt. Die deutschen Kirchenfürsten waren nicht zahlungswillig, und es erregte das Mißfallen der Kurie, daß der von Rudolf ernannte Generalvikar in die politischen Verhältnisse der Romagna und damit in päpstliche Hoheitsrechte eingriff. Nach dem Tode Gregors X. (Anfang 1276) gewann das Vorgehen gegen Ottokar für Rudolf eindeutige Priorität gegenüber den italienischen Plänen. Die Verhandlungen mit der Kurie führte er trotzdem mit großer Ausdauer weiter, wobei er sich stets konzessionsbereit zeigte. Noch 1287 wurde ein Termin für seine Kaiserkrönung fest vereinbart; sie scheiterte aber an einem schweren Zerwürfnis über die Besteuerung des deutschen Klerus. Rudolf hielt schon deshalb an der Hoffnung auf den Erwerb der Kaiserkrone fest, weil ihm dadurch die Möglichkeit geboten worden wäre, einen seiner Söhne zum König wählen zu lassen. Der Versuch, seinem Hause die Thronfolge im Reich zu sichern, scheiterte letzten Endes an den Kurfürsten, die keine neue Dynastie emporkommen lassen wollten. Persönliche Momente traten hinzu: Der 1277 zur Nachfolge ausersehene zweite Sohn Hartmann starb 1281. Die Wahl des wenig beliebten Albrecht war nicht erreichbar, und Rudolf II. starb 1290 vor seinem Vater.

In hohem Alter ging Rudolf 1284 – nach dem Tod seiner ersten Frau (1281) – eine zweite Ehe mit → Agnes (Isabella) ein, einer Schwester Herzog Roberts von Burgund. Als ihm die Ärzte den nahen Tod ankündigten, ritt der König nach Speyer, um in der Stadt zu sterben, in der einige seiner mächtigsten Vorgänger im Reich begraben lagen.

Lit.: Oswald Redlich, Die Regesten des Kaiserreiches unter Rudolf von Habsburg, Regesta Imperii VI/1, 1898; ders., Rudolf von Habsburg, 1903, Nachdruck 1965; Harald Steinacker, Regesta Habsburgica 1, 1905.

A.

Rudolf II., Herzog, Sohn König → Rudolfs I. aus erster Ehe mit → Gertrud von Hohenberg, geb. 1270, gest. 10. 5. 1290 in Prag, begr. in der Prager Burg, 1373 wurden die Gebeine auf Geheiß Kaiser Karls IV. in den Prager Veitsdom überführt.

1282 wurde der elfjährige Rudolf gemeinsam mit seinem um 16 Jahre älteren Bruder → Albrecht in den Reichsfürstenstand erhoben und mit den (1278 dem Böhmenkönig Ottokar abgenommenen) Reichslehen Österreich, Steiermark, Kärnten, Krain und der Windischen Mark belehnt (wovon Kärnten allerdings sogleich dem Görzer Meinhard II. verpfändet wurde). Eine feierliche Belehnungsurkunde wurde am 27. Dezember 1282 ausgestellt und mit einem Goldsiegel besiegelt. Die Belehnung »zu gesamter Hand« – eine im alemannischen Bereich gebräuchliche Rechtsform – wurde in den österreichischen Ländern als fremd empfunden und Albrecht I. daher auf Betreiben der Stände am 1. Juni 1283 alleiniger Landesfürst (»Rheinfeldener Hausordnung«). Rudolf, den sein Vater als Nachfolger in der Königswürde durchzusetzen suchte, sollte binnen vier Jahren mit einem Fürstentum oder Königreich oder durch eine Barsumme entschädigt werden. Er hielt sich in der Folgezeit meist in den Stammlanden auf und leitete die Verwaltung der Hausgüter. Während eines Besuches in Prag bei seiner Schwester → Guta, die mit dem Böhmenkönig Wenzel II. verheiratet war, starb Rudolf, der von Zeitgenossen als kräftig und kriegstüchtig beschrieben wurde, überraschend, ohne für seinen Herrschaftsverzicht eine Entschädigung erhalten zu haben.

Rudolf von Habsburg belehnt in Augsburg seine beiden Söhne Albrecht und Rudolf II. mit den Herzogtümern Österreich, Steiermark, Kärnten und Krain. Darstellung bei Anton Ziegler

Rudolf war 1278, noch nicht achtjährig, mit der nur wenig älteren → Agnes, Tochter Ottokars von Böhmen, verheiratet worden. Der Ehe entstammte der nachgeborene → Johann Parricida, der spätere Mörder von Rudolfs Bruder Albrecht.

Di.

Rudolf III., Herzog von Österreich und Steiermark, König von Böhmen und Polen, ältester Sohn von König → Albrecht I. und → Elisabeth von Görz-Tirol, geb. vermutlich 1281, gest. 3. oder 4. 7. 1307 in Horažd'ovice (an der Otava/Mottawa), begr. im Veitsdom in Prag.

Nach der Erhebung seines Vaters zum römisch-deutschen König wurde Rudolf 1298 gemeinsam mit seinen Brüdern zu gesamter Hand mit Österreich und der Steiermark belehnt. Es gab aber keinen Zweifel, daß auch weiterhin der Wille Albrechts bestimmend blieb. Albrechts Bemühungen um eine Verbindung mit dem französischen Königshaus führten 1300 zu Rudolfs erster Ehe mit → Blanche, der Halbschwester König Philipps IV. von Frankreich.

Rudolf zeigte eine gute Hand für Verwaltungs- und Wirtschaftsangelegenheiten. Die Finanzkraft seiner Länder wurde jedoch in hohem Maße für die Hauspolitik Albrechts herangezogen. Bei dessen Ambitionen auf Böhmen ließ sich der Herzog willig einspannen. Nach der Ermordung des böhmischen Königs Wenzel III., des letzten Přemysliden, 1306 rückten Albrecht und Rudolf sofort in Böhmen ein und erlangten Rudolfs Anerkennung als König von Böhmen. Der seit 1305 verwitwete und kinderlose Rudolf nahm 1306 in Prag die junge Stiefmutter Wenzels III., die Piastin → Elisabeth (Ryksa), Witwe nach Wenzel II., zur Gemahlin und führte daher zusätzlich auch den polnischen Königstitel. Auf die Herzogtümer Österreich und Steiermark mußte er freilich verzichten. Mit Elan begann er die verworrenen Finanzen in Ordnung zu bringen, doch starb der seit jeher etwas Kränkliche schon früh während einer Unternehmung gegen adelige Rebellen, vermutlich an der Ruhr.

Lit.: Walther Diesenreiter, Rudolf III., Diss., Wien 1935, Alphons Lhotsky, Geschichte Österreichs, Wien 1967; 147 ff.

S.

Rudolf IV., »der Stifter«, ältester Sohn von Herzog → Albrecht II. und → Johanna von Pfirt, geb. 1. 11. 1339 in Wien, gest. 27. 7. 1365 in Mailand, begr. in der Fürstengruft von St. Stephan in Wien.

Wahlspruch: Insipiens sapientia/Die arge List mit Weisheit ist.

Die Geburt des ersten Sohnes nach 15jähriger kinderloser Ehe wurde aus dynastischen Motiven bejubelt. In Schwaben aber – wo man sich mehr herauszunehmen wagte als in Österreich – kursierten Gerüchte, die dem gelähmten Herzog die Vaterschaft absprachen. Albrecht ließ von den Kanzeln dementieren. Im übrigen sind seiner Ehe noch weitere fünf Kinder entsprossen. (Polyarthritis, an der er, wie man seit 1985 weiß, litt, ist kein Grund für Impotenz.)

Der junge Prinz wuchs in der Wiener Burg

Dieses Bildnis Herzog Rudolfs IV. des Stifters ist das älteste selbständige Porträt der deutschen Malerei. Es hing ursprünglich im Presbyterium von St. Stephan oberhalb seines Grabmals.

auf und genoß eine sorgfältige Erziehung. Er konnte schreiben, wie die zahlreichen eigenhändigen Unterfertigungen auf seinen Urkunden zeigen, und erfand sogar eine Geheimschrift, von der Proben überliefert sind. Früh schon hatte er Gelegenheit, großen Gelehrten zu begegnen: Konrad von Megenberg, der gefeierte Pariser Lehrer und Rektor der Stephansschule in Wien, widmete dem Neunjährigen seine »Monastica«, die die Ethik des Individuums behandelt. 1349 ließ sein Vater dem gerade Zehnjährigen von den Landherren aller Länder huldigen. Die Pest, die damals wütete, mochte (wie das große Erdbeben von 1348, die Judenverfolgungen, Geißlerfahrten usw.) einen nachhaltigen Eindruck auf ihn gemacht haben, der in späteren Jahren das Heil und Glück seiner Untertanen als das Fundament von Ruhm und Macht der fürstlichen Regierung betrachtete.

Als Kind wurde Rudolf mit → Katharina, der Tochter des Markgrafen Karl von Mähren (des

Detail aus dem Grabmal Rudolfs IV.

nachmaligen Kaisers Karl IV.), verlobt (1344, erneuert 1348). Zu Ostern 1353 wurde in Prag die Hochzeit gefeiert. Jugendliches Temperament, erstaunliches Selbstbewußtsein und anmaßende Haltung zeigten sich schon früh, 1353 hörte man aus Zwettl, er habe sich wie ein »Rex Romanorum« geriert. Seine ersten politischen und militärischen Erfahrungen sammelte er auf seiner Reise mit seinem Schwiegervater an den Oberrhein und nach Zürich (1353), gemeinsam mit seinem Vater nahm er 1354 am Krieg gegen Zürich teil. Im Herbst 1357 erhielt er die Verwaltung der Oberen Lande, Karl IV. übertrug ihm zudem zur Stärkung seiner Stellung die Reichslandvogtei im Elsaß. Als Albrecht II. 1358 starb, übernahm Rudolf als ältester der Brüder die Regierung, bei soliden wirtschaftlichen und politisch ruhigen Verhältnissen. Zudem hinterließ der Vater einen reichen Schatz.

In der Goldenen Bulle (1356) war die privilegierte Stellung der Kurfürsten und ihrer Territorien reichsrechtlich kodifiziert worden. Die Habsburger und ihre Herrschaft, die – mit dem stillschweigend aufgewerteten Krain – allein vier Herzogtümer umfaßte, waren dabei naturgemäß nicht einbezogen worden. Für Rudolf, der von der hohen Bestimmung seines Hauses durchdrungen war und dessen Auffassung von der fürstlichen Würde auch den Souveränitätsanspruch einschloß, war es unerträglich, seine tatsächliche Machtstellung nicht durch einen entsprechenden Rang anerkannt zu sehen. Er ging mit Elan, Phantasie und Wendigkeit in der Wahl der Mittel zu Werke.

Als seine Grundgedanken erkennt man das Streben nach einem geschlossenen, zusammenhängenden Herrschaftskomplex vom Oberrhein bis Ungarn, der auch nach Italien ausgreifen sollte, dazu nach einer weitgehend unabhängigen, königsgleichen Stellung, allerdings im Reichsverband, legitimiert und anerkannt durch entsprechende Titel. Mit kaiser- oder königsgleichen Taten wie dem Bau einer »Erzherzogskathedrale« oder der Gründung einer Universität wollte er ebenso seinen Splendor zur Geltung bringen wie mit der fabelhaften Urgeschichte seines Landes oder seinem Reliquienschatz, der dem des Reiches in nichts nachstand. In vielem hat er sich dabei an Karl IV. orientiert, treffend hat man von einer »Imitatio« Karls gesprochen.

Schon 1358 trug Rudolf an Karl IV. das Ansinnen heran, ihn zum »König der Lombardei« zu ernennen. Der am Widerspruch der Kurfürsten gescheiterte Vorstoß zeigt, welche Rolle Italien in Rudolfs Vorstellungen einnahm. Ebenfalls 1358 nannte er sich eigenmächtig Generalstatthalter des Reiches in Schwaben und Elsaß, offenbar als Vorstufe zu einer Wiederherstellung des Herzogtums Schwaben. Über den Winter 1358/59 ließ er dann einen großen Fälschungskomplex fabrizieren: Verschiedene Kaiser und Könige, darunter – was Petrarcas Hohn hervorrief – Julius Caesar und Nero, verliehen in insgesamt sieben Urkunden österreichischen Fürsten und ihrem Land Privilegien; unter ihnen ist das »Privilegium maius«, die Erweiterung des echten, von Friedrich Barbarossa 1156 anläßlich der Erhebung Österreichs zum Herzogtum gewährten »Privilegium minus«, das bekannteste. Der Tenor der in kleinen Dosen auf die Texte aufgeteilten Ansprüche war die Angleichung der österreichischen Herrschaft an die Kurfürstentümer in Verbindung mit einer fast unabhängigen Stellung gegenüber dem Reich. Besonderes Augenmerk ist den königsgleichen Insignien ge-

Statue Rudolfs IV. Stifterfigur vom Singertor der Wiener Stephanskirche

widmet. Die Verweigerung der Anerkennung durch den Kaiser führte zum Bruch. 1359 trat Rudolf plötzlich mit einer Reihe usurpierter Titel hervor: Pfalzerzherzog (palatinus archidux), Oberster (bzw. Erz-) Jägermeister (archimagister venatorum) sowie in verschiedenen Varianten Herzog von Schwaben und Elsaß. Zudem erschien er im Schmuck der quasiköniglichen Erzherzogskrone mit Bügel und Kreuz.

Nun griff der Kaiser ein, entzog ihm 1360 die Reichslandvogtei im Elsaß und zwang ihn, den Titeln Pfalzerzherzog und Herzog von Schwaben öffentlich zu entsagen und eidlich auf den Gebrauch kaiserlicher oder königlicher Insignien zu verzichten. Rudolf wurde aber wieder rückfällig und fügte sich erst 1361 unter dem Zwang seines Krieges gegen Aquileja. Den Titel des Erzherzogs hat der Kaiser nicht weiter beanstandet. Was er ablehnte, war der Bezug auf das »palatium«, den kaiserlichen Hof, der zugleich den Besitz eines Erzamtes und damit wohl den Anspruch auf Einbeziehung in den Kreis der Kurfürsten signalisieren sollte. Das Erzamt des Obersten Jagdmeisters, das Rudolf aufgrund einer Kärntner Tradition aufgriff, bekleidete damals ohnehin der Markgraf von Meißen.

Rudolf ließ sich indes in seinen Prestigeunternehmungen nicht beirren. 1359 begann er den Umbau der Wiener Pfarrkirche St. Stephan zu einer quasiköniglichen »Erzherzogskirche« im gotischen Kathedralstil, in der zugleich mit dem Programm der Fürstenfiguren und der herzoglichen Grablege ein Höchstmaß an herrscherlicher Repräsentation verwirklicht wurde. 1365 erfolgte die Erhebung zur Kollegiatskirche; dem von Passau und Salzburg exemten Allerheiligenkapitel, das schon 1359 vorgesehen und als Vorstufe für ein Domkapitel gedacht war, stand ein gefürsteter Propst vor: Der Herzog verlieh einen österreichischen Fürstenrang! Der Wunsch nach einem eigenen Landesbistum ließ sich damals allerdings nicht verwirklichen. (Rudolfs Beiname »der Stifter« geht übrigens auf eine in seiner Geheimschrift gemeißelte Inschrift neben dem Bischofstor zurück: Der auf die Kirche und das Kapitel bezogene Zusatz »fundator« wurde seit seiner Entzifferung im 18. Jh. irrig als Beiname aufgefaßt und tradiert.)

Die ambitionierteste Schöpfung ist wohl die Gründung der Universität in Wien. Rudolf wandte sich 1364 in dieser Angelegenheit an die Kurie (der Stiftbrief ist datiert mit 12. März 1365). Das Prager Vorbild Karls IV. ist offenkundig, doch ergriff vor Rudolf kein Fürst die Initiative zu einem solchen monarchischen Attribut.

War die Wiederherstellung eines Herzogtums Schwaben mißglückt, so bedeutete die Erwerbung Tirols einen politischen Erfolg von größter Tragweite. Rudolf hatte die Entwicklung laufend verfolgt. Die beiden Erbverträge zwischen Margarethe »Maultasch« und ihren habsburgischen Vettern von 1359 sind in ihrer Echtheit freilich nach wie vor umstritten, möglicherweise kamen sie mit Rücksicht auf die wittelsbachischen Rivalen aus derselben »Werkstatt« wie das Privilegium maius. Die Nachricht von der Erkrankung Meinhards III., der im Januar 1363 starb, ließ Rudolf jedenfalls mitten im Winter nach Tirol aufbrechen. Schon am 26. Januar 1363 erreichte er in Bozen die Übertragung des Landes durch Meinhards Mutter Margarethe »Maultasch«. Diese Erwerbung bildete eine hochwillkommene Landbrücke zwischen den Machtkomplexen der Habsburger und zugleich eine Basis für die oberitalienischen Interessen vor allem in Friaul. Rudolf sicherte sie mit Hilfe der Städte und erlangte 1364 in Brünn die Belehnung durch den Kaiser. Bei dieser Gelegenheit kam es zur Aussöhnung mit dem Kaiser und einem habsburgisch-luxemburgischen Erbvertrag. Schon 1361 war ein Erbvertrag mit Ungarn geschlossen worden, so daß sich nun die Möglichkeit einer Vereinigung der österreichischen, böhmischen und ungarischen Länder abzeichnete. Das starke Interesse an Italien zeigt die Eheverbindung zwischen Rudolfs jüngerem Bruder → Leopold III. und → Viridis, einer Tochter des Bernabó Visconti. 1364 schloß der kranke, von Todesahnungen erfüllte Herzog mit seinen Brüdern in Wien einen Hausvertrag ab, der die grundsätzliche Unteilbarkeit der Länder und die Gesamtregierung aller Brüder vorsah, aber große Vorrechte des Ältesten festlegte.

Rudolf nahm die fürstliche Verantwortung für seine Untertanen ernst. Er förderte Handel und Wirtschaft, sorgte für Gewerbefreiheit und Anreize durch begrenzte Steuerfreiheiten. Den Klerus besteuerte er gleichzeitig außerordentlich hart. Man hat diese eindrucksvolle Sozialpolitik als geradezu josefinisch apostrophiert.

Lit.: Alfons Huber, Geschichte des Herzogs Rudolf IV. von Österreich, Innsbruck 1865; Ernst Karl Winter, Rudolf IV. und Österreich, 2 Bde., Wien 1934–1936; Alphons Lhotsky, Privilegium maius, Wien 1957; ders., Rudolf IV., in: ders., Die Wiener Artistenfakultät 1365–1497, Wien 1965, 5–17; ders., Die Problematik der geschichtlichen Erscheinung Rudolfs IV. in: ders., Aufsätze und Vorträge 5, Wien 1976, 127–142, und Das Nachleben Rudolfs IV. in Tradition und Historiographie, ebenda 143–156; Ursula Begrich, Die fürstliche »Majestät« Herzog Rudolfs IV. von Österreich, Wien 1965.

S.

Rudolf II., Kaiser, ältester überlebender Sohn von → Maximilian II. und der Infantin → Maria, geb. 18. 7. 1552 in Wien, gest. 20. 1. 1612 in Prag, begr. im Prager Veitsdom.

Wahlspruch: Fulget caesaris astrum/Es leuchtet des Kaisers Gestirn.

Rudolf wurde zuerst am Wiener Hof, dann zwischen 1563 und 1571 auf Wunsch des streng katholischen Onkels → Philipp II. in Spanien erzogen. 1572 ungarischer, 1575 böhmischer und römischer König, folgte er 1576 dem verstorbenen Vater in der Kaiserwürde nach. Ab 1583 lebte er fast ausschließlich auf dem Prager Hradschin, wohin er auch die Reichsverwaltung verlegte. Er erwies sich als hochgebildeter und talentvoller, jedoch unbeständiger und eigenmächtiger Herrscher, abwechselnd großmütig und argwöhnisch, kraftlos und halsstarrig. Er heiratete nicht (mit mehreren Mätressen zeugte er eine Anzahl unehelicher Kinder), weigerte sich aber, mit seiner Familie über einen Nachfolger zu verhandeln. Dazu kam eine tiefe religiöse Unsicherheit, denn er war ebenso dem Protestantismus wie der Gegenreformation abgeneigt. Rudolf begünstigte willkürlich verschiedene Ratgeber, auch solche von niedriger Geburt (»Lakaienregiment«). Obwohl er stets durch Gran-

Kaiser Rudolf II. Gemälde von Hans von Aachen

dezza imponieren konnte, zog er sich immer mehr in ein geheimes Privatleben zurück, durch Wutanfälle und eine Melancholie heimgesucht, die zunehmend an geistige Umnachtung grenzte.

Als Kaiser sah sich Rudolf II. zwei Hauptproblemen gegenüber: Religionsspaltung und Türkengefahr. Die erste Hälfte seiner Regierungszeit verlief relativ ruhig: mit der zweimaligen Erneuerung eines Waffenstillstands mit den Osmanen und mit einem Frieden im Reich, welcher nur durch die wittelsbachische Machtübernahme in Köln und den sich verschärfenden Krieg in den Niederlanden, wo Rudolf zu vermitteln suchte, getrübt wurde. Ab 1593 mußten sich die Kaiserlichen in der ungarischen Tiefebene gegen türkische Angriffe wieder verteidigen; nur mit erheblicher Hilfe aus dem Reich konnten sie sich behaupten.

In den Jahren um 1600 sank Rudolfs Einfluß zusehends, sowohl in Deutschland als auch an der Ostfront. Ähnliches geschah in den Territorien der habsburgischen Hausmacht. In den Erblanden übte Rudolf ohnehin nur eine Oberaufsicht aus: Steiermark und Tirol waren von Kaiser → Ferdinand I. an Nebenlinien überwiesen worden; Ober- und Niederösterreich verwalteten Rudolfs Brüder → Ernst und dann → Matthias.

Um so enger gestalteten sich seine Beziehungen zu den Ländern der Wenzelskrone. Dank seines Entschlusses, als einziger Habsburgerherrscher sich in Böhmen dauernd niederzulassen, war er imstande, eine heikle Situation einigermaßen zu entschärfen und den Ständen, die sich 1575 Garantien der religiösen Toleranz erkämpft hatten, eine begrenzte Mitwirkung zu lassen. Auch hier brachte die Jahrhundertwende neue Initiativen: der Papst und die Spanier suchten am Kaiserhof einen Stützpunkt, während sich die Adelsopposition, wohl durch die kalvinistische Widerstandslehre bestärkt, trotziger benahm.

Im entfernten Ungarn genügte es Rudolf jahrelang, sich auf treue Magnaten zu stützen, obwohl, wie in Böhmen, sein zunehmender Gebrauch von deutschem Personal Mißtrauen erweckte. Dann brachte der Krieg sowohl eine Herausforderung als auch eine verlockende Gelegenheit, besonders wegen der Kehrtwendung in Siebenbürgen, wo sich der wankelmütige Fürst Sigismund Bathory bereit erklärte, Rudolf sein Land abzutreten. Es entstand eine verwirrende Lage. Die Regierung ließ ihren Feldherren und Beamten freien Lauf, aber dieser erste habsburgische Angriff auf die ungarische Verfassung schlug fehl. Unter Stefan Bocskai empörten sich die Protestanten; Rudolf war gezwungen, auf seine siebenbürgischen Ansprüche zu verzichten und in Ungarn weitreichende politische und religiöse Zugeständnisse zu gewähren.

Gleichzeitig (1606) mußte er einen ruhmlosen Abschluß des Türkenkrieges hinnehmen sowie die endgültige Entfremdung von seinen Verwandten, die sich seit 1600 gegen ihn verschworen. Eifrige Katholiken, an deren Spitze sein Vetter → Ferdinand von Steiermark stand, verlangten ein offensives Einvernehmen mit Madrid und Rom. Matthias hingegen gelang es, in Zusammenarbeit mit den ungarischen, österreichischen und mährischen Ständen seinen verhaßten

Kaiser Rudolf II., dargestellt als Autumnus. Gemälde von Giuseppe Arcimboldo

Bruder abzusetzen. Nur die Böhmen blieben Rudolf treu. Ihr Preis dafür war der demütigende Majestätsbrief von 1609. Der Kaiser, der sich mit fast allen früheren Vertrauten überworfen hatte, sann noch auf Rache und Entschädigung im Reich. Als er dann aber dem mißlungenen Einfall in Böhmen seines wahnwitzigen Cousins → Leopold, Bischof von Passau, Vorschub leistete, brach seine Welt gänzlich zusammen. Die letzten Monate seines Lebens fristete Rudolf II. als machtloser Gefangener und Schattenkaiser im Hradschin.

Für das, was dem Kaiser in der Politik abging, fand er im geistigen Bereich Ersatz. Er war ein hervorragender Schutzherr der Künste und Wissenschaften. Als Kenner der bildenden Künste versammelte er um sich eine Schule meist niederländischer und italienischer Maler: den bizarren Arcimboldo, den raffinierten Meister mythologischer Szenen, Spranger, die Porträtisten Aachen und Heintz, den Pionier der Landschafts- und Stillebenmalerei, Savery, und viele andere. Zu ihnen gesellten sich Zeichner (wie Hoefnagel), Kupferstecher (wie Sadeler), Medailleure (wie Abondio), Bildhauer (wie Adriaen de Vries), Stein- und Glasschneider und sonstige Virtuosen des Kunstgewerbes. Die Hofmusik unter dem Kapellmeister Philippe de Monte genoß europäischen Ruhm. Nur die Architektur blieb eher zweitrangig.

Darüber hinaus gilt Rudolf II. als größter Sammler seiner Zeit überhaupt. Er scheute keine Kosten, um die berühmtesten Gemälde der Renaissance und des Manierismus zu erwerben: Dürer und Breughel, Tizian, Correggio und Parmigianino gehörten zu seinen Lieblingsmalern. Seine Sammlungen enthielten die verschiedensten klassischen und modernen Kunstgegenstände sowie Naturalien, namentlich Steine und Juwelen, seltene Pflanzen und Tiere und Raritäten aus aller Welt. Auch Gelehrte erfreuten sich der kaiserlichen Gunst; zu Rudolfs Gefolge zählten namhafte Geschichts- und Antiquitätenforscher, Humanisten und Dichter, Leibärzte, Mathematiker, Uhrmacher und Erfinder. Auf besonders ersprießliche Art förderte er die Astronomie: Er gewann für Prag sowohl den exilierten Tycho Brahe als auch den jungen Johannes Kepler, der am rudolfinischen Hof seine wichtigsten planetarischen Entdeckungen machte.

Dieses Mäzenatentum hatte seine Nachtseite in Rudolfs leidenschaftlicher Beschäftigung mit der Magie. Aberglaube jeder Art konnte bei ihm Eingang finden. Am berüchtigtsten waren die Scharen von Alchimisten, welche dem Kaiser vorgaben, den Stein der Weisen herstellen zu können, und welche – neben den Auswüchsen seines Interesses für die jüdische Geheimlehre (Golemsage!) – zu den nachhaltigsten rudolfinischen Legenden Anlaß gaben. Wir müssen uns jedoch vergegenwärtigen, daß Okkultismus und Wissenschaft damals noch unzertrennlich waren. Durch das Rätselhafte strebte man nach Erkenntnis mit anderen Mitteln, besonders wenn, wie bei Rudolf II., die religiösen Orthodoxien nicht zu befriedigen vermochten. So suchte man nach verborgenen Wahrheiten in maniristischen Kunstwerken, in Symbolen und Emblemen (der kaiserliche Wahlspruch, die Buchstaben ADSIT, lockte zu mehrschichtigen Deutungen), in der inneren Logik der Sammeltätigkeit, in den unerklärlichen Eigenschaften von Steinen und Pflanzen, in wunderlichem Uhrwerk, in der Sphärenharmonie. Die Astronomie ging in die Astrologie über, wie die Karrieren von Brahe und Kepler bezeugen. Sogar die Prager Alchimie besaß ihre gelehrten Vertreter und deckte sich teilweise mit der behördlichen Medizin.

Die Urteile über Rudolf II. gingen weit auseinander. Ältere pauschale Ansichten sind sicher zu revidieren: Rudolf war nicht einfach wahnsinnig, abergläubisch oder hyperästhetisch; er war weder Verfechter der Gegenreformation noch ein politisch Unschuldiger. Vielmehr gehört er unter die gebildeten Vertreter der Weltanschauung der Spätrenaissance mit ihrer Mischung klassischer und christlicher Traditionen, mit ihren Idealen der Universalherrschaft und des Universalwissens. Rudolfs geistigem Erbe wurde immer wieder Anerkennung gezollt.

Die Zeitgenossen betrachteten eher das düstere politische Erbe: die bewaffneten Lager der katholischen Liga und der protestantischen Union und den Dreißigjährigen Krieg, der durch Ereignisse auf der Prager Burg ausgelöst wurde. Wenigstens hat dieser Sonderbarste aller Habsburgerherrscher versucht, das Unabwendbare hinauszuschieben.

Rudolf II. inmitten seiner Sammlungen auf dem Hradschin in Prag, bei Anton Ziegler

Lit.: Anton Gindely, Rudolf II. und seine Zeit, 2 Bde., Prag 1862–1865; R. J. W. Evans, Rudolf II and his World, Oxford 1984², deutsch Graz 1980; K. Vocelka, Rudolf II., Wien 1985; ders., Die politische Propaganda Rudolfs II., Wien 1981.

E.

Rudolf Johann Josef Rainer, Kardinal-Erzbischof von Olmütz, jüngster Sohn von Kaiser → Leopold II. und → Maria Ludovica von Spanien, geb. 8. 1. 1788 in Florenz, gest. 24. 7. 1831 in Baden bei Wien, begr. in der Kapuzinergruft, Wien, das Herz in der Krypta des Doms von Olmütz.

Innerhalb von zwei Monaten verlor der vierjährige Rudolf, der jüngste von 16 Geschwistern, 1792 Vater und Mutter. Der älteste Bruder und nunmehrige Kaiser → Franz II. (I.) übernahm die Erziehung der jüngeren Geschwister. Rudolf war zunächst für die traditionelle militärische Laufbahn vorgesehen. Seine schwache Gesundheit (er litt an Epilepsie und Rheumatismus) ließen ihn dann jedoch den geistlichen Stand wählen.

Von Jugend auf zeigte er Begabung und Interesse für Musik, spielte vorzüglich Klavier und trat schon früh als Pianist in musikalischen Wiener Salons, vor allem dem des Fürsten Lobkowitz, auf. Dort lernte er auch Ludwig van Beethoven persönlich kennen, der im Winter 1803/04 sein Lehrer wurde (zunächst Klavier, später auch Komposition) und gelegentlich mit ihm gemeinsam bei Konzerten in Baden bei Wien auftrat. Als 1808 die Gefahr bestand, daß Beethoven ein Angebot des Königs Jerôme von Westfalen nach Kassel annehmen könnte, um finanziell gesichert zu sein, bemühte sich Erzherzog Rudolf, gemeinsam mit den Fürsten Isidor Lobkowitz und Ferdinand Kinsky, um sein Bleiben: vertraglich sicherten sie ihm eine Ehrenpension von 4 000 Gulden zu gegen die Verpflichtung, in Österreich zu bleiben. Die freundschaftliche Beziehung bezeugt Beethovens Widmung von mehreren Kompositionen an Rudolf, darunter das vierte und fünfte Klavierkonzert und die »Missa solemnis«, die er ursprünglich zur Inthronisation Rudolfs als Erzbischof von Olmütz verfaßte.

1814 wurde Rudolf zum Protektor der neu gegründeten »Gesellschaft der Musikfreunde« in Wien gewählt, die er auch später zum Erben seiner musikalischen Sammlungen einsetzte. (Diese Sammlung nahm 1831 den Umfang von 90 Kisten zu je 250 kg ein.) Das Kernstück bildete die handgeschriebene Zusammenstellung der Werke Beethovens, verfaßt von Tobias Haslinger. Bei seinen eigenen Kompositionen bevorzugte Rudolf die Variation und kleine Tänze.

Widmungen Beethovens an Kardinal Erzherzog Rudolf:

op. 58	4. Klavierkonzert
op. 72	Klavierauszug Fidelio
op. 73	5. Klavierkonzert
op. 81a	Klaviersonate »Les Adieux«
op. 96	Klavier-Violinsonate G-dur
op. 97	Klaviertrio B-dur
op. 106	Hammerklaviersonate
op. 133	Große Fuge (Streichquartett)
op. 134	–, gesetzt für Klavier zu 4 Händen
op. 179	Canon
op. 199	Canon
op. 200	Lied
op. 205c	Musikal. Scherz
op. 123	Missa solemnis

Wie sein Bruder → Johann interessierte sich auch Rudolf für Fragen der wirtschaftlichen Entwicklung. 1829 gründete er die Witkowitzer Eisenwerke mit dem ersten Kokshochofen Österreichs (»Rudolfshütte« in der Nähe von Mährisch-Ostrau), vor allem zur Erzeugung von Eisenbahnschienen für die Nordbahn. Die hohen Kosten dieser Anlage (200 000 Gulden) bestritt Rudolf aus seinem Privatvermögen. Für die Einrichtung und zur Einschulung der heimischen Arbeiter wurden drei Puddelmeister aus

Erzherzog Rudolf als Kardinal. Gemälde von Johann Baptist Lampi

England angeworben. Weitere Pläne, die von Franz Xaver Riepl, Professor am Wiener Polytechnikum, ausgearbeitet wurden, konnten wegen Rudolfs Tod nicht verwirklicht werden.

Seine Theologiestudien betrieb der junge Rudolf privat bei einem Augustiner-Chorherrn von Klosterneuburg. 1805 wurde er Koadjutor des Erzbischofs von Olmütz, 1819 zum Kardinal ernannt und 1820 in Olmütz als Erzbischof inthronisiert.

Er übte sein Amt eher im Stil eines Volksbischofs als eines Kirchenfürsten aus und kam mehrfach mit der Staatskirche in Konflikt in seinem Bestreben, die katholische Erneuerung zu fördern. Durch eine Sprachverordnung setzte er sich in Gegensatz zu dem streng deutschzentralen Josefinismus: im Priesterseminar seiner Diözese sollten deutsche Kandidaten nur im Verhältnis der Zahl der deutschen Pfarreien Aufnahme finden, es sei denn, sie verpflichteten sich zum Lernen der mährischen Sprache innerhalb von vier Jahren. Damit wurden vor allem arme mährische Priesterstudenten vom Land gefördert. Rudolfs Bemühen um eine bessere Priesterausbildung zeigte sich zum Beispiel daran, daß er den armen Häuslersohn Johannes Kutschker zum Studium nach Wien schickte und damit dessen Karriere als Erzbischof von Wien begründete.

In Olmütz ließ er die ersten Promenadenanlagen bauen (»Rudolfsallee«). Er starb während einem seiner häufigen Kuraufenthalte in Baden bei Wien an einer Gehirnblutung.

Lit.: Walter Kowaschitz, Kardinal Erzherzog Rudolf, der Bruder des Kaisers Franz, und seine Beziehung zu den Künsten, Diss., Graz 1975; Donald W. MacArdle, Beethoven and the Archduke Rudolf, Beethoven-Jahrbuch, Bonn 1962, 37; Alexander Novotny, Kardinal Erzherzog R. und seine Bedeutung für Wien, Wiener Geschichtsblätter, Wien 1961, 344.

H.

Rudolf, Kronprinz, einziger Sohn von Kaiser → Franz Joseph und Herzogin → Elisabeth in Bayern, geb. 21. 8. 1858 in Laxenburg bei Wien, gest. 30. 1. 1889 in Mayerling, begr. in der Kapuzinergruft, Wien.

Nach dem Scheitern einer streng militärischen Erziehung wurde der kränkliche, hochsensible und intelligente Kronprinz auf Betreiben seiner Mutter Elisabeth ab 1865 von bürgerlichen liberalen Lehrern erzogen, darunter so berühmten Wissenschaftlern wie Ferdinand von Hochstetter, Adolf Exner, Carl Menger und Anton Gindely. Den Grundsätzen dieser liberalen Erziehung blieb er sein Leben lang treu – und kam hierdurch in schwere Konflikte mit dem Wiener Hof. Wie seine Mutter betrachtete er das Bürgertum als »die Basis des modernen Staates« und lehnte den Vorrang von Kirche und Aristokratie in der Politik ab, hierin auch seinem verehrten Oheim → Josef II. nacheifernd.

Bei seinen Zeitgenossen machte sich Rudolf als Reiseschriftsteller und Organisator des 24bändigen Werkes »Österreich-Ungarn in Wort und Bild« einen Namen. Sein naturwissenschaftliches Interesse dokumentiert sich in zahlreichen naturhistorischen, vor allem ornithologischen Aufsätzen, in Sammlungen und seiner

Rudolf als Darsteller bei »Lebenden Bildern« aus der Geschichte des Hauses Habsburg 1879: als Rudolf von Habsburg (oben) – mit der echten Krone aus der Schatzkammer – und Kaiser Karl V.

Mitarbeit am »Thierleben« seines väterlichen Freundes Alfred Brehm.

Auf Weisung Franz Josephs, der ihm das gewünschte Studium der Naturwissenschaften untersagte, machte Rudolf eine Karriere als Militär bis zum Infanterieinspektor 1888, betätigte sich aber ohne Wissen des Vaters als Journalist, verfaßte politische Denkschriften und arbeitete (unter strengsten Sicherheitsvorkehrungen für seine Anonymität) am liberalen »Neuen Wiener Tagblatt« seines väterlichen Freundes Moriz Szeps mit – hier stets eine liberale Haltung gegenüber der konservativen Regierung Taaffe vertretend und in der Außenpolitik die allzu starke Abhängigkeit Österreich-Ungarns vom Deutschen Reich kritisierend.

Die Freundschaft mit Szeps und anderen jüdischen Intellektuellen (so dem Bankier Moritz Hirsch) zog dem Kronprinzen die Feindschaft der Antisemiten zu, die ihn u. a. in französischen Zeitungen als »Judenknecht« beschimpften. Sein Antiklerikalismus brachte ihn in Gegensatz zur Kirche, sein betont übernationales Denken in oft aggressive Gegnerschaft gegen die Nationalisten, vor allem die Deutschnationalen, seine Bevorzugung des Bürgertums zog ihm die Verachtung des Adels zu. Zu all diesen Problemen kamen Eheschwierigkeiten mit der belgischen Königstochter → Stephanie (aus dieser Ehe stammte nur eine Tochter, → Elisabeth) und mangelnder Kontakt zu den kaiserlichen Eltern. Franz Joseph ließ seinen begabten und ehrgeizigen Sohn ohne politische Aufgabe, ja sogar ohne Informationen (Rudolf bezog seine politischen Informationen vor allem durch seine journalistischen Freunde). Die Mutter Elisabeth kümmerte sich um den erwachsenen Sohn überhaupt nicht mehr und machte keinen Vermittlungsversuch zwischen Vater und Sohn.

Rudolfs Situation verschlechterte sich dramatisch nach der Thronbesteigung des gleichaltrigen Wilhelms II. im Deutschen Reich 1888. Der Dreißigjährige hatte alle seine Zukunftshoffnungen auf eine Zusammenarbeit mit einem liberalen Deutschland unter Wilhelms Vater Friedrich III. gesetzt und fürchtete nun von dem sehr militaristisch auftretenden jungen Wilhelm den baldigen Ausbruch eines neuen deutsch-französischen Krieges, in den Österreich-Ungarn seiner Ansicht nach einbezogen und dadurch unweigerlich zerstört würde. Aus persönlicher und politischer Abneigung gegen Wilhelm II. opponierte Rudolf gegen den Zweibund und befürwortete (auch in einer persönlichen Begegnung mit dem damaligen Führer der französischen Liberalen Georges Clemenceau) eine Annäherung an Frankreich. Diesbezügliche Schriften Rudolfs (darunter eine Broschüre in Form eines offenen Briefes an Kaiser Franz Joseph) waren von größter politischer Brisanz. Eine schwere Krankheit (Gonorrhöe mit Augen- und Gelenksentzün-

Kronprinz Rudolf (rechts) mit dem gleichaltrigen Prinzen Wilhelm, dem späteren deutschen Kaiser Wilhelm II.

dungen), Depressionen, Alkohol und Drogen verschlechterten seine ohnehin labile Konstitution derart, daß er seit Herbst 1888 mit Selbstmordgedanken spielte und auch einer seiner Geliebten, der Wiener Lebedame Mizzi Caspar, vorschlug, mit ihm gemeinsam zu sterben.

In der siebzehnjährigen Baronesse Mary Vetsera fand er schließlich ein williges, ja romantisch-begeistertes Opfer. Die historische Forschung kann mit größter Sicherheit (trotz der vielfältigen Vertuschungsversuche der Hofbehörden) feststellen, daß Rudolf seine junge Geliebte zunächst erschoß und sich dann mit Hilfe eines Spiegels durch einen Kopfschuß selbst das Leben nahm. Franz Joseph mußte – nach einigen unrichtigen Versionen – schließlich öffentlich den Selbstmord seines Sohnes eingestehen. Die zweite Leiche – also Mary – jedoch bildete das wahre »Geheimnis von Mayerling«: alle Informationen über den Tod des Mädchens wurden bis 1918 in Österreich-Ungarn verboten. Da die Ärzte eine Geistesverwirrung Rudolfs konstatierten, war eine Beisetzung des Kronprinzen in der Kapuzinergruft möglich.

Die bis heute anhaltenden Diskussionen über Rudolfs Tod sind vor allem auf die sehr ungeschickten Vertuschungsversuche des Hofes zurückzuführen. Manche Hofkreise wehrten sich (bis heute, bedenkt man die Aussagen der Exkaiserin → Zita über diese Frage) dagegen, dieses unrühmliche Ende eines Habsburgers einzugestehen: sie sprachen von geheimnisvollen Mördern. In verschiedenen Versionen sollen die Ungarn, die Juden, Freimaurer, ja sogar Bismarck und Clemenceau die Mörder nach Mayerling geschickt haben.

Werke: Fünfzehn Tage auf der Donau 1878. Eine Orientreise 1881; Jagden und Beobachtungen 1886 u. a.; anonym: Der österreichische Adel und sein constitutioneller Beruf, München 1878; unter Pseudonym Julius Felix, Österreich-Ungarn und seine Alliancen, Paris 1888; K. R. Briefe an einen Freund, hg. von Julius Szeps, 1922. Auswahl der geheimen und privaten Schriften in: Kronprinz Rudolf, Majestät, ich warne Sie . . ., hg. von Brigitte Hamann, Wien 1979.

Lit.: Oskar Freiherr von Mitis, Das Leben des Kronprinzen Rudolf, Wien 1928, neu hg. von Adam Wandruszka, Wien 1971; Brigitte Hamann, Rudolf Kronprinz und Rebell, Wien 1978 mit Schriftenverzeichnis.

H.

Sigmund »der Münzreiche«, Herzog, seit 1477 Erzherzog von Österreich-Tirol, einzig überlebender Sohn von Herzog → Friedrich IV. (»mit der leeren Tasche«) von Österreich-Tirol und → Anna von Braunschweig, geb. 26. 10. 1427 in Innsbruck, gest. 4. 3. 1496 in Innsbruck, begr. im Kloster Stams in Tirol.

Beim Tod seines Vaters (1439) noch minderjährig, gelangte Sigmund unter die Vormundschaft seines älteren Vetters, des nachmaligen Kaisers → Friedrich III., der ihn entgegen den Vereinbarungen mit den Tiroler Landständen – gleichzeitig mit dem Inhalt der Tiroler Schatzkammer – außer Landes bringen und in Innerösterreich erziehen ließ (einer seiner Lehrer war der spätere Papst Pius II.). Die Zeit der Bevormundung, die mit Erreichung des 16. Lebensjahres hätte 1443 enden sollen, wurde überdies um drei Jahre überzogen, was zwischen Friedrich und den Tiroler Landständen eine schwere politische, beinahe kriegerische Krise heraufbeschwor. Eine besonders kräftige Rolle innerhalb der Stände spielten damals die Städte. (Beim Rathaus in Innsbruck wurde in diesen Jahren der demonstrativ-militante Rathaus- oder Stadtturm erbaut.)

Erst 1446 kam es zu einer Einigung, wonach Sigmund zumindest die Regierung Tirols und der Herrschaften vor dem Arlberg übernehmen konnte, während Friedrich sich weiterhin gewisse Einnahmen aus Tirol sicherte. Sein Bruder, Herzog → Albrecht VI., erhielt die Verwaltung der übrigen vorderösterreichischen Lande von Burgau bis zum Elsaß übertragen. Nach Albrechts Tod (1463) trat Sigmund dann auch die Regierung dieser Territorien an, woran u. a. noch bis heute sein Standbild – neben denen seines Vaters und kaiserlichen Vetters – am Marktbrunnen in Rottenburg am Neckar in der Grafschaft Hohenberg oder Wappenschlußsteine von 1491 im St.-Theobaldus-Münster in Thann im Elsaß erinnern.

Die ersten Jahrzehnte seiner Regierung sind vor allem charakterisiert von seinem Streit mit dem ebenso genialen wie übereifrigen Reformkardinal und Bischof von Brixen (seit 1450) Nicolaus Cusanus. Dieser zerschlug im kirchlichen und hier besonders im klösterlichen Bereich mitunter mehr Porzellan, als er wieder festigte (z. B. durch fast leichtfertiges Anwenden von Bann und Interdikt oder durch unverständliche Fastengebote bezüglich des Genusses von Milch und Schmalz), und erstrebte im profanen Bereich nicht weniger als die Wiederherstellung der hochmittelalterlichen Position der Fürstbischöfe von Brixen als eigentliche Territorialherren an Eisack, Inn und Rienz bzw. die entsprechende Einschränkung der Landesfürsten von Tirol in die Rolle von fürstbischöflichen Vögten, unterlag dabei aber kläglich. Während in diesem Streit dem Cusaner Papst Pius II. zur Seite stand, fand Sigmund im bekannten Humanisten und Juristen Gregor Heimburg eine gewandte Stütze.

Der Regierungsstil des bis zum Eintritt zunehmender Senilität (besonders nach dem Tode seiner ersten Gattin 1480) an sich sehr intelligenten Sigmund war von einer guten Zentralverwaltung in Innsbruck, aber auch von Günstlingswirtschaft geprägt: Waren es bis zu ihrer Vertreibung 1456 die Gebrüder Gradner, die Sigmund

Erzherzog Sigmund der Münzreiche von Tirol. Gemälde eines Tiroler Malers

von seinem Vormundschaftssitz in Graz mitgebracht hatte, so folgten in den achtziger Jahren die ebenfalls unter vehementem Einsatz der Landstände 1487 abgesetzten »bösen Räte«.

In seiner Wirtschaftspolitik steht die Verlagerung der landesfürstlichen Münzstätte von Meran nach Hall (1477) und die in der Folge durchgeführte Münzreform (Antonio de Cavallis) mit Prägung der ersten Talermünze (damals noch unter der Bezeichnung »Guldiner« – sie war eine Großsilbermünze im Wert eines Goldguldens) im Vordergrund wie die damit aufs engste verknüpfte Förderung des Silberbergbaues in Schwaz und Gossensaß. Die eigene Silbergewinnung stellte nämlich die Münzprägung, die in Meran noch weitgehend auf fremdes Münzmetall aus den Zöllen angewiesen war, endlich auf eigene Füße. Erste Höhepunkte erreichten damals auch die Plattnerkunst sowie die Geschütz- und Glockengießerei. Den Verkehr förderte Sigmund durch den Ausbau wichtiger Straßenzüge, wie z. B. um 1481/82 des Kunterswegs durch die Eisackschlucht oberhalb von Bozen (woran das stattliche Zollhaus in Kollmann erinnert) oder den Bau einer neuen Lechbrücke in Reutte 1464. Diesem Ort an der wichtigen Oberen Straße über den Reschen- und Fernpaß nach Augsburg gab Sigmund 1488 Wochen- und Jahrmarktsrechte.

Gebietserwerbungen glückten ihm 1464 mit der Herrschaft Tarasp im Unterengadin und 1465 mit der Landgrafschaft Nellenburg und dem Hegau. Durch seine senilitätsbedingte grenzenlose Verschwendung hätte er allerdings ganz Tirol und Vorderösterreich an Herzog Albrecht IV. von Bayern-München verpfändet bzw. übertragen, wären nicht die Landstände und Kaiser Friedrich III. (durch einen persönlichen Besuch in Innsbruck 1487) energisch dazwischengetreten. Dies kam weitgehender Entmachtung gleich.

Sehr unglücklich war auch Sigmunds kriegerischer Überfall gegen Venedig 1487, da die blutig errungenen militärischen Erfolge von Rovereto und Calliano nur eine erhebliche Beeinträchtigung von Verkehr und Handel, aber keine Gebietsgewinne nach sich zogen. Neben zahlreichen Neu- und Umbauten von Burgen im ganzen Lande, wobei die sogenannte Landesfürstliche Burg (Bezeichnung des 19. Jh.s) in Meran nur als eine malerische Absteige hinter dem dortigen Kelleramtsgebäude zu werten ist, durfte sich besonders die Residenzstadt und Verwaltungsmetropole Innsbruck um 1460 der Errichtung der weitläufigen Hofburg am Ostrand der Altstadt erfreuen (deren äußere Gestalt erst unter → Maria Theresia zur heutigen Schloßanlage umgestaltet wurde). Daß der Innsbrucker Hof eine bedeutende Bereicherung von Kultur und Wirtschaft dieser Stadt mit sich brachte, kann hier nur durch Namen wie Heinrich Isaak und Paul Hofhaimer angedeutet werden.

Sigmund »der Münzreiche« mit seiner Verlobten, Prinzessin Radegunde von Frankreich, und seinen beiden Gemahlinnen Eleonore von Schottland und Katharina von Sachsen. Habsburger-Stammbaum, 16. Jahrhundert

Sigmund erwies sich 1485 den Umtrieben des Hexenwahns und der Hexenverfolgung leider durchaus zugänglich, doch wurde das weitere Vorgehen der beiden päpstlichen Inquisitoren (deren einer der bekannte Dominikaner Heinrich Institor, Verfasser des »Malleus maleficiarum« war) vom zuständigen Bischof von Brixen, Dr. Georg Golser, durch Ausweisung der beiden aus seiner Diözese und damit auch aus Innsbruck unterbunden.

Insgesamt war Sigmund ein begabter, aber zügelloser Landesfürst, dem zwar 50 außereheliche

Kinder nachgesagt werden, dem aber in seinen beiden Ehen mit → Eleonore von Schottland und → Katharina von Sachsen Kindersegen versagt blieb. Als er 1490 zugunsten des jungen Königs → Maximilian I. abdankte, nahm er diesen zugleich an Sohnes Statt an. Sein Beiname »der Münzreiche« begegnet erstmals auf dem um 1506, also nur 10 Jahre nach seinem Tode gemalten Habsburgerstammbaum in Schloß Tratzberg bei Jenbach im Unterinntal.

Lit.: Albert Jäger, Der Streit der Tiroler Landschaft mit Kaiser Friedrich III. wegen der Vormundschaft über Herzog Sigmund von Österreich . . ., in: Archiv für österr. Geschichte 49/1, Wien 1873; ders., Der Übergang Tirols und der österreichischen Vorlande von dem Erzherzoge Sigmund an den Römischen König Maximilian von 1487–1490, in: Archiv für österr. Geschichte 51, Wien 1874; ders., Der Streit des Cardinals Nicolaus von Cusa mit dem Herzoge Sigmund von Österreich als Grafen von Tirol, 2 Bde., Innsbruck 1861; Karl Moeser und Fritz Dworschak, Die große Münzreform unter Erzherzog Sigmund von Tirol, Wien 1936; Katalog der Tiroler Landesausstellung »Erzherzog Sigmund der Münzreiche – Der Herzog und sein Taler«, Innsbruck – Hall 1986.

Hye

Sigmund Franz, Erzherzog von Österreich-Tirol, Sohn von → Leopold V. und → Claudia von Medici, geb. 27. 11. 1630 in Innsbruck, gest. 25. 6. 1665 in Innsbruck, begr. in der Jesuitenkirche, Innsbruck.

Als zweitgeborener Sohn für kirchliche Ämter bestimmt, wurde der Erzherzog – ohne je die Priester- oder Bischofsweihe empfangen zu haben – 1646 Bischof von Augsburg, 1653 Bischof von Gurk und 1659 Bischof von Trient. Das bedeutete, daß er reichlich mit kirchlichen Pfründen versehen war. Als aber sein Bruder → Ferdinand Karl 1662 ohne männliche Erben starb, bewarb sich Sigmund Franz (nicht zur Freude Kaiser → Leopolds I., aber doch mit Erfolg) um die Nachfolge als Landesfürst von Tirol. Der Erbhuldigungslandtag trat 1663 in Innsbruck zusammen. In Tirol wurde seine bedächtige Art, seine Einsparungen in der Hofhaltung und sein Interesse an der Wohlfahrt des Landes sehr

Erzherzog Sigmund Franz, Landesfürst von Tirol. Gemälde von Giovanni Maria Morandi

wohltuend empfunden, zumal sein Stil in krassem Gegensatz zu dem seines verstorbenen Bruders stand. Die von diesem an den Fürstbischof von Brixen verpfändeten Gerichte Michaelsburg, Schöneck und ein Drittel von Rodenegg löste er wieder zurück. Auf seine kirchlichen Ämter verzichtete der Erzherzog erst 1665 nach und nach, nachdem er sich dazu entschlossen hatte, zu heiraten.

Zuerst bewarb er sich um die Hand Maria-Hedwigs von Hessen-Darmstadt, mußte jedoch davon aus konfessionellen Gründen Abstand nehmen. Hierauf richtete sich seine Bewerbung an → Hedwig Augusta von Sulzbach. Die Eheschließung mit ihr per procurationem fand am 3. Juni 1665 statt. Zur tatsächlichen Hochzeit aber kam es nicht mehr, da der Erzherzog plötzlich am 25. Juni starb. Mit ihm erlosch die Tiroler Linie der Habsburger im Mannesstamm. Leopold I. trat das Erbe an. Seit dieser Zeit wird Tirol zentral von Wien aus regiert.

Lit.: Hans Sonnweber, Geschichte Tirols unter Erzherzog Sigmund Franz, Diss., Innsbruck 1950.

Hye

Sigismund, dritter Sohn des Vizekönigs von Lombardo-Venetien, → Rainer Josef, und der Prinzessin → Elisabeth von Savoyen-Carignan, geb. 7. 1. 1826 in Mailand, gest. 15. 12. 1891, begr. im Friedhof von Gmünd/NÖ.

Der gesundheitlich schwache Erzherzog wuchs in Mailand auf und machte militärische Karriere. 1848/49 nahm er an italienischen Feldzügen Radetzkys teil und wurde 1856 Feldmarschall-Leutnant, trat aber durch keine besonderen Leistungen hervor. Er blieb unverheiratet und lebte ein zurückgezogenes Leben in seinem Schloß Gmünd, das durch einen herrlichen Palmengarten berühmt war.

H.

Sophie, Gemahlin des Erzherzogs → Franz Karl und Mutter Kaiser → Franz Josephs, geb. 27. 1. 1805 in München, gest. 28. 5. 1872 in Wien, begr. in der Kapuzinergruft, Wien.

Als Tochter des ersten Königs von Bayern, Maximilian I., und seiner zweiten Frau Prinzessin Karoline von Baden wuchs Sophie am Hof zu München auf und wurde neunzehnjährig aus rein politischen Gründen mit dem zweiten Sohn von Kaiser → Franz I. (II.), Erzherzog Franz Karl, verheiratet. Kaiser Franz war 1824 schon alt, sein Sohn und späterer Nachfolger → Ferdinand krank, geistesschwach und erbenlos, Sophies Ehemann, der an zweiter Stelle der Thronfolge stand, unbedeutend und geistig wenig rege. Die junge, ehrgeizige und politisch aktive Sophie stieß hier in ein Vakuum, das sie bald mit ihrer starken Persönlichkeit ausfüllte. Sie wurde ein politischer Faktor, mit dem Metternich rechnen mußte. An diesem mit Schwächlingen reichen Hof ging der Erzherzogin der Ruf voraus, »der einzige Mann« zu sein.

Privat sorgte sie sich pflichtbewußt um das Wohlergehen ihres von ihr abhängigen Ehemanns, durchlitt aber als junge Frau eine rührende Romanze mit dem um sechs Jahre jüngeren Herzog von Reichstadt, dem Sohn Napoleons, den sie auch während seiner Krankheit mit großer Hingabe pflegte und dessen Tod 1832 sie zutiefst bekümmerte.

Nach sechs kinderlosen Ehejahren kam 1830 → Franz Joseph zur Welt, 1832 folgte Ferdinand → Maximilian (der spätere Kaiser von Mexiko), 1833 → Karl Ludwig, 1835 die im Alter von vier Jahren gestorbene Maria Anna Karolina, 1842 → Ludwig Viktor. Die Ausbildung ihrer Söhne überwachte Sophie sehr energisch und legte besonderen Wert auf eine gründliche religiöse Erziehung, da sie den Katholizismus als Hauptgaranten im Kampf gegen die »Revolution« ansah. Den Niedergang des monarchischen Ideals unter dem kranken Kaiser Ferdinand sah sie sorgenvoll mit an und trug 1848 auch kräftig dazu bei, Metternich zu stürzen, dem sie vorwarf, »daß er eine unmögliche Sache wollte: Die Monarchie ohne Kaiser führen und mit einem Trottel als Repräsentanten der Krone«. Konsequent hielt sie dann auch ihren Ehemann davon ab, nach der Abdankung Ferdinands 1848 die Krone anzunehmen (verzichtete also darauf, Kaiserin zu werden und durch ihren ihr ganz ergebenen Ehemann zu regieren), sondern setzte die Thronbesteigung ihres 18jährigen Sohnes durch.

Ihr mütterlicher Stolz war grenzenlos. Von ihrer festen Hand ließ er sich führen, wenn sie auch stets versicherte, sich nicht in die Politik einzumischen. Die gnadenlosen Blutgerichte für die Revolutionäre des Jahres 1848, die widerrechtliche Aufhebung der versprochenen (und kurze Zeit verwirklichten) Verfassung, die enge Bindung Österreichs an die Kirche, die im Konkordat von 1855 gipfelte – das alles wurde in der Öffentlichkeit nicht als Werk des unsicheren jungen Kaisers angesehen, sondern als das der höchst unbeliebten Erzherzogin Sophie, die in den fünfziger Jahren Österreichs heimliche Kaiserin war.

Mit Hilfe ihrer in Deutschland verheirateten Schwestern (Marie und Amalie waren nacheinander Königinnen von Sachsen, Elise als Gemahlin Friedrich Wilhelms IV. Königin von Preußen) betrieb Sophie eine betont deutsche Politik und tat alles, um Österreichs Führungsanspruch im Deutschen Bund auszuweiten. Diese Taktik stand auch hinter dem ersten Heiratsplan, den Sophie für Franz Joseph ausgerechnet mit einer Hohenzollernprinzessin (die

Die junge Erzherzogin Sophie mit ihrem ältesten Sohn Franz Joseph, der bereits als künftiger Kaiser bestimmt war. Gemälde von Josef Stieler

allerdings hätte konvertieren müssen) betrieb – freilich ohne Erfolg. Auch das nächste Eheprojekt mit der ältesten Tochter von Sophies Schwester Maria Ludowika in Bayern zeigte Sophies Vorliebe für eine »deutsche« Verbindung. Daß Franz Joseph sich dann nicht in die ältere, sondern die jüngere Cousine → Elisabeth verliebte und sie 1854 zur Kaiserin machte, war zwar eine ungewohnte Eigenwilligkeit des Herrschers, lag aber trotzdem in den Intentionen Sophies.

Allerdings versuchte Sophie mit aller Macht, ihre bei der Heirat erst sechzehnjährige, freizügig erzogene und eigenwillige Nichte und Schwiegertochter zu einer guten Kaiserin ihrer eigenen Vorstellung zu machen und säte durch ihr allzu rigoroses Vorgehen vor allem bei der Erziehung der beiden Kaiserkinder → Gisela und → Rudolf viel Unfrieden in der Kaiserfamilie. Schließlich trieb sie die junge Kaiserin in eine wütende Opposition, nicht nur gegen die Schwiegermutter, sondern auch gegen den von Sophie bestimmten Wiener Hof. Elisabeth machte Sophie jedenfalls für diese schließlich unrettbar vergiftete Atmosphäre verantwortlich.

Sophies Energie schwand allerdings, als ihr zweiter Sohn Ferdinand Maximilian 1867 in Mexiko einen gewaltsamen Tod fand. Von nun an betätigte sie sich kaum noch politisch und überließ der ihr auch auf diesem Gebiet konträren Elisabeth allein das Feld. Ihre Abneigung gegen die nach der österreichischen Niederlage von Königgrätz vom Volk erzwungene Liberalisierung, vor allem aber die Schaffung des »Ausgleichs« mit dem ihr verhaßten Ungarn 1867 (eine Politik, die maßgeblich von Elisabeth getragen war) verstärkten Sophies Resignation. Sie starb 67jährig an Gehirnkrämpfen, von ihren Söhnen, vor allem Kaiser Franz Joseph, tief betrauert. Ihr vielbändiges, in französischer Sprache verfaßtes, noch unediertes Tagebuch stellt eine wichtige historische Quelle dar.

Lit.: Briefe Kaiser Franz Josephs I. an seine Mutter, hg. von Franz Schnürer, München 1930; Fritz Reinöhl, Aus dem Tagebuch der Erzherzogin Sophie. Historische Blätter, 4. Heft, Wien 1931.

H.

Verwandtschaft der Häuser Habsburg und Wittelsbach im 19. Jahrhundert

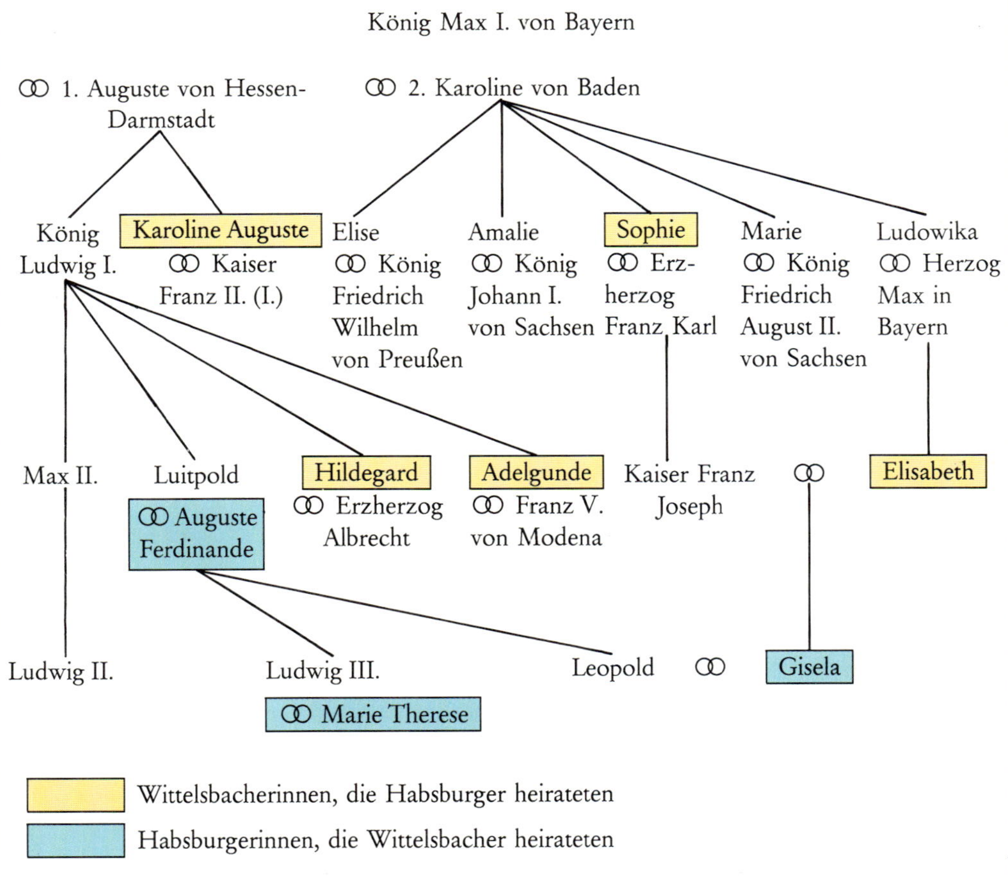

Sophie Augusta, Tochter von Erzherzog → Josef August und Prinzessin → Auguste von Bayern, geb. 11. 3. 1899 in Volosca, gest. 19. 4. 1978 in Innsbruck, begr. im Friedhof von Feldafing.

Sie absolvierte ihre Studien in Budapest, 1917 wurde sie zur Sternkreuzdame ernannt. 1944 verließ sie mit den Eltern Ungarn und lebte unverheiratet in Bayern und Tirol.

Ni./So./H.

Stefan Viktor, erster Sohn von Palatin → Josef Anton aus der zweiten Ehe mit → Hermine von Anhalt-Bernburg-Schaumburg-Hoym, geb. 14. 9. 1817 in Ofen (Buda), gest. 19. 2. 1867 in Menton bei Nizza, begr. in Budapest.

Da seine Mutter im Kindbett starb, wurde er von der Stiefmutter → Maria Dorothea erzogen. Der sehr begabte Jüngling verbrachte seine Kindheit in Ofen (Buda) und auf dem Familienbesitz in Alcsut, wo er eine vorzügliche Erziehung genoß, interessierte sich vornehmlich für die Staatswissenschaften, die er später auch in Wien studierte. 1839 bis 1841 verbrachte er am Wiener Hof. 1841 bereiste er verschiedene Länder der Monarchie – Böhmen, die Lombardei und Venetien sowie Tirol, Italiens Piemont, den päpstlichen Staat, Modena und Toskana – und kleinere Fürstentümer Deutschlands. 1843 wurde er vom Kaiser zum Landeschef in Böhmen ernannt. Er übte dieses Amt bis zum Januar 1847 aus, als er nach dem Tode seines Vaters zum Palatin von Ungarn vorgeschlagen wurde.

1847 übernahm er das Präsidium der Statthalterei Ungarns. Kurz nachher trat er eine Rundfahrt durch Ungarn an, wo er sich mit seinen patriotischen Reden große Beliebtheit erwarb. 1847 wurde er als erblicher Obergespan des Komitates Pest in Pest installiert und vom ungarischen Reichstag in Preßburg zum Palatin des Landes und königlichen Statthalter gewählt. Als Palatin und Statthalter setzte er die gemäßigte Politik seines Vaters fort.

Nach Ausbruch der Revolution im März 1848 überreichte er persönlich, als Führer der Reichstagsdeputation, dem Herrscher die Forderungen

Erzherzog Stefan Viktor

des Reichstages, welche eine bürgerliche Umgestaltung und weitgehende Selbständigkeit des Landes erstrebten. Im weiteren trachtete er, eine Mittlerrolle zwischen dem revolutionären Ungarn und dem Hof zu führen, wobei er von beiden Seiten mit Argwohn betrachtet wurde. Mit der Vollmacht ausgestattet, ernannte er am 7. März 1848 den Grafen Lajos Batthyány zum Ministerpräsidenten der ersten verantwortlichen ungarischen Regierung und eröffnete am 2. Juli 1848 in Pest den ersten repräsentativen Reichstag Ungarns. Nach dem bewaffneten Einfall des kroatischen Generals Jelačić in Ungarn versuchte er vergeblich, einen Waffenstillstand zu erreichen. Einen vagen Antrag, sich selbst zum König zu proklamieren und somit Ungarn von Österreich zu trennen, um wenigstens die Herrschaft der Dynastie in Ungarn zu retten, lehnte er ab. Er verließ am 22. September 1848 heimlich die ungarische Hauptstadt und dankte am 25. September als Statthalter ab. Beim Hof in Ungnade gefallen, verbrachte er seine weiteren

Jahre zurückgezogen auf seinem mütterlichen Erbsitz Schaumburg und befaßte sich mit Geologie und Mineralogie. 1858 anläßlich der Taufe des Kronprinzen → Rudolf durfte er kurz nach Wien reisen, kehrte aber danach nach Schaumburg zurück. Schwer lungenkrank, starb er auf einer Reise in Frankreich. Späte Gerüchte über einen politischen Mord scheinen unbegründet zu sein. Seine Leiche wurde nach Budapest überführt, wo gerade der Ausgleich und damit die Versöhnung zwischen Ungarn und Österreich erreicht worden war.

Lit.: Anonym, Stefan Victor Erzherzog von Österreich. Sein Leben, Wirken und sein Tod. Wiesbaden 1868, 397; István Deák, The Lawful Revolution. Louis Kossuth and the Hungarians, New York 1979.

Ni./So.

Stephanie, Gattin des Kronprinzen → Rudolf, geb. 21. 5. 1864 im Schloß Laeken bei Brüssel, gest. 23. 8. 1945 im Benediktinerstift Pannonhalma/Ungarn, dort auch begraben.

Die Tochter König Leopolds II. von Belgien aus dem Hause Coburg-Gotha war durch ihre Mutter → Maria Henriette, Tochter Erzherzog → Josefs, eine halbe Habsburgerin. Sie heiratete mit knapp siebzehn Jahren den österreichischen Kronprinzen, mit dem sie ein einziges Kind hatte → Elisabeth, »Erzsi«, geb. 1883. Die Ehe, anfangs glücklich, entwickelte sich durch die große Unterschiedlichkeit der Ehepartner und konträren Wertvorstellungen ungünstig. Neben dem hochintelligenten, unkonventionellen und liberal eingestellten Rudolf wurde Stephanie immer adelsstolzer und formeller. In der kaiserlichen Familie hatte sie keinen Rückhalt. Vor allem von Kaiserin → Elisabeth erfuhr sie kalte Abneigung. (Elisabeth über Stephanie: »moralischer Schwerstein«, »häßliches Trampeltier«.)

Als Rudolf seine Frau mit einer venerischen Krankheit infizierte, die weitere Nachkommenschaft aus dieser Ehe unmöglich machte, war sogar von einer angestrebten Scheidung die Rede. Rudolfs Selbstmord mit der siebzehnjährigen Mary Vetsera 1889 machte Stephanies ehrgeizige Hoffnungen zunichte und isolierte sie am

Brautbild des Kronprinzenpaares, 1881

Wiener Hof. Auch mit König Leopold II. waren die Beziehungen so schlecht, daß es zwischen Vater und Tochter zu einem Vermögensprozeß vor Gericht kam.

Aus ihrer schwierigen Stellung rettete sich Stephanie in zahlreiche weite Reisen unter wechselnden Pseudonymen (Gräfin Lacroma, Eppan oder Gondrecourt, Lady Bonchurch). 1900 schloß sie auf Schloß Miramare eine zweite, nicht standesgemäße Ehe mit dem ungarischen Grafen Elemér Lónyay von Nagylónya und Vásárosnamény (1863–1946), der erst von Kaiser → Karl 1917 zum Fürsten erhoben wurde. Mit ihm lebte sie in glücklicher Ehe in Ungarn. Ihre Memoiren, als Rechtfertigungsversuch gedacht, verursachten 1935 einen Skandal: die Tochter Elisabeth ließ die Verbreitung des Buches gerichtlich verbieten. Stephanie starb nach dem Einmarsch der Russen, die sie zum Verlassen ihres Schlosses Oroszvár zwangen, in der Obhut der Benediktinerabtei Pannonhalma, wo auch

Aus der schüchternen Kronprinzenbraut wurde im Lauf der siebenjährigen Ehe eine elegante, selbstbewußte Frau.

ein Teil ihres schriftlichen Nachlasses verwahrt wird.

Werke: Ich sollte Kaiserin werden, 1935.

Lit.: Juliana von Stockhausen, Im Schatten der Hofburg, Heidelberg 1952; Irmgard Schiel, Stefanie, Kronprinzessin im Schatten von Mayerling, Wien 1978.

H.

Theodor Salvator, Sohn von Erzherzog → Franz Salvator und der Habsburgerin → Marie Valerie, geb. 9. 10. 1899 auf Schloß Wallsee/Niederösterreich, gest. 8. 4. 1978 in Amstetten, begr. in der Familiengruft Sindelburg bei Wallsee.

Der Erzherzog, durch seine Mutter ein Enkel Kaiser → Franz Josephs, heiratete 1926 Gräfin Marie Therese von Waldburg-Zeil (1901–1967), mit der er vier Kinder hatte. Nach dem Umsturz 1918 blieb er in Österreich, wurde Diplomlandwirt und betätigte sich als Historiker.

Werke: Wallsee, Ein Römerkastell, Wallsee 1977; Die Herzöge von Lothringen und ihr Haus, Wallsee 1944.

H.-L.

Viridis (Verde) Visconti, Gemahlin Herzog → Leopolds III. von Österreich, geb. um 1350 in Mailand, gest. 1414 (vor 11. 3.) in Mailand, begr. im Zisterzienserstift Sittich (Stična) in Krain.

Die 1365 geschlossene Verbindung zwischen dem jugendlichen Herzog Leopold III. und der Tochter von Bernabò (Barnabò) Visconti, Signore von Mailand, und Beatrice Regina della Scala ordnet sich in die politischen Ambitionen Herzog → Rudolfs IV. in Oberitalien ein.

Viridis brachte als eine Stammutter der späteren Habsburger einen Anteil südländischen Blutes in die Familie. Sie schenkte den Söhnen → Wilhelm, geb. 1370, → Leopold IV., geb. 1371, → Ernst, geb. 1377, und → Friedrich IV., geb. 1382, und den Töchtern Elisabeth (1378–1392), → Margarete, geb. um 1370, und → Katharina, geb. nach 1380, das Leben. Politisch trat sie an der Seite Leopolds III. und nach dessen Tod im Jahre 1386 kaum in Erscheinung.

Rie.

Entwurf für die Bronzefigur der Viridis Visconti vom Grabmal Maximilians I.

Wenzel, Sohn von Kaiser → Maximilian II. und der Infantin → Maria, geb. 9. 3. 1561 in Wiener Neustadt, gest. 22. 9. 1578 in Madrid, begr. im Escorial.

Als Neunjähriger durfte der Erzherzog gemeinsam mit seinem älteren Bruder → Albrecht VII. seine Schwester → Anna zu ihrer Hochzeit nach Spanien begleiten. Am Hof → Philipps II. vollendete Wenzel seine Ausbildung. Mit sechzehn Jahren wurde er 1577 zum Großprior des Johanniterordens von Kastilien erhoben, starb aber bereits mit siebzehn Jahren.
H.

Erzherzog Wenzel, Sohn Kaiser Maximilians II., kam als Kind an den spanischen Hof seines Schwagers Philipp II. Gemälde von Sánchez Coello

Wilhelm »der Freundliche«, Herzog, ältester Sohn von → Leopold III. und → Viridis Visconti, geb. 1370, gest. 15. 7. 1406 in Wien, begr. in der Fürstengruft in der Wiener Stephanskirche.

Wahlspruch: Ars vincit naturam/Die Kunst besiegt die Natur.

Wilhelm wurde im Alter von 10 Jahren mit Hedwig verlobt, der Tochter des Königs von Ungarn, Ludwig von Anjou. (Deren ältere Schwester Maria war zuvor mit dem Luxemburger Siegmund, dem Zweitgeborenen Kaiser Karls IV., verlobt worden; dies illustriert die luxemburgisch-habsburgische Konkurrenz um das zu erwartende ungarisch-polnische Erbe der Anjou.) Ständische Widerstände gegen eine Personalunion von Ungarn und Polen unter der Herrschaft der ältesten Tochter des letzten ungarischen Anjou (bzw. von deren Ehegatten) führten 1384 zur Krönung Hedwigs als Königin von Polen in Krakau. Im Winter 1385 und im Frühjahr 1386 hielt sich Wilhelm in Krakau auf, ohne zunächst in das Königsschloß eingelassen zu werden, und mußte schließlich fliehen, obwohl die Königin an der Verlobung festhielt und die Ehe in der Zwischenzeit vollzogen worden war. Hedwig wurde Władisław Jagiełło als Gemahl aufgezwungen, Wilhelm betrachtete sich als an Hedwig gebunden, solange sie lebte. Erst nach ihrem Tod (1399) heiratete er 1403 → Johanna von Durazzo; diese Ehe blieb erbenlos.

Nach dem Schlachtentod seines Vaters 1386 wurde der Sechzehnjährige, auch im Namen seiner jüngeren Brüder → Leopold, → Ernst und → Friedrich, Herr der leopoldinischen Länder Steiermark, Kärnten, Istrien (mit Triest), Görz, Tirol, des Landes vor dem Arlberg und der Vorlande, erkannte aber seinen Onkel → Albrecht III. als Regenten aller österreichischen Länder im Sinne eines Seniorats an.

Zeugnisse gemeinsamer Außenpolitik (Bündnisse mit dem Erzbischof von Mainz bezüglich der habsburgischen Gebiete vor dem Arlberg 1393, mit Ruprecht von der Pfalz 1393, mit Johann und Ernst von Bayern 1394) erwiesen die Tragfähigkeit dieser Abmachung.

Herzog Wilhelm »der Freundliche«

Die Situation änderte sich nach dem Tod Albrechts III. 1395. Als Wilhelm nun für sich die Regierung auf der Grundlage des Seniorates, wie sie zu Albrechts III. Lebzeiten bestanden hatte, beanspruchte, erfuhr er entschiedenen Widerspruch durch seinen achtzehnjährigen Vetter → Albrecht IV., der ihm jede Kompetenz in Hinblick auf die albertinischen Länder absprach. 1395 einigte man sich in Hollenburg, daß die beiden Kontrahenten zur Mitregierung in den Ländern des jeweils anderen berechtigt waren, daß Verwaltung und Hausbesitz (»Schatz«) aber gemeinsam bleiben sollten.

Doch nun trat Wilhelms nur um ein Jahr jüngerer Bruder Leopold auf den Plan: Ein 1396 zunächst auf zwei Jahre abgeschlossener Vertrag sicherte ihm die völlige Gleichberechtigung mit Wilhelm in den leopoldinischen Ländern: Wilhelm sollte nur Steiermark, Kärnten, Krain und die angrenzenden kleineren Gebiete, Leopold aber neben den Vorlanden, die er seit längerem verwaltete, auch Tirol und zwecks Parität der Einkünfte dazu noch jährlich 6 000 Goldgulden erhalten. Die Teilung der Verwaltung wurde allerdings als provisorisch bezeichnet; Beamte und Stände sollten allen Herzogen schwören. Keiner der Vertragspartner sollte ohne Wissen und Willen der anderen weder einen Krieg beginnen noch Burgen, Städte, Besitz und Einkünfte verkaufen oder verpfänden. Wilhelm sollte für den Unterhalt des damals bereits verheirateten jüngeren Bruders Ernst, Leopold für den Friedrichs sorgen. Dieser Vertrag wurde noch dreimal verlängert; 1402 erhielten auch die jüngeren Brüder Anteil an der Regierung: Ernst wurde Mitregent in den Ländern Wilhelms, Friedrich in denen Leopolds. Steiermark und Tirol sollten als die Kernländer der einzelnen Linien von Wilhelm und Leopold allein verwaltet werden. Wilhelm betonte allerdings weiterhin seinen aus dem Seniorat abgeleiteten Vorrang gegenüber Vetter und Brüdern. 1404 wurden gleiche Rechte für Albrecht und Wilhelm im Herzogtum Österreich (ob und unter der Enns) vereinbart – die Einhaltung dieser Absprache sollte von den Ständen überprüft und garantiert werden –, eine grundsätzliche Entscheidung, die die politische Bedeutung der Stände gewaltig aufwertete und den Beginn anzeigte für die Ständemacht als politisch handelnden Faktor in der österreichischen Geschichte des 15. Jahrhunderts.

Das durch verschiedene Temperamente und politische Zielsetzungen geförderte Mißtrauen der Herzöge untereinander steigerte sich zusehends und führte zu förmlichen Bündnissen gegen die jeweils anderen: So sicherten sich Leopold und Albrecht IV. 1404 gegenseitige Hilfe zu für den Fall von Übergriffen durch Wilhelm und Ernst. Nach dem Tod seines Vetters Albrecht IV. 1404 übernahm Wilhelm die Vormundschaft über dessen siebenjährigen Sohn → Albrecht (V.); die Feindschaft zwischen den Brüdern, besonders zu Leopold, dauerte unvermindert an. Dies hatte neben einer Destabilisierung im Inneren (neben bedeutenden Adelsfehden, wie etwa mit Friedrich von Auffenstein 1395/96, wird ein Überhandnehmen von Räuberbanden berichtet, auch von einer umfangreichen Ketzerverfolgung in Steyr 1397) vor allem Auswirkungen auf die Außenpolitik: Ein Bündnis, das Wilhelm und Albrecht IV. 1396 mit dem

Markgrafen Jost von Mähren schlossen, sollte die österreichische Nordgrenze schützen. In den deutschen Auseinandersetzungen, die zur Absetzung des Königs Wenzel (1400) und zur Wahl Ruprechts von der Pfalz führte, verhielten sich Wilhelm und Albrecht IV. wohlwollend neutral gegenüber dem Luxemburger, während Leopold bald Ruprecht anerkannte und mit ihm gegen Mailand zog, mit dessen Herzog Giangaleazzo Visconti die vier Leopoldiner noch 1400 in Pavia ein Bündnis abgeschlossen hatten.

Als Parteigänger des Königs Siegmund von Ungarn hielten die Habsburger vom 9. August 1402 bis 11. November 1403 dessen Bruder Wenzel, den abgesetzten König, gefangen, was ihnen (Wilhelm, Albrecht IV. und Ernst) die Aussicht auf die Nachfolge in Ungarn eintrug. Wilhelm traf die Hauptschuld an der Flucht Wenzels aus Wien. Zudem belasteten Wilhelms Heiratsverhandlungen mit dem neapolitanischen Zweig der Anjou (von denen Ladislaus, der Bruder der künftigen österreichischen Herzogin, als Bewerber um die ungarische Krone auftrat) sein Verhältnis zu Siegmund schwer. Nach dem Tod Albrechts IV. löste Wilhelm das Bündnis mit Siegmund und verbündete sich 1405 mit dessen Gegnern Wenzel von Böhmen und Jost von Mähren. Leopold hingegen schloß 1405 einen Beistandspakt mit Siegmund, der in erster Linie gegen Wilhelm und Ernst gerichtet war. Das hatte alsbald einen Kleinkrieg an der Grenze zur Folge, dem eine große Gesandtschaft der beiden Herzöge nach Preßburg ein Ende bereitete und eine förmliche Kriegserklärung verhinderte.

Zeitgenossen schilderten Wilhelm als leutseligen Mann von angenehmem Äußeren und gewinnenden Umgangsformen, auch als adeligen Mäzen und Sammler. Konkrete Nachrichten in dieser Hinsicht sind aber äußerst dürftig. Ein Löwe aus seiner Menagerie, so weiß die Legende, habe nach dem Tod seines 36jährigen Herren jede Nahrungsaufnahme verweigert und sei so seinem Herrn in den Tod gefolgt.

Lit.: Arthur Steinwenter, Wilhelm von Österreich und Hedwig von Anjou, in: ders., Beiträge zur Geschichte der Leopoldiner, 1879, 409–422.

Di.

Wilhelm Franz Karl, fünfter Sohn von Erzherzog → Karl und → Henriette von Nassau-Weilburg, geb. 21. 4. 1827 in Wien, gest. 29. 7. 1894 in Weikersdorf bei Baden/Niederösterreich, begr. in der Kapuzinergruft, Wien.

Der jüngste Sohn des Siegers von Aspern verlor im Alter von zwei Jahren seine (kalvinistische) Mutter Henriette und wurde vom Vater und vom ältesten Bruder → Albrecht aufgezogen. 1842 begann er seine Militärkarriere, ging später zur Artillerie, wo er es bis zum k. u. k. Feldzeugmeister und k. u. k. General-Artillerie-Inspektor brachte. 1848 auf dem italienischen Kriegsschauplatz eingesetzt und am 3. Juli 1866 bei Königgrätz am Kopf verwundet, war dieser mit hohen in- und ausländischen Ehrungen ausgezeichnete Erzherzog Oberstinhaber der k. u. k. Infanterieregimenter Nr. 4 (»Deutschmeister«) und Nr. 12, des Corps-Artillerie-Regiments Nr. 3, Chef der kaiserlichen russischen 7. reitenden Batterie und des königlich preußischen Ostpreußischen Feld-Artillerie-Regiments Nr. 1.

1845 Ritteraspirant des Deutschen Ordens, legte er 1846 in der Kirche am Hof zu Wien die drei Ordensgelübde ab und wurde gleich zum Koadjutor und künftigen Amtsnachfolger des regierenden Hoch- und Deutschmeisters → Maximilian Josef bestellt – ein Amt, das er 1863 übernehmen mußte und lebenslang ausübte.

Unter ihm wurden die eingerichteten Ordenspriesterkonvente zu Lana (ab 1855) und Troppau (ab 1866) von → Franz Joseph I. als obersten Lehensherrn des Ordens 1866 bewilligt, von Papst Pius IX. 1871 bestätigt, nachdem 1867 auch die Ortsbischöfe von Olmütz und Trient zugestimmt hatten.

Der unter Wilhelms Amtsvorgänger schon landesherrlich und päpstlich wiederbelebte Schwesternzweig mit Schwerpunkten in Tirol (Lanegg/Südtirol) und Österreichisch-Schlesien (Troppau und Freudenthal), seit 1885 auch in Friesach/Kärnten, entfaltete in der Krankenpflege, in der schulischen Mädchenbildung und in Feldspitälern 1864 in Schleswig, 1885/86 auf dem serbisch-bulgarischen Kriegsschauplatz eine wichtige Sozialtätigkeit. Die Ritterprofessen des

Erzherzog Wilhelm als Offizier mit dem Kreuz des Deutschen Ordens

Ordens erbrachten mit den 1866 bestätigten »Ehrenrittern« und den 1871 ins Leben getretenen »Marianern« finanzielle Mittel zum Ausbau der Zivilkrankenpflege und des Feldsanitätswesens. Kaiser und Kaiserin, Mitglieder des Erzhauses, Mitglieder anderer fürstlicher Häuser und weitere Adelige unterstützten mit Geldmitteln die ordensinternen Feldspitäler und Kraftwagenkolonnen bis zum Ende der Donaumonarchie.

Das nach Plänen Theophil Hansens von Wilhelm erbaute »Deutschmeister-Palais« am Wiener Parkring zeugt bis heute vom Kunstsinn dieses Erzherzog-Hochmeisters, der sich bei allen seinen Verpflichtungen immer auch Zeit für musikalische Freuden aufsparte.

Er starb nach einem Reitunfall.

D.

Wilhelm, dritter Sohn von Erzherzog → Karl Stefan und → Maria Theresia, geb. 10. 2. 1895 in Pola, gest. vermutlich 1955 im Lager Wladimir-Wolensk/UdSSR.

Nach Absolvierung der Militärakademie trat er 1915 in das Ulanenregiment Nr. 13 ein. Gegen Ende des Krieges kommandierte er die »Ukrainische Legion«, die aus Ruthenen österreichischer Staatsangehörigkeit bestand. Wilhelm sprach sehr gut Ukrainisch und trat nach dem Ersten Weltkrieg als Oberst in die ukrainische Armee ein. Es gab Gerüchte, nach denen er den ukrainischen Thron besteigen wollte.

In den Jahren 1925 bis 1929 betätigte er sich als Grundstücksmakler in Spanien. Er kehrte dann nach Österreich zurück und wurde während der Hitlerzeit von der Gestapo überwacht, da er weiterhin Verbindungen zu ukrainischen Kreisen pflegte. 1947 wurde er aus Wien von den Russen verschleppt. Nach Berichten des Roten Kreuzes soll Wilhelm 1949 oder 1950 in einem Gefängnis in Kiew gestorben sein. Nach anderen Meldungen von österreichischen Kriegsgefangenen starb er 1955 im Zwangslager von Wladimir-Wolensk.

Rau.

Wilhelmine Amalie → Amalie Wilhelmine

Wölfling → Leopold Salvator

Zita, Kaiserin, Gemahlin des letzten Kaisers → Karl I., geb. 9. 5. 1892 in Pianore, Lucca/Italien, gest. 14. 3. 1989 in Zizers, Graubünden; begr. in der Kapuzinergruft, Wien.

Die Tochter des letzten regierenden Herzogs von Parma, Robert, aus zweiter Ehe mit Maria Antonia von Braganza wuchs auf den väterlichen Landsitzen in Pianore und Schwarzau/Niederösterreich in einem sehr großen Geschwisterkreis mehrsprachig auf. Sie wurde streng katholisch erzogen und besuchte das Salesianerinnen-Konvikt Zangberg in Oberbayern. Ihre geistige Entwicklung wurde auch von den engen Familienbeziehungen zu ihren bourbonischen und Braganza-Verwandten in den benachbarten Exilhöfen der spanischen Karlisten (Frohsdorf) und der portugiesischen Miguelisten (Seebenstein) in einer vom Gottesgnadentum geprägten legitimistischen Richtung stark beeinflußt. In einem anderen in der Nähe von Schwarzau liegenden Landsitz, der Villa Wartholz, verkehrten die Parmas mit der Familie ihrer Tante, Erzherzogin → Maria Theresia, wo Zita ihren zukünftigen Mann, den präsumtiven Thronfolger Erzherzog Karl Franz Josef, kennenlernte, eine Beziehung, die, von beiden Müttern sowie vom Kaiser selbst gefördert, zur Hochzeit am 21. Oktober 1911 in Schwarzau führte. Diese Feierlichkeiten blieben für die Nachwelt in einer der ersten Verfilmungen der kaiserlichen Familie erhalten.

In Villa Wartholz kam 1912 auch das erste Kind dieser glücklichen Ehe, Erzherzog → Otto, zur Welt. Kurz darauf übersiedelte die Familie nach Schloß Hetzendorf (Wien-Hietzing), wo 1914 die Tochter → Adelheid geboren wurde. Nachdem ihr Mann bei Kriegsausbruch dem Armeeoberkommando zugeteilt wurde, wurde Zita auf Kriegsdauer im Schloß Schönbrunn vom vereinsamten Kaiser → Franz Joseph aufgenommen, wo noch zwei Kinder zur Welt kamen: → Robert 1915, → Felix 1916 und in Baden → Karl Ludwig 1918.

Nach dem Thronwechsel am 21. November 1916 (Krönung zur Königin von Ungarn am 30. Dezember 1916) spielte Zita eine bedeutende politische Rolle. Ihr Einfluß auf Kaiser Karl war entscheidend, nicht in dem Sinne, daß sie ihm seine Politik vorschrieb, sondern daß sie ihn bei der praktischen Durchführung gemeinsam gefaßter Entschlüsse energisch bestärkte und seine oft schwankende Willenskraft durch ihre intellektuelle Überlegenheit festigte. Sie begleitete Karl oft auf Staatsbesuchen und Frontvisiten, empfing auch allein wichtige politische Persönlichkeiten, engagierte sich aber vor allem für die Opfer des Krieges.

Das Hauptanliegen der kaiserlichen politischen Partnerschaft war der Versuch, einen längst fälligen Friedensschluß herbeizuführen, um den drohenden Zusammenbruch des Vielvölkerstaates zu verhindern. Schon Ende 1916 bat Zita ihren Bruder Sixtus, der bei der belgischen Armee diente, Kontakte zu den Franzosen herzustellen, und ihre Mutter vermittelte den Besuch der Parma-Brüder Sixtus und Xavier in Laxenburg im März 1917, wo Karl sich schriftlich verpflichtete, die »gerechten Rückforderungsansprüche« Frankreichs auf Elsaß-Lothringen bei seinen deutschen Verbündeten zu unterstützen. Doch zeigten die Deutschen trotz Wiens Kompensationsangebots in Polen für einen solchen Verständigungsfrieden kein Interesse. Zita fürchtete, daß die Kriegsziele der Deutschen sowie ihr Übergewicht im Bündnis der Monarchie zum Verhängnis werden würden, doch konnte sich Karl zu einem rechtzeitigen Bruch mit Deutschland und zu einem Sonderfrieden, wie dies von den Parma-Prinzen und ihren französischen Gesprächspartnern gewünscht wurde, nicht entschließen. Nach einer Redepolemik zwischen Karls Außenminister Czernin und dem französischen Ministerpräsidenten Clemenceau wurden die sogenannten »Sixtus-Briefe« Karls in Paris veröffentlicht. Nach Auffliegen dieser »Sixtus-Affäre«, aus der sich Karl mit einer dementierenden Notlüge zu entwinden versuchte, bekam die von deutschnationalen österreichischen sowie reichsdeutschen Gegnern betriebene Diffamierungskampagne gegen das Kaiserpaar neuen Antrieb. Die Propaganda stellte Zita als »italienische Verräterin«, ihre Mutter als »bigotte Intrigantin« und Karl als einen »den hohen Frauen welscher Abkunft ausgelieferten Pantoffelhelden« hin. Ohne ausreichende publizistische

Das Brautpaar Erzherzog Karl und Prinzessin Zita von Bourbon-Parma 1911 in Schwarzau/Niederösterreich. Im Hintergrund die Mutter des Bräutigams, Erzherzogin Maria Josefa, und Kaiser Franz Joseph

Gegenmaßnahmen verlor die Dynastie – besonders nach dem Scheitern der Piave-Offensive im Juni 1918 – immer mehr an Popularität, sogar unter traditionellen Anhängern in Armee und Bürokratie. Die durch Lebensmittelknappheit und Kriegsmüdigkeit schwer getroffene, noch immer mehrheitlich monarchistisch gesinnte Bevölkerung wurde in ihrer Habsburgertreue wankelmütig, und im Herbst 1918 gewannen nationalistische und republikanische Parolen die Oberhand.

Nachdem Karl trotz Zitas Bedenken auf seinen Anteil an den Regierungsgeschäften in Österreich am 11. November 1918 verzichtete, verließ die kaiserliche Familie Schönbrunn und im März 1919 Österreich. Im Schweizer Exil brachte Zita noch zwei Kinder zur Welt, Rudolf, geb. 1919, und Charlotte, geb. 1921. Von nun an betrachtete Zita die Wiedererlangung des Throns als eine ihr von Gott auferlegte oberste Pflicht. Ihr Optimismus gab Karl wieder Mut, und durch Zita ermuntert, unternahm er 1921 zwei Restaurationsversuche in Ungarn. Nach dem Scheitern des zweiten Versuchs im Oktober 1921 vor Budapest, wo Zita teilnahm, wurde das Kaiserpaar von den Westmächten nach Madeira verbannt.

Hier wurde Zita am 1. April 1922 Witwe und Vormund für den neuen Thronprätendenten Otto. In ihrer Notlage wurde sie von König Alfons XIII. von Spanien aufgenommen und übersiedelte, nach einem kurzen Aufenthalt in Madrid, wo noch 1922 eine Tochter (Elisabeth) geboren wurde, nach Lequeito im Baskenland. Zita widmete sich der Erziehung ihrer Kinder. Der Unterricht wurde von Hauslehrern in enger Anlehnung an die österreichischen und ungarischen Lehrpläne durchgeführt.

Auch nach der 1929 erfolgten Übersiedlung der Familie nach Steenockerzeel/Belgien, wo

Die junge Witwe Zita mit ihren acht Kindern im Exil

Otto 1930 seine Großjährigkeit feierte und seine Universitätsstudien in Löwen begann, behielt Zita weiterhin das politische Heft in der Hand. Sie bahnte eine Versöhnung mit der italienischen Königsfamilie an, unterhielt rege Kontakte zu den klerikalen und legitimistischen Kräften in den Nachfolgestaaten und erwartete von dem Versagen der von ihr verachteten Sozialdemokratie sowie von der Bedrohung Ostmitteleuropas durch Hitler-Deutschland eine Stärkung der monarchistischen Bewegung, die in Österreich nach der Einführung des christlichen Ständestaates wirklich eintrat. Bei den ab September 1934 laufenden Verhandlungen mit der Schuschnigg-Regierung über die Aufhebung der Habsburgergesetze und die Wiedererrichtung der Monarchie führte schon Otto die Verhandlungen. Zita zog sich auf eine beratende Rolle zurück.

Nachdem der Anschluß Österreichs an Deutschland im März 1938 alle Restaurationsaussichten zerstörte, mußte Zita mit ihrer Familie im Mai 1940 vor dem deutschen Einbruch in Belgien fliehen. Über Frankreich, Spanien und Portugal kamen sie nach Amerika, wo Otto sich in New York etablierte und Zita und ihre jüngeren Kinder sich in Quebec/Kanada niederließen. Dreimal führte Zita Gespräche mit Präsident Roosevelt mit dem Ziel, die Länder der ehemaligen Monarchie vor Stalins Zugriff zu bewahren, ihre Unabhängigkeit zu sichern und sie in einer Föderation mit monarchischer Spitze zusammenzuführen. Von 1944 bis 1948 widmete sich Zita karitativer Tätigkeit, die durch Geldspenden und Lebensmittelpakete das Nachkriegselend in Österreich lindern sollte.

Nach 1948, nunmehr in Tuxedo/New York State wohnend, engagierte sich Zita für den seit 1925 laufenden Seligsprechungsprozeß für ihren Mann und kam mehrmals nach Europa, um Dokumentationen zu sammeln. Um in der Nähe ihrer Kinder und Enkel zu sein, zog Zita 1962 in das St.-Johannes-Stift in Zizers/Schweiz, ein kirchlich geführtes Altenheim. Zwanzig Jahre später gestattete die österreichische Bundesregierung ihr, ohne Verzichtserklärung nach Österreich einzureisen – eine Geste des Bundeskanzlers Dr. Bruno Kreisky, die von König Juan Carlos von Spanien vermittelt wurde.

Lit.: G. Brook-Shepherd, The Last Habsburg/Um Krone und Reich, London – Wien 1968; Erich Feigl, Kaiserin Zita . . ., Wien 1982; Erich Feigl (Hg.), Kaiser Karl, Persönliche Aufzeichnungen, Wien 1984; Tamara Griesser-Pecar, Zita. Die Wahrheit über Europas letzte Kaiserin, Bergisch-Gladbach 1985; E. H. P. Cordfunke, Zita, Wien 1986.

L.

Verzeichnis der Mitarbeiter

Univ.-Prof. Dr. Heinrich Appelt, Universität Wien A.
Univ.-Prof. Dr. R. Baetens, Universität Antwerpen Ba.
Univ.-Doz. Dr. Felix Becker, Universität Köln B.
Univ.-Prof. Dr. Jean Bérenger, Universität Straßburg Be.
Univ.-Prof. Dr. Wim Blockmans, Universität Rotterdam Bl.
P. Dr. Bernhard Demel, Zentralarchiv des Deutschen Ordens Wien D.
Univ.-Prof. Dr. Heide Dienst, Universität Wien Di.
Univ.-Prof. Dr. Robert Evans, Universität Oxford E.
Dr. Michael Salvator Habsburg-Lothringen, Persenbeug, NÖ H.-L.
Dr. Brigitte Haller-Reiffenstein, Universität Wien H.-R.
Dr. Brigitte Hamann, Wien H.
Dr. Georg Heilingsetzer, Oberösterreichisches Landesarchiv Linz Hei.
Senatsrat Univ.-Doz. Dr. Franz-Heinz Hye, Stadtarchivdirektor Innsbruck Hye
Dr. Gustaaf Janssens, Algemeen Rijsarchiv Brüssel J.
Univ.-Prof. Dr. Günter Kahle, Direktor der Iberischen und Lateinamerikanischen Abteilung des Historischen Seminars, Universität Köln Ka.
Univ.-Doz. Dr. Hans-Otto Kleinmann, Universität Köln K.
Univ.-Prof. Dr. Grete Klingenstein, Universität Graz Kl.
Univ.-Doz. Dr. Alfred Kohler, Universität Wien Ko.
Univ.-Prof. Dr. Walter Leitsch, Vorstand des Instituts für Ost- und Südosteuropaforschung der Universität Wien Lei.
Univ.-Prof. Dr. P. Lenders, Universität Antwerpen Le.
Univ.-Doz. Dr. John Leslie, Universität Bristol L.
Dr. Lorenz Mikoletzky, Allgemeines Verwaltungsarchiv Wien M.
Univ.-Prof. Dr. Karl Möckl, Universität Bamberg Mö.
Dr. Gerda Mraz, Direktor des Museums österreichischer Kultur, Eisenstadt Mr.
Mag. Klaus Müller, Universität Köln Mü.
Hofrat Dr. Rudolf Neck, Generaldirektor des Österreichischen Staatsarchivs i. P. N.
Univ.-Prof. Dr. Emil Niederhauser, Akademie der Wissenschaften Budapest Ni.
Dr. Heinz Noflatscher, Amt für Archivwesen der Provinz Bozen No.
Dr. Franz Pesendorfer, Wien Pe.
Dr. Renate Pieper, Universität Köln Pi.
Univ.-Prof. Dr. Horst Pietschmann, Universität Hamburg Pie.
Univ.-Prof. Dr. Volker Press, Universität Tübingen P.
Univ.-Doz. Dr. Manfried Rauchensteiner, Heeresgeschichtliches Museum, Wien R.
Dr. Marianne Rauchensteiner, Wien Rau.
Univ.-Prof. Dr. Joseph Riedmann, Universität Innsbruck Rie.
Dr. Gerhard Rill, Direktor des Haus-, Hof- und Staatsarchivs, Wien Rill
Dr. István Soós, Akademie der Wissenschaften, Budapest So.
Univ.-Prof. Dr. Winfried Stelzer, Universität Wien S.
Univ.-Prof. Dr. Alfred A. Strnad, Universität Innsbruck St.
Dr. Christiane Thomas, Haus-, Hof- und Staatsarchiv Wien T.
Univ.-Prof. Dr. Adam Wandruszka, Universität Wien W.
Univ.-Prof. Dr. Ernst Wangermann, Universität Salzburg Wa.

Ausgewählte Literatur zur Geschichte der Habsburger

Für spezielle Fragen und eine intensivere Befassung mit dem Thema sind die beiden Bibliographien wichtig:

Johann *Kertesz*, Bibliographie der Habsburger-Literatur 1218–1934, Budapest 1934

Karin *Martin-Weidinger*, Bibliographie der Habsburg-Literatur seit dem Jahre 1934, Diss. Wien 1985

Hellmut *Andics*, Die Frauen der Habsburger. Wien 1969

Prinz Adalbert von *Bayern*, Das Ende der Habsburger in Spanien. München 1929

Heinrich *Benedikt*, Monarchie der Gegensätze. Wien 1947

Edward *Crankshaw*, Die Habsburger. Wien 1971

Edward *Crankshaw*, Der Niedergang des Hauses Habsburg. Wien 1967

Robert J. W. *Evans*, Das Werden der Habsburger Monarchie 1550–1700, Wien

Hans *Flesch-Brunningen*, Die letzten Habsburger in Augenzeugenberichten. Düsseldorf 1967

Paul *Frischauer*, Die Habsburger. Geschichte einer Familie. Wien 1961

Imre *Gonda*, Emil *Niederhauser*, Die Habsburger. Budapest 1983

Magdalena *Hawlik-van de Water*, Die Kapuzinergruft, Wien 1987

Lotte *Hueber*, Rudolf von Habsburg und seine Nachfolger 1273–1918. Viganello (Lugano) 1984

Robert A. *Kann*, Werden und Zerfall des Habsburgerreiches. Graz 1962

Robert A. *Kann*, Geschichte des Habsburgerreiches 1526–1918. Köln 1977

Wilhelm *Knappich*, Die Habsburger Chronik. Salzburg 1959/1969

Kunsthistorisches Museum Wien, Porträtgalerie zur Geschichte Österreichs von 1400 bis 1800. Wien 1976

Eberhard *Kusin*, Die Kaisergruft. Wien 1973

Elisabeth *Lein* (Hg.), Begräbnisstätten der Alt-Habsburger in Österreich von Rudolf I. bis Karl VI. Wien o. J.

Alphons *Lhotsky*, Geschichte Österreichs 1281–1358. Wien 1967

Alphons *Lhotsky*, Das Zeitalter des Hauses Österreich. Wien 1971

Joachim *List*, Beiträge zur Stellung und Aufgabe der Erzherzöge unter Kaiser Franz Josef I., Diss. Wien 1982

Georg *Loesche*, Die evangelischen Fürstinnen im Hause Habsburg, Wien 1904

Dorothy *Gies Mac Guigan*, Familie Habsburg 1273 bis 1918. Wien 1967

Margarete *Mommsen-Reindl*, Die österreichische Proporzdemokratie und der Fall Habsburg. Graz 1976

Ingrid *Mosser*, Der Legitimismus und die Frage der Habsburger-Restauration in der innenpolitischen Zielsetzung des autoritären Regimes in Österreich (1933–1938). Diss. Wien 1979

Richard *Reifenscheid*, Die Habsburger in Lebensbildern, Graz 1982

Georg *Stadtmüller*, Geschichte der Habsburger Macht. Stuttgart 1966

A. E. *Stahl*, Die spanischen Habsburger im spanischen Drama. Wien 1953

Adam *Wandruszka*, Das Haus Habsburg. Die Geschichte einer europäischen Dynastie. Stuttgart 1956

Adam *Wandruszka*, Habsburger und Habsburg-Lothringer. In: Genealogica et heraldica. Kongreßberichte Wien 1970, S. 315–319

Franz *Weihrich*, Stammtafel zur Geschichte des Hauses Habsburg, Wien 1893

Verzeichnis der Stammtafeln

Die spanische Linie des Hauses Habsburg

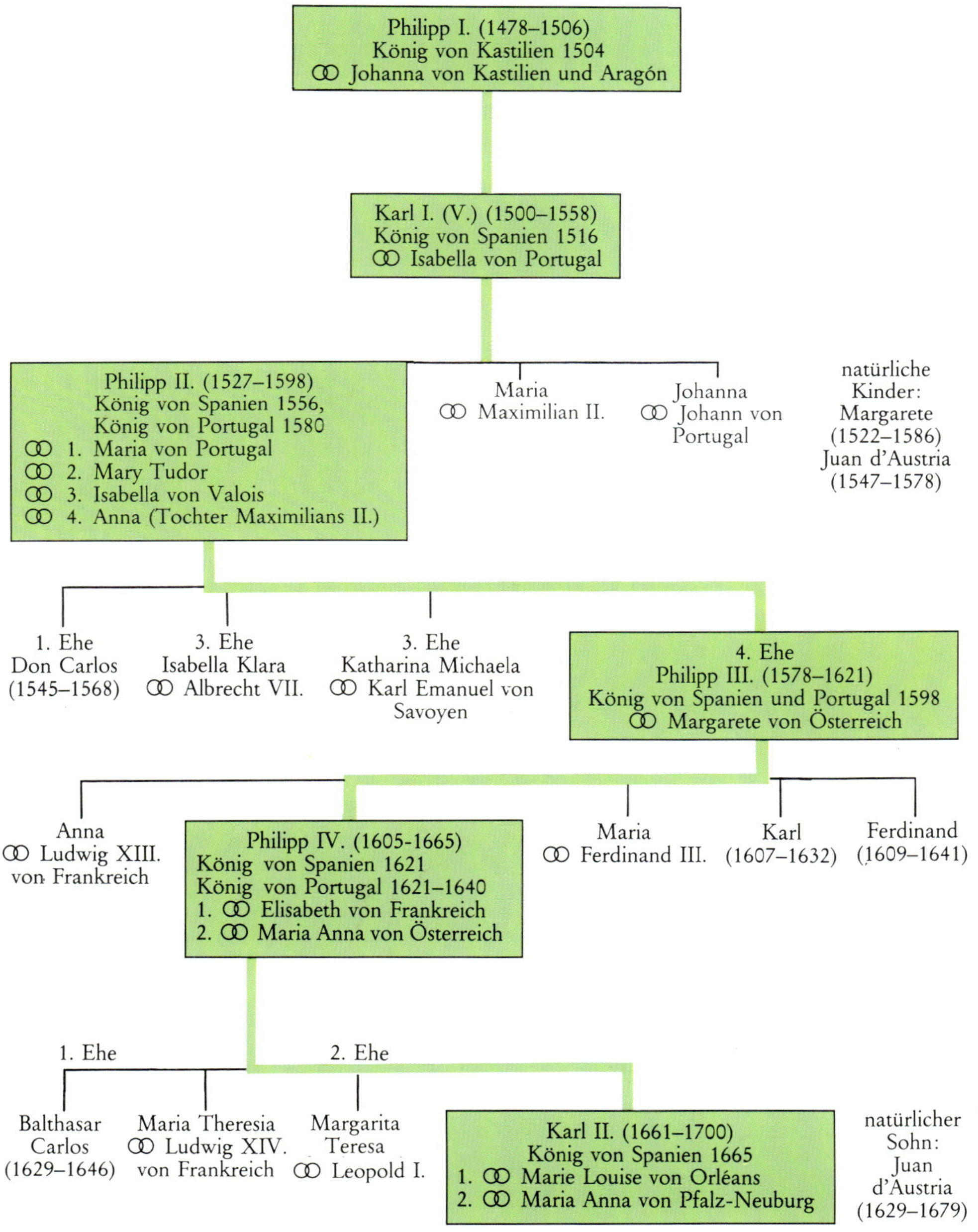

Rudolf I. (1218–1291), König 1273

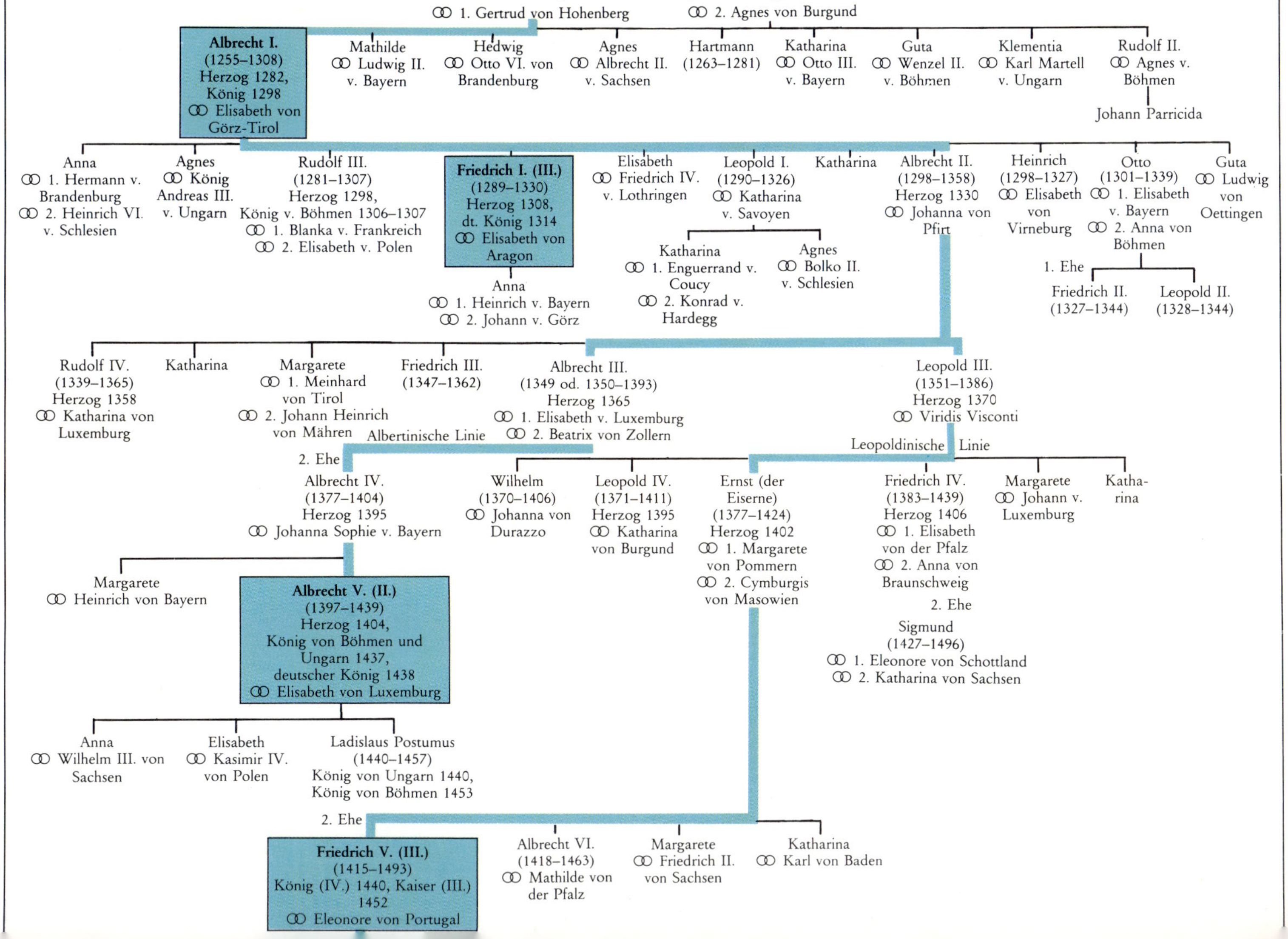

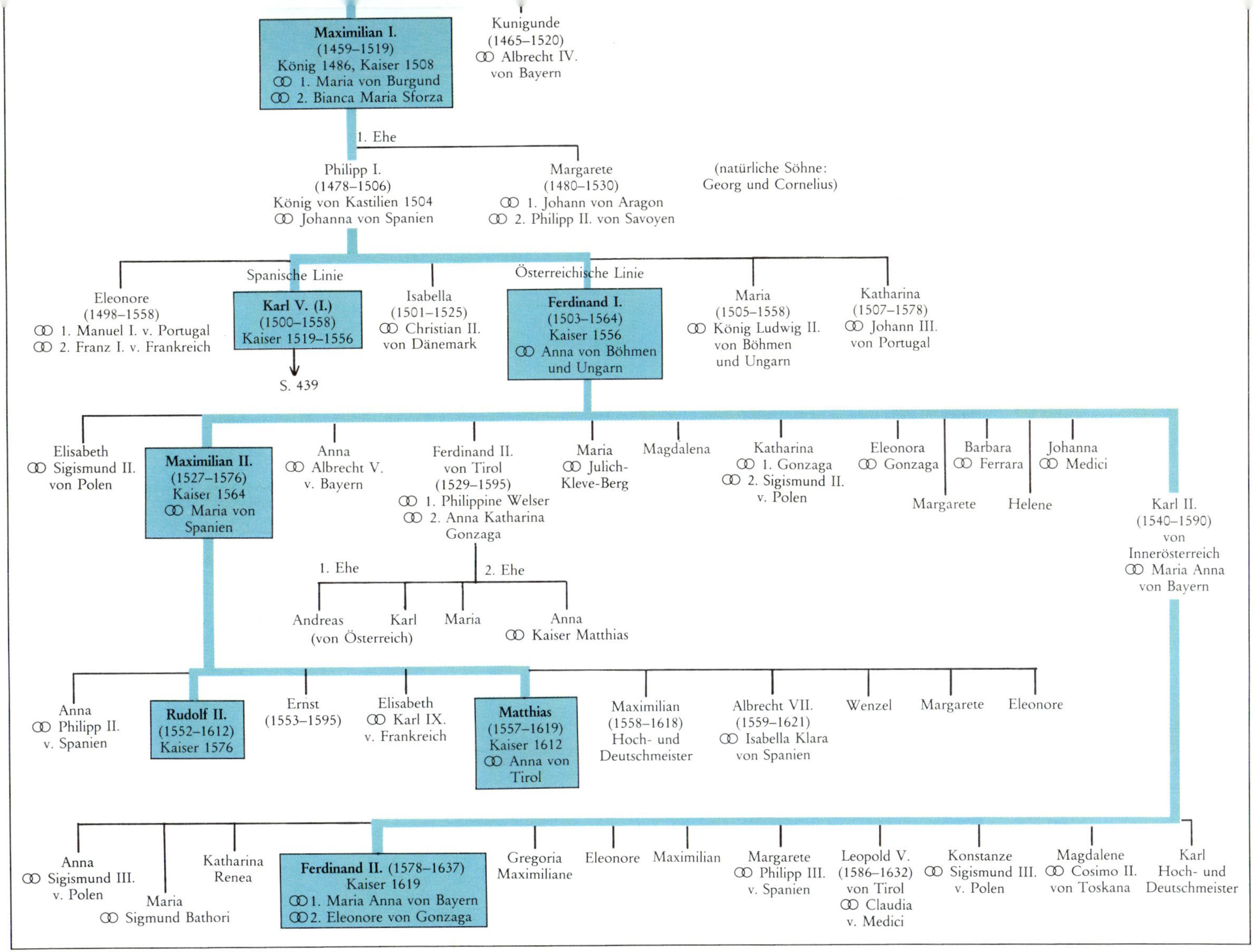
Maximilian I.
(1459–1519)
König 1486, Kaiser 1508
⚭ 1. Maria von Burgund
⚭ 2. Bianca Maria Sforza
Kunigunde
(1465–1520)
⚭ Albrecht IV.
von Bayern
1. Ehe
Philipp I.
(1478–1506)
König von Kastilien 1504
⚭ Johanna von Spanien
Margarete
(1480–1530)
⚭ 1. Johann von Aragon
⚭ 2. Philipp II. von Savoyen
(natürliche Söhne:
Georg und Cornelius)
Spanische Linie
Österreichische Linie
Eleonore
(1498–1558)
⚭ 1. Manuel I. v. Portugal
⚭ 2. Franz I. v. Frankreich
Karl V. (I.)
(1500–1558)
Kaiser 1519–1556
S. 439
Isabella
(1501–1525)
⚭ Christian II.
von Dänemark
Ferdinand I.
(1503–1564)
Kaiser 1556
⚭ Anna von Böhmen
und Ungarn
Maria
(1505–1558)
⚭ König Ludwig II.
von Böhmen
und Ungarn
Katharina
(1507–1578)
⚭ Johann III.
von Portugal
Elisabeth
⚭ Sigismund II.
von Polen
Maximilian II.
(1527–1576)
Kaiser 1564
⚭ Maria von
Spanien
Anna
⚭ Albrecht V.
v. Bayern
Ferdinand II.
von Tirol
(1529–1595)
⚭ 1. Philippine Welser
⚭ 2. Anna Katharina
Gonzaga
Maria
⚭ Julich-
Kleve-Berg
Magdalena
Katharina
⚭ 1. Gonzaga
⚭ 2. Sigismund II.
v. Polen
Eleonora
⚭ Gonzaga
Barbara
⚭ Ferrara
Johanna
⚭ Medici
Margarete
Helene
Karl II.
(1540–1590)
von
Innerösterreich
⚭ Maria Anna
von Bayern
1. Ehe
2. Ehe
Andreas
(von Österreich)
Karl
Maria
Anna
⚭ Kaiser Matthias
Anna
⚭ Philipp II.
v. Spanien
Rudolf II.
(1552–1612)
Kaiser 1576
Ernst
(1553–1595)
Elisabeth
⚭ Karl IX.
v. Frankreich
Matthias
(1557–1619)
Kaiser 1612
⚭ Anna von
Tirol
Maximilian
(1558–1618)
Hoch- und
Deutschmeister
Albrecht VII.
(1559–1621)
⚭ Isabella Klara
von Spanien
Wenzel
Margarete
Eleonore
Anna
⚭ Sigismund III.
v. Polen
Maria
⚭ Sigmund Bathori
Katharina
Renea
Ferdinand II. (1578–1637)
Kaiser 1619
⚭ 1. Maria Anna von Bayern
⚭ 2. Eleonore von Gonzaga
Gregoria
Maximiliane
Eleonore
Maximilian
Margarete
⚭ Philipp III.
v. Spanien
Leopold V.
(1586–1632)
von Tirol
⚭ Claudia
v. Medici
Konstanze
⚭ Sigismund III.
v. Polen
Magdalene
⚭ Cosimo II.
von Toskana
Karl
Hoch- und
Deutschmeister

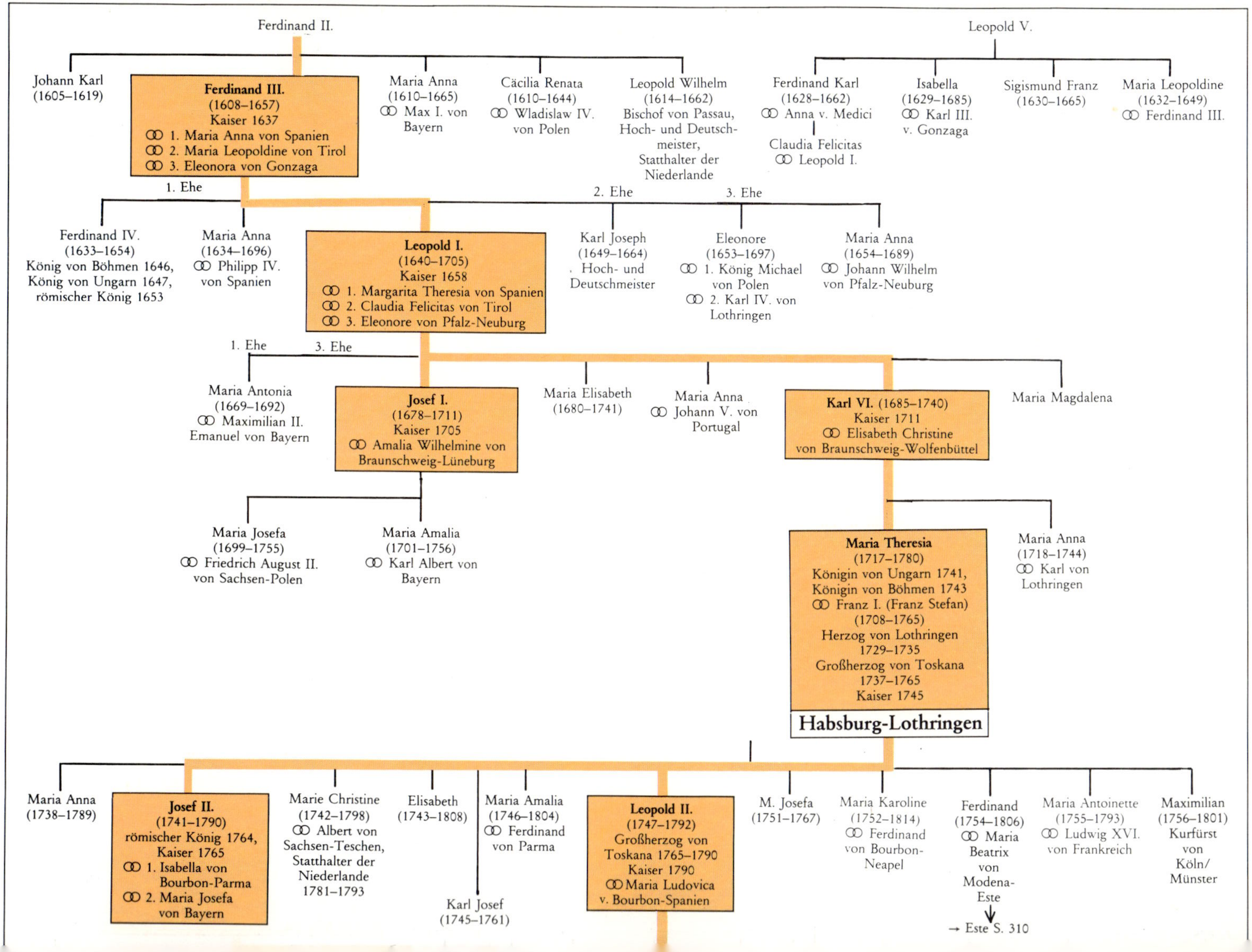
Ferdinand II.
Leopold V.
Johann Karl (1605–1619)
Ferdinand III. (1608–1657) Kaiser 1637 ⚭ 1. Maria Anna von Spanien ⚭ 2. Maria Leopoldine von Tirol ⚭ 3. Eleonora von Gonzaga
Maria Anna (1610–1665) ⚭ Max I. von Bayern
Cäcilia Renata (1610–1644) ⚭ Wladislaw IV. von Polen
Leopold Wilhelm (1614–1662) Bischof von Passau, Hoch- und Deutschmeister, Statthalter der Niederlande
Ferdinand Karl (1628–1662) ⚭ Anna v. Medici
Claudia Felicitas ⚭ Leopold I.
Isabella (1629–1685) ⚭ Karl III. v. Gonzaga
Sigismund Franz (1630–1665)
Maria Leopoldine (1632–1649) ⚭ Ferdinand III.
1. Ehe
2. Ehe
3. Ehe
Ferdinand IV. (1633–1654) König von Böhmen 1646, König von Ungarn 1647, römischer König 1653
Maria Anna (1634–1696) ⚭ Philipp IV. von Spanien
Leopold I. (1640–1705) Kaiser 1658 ⚭ 1. Margarita Theresia von Spanien ⚭ 2. Claudia Felicitas von Tirol ⚭ 3. Eleonore von Pfalz-Neuburg
Karl Joseph (1649–1664) Hoch- und Deutschmeister
Eleonore (1653–1697) ⚭ 1. König Michael von Polen ⚭ 2. Karl IV. von Lothringen
Maria Anna (1654–1689) ⚭ Johann Wilhelm von Pfalz-Neuburg
1. Ehe
3. Ehe
Maria Antonia (1669–1692) ⚭ Maximilian II. Emanuel von Bayern
Josef I. (1678–1711) Kaiser 1705 ⚭ Amalia Wilhelmine von Braunschweig-Lüneburg
Maria Elisabeth (1680–1741)
Maria Anna ⚭ Johann V. von Portugal
Karl VI. (1685–1740) Kaiser 1711 ⚭ Elisabeth Christine von Braunschweig-Wolfenbüttel
Maria Magdalena
Maria Josefa (1699–1755) ⚭ Friedrich August II. von Sachsen-Polen
Maria Amalia (1701–1756) ⚭ Karl Albert von Bayern
Maria Theresia (1717–1780) Königin von Ungarn 1741, Königin von Böhmen 1743 ⚭ Franz I. (Franz Stefan) (1708–1765) Herzog von Lothringen 1729–1735 Großherzog von Toskana 1737–1765 Kaiser 1745
Maria Anna (1718–1744) ⚭ Karl von Lothringen
Habsburg-Lothringen
Maria Anna (1738–1789)
Josef II. (1741–1790) römischer König 1764, Kaiser 1765 ⚭ 1. Isabella von Bourbon-Parma ⚭ 2. Maria Josefa von Bayern
Marie Christine (1742–1798) ⚭ Albert von Sachsen-Teschen, Statthalter der Niederlande 1781–1793
Elisabeth (1743–1808)
Karl Josef (1745–1761)
Maria Amalia (1746–1804) ⚭ Ferdinand von Parma
Leopold II. (1747–1792) Großherzog von Toskana 1765–1790 Kaiser 1790 ⚭ Maria Ludovica v. Bourbon-Spanien
M. Josefa (1751–1767)
Maria Karoline (1752–1814) ⚭ Ferdinand von Bourbon-Neapel
Ferdinand (1754–1806) ⚭ Maria Beatrix von Modena-Este
→ Este S. 310
Maria Antoinette (1755–1793) ⚭ Ludwig XVI. von Frankreich
Maximilian (1756–1801) Kurfürst von Köln/Münster

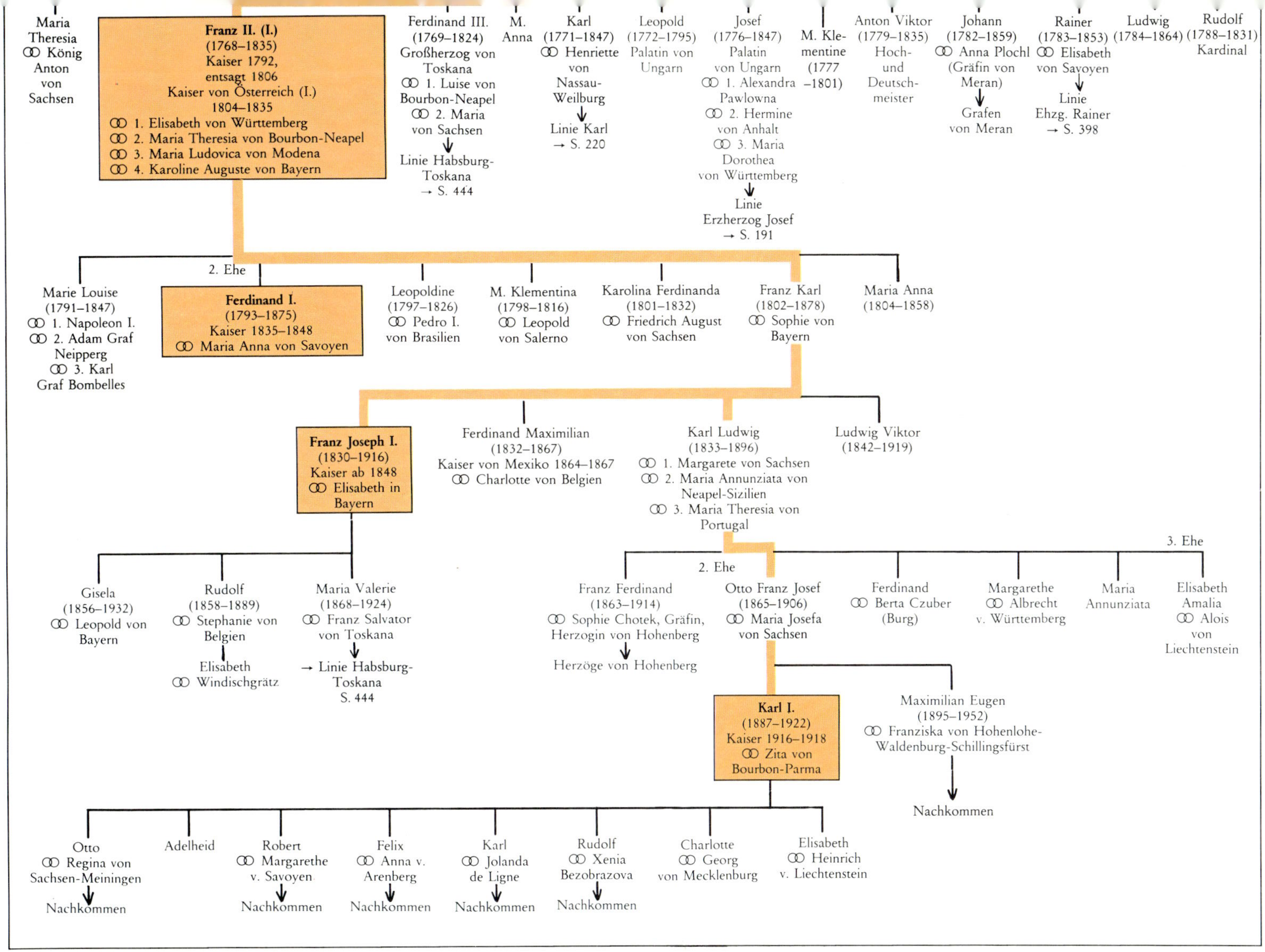
Maria Theresia ⚭ König Anton von Sachsen
Franz II. (I.) (1768–1835) Kaiser 1792, entsagt 1806 Kaiser von Österreich (I.) 1804–1835 ⚭ 1. Elisabeth von Württemberg ⚭ 2. Maria Theresia von Bourbon-Neapel ⚭ 3. Maria Ludovica von Modena ⚭ 4. Karoline Auguste von Bayern
Ferdinand III. (1769–1824) Großherzog von Toskana ⚭ 1. Luise von Bourbon-Neapel ⚭ 2. Maria von Sachsen
Linie Habsburg-Toskana → S. 444
M. Anna
Karl (1771–1847) ⚭ Henriette von Nassau-Weilburg
Linie Karl → S. 220
Leopold (1772–1795) Palatin von Ungarn
Josef (1776–1847) Palatin von Ungarn ⚭ 1. Alexandra Pawlowna ⚭ 2. Hermine von Anhalt ⚭ 3. Maria Dorothea von Württemberg
Linie Erzherzog Josef → S. 191
M. Klementine (1777 –1801)
Anton Viktor (1779–1835) Hoch- und Deutschmeister
Johann (1782–1859) ⚭ Anna Plochl (Gräfin von Meran)
Grafen von Meran
Rainer (1783–1853) ⚭ Elisabeth von Savoyen
Linie Ehzg. Rainer → S. 398
Ludwig (1784–1864)
Rudolf (1788–1831) Kardinal
2. Ehe
Marie Louise (1791–1847) ⚭ 1. Napoleon I. ⚭ 2. Adam Graf Neipperg ⚭ 3. Karl Graf Bombelles
Ferdinand I. (1793–1875) Kaiser 1835–1848 ⚭ Maria Anna von Savoyen
Leopoldine (1797–1826) ⚭ Pedro I. von Brasilien
M. Klementina (1798–1816) ⚭ Leopold von Salerno
Karolina Ferdinanda (1801–1832) ⚭ Friedrich August von Sachsen
Franz Karl (1802–1878) ⚭ Sophie von Bayern
Maria Anna (1804–1858)
Franz Joseph I. (1830–1916) Kaiser ab 1848 ⚭ Elisabeth in Bayern
Ferdinand Maximilian (1832–1867) Kaiser von Mexiko 1864–1867 ⚭ Charlotte von Belgien
Karl Ludwig (1833–1896) ⚭ 1. Margarete von Sachsen ⚭ 2. Maria Annunziata von Neapel-Sizilien ⚭ 3. Maria Theresia von Portugal
Ludwig Viktor (1842–1919)
Gisela (1856–1932) ⚭ Leopold von Bayern
Rudolf (1858–1889) ⚭ Stephanie von Belgien
Elisabeth ⚭ Windischgrätz
Maria Valerie (1868–1924) ⚭ Franz Salvator von Toskana
→ Linie Habsburg-Toskana S. 444
2. Ehe
3. Ehe
Franz Ferdinand (1863–1914) ⚭ Sophie Chotek, Gräfin, Herzogin von Hohenberg
Herzöge von Hohenberg
Otto Franz Josef (1865–1906) ⚭ Maria Josefa von Sachsen
Ferdinand ⚭ Berta Czuber (Burg)
Margarethe ⚭ Albrecht v. Württemberg
Maria Annunziata
Elisabeth Amalia ⚭ Alois von Liechtenstein
Karl I. (1887–1922) Kaiser 1916–1918 ⚭ Zita von Bourbon-Parma
Maximilian Eugen (1895–1952) ⚭ Franziska von Hohenlohe-Waldenburg-Schillingsfürst
Nachkommen
Otto ⚭ Regina von Sachsen-Meiningen
Nachkommen
Adelheid
Robert ⚭ Margarethe v. Savoyen
Nachkommen
Felix ⚭ Anna v. Arenberg
Nachkommen
Karl ⚭ Jolanda de Ligne
Nachkommen
Rudolf ⚭ Xenia Bezobrazova
Nachkommen
Charlotte ⚭ Georg von Mecklenburg
Elisabeth ⚭ Heinrich v. Liechtenstein

Der Familienzweig

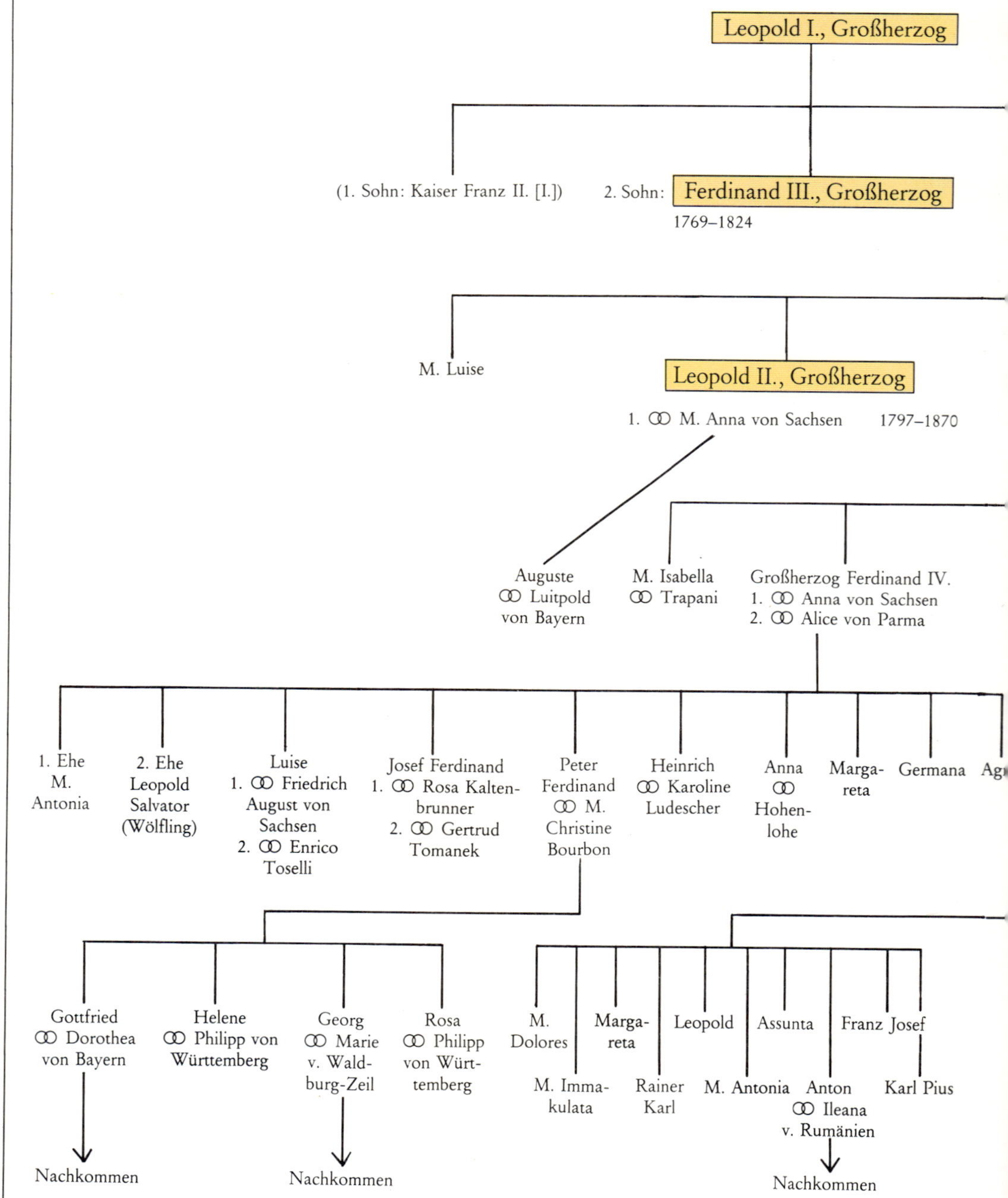

Habsburg-Toskana

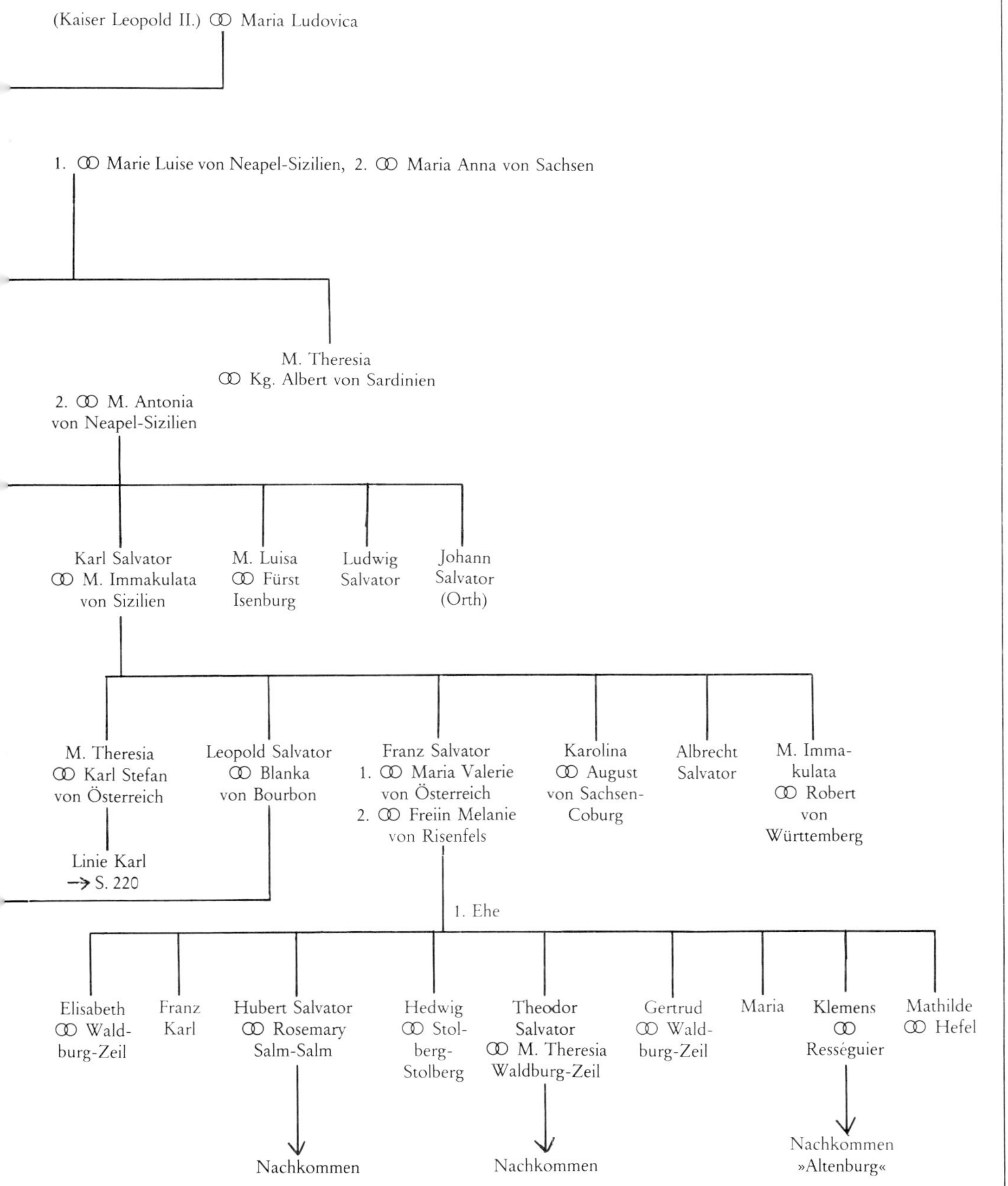

Verzeichnis der Abbildungen

LEOPOLD·I·
JOSEPH·I·
KARL·VI·
MARIA·THERESIA
JOSEP
FERDINAND·III·
FERDINAND·II·
·MATTHIAS·
KARL·V·STEIERM·
RUDOLF
RUDOLF·I·
ALBRECHT·I·
FRIEDRICH·D·S·
ALBRECHT·II·
RUDOLF IV.